Curso de Tarô

E Seu Uso Terapêutico

Veet Pramad

Curso de Tarô

E Seu Uso Terapêutico

MADRAS®

© 2024, Madras Editora Ltda.

Editor:
Wagner Veneziani Costa (*in memoriam*)

Produção e Capa:
Equipe Técnica Madras

Revisão:
Maria Cristina Scomparini
Jerônimo Feitosa
Ana Paula Luccisano

Dados Internacionais de Catalogação na Publicação
(CIP)(Câmara Brasileira do Livro, SP, Brasil)

Pramad, Veet
    Curso de tarô e seu uso terapêutico/Veet Pramad. – 6. ed. – São Paulo: Madras, 2024.
    Bibliografia.
    ISBN 978-85-370-1203-1

    1. Ocultismo 2. Sabedoria 3. Tarô – Estudo e ensino 4. Tarô – Uso terapêutico I. Título.

19-27035   CDD-133.3242407

Índices para catálogo sistemático:
1. Tarô: Estudo e ensino: Esoterismo 133.3242407
Cibele Maria Dias – Bibliotecária – CRB-8/9427

É proibida a reprodução total ou parcial desta obra, de qualquer forma ou por qualquer meio eletrônico, mecânico, inclusive por meio de processos xerográficos, incluindo ainda o uso da internet, sem a permissão expressa da Madras Editora, na pessoa de seu editor (Lei nº 9.610, de 19/2/1998).

Todos os direitos desta edição reservados pela

MADRAS EDITORA LTDA.
Rua Paulo Gonçalves, 88 – Santana
CEP: 02403-020 – São Paulo/SP
Tel.: (11) 2281-5555 – (11) 98128-7754
www.madras.com.br

Dedico este trabalho a Eleodoro Ortiz, sem o qual este livro nunca teria sido escrito.

Esta edição é especialmente dedicada a Deva Mani.

Quero agradecer também a Jossina e a Oswaldo, que abriram seu acervo para mim. Ao Ticão, que colocou à minha disposição seu scanner e sua casa.

A Júlio César Barbosa, Nonato e Fernando Molina, que me passaram as manhas e resolveram meus problemas de marinheiro de primeira viagem com os computadores.

A meus queridos Gurudev, Angelita, José Cesar e Deuzane, Deva Mani e Isabella Capozzi, pelo que eles sabem. A Mangala e Alok, pelo seu apoio, ouvidos e palpites.

Índice

Introdução. Edição (2017) 12

Capítulo 1 – O Uso Terapêutico do Tarô 17
    Adivinhação e autoconhecimento: duas visões excludentes 17
    Os cinco princípios do Tarô Terapêutico: 17
    A responsabilidade 19

Capítulo 2 – A Grande Viagem 25
    O Caminho da Vida 25

Capítulo 3 – O que é o Tarô? Origens e História 45
    Revirando as páginas do tempo 45

Capítulo 4 – Ritual e Sistemas de Leitura 57
    Abrindo o jogo 57
    O baralho 57
    Personalização do baralho 58
    O lugar 59
    A leitura 60
    A invocação 61
    A magnetização 61
    Como embaralhar 62
    A Leitura Terapêutica 63

Capítulo 5 – A Estrutura do Tarô e Suas Correspondências ... 69
    Sistema cabalístico 69
    Sistema numerológico de base sete 74
    Sistema numerológico de base dez 75

Capítulo 6 – O Louco e o Primeiro Heptenário 77
    O Louco 77
    O Mago 87

A Sacerdotisa 92
A Imperatriz 101
O Imperador 108
O Hierofante (O Papa) 116
Os Amantes 125
O Carro 134

Capítulo 7 – O Segundo Heptenário 141
O Ajustamento (A Justiça) 141
O Ermitão 148
A Fortuna (A Roda da) 155
O Tesão 162
O Pendurado 170
A Morte 178
A Arte 188

Capítulo 8 – O Terceiro Heptenário 198
O Demônio 198
A Torre 206
A Estrela 213
A Lua 221
O Sol 230
O Eão 237
O Universo 244

Capítulo 9 – As Figuras da Corte 250
Os 16 tipos de personalidade 250
Configuração matriarcal e patriarcal 251
As Figuras da Corte e os
quatro elementos-natureza e expressão 252
Equilíbrio nas personalidades 255
Funcionalidade e transcendência 256
As Figuras da Corte e a carta testemunha 258
Correspondências 259
As Figuras de Paus 261
O Cavaleiro de Paus 261
A Rainha de Paus 264
O Príncipe de Paus 268
A Princesa de Paus 271

Capítulo 10 – As Figuras de Copas 274
   O Cavaleiro de Copas...274
   A Rainha de Copas 277
   O Príncipe de Copas...281
   A Princesa de Copas..284

Capítulo 11 – As Figuras de Espadas 289
   O Cavaleiro de Espadas..289
   A Rainha de Espadas..293
   O Príncipe de Espadas..296
   A Princesa de Espadas...300

Capítulo 12 – As Figuras de Discos 304
   O Cavaleiro de Discos..304
   A Rainha de Discos..308
   O Príncipe de Discos..311
   A Princesa de Discos...314

Capítulo 13 – Os Primos: os Mesmos Elementos 319
   Príncipe de Paus e Cavaleiro de Espadas...................................319
   Rainha de Paus e Cavaleiro de Copas 320
   Rainha de Espadas e Príncipe de Copas 321
   Princesa de Espadas e Príncipe de Discos 322
   Rainha de Discos e Princesa de Copas.....................................322
   Princesa de Paus e Cavaleiro de Discos 323
   Relacionamentos entre as Figuras da Corte..............................324

Capítulo 14 – Os Arcanos Menores e Suas Correspondências..........329
   As quatro séries numeradas 329
   Correspondências astrológicas 331
   Correspondências com a Árvore
   e os quatro mundos cabalísticos 332

Capítulo 15 – A Série de Paus..333
   A expressão energética..333
   Ás de Paus – A Raiz dos Poderes do Fogo 333
   Dois de Paus – O Domínio..335
   Três de Paus – A Virtude..337
   Quatro de Paus – A Consumação..340
   Cinco de Paus – A Luta..342
   Seis de Paus – A Vitória...345
   Sete de Paus – A Coragem...348

Oito de Paus – A Rapidez 351
  Nove de Paus – A Firmeza 354
  Dez de Paus – A Opressão 357
Capítulo 16 – A Série de Copas 361
  A expressão emocional 361
  Ás de Copas – A Raiz dos Poderes da Água 361
  Dois de Copas – O Amor 364
  Três de Copas – A Abundância 367
  Quatro de Copas – O Luxo 370
  Cinco de Copas – A Frustração 372
  Seis de Copas – O Prazer 376
  Sete de Copas – A Corrupção 379
  Oito de Copas – A Indolência 382
  Nove de Copas – A Felicidade 385
  Dez de Copas – A Saciedade 388
Capítulo 17 – A Série de Espadas 393
  A expressão mental 393
  Ás de Espadas – A Raiz dos Poderes do Ar 393
  Dois de Espadas – A Paz 396
  Três de Espadas – A Aflição 399
  Quatro de Espadas – A Trégua 403
  Cinco de Espadas – A Derrota 406
  Seis de Espadas – A Ciência 410
  Sete de Espadas – A Futilidade 414
  Oito de Espadas – A Interferência 417
  Nove de Espadas – A Crueldade 420
  Dez de Espadas – A Ruína 423
Capítulo 18 – A Série de Discos 427
  O lado corporal e prático 427
  Ás de Discos – A Raiz dos Poderes da Terra 427
  Dois de Discos – A Mudança 430
  Três de Discos – Os Trabalhos 432
  Quatro de Discos – O Poder 435
  Cinco de Discos – O Sofrimento 438
  Seis de Discos – O Sucesso 441
  Sete de Discos – O Fracasso 444
  Oito de Discos – A Prudência 447
  Nove de Discos – O Lucro 450
  Dez de Discos – A Prosperidade 452

Apêndice 1 – Exemplos de Leitura 456
  Primeira leitura 456
  Segunda leitura 464
  Terceira leitura 475
Apêndice 2 – Resumo de Significados 485
Apêndice 3 – Quadros 500
Apêndice 4 – Introdução à Árvore da Vida 531

Bibliografia 541

Introdução. Edição (2017)

Faz 31 anos que o *Curso de Tarô – E Seu Uso Terapêutico* foi lançado em Brasília como edição de autor em três edições independentes (1987, 1992 e 1994). Em 2003, a Madras Editora tomou frente das publicações fazendo quatro edições, sendo esta a quinta. Não vou contar aqui a história desta criatura porque podem encontrá-la na minha página <https://tarotterapeutico.info/livros/>.

Nessas três décadas o mundo do Tarô mudou muito. Em 1987, quando acunhei esse termo, falar em Tarô Terapêutico, isto é, falar em usar o Tarô com uma abordagem e propósito terapêutico era uma inovação quase subversiva, condenada tanto por certos profissionais renomados do Tarô quanto por representantes do mundo da psicologia e da psicoterapia em geral, atrelados ao conceito tradicional de Tarô divinatório.

Hoje é com muito prazer que vejo o *Tarô* romper suas velhas prisões e são cada dia mais os tarólogos que fazem, ou dizem que fazem, um *Tarô* com abordagem terapêutica. É importante deixar claro o que é o *Tarô* Terapêutico.

O *Tarô* Terapêutico é um instrumento que tem como objetivo ajudar a pessoa a fazer as mudanças internas necessárias para ser mais ela mesma, condição básica da felicidade. Para isso trabalha na luz, facilitando a conexão com a essência (finalmente, pois a maioria dos desequilíbrios procede da desconexão com a essência), e na sombra, identificando e ajudando a entender e desativar os caducos padrões de comportamento que, desde o inconsciente, manipulam e impedem a plena realização.

Vejo alguns tarólogos que chamam de terapêutico o que na verdade é um Tarô de aconselhamento centrado não no consultante, mas nos problemas ou assuntos que este traz para a consulta. É claro que o Tarô pode dar conselhos úteis para minimizar ou até resolver certos problemas, mas, enquanto não tornamos consciente nosso inconsciente, desativando aqueles padrões de comportamento caducos e neuróticos, continuaremos manipulados por eles e seguiremos atraindo as mesmas situações ou "problemas".

Os tempos estão mudando. Durante séculos fomos doutrinados segundo dois princípios:

1º) "Você tem de ser assim ou assado e desse jeito você será aceito pela família, sociedade, Deus, etc."; "Seja 'bonzinho' e obediente na terra e ganhará o céu."

2º) Sua vida depende de terceiros: a vontade de Deus, o destino, a sorte, etc.

O *Tarô* apareceu durante essa época e, claro, incorporou não só imagens, mas também aspectos importantes dessa doutrina, por exemplo, a mensagem da Força em que uma elegante mulher fecha a boca do leão ilustrando a virtuosa contenção das "baixas paixões" ou no Pendurado: "Você está amarrado de pés e mãos, só pode submeter-se, resignar-se, sacrificar-se".

O capitalismo foi mudando a doutrina:

1º) "Você tem de **ter** isto e aquilo para ser aceito", enchendo de clientes oficinas de "autossuperação", "abundância", "O caminho do Sucesso", etc., estruturadas geralmente em cima da teoria da Programação Neurolinguística (PNL), mas influenciando menos as interpretações das cartas.

2º) Se você se esforçar e trabalhar dando o seu melhor para a empresa, sua vida melhorará. Este mandado também é válido para as Igrejas Evangélicas, mudando a empresa pela igreja.

Na atualidade, mesmo que as doutrinas anteriores se mantenham, surge com muita força, especialmente nos meios terapêuticos:

1º) o princípio de "Seja você mesmo", cujo um dos iniciadores foi o próprio Crowley com sua consigna thelêmica: "Tua única obrigação é fazer o que tu queres";

2º) a constatação de que construímos nossas vidas com base em nossas decisões e não nas decisões de terceiros, mesmo que tenha ficado na moda afirmar que nossa vida depende das conspirações favoráveis ou não da Existência. A existência é um trilhão de trilhões de vezes o tamanho do planeta. Somos uma partícula infinitesimal no espaço cósmico; se o planeta explodir em mil pedaços, a existência nem percebe. É muito ego aspirar a que Existência esteja de olho em mim. Essa constatação significa responsabilizar-se pela vida e a responsabilidade é o motor do crescimento. Se queremos fazer um trabalho terapêutico com o *Tarô*, teremos de colocar como prioridade que o consultante assuma a responsabilidade por sua vida.

Dada essa mudança de paradigma, precisamos adaptar o *Tarô* aos novos tempos. Para isso, é importante entender que atraímos o que precisamos para crescer, isto é, para nos tornarmos plenamente o que somos e continuaremos a atraí-lo até fazer as mudanças correspondentes, independentemente de se gostamos ou não do que atraímos, se o consideramos facilidade ou dificuldade. Nós o atraímos a partir do impulso inato de que todo ser vivo tem para tornar-se um ser completo, como explico com mais detalhes na Segunda Chave do bem-estar em <https://tarotterapeutico.info/videos/>. A vida não muda se não houver mudanças internas; é como tentar obter resultados diferentes fazendo sempre o mesmo. Se não desativarmos certos padrões de comportamento, eliminarmos crenças e medos, curarmos a criança ferida, etc., continuaremos a atrair as mesmas situações e o mesmo tipo de pessoas, e as questões problemáticas reaparecerão ao virar da esquina. É por isso que o *Tarô* Terapêutico não se concentra em questões específicas, mas na pessoa que as vive. O *Tarô* Terapêutico vai, então, no âmago da questão, sem precisar se concentrar ou se dispersar com problemas periféricos.

Tampouco podemos ler o *Tarô* com abordagem terapêutica usando as interpretações próprias dos velhos tempos. Não podemos continuar dando ao Pendurado o significado de sacrifício, ao Diabo o somatório de todo o negativo que podemos juntar, à Torre a expressão da ira divina, etc.

Por isso é muito conveniente usar um *Tarô* limpo de moralismos e doutrinas ultrapassadas. Os Tarôs mais usados atualmente, o de Marselha e o Rider Waite, não são os melhores exponentes de adequação aos novos tempos. Eu, desde que o vi pela primeira vez em 1983 na Livraria Argentina de Madrid, inclinei-me pelo *Tarô* de Thoth, criado por Crowley e desenhado por Frieda Harris; um *Tarô* que nasceu em 1944 com a proposta de ser o *Tarô* para a Nova Era. Esta edição é produto de um ano de escrita, inspirada em novas percepções obtidas desde a edição anterior (2011) nos cursos presenciais, on-line e gravados em vídeos.

Assim, mesmo que nunca tenha dividido as cartas como "boas" e "más", aqui estou catalogando-as como "comuns" e "sombrias". Comuns são aquelas que têm significados tanto evolutivos como involutivos, escolhendo uns ou outros em função da posição na Leitura Terapêutica. No entanto, há alguns arcanos menores numerados que mostram só padrões neuróticos (involutivos), e seu lado evolutivo consiste em entender e desativar dito padrão. Não são cartas "más", são cartas ótimas, pois estão apontando exatamente para o que precisa ser trabalhado. A essas cartas dou o nome de "sombrias".

Outras novidades, que já se vislumbraram na edição anterior, fazem referência à interpretação das diferentes posições da Leitura Terapêutica.

Momento Atual: inicialmente eu identificava aqui os aspectos da vida que neste momento eram prioritários para o consulente ou suas atitudes. Agora vemos quais impulsos internos e questionamentos ele está vivendo. Parece-me muito mais eficiente, se nosso objetivo for terapêutico, esclarecer o processo interno do que identificar aspectos ou situações da vida.

Relacionamentos: onde víamos como está o relacionamento ou o que o sustenta, vemos agora o que a pessoa pode aprender, valorizar ou desenvolver dela mesma, de maneira agradável ou não, por meio do relacionamento. E, se não estiver se relacionando, dos relacionamentos anteriores. Também qual é a imagem que vende no mercado dos relacionamentos que me parece igualmente muito interessante.

Nestas posições, uma carta sombria mostra o padrão de comportamento neurótico que a pessoa está identificando e questionando, por ela mesma (Momento Atual) ou com a ajuda de um relacionamento (Relacionamentos).

Temos de entender as cartas do Método como uma sugestão, colocada com muito cuidado para não assumir a responsabilidade que o consulente, e só o consulente, tem por suas decisões. Qualquer coisa que pareça uma ordem ou imposição, especialmente com consulentes que querem agradar ou que têm tendência a absorver as opiniões ou expectativas dos outros, arruinaria o efeito terapêutico da consulta.

No Resultado Externo, não me parece terapêutico falar para a pessoa se vai se dedicar a esta ou aquela atividade, embora isso seja o resultado de todo um processo de crescimento. Qualquer tipo de previsão retira do consulente seu próprio poder pessoal para construir sua vida. Por isso me parece melhor falar da atitude interna com a qual ele vai encarar o mundo exterior. As cartas "sombrias", nesta posição, mostram uma situação geralmente pouco agradável que a pessoa atrai e que, de alguma maneira, a obriga a ter de aceitar e confrontar um padrão interno neurótico, dando-lhe a oportunidade de compreendê-lo e desmanchá-lo.

Nesta edição, mantenho as prescrições de essências florais de Bach e Califórnia, colocando um asterisco nas segundas para diferenciá-las das primeiras. No entanto, quero frisar que as essências por si mesmas não transformam ninguém se não existem compreensões e ações concretas em direção à mudança. É como o aditivo que ajuda a gasolina a funcionar melhor o motor, mas sozinho não o move.

Uma vez que os Arcanos Maiores têm uma personalidade tão bem definida sem necessidade de reforços das correspondências cabalísticas e astrológicas, coloquei essas correspondências em letra menor. Eu não fiz o mesmo com os menores, porque para eles as correspondências são realmente importantes para definir seus significados.

O nome de algumas sephiroth ou esferas de emanação da Árvore da Vida começa pela letra ה cujo som não existe em português, de maneira que costuma ser substituída por Ch ou por H, induzindo a erros de pronúncia. Sendo que ה (Jeth) tem o som do J espanhol, como pronunciado na Espanha, usarei essa letra nessas sephiroth. Entrar em <https://es.forvo.com/languages/he/> para escutar a pronunciação correta das sephiroth em hebraico.

Considerando que as mulheres são a força motriz da Nova Era e que a maioria dos meus leitores são leitoras, decidi escrever este livro para a categoria de pessoa, isto é, feminina. Espero que nenhum homem se incomode.

Assim, o Tarô Terapêutico, colocando a ênfase no crescimento, protagonismo e responsabilidade do indivíduo, bem como no momento presente, rompe com a dinâmica do Tarô Tradicional focado nas circunstâncias e no futuro, e levará muitos fãs e profissionais do Tarô, exceto meus alunos, é claro, a vê-lo e usá-lo de uma forma completamente diferente.

Este livro não é apenas um manual para ensinar a ler o Tarô com uma abordagem terapêutica, porque, como alguns leitores têm comentado, ao mostrar aspectos desconhecidos, negados e conflitantes da vida do leitor, pode levar a pessoa a entrar em profundidade dentro de si mesma, dando a opção de curar episódios esquecidos que até que não emerjam à consciência nos manipulam.

Então, o *Curso de Tarô* não é apenas para ler, mas também para viver.

Bom proveito. Com amor,

Veet Pramad.
Serra Grande (Bahia)

Capítulo 1

O Uso Terapêutico do Tarô

Quem olha para fora sonha;
quem olha para dentro acorda.

Carl Jung

Adivinhação e autoconhecimento: duas visões excludentes

Atualmente, o Tarô é usado a partir de duas visões radicalmente diferentes: a tradicional, que pode ser divinatória ou de aconselhamento, e a de autoconhecimento. Existem diferentes modalidades de Tarô de autoconhecimento. Cabe destacar a linha junguiana, a de Jodorowsky, a de Liz Green, etc., e a minha que, a partir de 1987, chamo de Tarô Terapêutico ou Psicoterapêutico. O objetivo do Tarô Terapêutico é ajudar a pessoa a ser ela mesma. Para isso trabalha na luz e na sombra. Na luz favorecendo a reconexão da pessoa com sua essência e na sombra buscando identificar, compreender e desativar os bloqueios, medos e outros padrões de comportamento que dificultam a sua plena realização.

Os cinco princípios do Tarô Terapêutico

1. Nossas vidas não são o produto das circunstâncias, mas de nossas decisões; somos plenamente responsáveis pela vida que temos. A vida é como uma estrada com duas mãos. Nós a construímos a partir das decisões que tomamos quando avançamos aos nossos objetivos (o caminho de ida) e das decisões a respeito de como acolhemos o que vem a nós (o caminho de volta) ou, como diz Steve Beckman, "você faz suas escolhas e suas escolhas fazem você".

2. Tomamos nossas decisões a partir de nossas crenças e padrões de comportamento, construímos nossa vida a partir de nossas crenças. Mas cuidado! Isso não significa que se eu acreditar em algo isso irá acontecer, embora, se eu não acreditar, muito provavelmente não

acontecerá. Por exemplo: se eu não acho que vou ganhar na loteria, não vou jogar e, claro, nunca vou ganhar; mas, mesmo achando que vou ganhar, posso passar a vida jogando sem resultado. Crenças, ao contrário do Teorema de Pitágoras, são cimentadas pelas emoções. A força de uma crença é proporcional à intensidade da emoção que sentimos quando adquirimos essa crença, geralmente na infância, seja uma crença inoculada: "Você tem de acreditar em Deus, senão vai para o inferno", seja uma crença produto de uma ou várias experiências. Uma crença ou decreto sustentado apenas por uma viagem mental ou do ego, sem uma profunda emoção, não tem nenhuma força.

3. O principal obstáculo para atingir a realização em qualquer aspecto da vida somos nós mesmos, isto é, nossas resistências a mudar as crenças e os padrões de comportamento que não funcionam.

4. Atraímos o que precisamos para crescer (para tornarmo-nos plenamente o que somos) e não os caprichos da mente. Todo ser vivo tem o impulso inerente para tornar-se completo. Cada semente que cai ao chão vira uma árvore; cada bebê se transforma em um adulto completo, isto é, realizado, frutífero, saudável e feliz. Assim, por exemplo, se uma pessoa para crescer precisa aprender a dizer não, ela vai atrair propostas cada vez mais inaceitáveis. Esta é a segunda chave da série "Cinco chaves para o bem-estar", que pode ser vista na minha página <www.tarotterapeutico.info>, português PUBLICAÇÕES VÍDEOS.

5. Cada um de nós leva dentro de si os potenciais necessários para realizar-se em todos os aspectos e ser feliz.

"A felicidade e a fortuna são questões de escolha
e não de sorte." *(Osho)*

A visão divinatória e a de autoconhecimento discrepam em várias questões fundamentais que devem ficar bem claras:

O Destino. Para o Tarô Divinatório o objetivo é conhecer o futuro. Se podemos ler o futuro, é que ele está predefinido, escrito em algum lugar, *Maktub*, independentemente de nossa consciência, atos ou omissões; ficamos assim reduzidos a observadores de nossa vida de um sofá mais ou menos cômodo. Para o Tarô de Aconselhamento o objetivo é ajudar as pessoas a resolver seus problemas, focalizando-os, estudando-os e aconselhando. O objetivo do Tarô Terapêutico é ajudar a pessoa a ser mais ela mesma, em outras palavras, a ser feliz, coisa que só acontece quando somos plenamente o que somos.

Para o Tarô Divinatório o centro da consulta são os fatos, as circunstâncias e as pessoas ao redor do consulente; para o Tarô de Aconselhamento são seus problemas e conflitos. Para o Tarô Terapêutico o centro é o consulente, o indivíduo que vive essas circunstâncias, problemas e conflitos.

De acordo com o Tarô Divinatório, o destino rege nossas vidas: "Se você nasceu para martelo, do céu caem os pregos", de maneira que o Tarô acaba sendo um intermediário entre esse destino todo-poderoso e os simples mortais. Então, nada podemos fazer ante esse destino plenipotenciário além de nos resignar a nossa sorte. Para o Tarô de Aconselhamento e o Terapêutico somos os cozinheiros do nosso destino. Para o primeiro é o resultado de nossas ações e omissões e a partir delas podemos mudá-lo. É verdade. No entanto, o Tarô Terapêutico, considerando que nossas ações e omissões dependem de nosso nível de consciência, afirma com Jung que "O destino é o retorno de inconsciência". Quando precisamos, para evoluir, perceber alguma questão interna, atraímos repetidamente circunstâncias que nos forçam a tomar consciência dessa questão. Quando isso acontece e tomamos as iniciativas correspondentes a essa percepção, mudamos nosso destino. Já não precisamos atrair aquelas circunstâncias e atraímos outras. Continuando com Jung: "Quando há consciência, há livre-arbítrio. Quando não há consciência, há destino". Nossa vida muda quando fazemos mudanças internas. Nossa capacidade de transformar nossas vidas, isto é, de criar o nosso futuro de acordo com os nossos desejos, é proporcional à nossa consciência. O Tarô Terapêutico é uma ferramenta para mudar o destino, ajuda-nos a tomar consciência do que realmente está prejudicando nossa realização e mostra que atitudes precisamos tomar se quisermos nos libertar.

A responsabilidade

Para o Tarô Divinatório, o ser humano é um perfeito irresponsável. Que responsabilidade pode ter alguém cuja vida está amarrada ao destino, até o ponto de poder conhecer seu futuro? Liberdade e responsabilidade caminham juntas. Se insistirmos em mostrar para nossos consulentes que suas vidas são o produto de estranhas e imprevisíveis forças, como sorte, azar, vontade divina, quando não de trabalhos de magia, contra as quais nada podemos fazer, estamos degradando-os à categoria de frangos de granja que nunca poderão libertar-se por si mesmos. E então chegam os salvadores... Assim, transpassando a responsabilidade por nossas vidas para terceiros, mantemo-nos num estado infantilizado. A felicidade e a fortuna dependem do nível de consciência com que fazemos as nossas escolhas e não da sorte. O Tarô de Aconselhamento afirma que somos totalmente responsáveis por nossas decisões, tirando-nos da rua sem saída onde nos pretendia enfiar o Tarô Divinatório, enquanto o Terapêutico nos coloca como responsáveis não só por nossas decisões, mas também pelas situações que vêm até nós porque, na verdade, nós as estamos atraindo. Enquanto continuarmos colocando a responsabilidade (ou a culpa) de nossa situação nos outros, ficaremos na estaca zero.

Geralmente o Tarô Divinatório responde às perguntas com um sim ou um não. Vai dar certo com esta pessoa, neste emprego? Vou passar no vestibular? Perguntas muitas vezes relacionadas com os outros: meu marido me trai? Meu sócio me rouba? O Tarô de Aconselhamento também funciona respondendo a perguntas geralmente relacionadas com um problema ou assunto específico e tenta dar soluções.

Em uma consulta de Tarô Terapêutico o consultante não faz perguntas. Uma pessoa não é um somatório de problemas geralmente relacionados a saúde, trabalho, dinheiro e relacionamentos. Um problema aparentemente econômico pode estar enraizado em uma falta de autoestima e vice-versa. A grande maioria dos problemas, dificuldades e frustrações tem uma raiz: desconexão com nosso verdadeiro eu, e um propósito: ajudar-nos a crescer. Então vamos para a raiz; deixemos que, sem formular nem pensar em alguma pergunta, o Tarô dê voz à essência do ser e nos mostre também as dificuldades internas da pessoa, suas origens e como desativá-las, sejam elas padrões de comportamento, crenças ou medos. Assim estaremos ajudando nossos consultantes a crescer e, como consequência, resolverão seus problemas e conflitos. Sem formular perguntas, estas são respondidas. Podemos passar muitas sessões para tentar abrir o caminho para a realização dos objetivos dos nossos consulentes, especialmente se essas metas são viagens do ego ou da mente. Enquanto não estiverem em sintonia com eles mesmos, continuarão a aparecer novas dificuldades e problemas. Estas dificuldades internas podem se manifestar em diferentes níveis: profissional, econômico, emocional, e para isso temos os Arcanos Menores mostrando de forma exata como estamos internamente em relação a essas áreas da vida.

Em síntese:

	TRADICIONAL		TERAPÊUTICO
	DIVINATÓRIO	ACONSELHA-MENTO	
OBJETIVO	Conhecer o futuro.	Resolver problemas.	Ajudar a pessoa a ser ela mesma.
CENTRO	Os acontecimentos.	Os problemas.	A pessoa.
DESTINO	Está escrito.	Podemos mudá-lo com nossas ações.	É o retorno da inconsciência.
RESPONSA-BILIDADE	Não somos responsáveis.	Somos responsáveis por nossas decisões.	Somos responsáveis por nossas decisões e pelo que atraímos.
PROCEDI-MENTO	Responde a perguntas.	Responde a perguntas.	Não se formulam perguntas.

O Bem e o Mal. O bem e o mal não são verdades absolutas. O que é bom para uma pessoa hoje pode não ser amanhã. O que é bom para mim pode não ser para você. Quem pretende ajudar a curar a alma não pode trabalhar com verdades absolutas ou doutrinas. Um jovem macaco, conta uma fábula oriental, chegou a um rio e viu um peixe. Pretendendo salvá-lo do afogamento, tirou-o para fora da água e o peixe morreu. Não existem doenças, mas doentes. No entanto, considerar que existe um aspecto nosso, particularmente íntimo, que não foi atingido pelas manipulações e chantagens da programação familiar, a essência do ser humano, nossa bússola pessoal, pode nos ajudar muito no nosso trabalho. Essas considerações são alheias ao Tarô Divinatório que geralmente toma emprestado os conceitos de bem e de mal das religiões oficiais, filtradas pelas próprias crenças do tarólogo, doutrinando ainda mais seus consultantes e dificultando que eles sejam eles mesmos.

Podemos dizer que o Tarô Divinatório e o Terapêutico não são apenas diferentes, mas excludentes. O Tarô Terapêutico liberta e o Tarô Divinatório amarra. O Tarô Divinatório é antiterapêutico. Quem oferece as duas abordagens não entendeu o que é o Tarô Terapêutico.

E vocês vão dizer: mas como é que o Tarô Divinatório acerta em muitas ocasiões? Algumas pessoas esperam que a vida mude, sem fazer mudanças internas, sem perceber qualquer coisa e, claro, sua vida é uma repetição mecânica. É por isso que o Tarô Divinatório acerta, para não mencionar que as previsões podem influenciar os consultantes.

O Tarô Terapêutico e o de Aconselhamento poderiam se complementar. Depois de fazer a Leitura Terapêutica, o nosso consulente poderia ter alguma questão ou problema para o qual deseja orientação. Claro que vamos falar do assunto, no entanto, minha experiência pessoal com 30 anos de Tarô Terapêutico nas costas me mostra que em 99,99% dos casos não há perguntas e que em 0,01% são mães que querem conselhos em relação aos seus filhos adolescentes.

No jogo de Tarô temos três grupos de cartas: os Arcanos Maiores são Arquétipos ou Princípios Universais presentes no inconsciente individual e coletivo que mudam com a evolução da humanidade. Representam também estados de consciência e suas manifestações práticas, que vão da potencialidade absoluta do Louco até a realização plena do Universo.

As Figuras da Corte ou Cartas da Realeza deixam de ser pessoas, homens e mulheres com determinadas características físicas ou psíquicas que vão aparecer ou desaparecer, trazendo alegrias ou desgraças, para virar 16 tipos de personalidade que, dependendo da posição na qual aparecem, indicam máscaras ou atitudes. Os 40 Arcanos Menores são expressões de nossa vida cotidiana em quatro aspectos: os de Paus (Bastões) ou de Fogo mostram

O Tarô e o ser humano.

como o consulente expressa sua energia, abrangendo tanto o mundo profissional como as manifestações instintivas e criativas. Os de Copas ou de Água mostram nosso estado emocional. Os de Espadas ou de Ar indicam como está nossa mente e quais são seus mecanismos mais habituais. Finalmente, os Discos (Pentagramas, Ouros ou Moedas) ou de Terra falam de nossa relação com nosso corpo físico e com o mundo material em geral.

Observem como acabamos de estabelecer um paralelismo exato entre a estrutura do Tarô e a do ser humano, que facilita a entrada em profundidade nos cantos obscuros da psique.

Os velhos sistemas de leitura como Presente, Passado e Futuro não servem se queremos colocar o centro da questão na autotransformação do ser: nos padrões de comportamento, sistemas de crenças, bloqueios e medos que precisam ser dissolvidos e nas atitudes a serem tomadas. Assim, desenvolvi em 1987 a Leitura Terapêutica a partir da tradicional Cruz Celta, sistema baseado em uma disposição de dez cartas, sendo que o número inscrito em cada carta indica em que ordem a carta foi extraída do baralho. A imagem da leitura continua sendo a céltica, mas os significados são outros. Vejamos quais são estas dez posições:

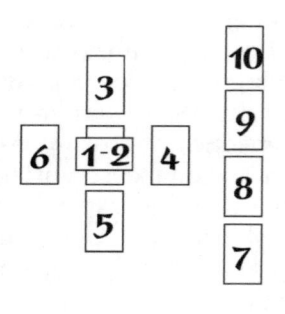

1 e 2 Momento Atual
3   Resultado Interno
4   Âncora
5   Método
6   Caminho de Crescimento
7   Voz da Essência
8   Relacionamentos
9   Infância
10   Resultado Externo

Uma sessão de Tarô Terapêutico não é muito diferente de uma consulta com um profissional da saúde. Em primeiro lugar, não o visitamos porque sentimos curiosidade, mas porque estamos doentes, porque alguma coisa nos incomoda ou nos impede de realizar nossos objetivos.

Não ficamos satisfeitos com uma receita de um analgésico para nossa dor de cabeça nem com a promessa de nos sentirmos melhores tomando tal remédio. Queremos, em primeiro lugar, que nosso médico avalie nossos sintomas e identifique a doença. Do mesmo modo, no Tarô Terapêutico, as cartas do Momento Atual, que mostram as dificuldades pelas quais estamos passando, são os sintomas de uma doença formada por um conjunto de padrões de conduta programada, que podemos chamar de máscara ou *script*, denunciados pelas cartas da posição da Âncora.

Em segundo lugar, queremos saber as causas de nossa doença para não voltarmos a ficar doentes. Para isso, o curador quer conhecer nossos hábitos alimentares, saber se gostamos de nosso trabalho, se fazemos exercício, se estamos passando raiva em casa ou no trabalho, se nossas expectativas de realização pessoal estão materializando-se, se vivemos um forte conflito emocional, etc. A dor de cabeça que sentimos pela manhã pode ser o sinal de alarme de um fígado intoxicado por altas taxas de gordura ou de raiva. Talvez estejamos compensando nossas insatisfações profissionais e familiares com os prazeres da mesa. Precisamos limpar o fígado, alimentando-nos melhor e parando de acumular raiva. Tudo bem, mas tampouco ficamos satisfeitos. Precisamos descobrir as causas profundas que nos levam a aceitar situações com as quais no fundo não concordamos. Se não formos até as raízes mais profundas do assunto, mudaremos, talvez, de compensações e sintomas, mas continuaremos insatisfeitos e doentes.

No Tarô Terapêutico temos as cartas da posição da Infância que mostram as origens inconscientes da Âncora, as causas profundas que nos levam à doença. Aqui tomamos consciência dos traços de personalidade adquiridos para obter uma certa aprovação familiar fundamental à sobrevivência psíquica da criança.

Nossas dificuldades e doenças não procedem de agentes externos, elas estão dentro e bem dentro de nós. São agentes externos: vírus, germes, chefe chato, corrupção, crise econômica, marido ou esposa que infernizam nossa vida e podem agir no momento em que lhes permitimos, seja baixando nossas defesas biológicas ou desvalorizando-nos.

O Tarô Divinatório geralmente coloca as causas de nossos problemas no mundo externo. Procura saber se nosso(a) companheiro(a) está nos traindo, se o sócio está roubando, se alguém jogou um mau-olhado em nossa loja. As soluções também são externas. Vai aparecer o homem/mulher de sua vida? Você vai casar mesmo com Fulano. Vai ganhar na loto, sim.

Essa coincidência em colocar as causas dos problemas/doenças e suas soluções fora de nós, desligadas de nossos padrões de comportamento, sistemas de crenças e conflitos emocionais, parece muito com a visão futurológica do Tarô e as consultas de hospital.

O doutor se preocupará prioritariamente em cortar essas raízes, sugerindo atitudes, iniciativas e remédios que nos levem a recuperar a saúde. No Tarô Terapêutico, temos as cartas da posição do Método.

O profissional sabe muito bem que o organismo é um sistema autointegrado que procura o equilíbrio continuamente, tendo seus próprios caminhos para o retorno à saúde. É mais correto, então, falar em ajudar o corpo a recuperar-se. Muitas vezes, esses caminhos são confundidos com os sintomas da doença e eliminados. Um exemplo é a gripe. Quando o sistema imunológico fica enfraquecidos, os vírus, que sempre andam por lá, atacam. Nosso corpo se defende contra-atacando com os glóbulos brancos e aumentando a temperatura corporal, pois estes funcionam melhor a uma temperatura mais elevada. Também perdemos o apetite, pois o corpo não quer gastar energia na digestão. Muitas vezes confundindo a febre com a doença, forçamos nossos filhos a comer e aplicamos antitérmicos.

No Tarô Terapêutico, a tendência que o ser tem de recuperar sua saúde é expressa nas cartas da Voz da Essência.

Uma vez que o diagnóstico é feito, um médico não alopata não prescreverá medicamentos para esconder os sintomas, mas vai trabalhar sobre as causas reais da doença para poder arrancá-la da raiz. Sugerirá atitudes, iniciativas e remédios que nos levem a recuperar a saúde. Quando entendemos o conflito interno, suas origens e manifestações e temos um diagnóstico, é hora de agir, é hora da receita. No Tarô Terapêutico temos as cartas da posição do Método.

Também queremos saber do doutor a evolução do nosso quadro clínico e quais os resultados do processo. Tudo isso é mostrado pelas cartas do Caminho de Crescimento e dos Resultados Externo e Interno.

Tarô Terapêutico	Curador
Momento Atual	Sintomas
Âncora	Doença
Infância	Origens da doença
Método	Receita
Caminho de Crescimento e Resultados	Evolução do quadro

É claro que podemos dispor várias cartas para cada posição, como veremos no capítulo 4, formando assim um mapa do processo que o indivíduo está vivenciando, fornecendo as orientações precisas para que dê uma bela guinada na vida.

Capítulo 2

A Grande Viagem

O caminho da vida

Abordar os Arcanos Maiores é uma grande aventura. Encará-los com um método sistemático, estudando cada carta por meio de seus símbolos e correspondências cabalísticas, astrológicas e numerológicas, poderia parecer, aos não iniciados, uma leitura árida, enquanto fornecer uma lista de significados práticos deixaria o leitor perguntando-se: mas de onde vem tudo isso?

Eis a razão deste capítulo: suscitar, com cada Arcano Maior, determinadas reverberações internas que facilitem uma visão pessoal das cartas. Vendo como estas refletem nossas vidas e que aspectos e atitudes de nós mesmos aparecem nelas, iremos conhecendo-as mais facilmente e teremos um referencial mais vivo quando, a partir do capítulo 6, iniciarmos o estudo sistemático.

Consideraremos a sequência dos Arcanos Maiores como o processo de individuação, a Grande Viagem do ser humano à procura de si mesmo e de sua realização pessoal, e cada uma das 22 cartas como um estado de consciência que vai desde a absoluta potencialidade do Louco até a realização pessoal, plena consciência ou síntese final do Universo.

Essa abordagem estaria muito dificultada se, como em muitos baralhos antigos e alguns modernos, colocássemos O Louco no final da sequência como Arcano XXII e não no início como Arcano Zero. Nessa posição, O Louco entrará em contato com cada uma das 21 cartas restantes, que serão desafios e provas por meio dos quais ele irá se transformando. O Louco é o recém-nascido, puro, espontâneo e inocente. É a criança EPATIPICA: espontânea, presente no presente, alegre, total, inocente, perceptiva, imprevisível e capaz de maravilhar-se e quando sente que suas necessidades de sobrevivência estão garantidas, amorosa. Representa o estado potencial das coisas.

Alguns autores lhe atribuem o significado de inconsciência, como a antiga pedagogia que considerava a criança como uma tela em branco, a qual tem de encher a cabeça de conhecimentos e regras. Nada mais falso. O bebê sabe muito bem o que quer e o que não quer (melhor do que muitos adultos), de que gosta e de que não gosta; ele não duvida, age de acordo com seus referenciais internos profundos, tais como seus instintos, que, salvo graves problemas intrauterinos, se conservam intactos. Sua memória corporal, ainda não bloqueada por tensões psicofísicas, engloba as lembranças de toda a sua evolução. Estaremos, então, mais perto da verdade se dissermos que o bebê age a partir do inconsciente e assim vai tornando-se consciente, em vez de afirmar que é inconsciente. É óbvio que o bebê desconhece o mundo tão complexo ao qual chegou, a mente dos adultos e suas neuroses. Ainda não sabe que em 1987 consumiram 1,3 milhão de dólares por minuto em gastos militares, enquanto, no mesmo minuto, 30 crianças morriam de fome.[1]

Realmente, o bebê, que acabou de encarnar neste nível de evolução chamado planeta Terra, não precisa saber de nada disso para crescer saudável e feliz. O que precisa é de amor e apoio.

Da mesma forma que uma semente tem em si mesma todos os elementos para transformar-se em uma árvore, precisando apenas de água e terra fértil, o recém-nascido é um ser perfeito, integrado e completo, que se desenvolve a partir de uma estrutura energética central nos aspectos físico, emocional e mental e de um átomo divino no plano espiritual. Nada está faltando. A verdadeira sabedoria está dentro do bebê. A escola e a universidade são apenas detalhes informativos, diante do amor insubstituível, para afirmar-se, desenvolver seus potenciais, desabrochar, lembrar o que já sabe.

Assim, como mostra a carta de Crowley, o bebê Louco chega sorrindo, maravilhado diante do desconhecido, livre de medos, preconceitos e bloqueios emocionais, vivendo a eternidade em cada momento. A partir dessa absoluta potencialidade, O Louco começa a entrar em contato e a desenvolver em si mesmo uma primeira polaridade; começa a expressar-se de duas maneiras fundamentais que se correspondem com os dois princípios básicos que operam no Cosmos: o Princípio Masculino, a ação, ou Yang, e o Princípio Feminino, a receptividade, ou Yin, os quais no Tarô, são: "O Mago" e "A Sacerdotisa". A primeira expressão Yang do recém-nascido é o pranto ou o sorriso, no momento do nascimento. Um ou outro dependerão, fundamentalmente, se for o bebê que nasce, e sua mãe, devidamente auxiliada, que dá à luz, ou se é o doutor que faz mais um parto.[2] De fato, embora não exista ainda memória cognitiva, em inúmeros casos o primeiro trauma do indivíduo é seu nascimento.

Depois vai mamar, relacionar-se e comunicar-se, gritar de alegria ou chorar de fome ou de frio, descobrir pouco a pouco o que o rodeia; vai criar, transformar uma lata em um tambor, descobrir seus limites

---

1. De "World Military and Social Expenditures" (1983). Washington D.C.: World Priorities.
2. Ver: *Nascer sorrindo ou nascer chorando,* de Frederic Leboyer.

e tentar superá-los; isto é, vai sair de seu espaço interior para agir no mundo exterior. Tudo isso é expressão do Mago, Arcano I.

A Sacerdotisa, Arcano II, o Princípio da Receptividade, leva o bebê à interiorização. Ele fica quieto, tranquilo e silencioso; às vezes, com os olhos bem abertos como se enxergasse através do que olha um mundo que está além da visão dos adultos, talvez em outro tempo, talvez interior; ou então chupando dedo, totalmente receptivo e conectado consigo mesmo. Nesses momentos, a criança nos surpreende com uma expressão de serenidade e sabedoria que apenas os Iluminados conseguiram resgatar.

Enquanto o bebê vai se manifestando nessas duas polaridades, também vai entrando em contato com o mundo mais concreto, o que pode e não pode fazer, o mundo das regras e das expectativas dos outros. Este contato acontece por intermédio da mãe e do pai que são "A Imperatriz" e "O Imperador", Arcanos III e IV, respectivamente.

Os pais são os que mais influenciam a vida de cada um, pelo que fazem e pelo que deixam de fazer. São mais importantes para nosso desenvolvimento que os irmãos, a escola, os amigos, a sociedade, o sistema econômico, a nacionalidade, as "boas" ou "más" companhias, a classe social ou a religião, até o ponto de determinar em alto grau o futuro da criança, tal como diz o ditado: "Tal pai, tal filho".

Apesar dos esforços que podemos fazer para reverter a programação familiar, é muito difícil acabar com ela, como afirma Eric Berne, parafraseando o *Panchatantra*, um dos textos hindus mais antigos: "Estas cinco coisas tereis de vossos pais, seis anos depois de sair do útero: A duração de vossos dias, vossa sorte, vossa riqueza, vossa instrução e vosso túmulo".

São os pais quem "carmatizam" a criança, colocando-a no nível de evolução que tinha alcançado na vida anterior.[3]

A mãe/Imperatriz é a primeira que dá a forma e, portanto, limites a esse ser. Faz com que ele entre no mundo da polaridade vida e morte: dá-lhe a possibilidade de nascer e, ao mesmo tempo, assina sua sentença de morte.

Desde o útero, a mãe influi enormemente no desenvolvimento físico e psíquico de seu filho, aceitando-o ou rejeitando-o, amando-o mais ou menos e/ou criando expectativas que interferem no crescimento da criança.[4] A mãe pode sentir-se premiada pelas forças da Vida, que lhe confiaram a gestação e os cuidados de um ser perfeito, por meio do qual ela tem a possibilidade de resgatar sua própria perfeição, ou castigada

---

3. Ver "O karma" em <www.tarotterapeutico.info>, português PUBLICAÇÕES ARTIGOS.
4. Em experiências de regressão ao útero com homossexuais de ambos os sexos, 90% deles entraram em contato com o desejo intenso de suas mães de que fossem do sexo que originalmente não eram.

com a obrigação de assumir durante décadas a responsabilidade de criar um ser humano. São muitas as mulheres que não desenvolveram seu instinto materno, que não se sentem maduras para assumir tamanha responsabilidade ou que estão em um momento em que as prioridades são outras. Muitas delas optam por dar continuidade à sua gravidez condenando seu filho a uma vida de miséria emocional e/ou econômica marcada por rejeição, abandono, desvalorização ou culpa, obedecendo, assim, à pressão social e, especialmente, à religiosa, que sataniza o aborto, mas nada faz para dar qualidade de vida às crianças que nascem.

O bebê percebe muito bem, mesmo antes de nascer, nos últimos meses no útero, como muda sua vida, se tem ou não o amor de sua mãe. Uma mãe amorosa e nutritiva (e não só de leite) é, para a criança, como um colete salva-vidas para alguém que caiu de um barco no oceano sem saber nadar.

Infelizmente para a humanidade, a maioria das mulheres, especialmente as casadas, sente-se frustrada, consequência de um sistema machista, que há milênios massacra a mulher de todas as formas possíveis. Elas foram obrigadas a renunciar à sua individualidade e liberdade, à realização de seus sonhos e ao desenvolvimento de seus potenciais, ao seu prazer e à sexualidade, para serem aceitas em uma sociedade cujos princípios e valores elas não inventaram, e conseguirem a aparente segurança, *status* e proteção que o macho e a sociedade machista dizem que dão. Muitas deixaram de lutar pela sua felicidade e dignidade e fizeram de sua renúncia e sofrimento um mérito que tem o aplauso de todas as religiões, também patriarcais; disseram "sim" para o sistema que as oprime e "não" para si mesmas. Isso gera tanta raiva que danifica sua capacidade de amar e as deixa sentindo rancor e desejo de vingança. Inconscientemente, segundo a Lei do galinheiro,[5] transbordam esta carga negativa em cima dos mais fracos, que são geralmente seus filhos, para os quais resulta difícil abrir seus corações e, de um modo ou outro, transmitem-lhes sua frustração.

"Se a raiva de todas as frustradas do mundo se juntasse, imediatamente o planeta explodiria, com mil vezes mais força que se o fizesse pela explosão simultânea de todas as armas que os machos acumularam." (Eliodoro Ortiz)

Vejamos como se dá esta programação nos diferentes planos:

1. No plano corporal/instintivo. Para o bebê dentro do ventre materno, seu corpo, o corpo de sua mãe e o mundo é tudo a mesma coisa. Quando nasce, sente como se tirassem uma parte dele mesmo, com a qual até aquele momento se identificava, especialmente se o mandam para o berçário ou para a incubadora. Em muitas culturas (andina, amazônica,

---

5. Lei do galinheiro: a galinha que está em cima faz cocô sobre a galinha que está embaixo.

oriental), o bebê é envolvido em uma manta ou pano e amarrado nas costas de sua mãe, continuando, até que aprenda a andar, em contato físico estreito com ela, de maneira que este processo de separação se dá de forma muito mais gradual e menos traumática.

Também, sem pretender negar a eficiência higiênica da fralda, esta cria uma área onde o bebê não tem possibilidade de tocar-se, passando a mensagem de que aquela área do seu corpo não lhe pertence, especialmente se na hora do banho não é permitido que a criança a explore. E, se proibimos algo, estamos criando uma fixação em cima desse algo. Depois que a criança abandona as fraldas, continua insistindo-se para que a área genital/anal não seja mostrada ou manuseada. Também se inocula a vergonha, coisa que a criança nunca tinha tido antes.

Como qualquer filhote de mamífero, a criança é curiosa, quer descobrir o mundo que a rodeia e se sente especialmente fascinada pelos elementos fogo, terra e água nas suas mais variadas formas: barro, chuva, charcos, fogueiras, e pelos outros animais. As iniciativas que a criança toma neste sentido geralmente são reprimidas por sua mãe, que aprendeu de sua mãe que a terra era suja ou nojenta; a água, não tratada; a chuva, fonte de enfermidades; e o fogo é só para apagar nas velas do bolo de aniversário. O banho cotidiano que tanto prazer dá à criança é reduzido a uma obrigação, rápida e programada. Em geral, tudo aquilo que atente contra o princípio quase divino da limpeza é evitado. As funções biológicas, como comer e beber, são reformuladas e transformadas em rituais que tiram o prazer que toda satisfação biológica acarreta. Fazer xixi e cocô também é regrado. Em definitivo, a expressão instintiva é podada e manipulada, deixa de ser espontânea e é preenchida de nojos, vergonhas e medos.

2. No plano emocional. Uma característica do bebê e da criança pequena é a sua espontaneidade emocional. A mãe frustrada, que também foi impedida de ser espontânea, tem sérias dificuldades para aceitar as manifestações da individualidade da criança e tolerar suas iniciativas, pois inconscientemente entra em contato com a raiva e a dor que sentiu quando isso aconteceu com ela. Quanto mais as pessoas reprimem seus impulsos naturais para obedecer a normas, mais se sentem ofendidas quando alguém faz o que bem quer. Embora não o queira conscientemente, a mãe pode acabar dizendo para seu/sua filho/a nas entrelinhas: "Eu renuncio, me humilho e obedeço, você tem de fazer a mesma coisa. Você não pode ser livre, feliz e sentir-se amado/a, assim como eu não sou livre, não sou feliz, nem me sinto amada".

O bebê é o protótipo do egoísmo; seus pais só existem na medida em que atendem e satisfazem as suas necessidades vitais, pois a força maior que move qualquer ser vivo é a necessidade de sobrevivência. Apesar de, a cada cinco segundos, morrer uma criança de fome, geralmente os pais fazem todo o possível para nutrir, abrigar e proteger seus filhos. Quando o bebê/criança sente que suas necessidades de sobrevivência estão garantidas, transborda amor, prazer e alegria, e os adultos ficam babando ao redor. Mostra que o estado natural do ser é o prazer e o amor. Se ele é correspondido amorosamente, seu nível de satisfação aprofunda-se, sente-se nutrido em outros níveis mais sutis e se afirma em seus direitos básicos:

O direito à vida, desenvolvido ou negado desde os últimos meses de gestação até os primeiros seis meses. Quando a criança vê sua vida ameaçada nessa época, desenvolve uma **estrutura de defesa de caráter esquizoide** que se caracteriza por um corpo longilíneo, mãos e pés frios, olhos sem vida, cabeça desconectada do tronco, desconexão com as emoções (não sente) e se defende por meio da intelectualização. Está mobilizada pelo medo de morrer.

O direito de ter suas necessidades básicas de alimento e de amor satisfeitas, que se dá nos primeiros dois ou três anos de vida, especialmente na fase do aleitamento. Se esse direito não for preservado, a criança sente medo de ser abandonada e desenvolve uma **estrutura de defesa de caráter oral**, com um corpo magro, peito deprimido e frio e músculos flácidos. Psicologicamente permanece apegada às pessoas, sugando sua atenção, pois se sente incapaz de ser independente. Está mobilizada pelo medo de ser abandonada.

O direito de ser independente, isto é, de se autoafirmar opondo-se a seus pais. Esse direito se vivencia também a partir dos 18 meses, quando a criança aprende a dizer "não". Se isso não é permitido, pois a mãe é controladora, superprotetora e mártir, a criança perde a capacidade de tomar iniciativas independentes. Quando a criança se autoafirma, a mãe a faz sentir-se culpada ou a humilha. A criança registra "se eu for livre, você não me amará", e desenvolve uma **estrutura de caráter masoquista** com corpo baixo, grosso e musculoso, nádegas frias e a pélvis projetada para a frente. Acumula raiva, a qual é incapaz de expressar, pois seu maior medo é explodir. Será um lamuriento, que aparentemente se submete, mas não internamente, de maneira que permanece em conflito.

Os dois próximos direitos são vividos em uma fase posterior, quando começa a afirmação da sexualidade da criança. Os três primeiros direitos estão vinculados à mãe; os dois próximos, o papel fundamentalmente é do genitor do sexo oposto.

O direito de ter autonomia, isto é, de não estar subjugada ao que os outros querem dela. Esse direito se vivencia entre os 2 e os 6 anos e é perdido quando o pai é veladamente sedutor. A aceitação é condicionada a que a criança se deixe seduzir, fazendo os caprichos narcisistas do pai e se sinta manipulada por este, perdendo assim sua liberdade. Ela registra "posso ser aceita se eu deixar você me controlar". Para se defender, inverte os papéis e manipula seu pai, tornando-se também sedutora.

Desenvolve uma **estrutura de caráter psicopática**, que se caracteriza por um corpo com o peito estufado com grande carga energética, pélvis estreita e fria e pernas finas e frias, assim como os super-heróis americanos. Psicologicamente, precisa controlar os outros intimidando-os ou os seduzindo. Não se conecta com a sexualidade, como é o caso de muitos ditadores, políticos e gângsteres, a não ser que a sedução especificamente sexual seja a maneira de controlar o outro. Nega as emoções, especialmente as de origem sexual. Está mobilizada pelo medo de ser controlada e a sua característica mais marcante é a falsidade, além de uma acumulação de energia na própria imagem.

O direito de querer, isto é, de se mobilizar para conseguir seus anseios de uma forma direta e aberta, ligado ao complexo de Édipo, em que se misturam o amor, o prazer erótico e a sexualidade infantil.[6] Rejeições ao contato físico por parte do pai do sexo oposto ferem sua autoestima e fazem com que a criança se sinta traída na expressão de seu amor. Para se proteger, a criança controla a expressão de seus sentimentos (sente, mas não expressa) e registra que se entregar é muito perigoso, pois corre o risco de ser rejeitada. Desenvolve uma estrutura de caráter rígido. As costas ficam rígidas e a pélvis se inclina para trás. Os sentimentos se separam da sexualidade e, frequentemente, aparece uma linha transversal no umbigo que separa o tórax do abdômen. Para compensar a autoestima ferida, torna-se um adulto orgulhoso, ambicioso e competitivo. Está mobilizada pelo medo de se entregar.

Os pais precisam sair da identificação com o papel de pai ou mãe que os leva a ver seu/sua filho/a como "meu/minha filho/a", aceitando-o/a ou rejeitando-o/a segundo a maneira como este/a encaixa seu comportamento com a ideia de "meu/minha filho/a". "Filho meu faz isso e não faz aquilo." Precisam ver que por trás de suas ideias há um ser que se desenvolve a partir de sua própria natureza.

Essa expectativa de que o/a filho/a seja assim ou assado os impede também de receber o amor que a criança lhes dá, perdendo assim a possibilidade de sentir-se amados e de resgatar sua criança não programada.

Transformar este pequeno egoísta em um indivíduo solidário que saiba compartilhar seu ambiente com os outros é uma tarefa de artista que exige saber colocar limites, fundamentalmente saber dizer "não" com amor suficiente para que a criança não se sinta rejeitada, pois para sua mente infantil se seus pais não a deixam fazer o que quer e como quer é porque não a amam. Então esses "nãos" devem estar arroupados em suficientes "sins" para que isso não aconteça.

A mãe frustrada tampouco sabe lidar com a expressão emocional natural da criança e apesar de, no melhor dos casos, procurar fingir, tentando preservar a espontaneidade de seu filho, este percebe perfeitamente o que

---

6. A sexualidade infantil não é uma sexualidade genital, ela engloba o corpo todo.

agrada e o que não agrada a sua mãe. O problema aparece quando a mãe condiciona a aceitação da criança a que ela se comporte de uma determinada maneira. O bebê-criança sabe instintivamente que para garantir a sua sobrevivência, e a sobrevivência é a força maior dos seres vivos, precisa ser cuidado, nutrido, protegido e aceito pela família. Quando a expressão de um aspecto ou talento gera uma resposta de rejeição, condenação, crítica ou violência, o instinto de preservação se desengatilha e manda para a sombra aquele aspecto do talento, e o bebê-criança deixa de ser espontâneo e começa a fingir, parando de fazer e expressar o que desagrada a mamãe e fazendo e expressando o que a agrada, pelo menos quando está na frente dela. Assim alguns aspectos e talentos da criança atrofiam-se, outros traços de sua personalidade se desenvolvem exageradamente e certos padrões de comportamento são enxertados.

A aceitação[7] ou a não aceitação vai determinar as atitudes futuras da criança. Se se sente aceita, ela se aceitará a si mesma e chegará à adolescência e à fase adulta conectada e tomando iniciativas a partir de seus centros instintivo, emocional e mental. Valorizará seus impulsos e emoções, suas ideias e ideais, e não pretenderá parecer-se com os estereótipos que os meios de comunicação colocam como modelos, nem sofrerá por se sentir diferente deles.

No entanto, aceitar a criança tal como ela é não significa falar sim a tudo e satisfazer todos seus caprichos. A criança não pode fazer tudo o que bate na telha, pode ser perigoso. Aceitá-la significa valorizá-la e valorizamos aquilo a que dedicamos nosso tempo. Não se trata de valorizá-la se pensa ou atua como nos parece correto e desvalorizá-la se pensa ou atua como nos parece incorreto. Trata-se de valorizá-la sempre e isso quer dizer usar nosso tempo para conversar, para mostrar-lhe as consequências de seus atos, para colocá-la o mais possível em contato com a realidade, para passar-lhe nossa experiência, mas não para meter-lhe opiniões ou princípios morais que são nossos, pertencentes a outra época. O que mais quer a criança é a presença amorosa de seus pais e é quando falta que ela começa a pedir caprichos, especialmente se for deixada muito tempo na frente da TV.

Na maioria das vezes, os pais não têm tempo ou amor suficientes para fazer isso, existem outras obrigações. Conversar, informar, orientar, escutar, compartilhar momentos, tudo isso é substituído por ordenar, chantagear, ameaçar, premiar e castigar. A criança passa pela amarga experiência de comprovar que expressar suas emoções e seguir seus impulsos são coisas que a levam a sofrer, sentindo-se rejeitada, desvalorizada ou abandonada. Quanto mais espontânea é, acaba sofrendo mais. Assim, a criança acaba ligando ser ela mesma com sofrer e

---

7. Ver a Primeira Chave para o bem-estar: Aceitação plena em <www.tarotterapeutico.info>, português VÍDEOS.

ainda acreditando que não merece carinho nem atenção e que seu amor não vale nada. Seu ser se enfraquece, perde confiança em si mesma e no mundo, deixando de guiar-se pelos seus sentimentos.

Esse sistema educativo de prêmios e castigos faz, entre outras coisas, com que o prazer que aparece naturalmente, quando a criança atua de forma espontânea, desapareça e seja substituído pelo pseudoprazer de ser premiado, se seguir os padrões de conduta entre os quais o mais sagrado é obedecer.

> "A obediência não precisa de inteligência. Todas as máquinas são obedientes. A obediência tira-lhe o peso de qualquer responsabilidade, pois esta fica com a fonte de onde a ordem vem. A desobediência é uma grande revolução. É assumir responsabilidade sobre si mesmo." *(Osho)*

O prazer que vem de dentro pode ser perigoso, pois pode trazer castigos ou rejeições e vai ficando cada vez mais relegado ao âmbito do impossível. A criança vai se convencendo de que não merece esse tipo de prazer, que só merece aquele que vem de fora, resultado de se adequar às expectativas familiares: "Se você se comportar, vou comprar-lhe um chocolate". E assim foi inventado o *happy hour*. Como cantou Vinicius de Moraes: "os bares estão cheios de homens vazios (do verdadeiro prazer) porque hoje é sábado". Quem assim foi programado tem dificuldade para escolher atividades profissionais que lhe proporcionem prazer e fica dividido, de segunda a sexta, em uma atividade profissional desprovida de prazer, mas que lhe proporciona o dinheiro para, de sexta a domingo, comprar compensações.

A criança vai ficando carente de amor e aprovação e começa a fazer qualquer coisa para consegui-los: obedece a ordens absurdas, esconde suas emoções, aprende a fingir e a mentir porque o caminho direto para conseguir o que quer foi interditado. Começa a manipular, encena os papéis mais incríveis para receber atenção, mesmo que seja com o chinelo na mão, pois para a criança é muito mais doloroso ser ignorado que apanhar.

A criança perde o contato com seu amor e fica achando que amar é obedecer, que amar é agradar, que amar é sacrificar-se, renunciar. "Como nosso Senhor Jesus Cristo, que tanto nos amou, que renunciou à sua própria vida e se deixou crucificar para salvar-nos", repetem pastores e padres. Assim a criança vai transformando-se em alguém que não é e nunca foi, traindo seu verdadeiro ser para, no melhor dos casos, conseguir apenas umas migalhas de aprovação. E a vovozinha diz: "Parece que o Zezinho está mais comportado".

3. No plano mental. Desde que nasce, o bebê tem uma enorme capacidade de estar atento a tudo o que acontece ao seu redor. Embora não tenha informações prévias a respeito do mundo ao qual acabou de chegar, ele tem uma altíssima percepção que o faz enxergar coisas que passam totalmente despercebidas para os adultos. Embora se fale que a mente da criança demora sete anos para se desenvolver, ela assimila informações a alta velocidade, pois tem duas vezes mais sinapses cerebrais que o adulto.

A mente tem outras funções fora a racionalização, e uma delas, a percepção, está a tal ponto desenvolvida que a criança tem sido chamada de "o pequeno professor". Percebe o que se fala para ela e o subtexto implícito. Antes que a criança aprenda a falar, os pais veem como ela percebe tudo e compreende o que se fala para ela.

Quando a criança cresce e especialmente quando começa a falar, o pai se aproxima mais dela. Para o pai é mais fácil se comunicar verbalmente com a criança, pois a capacidade instintiva de comunicação apenas com o olhar que a mãe tem, a capacidade de saber o que a criança quer, o que dói, sem a necessidade de palavras, é algo que o pai pode desenvolver, mas que a princípio ele não tem.

Se a criança tiver um certo nível de carência emocional e a mente funciona parcialmente desconectada das emoções originais e instintos, porque se manter em contato com eles traz dor e frustração, no momento que o canal de comunicação se amplia por meio da fala, a criança cria a expectativa de que, nessa aproximação com seu pai, ela possa receber o apoio, a atenção e o amor para curar suas carências e torna-se mais receptivo a ele, esse "gigante onipotente".

No entanto, se a sociedade patriarcal degradou a mulher à categoria de fêmea parideira e empregada doméstica, negando a sua polaridade masculina, também transformou o homem em uma formiga que compete, às vezes de maneira nada ética, com as outras formigas, negando sua polaridade feminina.

O pai em vez de colocar a criança sobre seus ombros e levá-la para passear, deixando que esta elabore suas próprias ideias a respeito do mundo, vai colocando, na sua cabeça infantil, suas ideias, seu ponto de vista, sua visão do mundo, suas crenças, suas manias. Ideias que refletem o que o seu pai é ou o que teria gostado de ser. Isso não seria um problema, se a criança não estivesse carente. Quanto mais carente está a criança, ela com mais fome engole sem mastigar as palavras de seu pai, buscando a aceitação.

O raio pesado. Aleph.

Que poderíamos dizer da qualidade dessas ideias, se durante séculos o homem teve de competir, negar sua sensibilidade, esconder suas emoções, envolver-se em atividades que nada tinham a ver com a sua essência, endurecer-se perdendo a ternura, impor-se sobre os outros explorando-os, conformar-se com o pseudoprazer das compensações, negar-se a si mesmo para se encaixar nos moldes socialmente aceitos? O homem aceitou também a sua frustração, embora tente mantê-la anestesiada com o poder e com o que o dinheiro compra. Em muitos casos ficou egoísta, estéril, covarde, rígido e babaca. O pai, quando não é omisso, mostra o caminho "certo", dá os objetivos "práticos" e deixa a criança "preparada" para a vida. O pai, com a sua atitude, ajuda a justificar e possibilitar a existência dos exércitos e o falso progresso que destrói o planeta.

Inicialmente, a criança percebe o texto, o subtexto, a emoção subjacente e isso dói, de maneira que para não sofrer vai reduzindo a resolução de seu sensor perceptivo. O mesmo acontece quando seus pais lhe mentem; em muitos casos, a criança percebe que estão mentindo e isso dói tanto que prefere acreditar na mentira. Assim, acaba negando suas próprias percepções e opta por engolir o que falam os outros, não só seus pais: "É pelo seu bem", "Dói mais em mim ter de punir você", mas também religiosos, professores, publicidade, TV, etc. Para de indignar-se com as injustiças e abusos, abandona seus ideais. Se não mudar, será incapaz de peneirar a informação. Os comerciais ou as promessas de campanha dos políticos terão a mesma credibilidade que sua experiência direta ou que um relatório científico e, provavelmente, não terá critérios próprios.

Resumindo, podemos dizer que, por meio do trabalho da Imperatriz e do Imperador, O Louco enfraqueceu seu Eu, até o ponto em que perdeu sua espontaneidade e ficou com medo de tomar iniciativas e expressar ideias próprias. Já não acredita mais em si mesmo, pensa que não merece amor, perdeu seu entusiasmo e a capacidade de maravilhar-se pela vida e trancou seus instintos. Transformou-se em um frustrado, em um mendigo de atenção, em um monstro incapaz de entregar-se e amar.

"Sou uma criança, esse monstro que os adultos construíram com seus medos." (Jean-Paul Sartre, 1905-1980)

Pode tentar ocultar todos esses traços com qualquer fantasia, sem saber que tudo o que escondeu continua trabalhando internamente, manipulando até limites insuspeitos.

São quatro os fatores principais que possibilitam essa sinistra transformação:

- A sensibilidade, abertura e entrega amorosa da criança.
- A necessidade de amor e aprovação que ela tem para poder sobreviver.
- A superioridade física dos pais.
- A dependência material da criança.

Podemos observar umas mudanças interessantes na programação infantil nas últimas décadas. Quando a mulher deixa os cuidados da casa, marido e filhos como principal prioridade para lançar-se ao mercado de trabalho, iniciando um processo de independência econômica, intelectual e sexual; quando as jovens priorizam seus estudos (e hoje elas são a maioria na maior parte das faculdades) e profissão a casar-se e ter filhos, estão colocando a primeira pedra da Nova Era. Antes desse salto, a mãe estava muito mais presente em casa e, em geral, o pai também. A educação era mais repressora, os pais acreditavam piamente que sabiam e deviam criar seus filhos como eles mesmos foram criados, geralmente por pais ainda mais autoritários. A residência familiar pertencia aos pais e se fazia o que os pais queriam, e, se alguém não estivesse feliz, pois ali estava a porta. Os filhos tinham medo de seus pais, geralmente mais do pai, e isso era chamado de respeito. Os filhos queriam ficar independentes o mais rápido possível para sair de casa e ter seu próprio espaço e liberdade. A família ficava mais tempo junta, especialmente quando não tinha televisão; os filhos podiam sentir em alguns momentos muita raiva de seus pais, mas, ao mesmo tempo, viam que estes estavam disponíveis para fazer coisas juntos, isto é, eram vistos, atendidos, orientados, cuidados, embora também reprimidos, castigados ou surrados.

Na sociedade atual, os pais quase não estão em casa, ganhar dinheiro ocupa quase todo o dia, os pais chegam estressados e cansados cada noite. Crianças e adolescentes passam o dia todo na escola e em outras atividades organizadas e chegam a suas casas também cansados. Mesmo assim, passam mais tempo em casa que seus pais e vão se apoderando de alguns espaços, enquanto seus pais estão fora. Os pais têm pouquíssimo tempo para seus filhos, que se sentem abandonados e ocupam o tempo livre com a televisão, os videogames e outros artefatos que estimulam o consumismo e a violência. Os pais, que optaram por dedicar seu tempo a ganhar dinheiro, desconhecem seus filhos e se sentem culpados por não lhes dar mais atenção, de maneira que compram todos os seus caprichos e não colocam limites. Os filhos sentem-se abandonados e vão acumulando doses de rancor, dor e carência. Como não podem ter o que no fundo querem (o amor, a presença e a atenção de seus pais), transformam-se em verdadeiros tiranos caprichosos, achando que têm todos os direitos e nenhuma obrigação. Como em casa têm todas as mordomias e inclusive liberdade, pois os pais quase não estão lá para reprimi-los, aferram-se ao lar familiar antes de enfrentar a aventura da independência lá fora.

Agora, O Louco vai encontrar-se com o Hierofante, o Arcano V, que traz as doutrinas com as quais a sociedade dá o toque final à falsa personalidade que a criança foi obrigada a adquirir. O Hierofante é o poder ideológico, os fundamentos religiosos, filosóficos e "científicos" que ajudam a sustentar o poder econômico, o Sistema, O Imperador.

O Hierofante abençoa os exércitos de jovens que o velho Imperador manda para a morte. Um dia não muito distante, o Hierofante do Ocidente morava no Vaticano. Hoje são os meios de comunicação, o Quarto Poder que fabrica a informação e a pseudocultura massificada e massificante, anticriativa e idiotizante, que, acabando com a sabedoria popular, impõem sistemas de valores alheios a cada povo. "Valores" especialmente decadentes, crenças pasteurizadas, destiladas nas agências de inteligência internacional, a partir de elementos judaico-cristãos.

A criança e o adolescente privados de seus referenciais internos caem nas garras desses mercadores de sonhos. Para encher seu vazio de identidade, os jovens procuram alguma coisa, algo para "ser alguém", mas só podem tomar aquilo que está disponível no mercado. Assim, começam a consumir lixo, andrajos com os quais tentam reconstruir sua autoimagem, mais simples ou mais sofisticada, mais alternativa ou clássica, mais Ipanema ou mais Nova York, mais barata ou mais cara, porém sempre falsa e cuja representação nunca poderá dar gratificações profundas e duradouras. Por outro lado, os critérios de seleção de andrajos já foram facilitados pelos pais. A criança/adolescente pode aceitá-los ou, igualmente desligada de si mesma, pode procurar os opostos em uma revolta de forte caráter autodestrutivo. Assim, o Ser verdadeiro vai ficando preso, tal como a inspiração do artista deixa ver no diamante a seguir. Para encobrir essa terrível sensação de medo, fraqueza, mediocridade, frustração e falta de amor, o jovem veste-se de orgulhoso, de especial, de invulnerável, de herói, de mártir, de sábio... Já está pronto para ocupar um posto na sociedade, para ser um militar, um funcionário submisso e obediente, um político corrupto, um padre ou pastor, um bandido, um Zé Ninguém ou um Fulano de Tal, um número, um conjunto de rótulos... Já está civilizado, é uma ovelha no rebanho dos sem vontade própria, sem emoções aparentes, sem critérios próprios, sem um corpo próprio, já que até sua estrutura corporal foi viciada com múltiplas tensões, como mostra Alexander Lowen em *O Corpo Traído* (Summus Editorial).

Radiografia de um cocó.

No *Tao Te King* está escrito: "O Ser e o Não Ser se engendram mutuamente", isso indica não só que toda qualidade contém seu oposto em maior ou menor grau, mas também mostra que, quando intensificamos um aspecto da realidade, estamos, na verdade, fortalecendo seu oposto. Em outras palavras, quando empurramos o pêndulo para a direita, estamos criando uma força que o levará inexoravelmente para a esquerda. Aplicando essa lei a nosso assunto, podemos concluir que, quanto maior é a programação, também maior é a necessidade de resgate do Ser verdadeiro. O ponto de maior robotização é o início da libertação.

Quando aceitamos nossa ignorância, quando a mente se rende e diz: "desisto de ter uma explicação para tudo", estamos dando o primeiro passo para a verdadeira sabedoria.

Quanto mais programados estamos, menos energia disponível temos, já que a estamos utilizando para nos bloquear, de maneira que menor será o fluxo vital e, portanto, serão menores também o prazer e a alegria que seremos capazes de sentir. A programação é uma ameaça para as Forças da Vida. Quanto maiores são o bloqueio e a confusão, também será maior nossa necessidade vital de achar uma saída e, portanto, a possibilidade de encontrá-la será também maior. Quando perguntados os sete sábios da Grécia a respeito de qual é a força maior, a resposta foi unânime: "a necessidade".

No nível social, podemos dizer que, quanto mais alienante é o *status quo*, mais luminosas são as faíscas de beleza e de consciência que, atravessando todas as barreiras do pensamento, ajudam-nos a nos manter vivos e vibrantes. Poetas, músicos e artistas em geral, com sua linguagem sutil, conseguem tocar nossas fibras sensíveis, favorecendo nosso contato interno e ajudando-nos a sentir prazer.

Uma dessas luzes é a carta do chefe índio Seatle ao presidente dos Estados Unidos quando, em 1854, o governo pretendia comprar o território da tribo: "Como podereis comprar ou vender o céu, o calor ou a terra? Se possuíssemos a frescura das águas e a fragrância do ar, de que maneira V. Exª. poderia comprá-las?... Se nós vendemos nossa terra, vós deveis vos lembrar e ensinar a vossos filhos que os rios são nossos irmãos... Sabemos que o homem branco não entende nossos costumes. Para ele, um pedaço de terra é igual ao pedaço de terra vizinha, pois ele é um estranho que chega e se apossa da terra de que precisa. A terra não é sua irmã, mas sua inimiga e, uma vez conquistada, o homem branco vai mais longe. Sua insaciabilidade arrasará a terra e a transformará em um deserto... Pensaremos, portanto, na vossa oferta de comprar nossas terras. Mas se decidirmos aceitá-la, eu porei uma condição: o branco deverá tratar os animais selvagens como irmãos... Ensinai também a vossos filhos aquilo que ensinamos aos nossos: 'que a terra é nossa mãe'. Dizei a eles que a respeitem, pois tudo o que acontecer à terra, acontecerá também aos filhos da terra".

Grande é o poder da beleza. O poder da verdade é maior, mas é preciso algo ainda mais poderoso para conseguir abrir alguma fenda na sinistra armadura da falsa personalidade. Se a programação foi gravada a sangue e Fogo (ameaça, castigo, crítica, culpa, abandono, rejeição, etc.), será preciso algo que mexa com nosso sangue (emoções) e nosso Fogo (instintos) para que alguma coisa aconteça. A paixão, na qual o amor e o desejo instintivo se complementam, é o melhor abre-latas.

Não é uma surpresa que a próxima carta da sequência seja Os Amantes, Arcano nº VI. Quando O Louco se apaixona, não só começa a ver o mundo de outro modo, mas também começa a ver a si mesmo com outros olhos. O fato de que exista alguém que o ame tal como ele é, que o escute com atenção, que não lhe exija um determinado tipo de comportamento e que não tente manipulá-lo, faz com que O Louco aumente sua autoestima, comece de novo a gostar dele mesmo, a acreditar nele mesmo, em suas ideias, em seu amor, ampliando os limites aos quais a programação o tinha confinado.

Apaixonado, ele acha a coragem necessária para lutar pelo que quer, vai abrindo-se, tira a gravata ou o sutiã psíquico e se entrega cada vez mais ao amor e à paixão.

Quando está amando pode ser total, no aqui e no agora. Sente que está sendo autêntico consigo mesmo, pode se deliciar com os momentos felizes e, inclusive, pode transcender. Pode chegar a sentir que não está amando somente uma pessoa; às vezes, seu amor vai além da sua amante. O Louco surpreende-se amando o pôr do Sol, os filhos do vizinho parecem-lhe adoráveis, dá vontade de dar um beijo no português da padaria.[8] Em algum momento, pode sentir-se unido em amor ao Universo todo. Essa sensação extasiante o leva a sentir-se também conectado consigo mesmo e isso o deixa pleno de gratidão.

Por meio do amor, O Louco tem encontros reais consigo mesmo, sua amante é a porta para sua primeira recuperação. Sua energia vital multiplica-se imediatamente e intui que sua vida poderia ser bem diferente. Chega a se perguntar: este estado de prazer que estou vivendo procede de meu relacionamento amoroso e sexual ou é a expressão de algo muito meu, que sempre esteve aqui dentro e que posso resgatar sempre que quiser?

Aí o grande dilema: tentar dar continuidade a esse momento, em que a espontaneidade e a paixão levam à felicidade, assumindo o direito de seguir os impulsos mais íntimos, ou continuar a rotina mecânica, escravizante, mesquinha e sem prazer. Essa eleição entre ser ele mesmo ou continuar sendo marionete da programação é o momento de consciência dos Amantes.

Essa alternativa libertadora é algo muito perigoso para o sistema, que se mantém enquanto tem escravos para alimentá-lo. Na verdade, o mais perigoso para o sistema é o Amor, especialmente quando chega acompanhado de uma sexualidade[9] livre e consciente. Por isso, a libertação sexual foi sempre reprimida por qualquer tipo de poder.

Assim, a sociedade patriarcal, dos gregos aos nossos dias, considera o amor "uma doença que enfraquece os homens" (não as mulheres),

---

8. Letra de "Telegrama", de Zeca Baleiro.
9. Ver: *A Revolução Sexual*, de Wilhelm Reich.

"minando-lhes a inteligência, quebrando a força de vontade, tornando-os depreciáveis e dignos de lástima" (Ovídio 43 a.C.-17 d.C.).

Não é por acaso que estando no poder personagens tão reacionários, como Reagan, M. Thatcher e João Paulo II, a Aids tenha se transformado em uma séria ameaça para a humanidade, impondo um comportamento mais puritano e levando muitas pessoas a voltar à segurança da família tradicional que, questionada faz séculos, se vê assim reforçada, como coluna e célula básica do sistema.

Os Amantes levam O Louco a uma opção fundamental: ter de escolher entre dois caminhos.

Por um lado, a aventura e o risco que supõem se jogar no desconhecido, entregar-se ao novo, ser espontâneo com o prazer e o perigo subsequentes; por outro, a segurança de permanecer na área de conforto do conhecido: as rotinas, o autocontrole, o medo, os velhos padrões de comportamento.

Mudar significa abandonar um esquema de vida, de autoimposições, mas que dão segurança e proteção. Mudar significa fazer as malas para uma viagem, na qual tanto o itinerário como o destino não estão muito claros. Interiormente, O Louco percebe que, para trilhar seu verdadeiro caminho, precisa desvencilhar-se do peso morto, desapegando-se daquilo que não lhe satisfaz, o qual sabe que deve abandonar. Para isso, sobe no Carro, Arcano VII da sequência.

Ainda não realizou seu potencial nem consegue ser espontâneo todo o tempo; não sabe muito bem que direção tomar, só quer manter o estado de plenitude e prazer que conheceu. Como os Cavaleiros do Rei Arthur, sai à procura do Graal,* sem saber que está dentro de si mesmo. Deixará as mordomias de Camelot, abandonará os apegos externos para lançar-se à aventura de descobrir-se, embora continue carregando sua armadura de medos, bloqueios e mecanismos de defesa.

Esse vislumbre de felicidade que O Louco teve por meio da paixão pode ser conseguido por outros caminhos, como a meditação, o encontro com um Ser Iluminado, o uso ritual das chamadas plantas de poder ou também com algumas experiências na fronteira entre a vida e a morte.

No momento em que O Louco abandona suas prisões-proteções externas, suas rotinas mais sufocantes e se joga à vida, inevitavelmente terá de confrontar e ajustar-se a novas situações que na verdade ele atrai para crescer e terá de encontrar a maneira mais adequada de expressar seus impulsos internos, mantendo-se fiel a si mesmo e sem entrar em atrito com o mundo externo. Assim, o andarilho entrou no âmbito

---

* N.E.: Sugerimos a leitura do livro *A Linhagem do Santo Graal*, de Laurence Gardner; *O Reinado de Arthur*, de Christopher Gidlow; e *Jesus, Rei Arthur e a Jornada do Graal*, de Maurice Cotterell, todos eles publicado pela Madras Editora.

do Ajustamento (A Justiça), Arcano VIII. Antes, esse ajustamento não era possível porque as rotinas e os hábitos de comportamento não deixavam fendas por onde entrar uma situação catalisadora de sua transformação. Mas, agora que está mais aberto e disponível pode produzir-se, O Louco tem um encontro com seu próprio carma do mesmo jeito que um feroz consumidor de álcool, carnes e laticínios terá de submeter-se, algum dia, a uma dieta desintoxicante se quiser dar continuidade a uma nova fase de vida com saúde. Nesse encontro, O Louco elimina fricções consigo mesmo e com o mundo para continuar seu crescimento mais equilibrado e fluido.

É possível que, para o caminhante, os efeitos imediatos deste ajuste não sejam agradáveis e ele pode sair muito abalado desse encontro, quando não, profundamente desestruturado. Algumas de suas máscaras vão cair, especialmente aquelas que escondiam sua vulnerabilidade; então compreenderá que não pode continuar seu caminho de crescimento enquanto não se conhecer melhor. Para isso, O Louco entra em contato com o Arcano IX: O Ermitão.

Assim dirige sua atenção para dentro, começa a se estudar, é sua primeira interiorização voluntária e consciente depois da Sacerdotisa. Muda seu foco, deixa de colocar a responsabilidade de suas dificuldades, angústias e sofrimentos no mundo externo para colocá-la em si mesmo, percebendo que se algo mexe com ele é porque tem uma área sensível, pois se não a tivesse esse algo não mexeria. Essa atitude analítica de responsabilização pela sua vida o leva a usar as ferramentas terapêuticas a seu alcance mergulhando no seu inconsciente, identificando seus medos, bloqueios e antigas feridas, seus desejos proibidos, talvez "inconfessáveis", investigando na sua infância as origens do que inibe sua evolução. Aí vai centrando-se, pode abrir seu coração ao mundo, a sua atitude se torna nutritiva e ajuda outras pessoas com o que aprendeu de si mesmo e as técnicas que usou.

Esse é um ponto muito perigoso, já que O Louco pode usar suas descobertas para seguir adiante, transformando sua vida, ou deixar que seu ego se apodere delas e, convertendo-as em doutrinas, comece a vendê-las ou a usá-las para autopromover-se. Isso representaria um retrocesso até o Hierofante. Um Hierofante talvez mais alternativo e moderno, mas sempre um fanático vendedor de receitas.

O Louco, mais centrado e consciente, deixa sua relativa solidão de anacoreta, produto da fase introspectiva anterior, para voltar ao mundo, ao agito, isto é, ao Arcano X, A Fortuna, ou, se preferir, a Roda da Fortuna. Ele, que pertenceu a esse mundo competitivo e agressivo, degradado e degradante – que no Budismo tibetano se conhece como A Roda do Samsara, a inércia da inconsciência que cegamente nos arrasta ao fundo do poço do sofrimento –, hoje é capaz de vê-lo desde fora. Já não se deixa hipnotizar com as bandeiras gloriosas, a Copa do Mundo, com as "maravilhas da tecnologia", nem com o sensacionalismo dos meios de comunicação. Já não morde a isca, vê a loucura autodestrutiva dos humanos, os escravos escravizados mantendo no poder os escravos escravizadores. Essas e outras percepções reafirmam sua individualidade e seu centro. O Louco percebe que pode viver no mundo sendo ele mesmo e que cada situação pode ser aproveitada como uma oportunidade não só para aprender, mas também para polir sua expressão mais autêntica e verdadeira. Vivendo a energia da Roda da Fortuna, O Louco começará a ver quão maravilhoso e único ele é. Ele se descobrirá como um ser bonito, sensual, cheio de vida, de potenciais e de merecimentos.

Valorizará mais sua própria harmonia, começando a respeitar-se e considerar-se, a gostar de seu corpo, de suas maneiras mais íntimas, de sua sexualidade. Isto é, O Louco começará a amar-se, entrando no estado de consciência do Arcano XI, tradicionalmente chamado "A Força", rebatizado por Crowley como "Lust", cuja melhor tradução seria "Tesão". Este é um estado de integração dos lados racionais e animais. Identifica, respeita e acolhe o que vem do lado animal: emoções, instintos, impulsos vitais e necessidades biológicas e corporais, dando-lhes com a mente uma expressão adequada. Essa integração cria autoestima, autoconfiança, alegria de viver, energia, vitalidade e entusiasmo. O Louco se sente bonito, sensual, sexy, criativo, cheio de vida, de potenciais e de merecimentos, e diz: "Eu me amo e gosto de mim".

Acentuando este processo de autoaceitação, O Louco mergulha no Arcano XII: O Pendurado, que ilustra o Princípio da Entrega. Em primeiro lugar, a entrega à sua natureza, aceitando-se plenamente, independentemente das opiniões alheias. Já não é preciso fingir, não quer mais ser o que não é para ganhar a aceitação dos outros. À medida que se entrega ao que é, pode entregar-se à vida e ao mundo, porque, enquanto ele não se aceitar se fizer algo "para" o mundo, na verdade o vai fazer para ganhar a aceitação no mundo não vai ser um ato de amor, mas de comércio, será dar para receber. O "eu amo e eu gosto" de mim do Entusiasmo pode transbordar e torna-se um "eu te amo e eu amo o mundo".

"Celebro-me e me canto a mim mesmo. E o que eu diga agora de mim o digo de ti, porque o que eu tenho tu tens. E cada átomo de meu corpo é teu também." (Walt Whitman, 1819-1892)

Nos Amantes, O Louco se apaixonou por uma pessoa e teve vislumbres de felicidade, que, mesmo momentânea, possibilitou no Carro abrir um novo ciclo. No Tesão a integração de seu lado animal lhe deu força e coragem para entregar-se amorosamente a si mesmo, à vida e ao mundo no Pendurado. No próximo arcano: "A Morte", de nº XIII, o amor lhe permite confrontar os medos que o mantinham preso a velhos padrões de comportamento necessários para ser aprovado na infância, dando assim um grande salto na sua autotransformação. O amor é a força transformadora por excelência, a energia que leva à evolução do Universo, da sociedade e do ser humano.

No Arcano XIII, O Louco vive a morte de seu robô, amedrontado repetidor de padrões. Suas defesas começam a quebrar-se e pelas fendas aparece a essência divina do Ser. Irradiando amor, abre a tampa da garrafa-programa, libertando as primeiras borbulhas de sua fragrância mais íntima. Essa libertação, embora possa ser repentina, na verdade, é o fruto de todo um processo – não isento de esforço e muitas vezes de dor – que começou nos Amantes e exigiu um confronto sem concessões com a programação infantil.

Nesses momentos, a essência do ser permeia as manifestações do Louco. Sua natureza mais autêntica está fluindo, tomando formas e expressões concretas. Essa é a fase de consciência que chamamos "Arte", Arcano XIV, ou Temperança em outros baralhos, pois tudo aquilo que flui como uma expressão espontânea do ser é, sem dúvida, arte. O caminhar transforma-se em uma dança; a palavra, em poesia; o silêncio, em meditação. Cada gesto está impregnado da divina beleza que tem a essência do ser.

Esta é a segunda iniciação (2 x 7) do Louco, caracterizado pela integração de opostos. No nível profissional, ele faz de sua diversão seu trabalho, do prazer que vem de dentro quando expressamos nossos talentos o indicador de suas opções profissionais e de sua maneira de fazer dinheiro. Descansa trabalhando, pois que esforço é necessário quando fazemos aquilo de que gostamos? Esta carta ilustra o *wu-wei* dos sábios taoistas, o fazer sem fazer, a ação sem ação, o movimento desde a calma interior, livre de expectativas com os resultados.

A pessoa deixa de estar dividida, de segunda a sexta, fazendo aquilo de que não gosta para ganhar dinheiro e, de sexta a domingo, gastando o dinheiro para comprar prazer para passar a semana inteira com prazer e dinheiro. Em um nível mais interno integra suas polaridades, o masculino com seu feminino.

O Louco, transformado pelo Amor e pela práxis, entra no terceiro septenário de cartas onde vai resgatar plenamente aqueles aspectos seus que foi obrigado a reprimir. Começa por seus instintos, as forças que nos mantêm vivos como indivíduos e como espécie, representados pelo Arcano XV: O Demônio. Aqui o desafio do Louco é permitir que os impulsos se expressem espontaneamente, que desabrochem e voltem a ser as raízes de sua força vital. Os instintos foram, durante séculos e também na atualidade de forma mais sutil, negados, reprimidos ou sublimados, rodeados de tabus, considerados fonte de dor e doenças, exilados nas mais profundas masmorras do inconsciente, para depois serem manipulados e usados pela propaganda e os meios de comunicação em benefício do sistema. Esse resgate libera tanta energia que permite remover velhas prisões, tudo o que sufoca e limita, sejam externas (vínculos profissionais, compromissos familiares, restrições financeiras, relacionamentos onde o amor desapareceu) ou internas (o ego). Aqui O Louco para de vender sua liberdade e sua vida em troca da suposta segurança que as prisões aparentemente fornecem.

Na Estrela, Arcano XVII, O Louco recupera sua percepção que foi ofuscada por um sem-fim de crenças, princípios, valores e preconceitos que, como cortinas, o impediam de ver a realidade externa e interna e agora, percebendo sua não funcionalidade e consequências, joga-os para longe, deixando seu intelecto receptivo, acordado, realista e intuitivo. A partir daqui, está com a força e a percepção suficientes para identificar, compreender e integrar as características e os talentos de seu ser que teve de esconder, primeiro da família, depois do mundo e, finalmente, de si mesmo, no baú da sombra do inconsciente. No seu encontro com a Lua, Arcano XVIII, tem de enfrentar os medos de voltar a passar por situações de rejeição, abandono, culpa, críticas, ameaças, condenações ou violência física, em suma de sofrimento, pelo que atravessou quando expressou na infância esses aspectos e talentos. Enquanto não aceitar e integrar sua sombra, vai ser continuamente manipulado por tudo o que foi acumulado no baú, por mais que decrete que é um ser de luz, que abrace árvores, nade com golfinhos ou recite mantras. Ou como fala Jung: "Ninguém se ilumina fantasiando figuras de luz, mas tornando consciente sua obscuridade".

E, mergulhando no mais profundo das trevas, O Louco atinge a luz: O Sol, Arcano XIX, a Consciência que se manifesta em dois níveis. O primeiro é o nível da individualidade, em que O Louco diz: "Eu sou eu, um ser único, irrepetível e, portanto, especial". Uma vez que alcançou o 1º nível, pode chegar ao 2º: a espiritualidade, na qual somos todos iguais. O Grande Espírito, o Princípio Criador, a Divindade,[10] ou como gostemos de chamar, permeia tudo o que existe.

Aqui O Louco resplandece, pois tomou contato com a eternidade, conseguiu atravessar todos os véus que escondiam o ser de luz que é, sempre foi e será. Aqui O Louco diz: "Eu sou divino".

No Eão, O Julgamento em muitos baralhos, Arcano XX, está entre O Sol, a consciência e o Universo, a realização final. Representa o momento em que o indivíduo, com a consciência alcançada no Sol e depois de integrar sua força instintiva no Demônio, sua liberdade na Torre, sua percepção na Estrela e sua sombra na Lua, preenche de amor e apoio sua criança ferida, aquela que saiu da infância carente e insegura e não cresceu. Aquela criança cujas manipulações não deixavam o adulto trazer sua consciência para a realização e materialização concreta de suas potencialidades.

Assim, a criança ferida cresce, se integra com o adulto e ambos amadurecem. Se quiserem podem chamar esse amadurecimento de renascimento.

No Universo, Arcano XXI, 3ª iniciação (3 x 7), O Louco culmina sua tarefa, realiza suas potencialidades, vai até as últimas sínteses, concretizações e consequências. Isso implica uma transcendência. O Louco alcança um novo ciclo na espiral da evolução. Então, apenas resta celebrar, livre e feliz, o êxtase da dança da Vida.

---

10. Não falo Deus, porque esta palavra tem sido usada de tal maneira durante séculos (foram cometidos em nome de Deus tantos crimes), que soa falsa, feia, vulgar, uma caricatura do que seu significado original poderia expressar um dia.

Capítulo 3

O que é o Tarô? Origens e História

Revirando as páginas do tempo

A maneira mais fácil de responder a esta pergunta é fazendo uma descrição:

O Tarô é um baralho de 78 cartas, também chamadas Arcanos ou Mistérios, integrado por três grupos:

1º – 22 Arcanos Maiores
2º – 16 Figuras da Corte
3º – 40 Arcanos Menores

Os Arcanos Maiores são maravilhosos quadros de alto valor simbólico, expressão das forças que estão operando no nível macrocósmico, permeando simultaneamente o Universo, o sistema solar, nosso planeta, a sociedade, o ser humano e cada partícula da existência.

As Figuras da Corte são 16 tipos de personalidade obtidos pela combinação dos quatro elementos – Fogo, Água, Ar e Terra – e estruturados em quatro famílias – Paus, Copas, Espadas e Discos. São o Cavaleiro, a Rainha, o Príncipe e a Princesa, na disposição matriarcal do Tarô de Crowley; e Rei, Rainha, Cavaleiro e Valete, na patriarcal da maioria dos baralhos.

Os 40 Arcanos Menores, ou cartas numeradas do Ás ao Dez, estão também estruturadas em quatro séries – Paus, Copas, Espadas e Discos – e representam aspectos do comportamento humano. Os Paus mostram como estamos energeticamente, como administramos nosso fogo, em seus três níveis: instintividade, criatividade e espiritualidade. As Copas ilustram diferentes estados emocionais. As Espadas são mecanismos ou estados da mente. E os Discos ou Ouros mostram nossa relação com o mundo material: corpo físico, bolso, conta bancária e patrimônio.

A descrição serve, mas a pergunta continua no ar: O que é o Tarô? Muitas respostas têm sido dadas:

- É uma arte de adivinhação.
- É uma visão simbólica do Cosmos.*
- É um compêndio de conhecimentos esotéricos.
- É um caminho de crescimento espiritual.
- É um legado de outras civilizações.
- É uma representação simbólica da Árvore da Vida.
- É uma ilustração das forças da Natureza.
- É um instrumento de autoconhecimento.

Todas essas respostas podem ser verdadeiras, algumas até se complementam, porém elas limitam a resposta que estamos procurando, que parece abranger algumas delas e provavelmente muitas mais. A própria necessidade de resposta nos leva a uma mudança de abordagem, já que nos acontece o mesmo que aos físicos do início do século XX: quanto mais reduzimos o campo ocular procurando precisão, o Tarô esvanece-se, como uma partícula subatômica ante o microscópio eletrônico.

Zé Lógico tem de descer do jegue Cartesius, abrir bem os olhos para ver e a sensibilidade para sentir, lembrando das palavras de Don Juan: "Tentar reduzir esta maravilha que nos rodeia a uma realidade mensurável é uma grande besteira".

Na Idade Média era: "Isto é dogma de fé, acredita ou morre". Depois, com a virada do pêndulo e entrada no século das luzes passou a ser: "Só é verdade, só é objeto do conhecimento aquilo que pode ser quantificado e demonstrado cientificamente".

De maneira que os fenômenos, cujas propriedades não se conseguiam medir, foram considerados meras projeções subjetivas que deveriam ser excluídas do domínio da ciência. Assim, o riquíssimo mundo da Astrologia, talvez a cosmovisão mais bem elaborada do mundo antigo ocidental, foi reduzida pela nova ciência newtoniana às três insípidas leis de Kepler.

A humanidade foi se acostumando, com seus cientistas na cabeça, a ver o mundo como um conjunto de objetos ilhados e neutros que cumprem mecanicamente certas leis matemáticas, até o ponto de olhar ao próximo e a nós mesmos como se fôssemos seres previsíveis e programados, sem amor, sem originalidade, sem iniciativas nem espontaneidade, sem beleza, sem sensibilidade nem sentimentos, sem prazer nem possibilidade de transcendência. Uma pena, não é? E o pior é que qualquer um que fique fora desses parâmetros é considerado perigoso. É melhor desistir de conceituar o Tarô e aproximar-se dele usando os símbolos como pontes. Assim, encontraremos um conjunto de paralelismos entre as cartas e as ideias fundamentais, mitos e lendas das culturas antigas como da Índia védica, o Egito faraônico, a Grécia clássica, o Taoismo chinês, a Cabala hebraica, o Gnosticismo, etc.

O Tarô é frequentemente chamado *O Livro de Thoth*. Alguns autores acreditam que Thoth introduziu o Tarô no Egito. Ele foi um personagem mítico, a quem os antigos egípcios atribuíam a invenção dos

O Papa e O Julgamento
de Gringonneur.

hieróglifos, da linguagem e da astrologia, e que foi colocado no panteão dos deuses com a tarefa de transportar as almas dos que acabaram de desencarnar para o outro lado do rio, que separa o mundo dos vivos do mundo dos mortos. Em quase todas as grandes civilizações existiram personagens equivalentes a Thoth, como Hermes na Grécia, Mercúrio em Roma, Anhuman na Índia, Quetzalcoalt no México, etc. São instrutores de povos que, divinizados, simbolizam os princípios e os conhecimentos que passaram adiante. Thoth foi um ser humano? Para nosso estudo, esta resposta não é fundamental. Poderia ter sido um alto iniciado, um mensageiro da Atlântida que desembarcou, ou talvez pousou, no Egito, com a missão de passar para uma nova civilização uma tradição que estava por se perder.

Outros estudiosos afirmam que foram os ciganos que inventaram o Tarô. Há dúvida de que essas tribos chegaram à Europa com o Tarô embaixo do braço, mas foram eles que o popularizaram no Velho Mundo. Mas bem antes que os ciganos armassem suas barracas em Barcelona, Paris e Marselha, nas primeiras décadas do século XV, já existiam evidências da presença de jogos de cartas na Europa. Um monge alemão, chamado Johannes, escreveu em Brefeld, Suíça, uma carta que se conserva no Museu Britânico em que comentava: "Um jogo de cartas chegou até nós neste ano de 1377. Quatro Reis, cada um sentado em um trono real e levando um símbolo na mão..."

Giovanni Coveluzzo, historiador italiano de finais do século XV, escreveu a história de sua cidade natal Viterbo. Para isso, recolheu crônicas de seu ancestral, Nicholas de Coveluzzo. Giovanni escreveu: "No ano de 1379, chegou do país dos sarracenos [nome que os cristãos da Idade Média e do Renascimento davam aos muçulmanos] um jogo de cartas que eles chamam *naib*". A palavra "carta", tanto em latim *naibi* como *naibe*, em hebreu, significa também "bruxaria" e "predição".

O Louco e o Demônio
de Visconti-Sforza.

Em 1387, as cartas eram conhecidas na Espanha, já que se conserva um decreto do rei Juan I de Castela que, naquele ano, proibiu o jogo de dados, xadrez e cartas. Dez anos depois, o prefeito de Paris também as proibiu, permitindo seu uso aos domingos e feriados. No entanto, não existe evidência nenhuma de que esses jogos de cartas fossem Tarôs.

O baralho, que durante muito tempo foi considerado o mais antigo, do qual se conservam 17 cartas, foi feito para a coroa francesa, tal como consta na contabilidade do rei Charles VI, em 1392: "Dado a Jacquemin Gringonneur, pintor, por três jogos de cartas... para o Senhor Rei... 56 soles parisienses". Sabemos agora pelo Laboratório de Pesquisa do Museu do Louvre que as 17 cartas são de finais do século XV ou início do XVI e conservam-se na Biblioteca Nacional de Paris. Originalmente não têm títulos nem números, mas, pelo desenho, podemos identificar 16 Arcanos Maiores e o Valete de Espadas. A obra de Gringonneur, provavelmente um jogo de cartas comum, se perdeu, no entanto as 17 cartas continuam conhecidas como o Tarô de Gringonneur.

Com o início do Renascimento, o ar começa a mudar na Europa. A Igreja Católica deixa de ter a hegemonia política, cultural e econômica e surgem, na Itália, poderosas famílias donas da terra e do comércio com o Oriente aberto por Marco Polo. É sob o amparo e patrocínio desses mecenas que aparecem os primeiros Tarôs dos quais realmente temos evidências históricas.

Em 1415, encontramos em Veneza um Tarô de 78 cartas, com 22 Arcanos Maiores e as quatro séries de Figuras da Corte e Arcanos Menores. Em Bolônia surge "Il Tarocchino", com 62 cartas.

O Tarô florentino, também da época, consta de 97 cartas: 56 Arcanos Menores e 41 Arcanos Maiores, sendo 17 da sequência clássica, 12 signos zodiacais, os quatro elementos e as virtudes cristãs. Observem que o Cavaleiro de Espadas é um centauro.

O mais conhecido é o Tarô de Visconti-Sforza, que apareceu em Milão em meados do século XV, provavelmente em 1432, ou 1441 segundo outras fontes, presente de casamento de Francesco Sforza e Blanca Maria Visconti, obra do miniaturista Bonifacio Bembo (1420-1480), um baralho policromático. De suas 78 cartas, O Diabo, A Torre, O Três de Espadas e O Valete de Ouros se perderam e foram redesenhadas para possibilitar sua comercialização. Esse jogo deu lugar a pelo menos 15 baralhos diferentes, nenhum dos quais está completo.

É comum acusar o fanatismo religioso da eliminação dos primeiros baralhos. Se considerarmos que esses Tarôs aparecem no seio da aristocracia italiana, a cujas mesmas famílias pertencia a alta cúpula da Igreja, dificilmente podemos acreditar que a Igreja condenara o uso do Tarô. Os sermões de Bernardino de Siena contra a sodomia e os jogos de cartas nada tinham a ver com o Tarô.

Contrariamente à ideia de que em algum momento surgiu o Tarô, com suas 78 cartas, e que seu uso trivial deu lugar ao baralho comum, com seus quatro naipes, as evidências históricas indicam que primeiro apareceram as cartas do jogo, como vimos pelos decretos de Juan I de Castilla e do prefeito de Paris, a carta do monge Johannes, as crônicas de Giovanni Coveluzzo e as contas do rei francês. Depois foram incorporando cartas especiais chamadas Triunfos, que bem podiam ser os deuses gregos, os signos zodiacais ou, já no Visconti-Sforza, personagens da sociedade da época (O Imperador, A Imperatriz, O Papa, etc.), virtudes católicas (A Justiça, A Fortaleza, A Temperança), etc. ou Arcanos Maiores.

Seria interessante perguntar-se quais foram as fontes de inspiração de Bembo e de outros anônimos autores dos primeiros tarôs italianos. Se existiu um fio condutor entre o antigo Egito e o final da Idade Média, entre as doutrinas e rituais pagãos e os primeiros Tarôs, esse fio foi o Gnosticismo que, surgindo nas províncias orientais do Império Romano, alimentou-se não só do Cristianismo *in loco*, mas também das doutrinas hindus, caldeias, persas e egípcias, junto à filosofia da Grécia clássica e ao conhecimento cabalístico hebraico.

Alexandria foi o centro da cultura gnóstica no século II d.C. Com os incêndios de suas bibliotecas durante a campanha de César nos anos 48-47 a.C., depois no ano 391, pelos cristãos sob o comando do imperador Teodósio I, o Grande, e, finalmente, sua destruição total no século XII pelos muçulmanos, a humanidade perdeu seu melhor legado cultural e talvez a possibilidade de saber alguma coisa concreta a respeito da origem do Tarô.

Passou um século e meio para que aparecessem os baralhos que se tornaram os mais conhecidos da época e que continuam sendo usados: os Tarôs de Marselha, que, segundo Pierre Camoin, membro de uma família tradicional de impressores de Tarô, surgiram nessa cidade em 1604. São 78 cartas; seus 22 Arcanos Maiores levam título, exceto A Morte, e numeração romana, com exceção do Louco. Não poderia ser de outra maneira, pois o zero não existe nesta grafia.

Eram impressos usando-se carimbos de madeira, de modo que depois cada pessoa os coloria segundo sua própria inspiração. Do século XIX para a frente já foram feitos por máquinas.

Se os Tarôs do século XV eram usados pelas finas mãos da aristocracia italiana, a partir do século XVII foram popularizados pelos ciganos, que os utilizaram como um sistema de adivinhação, lendo com eles "a boa fortuna". Se foram usados com outros fins é algo que ignoramos. Foi Court de Gébelin (1728-1784), pastor da Igreja Reformada, maçom e arqueólogo francês, que resgatou o Tarô para as elites da intelectualidade europeia. Em 1781, oito anos antes da Revolução Francesa, editou seu famoso ensaio em nove volumes: *O Mundo Primitivo Analisado e Comparado com o Mundo Moderno*.

No primeiro volume, fala do Tarô assim: "É o Tarô tudo o que resta das magníficas bibliotecas do Egito. Formado por 77 ou 78 quadros, divididos em cinco séries, cada uma mostrando coisas tão variadas quanto divertidas e instrutivas... Os 22 Triunfos representam os líderes espirituais e temporais da sociedade, as forças físicas da agricultura, as virtudes cardinais, o matrimônio, a morte e a ressurreição. [...] Além dos Triunfos, esse jogo se compõe de quatro séries de naipes: Espadas, que representam os faraós e toda a nobreza militar; Varas ou Paus, que representam os agricultores; Copas, que mostram a classe sacerdotal; e as Moedas, que representam os comerciantes".

Gébelin estava convencido de que o Tarô procedia do Antigo Egito e de que os ciganos eram descendentes dos egípcios. Embora as palavras cigano e egípcio, especialmente em inglês (*gipsy* e *egipcian*), sejam muito parecidas, hoje sabemos que os ciganos procedem do estado de Rajestão (Índia), de onde foram expulsos pelo conquistador muçulmano-mogol Timur Lenk no século XII. A caminho da Europa, alguns passaram pelo Egito, de onde absorveram costumes e conhecimentos, mas não são descendentes dos antigos egípcios.

Gébelin e seu Pendurado.

Considerar o Egito o lugar de origem das ciências esotéricas era uma ideia muito comum na França pré-revolucionária. Só quando foram decifrados os hieróglifos egípcios, com o descobrimento pelos arqueólogos que acompanhavam o exército de Napoleão, durante a conquista do Egito (1798-1799), da Pedra Roseta (dicionário esculpido em pedra de grego, arameo e os hieróglifos egípcios), essa teoria foi descartada.

Gébelin acreditava que a palavra Tarô era formada pelos vocábulos egípcios *Tar*, que significa "caminho", e *Ro* ou *Rog*, que significa "real". Tarô seria "Caminho real". Curiosamente, o *Tao Te King* pode-se traduzir também como "Caminho Real".

De qualquer maneira, ainda que Gébelin estivesse errado em algumas de suas suposições, com a publicação de *Le Monde Primitif...*, o Tarô se converteu em um dos métodos mais apreciados pelos esotéricos e magos da época. Gébelin morreu em 1784, deixando também um baralho muito parecido com o de Marselha, embora tenha diminuído muitos detalhes, trocado títulos e até colocado O Pendurado em pé.

O Louco de Etiellá.

Eteillá, pseudônimo de Jean-Baptiste Alliette (1738-1791), discípulo de Gébelin, estudioso dos pitagóricos, criou um baralho: "O Tarô do Grande Eteillá" e desenvolveu um trabalho divinatório durante a Revolução Francesa que lhe granjeou fama, discípulos, clientes (por exemplo, Maria Antonieta) e bastante dinheiro. No seu livro *A Arte de Ler as Cartas*, o primeiro que fala explicitamente do uso divinatório do Tarô, as cartas levam números árabes, de maneira que O Louco, com o título de *Folie* "A Loucura", leva o número Zero.

Já no século XIX, Alphonse Louis Constant (1816-1875), mais conhecido por Éliphas Lévi, também francês, abade da Igreja Católica, cabalista, filósofo e, segundo Crowley – que se considerava sua encarnação posterior –, um grande humorista, vinculou em seu *Dogma e Ritual de Alta Magia** os 22 Arcanos Maiores às 22 letras do alfabeto hebraico, fundamentando-se em certos manuscritos que o teriam colocado em contato com a tradição gnóstica. A partir daí, Lévi considerou o Tarô de origem hebraica e os 22 Arcanos Maiores formas pictóricas da Árvore da Vida.

Segundo os cabalistas, o Universo surgiu como sucessivas emanações do Nada. De um Nada que não é a ausência total de qualquer coisa, mas a potencialidade mais absoluta. Essas emanações são as Esferas de Manifestação ou sephiroth.[11] Desde a primeira (Kether – a Coroa) que representa os primeiros hálitos da manifestação, até a décima (Malkuth – o Reino) que simboliza o Universo mais denso, temos dez esferas dispostas em três colunas formando a Árvore da Vida. As 22 linhas que unem as dez sephiroth são os chamados Caminhos da Árvore e se correspondem com as 22 letras do alfabeto hebraico.

Percorrer todos e cada um desses Caminhos, a Senda da Serpente,[12] desenvolve poderes mágicos. Para evitar que pessoas alheias à escola iniciática tivessem acesso a tais poderes, a Cabala Prática era mantida em segredo. Como a relação entre os Arcanos e as Letras poderia fornecer pistas, a tradição antiga e também Lévi mostravam uma sequência diferente. Nela, a primeira letra, Aleph, não se corresponde com a primeira carta, O Louco, mas com O Mago, a segunda carta. Estabelecida uma correspondência entre os Arcanos e as Letras, deduziremos uma relação direta entre os Arcanos e os Caminhos. A Cabala Prática estuda os Caminhos como

O Caminho da Serpente.

---

* N.E.: Obra publicada pela Madras Editora.
11. Ver Apêndice 4, Introdução à Árvore da Vida.
12. Também existe o Caminho da Flecha, que é citado na carta da Arte.

sucessivas iniciações que levam o caminhante desde as ataduras mais rígidas da matéria, em Malkuth, até a iluminação ou fusão com a totalidade, em Kether. Em seu *Dogma e Ritual de Alta Magia*, Lévi oferece versões interessantes de O Carro e especialmente O Demônio.

Disse Lévi: "Quando o clero soberano deixou de existir em Israel; quando todos os oráculos do mundo se silenciaram na presença da Palavra que se fez Homem, falando pela boca do mais popular e gentil dos sábios; quando a Arca se perdeu, o Santuário foi profanado e o templo destruído, então os mistérios de Ephod e do Theraphim já não foram mais registrados sobre ouro e pedras preciosas, senão que foram escritos, ou mais bem figurados, por certos sábios cabalistas, primeiro sobre marfim, pergaminho e sobre couro dourado e prateado, depois sobre simples cartões, que sempre foram objeto de suspeita para a Igreja oficial, uma vez que continham uma perigosa chave para seus mistérios".

Lévi, O Carro e O Demônio.

E falando em cartões, na Idade Média eram muito usados como recurso mnemotécnico cartões que representavam momentos-chave de uma história, por exemplo, a Paixão de Cristo, tanto na rua pelos trovadores quanto nos claustros pelos monges. Há quem diga que esses cartões originaram os primeiros Tarôs.

Outro grande estudioso do Tarô foi Gérard Encausse ou Papus (1865-1917), médico francês, rosa-cruz e fundador da ordem maçônica dos Martinistas. Ele apresentou suas conclusões em seu livro *O Tarô dos Boêmios* e elaborou um baralho baseado no Tarô de Gébelin, com desenhos de inspiração egípcia e seguindo a relação Arcanos/Letras do *Dogma e Ritual...*

Diagramou as 78 cartas em torno do Tetragramaton. Este é um complexo simbólico formado pelas letras que compõem o nome de Deus em hebraico: Yod, He, Vau e de novo He, isto é, Jehovah. O ocultismo hebraico sustenta que os poderes e as propriedades de cada ser estão contidos em seu nome. Assim, a pronúncia exata do nome de

Papus, seu Imperador e o Tetragramaton.

Deus era mantida em segredo e só pronunciada pelo supremo sacerdote, uma vez ao ano, no meio da gritaria ensurdecedora do povo. Yod representa o Princípio Masculino, ativo ou dinâmico. Corresponde às cartas de Paus e aos Cavaleiros de Crowley ou Reis dos outros baralhos. Diz-se que todas as letras procedem de Yod. A primeira, He, representa o Princípio Feminino, passivo ou receptivo. Corresponde às Rainhas e à série de Copas. Vau é o fruto das duas anteriores e a ponte entre os dois Princípios. Corresponde à série de Espadas e aos Príncipes de Crowley ou Cavaleiros dos outros baralhos. A segunda He marca a passagem de um ciclo completo para outro e se relaciona com as cartas de Discos ou Ouros e com as Princesas de Crowley ou Valetes em outros baralhos.

Na virada do século, os doutores Woodman, Woodford e Wynn Westcott, membros da loja franco-maçônica *Quator Coronati*, encontraram em uma livraria londrina um livro que continha uns manuscritos com as bases para a fundação de uma sociedade esotérica, e as correspondências entre os 22 Arcanos Maiores e as letras hebraicas. Só que dessa vez, Aleph, a primeira letra, estava atribuída ao Louco e não ao Mago. Também tinha umas notas que poderiam ter sido escritas pelo próprio Éliphas Lévi, quando este visitou a Inglaterra. Se essas notas fossem realmente do cabalista francês, indicariam que ele de fato conhecia outra sequência de correspondências diferentes das expostas em seu *Dogma e Ritual...* A partir dessas correspondências, deduzem-se novas correspondências com os signos astrológicos, os planetas e os elementos.

Em palavras de Lévi: "O Tarô... é o mais perfeito instrumento de adivinhação. Pode ser usado com total confiança por causa da precisão analógica de suas figuras e de seus números. De fato, os oráculos deste livro são sempre rigorosamente verdadeiros, e até mesmo quando não prediz coisa alguma, sempre revela algo que estava oculto e dá os mais sábios conselhos para quem o consulta".

Nos mesmos documentos, mencionava-se como autoridade no assunto Fräulein Sprengel, com cuja autorização foi fundada em 1886 por MacGregor Mathers (1854-1918), Westcott e Woodman a Ordem da Golden Dawn (A Aurora Dourada). A esta fraternidade, cujo propósito principal era a obtenção da iluminação e do poder mágico, pertenceram, durante anos, personalidades como Arthur Edward Waite (1857-1942), o poeta irlandês William Butler Yeats (Prêmio Nobel de Literatura em 1923), a atriz Florence Farr, a pintora Pamela Colman Smith, Lady Frieda Harris, Bram Stoker, autor de *Drácula*, os cabalistas Paul Foster Case e Dion Fortune, Aleister Crowley, entre outros.

Crowley (1875-1947) foi iniciado na Golden Dawn com o nome de "Perdurabo" – o que perdura. Em 1899, atingiu o grau de Practicus e, com as novas correspondências Arcanos/Letras, dedicou-se ao estudo do Tarô, chegando a escrever um livro: *O Tarô da Golden Dawn*.*

Em 1900, McGregor o nomeia líder da ordem na Inglaterra, apesar da oposição de membros mais antigos, especialmente de Waite e Yeats. Em julho do mesmo ano, viaja para o México, procurando o contato com entidades espirituais astecas. Realiza curas e escala montanhas, que, com o xadrez, era sua paixão. Já em 1901, atravessando o Pacífico chega ao Sri Lanka, onde Allan Bennet, seu tutor na Golden Dawn, o instrui na prática da ioga, *pranayama* e mantras, e vive uma experiência espiritual: Dyana descrita por Crowley como "a união entre o sujeito e o objeto da meditação em uma explosão de música e luz, muito superior a qualquer harmonia terrena".

Continua pela Índia e Burma, onde realizou estágios com os budistas.

Em 1902, liderou uma expedição ao Chogo Ri (K-2), no Himalaia, cujo relato pode ser encontrado no "Espírito da Solidão" de seu livro *Confissões*. Em novembro, encontra McGregors em Paris e, em 1903 compra uma casa na margem do Lago Ness onde trabalha com *O Livro da Magia Sagrada* de Abramelin, o Mago.

Em 1904 desembarca com sua companheira, Rose Edith Kelly, no Cairo, onde retoma o trabalho de magia invocando Thoth, Iao e Hórus.

No dia 18, Rose recebe em sonhos uma mensagem de Hórus que os leva ao museu de Boulak, onde o reconhece sob a forma de Ra-Hoor-Khuit, pintada sobre a "Estela da Revelação", da XXVI Dinastia. O número do registro dessa figura era 666, número da Besta do Apocalipse, nome iniciático que Crowley usava naquela época.

Durante os dias 8, 9 e 10 de abril, Aiwass, ministro e mensageiro de Hoor-paar-Kraat, o Senhor do Silêncio, outra forma de Hórus, ditou em perfeito inglês, para um Crowley atônito, o texto que anuncia uma nova lei para a humanidade:

"A lei é o amor, o amor sob vontade."
"Fazer a própria vontade é a totalidade da lei."

Esse texto, conhecido como *O Livro da Lei*, tem três capítulos. No primeiro, é Nuit, o Princípio Feminino,

A Estela da Revelação.

---

* N.E.: Sugerimos a leitura de *Tarô Iniciático da Golden Dawn*, de Giordano Berti, publicado pela Madras Editora.

Crowley e Frieda Harris.

que expõe a doutrina para a Nova Era pela boca de Aiwass. No segundo, é Hadit, o Princípio Masculino, e no terceiro é o próprio Hórus. Essas entidades nomeiam Crowley como seu profeta e o incumbem de divulgar sua mensagem.

Em 1937, Crowley convida uma artista, Lady Frieda Harris, para elaborar um Tarô para a Era de Aquário. Desde 1938 até 1943, Frieda pintou, sob a direção de Crowley, o Tarô de Thoth. Inicialmente, ele pretendia criar um baralho seguindo a tradição dos modelos marselheses, mas Frieda conseguiu convencer Crowley a realizar algo totalmente original.

Aventuraram-se em campos mais sublimes e profundos do que aqueles permitidos pelos antigos modelos; procuraram incorporar os últimos descobrimentos da física, relacionando-os com a antiga tradição esotérica e cabalística. Em 1944, foi publicado pela O.T.O. (*Ordo Templi Orientis*) britânica uma edição limitada em 200 cópias do *Livro de Thoth*, que incluía as imagens das cartas nas suas ilustrações. As aquarelas originais só foram publicadas como cartas em 1966, isto é, 19 anos depois da morte de Crowley.

Segundo Crowley: "A tarefa deste escriba tem sido a de preservar os caracteres essenciais do Tarô, que são independentes das mudanças periódicas das Eras, e atualizar aqueles caracteres dogmáticos e artísticos que ficaram ininteligíveis".

Assim, A Papisa e O Papa tornam-se A Sacerdotisa e O Hierofante; O Arcano XI: A Força foi rebatizada como "*Lust*", e A Temperança e O Julgamento passaram a chamar-se "A Arte" e "O Eão", respectivamente.

Nesse trabalho, foram dadas explicitamente as correspondências dos manuscritos de Londres. Cada Arcano Maior recebeu uma correspondência astrológica deduzida a partir da atribuição da carta com a letra hebraica e cada Arcano Menor recebeu uma dupla atribuição astrológica, com um planeta e um determinado signo. Cabe destacar também que os Discos não são mais aquelas moedas ou pentagramas inertes dos baralhos antigos, mas senão discos giratórios que mudam de forma e de cor.

A. E. Waite e Pamela C. Smith.

Outro Tarô muito popular é o *Rider-Waite*, pintado por Pamela Colman Smith (1878-1951), sob a direção de Arthur Edward Waite, publicado em 1910. As correspondências não aparecem explicitamente, no entanto, apresenta uma cena da vida cotidiana em cada um dos Arcanos Menores (deixando de fora os Ases), facilitando assim a compreensão de seus significados, embora os esteja reduzindo. Assim lhe pareceu a André Breton, autor com Leon Trótsky do *Manifesto Surrealista* quando Jodorowsky o mostrou em Paris: "Acaba com a profundidade do símbolo mostrando algo tão óbvio".

Nesse baralho se inspiraram muitos outros autores, entre os quais cabe destacar Salvador Dalí. Apesar de Waite ter se quedado parcialmente, ancorado em velhas ideias (especialmente nas cartas de O Demônio, A Força e O Juízo), sendo a cabeça do pensamento cabalista-cristão, suas opiniões a respeito do Tarô são interessantes: "O verdadeiro Tarô é simbólico. Uma vez compreendido o significado oculto de seus símbolos, as cartas transformam-se em uma espécie de alfabeto que é capaz de um número infinito de combinações e faz sentido em todas elas. O Tarô incorpora as representações simbólicas das ideias universais, nas quais estão todos os subentendidos da mente humana. É nesse sentido que o Tarô contém a doutrina secreta, que é a percepção, por uns poucos, das verdades encerradas na consciência de todos, muito embora elas não tenham sido reconhecidas claramente pelas pessoas comuns".

Muitos baralhos têm visto a luz nos últimos tempos, coisa típica de uma época de revelação de todo o oculto e também de consumismo selvagem. Outros Tarôs atuais, produtos de um estudo sério, são, entre outros, o *Tarô de Aquário* (1971), o de *Balbi* (1976), o *Tarô Mitológico* (1988),* de Juliet Sharman Burke e Liz Greene, e o *Mother Peace*, de Vicki Noble e Karen Vogel que mantém uma estrutura clássica.

Não é possível deixar de destacar o excelente trabalho de Ma Deva Padma (Susan Morgan): o *Osho Zen Tarô* publicado junto com um livro em 1994. Vemos tanto nos belíssimos desenhos como nos comentários de cada carta um intento extraordinariamente bem-sucedido de traduzir em uma linguagem contemporânea e integradora os imemoriais Arcanos.

Assim, não parece que essa cosmovisão tenha sido o invento de uma pessoa só. No entanto, não seria descabido pensar que poderia ter surgido em uma reunião de sábios, tal como o cabalista e padre católico P. F. Case afirma que existiu em Fez (Marrocos), cidade que, depois da destruição da biblioteca de Alexandria, se converteu em um grande centro cultural do Ocidente, por volta do ano 1200.

Tentando dar uma resposta à pergunta com que iniciamos este capítulo, poderíamos dizer que o Tarô é a expressão plástica de arquétipos universais, presentes no inconsciente coletivo da humanidade e que aparecem, de uma forma ou de outra, quando homens e mulheres especialmente intuitivos conseguem captá-los. Podemos dizer que o Tarô tem dois lados: um imortal, sem princípio nem fim, essencial, arquetípico, que podemos chamar de lado interno; e o outro externo, que são as formas particulares que adota, dependendo das circunstâncias históricas e do uso que fazemos dele.

---

*N.E.: Obra publicada pela Madras Editora.

Capítulo 4

Ritual e Sistemas de Leitura

Abrindo o jogo

Para atingir um bom nível de profundidade e eficiência com o Tarô, não basta ter lido uma montanha de livros. Embora uma base teórica firme e clara seja sempre necessária, é imprescindível uma boa dose de intuição para que a leitura seja algo vivo e não só um compêndio de significados colocados em uma ordem mais ou menos afortunada.

A intuição é algo que podemos desenvolver de muitas maneiras. Está relacionada com o terceiro olho ou Chacra Ajna, situado entre as sobrancelhas, conhecido também como "A Roda do Comando". É o centro intelectual, a base da mente, da visão psíquica ou clarividência e da intuição. Esse centro é ativado pelo mantra OM. Quando a vibração sonora do mantra golpeia o céu da boca, este vibra, fazendo com que o movimento vibratório se expanda por toda a cabeça. Com a prática, podemos direcioná-la para cima, por um canal que em um ponto determinado se ramifica. Uma parte continua ascendendo até o Chacra Sahasrara e a outra se defasa 90 graus e continua para a frente até o terceiro olho.

Esse também se ativa com o som iiiiiii... pronunciado enquanto inspiramos. Outra maneira de desenvolver a intuição é lendo as cartas, embora no início seja necessário o uso de livros ou apostilas para interpretá-las.

Este capítulo contém uma série de orientações práticas destinadas a ajudar o principiante a realizar suas leituras. Com o tempo, cada tarólogo desenvolverá seus próprios métodos.

O baralho

A escolha do Tarô é fundamental. Suas imagens penetram no inconsciente e vão fazer ressoar nossos arquétipos internos. O critério principal para escolher um baralho é sentir uma forte atração por ele, que dependerá muito de sua expressão gráfica. Temos de gostar muito de nosso baralho e nos sentirmos inspirados com ele nas mãos. Um baralho que cause medo ou rejeição não deve ser usado nas leituras, mas é importante estudá-lo para descobrir e trabalhar aquelas áreas sensíveis de nosso ser, que são mexidas por tais imagens.

Também é importante que as relações entre cartas, números, letras, signos, planetas e elementos sejam coerentes, pois enriquecem muito o conteúdo das cartas e permitem entrar, pela porta do Tarô, no mundo fascinante da Astrologia, Numerologia e Cabala.

É melhor ganhar um baralho que o comprar, pois isso mostra sincronicidade: a pessoa atrai o Tarô que vem ao encontro de seu crescimento. Mas isso não quer dizer que, se quisermos um Tarô, vamos esperar ou pedir que alguém nos dê de presente.

Personalização do baralho

Uma vez com o Tarô na mão, o primeiro passo é personalizá-lo, isto é, magnetizá-lo com nossa energia. Para isso, existem muitos métodos. Um deles é dormir sete noites consecutivas com o baralho embaixo do travesseiro, próximo ao cerebelo. Depois pode passar uma noite velando as cartas, como Dom Quixote fez com suas armas, especialmente se a Lua estiver cheia. Nessa hora a pessoa espalha as cartas em um pano de seda roxo ou azul-escuro, de aproximadamente 1 metro por 1 metro. Essas são as cores mais *Yin* do espectro, mais receptivas e conservadoras, que protegerão melhor o baralho. O baralho deve estar sempre envolvido nesse pano, que abriremos só na hora das leituras, dispondo as cartas sobre ele.

Colocaremos primeiro os Arcanos Maiores, depois as Figuras da Corte e finalmente os Arcanos Menores, deixando cada grupo, por meia hora, impregnando-se do luar. Depois embaralhamos até que a ordem em que as cartas vieram de fábrica tenha sido completamente alterada. Enquanto embaralhamos, estabeleceremos um compromisso com o nosso Tarô, de preferência em voz alta: "Meu querido Tarô, eu me comprometo a cuidar de você, mantendo-o longe de energias pesadas e involutivas, e peço que me ajude a ajudar as pessoas que se consultam a ser mais elas mesmas".

O tarólogo não é só o guardião da joia, cuidando-a e protegendo-a das energias densas, mas também seu animador, aquele que lhe empresta sua alma. Com o uso do Tarô, o leitor pode ir resolvendo os mistérios de sua própria vida, esclarecendo seus pontos obscuros. Encontrará orientações que o auxiliarão a resolver seus próprios desafios e também poderá ajudar os outros. E o amor que coloca nessa tarefa se derrama nos seus consultantes e no mundo. Por este trabalho, o tarólogo não só pode, como também deve, cobrar, embora sem fazer do dinheiro sua prioridade. Se alguém tem facilidade para ler as cartas, sente-se bem quando o faz e com seu trabalho ajuda os outros, o melhor que pode efetuar é dedicar seu tempo a aperfeiçoar-se e fazer de ler o Tarô sua profissão. Também as pessoas acabam dando mais valor àquilo que pagam. Ainda quem coloca no bolso corre menos perigo de colocar no ego. Assim o tarólogo pode se estabilizar economicamente e fazer descontos ou trocas quando achar apropriado, sem se vangloriar por isso.

Se o tarólogo precisa mostrar as cartas em aulas ou conferências, é mais adequado dispor de um segundo baralho que não precisa ser magnetizado nem guardado em um pano de seda e pode continuar na embalagem original. É conveniente não mostrar o baralho das consultas desnecessariamente em bares ou ambientes pesados ou a pessoas densas ou negativas (a não ser nas leituras), já que sua qualidade vibratória pode ser afetada.

O pano participa da mesma energia das cartas e deve ser tratado com o mesmo cuidado. É preferível guardar o baralho envolvido no pano, dentro de uma bolsa ou em uma caixinha de madeira (de preferência artesanal), ou embrulhado em um cobertor de lã que abriremos com o pano.

O lugar

Embora possamos ler o Tarô em qualquer lugar que tenha um astral limpo, é recomendável dispor de um espaço específico. A energia que geramos quando realizamos uma consulta também carrega o local. Podemos criar um pequeno templo cuja energia favorecerá as leituras subsequentes. Sempre que for possível, é importante ter um quarto dedicado exclusivamente para a leitura do Tarô ou atividades afins. Em tal espaço procuraremos nosso lugar de poder. Para isso, é preferível tirar todos os móveis e depois deitar no chão, rodar e se arrastar até achar o local onde nos sentimos melhor. Sentados nele, giraremos 360 graus para encontrar a orientação ideal. Definida a posição da leitura, colocaremos nela uma mesa redonda – sem quinas, para que a energia circule melhor – e baixa, pois assim tem-se a opção de se sentar no chão, num banquinho de meditação japonês ou em uma cadeira, em cima da qual abriremos o pano de seda. Também pode ser no chão, sobre um carpete ou cobertor.

No mato, existem locais que possuem uma vibração especialmente favorável para esses propósitos: cachoeiras, rios, grandes árvores, rochas, lagos, etc. Nesse caso é importante conectar-se com os elementais do lugar. Quando colocamos Tarô nesses lugares, em domicílio ou em qualquer local que não seja aquele que tínhamos preparado para isso, é conveniente colocar um cobertor embaixo do pano.

Não acho adequado encher nosso consultório com imagens de deuses, santos, profetas, maestros espirituais ou símbolos esotéricos que possam causar projeções em nossos clientes e atrapalhem a compreensão da leitura. Sugiro ter apenas plantas, imagens da natureza ou uma fonte que gere *prana*, limpe a energia do local e proporcione um agradável e relaxante rumor de água circulando. Podemos usar os quatro elementos sob diferentes formas, como velas, copos com água, cristais ou até uma adaga, desde que seja um de cada e colocados de maneira discreta. Quanto mais objetos colocamos em um lugar, a energia circula menos, e é fundamental que nosso consultório esteja sempre bem ventilado. Tampouco me parece conveniente usar incensos ou aromaterapia, pois não sabemos se nossos clientes gostam ou se são alérgicos a eles.

A leitura

Uma consulta de Tarô é um assunto de duas pessoas: o leitor e o consulente. Não é conveniente a presença de terceiros, especialmente de pessoas próximas ao consulente, já que sua energia pode interferir na magnetização do baralho e, algumas vezes também, na receptividade deste durante a leitura. Um intérprete pode ser aceito. Uma vez iniciada a sessão, leitor e consulente devem abster-se de qualquer outra atividade, como fumar, comer, atender a telefonemas, etc., para colocar toda sua atenção na leitura. Antes de cada consulta, o leitor deve se preparar interiormente, deixando fluir seu amor, aceitando todas as situações de sua vida e colocando de lado seus problemas particulares e seus desejos, com exceção de ajudar o consulente.

Toda leitura deve começar com um bom relaxamento, que pode ser obtido com uns minutos de respiração profunda. Não adianta começar uma leitura com o consulente inquieto e ansioso; é preferível ajudá-lo a serenar-se e centrar-se antes de qualquer coisa. Nenhum objeto, como chaves, óculos, carteira, celular, etc., deve ser colocado sobre o pano de seda. Também é melhor que o consulente e o leitor deixem os sapatos fora da sala de leitura. O leitor deve evitar que o consulente fale compulsivamente, induzindo interpretações pouco objetivas. Isso não quer dizer que o leitor deva fechar os olhos para as mensagens corporais e energéticas que o consulente passa e que costumam complementar o que as cartas revelam.

Previamente à leitura, o leitor escolherá uma carta para representar o consulente, que chamaremos de "carta testemunha". A carta testemunha é uma ponte entre as cartas e o consulente. Usaremos uma das Figuras da Corte, que representam 16 tipos de personalidade, tal como vemos no capítulo 9 na seção Figuras da corte e a carta testemunha.

Pediremos então ao consulente que, sentado comodamente, se presenteie com um minuto e meio de férias. Não lhe diremos que mentalize perguntas (que podem ser não tão centrais ou profundas), mas que busque um volume respiratório o mais agradável possível e coloque sua atenção em desfrutar de sua respiração. Assim, a pessoa estará totalmente presente no presente (ninguém consegue respirar no passado ou no futuro) e irá para dentro, de maneira que depois, quando magnetizar as cartas, o fará desde seu centro, possibilitando que o tarô fale em profundidade da pessoa e não de questões periféricas. Durante esse minuto e meio o tarólogo embaralha seis vezes as cartas para que estas percam os restos de magnetizações anteriores e, quando acabamos, entre uma consulta e outra, embaralhamos outras seis vezes.[13] Se sentirmos que o baralho está muito carregado, daremos nele umas sopradas frias, isto é, fazendo o bico da boca por onde sopramos do menor tamanho possível. Assim já estamos prontos para invocar.

A invocação

Sugiro que o tarólogo, enquanto o consultante se concentra na sua respiração, faça um mantra, de preferência *Om mani padme om*, com o objetivo de sossegar sua mente, deixar de lado tudo o que não for a consulta e abrir a intuição.

Existem inúmeras invocações e cada um deve achar a sua. A minha é: "Divina Presença Eu Sou em Mim! Pela força do Amor eu te invoco e te peço que, por meio destas cartas, eu possa dar as orientações e informações que (nome do consulente) está necessitando para conhecer-se melhor, ser mais ele mesmo (ou ela mesma) e ser feliz".

Anos atrás agregava: "A nossos guias e mestres, eu invoco e peço que formem conosco um campo de energia comum". Depois deixei de fazê-lo porque percebi que estava passando a responsabilidade da consulta para terceiros, encobrindo assim minha insegurança de iniciante.

A magnetização

Concluída a invocação, durante a qual o consulente estava com sua atenção dirigida para a respiração e com os olhos fechados, o leitor explicará os passos seguintes.

O consultante, sem cruzar as pernas, tomará as cartas com as duas mãos e as colocará no seu colo, sem tocar com elas o corpo nem a mesa. Reduzirá seu campo visual a cartas e braços e visualizará ou imaginará que, cada vez que seu coração pulsa, ele emite uma onda luminosa cheia de energia que desce pelo braço esquerdo, penetrando e energizando as cartas. Essa onda volta pelo braço direito com um mínimo de energia, fechando assim o circuito. Como ondas do mar que vêm do oceano (coração), quebram na praia deixando na areia (as cartas) sua energia e voltam para o mar suavemente. Essa operação demorará um minuto e meio, durante o qual a energia vai acumulando-se nas cartas e formando ao redor delas uma bola de luz que fica mais intensa à medida que novas ondas chegam às cartas. É conveniente que o consulente não predefina mentalmente a cor da energia, mas que deixe que seja a que sair.

---

13. Assim, são 12 o número da totalidade e do completo as vezes que embaralhamos.

Na continuação, o consulente respirará três vezes, colocando as cartas com a imagem do Arcano encostadas em cada um dos centros seguintes: Hara, dois dedos embaixo do umbigo; Anahata Chacra, no plexo solar ou boca do estômago; Vishuddha Chacra, na garganta; Ajna Chacra ou terceiro olho, entre as sobrancelhas; Sahasrara Chacra, na coroa da cabeça. Não colocamos as cartas no plexo cardíaco, pois já mandamos energia do coração. Podemos relacionar esses cinco centros com a vontade instintiva, as emoções, a criatividade, a mente e o espírito.

Cada respiração consta de quatro partes: a) inspiração profunda, sentindo o ar ocupando todo o corpo da cabeça aos pés; b) retenção durante um segundo, visualizando ou imaginando que toda a energia do ser se concentra e ilumina o centro, onde estão colocadas as cartas; c) expiração lenta, levando a energia acumulada para as cartas; d) retenção durante um segundo, visualizando a energia vibrando nas cartas.

Às vezes, pode ser interessante que a pessoa coloque as cartas e respire em algum lugar específico de seu corpo físico, onde possa existir algum problema. Uma vez explicado como se faz a magnetização, o tarotista colocará o maço diante do consulente e lhe pedirá que, antes de pegá-lo, friccione durante uns segundos as palmas das mãos para aumentar o fluxo de sua energia nelas.

Como embaralhar

Agora o consulente devolverá as cartas ao leitor e este irá embaralhá-las, fazendo três séries de quatro movimentos. Os três primeiros são iguais: dividindo o baralho em duas metades, mais ou menos iguais, e inclinando-as para dentro – como vemos na figura a seguir.

É importante não as empurrar, para que seja só a força da gravidade, que, como sabemos, é uma constante, e a energia do consulente os fatores que determinam a ordem final das cartas e, portanto, a leitura.

O quarto movimento de cada série consiste em segurar o baralho com uma mão e, inclinando-o pouco a pouco, deixar que as cartas comecem a cair na outra mão. Assim, as últimas serão as primeiras, e vice-versa, tal como vemos na figura ao lado. Acabados os 12 movimentos, o leitor entrega as cartas novamente ao consulente, pedindo-lhe que coloque a mão esquerda sobre elas por alguns segundos, enquanto manda três ondas de luz do coração para as cartas. Com a mesma mão, o consulente cortará uma vez para a esquerda. O leitor fechará o baralho e o colocará, sempre com a mão esquerda, no seu lado esquerdo.

São dois tipos de energia que o baralho recebe. A do consulente durante a magnetização que, uma vez acabada a consulta, deve ser eliminada, embaralhando 12 vezes (o número da totalidade) as cartas ao melhor estilo carteado. O segundo tipo de energia, muito mais sutil, é a energia de amor que, em cada invocação, o baralho recebe. Esta não se elimina, mas vai se acumulando, tornando o baralho uma bateria de alta energia sutil, como um poderoso talismã, que em cada consulta irradia energia de amor e de cura.

Resumindo:

	TARÓLOGO	CONSULENTE
Antes de o consulente chegar	Calcula e tira a carta testemunha.	
Com o consulente presente	Embaralha estilo crupiê seis vezes. Invoca.	Conecta-se consigo mesmo por meio de sua respiração.
	Explica como o consulente vai magnetizar as cartas.	Escuta.
	Calcula as Lições de Vida e Desafios.	Magnetiza as cartas.
	Embaralha 12 vezes deixando cair as cartas.	
		Corta.
	Abre o jogo e interpreta.	Escuta e comenta.
Depois da leitura	Fecha o jogo. Embaralha estilo crupiê seis vezes.	

A leitura terapêutica

A Leitura Terapêutica.

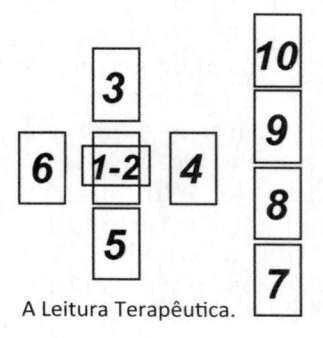

Esta é uma ressignificação terapêutica que desenvolvi a partir da tradicional Cruz Céltica, um sistema baseado em uma disposição de dez cartas (11 com a carta testemunha), como vemos na figura ao lado, sendo que o número inscrito em cada carta indica a ordem que foi tirada do baralho. Vejamos cada uma das dez posições:

Momento atual (1 e 2): aqui temos as posições 1 e 2. Tradicionalmente, essas cartas são chamadas de "Cruz Dinâmica", um par de forças cuja resultante dinamiza a vida da pessoa. Elas mostram o momento que a pessoa está vivendo e/ou a atmosfera atual. Na Leitura Terapêutica, na qual o que interessa são as questões internas, vemos com que impulsos internos a pessoa está fazendo contato neste momento, seus conflitos internos e questionamentos, as fichas que estão caindo, o assunto ou tema interno que está aflorando à superfície ou a manifestação da Âncora no Momento Atual.

Às vezes, uma das cartas nos mostra o gancho com a Âncora e a outra identifica uma tendência ou atitude de libertação. Em outras, podemos ver na segunda carta os efeitos da primeira, algo que talvez não tenha se manifestado ainda, mas que já está incubado.

Âncora (4): tradicionalmente revela o passado, mostrando situações, fatos ou atitudes que de alguma maneira influenciam o momento presente, mostrando as bases do assunto ou da situação atual em um momento distante. Na Leitura Terapêutica é a "Âncora", porque, assim como uma âncora prende o barco ao escuro fundo do mar e não o deixa zarpar até que seja levantada, nela estudamos o aspecto mais sombrio da personalidade do consulente, aquele conjunto de traços psíquicos que o acorrentam à sua programação, isto é, ao seu passado, e que constitui um nó a ser desfeito para que a pessoa se transforme, cresça e amadureça. Geralmente, essa âncora está no inconsciente e, como um *iceberg*, só é visível uma pequena parte. Esse conjunto de traços pode se cristalizar em uma máscara com que a pessoa se fantasia e se esconde para não encarar a realidade nem a si mesma. Essa posição é um dos eixos principais da leitura. Podemos dizer que mostra o obstáculo fundamental que deve e pode ser superado, para poder avançar no caminho da realização pessoal.

Geralmente esta carta tem duas leituras: por excesso e por falta. Como vamos saber qual é a opção mais adequada? Para as Figuras da Corte e os Arcanos Menores, a presença ou falta de elementos (Fogo, Água, Ar e Terra) no mapa astrológico da pessoa nos ajudará muito. Em todos os casos as cartas da Infância e a Voz da Essência serão indicadores importantes. Quando não conseguimos decidir por uma opção determinada, sempre podemos perguntar ao consulente: esta carta pode interpretar-se assim ou assado. Qual bate mais? Em 90% dos casos a pessoa vai dizer as duas. Por isso vem a dúvida. No entanto, as cartas "sombrias" que identificam um mecanismo neurótico só têm uma leitura: por excesso, pois a falta de um mecanismo neurótico nunca será um padrão de comportamento que impede o crescimento. Alguns tarólogos consideram estas cartas como ruins dentro da velha visão de dividir tudo em bom ou mau. Na visão terapêutica não existem cartas boas e más. A aparição de uma carta "sombria" (e se tem sombra é que há luz em algum lugar) é o primeiro passo para entender e desativar o mecanismo neurótico que a carta ilustra.

Voz da Essência (7): tradicionalmente é a carta do carisma (algo profundo e inerente ao ser). Na Leitura Terapêutica, veremos quais são as necessidades mais importantes e urgentes do Ser interno, a voz da essência, seu grito de socorro, pedindo atitudes coerentes com sua realidade interior, saúde e bem-estar. Os Arcanos Maiores nesta posição indicam qual arquétipo o Princípio Universal necessita deixar de projetar, resgatar, desenvolver e integrar.

Infância (9): segundo a tradição, vemos aqui as emoções mais íntimas, os medos, as esperanças, os sentimentos e desejos ocultos do consulente. Alguns autores estudam aqui os fatores inconscientes que influenciam o consulente no momento presente. Como esses fatores são fundamentalmente a programação infantil, que desde o inconsciente continua nos manipulando, na Leitura Terapêutica veremos nessa posição a infância. Na infância estão as origens da Âncora. Mesmo em uma infância que podemos considerar feliz, existiu algum tipo de programação, e aí está o foco para o qual aponta a carta. Veremos aqui: **a)** aspectos e talentos que a criança teve de reprimir e os padrões de comportamento que teve de adotar para ser aceita; **b)** os pais e o ambiente familiar.

Caso apareça uma Figura da Corte com Ar (Espadas e Príncipes), ela se referirá mais aos pais que ao aspecto que foi reprimido ou estimulado. As considerações que vimos na Âncora para identificar a opção a ser escolhida também funcionam aqui. As cartas sombrias mostram mecanismos neuróticos inoculados pela família.

Relacionamentos (8): faz referência aos relacionamentos e informa: **a)** as atitudes ou compreensões internas que são estimuladas, de maneira agradável ou não, pelo relacionamento atual ou anteriores; **b)** a imagem que o consulente vende no mercado dos relacionamentos amorosos para tentar satisfazer suas necessidades de carinho, atenção e sexo, expondo-se o menos possível. Essa imagem pode mostrar a manifestação da Âncora no mundo dos relacionamentos amorosos; **c)** o que a pessoa espera de um relacionamento amoroso. Com essa posição completamos as cartas do diagnóstico.

Método (5): na Cruz Celta tradicional, temos aqui a base da questão levantada pelo consulente. Na Leitura Terapêutica, mostra o método de trabalho a seguir, as atitudes a tomar ou deixar de tomar para desativar os bloqueios da Âncora, satisfazer a demanda da essência, e fortalecer e desenvolver a própria individualidade. É óbvio que, se a pessoa não fizer nada, a Âncora ficará mais forte, no entanto isso não deve ser usado como uma ameaça.

Como as interpretações das cartas são muito parecidas na Voz da Essência e no Método, estudaremos os significados de cada carta em ambas as posições, juntas.

Cuidado! Nestas posições nunca diremos que a pessoa tem de SER isto ou aquilo. É antiterapêutico falar: você tem de ser mais amorosa, mais tolerante, mais simpática ou menos briguenta, ciumenta ou impulsiva. Pois, se ela tenta fazer isso "na marra", em primeiro lugar será mais uma máscara e, em segundo lugar, está criando e reforçando justamente a qualidade oposta, segundo a lei do pêndulo. Se reprime determinado aspecto seu, este vai para a sombra e dali manipula a pessoa continuamente e talvez um dia exploda. Terapêutico seria pedir-lhe que identifique e trabalhe as dificuldades internas que não lhe permitem ser amorosa, tolerante, etc.; que identifique por que determinadas situações ou pessoas a levam a brigar, a ter crises de ciúmes ou a explodir. Terapêutico é identificar e desativar as causas de determinadas condutas e não fazer um esforço para desenvolver uma conduta que pareça mais adequada.

Também não podemos colocar o Método como uma ordem, pois nosso consulente pode sair do consultório falando: "Vou fazer isto porque o tarólogo mandou", o que acaba com a qualidade terapêutica da consulta, cujo primeiro requisito é responsabilizar o consulente pela sua vida e suas decisões. Este precisa entender que, em função do que foi dito no diagnóstico, é necessário fazer ou deixar de fazer o que o Método sugere.

Caminho de Crescimento (6): conhecida tradicionalmente como a carta do futuro, aqui é o "Caminho de Crescimento", é o caminho que hoje está detrás da porta que o consulente abre com as chaves que apareceram nas posições anteriores, especialmente entendendo a Âncora e fazendo alguma coisa concreta na direção mostrada pelas cartas do Método e da Voz da Essência. E falo "hoje" porque, se a pessoa espera meses para começar a trabalhar-se, não está garantido que o que apareceu no Caminho de Crescimento fique esperando. Em nenhuma hipótese, leremos essa carta como o que inexoravelmente cai de paraquedas na vida do consulente. É importante fazer o consulente compreender que seu destino esteve, está e estará em suas mãos e que, com atenção, intenção e conexão consigo mesmo, ele pode mudar sua vida. As cartas comuns indicam que a pessoa está começando a desenvolver as qualidades da dita carta e as sombrias; que o consulente está tomando consciência do padrão neurótico que essas cartas mostram e começa a mudar.

Resultado Interno (3): chamada "Coroa" na Cruz Céltica, indica o mais sublime e elevado estágio que o consulente pode atingir. Como isso está no lado interno, preferi chamá-la de "Resultado Interno". Aqui vemos com as cartas comuns as qualidades ou potenciais que foram resgatados e com as sombrias, os mecanismos neuróticos dissolvidos. Embora, às vezes, eu use nesta posição o verbo no presente ou no passado, estamos falando do futuro.

Resultado Externo (10): o que é o Resultado Final na Cruz Céltica aqui é o "Resultado Externo" – a atitude interna do consulente diante do mundo. Cartas sombrias indicam que o consultante pode atrair uma situação externa que o leva a ter de encarar o padrão neurótico indicado pela carta e lhe dá a chance de libertar-se dele. Aqui podemos fazer um "truque": colocamos a carta no Método para que a pessoa comece a trabalhar esse padrão neurótico desde já de maneira que, quando chegar a situação, esteja mais preparada para tirar proveito dela.

Algumas frases feitas que podem ajudar na hora de interpretar:

Momento Atual: Você sente o impulso interno de...; Você está se questionando...; Está tomando consciência de...; Sua atenção está dirigida para...

Âncora: A dificuldade interna que impede seu crescimento e que você deve e pode eliminar é...

Infância: Para ser aceita você teve de...; Você teve de se adaptar a um ambiente de...

Relacionamentos: a) Este relacionamento ajuda você a perceber...; b) A imagem que você tenta passar nos seus relacionamentos amorosos é...

Voz da Essência: Sua essência está pedindo que você perceba..., que você trabalhe tal padrão...; que desenvolva tal atitude...

Método: O Tarô sugere fazer..., deixar de fazer..., tomar tal atitude..., perceber...

Caminho de Crescimento: Como consequência de usar as chaves que apareceram nas posições anteriores, você começa a...

Resultado Interno: Você identificou, entendeu e desativou as dificuldades internas para...

Resultado Externo: Você encara o mundo com a atitude interna de...; Você atrai uma situação externa que o obriga a encarar e dá chance de resolver...

As cartas não devem ser lidas na ordem em que foram colocadas sobre o pano. Operaremos assim: com as dez cartas em suas respectivas posições, levantaremos as do diagnóstico, isto é, as da Voz da Essência, Âncora, Momento Atual, Infância e Relacionamentos, nesta ordem, para que o primeiro contato seja com a essência do consultante. Nós as colocamos sempre direitas, sem se importar com o fato de que algumas aparecerão invertidas. A interpretação de cada carta dependerá de sua posição e da atmosfera criada pelas outras cartas.

É importante ver as cartas como um todo, buscando uma complementação dentro de uma unidade harmônica que faça sentido, isto é, só vamos iniciar a interpretação quando todas as cartas do diagnóstico ficarem à vista. Começaremos a ler por onde fique mais claro, geralmente pela Voz da Essência, e depois vamos desenrolando o fio da meada. Podemos tirar segundas cartas para as posições abertas, de preferência Voz da Essência e Âncora, colocando a mão esquerda sobre o baralho e pedindo mentalmente três vezes a carta que desejamos para complementar ou ampliar a leitura. Por exemplo: "Quero mais uma carta para a Âncora". Cortamos, sacamos a carta e deixamos o maço como estava.

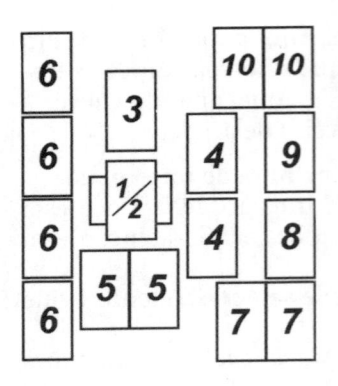

Feito o diagnóstico, levantamos o restante das cartas e interpretamos a carta da posição do Método, depois leremos o Caminho de Crescimento e, finalmente, os Resultados Interno e Externo.

Podemos sacar mais cartas para estas posições; por exemplo, três para o Caminho de Crescimento, em cujo caso as pedimos e sacamos juntas, obtendo assim uma visão mais exata da evolução do quadro da pessoa.

Se tivermos uma grande maioria de Paus, podemos pensar que toda a história gira mais em cima de questões profissionais; se é de Copas, serão as questões emocionais as que precisam ser trabalhadas; se são as Espadas, o crescimento passa por desativar certos mecanismos e crenças mentais; e, se for de Discos (Ouros – Pentagramas), é o corpo físico e as questões financeiras que pedem atenção.

Quando temos muitos Arcanos Maiores, isto é, mais de oito com 20 cartas na mesa, todos os planos vão ficar envolvidos.

Não acho conveniente ter mais de 20 cartas sobre a mesa. Boa informação não significa muita informação, mas aquela que pode ser bem usada.

Concluída a leitura, perguntaremos a nosso consultante se tem alguma pergunta ou comentário. Em 99,90% dos casos não há perguntas e, em muitos casos, responde que as perguntas que trazia já foram respondidas.

Quem se interessa em uma consulta de Tarô Terapêutico não traz perguntas do tipo: Fulano me ama?; Vou ser feliz com Beltrano?; Vai aparecer minha alma gêmea?; Vou passar no vestibular?; Como vai rolar este emprego?, etc. Porém, apresenta questões assim: O que tenho de entender e que mudanças internas preciso fazer para:

- relacionar-me de um jeito mais fluido, prazeroso e nutritivo?
- crescer profissionalmente?
- sentir-me melhor?
- melhorar minhas finanças?

Sendo essas questões centrais na vida da pessoa, elas são respondidas pela Leitura Terapêutica sem necessidade de ser formuladas.

Casos à parte são as mães que perguntam sobre seus filhos adolescentes. Podemos tirar três cartas. Uma que mostra como está a criança, outra que indica o que ela no fundo quer e uma terceira que sugere uma determinada atitude ou ação da mãe, isto é, Momento Atual, Método e Caminho de Crescimento.

Capítulo 5

A Estrutura do Tarô e Suas Correspondências

Existem muitas hipóteses sobre a origem do Tarô e também múltiplas tentativas de achar para ele uma estrutura própria que lhe dê a consistência de um sistema que se explica e se sustenta por si mesmo. No entanto, todas essas tentativas têm usado conceitos procedentes de outros sistemas, como a Numerologia e a Cabala, para chegar à elaboração de sua visão estrutural particular.

À primeira vista, vemos que, deixando fora os 22 Arcanos Maiores, as 56 cartas restantes – 16 Figuras da Corte e 40 Arcanos Menores – estão distribuídas em quatro séries ou naipes: Paus, Copas, Espadas e Discos (também chamados Ouros, Moedas ou Pentagramas), que correspondem aos quatro elementos da tradição ocidental (Fogo, Água, Ar e Terra).

Vemos em muitos Tarôs que os Arcanos Maiores estão relacionados com números, letras hebraicas, caminhos cabalísticos e planetas ou signos astrológicos. Essas correspondências tomadas de outros sistemas de conhecimento muitas vezes enriquecem notavelmente os significados das cartas, mas sempre temos de levar em conta que são apenas correspondências e não identificações. Por exemplo, dizemos que a Lua está atribuída à Sacerdotisa, mas isso não significa que A Sacerdotisa seja a Lua.

"É interessante esclarecer um sistema mediante os conceitos de outro, mas insistir em fazer que concordem só produz mutilações inúteis." *O Caminho do Tarot*. Jodorowsky/Marianne Costa. Ed. Chave.

Sistema cabalístico

A Árvore da Vida da Cabala é um complexo simbólico que representa de cima para baixo o processo de manifestação do Universo, por meio de dez sephiroth, esferas ou emanações do Princípio Criador. De baixo para cima temos o processo da espiritualização do ser humano, à procura de suas origens espirituais. Essas dez esferas, como vemos a seguir, estão unidas por 22 caminhos, cada um deles atribuído a uma letra hebraica.

Resulta fascinante a correspondência que encontramos entre a estrutura do Tarô e a Árvore da Vida:

ÁRVORE DA VIDA	TARÔT
22 Caminhos	22 Arcanos Maiores
Dez sephiroth numeradas do Um ao Dez que se manifestam nos quatro mundos cabalísticos: *Atziloutz* (Mundo da Emanação/Fogo), *Briah* (Mundo da Criação/Ar), *Yetzirah* (Mundo da Formação/Água) e *Assiah* (Mundo da Ação/Terra)	Dez cartas numeradas do Ás ao Dez para cada um dos quatro naipes: Paus/Fogo, Copas/Água, Espadas/Ar e Discos/Terra.

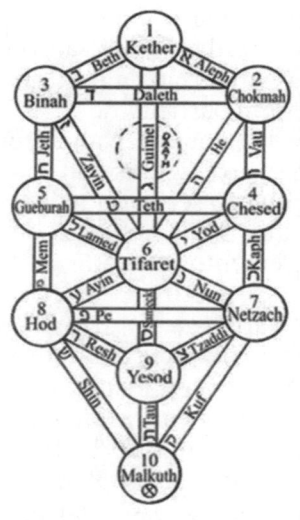

A Árvore e as letras hebraicas.

As 16 Figuras da Corte têm características tão específicas que podemos considerá-las uma ponte entre os Arcanos Maiores e os Arcanos Menores. MacGregor Mathers, fundador da Golden Dawn, deixou escrito que as figuras não estão exatamente em cima das sephiroth, mas a seu lado. Robert Wang, seu discípulo, explica essa ideia indicando que as cartas não se correspondem totalmente com as sephiroth, mas são a extensão de suas qualidades. Crowley atribui as Figuras da Corte a quatro sephiroth, como vemos na ilustração a seguir.

Podemos colocar as 78 cartas sobre a Árvore da Vida, segundo as quatro ilustrações a seguir:

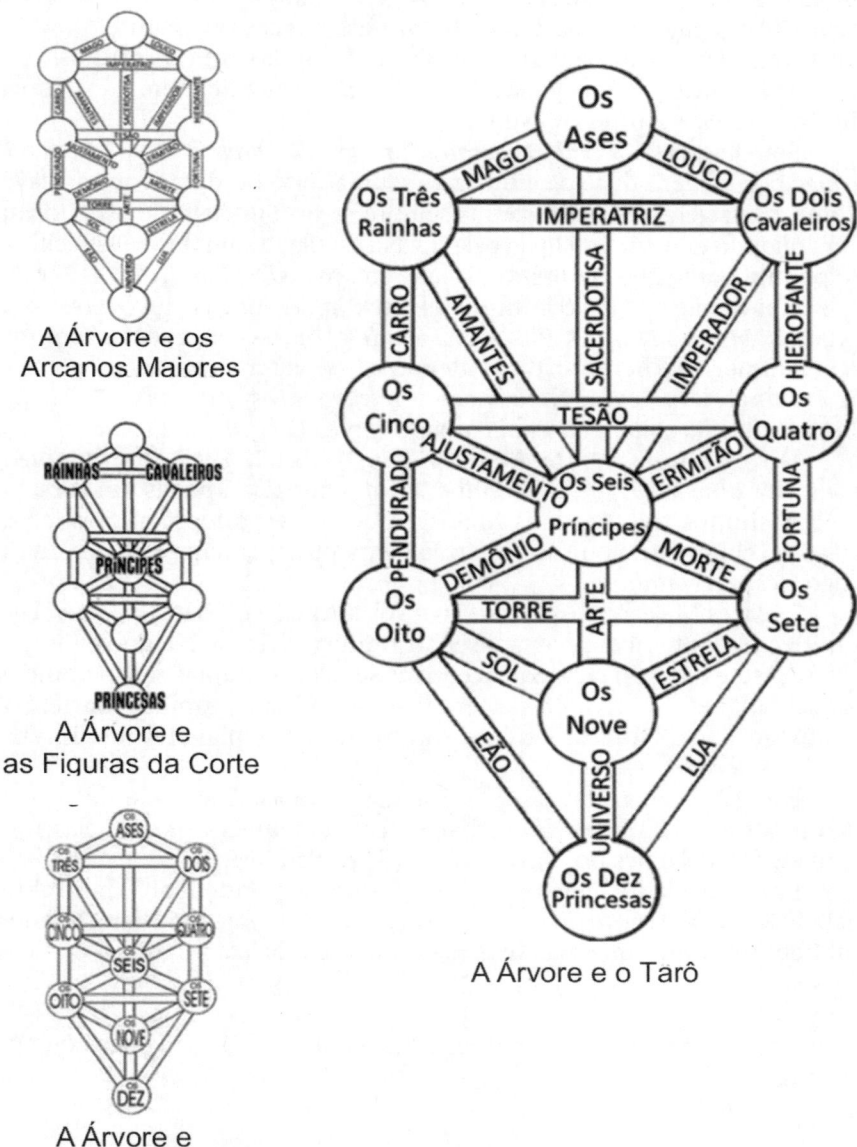

A Árvore e os
Arcanos Maiores

A Árvore e
as Figuras da Corte

A Árvore e
os Arcanos Menores

A Árvore e o Tarô

Correspondências astrológicas dos Arcanos Maiores: a partir desta primeira relação dos Arcanos Maiores com os Caminhos Cabalísticos e as Letras Hebraicas, deduziremos suas atribuições astrológicas.

Nas duas primeiras colunas da tabela a seguir, colocamos os 22 Arcanos Maiores na sua sequência tradicional[14] e as 22 letras. Atribuímos, segundo os manuscritos que deram origem à Golden Dawn, à primeira carta O Louco; à primeira letra Aleph, e assim sucessivamente.

As 22 letras hebraicas podem ser distribuídas em três grupos:

Três Mães – א *Aleph*, מ *Mem* e ש *Shin* – que definem a estrutura dialética teses – antíteses – sínteses.

Sete Duplas – ב *Beth*, ג *Guimel*, ד *Daleth*, כ *Qaph*, פ *Phe*, ר *Resh* e ת *Tau* – porque têm duas pronunciações, uma forte ou dura e outra suave. Como regra geral, estas sete letras sempre se pronunciam de uma forma dura quando estão no início da palavra. Na escrita, o som duro é especificado por um ponto que no interior da letra chamado *Dagesh* (ה ד פ כ ד ג ב).

Cuidado para não confundir as sete duplas com as cinco letras – כ *Qaph*, מ *Mem*, נ *Nun*, פ *Phe* e צ *Tzaddi* –, que se escrevem e têm um valor numérico diferente, dependendo se estiverem no início, no meio ou no final da palavra. Nessas cinco letras temos uma mãe (מ *Mem*), duas duplas (כ *Qaph* e פ *Phe*) e duas simples (נ *Nun* e צ *Tzaddi*).

Doze Simples – ה *He*, ו *Vav*, ז *Zayin*, ח *Chet*, ט *Tet*, י *Yod*, ל *Lamed*, נ *Nun*, ס *Samek*, ע *Ayin*, צ *Tzaddi* e ק *Kof* – que têm apenas um som.

Assim, os três Arcanos Maiores que correspondem às três letras mães recebem a atribuição dos três elementos principais: Ar, Água e Fogo, respectivamente.

"As três Mães no Universo são o Ar, a Água e o Fogo..." (*Sefer Yetzirah*), embora também possam ser atribuídos a Urano, Netuno e Plutão.

As sete cartas relacionadas com as sete letras duplas são atribuídas aos sete planetas individuais: Mercúrio, Lua, Vênus, Júpiter, Marte, Sol e Saturno. "Sete Duplas... e com elas formou sete planetas no Universo,..." (*Sefer Yetzirah*).

E as 12 cartas restantes, relacionadas com as 12 letras simples, são atribuídas aos 12 signos do Zodíaco. "12 elementais... e com elas formou 12 constelações no Universo..." (*Sefer Yetzirah*).

Por outro lado, as Letras Hebraicas correspondem aos Caminhos Cabalísticos da Árvore de maneira que, para cada Arcano Maior, temos também um Caminho Cabalístico, conforme tabela a seguir.

---

14. Ou seja, sem trocar a Força e a Justiça entre si, como o fez Waite.

Juntando tudo:

Nº	Arcano Maior	Letra Hebraica			Correspondência Astrológica		Caminho Cabalístico
0	O Louco	א	Aleph	Boi	Muda	Ar e ♅	11º
I	O Mago	ב	Beth	Casa	B	V	☿	12º
II	A Sacerdotisa	ג	Guimel	Camelo	G[15]	J[16]	☽	13º
III	A Imperatriz	ד	Daleth	Umbral	D	Th[17]	♀	14º
IV	O Imperador[18]	ה	He	Janela	H[19]	♈	15º
V	O Hierofante	ו	Vau	Prego	V	♉	16º
VI	Os Amantes	ז	Zayin	Espada	Z	♊	17º
VII	O Carro	ח	Jeth	Cerca	J[20]	♋	18º
VIII	O Ajustamento	ל	Lamed	Canga	L	♎	22º
IX	O Ermitão	י	Yod	Mão	I	♍	20º
X	A Fortuna	כ	Qaph	Palma	Q	J	♃	21º
XI	O Tesão	ט	Teth	Serpente	T	♌	19º
XII	O Pendurado	מ	Mem	Água	M	Água e ♆	23º
XIII	A Morte	נ	Nun	Peixe	N	♏	24º
XIV	A Arte	ס	Sameck	Suporte	S	♐	25º
XV	O Demônio	ע	Ayin	Olho	Muda	♑	26º
XVI	A Torre	פ	Pe	Boca	P	F	♂	27º
XVII	A Estrela	צ	Tzaddi	Anzol	Tz	♒	28º
XVIII	A Lua	ק	Kuf	Nuca	K	♓	29º
XIX	O Sol	ר	Resh		?[7]	R[8]	☉	30º
XX	O Eão	ש	Shin	Dente	Sh	Fogo y ♀	31º
XXI	O Universo	ת	Tau	Cruz	T	Z[9]	♄	32º

---

15. G de gato, não de Gilberto.
16. Este som não existe em português. É o J inglês de *January* ou dj em francês.
17. Th inglesa em '*the*'.
18. Crowley trocou a letra e o caminho do Imperador pelos da Estrela. Ver na seção Letra hebraica da Estrela no capítulo 8: O Terceiro Heptenário.
19. H do inglês, aspirada como em *home*.
20. J espanhol de *Jueves*. Este som não existe em português.

Sistema numerológico de base sete

Nos Arcanos Maiores, este sistema deixa a primeira carta da sequência fora (O Louco) e divide as 21 cartas restantes em três Septenários:

			O Louco				
1º Septenário	O Mago	A Sacerdotisa	A Imperatriz	O Imperador	O Hierofante	Os Amantes	O Carro
2º Septenário	O Ajuste (A Justiça)	O Ermitão	A Fortuna (A Roda da)	O Tesão (A Força)	O Pendurado	A Morte	A Arte (A Temperança)
3º Septenário	O Demônio	A Torre	A Estrela	A Lua	O Sol	O Eão (O Julgamento)	O Universo

Certos autores consideram cada Septenário uma área de experiência. As cartas do primeira Septenário representariam o processo masculino e consciente de afirmar-se e criar a própria estrutura pessoal, emocional, mental, corporal e energética, para encarar com autonomia e eficiência o mundo e a vida prática. Aqui estão os grandes arquétipos. Jung o chama de "O Reino dos Deuses". No segundo Septenário, feminino e subconsciente, vamos para dentro, aprendemos a nos entregar e a nos conhecer. Primeiro temos de construir uma personalidade independente para poder nos entregar, temos de conquistar alguma coisa para poder dar. Jung o chama de "O Reino da Consciência, do Ego e da Realidade Terrestre". O terceiro Septenário, denominado por Jung "O Reino da Iluminação e da Autorrealização", é superconsciente, transpessoal e transcendente.

Segundo eles, cada carta representaria no nível de seu Septenário o princípio manifestado nos números de Um a Sete ou sete etapas do Septenário. Os Arcanos Menores, incluindo as Figuras da Corte, são divididos em quatro séries de 14 (7 x 2) cartas cada uma, o que equivaleria a numerar as Figuras da Corte com os números 11, 12, 13 e 14, respectivamente.

	1: O impulso	2: A polaridade	3: A frutificação	4: A estruturação	5: A procura de sentido	6: A escolha	7: A realização
1º Septenário: desenvolvimento da autonomia	O Mago	A Sacerdotisa	A Imperatriz	O Imperador	O Hierofante	Os Amantes	O Carro

2º Septenário: contato com o ser interior	O Ajuste (A Justiça)	O Ermitão	A Fortuna (A Roda da)	O Tesão (A Força)	O Pendurado	A Morte	A Arte (A Temperança)	
3º Septenário: espiritualidade	O Demônio	A Torre	A Estrela	A Lua	O Sol	O Eão (O Julgamento)	O Universo	
	Os Ases	Os Dois	Os Três	Os Quatro	Os Cinco	Os Seis	Os Sete	
	Os Oito	Os Nove	Os Dez	Os Cavaleiros	As Rainhas	Os Príncipes	As Princesas	

Os Cavaleiros, Príncipes e Princesas do sistema matriarcal de Crowley correspondem aos Reis, Cavaleiros e Valetes ou Pajens da tradição patriarcal (Marselha, Waite, etc.).

Sistema numerológico de base dez

Esse sistema deixa fora a primeira e a última cartas da sequência de Arcanos Maiores (O Louco e O Universo) e divide, em dois grupos de dez, as 20 cartas restantes. Incorpora as quatro séries de Arcanos Menores numeradas, agrupando-as também em dez graus.

	1 O Início	2 O Receptivo	3 A Explosão	4 A Estabilidade	5 A Mudança	6 A Escolha	7 A Ação	8 A Perfeição	9 A Crise	10 O Fim de um ciclo	
O Louco	O Mago	A Sacerdotisa	A Imperatriz	O Imperador	O Hierofante	Os Amantes	O Carro	O Ajustamento	O Ermitão	A Fortuna	O Universo
	O Tesão	O Pendurado	A Morte	A Arte	O Demônio	A Torre	A Estre-la	A Lua	O Sol	O Renascimento	
	Os Ases	Os Dois	Os Três	Os Quatro	Os Cinco	Os Seis	Os Sete	Os Oito	Os Nove	Os Dez	

As Figuras da Corte ficam de fora dessa disposição.

Considerações finais: no início, podemos ficar mais atraídos pela estrutura numerológica de base dez com a qual estamos mais familiarizados desde a escola, no entanto, esta não inclui as Figuras da Corte. Por outro lado, a estrutura de base sete é muito reducionista, pois nos leva a considerar, deixando O Louco de fora, os 21 Arcanos Maiores como uma série de sete cartas em três planos diferentes. Embora encontremos pontos comuns entre os Arcanos Maiores, cada um deles representa um Princípio diferente, um estado de consciência distinto. Falar, por exemplo, que O Imperador, O Tesão (A Força) e A Lua representam o princípio da Estruturação em três planos diferentes, parece-me forçar demais os significados de cada carta, assim como vincular as Figuras da Corte aos números 4, 5, 6 e 7.

Por isso, prefiro o sistema cabalístico que não só integra as 78 cartas, mas também permite obter novas atribuições, como são as astrológicas.

De todos os modos, os Arcanos Maiores têm uma personalidade tão forte a partir de seus símbolos que não necessitam de atribuições cabalísticas ou astrológicas para chegar aos seus significados.

Os significados das Figuras da Corte estão perfeitamente definidos pelas combinações dos quatro elementos consigo mesmos. Onde, sim, as correspondências com a Árvore da Vida serão muito úteis é nos Arcanos Menores, dando-lhes estrutura e significado.

Capítulo 6

O Louco e o Primeiro Heptenário

O Louco

Títulos	Número	Letra hebraica	Caminho cabalístico	Atribuição astrológica	Princípio universal
Marselha Waite Crowley Osho Zen	O Louco	Zero O vazio O não manifestado	א Aleph Boi A Muda	11º Kether Jokmah	△ Ar *Prana*, a mente. ♅ Urano A originalidade, o imprevisível	A Potencialidade absoluta no ponto de iniciar a manifestação

Títulos: no Tarôs de Marselha, o título desta carta é *Le Mat*, tradução de *Il Matto*, dos Tarôs italianos, embora também apareça como "Le Fou" e "Le Fol" que, como "Le Mat", significa "O Bobo" ou "O Louco". Crowley insinua, baseando-se na forte influência egípcia que ele vê no Tarô, que Mat poderia muito bem proceder de Maat,[21] a deusa-abutre que, segundo essa tradição, tem o pescoço espiralado e, fecundada pelo vento, gera todas as espécies animais. O título esotérico do Louco é "O Espírito do Éter".

Número: O Louco é o Arcano nº Zero. Esta palavra procede do árabe *Cifa* ou *Sifr*, que significa "Vazio". Dela derivam as palavras esfera e cifra e, em francês, *cifre*, cujo significado é "número". O vazio é a fonte e a condição da Existência, como o silêncio é a fonte e a condição do

---

21. Maat ou Mut, esposa de Amon, cujo nome significa literalmente "mãe", não deve ser confundida com Ma'at, a deusa, também egípcia, da Justiça e da Verdade.

som. A ideia do vazio foi trabalhada por diferentes tradições. Na China, foi chamado de Tao; os cabalistas o chamaram de Ain Shoph; e os físicos contemporâneos, de vácuo.

"E em verdade a Realidade Suprema é Silêncio e Vazio." (Arnaud Desjardins)

"O Tao é um vazio insondável em movimento incessante que nunca se esgota. Sem nome é o Princípio do Universo. Sem nome é a origem do céu e da terra. Com nome é a mãe de todas as coisas. A vida é emanação do Tao. O Tao em sua origem é vazio: uma confusão inacessível ao pensamento humano. No Vazio está o gérmen de todas as coisas: a Suprema Verdade." (*Tao Te King*)

Os cabalistas, provavelmente Isaac, o Cego, na segunda metade do século XII, acunharam o termo Ain Soph, que significa o "Vazio sem limites" ou "Nada ilimitado", para definir o Princípio Criador. Os físicos atuais chegaram às mesmas conclusões: "A distinção entre matéria e espaço vazio teve de ser abandonada pela física moderna, quando se fez evidente que as partículas virtuais podem passar a existir espontaneamente a partir do vácuo e desaparecer novamente neste último. Assim, como o vazio oriental, o vácuo físico não é um estado do mundo das partículas. Essas formas não são entes físicos independentes, mas simplesmente manifestações transitórias do vazio subjacente". (*O Tao da Física* – Fritjof Capra).

Assim, o Zero como o vazio não é a ausência de tudo, mas a potencialidade mais absoluta.

Se considerarmos a equação matemática $0 = (+1) + (-1)$, da esquerda para a direita, vemos o Zero originando os opostos, dando lugar à polaridade. Se a observarmos da direita para a esquerda, podemos entender o Zero como o ponto onde os opostos se aniquilam e a polaridade se complementa. Deduzimos que o Zero não só dá origem à existência, mas também desenvolve os Princípios Positivo e Negativo e a ideia de polaridade.

O Zero.

O Zero seria o Tao; + 1, o Princípio Yang; e 1, o Princípio Yin, que, combinando-se em diferentes proporções, originam os oito trigramas de cuja combinação obtemos os 64 hexagramas que integram a cosmovisão do I Ching.

Os maias descobriram e usaram o Zero pelo menos mil anos antes que algo parecido fosse conhecido na Europa. Representavam-no com um caracol, que na glíptica maia tem a forma de uma espiral. A melhor representação gráfica do Zero é a espiral, que integra o ponto sem dimensões com o infinito, dando uma ideia de movimento e geração, e mostrando que o Zero é o Infinito no manifestado, e o Infinito é o zero manifestado.

A espiral, símbolo de geração e de regeneração periódica, mostra a permanência do ser por meio das flutuações e das mudanças. Não só manifesta o movimento circular, mas também une o ponto original com o infinito. A espiral está mostrando que o Zero e o Infinito são duas formas diferentes de ver a mesma coisa. O Zero é a espiral fechada, potencialmente infinita, o infinito não manifestado, não diferenciado; e o Infinito é a espiral aberta, o Zero manifestado, a manifestação do potencial.

CORRESPONDÊNCIAS

Letra hebraica: א – atribuímos ao Louco, primeira carta da sequência, a primeira letra do alfabeto, Aleph, cuja tradução é "boi". Sua forma lembra um arado que, firme e rigidamente, abre, penetra e deixa a terra pronta para ser fecundada. Também podemos ver no arado um intermediário ou um instrumento entre a força masculina do boi e a receptividade feminina da terra. Aleph é a primeira das três letras mães; é dourada, seu valor numérico é um e corresponde ao nosso A, embora seja muda, simbolizando o Nada, e é conhecida como o Hálito do Ar. Representa o Ser Humano universal.

Caminho cabalístico: os cabalistas consideram as dez sephiroth como os dez primeiros caminhos. Portanto, este será o 11º caminho. Une e equilibra Jokmah (A Sabedoria) com Kether (A Coroa). É o caminho recorrido pelos Iluminados. Em direção ascendente conduz ao Caos, ao não manifestado, e em direção descendente representa o espírito em sua pureza, projetando-se rumo à manifestação.

Atribuição astrológica: △ ou ♅, o Ar é o elemento atribuído ao Louco. Apesar de alguns autores o considerarem um elemento masculino equivalente ao Fogo, o Ar é o fruto da união do Fogo, masculino, com a Água, feminino. Assim, terá as características de ambos. Nos relatos mais antigos, Zeus Arhenotelus, o Senhor do Ar, combina em sua natureza os Princípios Masculino e Feminino, perfeitamente complementados, sustentando a ideia de que a Divindade integra o masculino e o feminino, coisa que encontra uma correspondência perfeita com os ensinamentos da Cabala. Segundo a mitologia egípcia, o abutre se reproduz dando lugar a outras espécies, unindo-se ao vento, que seria o pai de toda a existência manifestada. É curioso que louco, em inglês *fool*, deriva do latim *follis*, que significa "fole": aquilo que dá ar.

O elemento Ar está relacionado com a mente e o processo de pensar: perceber, analisar, racionalizar, elaborar teorias e projetos, discriminar, julgar, projetar, avaliar, etc.

Podemos atribuí-lo também ao planeta Urano, a oitava superior de Mercúrio, que representa o Princípio da Liberdade Individual, o impulso da diferenciação. As características do tipo uraniano são: originalidade, criatividade, intuição, genialidade, irreverência, informalidade, inquietude, livre-pensamento, desprezo pela tradição e por tudo que se tornou obsoleto, necessidade de mudanças, inovador, não convencional, rebelde. Pode chegar a ser teimoso, revoltado, impaciente, excêntrico, intransigente, com uma necessidade compulsiva de hiperexcitação e de mudar só por mudar.

Símbolos: a figura central da carta é um jovem vestido de verde: O Homem Verde da Primavera. Segundo uma lenda pré-cristã de origem saxônica, ele personifica as forças que originam a primavera. Nessa época do ano, as Forças da Vida em ascensão levam nossa natureza infantil e adolescente a manifestar-se mais abertamente. São tempos de idealismo, despreocupação, paixão, sonhos e irreflexão. A relação entre O Louco e a primavera ainda se mantém viva. Nos países anglófonos, celebra-se o *April Fool's Day* ou Dia do Louco de Abril. Poderíamos relacioná-lo com a festa cristã dos Santos Inocentes ou com o dia da mentira que, no Brasil, se celebra também no primeiro dia de abril. O Louco aparece na carta com os chifres de Dionísio Zagreus, filho de Zeus e Deméter, céu e terra. Hera, a esposa de Zeus, irritou-se tanto com a infidelidade de seu marido que mandou os titãs para que esquartejassem e cozinhassem Dionísio em um caldeirão. No entanto, Zeus, com a ajuda de Atenea, conseguiu resgatar seu coração que ainda latejava e com ele preparou uma poção que deu para Sémele, mortal princesa tebana, deixando-a grávida. Hera preparou uma armadilha para matar Sémele, mas Zeus arrancou o filho não nascido e o guardou na sua coxa até o nascimento.

Então o entregou a Hermes para ser instruído. Dionisio, ou Dioniso, "o nascido duas vezes", representa as forças do não convencional. Seu culto contrapõe-se às religiões tradicionais. Existe um paralelismo notável entre Dioniso e Jesus. Os dois sofreram persecuções quando nasceram, foram entregues a terceiras pessoas para serem instruídos, questionaram a doutrina oficial e seus ensinamentos, foram perseguidos, manipulados, distorcidos e degradados. Dioniso não pode ser considerado, como o faz sua versão romana, Baco, o deus do vinho, do entusiasmo e do desejo sexual. Dioniso é o deus da libertação, da eliminação das proibições e dos tabus, das catarses, da exuberância da Natureza, da vida e do êxtase por meio da expressão do irracional. Simboliza as forças que dissolvem a pessoalidade adquirida, a máscara de "civilizado" que impomos à nossa natureza animal. Assim, as orgias dionisíacas pretendiam resgatar as formas caóticas e primordiais da vida. Dioniso, assim como Zaratustra, ambos inspiradores de Nietzsche, tendem a fazer dos humanos seres divinos, ou melhor,

O Louco de Marselha, Waite e Crowley.

O Caduceu e as Dez Esferas.   O Nagakal.

que reconheçamos nossa essência divina. Entre seus chifres, vemos um cone fálico de luz branca que representa a influência espiritual e não manifestada de Kether. O Louco irrompe inesperadamente no mundo. Está vestido de verde, conforme a tradição do homem da primavera, e veste sapatos dourados, cor do Sol e de Aleph. Segura um cristal na mão direita e um galho de pinheiro em chamas, na esquerda, símbolos do crescimento mineral e vegetal. Também podemos vê-los, junto com a água embaixo e o saquinho de moedas com símbolos astrológicos que lembra o saco que carrega Le Mat na ponta do bastão, como representação dos 4 elementos. As uvas que aparecem de seu lado esquerdo são símbolo de fertilidade, doçura e êxtase, e fazem referência a Dioniso ou Baco. Descrevendo uma trajetória curva ao redor do Louco, temos a pomba, o abutre, a borboleta e o Caduceu de Mercúrio. A pomba é um símbolo duplo que, na mitologia clássica, é atribuído a Vênus e, na cristã, representa o Espírito Santo, conjugando assim, em sua natureza, o feminino e o masculino. O abutre é Maat, que reforça a ideia de geração, aparecendo com asas helicoidais. A borboleta multicolorida é símbolo de renascimento e graça, transformação, leveza e impermanência.

O Caduceu é um dos símbolos conhecidos mais antigos, além do *Nagakal*, que achamos em 2600 a.C. na taça de Gudea, rei de Lagash (Suméria, hoje Iraque), e sobre as tábuas de pedra, nagakals, na Índia dravidiana ou pré-ariana mais antigas ainda, como vemos na ilustração anterior. Originalmente, aparece como uma vara sobre a qual se enroscam duas serpentes, simbolizando o equilíbrio entre as tendências opostas. Lembra a forma dos canais de energia prânica ou *nadis*: *ida* e *pingala*, que se cruzam no redor de *sushuma*, o canal central, tal como se conhece no tantrismo tibetano e hindu.

Na Grécia, o Caduceu adquire sua forma completa. Sobre as serpentes, aparece uma esfera entre duas asas, que às vezes toma a forma de espelho circular e outras, de ovo. O ovo é o receptáculo da essência da vida, produto da complementação dos opostos, que também dá lugar à transcendência indicada pelas asas. O Grande Espelho Tibetano mostra que o mundo das formas que se reflete no espelho não é mais que um aspecto do vazio.

Na visão de Court de Gébelin, o bastão representa o Equador terrestre, as asas são o tempo e as duas serpentes, masculina e feminina, mostram o Sol e a Lua que durante o ano percorrem a elíptica sobre a qual estão às vezes juntos e às vezes separados. Também há quem veja no Caduceu os quatro elementos: as serpentes se corresponderiam com o Fogo e a Água; o bastão, com a Terra; e as asas, com o Ar. O Caduceu, também atribuído a Esculápio, deus romano da medicina, converteu-se por excelência no símbolo desta ciência. É interessante observar a relação gráfica entre a Árvore da Vida e o Caduceu, como vemos na ilustração "O Caduceu e as Dez Esferas".

Para os alquimistas, "o Caduceu está formado por uma vareta de ouro rodeada por duas serpentes. Estas representam os dois princípios contrários, que devem unificar-se. Esses princípios se conciliam no ouro unitário na haste, que surge, portanto, como a expressão do dualismo fundamental que ritma todo o pensamento hermético e que deve ser reabsorvido na unidade da pedra filosofal" (*Art et Alchimie*, Vao Lennep, Bruxelas, 1966).

Essa ideia de reunificação dos opostos complementares está reforçada pela imagem das duas crianças abraçando-se entre as pernas do Louco. Sobre elas, derrama-se a bênção dos três lírios, símbolos, como as crianças, de inocência e pureza, mostrando as qualidades necessárias para a ascensão do Sol radiante, ou Kundalini, a consciência adormecida no Chacra Muladara, até a luz de Kether. Os movimentos do Caduceu, da pomba, do abutre e da borboleta formam três círculos de luz, aludindo ao Triplo Véu da Negatividade,[22] que são os três planos da não manifestação anteriores a Kether ou os três graus intrínsecos de Ain Soph: Ain, o Nada, "o horror sem nome" frente ao qual a mente humana é derrubada; Ain Soph, propriamente dito; e Ain Soph Aur, a Luz Vazia e Ilimitada, descrita como um vazio luminoso, imóvel, inodoro e silencioso. O Homem Verde está atravessando os três círculos de luz, saindo do mundo da não manifestação para entrar no mundo da manifestação; do mundo do informe para entrar no mundo da forma. O desconhecido vira conhecido, as forças do inconsciente querem manifestar-se no plano da consciência.

O tigre, que com o jegue são os companheiros de Baco em suas caminhadas, representa o referencial instintivo que orienta O Louco na sua ausência total de experiências, critérios e crenças. Embaixo temos o crocodilo Sebek, símbolo egípcio da fertilidade adolescente.

Significados gerais: macrocosmicamente, O Louco representa o estado anterior a qualquer manifestação, o Não ser do qual espontaneamente surge o Ser. Encarna a ideia do Potencial Absoluto, o Caos. É pura energia, não tem forma, pode aparecer com uma forma

---

22 . Ver apêndice 4, Introdução à Árvore da Vida.

ou outra, transforma-se permanentemente. Essa ideia de existência não manifestada, ou pelo menos não visível, tem certo paralelismo com o que os astrofísicos conhecem como buracos negros.

No plano humano, O Louco é a criança EPATIPICA, anterior à programação com seus atributos:

1. Espontânea: assume seus desejos e se deixa levar por eles.
2. Presente: vive o aqui e agora, sem hipotecar o presente em função de um hipotético futuro.
3. Alegre: expressa suas emoções totalmente, até a última gota, retornando depois à sua alegria natural.
4. Total: joga-se completamente na experiência.
5. Inocente: pura, sem malícia, sem julgamentos, sem crenças nem preconceitos.
6. Perceptiva: sem crenças nem critérios preestabelecidos, vê a realidade tal como ela é.
7. Imprevisível: muda sua trajetória sem aparentes razões lógicas.
8. Capaz de se maravilhar.
9. Amorosa: Quando sente que sua sobrevivência está garantida, não tem fome, sede, calor, frio, etc., irradia amor.

O Louco-Golden Dawn.

No Tarô da Golden Dawn, desenhado em 1978 por Robert Wang, com a supervisão de Israel Regardie, O Louco mostra uma criança a ponto de perder a inocência comendo da árvore do conhecimento.

O Louco representa o inconsciente. O inconsciente tem iniciativa própria. É uma tendência para a ação que não podemos controlar. Ele procura o crescimento tentando sair para o campo da consciência. O equilíbrio e a saúde do indivíduo estão vinculados ao equilíbrio entre os dois fatores que governam a vida: o consciente e o inconsciente, o que conhecemos e o que não conhecemos de nós mesmos, o que pensamos que controlamos e o que não controlamos de maneira alguma. O problema não está no inconsciente, está no terror do consciente do que pode vir do inconsciente. O inconsciente manifesta-se com desejos, anseios e impulsos. O desejo não tem nada a ver com a consciência nem a força de vontade. Não escolhemos o desejo, não podemos dizer: O que é mais conveniente desejar? E desejá-lo. Diz Esquenazi: "O Louco não é o objeto do desejo, mas a fonte do desejo. É a raiz de onde brotam todos os impulsos eróticos, todo o impulso vital. O que dá vida à vida é o desejo". Quando o desejo é aceito, produz prazer ou atração. Quando não é admitido, vem rejeição, desgosto, nojo, raiva, necessidade de acabar com ele, qualquer forma de subida de voltagem emocional. De qualquer forma, não tem nada mais livre que o desejo; podemos proibir e negar sua expressão, mas não podemos mudar. Podem me proibir de realizar o desejo, de expressá-lo, mas não podem me proibir de desejá-lo.

O Louco é o Ser Humano Universal, que contém os potenciais e talentos do ser. Pelo fato de O Louco não ter nada a ver com ordem, estabilidade e raciocínio, alguns autores atribuem-lhe ideias de irreflexão, falta de objetivos, de resultados e de conhecimentos específicos.

Há autores que veem no Louco o arquétipo do andarilho, daquele que passa pela vida momento a momento, às vezes desfrutando, às vezes sofrendo e sem levar nada. Sem apegos, pois o apego é o que mais dificulta de nos entregarmos ao desejo. Podemos ver aqui um bufão da corte que perdeu seu emprego e perambula pelo mundo aberto para o que der e vier.

NA LEITURA TERAPÊUTICA

Momento Atual: a pessoa está entrando em contato com a sua criança não programada, sentindo o impulso de manifestar as características da criança EPATIPICA. Dependendo da segunda carta, podemos identificar que medos ou barreiras internas freiam esse impulso, ou em que aspectos da vida tudo isso está começando a se manifestar. Provavelmente isso acontece depois de algum tempo em que a pessoa tenha perdido o contato com sua criança e pode indicar o início de uma nova fase de sua vida, arriscando-se a dar um salto rumo ao desconhecido onde teria um desabrochar de potenciais e talentos que até agora então nunca havia se atrevido a expressar ou que nem tinha percebido que existiam. A segunda carta pode mostrar como se concretiza tudo isso ou fatores que o freiam.

Âncora: por excesso é a Síndrome de Peter Pan. Psiquicamente fixada na infância/adolescência, a pessoa tem dificuldade para responsabilizar-se por seus atos e extrair lições de suas experiências e erros. Pelo fato de ter sido violado seu direito de ter suas necessidades básicas de alimento e amor satisfeitas, nos primeiros dois ou três anos de vida, especialmente se for na fase da amamentação, desenvolveu uma estrutura de defesa de caráter oral que se caracteriza por um corpo magro, peito colapsado, ou seja, com um afundamento, frio e músculos flácidos. Está mobilizada pelo medo de ser abandonada. É dependente emocionalmente e parasita economicamente. É o eterno jovem incapaz de assumir responsabilidades e de qualquer realização prática, já que o que realmente o mobiliza é a procura de uma mamãe, de um papai ou de uma instituição que preencha suas carências afetivas e tome conta dela. É uma pessoa insegura e dependente, embora tente parecer autossuficiente: "Não, eu não necessito isso...", "não me faz falta...". Vive com intensidade as funções orais: fala compulsivamente (para manter a atenção dos outros), come, bebe e/ou fuma exageradamente. É bom de sexo oral. Não se cuida e às vezes parece o cachorro que caiu do caminhão da mudança. Está convencida de que o mundo tem uma dívida importante com ela e tenta cobrá-la o tempo todo. Às vezes se dá um ar de exótica para chamar a atenção. Esta carência estaria confirmada pelo Dois de Copas – O Amor também na Âncora. Este apego à pessoalidade infantil pode ser aliviado com o uso do floral de Fairy Lantern,* que também a ajudará a aceitar suas responsabilidades de adulto. Sua fixação no passado pode ser tratada com Honeesuckle, e Chesnut Bud pode ajudá-la a estar mais atenta e a aprender com suas próprias experiências.

Se aparece com o Cavaleiro ou o Dois de Copas (O Amor), fica confirmado que a pessoa possui uma estrutura de defesa de caráter oral.[23] Junto ao Cinco de Espadas (A Derrota), pode mostrar que essa pessoa pretende obter a atenção dos outros por meio de comportamentos negativos. Nesse caso, sugeriremos o uso do floral de Chicory.

Infância: o consulente não teve infância. Foi logo "adulterado" (teve de amadurecer muito cedo). Não lhe foi permitido ser espontâneo, inocente e natural, brincar e/ou estar simplesmente à toa.

Provavelmente, preencheram sua vida com responsabilidades e atividades organizadas, sempre com um adulto tomando conta, com expectativas de resultados, impedindo-o não somente viver o momento, mas também de criá-lo e inventá-lo. Cansou-se de escutar: "Seja responsável! Você não faz nada de útil!"

Relacionamentos: a) O relacionamento atual pode ajudar a pessoa a resgatar sua criança não programada e estimular também o uso de talentos que até agora foram ignorados, desvalorizados ou sabotados. Claro que isso pode suceder de maneiras muito diferentes, algumas agradáveis quando a pessoa sente o apoio amoroso de seu/sua companheiro/a para fazê-lo, e outras desagradáveis quando este processo se dá como uma reação consciente da repressão por parte do/a companheiro/a a alguma das oito características da criança não programada. b) Essa pessoa tem um comportamento decididamente infantil. Procura a atenção e fundamentalmente a aprovação e a proteção do outro. Pensa que pode fazer qualquer barbaridade porque seu companheiro tem a obrigação de amá-la. Em alguns casos pode vestir-se originalmente, de forma inovadora ou até rebelde para chamar a atenção, mas quase sempre cai a máscara e aparece a imagem da criança desamparada que necessita de alguém que cuide dela, nutra e proteja.

Voz da Essência e Método: resgatar o arquétipo do Louco significa conectar-se e resgatar a criança não programada, trabalhando para identificar, entender e desativar as dificuldades internas que bloqueiam as características EPATIPICA.

---

23. Para um estudo das estruturas de caráter, consultar: *Bioenergética*, de Alexander Lowen.

Quando O Louco aparece aqui, podemos pensar que o consulente controla e se controla demais, reprime seus desejos e seus impulsos inconscientes, até o ponto em que o inconsciente pode hostilizar o consciente gerando obsessões, delírios, paranoias, etc. É conveniente que o consulente escute mais seus desejos, seus impulsos e estabeleça um diálogo consciente/inconsciente. À medida que se aprofunda na observação das experiências que mais mexem com ele negativamente, encontrará um monte de desejos escondidos e negados.

É importante que o consulente se abra para uma nova etapa na sua vida, arrisque-se a dar crédito a seus talentos e potenciais, recordando as circunstâncias que geraram medo ao desconhecido e a partir das quais fez da seriedade um mecanismo de defesa. À medida que vai diminuindo sua necessidade de demonstrar algo para os outros, poderá ser mais espontâneo. É fundamental, especialmente se aparece com O Imperador na Âncora, que deixe de lado a importância pessoal com a qual tenta encobrir sua insegurança e sua falta de autoestima.

Sugeriremos que brinque com crianças e participe de atividades em que os resultados não interessam e o importante é o prazer da própria ação. Pode desenterrar suas fotos de infância e respirá-las até que sinta dentro de si essa criança espontânea e travessa. O floral de Zannia* ajudará a resgatar o lado infantil e trazer para o cotidiano a capacidade de brincar e rir. A essência de Baby Blue Eyes* lhe facilitará recuperar a inocência e a confiança infantis. Talvez a característica prioritária a ser desenvolvida é estar presente no aqui e no agora, que é o único lugar e momento onde transcorre a vida. Uma boa maneira é colocar toda a atenção na respiração que só pode transcorrer no presente.

"O presente corre com a respiração. Se estamos totalmente atentos à respiração e às sensações físicas, cairemos inevitavelmente no presente. A mente tentará pular ao passado e ao futuro, observaremos este salto e voltaremos ao presente e à respiração. Então perceberemos como no aqui e no agora não existem problemas nem angústias." (Osho)

Caminho de Crescimento: usando as chaves que apareceram nas posições anteriores, a pessoa se dá conta de até que ponto havia condenado às masmorras o seu lado infantil não programado e quais foram as consequências, de maneira que começa a desenvolvê-las e a sentir-se leve e espontânea, carinhosa e alegre, sensível, curiosa e sem julgamentos.

Resultado Interno: o ser infantil recuperou o seu lugar. A pessoa conseguiu identificar, entender e desativar as dificuldades que tinha para manifestar sua criança não programada e suas características, assim como para levar à ação talentos até agora escondidos. Agora o consultante é capaz de expressar suas emoções, pensamentos, desejos e impulsos do inconsciente de forma espontânea e sem julgamentos de maneira que sua vida recuperou a graça.

Resultado Externo: temos aqui a pessoa encarando o mundo com a atitude que acabamos de ver no Resultado Interno. Jogando-se em uma nova fase de sua vida, consciente de seus potenciais, usando-os na prática, estimulada pela aventura e pelo desconhecido, disposta a realizar novos projetos. Pode estar rompendo com a trajetória anterior e tomando um caminho mais original, imprevisto, lúdico e pouco convencional.

O Mago

Títulos		Número	Letra hebraica	Caminho cabalístico	Atribuição astrológica	Princípio universal
Marselha	O Malabarista	1 A Totalidade O Masculino	ב Beth Casa B - V	12º Kether Binah	☿ Mercúrio A mente	Princípio Masculino Universal A Ação
Waite Crowley	O Mago					
Osho Zen	A Existência					

Títulos: nos Tarôs de Marselha seu título é *"Le Bateleur"*: "O Malabarista" ou "O Mágico", personagem medieval e renascentista que realizava em praça pública performances de mágica e malabarismo. Crowley traduz *Bateleur* como portador do *bâton* ou bastão. Aqui temos a primeira alusão a Mercúrio, que é o portador do bastão: o Caduceu. O bastão ou a vara é símbolo de poder e clarividência, instrumento mágico por excelência, especialmente associado ao fogo que dele brota. Hermes (Mercúrio) teria sido o inventor do fogo, *pereia,* que depois Prometeu tomou e levou, dentro de uma vara oca, para os humanos. Em Tarôs posteriores, essa carta passou a se chamar "O Mago". No *Osho Zen Tarô* é "A Existência". Seu título esotérico é "O Mago do Poder".

O Um.

Número: o número atribuído ao Mago é o Um. Se o Zero designa uma globalidade indiferenciada e "vazia", essa mesma globalidade já constitui uma unidade. O Ser emanou do Nada, como o Um emana do Zero; é seu filho consubstancial: a Unidade está cheia do que o Nada está vazio. Simbolizado por um ponto – como a Yod hebraica –, o Um concentra todas as possibilidades do Ser que no Zero existiam em um estado informal.

O Um é a referência de todo ser, cria o padrão que permite medir. Confirma a individualidade, a particularidade e a distinção. O Um é o início manifestado, a afirmação do Ser. O Um é o falo ereto, o bastão vertical, o Princípio Masculino Universal. Simultaneamente, com a aparição do Um, aparece o Dois, o Princípio Feminino Universal. Um não pode existir sem o outro. Para os pitagóricos, é o número da inteligência.

CORRESPONDÊNCIAS

Letra hebraica: ב – Beth é a letra atribuída ao Mago. Significa "casa", "habitação". Simbolicamente, representa o interior da boca. Seu valor numérico é dois e sua cor é amarela. É uma letra dupla, masculina, que tem o som de B na sua pronúncia dura (בּ) e V na suave.

Caminho cabalístico: este é o caminho número 12 da Árvore; une Binah, o Conhecimento, com Kether, a Coroa.

Esse caminho mostra o estado de consciência livre das aparências do mundo dos fenômenos, do gozo do ser absorvido na contemplação espiritual, discernindo a realidade da ilusão, o estado de harmonização com a Consciência Universal.

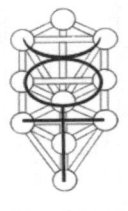

Atribuição astrológica: ☿ sendo Beth uma letra dupla, a atribuição astrológica do Mago será um planeta, nesse caso, Mercúrio. Esse vizinho do Sol rege a mente racional e discriminativa: os processos de pensar, analisar, extrair experiências, comunicá-las e aplicá-las ao desenvolvimento prático das próprias habilidades nas atividades cotidianas.

Mercúrio e a Árvore.

Podemos considerar quatro níveis da mente: instintiva, discriminativa, ética e psíquica, governadas pela Lua, Mercúrio, Júpiter e Netuno, respectivamente.

O símbolo de Mercúrio corresponde às sephiroth, deixando Kether de fora, já que a Fusão com o Universo, experiência espiritual atribuída a Kether, não pode ser atingida intelectualmente, como vemos na ilustração "Mercúrio e a Árvore".

Símbolos: O Mago, a segunda emanação de Kether, é considerado a forma adulta de O Louco. O Mago de Crowley (na verdade este é um dos três magos pintados por Frieda Harris. Em algumas edições aparecem os três. Neste caso, usaremos aquele de que mais gostamos. O que estudamos aqui é o único comentado por Crowley em seu *O Livro de Thoth*). Aparece aqui sob a forma de Mercúrio, o mensageiro dos deuses. Usa sandálias aladas, símbolo de elevação. No entanto, levanta um braço para o céu e aponta com o outro para a Terra como o fazem seus colegas de Marselha e de Waite, enfatizando a máxima hermética: "Como em cima, assim é embaixo", mostrando-se como um canal entre o possível e o real. Essa ideia de infinitas possibilidades está também presente no símbolo do infinito que aparece sobre as cabeças desses Magos, como um chapéu no de Marselha, a própria lemniscata no de Waite e o Caduceu no de Crowley que, formando um oito em posição vertical com os corpos das duas serpentes, é também um símbolo das possibilidades infinitas do desenvolvimento humano. Também podemos ver nesse gesto O Mago fazendo malabarismos com os diferentes objetos que o rodeiam.

Está rodeado pelos símbolos dos quatro elementos ou emblemas das quatro séries de Arcanos Menores, com os quais opera: o Bastão em chamas, com o qual ele cria; a Copa, com a qual conserva; a Espada, com a qual destrói; e o Disco ou Moeda, com o qual redime. Esses quatro símbolos se relacionam também com seus quatro verbos: querer, saber, ousar e guardar silêncio.

Acima de sua cabeça temos a pena, símbolo da vontade, e o papiro, símbolo da palavra, ambos atributos de Mercúrio. Flutuando frente a sua mão direita está o báculo Fênix, instrumento de Thoth, deus pré-dinástico egípcio que recebeu seu nome dos gregos que o vinculavam a seu próprio deus Hermes. Hermes e Thoth eram considerados deuses da sabedoria, escritura e invenção, mensageiros e porta-vozes dos deuses. Thoth é um deus lunar representado como um homem com cabeça de íbis, símbolo da concentração e da meditação, frequentemente coroado pela Lua Crescente, cujo culto se iniciou no Baixo Egito. Segundo o mito de Hermópolis, cidade onde o culto de Thoth se uniu ao do deus-macaco local Hedj--Wer, foi Thoth quem, sob a forma de uma íbis, incubou, só com o poder de sua voz, o ovo do qual surgiu toda a criação.

Outra lenda sugere que Thoth era o filho de Hórus e Set. Hórus teria colocado sua semente em uma alface que Set engoliu e, como resultado, Thoth surgiu da testa de Set. Thoth, dono do tempo e inventor da música, ocupou o trono do Egito, quando Hórus o abandonou, e governou uma terra pacífica e próspera durante 3.226 anos. Seu aspecto feminino seria a deusa Seshat, coberta com uma pele de leopardo e uma estrela de sete pontas acima da cabeça e, ainda, um par de chifres de vaca invertidos sugerindo uma Lua Crescente.

Le Bateleur de Marselha. O Mago de Waite e de Crowley.

A fênix é símbolo de imortalidade e ressurreição. Segundo a tradição egípcia, quando essa ave sente que suas forças se esgotam, constrói um ninho de vergônteas perfumadas que se inflamam com o calor de seu corpo. Depois de se consumir nas chamas, a fênix renasce de suas próprias cinzas. Junto à sua mão esquerda, e saindo dela, temos o ovo alado, conhecido como "o Ovo Órfico", que guarda a essência da vida, fruto da união dos opostos.

Atrás, temos a luz branca de Kether e, embaixo, subindo impulsivamente, aparece o cinocéfalo, o babuíno de Thoth cuja função, disse Crowley, "é distorcer a palavra de Thoth, imitar, simular e enganar", pois quando a palavra entra em ação, no melhor dos casos, aparece a ambiguidade e, no pior, a falsidade. Outras formas do babuíno seriam Hermanubis (união de Hermes e Anúbis) e Hanuman, o deus mono da mitologia hindu.

Significados gerais: O Mago encarna o Princípio Masculino Universal, a Ação e a mente em movimento. É o *Yang*. Em um nível humano, representa o consciente, aquela parte de nós que fala "Eu", a vontade, os conhecimentos, a habilidade, a comunicação verbal e a criatividade intelectual.

Como Mercúrio, o Mago tem duas faces:
1) Capacidade de analisar, falar, passar informações e relacionar-se.
2) Capacidade de perceber. Ter informação não significa necessariamente perceber. Podemos saber muitas coisas e não perceber nada.

Mercúrio estabelece a ponte entre o mundo mental e o interior. Chamamos de realidade o que nosso Mercúrio detecta.

Primeiro é o desejo (O Louco), depois a vontade que se compromete com o desejo. A vontade gera a iniciativa, a ação. Mas, para que a iniciativa chegue ao mundo real, precisamos de atenção; sem ela, viveríamos em um mundo difuso, irreal. Torna-se real para nós aquilo em que colocamos nossa atenção, aquilo que percebemos. O Mago é também a capacidade de tomar iniciativas e de estar atento.

Podemos ver no Mago o arquétipo do herói. De todos os heróis que vemos nos mitos, talvez o que mais se pareça com O Mago seja Prometeu, que na sua vara oca, como a que segura O Mago de Marselha na sua mão esquerda, a do inconsciente, baixou o Fogo para a humanidade, ajudando-a a dar um pulo na sua evolução.

NA LEITURA TERAPÊUTICA

Momento Atual: a pessoa está fazendo contato com um impulso de partir para ação. Confiando nos seus conhecimentos e habilidades, está cheia de ideias e projetos que quer levar à prática. A segunda carta pode mostrar em que aspectos da vida isto se concretiza ou quais dificuldades internas podem estar freando o processo. Seu enfoque pode estar sendo essencialmente mental.

Âncora: se a pessoa tiver mais de 50% de Ar no seu mapa lemos a Âncora por excesso. Será uma pessoa compulsivamente ativa que não pode deixar de correr nem de pensar. Sempre acelerada e estimulada, não pode parar de falar, de fazer coisas, de perseguir objetivos e desenvolver ideias e projetos, até que seu corpo paga o pato. Sente-se ameaçada se perder o pique: a sociedade pode rejeitá-la, de maneira que esconde seu cansaço. Quando está exausta, pode mostrar irritação aguda com risco de um colapso nervoso. Vai desconectando-se de seu interior, que se torna desconhecido até o ponto que pode sentir medo de encontrar-se a sós consigo e, para evitar isso, olha a televisão até que desmaia. Acaba sendo uma perfeita desconhecida de si mesma.

A essência de Oak pode ajudá-la a parar, aceitando suas limitações, e a equilibrar-se por meio do desenvolvimento de seu lado feminino. A meditação Guiberish ajudará a sossegar essa mente acelerada. Com o Dez de Paus (A Opressão) indica uma sobrecarga de responsabilidades que assume por medo de decepcionar. Neste caso, a essência de Elm será muito útil. Com um Seis de Espadas, denuncia excessivo intelectualismo, com a conseguinte desconexão com seu corpo físico e com a Natureza que a levam ao esgotamento. O floral de Nasturtium* aumentará sua vitalidade e a enraizará com a realidade física das coisas.

Infância: só recebeu amor (amor?) e apoio dos pais quando se mostrava ativa, inteligente, hábil, capaz e realizadora. A criança viu-se obrigada a desenvolver seu lado racional em detrimento do lado mais sensível, emocional, meigo e receptivo.

Relacionamentos: a) O relacionamento atual ou anteriores ajudam a pessoa a desenvolver sua criatividade intelectual com ideias, projetos e teorias; a fortalecer sua autoconfiança e lábia para convencer a quem tenha de ser convencido de que seus projetos são interessantes, viáveis e úteis e a tomar iniciativas a partir deles. Isso pode dar-se de diferentes maneiras, a menos agradável seria se for uma necessidade porque o/a companheiro/a não sai do sofá. Em qualquer caso não deixa de ser um importante fator de crescimento. b) Essa é uma pessoa que se relaciona com uma abordagem fundamentalmente intelectual. Sabe comunicar-se, fazer projetos, envolver o próximo, mas dificilmente entrega seu coração. Vende uma imagem de pessoa importante e ocupada, não mostra suas emoções e dificilmente fica para tomar o café da manhã.

Voz da Essência e Método: para resgatar o arquétipo do Mago, a pessoa necessita identificar, entender e desativar os bloqueios que invalidam suas ideias, seus projetos, seus objetivos e impedem que a mente trabalhe adequadamente, entrando em ação para levar a porto as atividades onde sua criatividade intelectual se manifeste. Orientaremos o consulente para entrar em ação. Não é hora de ficar parado, duvidando, deixando que as coisas aconteçam por si mesmas. Tem de ficar atento ao mundo interno do desejo e ao mundo externo, mover-se, expressar-se, comunicar-se com os outros, exercer sua força de vontade, tomar decisões, agitar, usar seus conhecimentos e habilidades e vender seu peixe. Necessita aprender a fazer negócios e cobrar corretamente pelo seu trabalho. Não se trata de vender mais barato para conseguir amigos, mas de que ambas as partes saiam satisfeitas. É importante também que saiba aproveitar as oportunidades. O floral de Cosmos* o ajudará, desenvolvendo suas capacidades mercuriais de pensamento e expressão verbal.

A presença do Oito de Copas (A Indolência) ou do Sete de Discos (O Fracasso) na Âncora, indicando letargia crônica, levará a sugerir o floral de Tansy,* que favorece tomar atitudes decididas e cheias de propósito.

Caminho de Crescimento: usando as chaves que apareceram nas cartas das posições anteriores, a pessoa identificou as origens de sua falta de ação anterior e começa a mover-se, em primeiro lugar, mentalmente, elaborando ideias e, depois, tomando as iniciativas correspondentes. O consultante pode abrir uma fase ativa, cheia de ideias, projetos, contatos, movimento e, talvez, viagens.

Resultado Interno: fruto de todo o processo anterior, a pessoa conseguiu fortalecer sua atenção e força de vontade, superando os bloqueios e medos que a impediam de tomar iniciativas, aproveitar as oportunidades e expressar a sua criatividade mental. Hoje se sente inspirada, confiando mais na sua capacidade intelectual, verbal, manual e de comunicação. Aprendeu a vender seu peixe e a cobrar objetivamente pelo seu trabalho.

Resultado Externo: vemos a pessoa encarando a vida com a atitude interna que acabamos de ver no Resultado Interno, agindo no mundo com decisão e firmeza, elaborando seus projetos, usando de um modo bem realista sua mente e desenvolvendo suas habilidades e conhecimentos. É um tempo de muito movimento e comunicação em que trabalha de maneira objetiva e funcional para criar sua realidade.

A Sacerdotisa

Títulos		Número	Letra hebraica	Caminho cabalístico	Atribuição astrológica	Princípio universal
Marselha	A Papisa	2 A Polaridade O Feminino	ג Guimel Camelo G e J (inglesa)	13º Tiphareth Kether	☽ A Lua: o inconsciente, as emoções, a mãe, o que nutre	O Princípio Feminino Universal
Waite	A Suma Sacerdotisa					
Crowley	A Sacerdotisa					A Receptividade
Osho Zen	A Voz Interior					

Títulos: durante muitos anos, essa carta chamou-se "A Papisa". A aparição desse Arcano tem tudo a ver com a tentativa de resgate do feminino na religião e no pensar coletivo durante a segunda parte da Idade Média. O Feminino, que tinha sido progressivamente enfraquecido pelas culturas patriarcais (grega e romana), foi degradado e massacrado pela Igreja Católica até postular uma Trindade formada só por machos que mais parece um clube gay, até o ponto em que o povo, cansado de um Deus inacessível, inflexível, julgador e castigador, sentiu a necessidade de ícones que representassem o amor, a compaixão, a ternura, a proteção e a misericórdia, todos eles valores femininos. Consciente disso, o Vaticano colocou Jesus como o símbolo dessas qualidades femininas e também investiu na Santa Mãe Igreja, que não germinaram no inconsciente coletivo. O povo queria mulheres, mesmo. Finalmente, a Igreja promoveu a mãe de Jesus, elevando-a à categoria de santa, de Mãe de Deus, mas não de Deusa.

Na Itália, ao final do século XIII, os guglielmitas, ordem religiosa fundada por Guglielma de Boêmia, grande defensora da mulher e venerada popularmente na região como santa, acreditavam que sua fundadora, morta em 1281, ressuscitaria em 1300 e iniciaria uma Nova Era em que os papas seriam mulheres. Como em 1300 ninguém ressuscitou, nomearam a irmã Manfreda Visconti, considerada herdeira espiritual de Guglielma, como papisa, mas foi queimada viva pela Inquisição no ano 1300 mesmo, com os outros guglielmitas.

Temos evidências históricas de que, no século IX, uma mulher chamada Joana, fantasiada de homem, é claro, teria ascendido na hierarquia da Igreja, primeiro como secretária para assuntos internacionais do papa Leão IV até assumir o papado no ano 855, morrendo dois anos depois de parto durante uma procissão a cavalo entre a basílica de São Pedro e Letrán na Sexta Santa. A partir daí se introduziu a prova da "palpação", em que o cardeal candidato a papa devia sentar-se em uma cadeira que tinha um buraco no meio e o cardeal mais novo, introduzindo a mão por baixo, deveria "testificar" que não existia fraude, falando *duos habet et bene pendebant* ("tem dois e estão bem pendurados").

A Papisa-Visconti-Sforza.

Em meados do século XV, Bianca Maria Visconti, por ocasião de seu casamento com Francesco Sforza, encomendou um Tarô com uma carta em homenagem à sua ancestral Manfreda Visconti que depois, em outros baralhos, recebeu o título de "A Papisa".

Desde o século XV, quando apareceu nos *Tarochi de Veneza*, foi considerada a consorte do Papa. Isso com certeza não foi do agrado dos homens do Vaticano, mas manteve esse título no *Tarô de Marselha*. Foi Court de Gébelin que, no século XVIII, acreditando que o Tarô procedia do Egito, mudou-lhe o nome para "Grande Sacerdotisa", embora mantivesse o da Papisa nos baralhos de Éliphas Levi e Papus.

Em 1800, em Besançon, sul da França, já na época pós-revolucionária em que foi revalorizada a mitologia greco-romana, aparece o

Tarô de Carey, em que essa carta se intitula Juno. Essa deusa, Hera na Grécia, esposa de Júpiter, simboliza o Princípio Feminino em sua jovem maturidade, pleno vigor, soberano, combativo e fecundo. Inicialmente, Juno personificava o disco lunar.

Atualmente, é conhecida como "A Sacerdotisa" ou "A Suma Sacerdotisa" no baralho de A. E. Waite. Esotericamente é "A Senhora da Eternidade" e também "A Sacerdotisa da Estrela Prateada".

Número: o Dois é o número desta carta. Surge do Zero simultaneamente com o Um. O Um não pode aparecer se não aparece o Dois, e vice-versa. Se definimos um aspecto da polaridade, necessariamente temos de definir o outro. Se inventamos um ser, personificação absoluta do que chamamos "bem", estaremos inventando, queiramos ou não, a personificação absoluta do "mal". Tem-se luz, tem-se sombra. Quando há sombra é porque existe luz em algum lugar. Se definirmos o bem, estaremos definindo o mal. Se inventarmos ou acreditarmos em um ser, personificação absoluta do bem, estaremos inventando, gostemos ou não, a personificação absoluta do mal. Não é por acaso que os religiosos mais fanáticos estão vendo e exorcizando criaturas satânicas todos os dias.

O Dois.

Se todos os números são múltiplos de Um, todos podem escrever-se como a soma de potências do Dois: $1 = 2^0$; $2 = 2$; $3 = 2 + 2^0$; $4 = 2 + 2$; $5 = 2 + 2 + 2^0$;...

O Dois e o Um constituem a primeira grande dualidade, da qual dependem o movimento e a vida. Se o Um representa a Unidade, o Dois é a Polaridade. Se o Um é o Princípio Masculino Universal, o Dois é o Princípio Feminino Universal.

O Dois representa a dualidade, a ambivalência inerente a todas as coisas. É também o Princípio Feminino universal, o *Yin*, que emana do Zero, do Tao, simultaneamente com o Princípio Masculino, o *Yang*.

Segundo a tradição chinesa, antes de qualquer distinção entre o Céu (*Yang*) e a Terra (*Yin*), o Caos tinha o aspecto de um ovo de galinha. Depois de 18 mil anos, o ovo se abriu. Os elementos pesados formaram a Terra e os leves, o Céu. Segundo os pitagóricos, o Dois é o número da opinião. Geometricamente, se definimos um ponto no espaço, temos de definir um segundo ponto: a origem de coordenadas para poder conhecer sua

UM	DOIS
Sol	Lua
Masculino	Feminino
Consciente	Inconsciente
Ativo	Passivo
Rígido	Flexível
Imutável	Mutável
Força	Forma
Impulso	Contenção

posição. Definidos dois pontos no espaço, temos uma linha, algo absolutamente abstrato, sem dimensões, sem princípio nem fim.

Em verdade, todas as manifestações do Universo são uma mistura desses dois princípios: "Tudo é duplo, tudo tem dois polos, tudo tem seu par de opostos. Os opostos são idênticos em natureza e diferentes em grau, os extremos se tocam. Todas as verdades são semiverdades, todos os paradoxos podem reconciliar-se. Tudo tem seus períodos de avanço e retrocesso; tudo se move como um pêndulo, a medida de seu movimento para a direita é a mesma para a esquerda, o ritmo é a compensação". (*O Caibalion*)

Em palavras de Crowley: "Devemos ter sempre presente que cada símbolo é ambivalente, a insistência em qualquer das atribuições contraditórias inerentes a um símbolo é só um sinal de inaptidão, provocada pelos preconceitos... Nada é verdadeiro sem ser em função da contradição contida nele mesmo".

Na linguagem mais poética do *Tao Te King*: "Quando o homem conhece o formoso conhece também o não formoso, quando conhece o bom conhece também o que não é bom. Porque o pesado e o leve, o alto e o baixo, o silêncio e o som, o antes e o depois, o Ser e o Não Ser engendram-se um ao outro".

CORRESPONDÊNCIAS

Letra hebraica: ג – Guimel, letra dupla, feminina, cinza e de valor numérico três, está atribuída à Sacerdotisa. Soa como o G na palavra "gato" na sua pronúncia dura e como o J inglês na pronúncia suave. Significa "camelo" e representa simbolicamente a garganta: um canal vazio, uma matriz na qual o ar vira som. Hieroglificamente, representa toda ideia de expansão e crescimento.

Caminho cabalístico: o 13º caminho, que une Tiphareth (A Beleza) com Kether (A Coroa), é o atribuído à Sacerdotisa. É um caminho vertical que une ambas as esferas por um espaço deserto que os cabalistas chamam de "Abismo". É precisamente Guimel, o camelo que consegue atravessar o deserto unindo as duas esferas (oásis). Essa é a ascensão vertical até a fonte de luz. Equilibrando as polaridades, o Ser transcende a individualidade, atingindo a suprema experiência da fusão com a Totalidade.

Atribuição astrológica: ☽ a Lua é o planeta atribuído a este Arcano. Podemos considerá-la a antítese do Sol, que representa a plenitude e a consciência da vida, tudo o que brilha com luz própria. Se o Sol mostra o processo de individuação do ser humano, isto é, tudo o que o leva a se diferenciar dos outros, tornando-se um ser único, a Lua mostra o processo de integração com os outros. A Lua é símbolo da infância, das coisas ocultas, do inconsciente e da ilusão. Está associada a ideias de mobilidade, flexibilidade e mudanças em função da extrema rapidez

Ísis.

com que percorre o Zodíaco. Governa a fertilidade e o crescimento, tudo o que é cíclico e flutuante, o elemento Água, todos os seres aquáticos e os animais noturnos. Sua relação com a mulher é muito importante, estando intimamente ligada ao ciclo menstrual, ao processo de gestação e ao parto. A Lua representa o povo e está relacionada com todo o primordial, o atávico, os rituais e a magia. É a dona de nossos sentimentos e emoções mais profundos. Representa tudo aquilo que nos nutre e nos faz sentir que pertencemos a algo. Rege nossa imaginação, nossa sensibilidade, nossa capacidade de impressionarmos, nossos sonhos e nossa receptividade. Com Mercúrio governa a memória e com Marte, os instintos. Cria um forte apego ao passado, à mãe, ao lar e às atividades domésticas.

Símbolos: este Arcano mostra menos símbolos que os dois anteriores. A Sacerdotisa é mais simples, mais austera, não precisa de tanta orquestração para entoar sua melodia. É Ísis, a mais ilustre das deusas egípcias, a que protege os mortos sob suas asas e os ressuscita. Inicialmente, era a deusa do lar, mas quando tomou o nome secreto[24] de seu avô, o deus supremo Rá, seu poder se estendeu pelo Universo. Segundo a tradição, todo ser vivo é uma gota de sangue de Ísis. É a Ísis, grande iniciadora, a que possui os segredos da vida, da morte e da ressurreição. Encarna o Princípio Feminino Universal; é a fonte mágica da fecundidade e da transformação. Na carta, Ísis está representada sob sua forma mais espiritual: a grega Ártemis, equivalente à Diana dos

A Papisa de Marselha, A Suma Sacerdotisa de Waite e A Sacerdotisa de Crowley.

---

24. Desejosa de aumentar seus poderes mágicos com os conhecimentos do mais sábio e hábil dos deuses, Rá, que já estava velho, Ísis tomou um pouco de saliva que caía da boca deste e, juntando a terra sobre a qual Rá tinha pisado, modelou uma serpente que magicamente se transformou numa flecha. Deixou-a em uma encruzilhada e, quando "o pai dos deuses e o amo do Nilo" passou, a flecha cobrou vida e afundou profundamente seu dente de serpente na perna de Rá. Como os deuses da magia não podiam curá-lo, Ísis prometeu fazê-lo em troca de receber o verdadeiro nome de Rá, aquele que lhe conferia seu poder mágico. Urgido pela dor, Rá passou seu nome secreto do lugar que ocupava em seu coração ao de Ísis, com a condição de que esta não o revelaria a ninguém, exceto a seu filho Hórus.

romanos. Ártemis é uma deusa virgem, filha de Latona e de Zeus, irmã gêmea de Apolo. Indomável e feroz com os homens, é a protetora do feminino diante da grosseira supremacia física dos machos.

É a deusa dos partos, protege a pureza e recompensa com a imortalidade seus adoradores. Aparece na mitologia como o complemento de Vênus-Afrodite, tal como veremos no Arcano III, A Imperatriz. Segundo certos psicanalistas, Ártemis representa o aspecto castrador, ciumento e dominante da mãe diante de Vênus, que encarna o lado nutritivo, amoroso e doador de vida. Na mitologia hindu, encontramos um paralelismo com as consortes ou aspectos femininos de Shiva: Kali e Parvati.

Ártemis cobre-se com um véu de luz, indicando que a luz não é a manifestação do espírito, mas o véu que a esconde de olhos não preparados. Poderíamos dizer com Crowley que "A Sacerdotisa é a Verdade (o espírito) além do véu".

Nos Tarôs de Marselha e Waite, temos a Papisa ou Suma Sacerdotisa sentada diante do véu que representa o que separa o não manifestado do manifestado, o divino do profano, o espírito da matéria, o desconhecido do conhecido, o incompreensível do compreensível, a pura energia criativa da criação. Seria então a guardiã do divino, que ainda segura em seu colo um livro ou um pergaminho no qual aparece a palavra "TORA" – Livro da Lei Hebraico, formado pelo Pentateuco, os cinco primeiros livros do Antigo Testamento, bastião do machismo judeu –, meio oculto sob seu manto. Essa Sacerdotisa vendida ao patriarcado deixa de ser a guardiã do divino para tornar-se a própria divindade quando é colocada por Crowley do outro lado do véu. É o caminho da Sacerdotisa que nos leva diretamente à luz de Kether; em outras palavras, é a atitude da Sacerdotisa que conduz a Divindade Interior. Nenhum livro tem a ver com a atitude da Sacerdotisa, que não é mental, mas vivencial; sua sabedoria não se pode escrever. É a sabedoria do coração, algo muito mais profundo do que a soma de conhecimentos que podemos colocar em um livro. Podemos ler centenas de livros a respeito do amor, e não amar. Em seu lugar estão o arco e as flechas, que são ao mesmo tempo uma arma e um instrumento musical para encantar as suas presas, pois Ártemis é caçadora e também feiticeira.

A Sacerdotisa representa todas as deusas virgens – o sentido de sua virgindade será visto na carta da Imperatriz –, potencialmente deusas da fecundidade e da fertilidade.

Na base da carta, com o camelo, Guimel, aparecem sementes, frutas, flores e cristais, símbolos do início da vida e de seu desenvolvimento. O cristal, usado por pajés de culturas tão diferentes como as de Bornéu, Melanésia e Austrália, maias, navajos e hopis, é considerado um intermédio entre o espírito e a matéria, entre o visível e o invisível. O cristal é usado para curar e para adivinhar. É símbolo da sabedoria e dos poderes mágicos.

Significados gerais: A Sacerdotisa encarna o Princípio Feminino Universal, a Receptividade e a mente em calma, o *Yin*, receptivo e conservador do Universo. É o oposto complementar do Mago. Ela está em uma atitude de silêncio, contemplação, serenidade e observação interior. Sua atenção está direcionada para o mundo interior, está ligada com seu íntimo, conhece seu coração. Isso faz com que tenha acesso a toda a sabedoria. Seu conhecimento não é racional, dedutivo ou analítico, mas intuitivo e instintivo.

"Sem sair da porta se conhece o mundo. Sem olhar pela janela vê-se o caminho ao céu. Quanto mais longe vamos, menos aprendemos. Assim o sábio não dá um passo e chega, não olha e conhece, não atua e cumpre." *(Tao Te King)*

Não está querendo conhecer-se tal como O Ermitão, não está procurando nada. Assim, não está dividida entre o sujeito e o objeto da procura. Não existe futuro, não existe ação. Está total em seu não fazer. Sentada com os olhos fechados, deixando que tudo aconteça por si mesmo, em contato com sua essência, em profunda meditação, sem mente, sem projeções no futuro nem âncoras no passado, sem objetivos, em um eterno presente, deleita-se com seu próprio ser. Para Jung, A Sacerdotisa está relacionada com a função psíquica da intuição.

Temos o arquétipo do Feminino em duas cartas: A Sacerdotisa e A Imperatriz. Na Sacerdotisa, o Arquétipo mostra-se em seu estado mais abstrato, espiritual e autônomo (não depende da vontade). Na Imperatriz, está condensado na matéria, no corpo, maternalmente, isto é, não é mais tão autônomo, pois é necessária a união com o masculino. A Sacerdotisa simboliza uma grande matriz antes do encontro. A Imperatriz é a matriz fertilizada em pleno processo de gestação.

O Mago era basicamente extrovertido, A Sacerdotisa é introvertida. A Sacerdotisa é a intimidade, a interiorização. É essa atitude que faz com que, embora não procure nada, se deixe levar pela atração irresistível de ser completa. Essa plenitude interior não vem da conquista do mundo exterior, de bens materiais, reconhecimento profissional, *status*, mas da entrega ao mundo interno, aceitando e acolhendo o que de dentro de nós quer se manifestar. Com esta atitude, A Sacerdotisa pode encontrar a si mesma e se remontar até a fonte das emoções, compreendê-las e descobrir suas motivações, fazendo das situações boas oportunidades de exercitar sua resposta emocional. Assim, pode viver experiências transmutadoras, pois só aqueles que ficam receptivos ante o mundo, que respondem emocionalmente às situações, que se expõem, que se manifestam, vivificam-se e acontecem coisas na sua vida.

Alguns autores, baseando-se nas qualidades da Lua, veem nesse Arcano um contínuo movimento de vaivém, augúrio de momentos favoráveis e desfavoráveis, atrações e repulsões, alternando-se ritmicamente.

NA LEITURA TERAPÊUTICA

Momento Atual: a pessoa está em contato com o impulso interno de parar: parar de correr, parar de falar, parar de fazer coisas o tempo todo. Provavelmente isso é produto de ter exagerado na ação durante os últimos tempos. Esse impulso lhe pede para sentar-se, colocar a atenção na respiração para melhor permanecer no presente, sossegar a mente, meditar e manter-se receptiva ao que vem de dentro tanto quanto ao que chega de fora, deixando de dar prioridade à conquista de objetivos externos (percebendo que ela é mais importante que todos esses objetivos) para dar-se e estar em contato consigo mesma.

Âncora: um bom indicador para decidir se lemos esta carta por excesso ou por falta é a predominância dos hemisférios no mapa astral. Para uma pessoa destra, o predomínio do hemisfério oriental que corresponde ao hemisfério esquerdo do cérebro, o hemisfério da ação, o masculino, a partir de 60/36 favorece a Âncora por falta. Se o predomínio é do hemisfério ocidental correspondente ao hemisfério direito do cérebro, hemisfério da receptividade ou feminino a partir dos mesmos valores, leremos a Âncora por excesso. No caso de uma pessoa canhota, invertemos as correspondências. Mostra a pessoa cristalizada em uma atitude extremamente introspectiva, desconfiada e tímida. É incapaz de compartilhar suas emoções, seu corpo e até seu dinheiro com os outros. Tem medo de agir, de tomar iniciativas, de mostrar suas emoções, assim como a tartaruga que vive sempre dentro de sua casca. Pode usar uma máscara de espiritualidade e misticismo para não mostrar seu medo de entregar-se à vida. Sua passividade, resignação, apatia e desinteresse pela vida podem ser trabalhados com o floral de Wild Rose. Sua tendência a sonhar acordada e sua falta de interesse no presente podem ser aliviadas com a essência de Clematis.

Acompanhada do Oito de Copas (A Indolência), indica um estado de permanente depressão, embora sem causa aparente, com queixas do tipo: "Não sei por que estou tão triste". Nesse caso, sugeriremos o uso de Mustard.

Por falta indica uma pessoa com dificuldade crônica para conectar-se consigo mesma, para sentir o que vem de dentro, para parar de correr, falar, pensar e fazer coisas. Também é difícil ser receptiva com as situações que lhe aparecem e que, na realidade, ela atrai. Sendo O Mago e A Sacerdotisa opostos complementares, existe certo paralelismo entre o Mago na Âncora por excesso com A Sacerdotisa na mesma posição por falta e entre A Sacerdotisa por excesso e o Mago por falta.

Infância: a criança foi impedida de tomar qualquer iniciativa, qualquer atitude ativa ou criativa. Sofreu muito escutando de seus pais coisas como: "Fique quieta", "Não encoste", "Não serve para nada", "Não perturbe", "Cale a boca", "Quem mandou você pensar?". Assim, ficou sentindo-se incapaz e um forte "não consigo" foi gravado profundamente em seu inconsciente. Suas atitudes expressivas e extrovertidas foram proibidas. A criança transformou-se em um ser anulado, rejeitado, tímido e solitário que começou a criar um mundo de fantasias, cheio de fadas e príncipes que algum dia aliviariam suas dores. Quando cresceu, preferiu esperar sem fazer nada a arriscar-se a tomar qualquer iniciativa.

Relacionamentos: a) A relação atual ou as relações anteriores ajudam a pessoa a ir para dentro e conectar-se consigo mesma em um nível mais profundo. Isso pode se dar como um "contágio" de um companheiro mais sintonizado consigo mesmo que desenvolveu uma atitude mais contemplativa e receptiva ante a vida e, talvez, com experiência em Meditação. No entanto, também poderia ser que as expectativas e fantasias que a pessoa tinha com a relação não foram preenchidas; isso traz sofrimento, e a necessidade de sair do sofrimento lhe exige ir para seu centro.

b) Lembra a Âncora por excesso: a pessoa coloca um véu entre ela e o mundo, escondendo-se e tornando-se impenetrável para os relacionamentos. Pode ter medo da proximidade e se dá um ar de superioridade, de falsa espiritualidade ou puritanismo. Recomendaremos o uso do floral de Fawn Lily* para ajudá-la a aceitar e envolver-se com o mundo, e o de Sticky Monkeyflower* para superar o medo da intimidade e do contato físico, especialmente no que se refere a relacionamento sexual.

Voz da Essência e Método: a pessoa precisa integrar o arquétipo da Sacerdotisa. Sugerimos que pare seu movimento compulsivo, que se sente, respire, deixe que acalme seu diálogo interno, voltando para o seu interior, entendendo que existe da pele para dentro e não da pele para fora; escute sua voz interior, se torne e se mantenha receptiva tanto ao que vem de dentro: desejos, impulsos instintivos, emoções, chegando a suas fontes e motivações, como às situações que vêm de fora, pois vêm para ajudá-la a crescer. Se briga com elas porque não se ajustam a suas expectativas mentais, perde a oportunidade de evoluir.

Pode indicar uma profunda e crônica desconexão interna. Isso é muito perigoso, pois se a pessoa não quer ver a si mesma, vai projetar nos outros e no mundo externo em geral os conteúdos internos que não vê, e sua percepção da realidade externa vai ser uma tremenda ilusão.

Para escutar a voz interior pode auxiliar-se de várias maneiras: 1ª) Utilizando as meditações ativas de Osho; 2ª) Ficando consciente de sua respiração e sensações corporais; 3ª) Contemplando a Natureza; 4ª) Absorvendo-se em alguma atividade que adora. O floral de Star Tulip,* também conhecida como Cat's Ears,* ajudará a desenvolver a sua sensibilidade e receptividade femininas, abrindo-se para a espiritualidade e facilitando a meditação. Também precisa ficar receptiva para o mundo exterior.

Caminho de Crescimento: usando as chaves que apareceram nas posições anteriores, a pessoa percebe as consequências de ter colocado sua prioridade em alcançar resultados externos e entra em uma fase mais receptiva e tranquila, buscando tornar-se mais consciente de si mesma, especialmente de suas emoções e desejos.

Resultado Interno: essa pessoa, produto de todo o processo que vimos até aqui, conseguiu identificar, entender e desativar as crenças, medos e outras dificuldades internas que tinha para deixar de correr e tornar-se mais receptiva com o que vem de dentro e o que atrai de fora. Resgata sua polaridade feminina. Perderá a angústia de estar separada de si mesma para tornar a ser um ser silencioso e meditativo, consciente de seu rico mundo interior e aberto para a vida. Sentir-se-á como um ser completo que não precisa sair correndo atrás de nada nem de ninguém para sentir-se satisfeito.

Resultado Externo: essa pessoa encara o mundo com a atitude que vimos no Resultado Interno. Centrada e conectada consigo mesma, desenvolve sua intuição e sensibilidade, e pode se interessar por atividades relacionadas com a meditação, as energias sutis e o esoterismo. Ela se sentirá mais plena e completa e encontrará no seu interior motivações, qualidades e prazeres que antes buscava fora.

A Imperatriz

Títulos		Número	Letra hebraica	Caminho cabalístico	Atribuição astrológica	Princípio universal
Marselha Waite Crowley	A Imperatriz	3	ד Dalet Umbral D	14º Binah Jokmah	♀ Vênus A atração entre os seres	O Princípio Feminino materializado
Osho Zen	A Criatividade	A frutificação e a síntese				

Títulos: provavelmente esta carta que os incas teriam chamado de "Pachamama", a Mãe Natureza, de *Pacha*, que significa "Universo", "lugar", "mundo" e *Mama*, que significa "mãe", recebeu seu nome da consorte de algum imperador. Sempre foi conhecida como "A Imperatriz", com a exceção do Tarô Carey (1791), imediatamente posterior à Revolução Francesa, no qual A Imperatriz e O Imperador aparecem sem coroa, por motivos óbvios, como "*La Grande Mère*" e "*Le Grand Père*": A Avó e O Avô, respectivamente. No Osho Zen Tarô se chama "A Criatividade". Esotericamente, é conhecida como "A Filha dos Poderosos Uns".

O Três.

Número: A Imperatriz é o Arcano número Três. Esse número é o fruto da União do Um e do Dois. Participa de suas qualidades, complementa-as e as equilibra.

Se o Um é Yod, o Princípio Ativo ou Masculino, e o Dois é He, o Princípio Receptivo ou Feminino, o Três será Vau, resultante ou síntese da ação dos dois princípios anteriores. "Não tem dois sem três", diz o ditado. Assim, o Três passa a ideia de frutificação e de síntese completa e equilibrada dos opostos. Quando colocamos um terceiro ponto no espaço, fora da linha definida pelos dois primeiros, estamos criando um plano também sem dimensões e que divide o Universo em dois: o que está em cima e o que está embaixo.

Na China, o Três é considerado um número perfeito, expressão da Totalidade, ao qual nada pode ser acrescentado. É a conclusão da manifestação, o número do ser humano, filho do Céu (1) e da Terra (2), com os quais completa a Grande Trindade. Para os pitagóricos, o Três, soma do primeiro número ímpar (1) e o primeiro par (2), é o número do matrimônio.

O Três é um retorno à Unidade. A equação 1 = 3 está continuamente presente. Em qualquer ato, distinguimos sempre uma triplicidade: a) o princípio ativo ou sujeito; b) a ação desse sujeito ou verbo; c) o resultado ou objeto da ação. O tempo, em verdade, é um momento contínuo, um eterno instante, que se apresenta como triplo: passado, presente e futuro. Esse conceito de triplicidade é extraordinariamente antigo e o encontramos nas tradições matrilineares que expressam o eterno ciclo do início, plenitude e fim nas qualidades de iniciadora, realizadora e destruidora – ou virgem, mãe e anciã – da Deusa.

Assim, a deusa lunar apresenta-se como Ártemis, a Lua Crescente, virgem, protetora dos partos, da Natureza e do feminino; Selene, a Lua Cheia, a amante, esposa e mãe, geradora e criadora; e Hécate, a Lua Minguante negra, a sábia anciã, deusa da magia e da morte. As Parcas, que tinham o poder absoluto sobre o destino dos humanos, eram três: Cloto, a tecelã; Láquesis, a medidora; e Átropo, a cortadora do fio da vida dos seres humanos. Na tradição cigana, celebram-se Sarah, Salomé e Maria. Para os hindus, a

A Imperatriz de Marselha, Waite e Crowley.

Divindade se apresenta sob três aspectos, formas ou *murtis*: Brahma, o Princípio Criador; Vishnu, o Princípio Conservador; e Shiva, o Princípio Destruidor, Transformador ou Transcendente. Cada uma das *murtis* tem seu aspecto masculino e seu aspecto feminino ou *shakti*.

A Divindade cristã manifesta-se como Pai, Filho e Espírito Santo. Esse dogma de fé foi instituído no Concílio de Niceia (325 d.C.), de onde foi criada a Igreja Católica Apostólica e Romana, convocado por Constantino (272-337). Se para criar desde uma célula até uma galáxia são necessários dois princípios, o masculino e o feminino, que capacidade criadora pode ter uma trindade formada unicamente por elementos masculinos?

No Antigo Egito eram Ísis, Osíris e Hórus. Os huicholes mexicanos consideram uma unidade a trindade formada pelo peiote, o milho e o veado. São três os elementos alquímicos fundamentais: o Enxofre, o Mercúrio e o Sal, que se correspondem com os três princípios hindus ou *gunas* que movimentam o Universo e que veremos nos símbolos da Fortuna.

CORRESPONDÊNCIAS

Letra hebraica: ד – Dalet é a letra atribuída à Imperatriz. É feminina, azul, dupla e se traduz como "porta" ou "útero". Seu som forte é D e o suave é o Th do inglês no artigo "the". Seu valor numérico é quatro e representa simbolicamente os seios femininos e tudo aquilo que é nutritivo e abundante.

Caminho cabalístico: é o 14º caminho, o primeiro dos três caminhos horizontais da Árvore. Une e equilibra Binah (o Entendimento) com Jokmah (A Sabedoria), os Poderosos Uns. Apesar de ser um caminho que não está em contato direto com Kether (A Coroa), pertence ao Mundo Arquetípico.

Atribuição astrológica: ♀ Vênus, o planeta atribuído a esta carta, engendra as forças que nos levam à procura de prazer. Rege o amor, a sensualidade, a voluptuosidade, a alegria, a beleza, a doçura e os relacionamentos sentimentais. É o princípio de atração entre os seres.

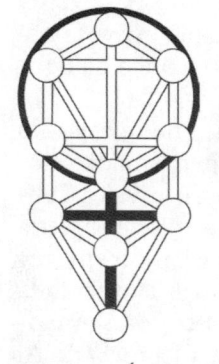

Vênus e a Árvore.

Vênus emite ondas de simpatia que fazem com que as pessoas desejem estar juntas, serem agradáveis com os outros e amarem-se. Afrodite, a mais sedutora das deusas, foi cultuada originalmente na Ásia, depois na Grécia, especialmente na ilha de Citera. Nasceu das águas marinhas fecundadas pelo sêmen de Urano, deus do Céu, quando seu filho Cronos (Saturno) lhe cortou os testículos. Da espuma surgiu Afrodite, que simboliza as forças irreprimíveis da fecundidade não em seus frutos, mas no desejo apaixonado que acende entre os vivos. Por isso, é muitas vezes representada em meio às feras que a escoltam como no hino homérico, em que o autor começa por evocar seu poder sobre os deuses, aos quais ilude quando ela quer, e sobre as feras, atiçando o desejo nas suas entranhas e levando-as a acasalar-se, todas ao mesmo tempo, na sombra dos vales entre as montanhas.

Podemos ver em Vênus a antítese de Marte. Enquanto este governa a ação, a força, os impulsos instintivos e a agressividade, Vênus favorece a procura da tranquilidade, da paz e do prazer, o amor à vida fácil e o espírito idealista. Frente ao severo, frio e rígido Saturno, Vênus alimenta as tendências para a vida alegre, frívola e despreocupada. Seu símbolo, que lembra o ankh, cruz ansata ou cruz da vida egípcia, casa perfeitamente com as dez sephiroth dispostas na Árvore, indicando que por meio do amor é possível atingir a experiência espiritual de Kether: A Fusão com a Totalidade. Sendo Vênus o planeta da harmonia, seus efeitos nos sensibilizam ante todas as manifestações da beleza. E, claro, aumenta nosso desejo de sermos bonitos e sedutores.

Símbolos: a figura central da carta é uma mulher coroada imperialmente, indicando que ela é o complemento feminino do Imperador. No entanto, suas atribuições são muito mais universais. Combina a espiritualidade com suas funções materiais, tal como vemos no símbolo de Vênus, no qual acima da cruz da matéria está o círculo do espírito.

"A Imperatriz está relacionada com o Sal, o Princípio Passivo da Natureza, que deve ser energizado pelo Enxofre, Princípio Ativo, para manter o equilíbrio giratório do Universo. Os braços e o tronco da figura sugerem a forma do símbolo alquímico do Sal." (Crowley)

A Imperatriz segura na mão direita o lótus de Ísis, que representa o poder feminino, a Vagina arquetípica, garantia da perpetuação dos nascimentos. Essa flor, que nasce na escuridão do barro e vai ascendendo na água, procurando a superfície para desabrochar-se em plena luz, é um símbolo de procura e crescimento espiritual. Sua forma de cálice nos obriga a relacioná-lo com o Graal. A Imperatriz está sentada em um trono, símbolo da manifestação universal em seu florescimento total, suporte da manifestação gloriosa da Divindade. O Trono de Al Ilah: Alá, chamado também "O Mestre do Trono", está sobre a Água. O de Budha e o de Vishnu, em forma de lótus, representam a Harmonia Cósmica. Para os sufis, tradição espiritual incorporada ao Islã o trono é seu próprio coração. Várias chamas azuis de forma helicoidal surgem do trono, indicando que A Imperatriz procede das águas – Binah. Recordemos o mito representado em *O Nascimento de Vênus*, do renascentista Sandro Botticelli (1445-1510), em que Vênus surge, sobre uma imensa concha, da espuma criada pelo sêmen de Urano em contato com o mar.

Acima estão pousados o pardal e a pomba, aves atribuídas a Vênus. A Imperatriz veste uma roupa estampada de abelhas e espirais, símbolos de laboriosidade, produção e geração, respectivamente.

Em seu cinto, símbolo de poder, temos os 12 signos do Zodíaco, indicando que sua autoridade abrange todo o Universo. Duas Luas giratórias, perfeitamente contrabalançadas, mostram que nessa carta tudo está em equilíbrio, não existindo nenhum foco de tensão. A seus pés temos uma pelicana com suas crias, símbolo da maternidade mais instintiva. Segundo a lenda, quando essa ave não tem como alimentar a sua prole, bica seu peito e dá de beber aos filhotes o seu próprio sangue. Na direita, um escudo verde, cor de Vênus, com uma águia branca de duas cabeças, que representa a Tintura Branca dos alquimistas. O chão está atapetado de flores-de-lis, símbolo de procriação e prosperidade da raça. Por esse motivo, essa flor foi escolhida pelos reis da França para sua bandeira. No fundo da carta, vemos um arco ou porta que faz referência a Daleth, e do outro lado está o monte Meru, que, segundo a tradição hinduísta, é o centro do Universo, residência de Shiva e Parvati. A Imperatriz mostra o lado direito de seu rosto, o lado feminino. Sua coroa é formada por duas Luas, rematadas por uma bola e uma cruz que lembra o símbolo invertido de Vênus, e indica que sua energia frutificou e estabilizou-se no mundo material.

Significados gerais: representa o Princípio Feminino manifestado na matéria, assim como A Sacerdotisa encarna o Princípio Feminino Universal. A Imperatriz indica as Forças da Vida, atuando e reproduzindo-se no Universo. Na Natureza, representa as forças que vivificam, nutrem e favorecem o crescimento de todos os seres. Simboliza a criatividade e a fertilidade em todos os planos e todas as riquezas do feminino.

"Respeitar a Divindade é reverenciar a Vida, pois não existe nada mais divino que a própria vida." (Osho)

No plano humano, A Imperatriz representa a mãe (Matéria = Mater = Matriz = Maternal) e suas funções. Integrar este arquétipo significa se arraigar às forças da vida, conectar-se com o Eros, permitir-se desfrutar, assumir o próprio corpo como uma fonte de prazer. Podemos ver também aqui as sociedades matriarcais.

Para Jung, esse Arcano representa a função psíquica do sentimento. A Sacerdotisa unindo-se ao Mago virou mãe, isto é, Imperatriz. Se a primeira é considerada encarnação do Feminino Virginal, a segunda é do Feminino Maternal. A virgindade da Sacerdotisa faz referência ao fato de ela ter se conservado intacta e íntegra em sua atitude interiorizante. A Imperatriz entregou-se ao mundo, sua matriz desabrochou e os frutos de seu amor preencheram a Terra.

NA LEITURA TERAPÊUTICA

Momento Atual: esta pessoa está entrando em contato com o impulso interno de resgatar e integrar o arquétipo materno, parando de projetá-lo. Em vez de esperar ser amada, nutrida, cuidada e protegida por alguém, está, em uma primeira etapa, começando a fazer isso com ela mesma. Depois cabe a possibilidade de transbordar e desejar derramar esses cuidados para outros seres: filhos, netos, mascotes, plantas ou seres necessitados de apoio. Este transbordar vem acompanhado de prazer. Pode estar sentindo vontade de ser mãe ou questionando até que ponto expressa sua criatividade e frutifica seus talentos.

Âncora: o arquétipo do Feminino Materno não está integrado. Se o consulente for mulher, provavelmente teve uma mãe que, renunciando à sua própria vida, quis viver por meio dela, exigindo-lhe que lhe entregasse sua vida sendo exatamente como ela queria. "Você não pode me fazer sofrer, eu que tenho renunciado a tudo por você, que tenho sacrificado tanto, que sofro tanto, que aguento o canalha de seu pai só por você...". Essa espécie de vampirismo pode gerar duas atitudes diferentes na consulente:

1ª) Submissão. A filha repete o esquema materno, renunciando à sua própria vida, deixando que sua mãe viva por intermédio dela. Não acredita em si mesma, acha que será amada somente se viver para cuidar e ser útil aos outros, esquecendo-se de si. Vira uma "supermãe", que não teve a coragem de lutar para desenvolver-se como pessoa e superar seus medos. Por toda a sua vida viveu como escrava e passa o exemplo para seus filhos, aos que tenta manipular com suas chantagens emocionais. Essa extrema desvalorização pessoal permanente pode levar a somatizações muito graves. Com O Pendurado, reforçando as ideias de submissão e martírio, pode produzir uma osteoporose. Com o Oito de Copas (A Indolência) na Âncora, Momento Atual ou Relacionamentos, indica depressão. Essas doenças são típicas de donas de casa que nunca trabalharam fora e, assim, finalmente, conseguem (a que preço!) que os outros trabalhem, se ocupem e se preocupem por elas. Essa preocupação exagerada com os outros pode ser transmutada por um maior respeito por sua individualidade, usando o floral de Red Chesnut.

As tendências a essa dedicação obsessiva, a uma manipulação com matizes de autopiedade e martírio, podem ser revertidas com a essência de Chicory. Sua atitude hiperserviçal, que chegaria a uma forma de esgotamento com o Dez de Paus (A Opressão), cobrará tons de submissão com O Pendurado, em cujo caso indicaremos o uso de Centaury. Com O Imperador, O Quatro ou o Oito de Espadas (A Trégua e A Interferência), teríamos alguém tremendamente rigoroso consigo mesmo, talvez "a mãe perfeita", que pretende mostrar-se como um exemplo de trabalho, dedicação e bons costumes. Nesse caso, sugeriremos o uso de Rock Water.

2ª) A rebelião. A consultante não quer ser como sua mãe, embora não saiba o que ela mesma é. Desenvolve exageradamente o lado masculino, enquanto o lado feminino permanece infantil. Transforma-se em uma executiva, atleta competitiva, mulher de negócios e congela os sentimentos. Provavelmente, vai desenvolver problemas nos processos fisiológicos femininos. Podemos sugerir Star Tulip* e Rock Water.

Se for um homem, sua Âncora é sua própria mãe, que toma conta dele, controla-o e o manipula, provavelmente mora com ele, ou melhor, ele mora na casa dela. A mãe vive dando palpite a respeito das atividades do filho, da roupa que ele usa e, especialmente, das namoradas ou namorados dele. Se se "desenganchar" da mãe, vai sentir-se atraído por mulheres muito maternais.

Infância: esta criança teve uma mãe superprotetora e controladora, que castrou todos seus intentos de autoafirmação, autonomia e resistência. Manipulou ao máximo, condicionando seu contato, atenção e falso amor ao abandono de muitas de suas iniciativas e atitudes independentes. Assim, a criança adotou um comportamento submisso e autocontrolado, cuja principal dificuldade é expressar a raiva. Como poderia mostrar raiva para uma mãe que faz tudo por ela? Podemos pensar que o consulente edificou uma estrutura de defesa de caráter masoquista, especialmente se temos como carta da Âncora O Pendurado, o Nove ou o Sete de Espadas – a Crueldade e a Futilidade, respectivamente.

Relacionamentos: a) A relação ajuda a pessoa, de forma agradável ou não, a deixar de projetar o arquétipo materno, a resgatá-lo e desenvolvê-lo. Pode ser que a relação a estimule a ter filhos ou, de uma maneira não necessariamente agradável, a cuidar-se, amar-se e nutrir-se mais e, como consequência, a cuidar e nutrir seu ambiente ou um grupo específico de seres. Também pode ajudar a valorizar e expressar sua criatividade. b) Se for uma mulher casada, interpreta o papel de "boa mãe" para sentir-se útil, tornar o marido e os filhos dependentes dela, tentando assim garantir a aprovação e o afeto deles. Quem poderia rejeitar ou criticar alguém tão boazinha e dedicada? No fundo, procura segurança. Se é solteira, em vez de tirar a roupa quando chega ao apartamento do namorado, põe um avental, além de tentar controlá-lo na medida do possível.

Se for homem, pode mostrar características maternas exageradamente desenvolvidas ou pode ser que procure uma mãe que tome conta dele, especialmente se aparece O Louco na mesma posição.

Voz da Essência e Método: essa pessoa está precisando integrar o arquétipo da Imperatriz esbanjando amor e cuidados consigo mesma, permitindo-se desfrutar da sensorialidade. Pode estar pedindo para revisar a história com a mãe, pois a capacidade de viver o corpo com todo o potencial de prazer, graça e alegria que este tem está muito vinculada à relação infantil com a mãe.

Sugeriremos que seja sua própria mãe, a mãe que gostaria de ter tido quando era criança, uma mãe que ama incondicionalmente, que está atenta às necessidades da criança, que nutre, cuida e protege. Também que invista em atividades que a levam a expressar sua criatividade. Depois, quando sentir seu coração satisfeito, deixe transbordar seu amor no seu ambiente. Sugeriremos que use a essência de Íris,* que estimula a inspiração e a criatividade artística, e ajuda a perceber e a cultivar a beleza interna. Também pode sugerir que a pessoa assuma seus filhos, nutra-os e ame-os, superando os possíveis obstáculos, orgulhos e resistências. A essência de Mariposa Lily* alimentará atitudes mais positivas e nutritivas para com eles.

Caminho de Crescimento: usando as chaves que apareceram nas cartas anteriores, a pessoa começa a cuidar-se e amar-se. Permanece atenta a suas necessidades emocionais e busca satisfazê-las. Pode ser que entre em contato com o impulso biológico de ser mãe ou de expressar qualidades artísticas. Em geral, mostra a entrada em uma fase mais amorosa e prazerosa.

Resultado Interno: fruto de todo o processo, a pessoa resgatou sua capacidade de sentir amor por si mesma e pelos outros. Hoje se sente bonita e sensual e é capaz de expressá-lo. Fez as pazes com o Princípio Materno, de maneira que hoje nutre a si mesma em vez de esperar que alguém o faça e sofrer se não o fazem. Também indicaria que deixou para trás os medos, atitudes ou crenças negativas a respeito da maternidade.

Resultado Externo: com a atitude que acabamos de ver, a pessoa está encarando o mundo. Vivifica seu ambiente com uma energia de amor, cuidados e proteção. Pode interessar-se em atividades em que leva à prática este papel, incluindo a maternidade.

O Imperador

Títulos		Número	Letra hebraica	Caminho cabalístico	Atribuição astrológica	Princípio universal
Marselha Waite Crowley	O Imperador	4 A Quaternidade	Tzaddi Anzol Tz	28º Netzach Yesod	♈ Áries Eu sou	O Princípio Masculino materializado
Osho Zen	O Rebelde	O sólido, a estrutura, a estabilidade				

Títulos: aparece com o título de "O Imperador". Seu aspecto e símbolos, especialmente nos baralhos mais antigos, lembram os imperadores bizantinos e os do Sacro Império Romano. O mais célebre foi Carlos Magno, que ocupou o trono imperial em Aix-la-Chapelle do ano 768 a 814. Crowley manteve a tradição enquanto o Osho Zen Tarô o chama de "O Rebelde". Seu título esotérico é "O Chefe entre os Poderosos".

Número: é o Quatro. Seu significado simbólico está intimamente relacionado com a cruz e o quadrado. Representa o sólido, o tangível e o manifestado. Faz referência ao formal, à estrutura, àquilo que está determinado. Também simboliza a lei, a ordem, a estabilidade, a organização e o governo. Mostrando a totalidade do manifestado, mostra também a totalidade do perecível. Assim, em japonês, a palavra *Shi* significa "quatro" e "morte". Quando o ser encarna, a mãe, dando-lhe a vida, ao mesmo tempo, assina sua sentença de morte. Para os pitagóricos, o Quatro e o Nove são os números da justiça.

O Quatro.

A quaternidade sempre aparece. São quatro os pontos cardeais, os elementos segundo o esoterismo ocidental, os objetos fundamentais da magia cerimonial, o número de letras que formam o nome de Deus na maioria das línguas, as estações, as fases da Lua e da vida humana: infância, adolescência, maturidade e velhice. Segundo os índios norte-americanos, são quatro as virtudes da mulher: a habilidade, a hospitalidade, a lealdade e a fertilidade; e também as do homem: a coragem, a tolerância, a generosidade e a fidelidade.

No *Popol Vuh*, texto sagrado dos maias, são quatro as criações sucessivas correspondentes a quatro eras e a quatro sóis, sendo a atual a era do homem de milho. São quatro os mundos cabalísticos: Atziluh ou mundo arquetípico, Briah ou mundo da criação, Yetzirah ou mundo da formação e Assiah ou mundo material. Para Jung, a quaternidade representa o fundamento arquetípico da psique, isto é, suas funções fundamentais: Intuição, Sentimento, Sensação e Pensamento. Considerar o ser humano integrado por quatro aspectos fundamentais: ser espiritual e energético, intelecto, corpo emocional e corpo físico, permite-nos usar as quatro séries de Arcanos Menores de maneira mais profunda, terapêutica e científica.

CORRESPONDÊNCIAS

Letra hebraica: Tzaddi, צ ou ץ se estiver no final da palavra. A Golden Dawn, seguindo os manuscritos que a originaram, atribuía ao Imperador a letra He. Mas, em 1904, com o ditado do *Livro da Lei* em que Nuit explicou: "Todas estas velhas letras de meu livro estão corretas, mas Tzaddi não é A Estrela", Crowley viu-se obrigado a procurar outra carta para Tzaddi, que até então estava atribuída à Estrela. Como sua raiz – TZ – significa "cabeça" em sânscrito, encontrando-a em palavras como Czar, César, Senhor, Senado, etc., Crowley atribuiu Tzaddi ao Imperador e He à Estrela. Tzaddi significa "anzol" e seu som é "tz". É uma letra feminina, simples, violeta e seu valor numérico é 90, se estiver no início ou no meio da palavra, e 900, se estiver no final.

Caminho cabalístico: esta mudança de letras fez com que os caminhos permutassem. Assim, O Imperador desce na Árvore até o 28º caminho que une Yesod com Netzach, enquanto A Estrela, como corresponde à sua energia mais sutil, sobe até o quinto caminho.

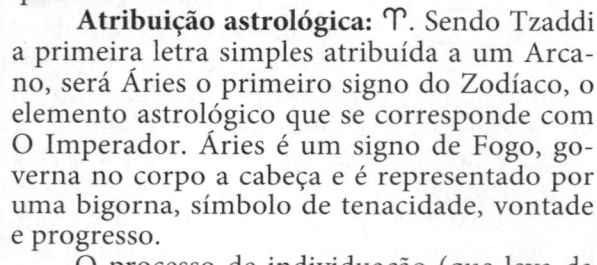

Atribuição astrológica: ♈. Sendo Tzaddi a primeira letra simples atribuída a um Arcano, será Áries o primeiro signo do Zodíaco, o elemento astrológico que se corresponde com O Imperador. Áries é um signo de Fogo, governa no corpo a cabeça e é representado por uma bigorna, símbolo de tenacidade, vontade e progresso.

O processo de individuação (que leva da experiência de fusão com o Universo que o bebê tinha no útero à experiência de ser um Ser único) do ariano consiste em iniciar e, para isso, está dotado das seguintes qualidades: é entusiasta, impulsivo, de mente viva, dinâmico, ambicioso e empreendedor, direto, orgulhoso, egoísta, de paixões violentas e primitivas, conquistador, impaciente e quase sempre carece de perseverança para concluir o que começou. Adora mandar e não gosta de obedecer. É leal, embora inconstante, e tem muita dificuldade para enquadrar-se em um padrão ou norma. É otimista e tem muita confiança em si mesmo. Fica mais atraído pelas ideias revolucionárias que pelas conservadoras e, claro, se entusiasma com o novo. Tem uma forte tendência a acidentar-se, ferir-se e queimar-se, especialmente na cabeça e no rosto, e a sofrer de inflamações. Governado por Marte, o verbo do ariano é "Eu sou", e a frase que complementa seus potenciais e dificuldades é: "Eu estou entusiasmado no princípio, meio e fim de meus projetos e os realizo com energia e suavidade".

Símbolos: em todos os Tarôs, a figura central da carta é um homem maduro, que na maioria dos baralhos mostra para o espectador o lado esquerdo de seu rosto, o lado racional, lógico e masculino. As

Áries – Johfra.

O Avô – Carey.

linhas de seu corpo formam ângulos agudos indicando tensão, rigidez e uma atitude agressiva ou amedrontada. Um Imperador mais delicado aparece no *Tarô Carey*: "o Avô" que com um boné frígio (emblema dos jacobinos, revolucionários franceses) segura uma flor na mão.

No Tarô de Crowley-Harris, seus braços definem um triângulo e suas pernas, uma cruz: o símbolo do Enxofre alquímico, 🜍 . "Enxofre" é o nome dado pelos alquimistas ao princípio ígneo, a veloz energia criativa ou Princípio Masculino da Natureza. É o Rajas da tradição hindu.

Acima há duas grandes cabras selvagens dos Himalaias, animais independentes, valentes e solitários. A seus pés está o cordeiro que, domesticado, tornou-se covarde, obediente, servil e dependente do rebanho e do pastor. Dá lã para seu amo, quando não acaba na brasa. Sempre foi a vítima propiciatória por excelência: o cordeiro pascoal na tradição judaica. Daí vem a representação de Jesus Cristo como um cordeiro. Essas imagens mostram, como disse Crowley, o papel do governo que transforma seres livres, valentes, instintivos e independentes em covardes, sem identidade nem vontade própria, identificados com o rebanho, segurando qualquer bandeira.

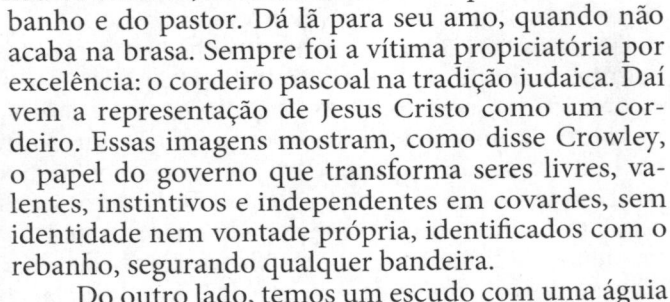

Do outro lado, temos um escudo com uma águia ígnea de duas cabeças, representando a Tintura Vermelha dos alquimistas, substância que transforma em ouro os metais. A águia é o emblema imperial por excelência, usado por Júlio César, Napoleão, Hitler e outros.

Os braços de seu trono mostram a Rosa dos Ventos, indicando que sua autoridade se dirige a todas as direções. Em sua mão direita segura o Ram, cetro com a cabeça de carneiro, indicando que seu governo é fundamentalmente mental. Na mão esquerda, a feminina, segura uma bola coroada pela Cruz de Malta, para indicar que sua autoridade foi estabelecida solidamente. Se não fosse pela bola, redonda e feminina, O Imperador seria tão masculino que acabaria sendo totalmente estéril.

O orbe ou bola com a cruz lembra o signo de Vênus, mostrando que a energia do Imperador frutificou, a cor de sua roupa é vermelha em diferentes graus e, como na da Imperatriz, veem-se abelhas. No chão tem também algumas flores-de-lis. O vermelho é universalmente considerado o símbolo fundamental do Princípio da Vida. Cor do fogo e do sangue, é interpretado segundo sua tonalidade. O vermelho vivo

O Imperador de Marselha, Waite e Crowley.

é brilhante, diurno, masculino, centrífugo, tonificante e excitante. É a imagem do ardor da paixão e da guerra, das bandeiras e das embalagens das marcas mais vendidas. O vermelho-escuro é noturno, feminino, uterino, secreto, centrípeto e guardião do mistério da vida. Representa o fogo central da Terra, é da cor da libido e do coração, dos semáforos e do conhecimento esotérico. É a púrpura dos imperadores romanos e bizantinos e dos cardeais da Igreja católica, símbolo do poder supremo.

Significados gerais: O Imperador é o Princípio Masculino manifestado na Matéria. Representa o Universo concreto, material e sólido.

A Imperatriz é a terra virgem, a lei da selva em que o peixe grande come o pequeno. O Imperador é o ser humano que planta. Não poderia fazer nada se não tivesse a natureza, mas ele faz alguma coisa a mais que a natureza. Com O Imperador chegam o progresso, o trabalho, a cultura, o aperfeiçoamento. A Imperatriz relaciona-se com o inconsciente; em seu âmbito, o ser humano é uma criatura da natureza, um membro de uma determinada espécie, não um indivíduo. Como seres humanos, não só dependemos e formamos parte da natureza, mas também temos criado leis (O Estado de Direito) que não são naturais; regulam a convivência na sociedade e teoricamente protegem o peixe pequeno. Na Imperatriz, somos bichos respondendo a nossos impulsos segundo os princípios do prazer e da sobrevivência; com O Imperador, diferenciamo-nos do resto dos animais, passando a responder também a leis, códigos e valores e, assim, chegamos a ser indivíduos cultural e socialmente responsáveis. O Imperador pode racionalizar, não precisa se impor pela força; pode dar o salto do concreto ao abstrato, do particular à estrutura, que é o denominador comum dos casos particulares. Sua função psíquica, disse Jung, é o pensamento.

O problema surge quando O Imperador se divorcia da Imperatriz, quando sua ambição por mais poder o leva a destruir a natureza. Neste caso representa o sistema, o *status quo*, o poder das multinacionais, do FMI, etc.

Na carta, O Imperador olha fixamente para um objetivo externo. Ele é frio e calculista, apesar de que pode ser impulsivo na hora de expressar sua raiva; bloqueia seus sentimentos e espiritualidade para conjugar melhor suas palavras de ordem: "Pensar em trabalhar para produzir". Sua maneira de realizar não é fluida como a da Imperatriz, sua estrutura corporal cheia de ângulos agudos denota tensão e rigidez, cujo preço é o desgaste contínuo. Representa o pai. Sua autoridade é uma generalização do poder paterno. É a autoridade e, como o pai na família tradicional, o poder executivo, legislativo e judicial, a polícia, os exércitos e todo o aparato repressivo.

O Mago e O Imperador têm um enfoque fundamentalmente mental. No entanto, O Imperador concretiza nos planos físicos e O Mago fica no projeto mental. O Imperador produz, O Mago vende (não em vão, Mercúrio é o patrono dos mercadores).

NA LEITURA TERAPÊUTICA

Momento Atual: a pessoa está questionando-se até que ponto manda na sua vida, define seus objetivos e concretiza-os materialmente. Pode ser que esteja saindo de uma atitude de servilismo e dependência de outras pessoas. Pode sentir o impulso interno de assumir posições de maior responsabilidade, autoridade ou liderança.

Âncora: em um homem pode manifestar-se por excesso ou por falta. Por excesso é o Controlador. Imagina que, se não dominar as pessoas com mão de ferro, se não se impuser e tiranizar os outros, estes acabarão com ele. Assim, precisa estar por cima de todos. Baseia sua segurança em manter tudo controlado. No fundo, é o medo que o mobiliza. Desenvolveu uma estrutura de defesa de caráter psicopata. Corporalmente se caracteriza por um corpo como o dos super-heróis americanos em que toda a energia se concentra no peito, no caso do homem, e na pélvis, se é mulher. Está a mil léguas de perceber que a verdadeira segurança não está no controle da realidade, mas na capacidade de entregar-se ao que vier. Não aceita seus erros, e as possíveis emendas a suas ideias são consideradas conspirações contra sua "legítima" autoridade. Sua prioridade é acumular poder. Costuma ser um trabalhador compulsivo.

Queixa-se de que ninguém faz as coisas direito, que ninguém quer trabalhar. Indicaremos a essência de Beech para ajudá-lo a ser tolerante, compreensivo e idealista, e a de Impatiens para amainar sua impaciência e irritação, e tornar-se mais receptivo ao ritmo natural das coisas e às opiniões alheias. A presença do Dez de Paus (A Opressão) no Momento Atual, indicando que tomou consciência de sua exageração no trabalho e que está disposto a aceitar que não aguenta mais, daria chance de usar o floral de Olive. Suas características de dominador, indicadas pelo Dois de Paus (O Domínio), na Âncora, intransigente (Quatro de Espadas – A Trégua) e ambicioso (Quatro de Discos – O Poder), podem ser trabalhadas com a essência de Vine. A flor de Trillium* pode ajudá-lo a sair de sua cegueira materialista e atingir uma percepção mais global da realidade. Geralmente não se queixa de excesso de trabalho e, quando o faz, é para se autoafirmar na frente dos outros, que não sabem ou não podem. Espera reconhecimento por seu trabalho enquanto cancela suas emoções, salvo a raiva, já que, se permitisse tal "fraqueza", acabaria expondo suas mágoas, suas carências emocionais, suas frustrações e medos, e assim ficaria vulnerável. É muito provável que na sua infância se sentisse traído pelos seus pais.

Haveria um segundo caso por excesso: "O Revoltado" identificado pelo Cinco de Espadas – A Derrota ou A Estrela na Âncora. Está em permanente conflito com tudo o que representa autoridade, negando o dinheiro, a propriedade, a família, a hierarquia laboral, o Estado, etc. Sugerimos Saguaro,* que ajuda a esclarecer a relação com a autoridade.

Por falta mostra uma pessoa que continua projetando este arquétipo nos outros e, assim, faz qualquer coisa para conseguir o reconhecimento da autoridade e de seus representantes: obedece, submete-se, é puxa-saco, deixa-se explorar até com certo gosto... A essência de Centaury pode ajudar a desativar esta necessidade enfermiça de servir ou agradar os outros.

Em uma mulher, embora às vezes tenhamos o caso da controladora (em geral menos agressiva que no homem), é mais frequente que essa dificuldade de integração do arquétipo paterno se manifeste como uma fixação com seu pai ou com os homens da família: "tenho de demonstrar-lhe que...", ou fica esperando que um homem a banque e envolve-se com homens geralmente autoritários e agressivos que a desvalorizam.

Infância: representa aqui o pai do consulente (no entanto, também poderia ser a mãe), um sujeito muito autoritário que nunca mostrou amor pela criança. Pelo contrário, deu-lhe leis e normas de conduta para obedecer, e castigos quando as infringia. Tratou-a impessoalmente como a um soldado de seu exército. Esta se tornou medrosa, insegura, sem confiança em seus sentimentos até tornar-se racional e fria como o pai. Mais tarde pode continuar submissa e obediente ou tornar-se revoltada, extremamente destrutiva e compulsivamente questionadora de qualquer tipo de ordem e autoridade se aparecer A Torre na Âncora.

Relacionamentos: a) O relacionamento ajuda a pessoa a se autoafirmar, a definir e materializar seus objetivos e/ou a assumir maior autoridade e responsabilidade no trabalho. Este processo pode dar-se diretamente com o apoio amoroso do companheiro ou pode ser uma reação da pessoa a uma tentativa de controle do parceiro. b) Se o consultante é um homem, busca vassalos que inflem seus desejos de poder, que trabalhem para ele, engordando-lhe o ego e a conta bancária. Seu paternalismo pode levá-lo a ser protetor e até generoso, mas a menor dúvida a respeito de sua autoridade absoluta o leva à agressão, já que, por baixo de sua máscara de firmeza, morre de medo de que descubram sua vulnerabilidade e seus sentimentos.

O floral de Poison Oak* o ajudará a abrir-se emocionalmente, podendo assim aposentar a fachada de hostilidade que usa para evitar o contato íntimo.

Se se trata de uma mulher, busca um homem com um perfil paterno e autoritário que lhe resolva a vida econômica, embora também possa mostrar uma mulher que tenta se impor em suas relações.

Voz da Essência e Método: integrar o arquétipo do Imperador significa tornar-se autônomo e independente na vida prática, rompendo as correntes (como mostra O Rebelde do Osho Zen Tarô) das convenções sociais. Esta pessoa precisa identificar suas dificuldades internas para deixar de projetar o lado masculino em seu pai, chefe e outras pessoas que representam papéis de autoridade na sua vida. Precisa revisar suas origens para desativá-las e, assim, autoproclamar-se a única autoridade competente para mandar na sua vida, definindo e trabalhando nos seus projetos com método e organização, assumindo suas responsabilidades, especialmente consigo mesma, para chegar a resultados materiais. O primeiro passo para isso é conquistar sua independência financeira não pelo dinheiro, mas pela capacidade de decisão que gera ser o dono de seus recursos, potencialmente livre das chantagens e manipulações intrínsecas ao fato de depender economicamente dos outros. Aconselharemos o uso do floral de Blackberry* para que, fortalecendo sua vontade e capacidade de organização, possa concretizar suas ideias na prática e atingir seus objetivos. Sugeriremos que pratique a meditação do Osho "Sem Dimensões" para fortalecer seu centro.

Caminho de Crescimento: usando as chaves que apareceram nas posições anteriores, a pessoa se dá conta de como passou a vida obedecendo e quais foram as consequências, de maneira que percebe a necessidade de mandar em sua vida e de responsabilizar-se por ela. Começa, pois, melhorando sua autoconfiança, assumindo o comando, chutando convenções familiares e sociais, definindo objetivos materiais realmente sintonizados consigo mesma e avançando na obtenção de resultados.

Resultado Interno: fruto de todo esse processo, o consulente conseguiu identificar, entender e desativar as crenças, medos e outras dificuldades internas para ser o senhor de si mesmo; ordenou sua vida e assentou sua autoridade sobre bases sólidas e realistas. Sabe o que quer e está intimamente convencido de que vai consegui-lo.

Resultado Externo: essa pessoa está encarando o mundo com a atitude que acabamos de ver no Resultado Interno. Dona da sua vida, está assumindo tarefas de responsabilidade e talvez de liderança em aspectos familiares, profissionais, econômicos e/ou políticos. Deve estar atenta para não ofuscar seu lado feminino, evitando exagerar no esforço e se deixar tomar pela tensão e ansiedade. A essência de Larkspur* lhe facilitará a manifestação da alegria interior e de um entusiasmo contagioso, e lhe ajudará a alinhar seu trabalho de líder com seus ideais, evitando que o *ego* se infle.

O Hierofante (O Papa)

Títulos		Número	Letra hebraica	Caminho cabalístico	Atribuição astrológica	Princípio universal
Marselha	O Papa	5	ו Vau Prego V Une o espírito à matéria	16º Jesed Jokmah	♉ Touro Eu tenho Eu acumulo	Princípio da Transcendência
Waite Crowley	O Hierofante					
Osho Zen	O Vazio	O movimento, a evolução, o tempo.				

Títulos: tradicionalmente é "O Papa", aludindo ao chefe da Igreja Católica. Nos baralhos mais recentes, é chamado de "O Hierofante". No Tarô Egípcio, é chamado "O Hierarca". No *Osho Zen Tarô*, chama-se "O Vazio".

Crowley apresenta o Hierofante da Nova Era, "cujo trabalho será totalmente diferente daquele que há dois mil anos foi torturado e assassinado na cruz. Embora não saibamos com precisão como será seu trabalho ... podemos vislumbrar desde hoje, [...] a de liberar a humanidade das noções de morte e pecado". Já estamos assistindo à integração do conhecimento ocidental com a, até agora, desconhecida sabedoria oriental em uma nova-velha corrente holística. Os títulos esotéricos deste Arcano são "O Mago do Eterno" e também "O Mestre Triunfante".

O Cinco.

Número: com o Um tínhamos só um ponto que, para ser posicionado no espaço, exigia outro ponto de referência, isto é, o Dois. Com os dois pontos temos a ideia de direção. Um terceiro ponto fora dela, o Três, define o plano e um quarto ponto fora do plano cria a noção de volume: o sólido e material.

Com o Cinco, introduzimos a ideia de movimento, de velocidade. Como esta é a relação entre o espaço e o tempo (v = e/t), podemos dizer que com o Cinco estamos introduzindo ou "inventando" o Tempo. E o tempo é o grande agente da mudança. A partir do mundo da matéria (horizontal) criamos pontes para a transcendência (vertical).

O homem de Leonardo.

O Cinco, como no desenho de Leonardo da Vinci, representa o ser humano físico ou microcósmico, com cinco sentidos e cinco extremidades, enquanto o Seis se relaciona com o ser humano macrocósmico ou universal.

É importantíssimo na tradição chinesa. São cinco as leis universais, os sabores, as notas musicais, os órgãos internos, os planetas e as direções. Os elementos também são cinco: Fogo, Terra, Metal, Água e Madeira, sendo que o Metal corresponde ao elemento Ar do sistema ocidental. Seguindo a direção horária da circunferência, em que está inscrito o pentagrama da figura a temos o ciclo de *shen* ou relação criadora: A Madeira cria o Fogo, queimando-se. O Fogo cria a Terra com suas cinzas. A Terra cria o Metal, que é encontrado em seu interior. O Metal cria a Água, fundindo-se. A Água cria a Madeira, alimentando-a.

Seguindo as linhas da estrela, encontramos o ciclo de *k'ou* – relação destrutiva: o Fogo funde o Metal. O Metal corta a Madeira. A Madeira cobre a Terra de vegetação e a segura com suas raízes. A Terra represa a Água. E a Água apaga o Fogo.

Na China, o Cinco é símbolo de União, produto do casamento do *Yin*, 2, com o *Yang*, 3. Enquanto na Índia é considerado o número do Princípio Vital, também fruto da união do feminino, 2, e o masculino, 3.

Segundo o *Popol Vuh*, texto mitológico maia, os deuses gêmeos do milho, após serem sacrificados em uma fogueira e atiradas as suas cinzas ao rio, ressuscitaram depois de cinco dias sob a forma de brotos de milho. Assim, para essa cultura, o Cinco é o número da perfeição e da Divindade. No México, para os huicholes, o Cinco representa a totalidade que inclui as quatro direções e o eixo vertical. Segundo os astecas, os maias e os gregos, existiram quatro humanidades antes da atual que seria a quinta.

No pentagrama, símbolo gráfico do Cinco, podemos ver a consciência projetando-se sobre a quaternidade, harmonizando-a e integrando-a no pentagrama ascendente, símbolo do movimento evolutivo e do poder do amor, tal como aparece na ilustração "O Cinco". Quando a consciência não nutre nem libera a vontade, esta cai no conflito da quaternidade e se perde na loucura autodestrutiva que se expressa no pentagrama descendente, símbolo do movimento evolutivo, do "amor" ao poder

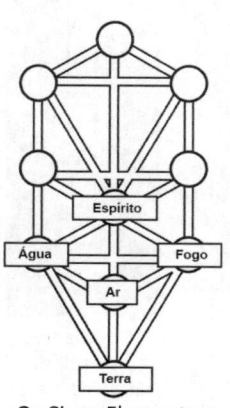

Os Cinco Elementos e a Árvore.

e da magia negra. Para os pitagóricos, o Cinco revela a Espírito quinta-essência de todas as coisas.

Se colocarmos os quatro elementos ocidentais sobre o pentagrama, teremos diferentes opiniões sobre qual deve ser o quinto. Para a Golden Dawn, esse elemento é o Espírito. Outros autores, encontrando muitas semelhanças entre o Fogo e o Espírito – inclusive a letra hebraica Shin designa ambos –, preferem colocar o Éter na ponta superior do pentagrama. Considerando o Espírito como o quinto elemento, Robert Wang oferece-nos no seu livro *O Tarô Cabalístico* a relação entre as sephiroth e os cinco elementos ocidentais, como vemos na ilustração "Os Cinco Elementos e a Árvore".

CORRESPONDÊNCIAS

Letra hebraica: ו. É Vau, ou Waw, a letra correspondente ao Hierofante. É simples, masculina, alaranjada e seu valor numérico é seis. Vau significa "prego ou gancho" – tem uma conotação certamente fálica – e, assim como este prende um quadro à parede, é um agente mediador que une o espírito à matéria. Vau é a terceira letra do Tetragramaton e sintetiza as características das duas primeiras: Yod, o masculino e espiritual, e He, o feminino e material. Hieroglificamente, simboliza o nó que une o Ser ao Não Ser. Seu som é de V.

Caminho cabalístico: une Jesed, a Misericórdia, com Jokmah, a Sabedoria. Aqui a individualidade rumo ao espírito recebe suas influências. Disse Crowley: "o significado espiritual deste caminho está dado pelo signo de Touro, que é o símbolo da realização mais densa do elemento Terra".

Atribuição astrológica: ♉ Touro é um signo de Terra e, como tal, prático, utilitário e realista.

Se Áries é a ação, Touro é a conservação e a luta para preservar o conquistado. Seu verbo é "Eu tenho" e sua frase de crescimento é: "Regozijo-me com minhas realizações e estou aberto a surpresas e mudanças da vida". Seu caminho de individuação está ligado a construir estruturas materiais que lhe deem segurança e conforto e a desenvolver plenamente sua sensorialidade. Esse signo, governado por Vênus, é afetuoso e pacífico, mas quando não aguenta mais explode com uma fúria insuspeita. É sensual e apaixonado, embora às

Touro – Johfra.

O Papa de Marselha.
O Hierofante de Waite e de Crowley.

vezes se mostre tímido. Não gosta da especulação mental. Seu temperamento é forte, embora um pouco lento. É prudente e tenaz, paciente e acumulador. É perfeccionista e apegado a seus hábitos, assim facilmente fica escravo de suas rotinas. Adora a boa mesa e sente atração por tudo o que é belo. É tranquilo, não gosta de pressa, é reflexivo e com tendência à introversão. As taurinas são muito maternais. No corpo físico, Touro governa o pescoço e a garganta, onde geralmente seus nativos sofrem de acessos e dores.

Símbolos: a figura central da carta é, na maioria dos baralhos, um homem maduro vestido com uma túnica. De todas as roupas, esta é a que tem uma conotação mais espiritual. Na carta de Crowley, a túnica é laranja, cor de Vau. Com a mão esquerda, O Hierofante abençoa e com a direita segura um báculo com aparência de chave, terminado em três anéis que representam as três Eras: de Ísis, Osíris e Hórus. Esotericamente, possuir a chave significa ser um iniciado e também ter a capacidade de iniciar os outros. Leva no peito um pentagrama ascendente, dentro do qual uma criança corre confiante e alegremente, simbolizando o espírito da Nova Era, em que as ideias de morte e pecado não escravizarão mais o ser humano. O Hierofante está inscrito em um hexagrama, símbolo do macrocosmos, indicando que está em equilíbrio com o Universo. O Pentagrama, símbolo do microcosmos dentro do Hexagrama, forma o Hexagrama Pentáfico com que os maçons representam o nº 11, como veremos no Arcano do Tesão, em outros tarôs, A Força.

Diante do Hierofante, vemos uma mulher com uma espada na mão direita e a Lua na esquerda. Representa, disse Crowley, Vênus da Nova Era, aludindo ao capítulo 3 do *Livro da Lei*, no qual Hórus disse: "Quero que a mulher cinja uma espada diante de mim". É a mulher que não vai aceitar resignadamente o papel de dupla escrava: do macho e do sistema. Armada e militante, vai à luta pela sua libertação. Representa o caminho da Sacerdotisa que o Hierofante teve de percorrer, sem o qual a sabedoria não se pode atingir e o conhecimento é degradado a uma lista de conhecimentos, dados e crenças.

O Hierofante está sentado em cima de um touro, e sendo o signo de Touro regido por Vênus, o planeta do amor, vemos aqui que é o amor ao mundo que leva A Sacerdotisa (O Iluminado) a transformar-se em Hierofante (o/a Mestre/a Iluminado/a).

O touro é Nandi, o veículo de Shiva, animal consagrado a Poseidon, deus do Oceano e das tempestades, a Dioniso, a Vênus, a Indra, etc. É símbolo de força e de arrebatadora virilidade. Também é um símbolo feminino associado às divindades lunares. Esse animal de formas cheias e movimentos lentos e sensuais, cheio de vida e de emanações telúricas, é o melhor assento da Imperatriz, como aparece no desenho do signo de Touro de Johfra.

Detrás dele vemos dois elefantes. O elefante é Ganesh, filho de Shiva e Parvati, deus da Ciência e das Letras, símbolo do conhecimento. Como o touro, a tartaruga e o crocodilo, carrega o Universo nas costas. É símbolo de poder e estabilidade.

Nos quatro cantos da carta, temos os querubins que, à semelhança dos dragões chineses, são os guardiões dos santuários. Representam também os quatro elementos e os quatro signos fixos do Zodíaco.

Os cosmóforos.

O Hierofante, integrando a quaternidade em si, atinge a quinta-essência das coisas. Esses querubins também aparecem no último Arcano Maior, "O Universo", no qual estão vertendo água enquanto aqui se secaram, parecendo máscaras, talvez para avisar que a aceitação de qualquer doutrina, sem fazer a experiência, leva-nos a mascarar nossa identidade.

QUERUBINS	ELEMENTO	SIGNO ASTROLÓGICO	NO SER HUMANO
Leão	Fogo	Leão	Energia-Espírito
Águia[25]	Ar	Aquário	Intelecto
Anjo	Água	Escorpião	Emoções
Touro	Terra	Touro	Corpo físico

Seu chapéu fálico complementa-se com a rosa de cinco pétalas que floresce na vidreira, reforçando a ideia que passa a mulher armada: a mente masculina, racional e analítica é insuficiente, sem o elemento feminino é impossível atingir a sabedoria. Pela vidreira onde está inscrita a rosa, entra a luz de Jokmah. O nove é o número do elevado, do celestial e também de Yesod, a sephirah associada à Lua. Temos aqui uma alegoria à Lua no céu de Nuit. Rodeando a vidreira, uma serpente e uma pomba aludem ao primeiro capítulo do Livro da Lei em que o Princípio Feminino, Nuit, se expressa assim: "A Lei é o Amor, o Amor sob Vontade. Que os tolos não confundam o Amor, pois existe Amor e amor. Existe a pomba e existe a serpente. Escolhei bem! Ele, meu profeta, escolheu, conhecendo a lei da Fortaleza e o grande mistério da Casa de Deus". A Casa de Deus é outro título da Torre, Arcano XVI, e nela também aparecem pomba e serpente. A pomba, símbolo de pureza, paz e simplicidade, representa o amor, no qual o instinto foi sublimado, enquanto a serpente representa aqui o amor integrado ao instinto.

"Representam as duas formas do desejo, o que Schopenhauer chamou de Vontade de Viver e Vontade de Morrer. Representam os impulsos

---

25. Crowley rompeu as correspondências tradicionais afirmando que, na Nova Era, a Águia se corresponde com Aquário e o Anjo com Escorpião.

masculino e feminino. Estas duas tendências não são incompatíveis. Isso resulta óbvio quando entendemos a vida e a morte como duas fases de uma mesma manifestação energética." (*O Livro de Thoth*, A. Crowley)

Significados gerais: O Hierofante encarna o Princípio da Transcendência Espiritual. Ele é o Mestre Iluminado que ajuda os caminhantes a reencontrar sua Divindade Interna, a ressoar a centelha divina e a desfazer os feitiços da programação, transformando sapos em príncipes. É o Mestre Interno em cada um de nós. A palavra "Hierofante" vem do hebraico *hier-phaine*, que significa "revelar". É o revelador de nossa verdadeira natureza e dos mistérios da vida; é o homem ou a mulher de conhecimento, o xamã, o bruxo. Preside e executa as cerimônias e os rituais. Cria pontes; é o pontífice entre a matéria e o espírito ou, como disse Paul Foster Case, entre "a sensação exterior e a iluminação interior".

Estes conceitos foram escondidos durante séculos, pois a maioria das religiões, especialmente a judaico-cristã e a muçulmana, fez todo o possível para acabar com a ideia de que somos seres divinos, de que nossa essência é divina. Essas religiões colocaram Deus fora de nós, longe no céu ou guardado em algum Santo Sanctorum, inacessível para o comum dos mortais, como afirma o rabino Aryeh Kaplan comentando o *Sefer Yetzirah*: "Deus pertence a uma categoria totalmente diferente que as sephiroth... Quando uma pessoa chega aos níveis superiores pode pensar que está atingindo Deus. O Criador está sempre além de nosso alcance". O contato entre esse deus e a humanidade pecadora foi monopolizado por certos intermediários que se autoproclamaram "escolhidos" e donos da verdade absoluta.

Esse deus externo foi inventado a partir da sublimação de certas qualidades humanas e, claro, tiveram de inventar também um diabo com a exageração dos, por eles considerados, defeitos humanos. Deus e o diabo à imagem e semelhança do ser humano. Cobrando por seus serviços, esses intermediários acumularam enorme poder e riqueza. Estabeleceram normas morais, leis, doutrinas, dogmas e mandamentos que, na ausência de um Estado organizado e de uma legislação temporal, como foi o caso nas épocas de Moisés e de Maomé, foram a base legal de suas sociedades.

Tais doutrinas e dogmas eram muitas vezes contrários à natureza humana, à ciência e à razão, e condenavam os humanos, especialmente a mulher, a um papel de escravos, prometendo o paraíso e a felicidade para depois da morte. Os "justos", os que sofreram, os que renunciaram, os que obedeceram, os que morreram na "Guerra Santa", estes serão recompensados. Esta falsa espiritualidade é uma compensação de profundas carências emocionais ou econômicas: "A bebedeira do ego", como diz Esquenazi. Finalmente, a maioria das doutrinas espirituais é montagem para justificar a exploração.

Assim, na ausência da Divindade interna, o Mestre perdeu seu significado mais profundo e se transformou no Papa, aquele que ensina a doutrina, que dá as ordens e padrões de comportamento, que publica as Encíclicas, que catequiza e impõe a moral, que faz a cabeça do povo.

Ou, como disse A. E. Waite, participando da degradação do significado desta carta: "é a força que governa a religião externa".

Então, temos a Sacerdotisa, que representa a via feminina, interna e intuitiva de atingir o conhecimento, a essência divina e sua voz, guardiã da sabedoria oculta – o esotérico –, e este Papa, cuja função seria ditar a lei e instruir na doutrina – o exotérico. Nesse sentido, O Hierofante acaba sendo também o poder da ideologia e da moral dominantes. Na Idade Média estava totalmente vinculado às religiões e, no Ocidente, ao Vaticano. Hoje, no primeiro mundo, as religiões estão perdendo seu poder, e as novas doutrinas, embora continuem usando as religiões, estão inequivocamente marcadas pelos sistemas de produção e pelo *American way of life*, constituindo o suporte ideológico do sistema. Essas doutrinas não são mais transmitidas nos altares das igrejas. Hoje são retransmitidas 24 horas por dia pelo rádio e pela TV e divulgadas pelos jornais e revistas. Os novos papas são os meios de comunicação, a mídia, o Quarto Poder.

Estamos diante de uma encruzilhada: ou a humanidade se torna mais consciente, pacífica, introspectiva, amorosa, ecológica, solidária e cooperativa, isto é, feminina, ou podemos apostar em algum tipo de reformulação planetária, resultado de necessário processo de autodefesa de Gaia, o Planeta Terra. Qual será o papel do Hierofante se sobrevivermos? Uma humanidade mais evoluída não pode permitir que a história se repita. Pode ser o fim dos rebanhos obedientes e manipulados. O Hierofante voltará a ser de novo o Mestre, o Iluminado, ou o Mestre Interior de cada um de nós.

Se O Hierofante é o Revelador do Sagrado, temos de ter muito claro que o sagrado está sempre dentro de nós, para não o reduzir a porta-voz de uma ideologia qualquer. O Hierofante é aquele que ajuda a nos vermos, a nos conhecermos e a preencher a necessidade psicológica que temos de encontrar o verdadeiro e transcendente sentido da vida, e estimula a tendência natural de atingir a plenitude interior. Esse sentido não encontramos em religiões, seitas ou ideologias políticas, mas indo à profundidade do nosso ser. O Hierofante nos auxilia a acessar a dimensão da eternidade quando nos coloca no presente. O Mestre não ensina a verdade, ensina-nos a questionar as crenças sobre as quais montamos nossos padrões de comportamento, leva-nos à independência de critério e de ação. A simples presença de um iluminado leva a pessoa a perceber que é possível alcançar esse estado de plenitude e desperta o anelo de fazê-lo.

Um dos grandes mestres da atualidade é Osho; iluminado desde os 21 anos, soube atualizar as tradições espirituais do Oriente e do Ocidente.

Osho.

Transformou o "seja isso ou aquilo", "faça isso e não aquilo" em "seja você mesmo", "permita que saia o que tem dentro de você". Sua filosofia é tão subversiva que, em 1985, foi sequestrado e envenenado pelo FBI. Morreu sob os efeitos do veneno em 1990, em Poona (Índia). Embora nunca tivesse escrito nada, suas palestras estão transcritas em centenas de livros e sua comunidade continua funcionando.

NA LEITURA TERAPÊUTICA

Momento Atual: o consulente está tomando contato com um impulso interno de ir além do mundo material. Percebe que a vida fica incompleta se falta tempo livre, paz interior, a alegria de ser espontâneo, etc. Assim, pode estar pronto para se abrir a dimensões espirituais. Também pode estar procurando o conhecimento, estudando, aprendendo. A outra carta indica a qual área específica está dirigida esta procura, que tomará um aspecto espiritual ou de autoconhecimento se aparece com a Sacerdotisa ou o Ermitão.

Âncora: por excesso mostra uma pessoa cujas palavras, gestos, ações e pensamentos respondem perfeitamente a uma determinada doutrina, movimento ou ideologia. É um vivo (morto) representante de determinada filosofia ou credo. Fora desse comportamento robotizado e cheio de típicos tópicos, ninguém está aí. Sua máscara pode chegar a ser tão perfeita que não permite o mínimo contato interno com suas emoções e seu corpo físico. Pode ser um catequizador fanático, cheio de argumentos, que repete mecanicamente suas doutrinas, e sua autoafirmação consiste em nos convencer e nos levar para sua igreja, templo, partido ou torcida correspondente. Claro que tal pessoa dificilmente vai aterrissar em um consultório de Tarô Terapêutico, no entanto, sim, poderiam existir variedades mais *light*; pessoas não fanáticas, mas ainda assim em certa medida ancoradas a uma doutrina. Pensam que, se são bons, Deus os premiará ou os castigará se não fizerem uma oração antes de dormir. Esta pessoa poderia enraizar seu idealismo e seu entusiasmo, e conectar-se com seu corpo, usando o floral de Vervain. O Sol na Infância nos levaria a pensar que sua atitude de identificação com uma determinada ideologia se deve à fragilidade de seu Eu. Com o Sete de Espadas – A Futilidade – à sua permeabilidade às opiniões alheias, e a Princesa de Copas à sua necessidade de agradar. Nesse caso, a flor de Goldenrod* ajudaria a fortalecer o Eu e a relacionar-se melhor socialmente.

Infância: esta criança foi muito doutrinada, provavelmente teve uma formação religiosa rígida que acabou com sua espontaneidade. Talvez seus pais estivessem ligados a algum movimento político, ideológico, cultural ou religioso, cujos princípios lhe foram inculcados, e ela os incorporou para ser aceita, até transformar-se em um pequeno robô.

Relacionamentos: a) O relacionamento pode ajudar a pessoa a perceber que, além da matéria, existe alguma coisa e, assim, ela se abre ao mundo da espiritualidade ou pelos menos para a procura dela mesma. b) Sempre sabe mais que o outro e, esbanjando conhecimentos e dados, pretende seduzir e acaba envolvendo-se com pessoas que o aceitam como "professor". De seus sentimentos e instintos ninguém sabe, talvez nem ele mesmo. Também pode estruturar suas relações amorosas obedecendo a doutrinas, especialmente se aparece com o Quatro de Espadas – A Trégua.

Voz da Essência e Método: integrar este arquétipo significa em primeiro lugar deixar de projetá-lo; deixar de enganchar-se com supostos mestres esperando receber a contrassenha da felicidade. Quanto mais rígidas são as crenças, doutrinas e princípios que adotamos, mais restringem a expressão de nossa essência divina que, desde o inconsciente, tenta manifestar-se e nossa vida perde a graça. Conectar-se com o/a mestre/a interior significa parar de engolir doutrinas alheias, encontrando no nosso próprio interior a fonte do nosso autoconhecimento. O/A mestre/a interior saberá reconhecer os verdadeiros iluminados que podem facilitar tal processo, aproveitando o que estes têm dito ou escrito e diferenciá-los dos charlatães, doutrinadores, manipuladores ou professores esotéricos.

"Nada posso lhe dar que não exista em você. Não posso lhe abrir um outro mundo de imagens, além daquele que existe na sua própria alma. Nada posso lhe dar senão a oportunidade, o impulso, a chave. Eu ajudarei você a tornar visível seu próprio mundo, e isso é tudo." (Hermann Hesse, *Sidharta*.)

A essência floral de Lótus,* o elixir espiritual que ajuda a pessoa a abrir-se espiritualmente, será muito útil. Pode significar um estímulo para que o consulente se atreva a passar seus conhecimentos para a frente ou os aprofunde na sua área profissional.

Caminho de Crescimento: como consequência de usar as chaves que apareceram nas posições anteriores, a pessoa começa a abrir-se ao mundo espiritual e a aproveitar o que os mestres iluminados hão dito ou escrito.

Resultado Interno: o consultante, fruto de todo o processo que vimos até aqui, encontrou seu próprio caminho espiritual e, graças a suas práticas e estudos, está abrindo-se a novos níveis de consciência. Pode indicar também que superou os bloqueios que lhe dificultam abrir-se à espiritualidade e/ou transmitir seus conhecimentos aos outros.

Resultado Externo: fruto de suas vivências, de seu contato com o interno, de sua compreensão e conhecimento a respeito do mundo ou de um assunto particular, esta pessoa estará capacitada a passar uma mensagem, um conjunto de conhecimentos ou uma teoria específica em alguma área determinada. Suas atividades práticas estão impregnadas de um sentido mais transcendente, especialmente se aparecer com A Sacerdotisa. Também pode mostrar o consultante envolvido em uma aprendizagem espiritual com algum Mestre.

Os Amantes

Títulos		Número	Letra hebraica	Caminho cabalístico	Atribuição astrológica	Princípio universal
Marselha	O Namorado					
Waite Crowley Osho Zen	Os Amantes	6 O amor físico O equilíbrio A união dos opostos	ז Zain Espada Z	17º Binah Tiphareth	♊ Gêmeos Eu duvido	A Polaridade criando o Universo

Títulos: no *Tarô de Marselha*, este Arcano chamava-se "O Namorado". Conhecido também como "O Casamento", no de *Eteillá*, e "O Vício e a Virtude", no de *Éliphas Lévi*, passou a se chamar "Os Amantes" nos *Tarôs da Golden Dawn, A. E. Waite, Osho Zen e A. Crowley*. No *Tarô Egípcio*, intitula-se "A Indecisão" e também tem aparecido como "Os Dois Caminhos". Seus títulos esotéricos são "O Filho da Voz" e "O Oráculo dos Deuses Poderosos".

Número: o Seis é o número atribuído a este Arcano. Se com o Cinco introduzíamos o conceito do Tempo, dando ao ser a opção de ter passado, presente e futuro, isto é, memória, o sexto ponto é colocado na ponta do nariz do observador. Assim, o Seis já é capaz de ser testemunha do que sucede a seu redor, de colocar-se no centro do Universo, ou seja, de ser autoconsciente.

O Seis.

O Seis é o centro do sistema, assim como Tiphareth, a sephira número Seis, é o centro da Árvore da Vida. Tradicionalmente, o Seis é o número da perfeição e do equilíbrio. No hexágono, símbolo gráfico do Seis, temos seis triângulos equiláteros dentro de um círculo, sendo o lado do hexágono igual ao raio do círculo circunscrito. O Seis é quase exatamente a relação entre o perímetro da circunferência e seu rádio: $P/r = 2\pi = 6{,}2832...$ São muitos os paralelismos que encontramos entre ambas as figuras, de modo que o hexágono compartilha

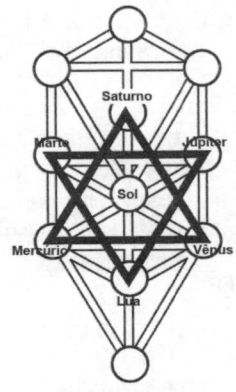

O Hexagrama, os planetas e a Árvore.

com o círculo seu simbolismo de espiritualidade e perfeição. Antigamente, o Seis era consagrado a Vênus-Afrodite, deusa do amor físico. A raiz latina de Seis é *sex*, que significa "sexo". Se o sexo é a união carnal entre o macho e a fêmea, o seis é a união entre o masculino e o feminino universal.

Embora para alguns analistas o Seis represente o ser humano físico, sem seu elemento transcendente que lhe permitiria entrar em contato com o divino, a tradição esotérica ocidental afirma que o hexágono representa o Ser Humano Universal ou Macrocósmico. Na tradição oriental, temos a escola tântrica hindu que procura a iluminação espiritual por meio do desenvolvimento da sexualidade consciente. Assim, a estrela de seis pontas representa a penetração da *yoni* (vagina) pelo *lingam* (pênis), simbolizando equilíbrio entre os Princípios Feminino e Masculino. Os hindus atuais, que seguem venerando tradicionalmente o Shiva Lingam, depois de três séculos de colonização britânica, esqueceram-se de seu significado.

Lingam e Yoni.

No hexagrama, completam-se as tendências opostas e complementares: o triângulo ascendente (Fogo – Masculino) com o descendente (Água – Feminino). A polaridade intrínseca de todas as coisas manifestadas se integra novamente dando lugar a algo novo. Diremos que o Seis representa a União Criativa, produto do equilíbrio e complementação dos opostos.

Fogo Água Ar Terra

No Ocidente, o hexagrama é a Estrela de Davi ou Selo de Salomão, emblema de Israel, símbolo totalizador do pensamento hermético. Em primeiro lugar, contém os símbolos dos quatro elementos: atribuindo as quatro pontas laterais do hexagrama às propriedades fundamentais da matéria (seco, úmido, quente e frio), deduzimos as propriedades de cada um dos elementos, tal como as usava o alquimista e médico suíço Paracelso (1493-1541):

O Fogo é quente e seco.
A Água é úmida e fria.
O Ar é úmido e quente.
A Terra é seca e fria.

O hexagrama e as propiedades da matéria.

A estrela de Davi engloba os sete metais principais, com o ouro no centro e os sete planetas correspondentes ao redor do Sol.

Para os maias, o sexto dia era o dia dos deuses da chuva e da tempestade e, também, o dia da morte.

CORRESPONDÊNCIAS

Letra hebraica: ז – Zain ou Zayin é a letra atribuída aos Amantes. É simples, masculina, laranja e seu valor numérico é sete. Soa como o Z. Significa espada ou arma, que, forjada no fogo e temperada na água, é um símbolo de polaridade e de integração da polaridade. Com um gume destrói, com o outro constrói e com os dois consagra. Colocada em posição vertical, une a Terra com o Céu. Zain ou Zaein sugere a percepção e o discernimento amolado. A espada representa a mente, que também é polar, pode afirmar ou negar, e, quando se acalma, até que se torna não mente, leva-nos à transcendência.

Caminho cabalístico: o caminho de Zain e dos Amantes é o 17º. Une Binah (o Entendimento) com Tiphareth (a Beleza). Nesse caminho, a individualidade que se equilibrou em Tiphareth se dirige para a coluna restritiva da forma, indo em direção ao entendimento profundo de Binah. Vai distanciando-se da ilusão de isolamento e chega "à percepção de que a aparência de individualidade isolada não é, senão, o efeito produzido pelo poder que tem o Eu de concentrar seus limites de energia em qualquer ponto particular no tempo e no espaço..." (Madonna Compton).

Atribuição astrológica: ♊. Gêmeos é o signo zodiacal atribuído a este Arcano. É um signo de Ar, mutável e governado por Mercúrio. No corpo humano, rege os pulmões, os braços e os ombros. É o símbolo geral da dualidade, expressão de todas as oposições que se resolvem em uma tensão criadora.

O processo de individuação de Gêmeos passa por ter ideias e estimular intelectualmente os outros. Para isso, possui uma inteligência aguda e vivíssima, grande facilidade e rapidez de entendimento e uma enorme curiosidade. Gosta de conversar e gesticular para dar precisão a suas ideias. Seus olhos são vivos, penetrantes e muito expressivos. Tem uma sede insaciável de conhecimentos, mas sua abordagem intelectual limita sua profundidade. É muito sociável e comunicativo. Podemos dizer que é o nativo mais extrovertido do Zodíaco. É muito hábil e sempre quer fazer várias coisas ao mesmo tempo. Seu potencial afetivo não está muito desenvolvido. Os geminianos não confiam muito em seus sentimentos nem em suas sensações e impulsos instintivos. Tampouco tem um lado místico notório, mas em compensação tem uma grande habilidade para entender, assimilar e renovar as criações e os descobrimentos dos outros. Adoram as mudanças até o ponto que acabam sendo inconstantes. As responsabilidades não são o seu forte. Seu verbo é "Eu duvido", não como expressão de desconfiança, que é característico dos capricornianos, mas como necessidade e resultado a seu inerente enfoque intelectual das coisas e da vida. Sua frase integradora é: "Eu dou profundidade a meu conhecimento por meio da sabedoria da concretização". Os nativos desse signo têm tendência a sofrer dos nervos, a contrair enfermidades pulmonares, a padecer de transtornos mentais e a passar por acidentes de locomoção.

Símbolos: na carta de Crowley, vemos à primeira vista que quase todos os símbolos são duplos, formando duas séries de opostos, cuja complementação está sugerida nesta carta. Entretanto a integração final só se dará no Arcano XIV, A Arte (A Temperança em outros baralhos), que podemos considerar a culminação da Boda Real que se inicia nos Amantes. Essas duas cartas ou caminhos constituem a grande máxima alquímica: *Solve et Coagula*, Dissolve e Coagula, Separa e Junta, ou, em outros termos, Análises e Sínteses. O fundo da carta está cheio de espadas, reafirmando seu caráter analítico. Mostra o casamento do rei mouro ou negro, coroado Imperador, com a rainha loira ou branca, que porta a coroa da Imperatriz. As duas figuras estão mostrando a polaridade fundamental do Feminino e Masculino em um nível humano e material. Esse simbolismo polarizado se amplia com a apresentação dos atributos imperiais. Ela segura o Graal, símbolo da Água, e ele, uma lança, símbolo do Fogo, ambos ajudados por um casal de crianças. Diante da rainha, o menino negro segura a lança do rei, e, frente a este, o branco ajuda a rainha a segurar a copa. Este tem na mão direita um ramalhete de rosas brancas, símbolo do amor puro, e aquele tem uma cacete, símbolo de agressão, dando assim continuidade a duas séries de opostos. Os noivos usam um manto de pele de arminho, símbolo de pureza e de autoridade. Na capa do noivo vemos serpentes e na dela, abelhas.

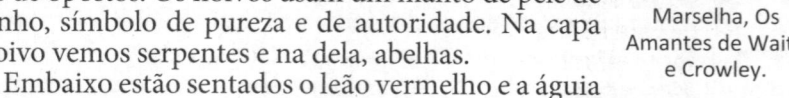

Gemêos – Johfra.

O Namorado de Marselha, Os Amantes de Waite e Crowley.

Embaixo estão sentados o leão vermelho e a águia branca, símbolos da polaridade, os princípios masculino e feminino na natureza, o Sol e a Lua, o Fogo e a Água, o ácido e o álcali, a tintura vermelha e a branca, o Enxofre e o Sal alquímico. O terceiro elemento, o Mercúrio, está representado pelo Ermitão que consagra a união real.

Nas esquinas superiores, encontramos duas figuras femininas que fazem referência aos Tarôs de Marselha em que se via um jovem entre duas mulheres, uma loira, coroada, e uma morena. Parece que este teria de escolher uma entre as duas, que representariam, segundo o pensamento dissociativo e moralista da época, o vício e a virtude, a pureza e o pecado, o bem e o mal, etc. Tradicionalmente, a Igreja Católica representava com a mulher de pele escura o próprio Satã. Sua atitude corporal reflete essa divisão: a cabeça está direcionada para um lado, mas o corpo para o outro. Essa escolha exterior reflete uma divisão interior: a cabeça (a razão) olha para um lado, mas o corpo (o inconsciente) olha para o outro. Alguns autores veem aqui o momento em que o jovem tem de decidir-se entre a segurança que lhe proporciona sua mãe e a aventura e o prazer que podem vir com a noiva. A paixão despertada pela flecha é o que leva o adolescente a romper com as expectativas paternas tomando decisões independentes. Sem essa ruptura, o ser humano não se individualiza. No *Tarô de Crowley*, são Lilith e Eva. A primeira, à esquerda, representa a mulher instintiva, na plenitude de sua sexualidade, relacionando-se com quem quer, quando quer e como quer, livre de qualquer moralismo ou tabu. Segundo a tradição hebraica, barbaramente machista, Lilith é a primeira mulher criada por Jeová do mesmo barro que Adão. Lilith não quis submeter-se ao maridão e fugiu do paraíso, começando, assim, sua carreira "demoníaca". À direita, Eva, comportada e obediente, forma com Lilith a polaridade independência/submissão.

No meio das duas séries de símbolos polares, temos três figuras individuais: Cupido, um encapuçado e o Ovo Órfico. Em cima **Cupido**, Eros na Grécia, o deus Amor, filho de Vênus, disparando suas flechas, com asas douradas e uma venda nos olhos. Recordem o mito: Cupido lança flechas de ouro e de prata. A pessoa alcançada por uma de ouro se apaixona loucamente pela primeira pessoa ou animal que passa diante dela. Se é de prata odeia loucamente tal pessoa ou animal. Essas flechas são nossas projeções. Projetamos sistematicamente em cima dos outros aqueles aspectos ou talentos que fomos obrigados a esconder na nossa infância, porque sua expressão acarretava respostas por parte da família que nos faziam sofrer e, décadas depois, continuamos escondendo do mundo e de nós mesmos. As projeções podem ser de ouro ou de prata dependendo se a pessoa apenas escondeu esses aspectos ou talentos ou se os escondeu e os condenou.[26]

Quando vivemos grandes oscilações de voltagem emocional ou instintiva com determinadas pessoas, isso tem mais a ver com nossos aspectos e talentos escondidos que com tais pessoas, mas, se notamos uma mínima percepção da projeção quando sucedem ditas oscilações, temos a oportunidade de resgatar o aspecto ou talento escondido.

Parece que Cupido está inspirando o encapuzado, que ocupa o centro da carta, a celebrar o matrimônio hermético. Sua túnica é violeta, em tons cada vez mais claros à medida que ascende e se aproxima da luz de Kether. O violeta é a cor do segredo: banhados na sua luz, realizam-se os misteriosos passos da transformação da vida em morte. E *O Livro de Thoth*, Crowley escreve: *"Este personagem* não é outro que o próprio Ermitão, uma das formas de Mercúrio que, com suas mãos estendidas, está projetando sobre o casal real as misteriosas forças da

---

26. Ver a quarta chave do bem-estar em <www.tarotterapeutico.info>, Português PUBLICACIONES VÍDEOS.

criação. Seu rosto está oculto para indicar que a razão última das coisas está em uma esfera inatingível *intelectualmente*".

Ao redor de seus braços, em *sinal de entrante* (gesto mágico que também indica bênção e consagração), vemos o anel de Moebius,[27] uma fita de apenas uma superfície, de modo que pode ser percorrida completa e continuamente passando de um lado para o outro. Esse anel, obtido unindo os extremos de um retângulo comprido depois de lhe dar um giro de torsão, segundo Pauwels e Bergier em *O Despertar dos Mágicos*, facilitaria o acesso para outras dimensões a quem o percorresse. Representa a palavra, o verbo, a ação de criar que frutifica no Ovo Órfico, o qual representa a essência da vida, fruto da união do masculino e do feminino. Já o vimos no Mago e voltará a aparecer no Ermitão. A serpente simboliza o Princípio Vital que estimula as transformações necessárias à perpetuação da vida e a sabedoria inerente em todo esse processo.

Anel de Moebius.

No *Tarô de Waite*, vemos um casal e um anjo. O homem (a razão, o consciente) olha para mulher (o desejo, o inconsciente), que olha para o anjo, o qual, unindo os dois princípios, os leva à transcendência, indicando que a razão sozinha não pode acessar a espiritualidade. A razão rompe seus próprios limites por meio da paixão e esta precisa da atenção do consciente para atingir a transcendência.

Significados gerais: esta carta ilustra o Princípio da Polaridade, criando o Universo pela interação amorosa dos Princípios Feminino e Masculino. Essa afirmação em plena Idade Média, ou inclusive no Renascimento, era muito perigosa, pois em nada concordava com a versão oficial de que um deus masculino criou o mundo do nada. Foi por isso, conjectura Crowley, que esta representação foi substituída por outra em que se vê um homem entre duas mulheres, símbolo da escolha entre duas alternativas. O Arcano perdia profundidade, mas se guardava o segredo e o autor salvava a pele. Hoje podemos dizer sem temor que, antes de qualquer manifestação concreta, a energia primordial tem de se polarizar dando lugar aos Opostos, de cuja interação surge o Universo. Por isso não é possível um deus criador masculino (nem feminino).

Afirmar que existe um Deus Pai Todo-Poderoso, criador do céu e da terra, de todo o visível e invisível, é um erro tão grande quanto dizer que na gestação de um ser humano só intervém o pai, e o papel da mulher é acolher em seu seio a semente e nutri-la. Lembremos que como é em cima é embaixo, se para gerar qualquer criatura aqui embaixo são necessários os dois componentes da polaridade, o mesmo acontece para a aparição de uma galáxia, do Universo ou de uma célula.

---

27. August Ferdinand Moebius (1790-1868), prussiano, matemático e astrônomo, discípulo de K. F. Gauus, foi diretor do observatório astronômico de Leipzig. Seus trabalhos de matemática pura, especialmente "O Cálculo Baricêntrico", de 1827, foram fundamentais para o desenvolvimento da geometria analítica projetiva. Em 1861, definiu a superfície de um só plano.

Outra ideia que nos passa esta carta é a de União. Aqui as polaridades começam a complementar-se. A força que leva à união procede da separação e vice-versa. Este Arcano representa a Análise, qualidade eminentemente geminiana, o separado, o cortado pela espada de Zayin, o Solve dando lugar à Síntese (ao unido em Samek, o uróboro),[28] ao Coagula, à Arte, Arcano XIV. Em termos humanos, existem vários graus de união. O androginato interno ou fusão das polaridades internas, o androginato externo, em que seres completos e integrados constituem o Casal Cósmico, e a Fusão com a Totalidade ou Iluminação.

Também podemos ver três tipos de amor. O primeiro, representado por Cupido, é Eros, o amor erótico, inconsciente, romântico e com forte carga projetiva e possessiva. Quem vive esse nível de amor se apaixona por aquela área interna sua que não desenvolveu na sua própria vida e que quer viver por meio do outro. Aqui são projetados em cima do parceiro determinados aspectos e potenciais próprios que a pessoa não se atreve a desenvolver ou, simplesmente, esqueceu que existem e sempre os viveu por intermédio dos outros. Assim, a pessoa se apaixona por uma ilusão e espera que o outro a faça feliz, como se tivesse a obrigação de fazê-lo. Quando se sente correspondida, exalta-se, como se tivesse recuperado uma parte de si mesma. Do êxtase passa à frustração quando a realidade lhe mostra que seu amado não é a personificação de suas fantasias. Então, culpa o(a) amado(a) e sai à procura de outro príncipe ou princesa encantado(a). A gente se apaixona por quem precisamos para nos perceber tal como realmente somos. "Eu te quero para mim" seria uma expressão de amor erótico, isto é, somente à medida que a outra pessoa se ajusta ao que quero então eu a amo, se é que podemos chamar esse tipo de paixão de amor. Na realidade, eles não conseguem se ver, veem apenas suas projeções.

O amor, também erótico, só que mais consciente, manifesta-se no casal imperial, dois indivíduos maduros, completos e autônomos que já podem ter um relacionamento de crescimento, no qual cada um vê e respeita o outro. Já perceberam que a única maneira de ter alguém é deixando-o ser. Existem polarização e atração sexual que dinamizam o relacionamento, no entanto, há mais cumplicidade do que projeções.

O segundo é Filos, representado pelas crianças, amor não possessivo, em que já não existem projeções, atração sexual nem necessidade de preencher carências. Está mais próximo da amizade, da fraternidade e da cumplicidade desinteressada. "Faz-me feliz ver você feliz" seria uma expressão claramente "filárquica". O terceiro, e mais elevado, é o Ágape, a comunhão universal, o amor que emana em todas as direções sem distinção. É mais próximo da compaixão budista e está além das palavras. Na carta, está representado pelo Ermitão.

---

28. Samek, letra do Arcano XIV, A Arte, hieroglificamente representa uma serpente mordendo seu próprio rabo. É o Uróboro que abraça o cosmos mantendo-o unido. Ver a letra hebraica do Arcano XIV e a mandala do nº 1, na carta do Mago.

Perceber que o homem e a mulher de nossa vida estão dentro e não fora representa nossas polaridades internas, muda a maneira de nos relacionarmos. Saímos de relações de dependência, de "me dá isto que eu te dou aquilo", de pechincha, de querer que o outro se ajuste ao que esperamos, de jogos de poder, e desde nosso centro nos relacionamos com as pessoas compartilhando aquilo que se sintoniza conosco. A partir daí podemos ver claramente qual é o caminho de vida em que somos realmente fiéis a nós mesmos.

Não se trata, pois, de eleger entre elementos externos; trata-se de optar por si mesmo, de viver a união consigo mesmo, essa é a verdadeira escolha, a que leva à integração do consciente com o inconsciente. Como diria don Juan, o mestre de Castanheda: "Há um caminho que tem coração, os demais não levam a nenhum lugar".

NA LEITURA TERAPÊUTICA

Momento Atual: a pessoa percebe que ficar esperando sua metade da laranja só traz frustração e sofrimento e que já é uma laranja inteira. Essa percepção não somente muda sua maneira de relacionar-se, mas também facilita que descubra qual é o caminho onde realmente é fiel a si mesma.

Âncora: nesta posição os Amantes, por falta, ilustram um padrão de conduta resultado de uma dificuldade crônica para reconhecer e desenvolver este princípio da polaridade e, assim, ficam projetando uma de suas polaridades. A pessoa passa a vida buscando fora o que acreditava que estava faltando dentro, e isso a deixa pendurada em relações de dependência e atividades sem significado.

Se está em uma relação, orbita o seu companheiro/a, torna-se seu suposto complemento, distanciando-se assim cada vez mais de si mesma, deixando de fazer seu próprio caminho. Com o Quatro de Copas (O Luxo), a pessoa fica tão identificada com determinada relação que fora dela se perde. É o marido de..., a senhora de..., o filho de... Este apego exagerado pode ser trabalhado com Bleeding Heart,* de maneira que amar alguém não signifique a perda de sua individualidade. Pergunta-se: Que tenho de fazer para que esta pessoa me faça feliz? Assim se perde no mundo das dúvidas entre inúmeras possibilidades externas de modo que sua incapacidade de tomar decisões pode tornar-se crônica. Se for um adolescente indeciso que imita ou procura uma saída perguntando aos outros o que deve fazer, recomendar-lhe-emos Cerato.

Se não está em uma relação, esta projeção se pode viver de duas maneiras: como uma busca frenética ou como uma expectativa ansiosa de que chegue sua metade da laranja. Em ambos casos, vê Lancelot no Frankenstein.

Por excesso, pode mostrar alguém que vende uma imagem de pessoa integrada, que desenvolveu suas polaridades masculina e feminina, que não projeta nem se engancha com os outros, que tem tudo muito claro, supersegura nas suas decisões, aparentemente muito independente, mas que no fundo tem medo de abrir-se e relacionar-se

Infância: o fator principal que traumatizou a criança foi o relacionamento entre seus pais. Eles a usavam e manipulavam para colocá-la a seu lado nos jogos de poder entre ambos. Talvez tenha presenciado cenas de ciúmes e brigas nas quais ela era colocada no meio, especialmente se aparece com um Cinco de Copas (A Frustração) ou de Espadas (A Derrota). Com um Três de Espadas (A Aflição), é possível que o relacionamento de seus pais a tenha deixado com um sentimento pesado de invalidação e inferioridade. Talvez a relação de um ou dos dois genitores com terceiras pessoas tenha lhe privado da atenção e contato, acentuando-se sua sensação de rejeição e abandono.

Essas experiências negativas podem gerar uma rebelião intensa ou um medo insistente a tudo o que cheire a família ou a vínculo duradouro, e, no pior dos casos, tornaram-na incapaz de entregar-se ao amor.

Relacionamentos: a) O relacionamento de maneira agradável ou não empurra a pessoa a identificar e desenvolver suas polaridades internas, favorecendo assim o fluir em suas relações, a eliminar dependências, apegos, exigências e autoexigências, e perceber qual é a vida que tem tudo a ver com ela e a fazer as escolhas correspondentes. b) Vende a imagem da esposa ou marido modelo que sonhando com casamento está disposto/a a qualquer coisa para escutar a marcha nupcial. Se já casou continua aferrando-se a essa imagem esperando ser reconhecido/a pelo/a parceiro/a. Existe então um excesso de fantasias. Conhece alguém e fica imaginando a viagem de lua de mel.

Voz da Essência e Método: a pessoa necessita parar de projetar o arquétipo da Polaridade e desenvolvê-lo internamente. Isso significa entender que é um ser completo e precisa parar de buscar ou esperar sua alma gêmea por aí, acabando com a tendência a se anular ao transformar-se no complemento de outra pessoa. O mito de Platão tem sido interpretado erroneamente. Não seremos felizes quando encontrarmos nossa alma gêmea ou meia laranja lá fora, mas quando a encontrarmos aqui dentro. Não se trata de fazer uma escolha externa, mas de perceber qual é o caminho de vida em que somos fiéis a nós mesmos e isso vai se refletir em escolhas externas. Para isso, é importante parar de forçar obcecadamente que as coisas sejam como queremos que sejam, pois, se forçamos a ação, a receptividade desaparece e não escutamos a voz interior. Recomendaremos o uso do floral de Wild Oat, que ajudará a reconhecer as atividades que realmente fazem sentido para seu Ser interno. Sugerimos que a pessoa elabore uma lista de tudo aquilo que quer que seu parceiro lhe dê e depois veja o que ela pode dar para si mesma, liberando-o dessa responsabilidade ou exigência.

Caminho de Crescimento: a pessoa se dá conta de como passou sua vida dando prioridade a encontrar alguém que lhe desse o que ela acreditava que não podia dar a si mesma, fazendo suas escolhas de vida em função de tal ou tais pessoas. Agora, usando as chaves que apareceram nas posições anteriores, começa a desenvolver suas polaridades, vai saindo da dependência, do apego e das exigências e autoexigências; muda sua maneira de relacionar-se, assumindo a responsabilidade por sua própria vida e aprendendo a tomar decisões; vê melhor quais são as opções de vida que realmente têm que ver com ela.

Resultado Interno: essa pessoa, produto de todo o processo que vimos até aqui, consegue identificar, entender e desativar as dificuldades internas, medos, crenças, etc. que tinha para desenvolver suas polaridades, sentir-se e expressar-se como um ser completo, podendo assim vislumbrar e percorrer seu verdadeiro caminho de vida e fluir em suas relações.

Resultado Externo: a pessoa está encarando o mundo, com a atitude interna que acabamos de ver na posição anterior, de maneira que está tomando uma série de decisões no mundo externo que a levam a inaugurar o caminho de vida em que realmente se sente fiel a si mesma.

O Carro

Títulos		Número	Letra hebraica	Caminho cabalístico	Atribuição astrológica	Princípio universal
Marselha Waite Crowley	O Carro	7 A renovação criativa A 2ª Polarização da Unidade 7 = 3 = 1	ח Jet Cerca O Princípio da aspiração vital	18º Geburah - Binah	♋ Câncer Eu sinto	O Princípio do Desapego
Osho Zen	A Percepção					

O Sete.

Títulos: embora no *Tarô Egípcio* esta carta se intitule "O Triunfo" e no *Osho Zen Tarô*, "A Percepção", na maioria dos baralhos é conhecida pela designação dos Tarôs de Marselha: "O Carro". Seus títulos esotéricos são "O Filho dos Poderes das Águas" e "O Senhor do Triunfo da Luz".

Número: o Sete é o número do Carro. Símbolo da vida eterna para os egípcios, não só é um número primo, como também é o único sem múltiplos nem divisores (exceto o Um, claro) na primeira dezena, por isso simboliza a pureza, a sutileza e a essência.

Sendo sete as cores do arco-íris e as notas da escala musical diatônica, podemos considerá-lo um regulador das vibrações. Culmina um ciclo e abre uma renovação criativa. É também o número dos dias da semana, dos planetas individuais (Urano, Netuno e Plutão são transpessoais) e dos metais principais. Os quatro períodos do ciclo lunar e o ciclo genital da mulher são também de sete dias: a ovulação ocorre no 14º dia (2 x 7). A implantação do óvulo no 21º dia (3 x 7), o ciclo menstrual é de 28 dias (4 x 7) e a gravidez dura 280 dias (40 x 7).

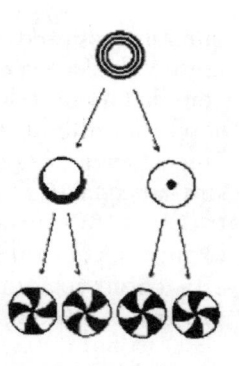

A segunda polarização da Unidade.

Se a primeira polarização da Unidade dá Três, a segunda dá Sete. O Sete é considerado o **número da magia**, pois sendo um agregado do Três, símbolo do abstrato (o mental e o espiritual[29]), com o Quatro, símbolo do concreto (a realidade material), seria a ponte que permite materializar as ideias. Abrangendo os dois mundos, é considerado símbolo da totalidade do Universo em transformação.

O raio branco (Um) decompõe-se por meio do prisma (Três) nas sete cores. Esse fenômeno pode-se enunciar esotericamente assim: o Sete é a manifestação da Unidade através da Trindade. Matematicamente seria: 7 = 3 = 1. Também podemos obter as sete cores do espectro a partir das três cores primárias. São 49 (7 x 7) o número de varetas usadas no I Ching e o número de dias que dura o estado intermediário entre a vida e a morte, segundo a tradição japonesa e tibetana. Para Hipócrates, o Sete "dá vida e movimento". São muitas as tradições que consideram sete centros sutis ou chacras. No Alcorão, fala-se de sete sentidos esotéricos.

CORRESPONDÊNCIAS

Letra hebraica: ח – Jeth (pronuncia-se como o jota do espanhol) é a letra atribuída ao Carro. Simples, feminina, de cor âmbar, seu valor numérico é oito e significa "campo", "recinto" ou "cerca" e implica os diversos meios de estruturar a percepção consciente global em componentes que conseguimos perceber e compreender. Hieroglificamente, simboliza a existência elementar, o princípio da aspiração vital. É atribuída ao elemento Água.

Caminho cabalístico: o caminho de Jeth une Geburah (A Severidade) com Binah (O Entendimento). Esse é um dos cinco caminhos

---

29. Espírito, em francês *Esprit*, também significa "mente".

que atravessam o Abismo, portanto é difícil de ser percorrido, especialmente sendo um caminho no pilar do rigor. A força, o poder e a coragem de Geburah levam o caminhante a atravessar o Abismo e atingir o supremo entendimento e a compreensão do sentido da dor em Binah. Une a Severidade da Lei com a Compreensão ilimitada do Espírito. Assim, a perda do sentimento de possessividade é fundamental para poder trilhar o 18º caminho. "A mensagem individual mais importante deste caminho é que o Espírito pode ser reconhecido por trás da forma, e que esta, como veículo da intenção do próprio Espírito, precisa voltar a sua origem." (*Arquétipos da Árvore da Vida,* Maddonna Compton).

Atribuição astrológica: ♋. Câncer, atribuído ao Carro, é um signo de Água, cardinal e considerado o mais sensível do Zodíaco. Os nativos desse signo, como o caranguejo, vestem-se de uma casca protetora para esconder sua vulnerabilidade. São imaginativos e temperamentais, e perdem notavelmente sua autoconfiança em ambientes hostis, chegando a imaginar críticas e ataques inexistentes. Naturalmente tímidos, também não gostam da solidão e têm uma forte tendência a viver por meio dos outros. Estão governados pela Lua, daí sua sensibilidade, suas emoções intensas e seu apego a suas origens, ao lar materno, à sua mãe e ao passado.

Câncer – Johfra.

Câncer rege no corpo humano o peito e o estômago. Os cancerianos têm tendência a sofrer de problemas digestivos, anemia, hidropisia, dilatação do estômago e desequilíbrios glandulares. Tudo de origem psicossomática. Seu verbo é "Eu sinto" e seu processo de individuação é construir estruturas emocionais que o ajudem a nutrir, cuidar e favorecer o crescimento dos seres. Sua sentença é: "Eu nutro os outros e a mim mesmo por meio de minhas visualizações positivas".

Símbolos: a carta mostra uma carruagem, aparentemente puxada por quatro misteriosos animais, cujo cocheiro segura um disco giratório. O Carro é o veículo com o qual podemos nos mover e comunicar com independência. Põe-nos em contato com a realidade exterior. O toldo da carruagem protege o cocheiro do que pode vir do alto, daquilo que não controla. É azul-marinho, cor de Binah, e em sua orla está escrito "abrahadabra", versão crowliana do conhecido *abracadabra*, palavra que procede do hebreu *abreg ad habra*, que pode ser traduzida como "arremessa teu raio até a morte".

A disposição desta palavra funciona como um catador de energia espiritual, dirigindo para o vértice inferior as energias do alto e, ao mesmo tempo, mandando para os abismos telúricos qualquer vibração negativa. Os físicos da Idade Média a usavam muito, especialmente para combater a febre. O toldo está apoiado em quatro colunas, símbolo do quaternário, de cor âmbar de Cheth, e as rodas vermelhas representam a energia dinâmica de Geburah que origina o movimento.

```
ABRACADABRA
ABRACADABR
ABRA CADAB
ABRACADA
ABRACAD
ABRACA
ABRAC
ABRA
ABR
AB
A
```

Perante os Tarôs de Marselha e da Golden Dawn, que colocam cavalos para puxar o carro, Crowley, provavelmente inspirado nas esfinges de Levi, mandou desenhar quatro animais. Cada um é uma combinação particular dos quatro querubins que formam a esfinge. Isso lembra a visão de Ezequiel do carro de fogo. Existe uma linha mística judaica chamada Merkabah – carro em hebraico – relacionada com essa visão. Também podemos ver aqui uma referência ao mito de Arjuna e Krishna, no *Bhagavad Gita*, cuja mensagem é o desapego e a desidentificação.

Essas quatro esfinges podem representar também os aspectos da quaternidade humana misturados e olhando em direções diferentes. Observemos que nenhuma delas está olhando para trás, isto é, para o passado. Todas as possibilidades estão abertas, exceto voltar, claro. Isso enfatiza as ideias de ruptura, de fim de um ciclo, início do caminho e desvinculação com o passado.

O cocheiro, sentado em meio lótus, está totalmente oculto em sua armadura, com a viseira de seu capacete (ambas da cor de Jeth) abaixada. Passa-nos uma imagem marcial, como corresponde a Geburah, a esfera de Marte. Dez esmeraldas estão incrustadas na armadura dourada. São as dez estrelas de Assiah ou Mundo Material dos cabalistas. A armadura e o capacete, acima do qual temos um caranguejo, símbolo de Câncer, representam o ego, as defesas, as máscaras, os traumas cristalizados e as tensões musculares, com os quais o cocheiro ainda se identifica e tenta se proteger dos perigos da viagem da vida. Não parece estar muito interessado na paisagem, sua atenção está direcionada para o disco giratório, cujos fluidos são vermelhos (*Yang*) no centro e azuis (*Yin*) na periferia, firme por dentro e suave por fora, como ensinam os mestres de artes marciais. Esse disco é uma forma do Graal, símbolo da plenitude, objetivo do cocheiro que está sentado na Lua em sua forma mais receptiva ou feminina, indicando que

O Carro de Marselha, Waite e Crowley.

a base de toda essa viagem, dessa procura de plenitude, está no inconsciente, tal como se expressa na Árvore da Vida e nas lendas mais antigas da mitologia grega. O caminho do Carro está pavimentado com pedras douradas: é o caminho Real ou senda do autoconhecimento.

Enquanto o Tarô Mitológico e o Tarô Cósmico mostram carros em movimento, os de Marselha, Waite e Crowley estão quietos. E no caso do Tarôs de Marselha vai continuar estando porque, como se pode ver, as rodas estão perpendiculares à tração dos cavalos.

Significados gerais: O Carro é a primeira iniciação do Louco. É o Princípio do Desapego que o leva a fechar um ciclo (7) e abrir um novo. A percepção da vida que realmente quer viver, que teve nos Amantes o levar a desapegar-se e largar tudo aquilo que já não o nutre, não o estimula nem entusiasma, tudo aquilo que se tornou um peso morto.

Nesse momento, ele se sente impelido inconscientemente a procurar a plenitude por meio de algo novo, que não sabe o que é nem onde está, mas para isso se sente pronto para abandonar as estruturas, os condicionamentos externos, as rotinas, os vínculos profissionais, familiares ou amorosos que não o preenchem nem estimulam mais, jogando-se à aventura do desconhecido. Movido pela necessidade de encontrar a si mesmo, desapega-se do que trava a expressão de sua essência. Temos aqui uma afirmação pessoal, por meio da conquista de um funcionamento adequado em relação ao mundo externo, com certo grau de autonomia. Exerce sua força de vontade para ser autônomo, para livrar-se do que não quer mais. Esse movimento procede do inconsciente, na sua procura da plenitude. Não é só uma coisa do consciente como acontecia no Imperador. Este ser quer ser o dono de seu destino, percebe que sua vida não é o produto das circunstâncias, mas o resultado das respostas que ele dá para essas circunstâncias. Sabe que essas respostas vêm do inconsciente, ele não as controla. Ele precisa permanecer receptivo a seu inconsciente, pois só assim poderá achar a plenitude que almeja e que está simbolizada na atenção prestada ao disco giratório. Esta carta é a representação do caminho espiritual.

O Carro representa uma renovação criativa, nele se fecha um ciclo de mudanças quantitativas que levam a uma transformação qualitativa.

Autores vinculados à linha junguiana veem aqui a constituição da "pessoa", a máscara, o personagem que, encobrindo o verdadeiro eu, o ator incorpora para representar e funcionar no teatro da vida, isto é, o ego estruturado que dirige sua vida, consegue a aprovação social e controla seus sentimentos.

Para outros, esta carta significa a vitória, como é o caso do *Tarô Egípcio*, que a intitula "O Triunfo". Não há dúvida de que O Carro representa uma grande libertação. Porém, é uma libertação parcial: o cocheiro continua enfiado em sua armadura. É uma carta de início e não de resultados. Poderíamos falar em vitória no Arcano XIV, A Arte, a segunda iniciação do Louco que aqui já sabe o que quer e de maneira consciente leva à prática o que vem de dentro.

NA LEITURA TERAPÊUTICA

Momento Atual: está fazendo contato com um impulso interno de fechar um ciclo de sua vida e abrir outro, largando tudo aquilo que já não o preenche, não estimula nem anima, o que se transformou em peso morto: objetos, atividades e/ou relações que já não o satisfazem. Está com vontade de algo diferente, procurando algo novo relacionado com um sentimento íntimo que ainda não se manifestou nos planos concretos, mas que cada dia está pulsando com mais força. A procura de plenitude manifesta-se hoje na conquista de sua independência e autonomia, e isso significa eliminar o que não lhe nutre ou estimula.

Âncora: podemos encontrar dois casos:

Por excesso, o consulente mostra-se compulsivamente autossuficiente, desapegado e independente. Diz: "Não preciso de nada nem de ninguém". Oculta seus sentimentos, seus impulsos instintivos e suas necessidades materiais e emocionais. Para ele, qualquer compromisso ou vínculo é um freio em seu caminho para "altas metas", importantes realizações ou projetos exóticos ou pseudoespirituais, com os quais tenta chamar a atenção e engordar seu ego. Tem dificuldade para cumprir uma função na sociedade. Por baixo de sua brilhante armadura, temos uma pessoa muito carente, possessiva e ciumenta. Se penetrar na sua casa, sugará sua atenção contando suas aventuras, esvaziará sua geladeira e, se cochilar, ele se enfiará na sua cama e tirará os atrasos. Você se sentirá sugada e, quando vai embora, sem mostrar o que sente, você verá uma sombra triste e orgulhosa afastar-se. Pode ser uma pessoa com uma estrutura de defesa de tipo oral, especialmente se as cartas da Infância (o Três de Espadas – A Dor – ou o Cinco de Copas – A Frustração) mostrarem que existiu uma forte rejeição. Essa mistura de egocentrismo e carência afetiva, que poderia estar acentuada pelo Dois de Copas (O Amor) na mesma posição, está pedindo um floral de Heather.

Por falta, essa pessoa tem uma grande dificuldade para se desapegar, coloca a segurança e a estabilidade como prioridades na sua vida e a partir delas justifica seus atos e suas prisões, especialmente se aparece com o Quatro de Discos ou de Copas (O Poder e O Luxo). Muito apegada ao passado, identifica-se com seu papel social, com sua função e se desliga de sua essência. A dificuldade de aceitar o desafio da mudança e a falta de participação com as pessoas podem ser tratadas com a essência de Honeysuckle.

Infância: justamente a infância é a época menos propicia para o desapego. A criança necessita certificar-se plenamente de que seus pais são seus pais, que sua casa é sua casa e seus brinquedos são seus, assim se sentirá segura e depois poderá ir desapegando-se pouco a pouco. A criança sentiu-se abandonada, não recebeu a necessária proteção, amor e apoio que requeria para afirmar-se. A mensagem que recebeu foi cruel: "Vire-se! Não vamos ficar sempre resolvendo sua vida", "Tem de ser forte e independente". Faltando a segurança e o cuidado que a família devia proporcionar, a criança desenvolveu uma máscara de invulnerabilidade. E para não sofrer com a rejeição, como as crianças da rua, decidiu-se por não mostrar suas necessidades de amor e apoio, mantendo-se exageradamente independente e autossuficiente.

Relacionamentos: a) Seu relacionamento deixa clara a necessidade de largar tudo o que perdeu a graça e, assim, fechar um ciclo de vida e abrir outro. Em algum caso pode ser que a própria relação esteja incluída no pacote a descartar, especialmente se aparece com um Cinco de Copas (A Frustração).

b) Vende uma imagem de livre e desapegada quando na realidade tem muito medo de criar vínculos profissionais, financeiros e especialmente emocionais. Sempre está de passagem, no futuro, atrás de algum objetivo, muitas vezes distante, que não a permite envolver-se nem se entregar. O floral de Sweet Pea* a ajudará a criar vínculos e a desenvolver sua noção de lar.

Voz da Essência e Método: chegou o momento de concluir um capítulo de sua vida e abrir um novo. Para isso, sugeriremos que trabalhando o desapego faça uma limpeza, largando tudo o que não nutre, anima e estimula, começando pelos armários e gavetas, continuando com vínculos profissionais, amorosos, compromissos familiares, exigências financeiras e acabando com tudo o que se tornou peso morto. Seria conveniente fazer uma lista de tudo aquilo que apenas ocupa espaço e tempo, e identificar e trabalhar os medos e outros possíveis bloqueios que dificultam essa limpeza. É impossível encher uma taça de vinho que está cheia. Criar um vazio facilita a chegada do novo. Recomendaremos o uso do floral de Sagebrush,* que o ajudará a se conectar com sua essência e a se libertar do que já não serve para sua evolução.

Caminho de Crescimento: usando as chaves que apareceram nas posições anteriores, a pessoa percebeu que não pode continuar carregando um monte de coisas, atividades, relações, etc. que se esvaziaram de significado e começa a eliminá-las, abrindo assim a possibilidade de fechar um ciclo de sua vida e abrir outro.

Resultado Interno: essa pessoa, produto de todo o processo que vimos até aqui, conseguiu identificar, entender e desativar as dificuldades internas que tinha para, escutando sua voz interior, juntar a força necessária para descartar o que já não a nutre. Rompeu vínculos insatisfatórios, desfez-se do peso morto e está sentindo o que é que toca realmente suas fibras sensíveis, nutre-a e estimula para abrir um novo ciclo.

Resultado Externo: a pessoa está encarando o mundo com a atitude que acabamos de ver no Resultado Interno. Pode estar deixando o emprego, transformando as suas relações familiares, abandonado atividades que não lhe dizem mais nada, deixando de viver em função dos outros ou de uma busca doentia por segurança. Está disposta a lançar-se a uma nova etapa de vida em que suas atividades e seus vínculos tenham um sentido profundo para ela.

Capítulo 7

O Segundo Heptenário

O Ajustamento (A Justiça)

Títulos		Número	Letra hebraica	Caminho cabalístico	Atribuição astrológica	Princípio universal
Marselha Waite	A Justiça			22º		
Crowley	O Ajustamento	8 O Equilíbrio Cósmico	ל Lamed Canga de Boi L	Tiphareth Geburah	♎ Libra Eu equilibro	Forças que ajustam e equilibram o Universo.
Osho Zen	A Coragem					

Títulos: "A Justiça", na maioria dos baralhos, foi rebatizada por Crowley como "O Ajustamento", considerando que a Justiça tem um sentido estritamente humano e não se pode considerar como uma característica da Natureza. Em palavras de Crowley: "Apesar de ser exata, a Natureza não é justa sob nenhum ponto de vista teológico ou ético". É "A Coragem" no *Osho Zen* e seus títulos esotéricos são "A Filha dos Senhores da Verdade" e "O Governante da Balança".

Número: o Oito representa o Equilíbrio Cósmico. Duas vezes quatro, mostra a plena e total encarnação do Espírito, em uma matéria que se torna criadora e autônoma, originando

O Oito.

suas próprias leis em harmonia com as leis cósmicas: "Como acima, assim abaixo" (*Kibalion*). As quatro direções cardeais e as quatro intermediárias formam o Oito da Rosa dos Ventos, que passa uma ideia de totalidade. A representação gráfica do Oito, o octógono, é um intermediário entre o círculo e o quadrado, entre o espírito e a matéria, entre o não manifestado e o manifestado. Representa a matéria que incorporou as leis cósmicas e atingiu sua autonomia.

Na cosmogonia chinesa, o mundo é governado pelos oito trigramas. No Japão, este é um número totalizador. Esse país é chamado, desde épocas imemoriais, "As Ilhas do Grande Oito", querendo dizer que esse arquipélago é formado por inumeráveis ilhas. Essa tradição está em sintonia com o fato de o Oito deitado ser o símbolo matemático do infinito. Waite atribuiu a esta carta o número 11, considerando que a mulher que segura a balança de pratos iguais deve estar no meio da sequência, como o fiel da balança, deixando o Oito para a carta que tradicionalmente era atribuída ao número 11, isto é, para A Força ou O Tesão.

CORRESPONDÊNCIAS

Letra hebraica: ל – Lamed é a letra atribuída a este Arcano. É uma letra simples, feminina, sua cor é verde-esmeralda e seu valor numérico é 30. Corresponde ao nosso L. Significa "a canga" ou "aguilhão" do boi, abrindo assim uma relação interessante com O Louco, cuja letra, como já vimos, significa "boi". Sem a canga, a força do boi não pode ser aproveitada, assim como sem O Ajustamento os potenciais do Louco não são operativos. Hieroglificamente, Lamed representa uma serpente desenrolando-se ou também a asa de um pássaro se esticando para levantar voo. No Livro dos Sinais, Lamed é chamada "Mestre dos mestres", cuja instrução "é como uma canga que guia os adeptos pelo largo circuito da existência".

Caminho cabalístico: o caminho de Lamed (22º) une e equilibra Tiphareth (A Beleza) com Geburah (A Severidade). Essa Consciência Fiel é como um guia interno, sempre pronto a transmitir-nos as lições necessárias para nossa evolução. Esse caminho exige uma reavaliação contínua de nosso modo de vida, já que nele confrontamos nossa programação infantil (carma), que pesa e determina como uma canga. Nesse confronto, precisamos das melhores qualidades de Geburah para poder manter conscientemente o equilíbrio.

Atribuição astrológica: ♎. Todos os Tarôs são unânimes em atribuir o signo de Libra a este Arcano. Libra é um signo de Ar, cardinal e

Libra – Johfra.

governado por Vênus. Sua procura venusiana por amor, prazer e beleza passa por um filtro intelectual. Governa os rins, que são os órgãos eliminadores que purificam o sangue das toxinas. Libra é o primeiro signo social; para ele, relacionar-se é tão importante quanto respirar. Cresce à medida que harmoniza, embeleza e equilibra o ambiente que o rodeia. Tem horror a grosserias, discussões exaltadas e brigas; de maneira que, para evitá-las, às vezes se deixa dominar por pessoas com um temperamento mais forte.

Esconde sua agressividade natural atrás de verdadeiros ideais de paz, harmonia e beleza, tentando sempre resolver amistosamente os conflitos. O libriano pertence ao grupo que não gosta de ficar sozinho, precisa dos outros para dialogar e argumentar. Procura o sucesso social e pode ser um grande puxa-saco, já que tem uma enorme necessidade de ser apreciado por todos, porém não suporta multidões. Prefere a tranquilidade, a vida fácil, alegre e confortável, como bom venusiano que é. É inconstante e indeciso, com tendência a fugir dos problemas, especialmente se sua resolução exige confronto. Porém, sua capacidade de colocar-se no lugar dos outros o leva a desenvolver um profundo sentido de equidade, de justiça e de equilíbrio, embora essa tendência possa levá-lo a esquecer suas próprias emoções. Seu verbo é "Eu equilibro" e sua sentença integradora é: "Eu gero harmonia com beleza e autenticidade". Os librianos possuem geralmente uma constituição física mais fraca que os outros nativos. Adoram a vida sedentária e, claro, pagam por isso. Têm tendência a enfermar-se dos rins e do sistema urinário em geral.

Ma'at.

Símbolos: a figura central desta carta é uma mulher jovem e magra que se equilibra na ponta de uma espada, a qual segura com as duas mãos. Está fantasiada de Arlequim, personagem irreverente da *Commedia dell'Arte*, farsa italiana do século XVI, viva imagem do irresoluto, incoerente e sem princípios. "É um ser que não conseguiu individualizar-se e desvincular-se da profusão de desejos, projetos e possibilidades", explica Crowley. Esse personagem, complemento feminino do Louco, está coroado com as penas de Ma'at, deusa egípcia da Verdade, da Justiça e da Lei, filha de Rá, deus do Sol.

"Destas penas de avestruz da Dupla Verdade, tão delicadas que o mais sutil hálito mental pode agitar, pendem através das correntes da Causa e do Efeito os pratos ou esferas, onde o Alpha (o primeiro) e o Ômega (o último) equilibram-se. Não é possível deixar cair um alfinete sem provocar uma reação correspondente em cada estrela." (*O Livro de Thoth*, A. Crowley)

A mulher ajusta e equilibra o Universo. Sua expressão revela a íntima satisfação que sente ao equilibrar qualquer elemento em desequilíbrio. A mulher está diante de um trono formado por esferas e pirâmides, quatro em cima e quatro embaixo, dando ideia de lei, ordem e limite, e que mostram graficamente a mesma serenidade e equilíbrio que a mulher, em um plano mais impessoal. Nas quatro esquinas da carta, temos esferas verdes e azuis, perfeitamente equilibradas, das quais surgem linhas de força que formam uma cortina e que se integram no diamante ou *Vesica Piscis* (Bexiga de Peixe, que equilibra o peixe e lhe permite nadar), onde a mulher executa seu trabalho. A *Vesica Piscis*, símbolo da manifestação do próprio Universo, é uma figura geométrica feita com duas circunferências de mesmo raio, onde o centro de uma está sobre a circunferência da outra.

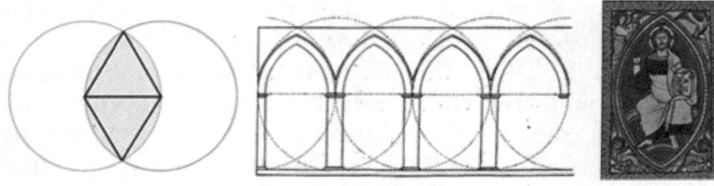

A *Vesica Piscis*

Representou a vagina da Deusa Mãe, o ponto físico de origem da vida. Foi muito usada na construção de templos, como Glastonbury, nas catedrais góticas e na representação de Jesus Cristo e dos santos.

A espada, que depois aparecerá no Ás de Espadas, é a Espada dos Magos com seus três sóis e duas luas no punho. Pode ser veloz e devastadora, eliminando o supérfluo; pode fazer a guerra e também forçar a paz. Como a mente que afirma e nega, a espada é um símbolo de polaridade.

Significados gerais: este Arcano é a expressão simbólica das forças cósmicas que ajustam e equilibram o Universo, desde o Cosmos como um todo até cada uma de nossas células e partículas subatômicas. Para manter tal equilíbrio, essas forças vão construindo aqui, destruindo lá, ajustando os fenômenos particulares. Esse ajustamento ou reorganização contínua da Existência pode ser compreendido nos termos da **Lei de causa e efeito**, assim como Madame Blavatsky divulgou o conceito de **carma** (cujo significado literal é ação), limpando-o das ideias de prêmios e castigos, de pagamento por nossos pecados e erros. O carma é a ação que nos coloca, na posição que nos corresponde, no caminho da nossa individuação, em função do que já percorremos e do que nos falta percorrer até chegar a ser plenamente o que somos. Todos os bebês nascem igualmente divinos e perfeitos, salvo graves problemas no útero, não importando se na última encarnação foram um Hitler ou um Chico Mendes. Seus pais vão "carmatizá-los" até colocá-los no mesmo ponto de evolução que estavam na encarnação anterior, para que assim tenham de passar pelos degraus evolutivos, pelos desafios e conflitos que não resolveram em vidas anteriores. Depois o adolescente irá atraindo as situações que lhe dão chance de resolver estas questões e crescer. Trata-se de ajustar e encontrar um equilíbrio entre os impulsos internos e o mundo externo onde vivemos esses impulsos. Não se trata de reprimi-los, temendo uma resposta negativa do mundo externo porque então vão se acumulando e podem alcançar uma massa crítica que um dia passa por cima de nossa capacidade de controle e explode para fora, fazendo uma barbaridade no mundo externo, ou para dentro, destroçando o corpo físico. Trata-se de respeitar-se e expressar todos os impulsos, buscando a maneira mais adequada de fazê-lo. Sempre é muito mais fácil quando esse impulso não está acumulado. Se a atitude de uma pessoa me incomoda uma vez, posso mostrar-lhe amavelmente, mas, se não o faço e vou acumulando a raiva, vai ser cada vez mais difícil dizer-lhe de maneira gentil e adequada. Por outro lado, se somos respeitosos com nossos impulsos, seremos mais respeitosos e tolerantes com o mundo. Mesmo que certas crenças ou hábitos de determinadas pessoas, grupos ou etnias nos pareçam trogloditas, reacionárias ou machistas, não vamos brigar com tais pessoas se não nos atacam. Colocaremos o biquíni em Ipanema, mas não em Cabul.

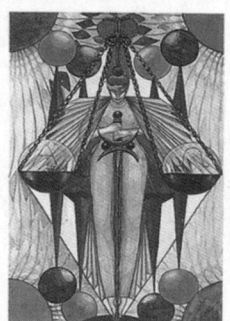

NA LEITURA TERAPÊUTICA

Momento Atual: o consultante está sentindo a necessidade de reajustar-se. Percebe que existem demasiadas fricções internas e/ou externas em sua vida e que forçar as coisas só o afasta do equilíbrio. De tanto exigir ser "o que os outros querem que eu seja", "o que devo ser", "o que eu acho que sou" ou "o que eu imagino que posso chegar a ser", o consultante só criou tensões pois o obriga a reprimir boa parte de seus impulsos internos, que vão se acumulando e um dia podem explodir criando conflitos com o mundo externo.

A Justiça de Marselha e Waite.
O Ajustamento de Crowley.

Âncora: por excesso, diríamos que esta pessoa se esconde atrás de uma imagem de modelo de comportamento. Sente a necessidade compulsiva de agradar e de ser aceita pela sociedade. Para isso, deixa de ser o que é para tentar ser "o que deve ser", ajustando-se à etiqueta e à moral vigentes. Não percebeu ainda que ser melhor ou pior não faz sentido. Com que parâmetros definimos o melhor e o pior? Trata-se de ser integralmente o que você é. Finge o tempo todo e em casa é capaz de notáveis concessões para evitar enfrentar o que mais teme: ser abandonada, já que tem horror à solidão.

"A solidão não é o que sucede quando se está só, mas o que se sente quando não pode conectar-se consigo mesmo." (*Osho*)

Essa negação de si mesma e tanto jogo de cintura oportunista e hipócrita a deixam muito ansiosa e vulnerável e com grande dificuldade para tomar decisões. Desligou-se do que ela é em função do que acha que deve ser. Quem paga o pato são as emoções, que acabam no baú das lembranças.

Um subaspecto interessante desse caso é o do ego rígido, que se exige mostrar-se justo, aparentemente equilibrado, racional e disciplinado, sem concessões para o subjetivo, encarnando o juiz de si mesmo e dos outros, que, como a Lei, deve ser em todo momento universal e impessoal. Orgulhoso de seu comportamento imaculado, alardeia para os quatro ventos que não deve nada a ninguém, critica sem piedade os pecadores e se outorga o direito de "atirar a primeira pedra", a segunda e a terceira, se lhe deixarem.

O caso geral estaria acentuado com o Dois ou o Sete de Espadas (A Paz e A Futilidade), sugerindo o uso de Agrimony, que ajuda a resgatar os verdadeiros sentimentos, a perder o medo da solidão e a se valorizar. Seu comportamento preso às normas sociais para ser aceito pode ser revertido com o uso do floral de Goldenrod,* que fortalece a convicção interior. O Imperador, O Hierofante ou o Quatro de Espadas (A Trégua) reforçariam a autorrepressão e o fanatismo do segundo caso, indicando a necessidade de se usar o floral Rock Water, que estimula a tolerância, a compreensão e a flexibilidade. Pode ser utilizado com a essência de Beech se o Cinco de Espadas (A Derrota) ou a Rainha de Espadas indicarem a presença de traços exageradamente críticos.

Por falta, mostra uma pessoa incapaz de se ajustar minimamente ao ambiente onde está. Vive em permanente conflito consigo mesma e com o mundo. Provavelmente carrega um histórico de severa repressão de seus impulsos que vão se acumulando até que explodem de maneira inadequada ou até delitiva, criando assim sérios problemas com a sociedade. Não sendo respeitosa e tolerante com seus impulsos internos, tampouco o é com as crenças, hábitos e costumes dos outros e acaba colocando o biquíni em Cabul. A essência de Saguaro* pode ajudar a resolver conflitos com as figuras de poder, a aceitar a lei e harmonizar os vínculos com a autoridade.

Infância: um de seus pais, ou talvez os dois, criticou, julgou e desvalorizou tudo o que a criança fazia e falava, com uma atitude fria e racional. Exigiu que a criança fosse um modelo de comportamento. Esta gravou o sentimento de estar sendo vigiada constantemente, inibiu sua espontaneidade e bloqueou notavelmente a expressão de seus sentimentos. É óbvio que odeia ser criticada e, quando isso acontece, desenvolve instantaneamente o verbo de um advogado para salvar-se e fugir das responsabilidades reais.

Relacionamentos: a) A relação ajuda a pessoa a encontrar maneiras adequadas de expressar seus impulsos sem chocar com o mundo nem criar tensões internas porque os reprimiu. b) O consulente vive suas relações afetivo-sexuais "como Deus manda", morre de medo de tomar qualquer iniciativa não sacramentada que derrube sua máscara de pessoa justa e reta, modelo de conduta dentro da relação, tipo "a/o perfeita/o casada ou casado" que se ajusta milimetricamente aos desejos ou expectativas de seu/sua companheiro/a.

Voz da Essência e Método: integrar este arquétipo passa por fazer reajustes. Em primeiro lugar, sugerimos que a pessoa identifique claramente as fricções que tem na sua vida, examine cuidadosamente as circunstâncias que geram essas tensões, entendendo-as como conflitos, como produto de conter impulsos ou produto da expressão não adequada de tais impulsos geralmente acumulados. Depois vai tratar de identificar e desativar as dificuldades internas que tem para deixar de fazê-lo e, finalmente, vai buscar a maneira mais adequada de expressar seus impulsos no mundo externo.

As cartas da Infância e da Âncora nos darão mais elementos. O Sete de Copas (A Corrupção) na Âncora ou no Momento Atual, indicando o apego a padrões de comportamento viciados e destrutivos, leva-nos a sugerir o floral de Morning Glory,* que ajudará o consulente a ajustar seu ritmo de vida aos ciclos da Natureza, resgatando assim uma boa parte de sua força vital.

Essa transformação não pode se dar sem a honesta aceitação do lado sombrio. Para isso, recomendamos o uso do floral Scarlet Monkeyflower.*

Caminho de Crescimento: usando as chaves que apareceram nas posições anteriores, a pessoa percebe que tentar ajustar-se ao que imagina que os outros esperam dela só aumenta suas tensões e traz sofrimento e frustração. Assim, começa a fazer reajustes buscando as maneiras mais apropriadas de expressar-se, mantendo-se honesta e autêntica consigo mesma e, como consequência, diminuindo as fricções.

Resultado Interno: essa pessoa, produto de todo o processo que vimos até aqui, conseguiu identificar, entender e desativar as dificuldades internas, crenças, medos e outros bloqueios que a impediam de expressar fluida e adequadamente seus impulsos internos no mundo externo. Livre de fricções, sente-se internamente equilibrada. Desenvolveu sua capacidade de adaptação ao meio ambiente e às circunstancias externas, mantendo-se autêntica.

Resultado Externo: vemos o consultante encarando a vida e seus afazeres práticos com a atitude interna que acabamos de ver no Resultado Interno. Sem tensões internas, pode usar o bom senso, encontrando as maneiras mais eficientes para levar à prática seus impulsos e iniciativas. Sem extremismos nem radicalismos, pode ajustar-se ao mundo externo sem prostituir-se.

O Ermitão

Títulos	Número	Letra hebraica	Caminho cabalístico	Atribuição astrológica	Princípio universal
Marselha Waite Crowley — O Ermitão	9 O Absoluto e elevado	Yod Mão I	20º Tiphareth Jesed	♍ Virgem Eu discrimino	A Introspecção
Osho Zen — A Solidão					

Títulos: esta carta é chamada na maioria dos Tarôs de "O Ermitão" ou "O Eremita". No *Tarô de Besançon* do início do século XIX, aparece como "Le Capucin", "O Encapuzado" e, no *Osho Zen*, "A Solidão". Seus títulos esotéricos são "O Profeta do Eterno" e também "O Mago da Voz".

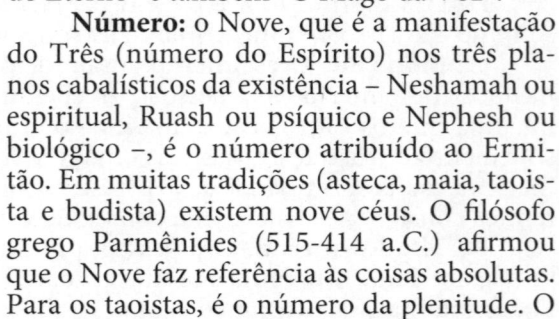

Número: o Nove, que é a manifestação do Três (número do Espírito) nos três planos cabalísticos da existência – Neshamah ou espiritual, Ruash ou psíquico e Nephesh ou biológico –, é o número atribuído ao Ermitão. Em muitas tradições (asteca, maia, taoista e budista) existem nove céus. O filósofo grego Parmênides (515-414 a.C.) afirmou que o Nove faz referência às coisas absolutas.

O Nove.

Para os taoistas, é o número da plenitude. O *Tao Te King* contém 81 (9 x 9) capítulos. Também podemos considerar o Nove como o Cinco (número do ser humano) sobreposto ao quatro (número da matéria), representando assim o aspecto mais espiritual e elevado do ser humano. Nossa numeração decimal está baseada no Nove, que é o Zero em um ciclo superior de numeração, assim como o Dez (10 = 1 + 0 = 1) é o Um em um novo ciclo. A raiz latina de Nove significa "novo".

A grafia árabe desse número lembra uma espiral aberta, enquanto o Zero pode ser considerado uma espiral fechada. Matematicamente, existe um forte parentesco entre esses dois números: qualquer número somado a Nove ou a Zero e reduzido, acaba dando o mesmo número. Exemplo: 5 + 9 = 14 = 1 + 4 = 5; 5 + 0 = 5. Qualquer número multiplicado por Nove e reduzido dá Nove, do mesmo modo que qualquer número multiplicado por Zero dá Zero. Exemplo: 5 x 9 = 45 = 5 + 4 = 9; 5 x 0 = 0.

Nove é também o número da inspiração, das relações harmoniosas e das artes clássicas, pois nove são as musas que na mitologia grega representam o total do conhecimento humano.

CORRESPONDÊNCIAS

Letra hebraica: י. A Golden Dawn e também Crowley atribuem a letra Yod ao Ermitão. É simples, branca e feminina e, no entanto, representa o Princípio Masculino no Tetragramaton. Seu valor numérico é dez e, como o Um, na matemática, Yod é a base da construção do alfabeto hebraico. Significa mão e simboliza o início, a semente, o Princípio Masculino fecundante. Hieroglificamente, representa a manifestação potencial. Tem o som do I.

Caminho cabalístico: o caminho de Yod une Tiphareth (A Beleza) com Jesed (A Misericórdia, o Arquiteto da Manifestação). Nesse caminho, estão os inícios da manifestação. O sentido humano associado é o tato.

Atribuição astrológica: ♍. O signo atribuído a este Arcano é Virgem, signo de Terra, mutável, regido por Mercúrio. Dos três signos de Terra é o mais feminino e receptivo, vinculado especialmente ao cereal, alimento fundamental das grandes civilizações de todos os tempos, e a Deméter.[30]

Virgem governa os intestinos, o sistema nervoso e, em geral, o abdômen. A função desses nativos é conservar a pureza dos princípios que facilitam a reprodução dos seres e das coisas e fazem com que os esforços sejam proveitosos.

Virgem – Johfra.

Adoram analisar, catalogar, discriminar e observam os menores detalhes, apontando o que lhes parece errado. Pensam que sua missão é ordenar o mundo. Geralmente expressam melhor seus talentos como subalternos, não como líderes. Tímidos, reservados e lógicos, têm um sentido crítico perigosamente desenvolvido.

---

30. Deméter na Grécia, Ceres em Roma, deusa da fertilidade, da terra e dos cereais, foi quem conservou maior proximidade com a Deusa, que com a chegada do patriarcado viu desmembrados seus atributos entre as diferentes deusas. Na Escola de Mistérios de Elêusis dedicada a Deméter, mantiveram-se vivos rituais neolíticos dedicados originalmente à Deusa.

São ordenados, metódicos, precisos e muitas vezes insuportavelmente perfeccionistas. Não gostam de precipitar-se nem se deixam levar com facilidade pelos impulsos. Suas paixões são moderadas e preferem a diplomacia e a conciliação à guerra e à disputa. Preocupam-se muito com a alimentação, saúde e segurança material. São eternos aprendizes. Têm notável tendência a adoecer do sistema digestivo, a intoxicar-se e a sofrer de distúrbios do sistema nervoso, sensitivo e motor. São hipocondríacos e têm mania de remédios. O verbo de virginiano é "Eu discrimino" e sua sentença integrativa é: "Eu aceito e colaboro com a perfeição e a ordem universal".

Símbolos: no centro da carta, está a mão do Ermitão, a ferramenta mais perfeita. A palavra "mão" tem a mesma raiz que "manifestação" e nos traz ideias de atividade, poder, habilidade e domínio. A mão aberta é símbolo de inocência: pode dar e receber livremente sem impedimentos mentais ou restrições morais. O Ermitão está segurando uma lâmpada em cujo centro arde o Sol, que simboliza a chama viva de sua consciência. A lâmpada é o suporte da luz, e a luz, a manifestação da lâmpada; segundo o Zen, representa a sabedoria. No Ocidente, é símbolo de santidade e da vida contemplativa. Sua oscilação nos rituais hindus sugere a rejeição dos pensamentos do mundo profano.

A posição do Ermitão lembra a forma da letra Yod. Dá as costas para o observador, isto é, para o mundo externo, e direciona toda sua atenção para o Ovo Órfico, que guarda a essência da vida. Ao redor do ovo enrosca-se a serpente, Senhora do Princípio Vital, das transformações necessárias para perpetuar a vida e da Sabedoria inerente a esse processo. O ovo representa o final de um ciclo biológico e o posterior retorno à vida. O Ovo Órfico simboliza a capacidade de dar nascimento a novas formas físicas e emocionais. A carta está dividida em duas partes, uma superior e outra inferior, pelo raio de luz horizontal da lâmpada. A área inferior está ocupada pelo espermatozoide, que nos outros baralhos aparece como um bastão, símbolo da energia masculina (Yod) no mundo material. Tanto no espermatozoide, representado como o concebia a teoria espermista, quanto no bastão, está contida a força do inconsciente masculino. Talvez para reforçar essa ideia do masculino, Crowley o desenhou como o *Homunculus*, um ser humano em miniatura. Só em 1775 o padre italiano Lazzaro Spallanzani provou que eram

O Ermitão de Marsella, Waite e Crowley.

necessários um espermatozoide e um óvulo para a reprodução humana. O bastão é um símbolo de vitalidade e regeneração.

Tanto na tradição bíblica (Moisés) como na budista, o bastão faz brotar fontes. Também é um símbolo de autoridade, representando o mestre em cujos conselhos o discípulo se apoia.

Embaixo, está o cachorro de três cabeças: Cerberus, o lendário guardião das portas do inferno grego, da sombra do inconsciente. Com duas cabeças está olhando para a frente e, com a outra, espreita para trás, isto é, observa o passado, indicando que no caminho do autoconhecimento não é possível deixar assuntos sem resolver por mais escondidos que estejam no inconsciente, ou seja, no passado.

O Ermitão está rodeado de espigas de trigo, símbolo de Virgem, de Deméter e da fertilidade em seu sentido mais exaltado. Aquele que conhece a si mesmo pode compartilhar com os outros a sua experiência de transformação; já pode ser nutritivo. Em palavras de Crowley: "Nesta carta se revela todo o mistério da vida nas operações mais secretas. Yod = Falo = Espermatozoide = Mão = Logos = Virgem".

Significados gerais: representa o Princípio da Introspecção, do ir para dentro. Em termos humanos, é a autoanálise. Os autores junguianos veem aqui o arquétipo do Sábio. O Ermitão é aquele que acima de tudo procura conhecer-se. Distanciando-se do barulho mundano, do supérfluo, inconsistente e fútil, observa e analisa seu mundo interior, iluminando gradualmente seu inconsciente com a chama de sua consciência. Sendo uma forma de Mercúrio, seu enfoque introspectivo é necessariamente analítico e metódico. Observa e analisa aquela área da mente em que se refletem os impulsos do inconsciente. Vai ampliando a consciência de si mesmo à medida que se analisa e se aprofunda na sua própria experiência, observando e compreendendo como reage ante as diferentes situações. Prestar atenção a si significa calar-se. Não existe compreensão sem experiência, no entanto, as menores experiências são susceptíveis de proporcionar compreensão e autoconsciência quando devidamente aprofundadas. O Ermitão percebe que não existe crescimento senão por meio de si mesmo e de sua própria experiência. Se você não se conhece pelo que está vivendo, não vai se conhecer por nada.

Se a atitude da Sacerdotisa é meditativa e leva à sabedoria, o caminho do Ermitão é a autoanálise e leva ao autoconhecimento. A atitude do Ermitão é a do cientista Jacques Cousteau, que, munido de instrumentos, mergulha no Lago Titicaca e fotografa os até então desconhecidos sapos gigantes. A atitude da Sacerdotisa é a do curtidor, do Jacques Mayol,[31] que encontra a si mesmo no fundo do mar e se diverte brincando com os golfinhos.

O Ermitão não está interessado em divulgar seus conhecimentos, promulgar doutrinas, nem instruir discípulos, como acontece com o

---

31. Primeiro mergulhador que a pleno pulmão imergiu mais de 100 metros. Ver o filme *The Big Blue*.

Hierofante. Apenas segue o mandato socrático: "Conhece-te a ti mesmo", que aparece na entrada do oráculo de Delfos.

O Ermitão não é um personagem solitário, um iogue que vive isolado do mundo, fugindo de qualquer impacto que possa provocar respostas em seu inconsciente. Pelo contrário, tais respostas são muito importantes para ele. O iogue solitário corre o grande risco de ser atropelado por um ônibus, no momento em que deixa seu retiro e topa com um *outdoor* de roupa íntima.

O Ermitão muda o foco. Deixa de colocá-lo nas circunstâncias para pôr em como e por que estas o afetam. Sabe que se algo lhe move é porque há uma área sensível. Pergunta-se por que isto o irrita, por que isto lhe dói, por que isto o entristece, por que isto lhe dá medo, por que isto gera uma determinada oscilação de voltagem emocional ou instintiva. Deixa de colocar a responsabilidade (ou a culpa) em terceiros, no mundo cruel, e se responsabiliza pelo que lhe acontece. Para de tentar mudar as circunstâncias, pois sabe que ele as atrai para ajudá-lo a crescer, para aprender alguma coisa de si mesmo e até que não a aprenda se repetirá. Ao identificar suas áreas sensíveis, pode cuidar delas e curá-las, deixando assim de ser impactado pelas circunstâncias, de maneira que permanece no seu centro de onde pode ser fértil e nutrir o mundo com sua simples presença.

Sem dedos apontando o céu, lembram os sábios taoistas: "Quem sabe não fala, quem fala não sabe. O Sábio fecha a boca e os olhos, se faz impenetrável ao mundo exterior para o qual só abre seu coração. Então o Sábio se funde com o Todo". (*Tao Te King*, Cap. 36)

Assim como o Zero e o Nove estão vinculados numerologicamente, O Louco e O Ermitão no *Tarô de Marselha* são andarilhos, enquanto todas as outras cartas mostram situações estáticas. Como diz Esquenazi: "Quem reprime o desejo (O Louco), reprime a autoconsciência (O Ermitão). A sabedoria que foge da loucura não é sabedoria. Esta sensatez não é mais do que medo". O Ermitão é um andarilho porque, estando enraizado no seu centro, está em casa em qualquer lugar, enquanto aquele que não está no seu centro sempre precisará de um lugar para voltar, sentindo-se estrangeiro em todos os outros. Para quem está no seu centro, a ideia de se perder carece de significado.

NA LEITURA TERAPÊUTICA

Momento Atual: o consultante está sentindo a necessidade de conhecer-se melhor, provavelmente para deixar de sofrer. Ele se deu conta de que seu sofrimento não é consequência das circunstâncias, mas de como estas o afetam. Perguntando-se por que cada situação o afeta da maneira que o faz, vai indo para dentro e começa a se conhecer.

Âncora: "Melhor só que mal acompanhado", diria alguém com esta carta na Âncora por excesso. É uma pessoa tímida, compulsivamente introvertida, sempre analisando e julgando os outros e a si mesma. Tem dificuldade para agir, carece completamente de audácia, especialmente para relacionar-se (sempre tem assuntos particulares mais importantes para resolver) e expressar suas emoções e necessidades de amor e sexo. É sexualmente imatura e tem uma forte tendência a fazer da frugalidade, da austeridade e de toda forma de abstinência e privação os princípios fundamentais de seu movimento pessoal. Sempre está muito preocupada consigo mesma, especialmente com sua alimentação (tudo lhe faz mal), sua saúde e sua segurança, para a qual pode trabalhar como um autômata. Quando abre a boca é para glorificar a purificação, o jejum, o autoconhecimento e o desenvolvimento espiritual ou para condenar o hedonismo. Com seu distanciamento do mundo, tenta esconder suas carências emocionais e seus medos de se expor e especialmente de ser rejeitada. Pode inclusive considerar-se uma santa canonizável. É um personagem sombrio, maníaco, receoso, suscetível, lamuriento e solitário (ninguém o suporta, nem ele faz por onde). Nega seus impulsos instintivos até chegar a ser, especialmente com a presença de um Cinco de Espadas (A Derrota), venenoso, destrutivo e autodestrutivo. Com o Oito de Copas (A Indolência), poderíamos detectar nesse lúgubre quadro, a presença de tristeza profunda e tendências depressivas e a procura da compaixão alheia.

"A seriedade é uma enfermidade. O sentido de humor é uma das partes mais essenciais da espiritualidade." (*Osho*)

Essa tendência ao isolamento, produto de uma desconfiança e insegurança extremas, em razão de atitudes paternas hostis na infância, denunciadas pelo Nove de Espadas (A Crueldade), pode ser tratada com o floral de Baby Blue Eyes,* que trabalha restaurando a confiança e a inocência infantis. O de Oregon Grape* facilitará fazer amizades, dissolvendo o medo da hostilidade dos outros. A essência de Beech amainará seu exagerado espírito crítico e a de Califórnia Wild Rose devolverá o entusiasmo pela vida e pelos outros.

Por falta esta, pessoa tem uma incapacidade crônica de ir para dentro e observar-se. Quando lhe assaltam emoções não gratas, se é homem corre ao bar e, se é mulher, vai fazer compras. Acaba sendo uma perfeita desconhecida de si mesma. A essência de Black-Eyed Susan* pode ajudar a que reconheça suas emoções ocultas.

Infância: foi uma infância solitária e sem prazer. Viu-se privada da companhia de outras crianças, e seu lar era exageradamente sério – "festas e bagunça, nem pensar"–, austero e uma gargalhada era considerada uma falta de respeito. Talvez houvesse um idoso ou um enfermo cujo repouso não pudesse ser perturbado. Faltou atenção e sobrou crítica para as iniciativas e opiniões da criança. Esse contato com os adultos de sua família a levou ao isolamento e a desenvolver um sentido analítico muito pronunciado. Sentiu que não tinha direito de ser amada, cuidada, nem escutada, e que o melhor seria fugir, desaparecer no mundo interior. A Sacerdotisa e O Ermitão nesta posição indicam introversão. Contudo, com a primeira carta, o acento está na invalidação da ação, da palavra e do movimento e, com a segunda, está na solidão, na seriedade e na falta de prazer acompanhadas de críticas.

Relacionamentos: a) O relacionamento pode estar ajudando a pessoa a se conhecer melhor. Provavelmente seu/sua companheiro/a está tocando em certos pontos sensíveis que desencadeiam emoções intensas. O autoconhecimento dispara quando deixa de pôr o centro da questão em seu/sua companheiro/a e o coloca em compreender por que a conduta de seu/sua parceiro/a mexe com ela. Dá-se conta de que seu parceiro/a lhe está dando a possibilidade de conhecer-se ao identificar e ter de trabalhar tais áreas sensíveis. b) Temos aqui alguém que passa a imagem de quem não se relaciona. Pode ser porque não consegue. Seus medos de se expor corporal, emocional e, inclusive, intelectualmente cortam qualquer possibilidade de comunicação. Talvez tenha sido muito rejeitado na infância (Três de Espadas – A Dor) e hoje tem medo de mostrar suas feridas, preferindo manter distância. Sugerimos o uso do floral de Pink Monkeyflower,* que alimenta a coragem para abrir-se emocionalmente.

No cúmulo do cinismo, pode chegar a dissertar (embora não seja um amante da oratória como O Mago) sobre os benefícios da castidade, quando se sente paquerado(a). Também pode ser porque nesta fase de sua vida a pessoa não está interessada em relacionar-se, talvez porque necessite definir, entender e digerir as consequências emocionais de um relacionamento anterior. Ou talvez porque depois de passar muitos anos pagando o preço de se distanciar de si, esperando a felicidade por meio de um relacionamento, finalmente entendeu que se ela não está bem consigo mesma, dificilmente será capaz de estar bem com outra pessoa, então ela está indo para dentro e vendo o que tem de mudar internamente para ficar bem consigo. Assim, acaba passando uma imagem de quem está mais interessada em seus assuntos internos do que em encontrar alguém para estabelecer um relacionamento amoroso.

Voz da Essência e Método: a pessoa não se conhece, jamais se deu atenção, nunca olhou seu lado interior, não sabe quem é nem o que quer. Sempre interpretou o *script* sem nenhum questionamento. Hoje precisa voltar-se para si mesma, dar-se atenção e estar alerta para seus impulsos internos. Integrar o arquétipo do Ermitão significa fundamentalmente centrar a atenção:

1º) Percebendo que as circunstâncias não são o problema, mas como elas mexem conosco e isso depende de nós, pois a mesma circunstancia afeta duas pessoas diferentes de maneira distinta. Se alguma coisa dói, amedronta, nos irrita ou nos deixa tristes, é porque temos uma zona vulnerável que precisamos identificar, compreender e curar, de modo que se vitimar ou brigar com as circunstâncias só serve para atraí-las de novo com mais força.

2º) Reconhecidas e aceitas as áreas sensíveis, temos de revisar o passado para reviver as circunstâncias originais (geralmente na infância) que as criaram e que são evocadas pelas situações atuais que nos impactam. No momento em que revisamos o passado, damo-nos conta de que o que foi dramático e impactante até criar uma ferida, quando éramos crianças dependentes e vulneráveis, hoje, com nosso tamanho, independência e experiência, não nos afeta. Esta percepção leva a curar a área sensível e a partir daí as circunstâncias deixam de nos afetar de maneira que podemos permanecer em nosso centro e sem medo de abrir o coração. Sugerimos que a pessoa seja seu próprio Freud, observando, registrando e analisando tudo o que gera oscilações de voltagem emocional e instintiva, em vez de ignorá-lo porque pode incomodar. Estes serão os conteúdos que facilitarão o autoconhecimento e a cura.

O floral de Chesnut Bud será de grande ajuda para tirar de suas experiências as lições necessárias para conhecer-se melhor e abordar a vida. Indicaremos terapia, talvez análise bioenergética.

Caminho de Crescimento: usando as chaves que apareceram nas posições anteriores, a pessoa deixa de vitimar-se ou brigar com as circunstâncias para investigar os motivos profundos de suas reações a tais situações. Assim, começa a dar-se atenção e a conhecer-se melhor.

Resultado Interno: esta pessoa, produto de todo o processo que vimos até aqui, conseguiu identificar, entender e desativar as dificuldades internas que tinha para ir para dentro, assumindo suas emoções, entendendo que o mundo não está cheio de canalhas que por alguma razão misteriosa se gratificam em fazê-la sofrer, e que atrai exatamente aquilo que, por tocar em uma ferida, a obriga a trabalhar para curar-se. Curar essas feridas a leva a centrar-se, a ser menos vulnerável ao mundo de maneira que pode entregar-se à vida. Podemos dizer que hoje o consultante conhece a si mesmo, sabe o que quer e o que não quer, observa o mundo a partir de seu centro sem cair em seus delírios, e emana uma agradável sensação de centramento e paz.

Resultado Externo: a pessoa encara o mundo com a atitude que vimos no Resultado Interno. Nós a vemos madura, centrada, sabendo preservar sua luz dos embates da inconsciência geral sem pretender ser a dona da verdade. Essa atitude a leva a ser um elemento fértil na sociedade na qual se move. Pode interessar-se por alguma área relacionada ao autoconhecimento ou à terapia analítica.

A Fortuna (A Roda da)

Títulos		Número	Letra hebraica	Caminho cabalístico	Atribuição astrológica	Princípio universal
Marselha Waite	A Roda da Fortuna	10 A *Tetraktys* A Árvore da vida	כ, ן no final Qaph A palma da mão Q e J	21º Netzach Jesed	♃ Júpiter A Expansão	O Princípio da Expansão e o Movimento
Crowley	A Fortuna					
Osho Zen	A Mudança					

Títulos: tradicionalmente "A Roda da Fortuna", no *Tarô Egípcio*, é "A Retribuição" e também foi conhecida como "A Roda das Reencarnações". Crowley abreviou e a intitulou "A Fortuna", enquanto no *Osho Zen* se chama "A Mudança". Seu título esotérico é "O Senhor das Forças da Vida".

Número: cabalistas e pitagóricos recorreram ao número Dez, atribuído a este Arcano, quando pretenderam dar uma explicação da Realidade. Os pitagóricos definiram a *Tetraktys*, formada por dez pontos dispostos em uma pirâmide plana de quatro andares, de onde tudo sai e para onde tudo retorna, como a melhor imagem da totalidade em movimento. Pitágoras compara a *Tetraktys* ao oráculo de Delfos: expressa a perfeição e proporciona conhecimentos do indivíduo e do mundo, tanto no plano material como no espiritual. A *Tetraktys* era invocada como a divindade da harmonia.

Os cabalistas definiram dez sefiroth ou esferas da manifestação com as quais diagramaram a Árvore da Vida, que representa o Cosmos* e suas manifestações: o não manifestado, Ain Soph Aur, a Luz Vazia e Ilimitada, atravessou como um raio o espaço cósmico dando lugar a dez emanações de si mesma chamadas sephiroth. O caminho percorrido pelo raio pelas tais esferas representa o próprio processo da manifestação que se inicia a partir de Kether, um ponto de condensação que permite à luz de Ain Soph Aur enraizar-se. A partir de Kether emanam as outras nove esferas em um movimento de oscilação do raio, da direita para esquerda, e vice-versa, revelando como o processo de criação está marcado pela polaridade.

O Dez.

A Árvore da Vida também é um instrumento de investigação da realidade e um método prático de evolução da consciência.

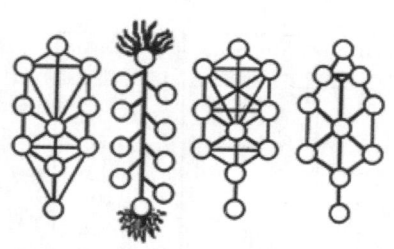

A *Tetraktys*. Visão da Nova Era.

A primeira referência escrita da Árvore está no *Livro da Claridade*, que apareceu no sul da França entre os anos 1150 e 1200. Aryeh Kaplan, que recentemente o traduziu para o inglês, o data do século 1 a.C. Existem diferentes representações da Árvore da Vida, mas a mais usada pelos cabalistas

Evolução da Árvore da vida. A) Estrutura de Kircher em *Oedipus Aegypticus*, 1652. B) Adaptação de Robert Fludd, 1526. C) Fig. de Porta Lucis, Ausburgo, 1516. D) Fig. de "Pa'amonve Rimmon".

atuais teve sua primeira publicação em 1652, na obra de Kircher, *Oedipus Aegypticus*. Continuando com a evolução da Árvore, os cabalistas deste século chegaram à Árvore Tridimensional, que integra em suas colunas o Princípio do Cinco: quatro elementos equilibrados, inspirados pelo Espírito.

Na tradição chinesa, o ser humano tem dez almas: três superiores, chamadas *houem*, e sete inferiores, *pö*.

O dez implica uma terminação; contamos com a escala do um ao dez por ter dez dedos. Um final que incorpora simultaneamente um começo: 10 = 1. Contém a semente criativa da etapa que vai começar. O Dez representa então um ciclo completo e o retorno à unidade, à criação e ao movimento.

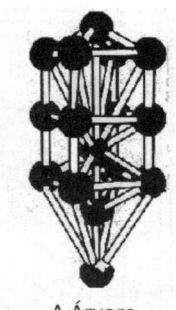

A Árvore Tridimensional.

CORRESPONDÊNCIAS

Letra hebraica: ⊃ ou ⊓, se estiver no final da palavra. Qaph é a letra atribuída à Fortuna. Significa "a palma da mão", na qual tradicionalmente os ciganos leem a fortuna e também "mão fechada" ou "punho", que simbolicamente representa o ato de agarrar alguma coisa. Trata-se de uma letra dupla, masculina e azul, cujo valor numérico é 20 ou 500, se estiver no final da palavra. Seu som duro é Q e o suave é o do J espanhol. O som mais parecido em português é o R de Rodrigo.

Caminho cabalístico: o caminho 21º, de Qaph, une e equilibra Netzach (A Vitória), que representa a Natureza do desejo, com Jesed (A Misericórdia), entre cujos atributos está a memória. Conecta a personalidade com a individualidade. As emoções mais espiritualizadas de Netzach conduzem o caminhante até as imagens abstratas de Jesed.

Atribuição astrológica: ♃. Júpiter é o planeta da expansão e do crescimento. O Júpiter celta tem como principal atributo uma roda. Representa a expansão do conhecimento e a procura espiritual. Encarna o fator desconhecido, incalculável, inerente a qualquer fenômeno, ao contrário do determinismo de Saturno. Sendo masculino, podemos ver nele o pai que estimula o crescimento, enquanto o Sol é o pai que dá a vida e Saturno, o que limita e disciplina. A energia que faz melhorar nossas vidas quantitativa e qualitativamente é da natureza de Júpiter. É o fator essencial do otimismo e do entusiasmo que nos induz a levar a vida com mais generosidade, amplitude e profundidade. Um Júpiter mal aspectado pode dar lugar a todo tipo de excessos. Na parte física, produz tendência a engordar, artrite, pressão alta e problemas derivados de um sangue de baixa qualidade: erupções, furúnculos e problemas hepáticos. Júpiter governa Sagitário e com Netuno rege Peixes.

Símbolos: o centro da carta está ocupado por uma roda, símbolo de movimento e irradiação, de vida e de mutação incessante, assim como da revelação do desconhecido. A roda participa da ideia de perfeição sugerida pelo círculo. A Lei também está simbolizada pela roda: a Dharmachacra ou Roda da Lei. Temos também a roda do Carma, a do Samsara ou da inconsciência, a roda das Reencarnações, a roda de Ezequiel, as rodas de cura dos índios norte-americanos, etc. Nossa roda tem dez raios que representam a totalidade do espaço e o retorno à unidade essencial. Três figuras aparecem nela. Nesse momento, a esfinge está no topo, o macaco Hermanubis[32] (deus composto, no qual predominam elementos simiescos) está ascendendo e o monstro Tifão, descendendo. As três figuras representam as três formas de energia que governam a sucessão dos fenômenos. No Oriente, são chamadas de *gunas* e, no Ocidente, são conhecidas como o Enxofre, o Mercúrio e o Sal alquímicos. Disse Crowley: "As gunas encerram em um único conceito ideias de fase, potencial, qualidade, elemento, formas de energia. Estão continuamente girando, de maneira que nada pode permanecer em um estado em que predomine uma delas. Por mais densa e inerte que seja uma situação, chegará o momento em que começará a agitar-se e mudar".

Tamas. Representa a escuridão, a ignorância, a inércia e a morte. Na carta, está representada por Tifão, filho de Hera e da serpente Píton. Concebido quando Hera encolerizou-se por Zeus ter criado Atena de sua própria cabeça sem sua colaboração, Tifão devia matar Atena, mas Zeus, com seu raio, venceu-o, enterrando-o sob o Etna, que a partir de então se torna um vulcão. Tifão representa a energia instintiva, que impedida de expressar-se amorosa e criativamente e assim, transcender se embrutece. Tamas e Tifão estão relacionados com o Sal alquímico. Quando Tamas governa o mundo, ocorrem

A Roda da Fortuna de Marselha e Waite. A Fortuna de Crowley.

---

32. Hermanubis é um deus egípcio. Mistura de Hermes e Anúbis – que se representava geralmente com cabeça de cachorro ou de gavião e corpo de homem, segurando um Caduceu. Considerando-o uma degradação do culto de Hermes, Crowley o compara a Hanumán e inclusive o representa com a imagem que usa para o deus-macaco no Mago.

as épocas negras da humanidade: guerras, pestes, desastres naturais, involução, fanatismo, dor e morte por todas as partes.

Rajas. Representa a energia em movimento, a agitação, o brilho, a inquietude intelectual e o impulso dinâmico, encarnado por Hermanubis, guia que conduzia as almas até Osíris e também a personificação da morte. Sendo Hermanubis uma forma simiesca de Mercúrio, Crowley relaciona *rajas* ao Mercúrio alquímico, enquanto outros autores escolhem o Enxofre. Quando *rajas* predomina, dão-se os grandes saltos científicos e tecnológicos: a roda, a máquina a vapor, o motor de explosão, a aviação, os computadores e a internet.

Sattva. É a Supraconsciência. Seus atributos são a calma, a serenidade, o conhecimento, a lucidez e o equilíbrio. É representada pela esfinge, símbolo de estabilidade em meio às mudanças. Essa é a síntese das forças elementares, representadas pelos quatro querubins. Outras tradições enfatizam o papel de guardiã do umbral dos mistérios. Crowley a vincula ao Enxofre alquímico. Quando *sattva* governa, são as eras douradas da humanidade em que o amor, a consciência, a prosperidade e a solidariedade prevalecem.

O movimento da roda indica que nada pode permanecer imutável, tal como expressa o I Ching: "O imutável é a mutação". O que permanece é aquilo que muda, que se ajusta ao correr dos tempos.

O movimento da roda cria dez espirais, mostrando seu poder de geração. Em cima, vemos estrelas azuis e amarelas dispostas ordenadamente, por trás das quais se adivinha o anel de Nuit. Nove raios, símbolos da centelha divina que dá vida e fertiliza toda a Existência, precipitam-se. O raio, arma fulminante de Zeus (Júpiter em Roma), é comparado à emissão do esperma divino. Para os maias, o raio é a palavra escrita de Deus e o trovão é sua voz.

No centro da roda está O Sol (arcano XIX = 19 = 1+9 = 10 = Fortuna), símbolo da individualidade e da consciência.

Significados gerais: esta carta está mostrando o Princípio Universal do Movimento e da Expansão. Mostra o Universo mudando permanentemente. Essas mudanças, diz Crowley, apesar de serem governadas por determinadas leis, não são de maneira alguma predeterminadas, nem existem inteligências governando-as. Assim como a Vida tem o propósito de manter-se viva e multiplicar-se, podemos dizer como Osho que "A existência não tem propósito nenhum".

A Fortuna faz referência também aos fatores desconhecidos e imprevisíveis que influem na dinâmica global.

Em um nível mais humano, esta carta mostra o mundo abrindo toda uma gama de oportunidades, de possibilidades, de encontros e de propostas. É no desafio de aceitá-las ou não e de como interage com elas que a pessoa cresce, resgata e lapida seu ser, e vai, ao mesmo tempo, transmutando-se em função das novas experiências.

NA LEITURA TERAPÊUTICA

Momento Atual: a pessoa está em contato com um impulso interno de expandir seus horizontes; talvez seu mundo tenha ficado pequeno; talvez se sinta sufocada pelos seus limites atuais, especialmente se sai com a Torre, de maneira que se sente atraída pelo desconhecido. Sente a necessidade de encontrar novas pessoas, atividades, culturas, ideias, lugares geográficos, cursos interessantes, descobertas internas e vislumbres espirituais. A segunda carta nos indicará as dificuldades internas para se jogar na aventura ou em que aspectos da vida profissional, emocional, espiritual, etc. aparecem essas oportunidades. Não as aceitar, colocando-se uma máscara do tipo avestruz, seria perder uma linda oportunidade para crescer sem dor.

Âncora: temos aqui duas possibilidades:

Por excesso, a pessoa busca compulsivamente o novo e isso a tira do presente, pois o novo está no futuro, deixando-a desenraizada e dificultando-lhe chegar a resultados concretos no que tem entre suas mãos. Assim não conclui nada e lhe falta base para realmente ir adiante, de modo que permanece insatisfeita. A falta de centro e enraizamento a leva a esbanjar sua energia em movimentos pouco efetivos e não aproveita as oportunidades que possam aparecer. Em um nível mais interno, esta compulsão em relação ao novo se manifesta como uma dificuldade muito grande para interiorizar (A Fortuna e O Ermitão são opostos complementares), de forma que não extrai lições de seus momentos difíceis. Assim acaba arrastada pelos acontecimentos. Detrás de toda essa aparente mudança, essa pessoa se encontra sempre repetindo a mesma história. Se acontecer algo agradável, fica eufórica, se é desagradável, desespera-se, passando da euforia ao desespero sem um instante de serenidade e sossego. Pode tentar compensá-los imediatamente com comida, bebida, sexo, distrações, etc., especialmente se aparece com o Sete de Copas (A Corrupção), e tentar continuar enganando os outros e a si mesma com a fachada de que tudo está ótimo.

Se o consulente mostra um falso bem-estar, sugerimos Agrimony para ajudá-lo a aceitar com honestidade seus verdadeiros sentimentos, enquanto a essência de Chesnut Bud pode auxiliá-lo a estar mais atento e a observar-se melhor.

Por falta, a pessoa morre de medo de tudo o que seja novo; assim, enclausura-se no conhecido, negando-se a ver o que está além de suas quatro paredes. Esta interpretação estaria sugerida se A Fortuna aparecesse com A Lua ou um quatro, em cujo caso sugerimos a flor de Aspen, que fortalece a coragem e a força interior.

Infância: pode indicar que a criança era naturalmente aventureira e essa atitude foi reprimida, criticada e condenada pela família. Mas também pode mostrar uma criança que viveu demasiadas mudanças e situações inesperadas e intensas que a deixaram insegura. Sentia-se à mercê dos acontecimentos, sem estabilidade, referenciais sólidos nem figura paterna que lhe colocassem limites amorosamente. Cabe pensar que se sentiu abandonada e desprotegida. Assim, mais tarde, sua relação com as mudanças e o desconhecido se tornou problemática. Teríamos aqui a síndrome de "filho de embaixador" que a cada quatro anos muda de país, de casa, de escola, de amigos, etc.

Relacionamentos: a) O relacionamento está ajudando o consulente a expandir seus horizontes, abrindo-se para pessoas, propostas de trabalho, viagens ou novas ideias. Claro que isto pode se dar de maneiras muito diferentes. A menos agradável seria se o casal transforma a relação em algo insuportável que obriga a pessoa a caçar novos rumos. b) Esta pessoa é incapaz de fixar-se emocionalmente. Sua atração pela novidade e seu medo de comprometer-se são tão grandes que não se aprofunda em nenhum relacionamento e fica dispersando-se e/ou vivendo vários amores superficiais ao mesmo tempo.

Voz da Essência e Método: provavelmente esta pessoa reduziu durante muito tempo seus horizontes, talvez viveu enclausurada e/o dedicando-se a alguém ou a algum assunto específico. Por mais que se aferre a sua zona de conforto, geralmente cada vez mais desconfortável, a essência está pedindo novidades. O conhecido se tornou obsoleto, nesse espaço já não há espaço para o crescimento. A pessoa necessita identificar, trabalhar e desativar medos, crenças, padrões de conduta e outros bloqueios internos que lhe dificultam atrever-se a explorar o desconhecido, expandindo seus horizontes, fazendo contato com novas pessoas, ideais, atividades, culturas, lugares geográficos, etc, ampliando seu raio de ação emocional, profissional e mental e, portanto, de experiência. Também fica amarrada ao conhecido; se se entrincheira detrás da Grande Muralha, vai dificultar a chegada do novo. É importante criar uma greta por onde possa acontecer a surpresa. Também sugerimos que a pessoa busque novas oportunidades, que mande seu currículo a novas empresas, busque sócios, abra filiais de seu negócio em outras cidades, etc. Se na Âncora encontramos cartas que indicam apatia e tendência ao enclausuramento e à introversão doentia (O Ermitão, A Sacerdotisa) ou o Oito de Copas (A Indolência), a essência de Califórnia Wild Rose a ajudará a renovar o entusiasmo pela vida.

Caminho de Crescimento: usando as chaves que apareceram nas posições anteriores, a pessoa está perdendo o medo do desconhecido e começa a expandir seus horizontes e a aproveitar novas oportunidades que talvez sempre estiveram aí, mas apenas agora ela as vê. Estas novas experiências a ajudarão a desenvolver uma firmeza maior e autoconfiança.

Resultado Interno: produto de todo o processo que vimos até aqui, conseguiu identificar, entender e desativar as dificuldades internas que tinha para sair de sua área de segurança e lançar-se ao desconhecido.

Deixou a periferia da roda para atingir o centro, de onde contempla os fenômenos, aprende com as situações e escolhe para vivenciar aquelas que mais a gratificam. Sem expectativas, interage com o mundo sem fricções destrutivas. O que há de ser feito será feito.

Resultado Externo: essa pessoa está encarando o mundo com uma atitude expansiva e aventureira, com sua atenção dirigida a todo um conjunto de novas situações: trabalhos, negócios, relações de todo tipo e conhecimentos, sem perder seu centro.

O Tesão

Títulos		Número	Letra hebraica	Caminho cabalístico	Atribuição astrológica	Princípio universal
Marselha Waite	A Força	11	Teth, Serpente T	19º Jesed Geburah	♌ Leão Eu crio Eu quero	Integração dos lados animal e racional
Crowley	O Tesão	O Impulso para o desconhecido.				
Osho Zen	O Avance					

Títulos: na maioria dos Tarôs, esta carta leva por título "A Força". Seria a força de caráter que antigamente se equiparava ao autocontrole, à força moral necessária para dominar as chamadas "baixas paixões". Assim, esses baralhos mostram uma mulher impecavelmente vestida, que fecha a boca de um leão tomando-a delicadamente entre suas mãos. Os aspectos mais sutis do ser (intelectual e espiritual) submetem o lado animal (emoções e instintos). A alma, a casa de Deus, controla o corpo, a casa do diabo; os instintos são podados, mas a alma será recompensada com o paraíso. Passam-nos por debaixo dos panos todo o ódio e o medo que as religiões têm do corpo e especialmente do sexo. Os novos tempos mostraram que mortificar o corpo para purificar a alma é uma aberração e, desde W. Reich, estabelecem-se as bases da terapia corporal, como muito bem sabiam os romanos quando afirmavam: *Mens sana in corpore sano*. Também mestres como Osho, Don Juan e Rolando Toro nos advertem de que sem o resgate do corpo pouco ou nada se pode avançar no caminho espiritual.

"Uma pessoa que não está em contato com seu corpo nunca pode estar em contato com seu espírito, porque este está em uma região mais profunda. Você não tem consciência do espiritual porque tem muita tensão no corpo e muita tensão na mente. A tensão corporal foi criada por aqueles que, em nome da religião, estiveram pregando atitudes anticorporais." (*A Meditação: A Arte do Êxtase*, Osho)

Não se trata de que uma de nossas partes controle as outras, mas só as integrando obteremos os melhores resultados, tal como enuncia a sabedoria popular quando disse: "Da união vem a força". No *Tarô Egípcio*, esta carta se chama "A Persuasão", dando uma conotação mental a este controle. Assim, fez-se necessária uma atualização. Esses preconceitos não podiam passar o umbral da Nova Era sem serem desmascarados.

Crowley, rompendo com o velho paradigma, a chama *"Lust"*, cuja tradução literal seria A Luxúria, um título adequado para a Natureza (existe algo mais luxurioso que a Natureza na primavera?), mas que fica muito limitado para o ser humano, pois lhe dá uma conotação estritamente sexual, quando seu significado é muito mais abrangente. Eu a chamo de "Tesão", tal como Roberto Freire usa no seu livro *Sem Tesão não Há Solução*. Seria a Luxúria no seu sentido mais amplo, não restrito ao puro desejo sexual, mas generalizado a todos os aspectos da vida. É um forte impulso vital cheio de criatividade, entusiasmo e energia que surge naturalmente com determinadas atividades, situações ou pessoas e que nos leva a nos integrarmos. Ficamos totalmente no aqui e agora e nos desabrochamos em diversidade, criatividade e beleza, liberando alegria, prazer e gratificação.

No *Osho Zen* é "O Avance". Os cabalistas conhecem esta carta como "A Filha da Espada Flamífera" e "O Senhor do Leão".

Número: com a exceção do *Tarô de Waite* e daqueles que nele se inspiraram, esta carta se corresponde com o número Onze. Se com o Dez concluíamos um ciclo que nos levava a um retorno à unidade: 10 = 1 + 0 = 1 = Unidade = Tudo o que existe = Deus, com o Onze partimos para uma nova polarização: 11 = 1 + 1 = 2. Recebemos um impulso para o desconhecido. O Onze e o Dois, sendo números primos, por redução, são iguais, e nas cartas a eles associadas (A Sacerdotisa e O Tesão) a figura central é uma mulher. O patriarcado em geral e o Cristianismo em particular, que tinham o Um como representante de seu deus masculino, não mostravam muita simpatia pelo Dois, que, representando o feminino, seria um número de oposição e luta quase diabólico. O Onze acabaria representando a transgressão da lei e dos limites determinados pelo Dez. Agostinho, teórico da Igreja Católica, sintetizador das doutrinas de Aristóteles com os dogmas cristãos, referia-se a esse número como "o brasão do pecado". Onze é o número de Nuit.

O Onze.
O Hexagrama Pentáfico.

Na África, o Onze está relacionado com os mistérios da maternidade. São 11 as aberturas que tem o corpo de uma mãe. Os maçons representam esse número com o Hexagrama Pentáfico, o pentagrama inscrito no hexagrama, tal como aparece na ilustração, O Onze – O Hexagrama Pentáfico.

Para a tradição chinesa, o Onze é o número pelo qual se constitui na sua totalidade o caminho do Céu e da Terra: *tcheng*. É o número do Tao. Para algumas escolas, o Onze, como o 22, 33 e o 44, são números mestres e não podem ser reduzidos.

CORRESPONDÊNCIAS

Letra hebraica: ט. Teth, a letra atribuída ao Tesão, é simples, feminina, de cor amarelo-esverdeada e seu valor numérico é nove. Significa "serpente" e representa "o Arquétipo da Energia Feminina Primordial". Segundo o ocultista C. Soares Teth, é o asilo do homem, seu escudo e proteção. Corresponde-se com nosso T.

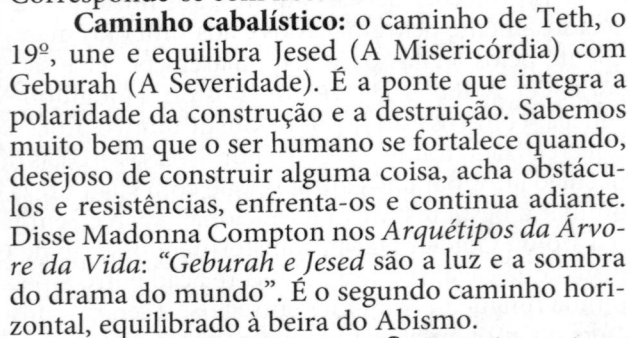

Caminho cabalístico: o caminho de Teth, o 19º, une e equilibra Jesed (A Misericórdia) com Geburah (A Severidade). É a ponte que integra a polaridade da construção e a destruição. Sabemos muito bem que o ser humano se fortalece quando, desejoso de construir alguma coisa, acha obstáculos e resistências, enfrenta-os e continua adiante. Disse Madonna Compton nos *Arquétipos da Árvore da Vida*: "Geburah e Jesed são a luz e a sombra do drama do mundo". É o segundo caminho horizontal, equilibrado à beira do Abismo.

Atribuição astrológica: ♌. Leão é um signo de Fogo, fixo e regido pelo Sol. Como o rei da selva, o leonino sente-se o centro do mundo. Esse signo governa no corpo físico o coração, as costas, a medula vertebral, a aorta, as coronárias e os olhos. Os leoninos são voluntariosos, ativos, adoram o luxo e as coisas finas e requintadas. Têm tendência a querer dominar os outros. Têm aversão pelas mesquinharias e pelas grosserias e, geralmente, são nobres e generosos, mas podem chegar a se ofender se os outros esquecem dos favores prestados, pois imaginam que essas pessoas devem tudo a eles. Sua nobreza pode transformar-se em altivez, arrogância, prepotência e até desprezo. Gostam de tomar decisões, são perfeccionistas, intuitivos, honestos, exibicionistas, mundanos, precisam brilhar e se sentirem importantes tanto diante dos outros quanto ante si mesmos. São apaixonados e normalmente

A Força de Marselha e Waite. O Tesão de Crowley.

A Força da Golden Dawn.

se entregam com facilidade a seus impulsos amorosos e instintivos. O leonino é espontâneo, extrovertido, bom ator e com tendência a sofrer de megalomania, febres, desidratação e problemas cardíacos, quando reprime sua extraordinária carga emocional. Seus verbos são: "Eu quero" e "Eu crio" e sua frase integradora é: "O poder criativo do Universo está fluindo através de mim, agora sob a luz do amor e da humildade".

Símbolos: a figura central é uma mulher nua montada voluptuosamente sobre um enorme leão de sete cabeças. É Babilon ou Babilônia, a mulher que cavalga sobre a Besta que tanto horror causou a João, o Evangelista, como podemos ver nos capítulos 13, 17 e 18 do Apocalipse. Em todas as narrativas do Antigo e Novo Testamentos, devemos sempre estar alertas às projeções de seus autores, aos mistérios cabalísticos colocados cuidadosamente pelos iniciados e aos símbolos manipulados convenientemente pelos levitas para acumularem poder e sacramentar seus interesses. Ver A *Bíblia Darmouth* (Boston: Houghton Mifflin, 1950), para conhecer como os estudiosos reconstituíram o processo de compilação da Bíblia realizado durante séculos por diversas escolas de rabinos. A virgem imaculada dos baralhos antigos, que com sua pureza conseguia conter e dominar a besta instintiva e irracional, aparece em termos de igualdade no Tarô da Golden Dawn, transformando-se no de Crowley na mulher sensual que cavalga o leão. Nessa relação entre a Bela e a Fera, ninguém domina ninguém. A mulher entrega-se a seus impulsos, não está controlando sua montaria; as rédeas vermelhas são um símbolo da paixão que une nossos aspectos humanos mais sutis à nossa natureza animal.

Tanto o Leão como a mulher aparecem em amarelo-ouro, a mais ardente das cores. Intenso, violento, agudo até a estridência, cegador como o metal fundido. É a cor do Sol, considerado em inúmeras culturas de origem divina e símbolo da eternidade. Apenas a família imperial chinesa podia usá-lo. É também a cor das espigas maduras do verão.

São sete as formas da paixão representadas pelas sete cabeças do Leão: a de um anjo, a de um poeta, a de uma mulher adúltera, a de um homem valente, a de um sátiro, a de um santo e a de um leão com corpo de serpente, a kundalini, o aspecto mais espiritualizado do Fogo: a serpente, Teth.

Essa mudança de atitude em relação ao corpo e ao sexo é um dos signos dos novos tempos. A libertação da mulher (motor da Era de Aquário) é uma das transformações mais claras que confirmam a entrada na Nova Era. Os tempos da divisão estão abrindo espaços aos da integração. Hoje sabemos que a aceitação de cada um de nossos aspectos é o primeiro passo para qualquer transformação, se quisermos nos integrar como seres plenos, realizados e felizes. A mulher e o Leão são a viva representação do novo paradigma, em que tudo forma parte do Todo, em um Universo contínuo. A mulher com longos cabelos dourados está em êxtase, irradiando sensualidade e prazer ao integrar seu lado animal. É a viva representação da mulher da Nova Era que se libertou do papel degradado que as sociedades patriarcais e suas religiões lhe conferiam: a esposa submissa, a mãe sacrificada, a caricatura do feminino que nos foi vendida pela Igreja Católica personificada pela mãe de Jesus, aquela mulher sofredora que não teve prazer mesmo quando foi fecundada (imaginem por um pombo) e que torturam e matam o filho dela... A mulher culpada, desde o paraíso, por se deixar levar pelos impulsos de sua natureza, tentando ao homem, levando-o ao pecado da desobediência e, claro, ao castigo. Este modelo torna-se a mulher cheia de prazer que vemos na carta, dona de seu corpo, de sua sexualidade, de sua vida e de seu tempo, autônoma e independente. Os machos que congelaram seu coração quando se entregaram à luta pelo poder sempre estiveram muito atentos para manter as mulheres presas e incultas, pois morriam de medo da mulher que vive em contato com as fontes de seu prazer interior.

Ver em <http://rohaut.blogspot.com.br/2013/07/a-mutilacion-genital-femenina.html> o mapa da mutilação genital feminina.

A mulher e o Leão estão resplandecentes, irradiando sensualidade, vitalidade, prazer, alegria e força de profundas raízes animais. Na mão direita, Babilônia segura o Graal, a matriz de sua plenitude, da qual surgem dez chifres-serpentes, símbolo da mais exaltada criatividade, que se expandem em todas as direções. Da ponta da matriz vermelha e incandescente surgem dez raios de luz branca que energizam as dez estrelas da Assiah, o mais denso dos Quatro mundos cabalísticos, indicando que a energia da matriz se concretiza também nos planos materiais. Esses dez raios luminosos, dispostos em semicírculo, representam, segundo Crowley, a nova ordem da Era de Aquário.

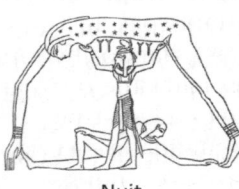

Vejamos a imagem do Feminino que nos passa o *Livro da Lei*, em seu primeiro capítulo: "Eu sou o brilho nu do voluptuoso céu noturno... Eu que dou todo o prazer e púrpura embriaguez do senso mais íntimo, desejo-te. Põe as asas e acorda o esplendor enroscado dentro de ti: vem a mim. Aparecei, ó crianças, sob as estrelas e tomai vossa fartura de amor... Eu estou sobre vós e em vós. Meu êxtase é vosso êxtase. Minha alegria é ver vossa alegria. Nada amarreis. Que não haja nenhuma diferença feita entre vós e qualquer uma coisa e qualquer outra coisa, pois daí vem dor. Tomai vossa fartura e vontade de amor como quiserdes, quando, onde e com quem quiserdes... Amor é a Lei, Amor sob vontade... Tu não tens outro direito a não ser fazer tua vontade. Pois vontade pura e livre de propósito, livre de ânsia de resultados, é toda via perfeita... Eu vos amo..."(Nuit).

Atrás da mulher aparecem dez círculos raiados e sombrios que estão representando a velha ordem, os arcaicos sistemas de classificação do Universo. Entre as patas do Leão vemos as imagens daqueles que se entregaram à Babilônia (Apocalipse 18:3) e, assim, atingiram o Graal (A Plenitude), entraram em êxtase e fundiram-se com o Todo (experiência espiritual de Kether).

Significados gerais: temos aqui a Vitalidade, Força e Brilho dos seres vivos. É a vibrante e luxuriosa vitalidade da Natureza. No mundo do ser humano, é o tesão, produto da aceitação e da integração do lado animal (instintos, emoções, impulsos vitais e necessidades biológicas e corporais) com o lado racional, com seus correspondentes efeitos colaterais: entusiasmo, vitalidade, alegria de viver, autoestima e autoconfiança, fazendo também que a pessoa se sinta mais sensual e sexy. A criatividade biológica primordial que originalmente está dirigida para dar continuidade à espécie, enchendo o planeta de crianças, é elaborada pela mente e expressa em uma ampla variedade de possibilidades, como mostram os cornos-serpentes. Aqui, a energia/inconsciente animal brota selvagem e naturalmente, integrando-se de forma amorosa com o lado consciente, dando lugar a uma *overdose* de energia que se canaliza na criação, na autorrealização e na transcendência, tal como nos ensina o Tantra.

Aqui já não existe uma identificação com uma determinada imagem: "eu sou isso ou aquilo", mas eu sou eu e me expresso do jeito que eu sou. Então, abre-se um enorme leque de possibilidades latentes dentro de cada um de nós que antes não eram factíveis. Nesse sentido, no baralho de Marselha e de Waite, temos a lemniscata na cabeça da mulher que, como vimos no Mago, representa a conexão com as infinitas possibilidades da existência.

NA LEITURA TERAPÊUTICA

Momento Atual: a pessoa está entrando em contato com um impulso interno de aceitar e acolher seu lado animal (emoções, instintos, impulsos vitais e necessidades biológicas e corporais), dando-lhe uma expressão adequada por meio da razão. Toma consciência de que passou parte de sua vida reprimindo ou até condenando esse lado e percebe que, como consequência, a vida perdeu a graça, e a vitalidade e a criatividade foram se apagando, podendo gerar somatizações corporais.

Âncora: indica uma cisão energética entre o coração e o sexo, que podemos ver como uma linha horizontal no corpo da mulher um pouco acima do umbigo. Um conjunto de seduções e rejeições por parte do progenitor do sexo oposto gerou a dita cisão. Quando a criança se entregava de corpo e alma à atração que sentia por dito genitor, era rejeitada. Construiu uma estrutura de defesa de caráter rígida, caracterizada pelo medo a soltar-se e entregar-se, pois teme ser manipulada e rejeitada. Tem dificuldade de sentir prazer sem culpa. Esconde-se detrás de uma máscara de perfeccionista, orgulhosa, ordenada e ambiciosa e desenvolve um corpo com postura erguida e orgulhosa, com a cabeça e a coluna muito eretas. Ainda que seu corpo costume ser bem proporcionado e harmonioso, com um olhar brilhante e vivaz, evita entregar-se e amar.

Isso pode ser vivido de duas maneiras:

Por excesso, com mais de 60% de Fogo, mostra uma pessoa que tem um forte lado instintivo e uma sensualidade intensa que não consegue integrar harmoniosamente com seus critérios mentais e/ou religiosos, mas que tampouco pode esconder totalmente, como poderia ser o caso de alguém que tivesse O Ajustamento ou O Príncipe de Espadas nesta posição. Não confia em sua criatividade nem em sua capacidade de conseguir seus objetivos por seus próprios meios, de modo que usa sua sensualidade e poder de sedução como moedas para obter a ajuda dos outros. Tem medo de que lhe faltem essa atenção e o interesse que consegue quando seduz e dos quais seu ego se alimenta. Vive sua sexualidade intensamente, mas não se envolve emocionalmente. A essência de Hibiscus* a ajudará a recuperar a afetividade; assim, pode viver integrando sexo e emoções.

Por falta, indica que esta pessoa não só reprime cronicamente sua sexualidade, desconectando-se das fontes internas de sua energia, mas que também dá as costas aos impulsos de sua natureza animal em função de um conjunto de crenças de consenso social, que não inventou e com o qual julga seus impulsos que são absolutamente seus. Acaba acreditando que o correto é esse delírio coletivo que chamamos conduta normal e o incorreto são seus desejos, seus impulsos, suas vontades de...

"O fato de que uma opinião seja compartilhada por muita gente não é prova concludente de que não seja completamente absurda. De fato, vendo a maioria da humanidade, é mais provável que uma opinião difundida seja idiota mais que sensata." (Bertrand Russell, 1872-1970)

Sem dúvida, entre os padrões mais poderosos estão os familiares, em que a identidade, a sensualidade, os impulsos instintivos são sacrificados em nome de papéis: o de esposa, marido, mãe, filha, etc.

"A sensualidade é uma das maiores bênçãos da humanidade. A sensualidade é a sua consciência filtrando-se através do corpo. O orgasmo não é algo necessário para a reprodução, senão que abre uma janela para a evolução superior da consciência." (Osho)

Uma educação puritana, indicada pelo O Hierofante ou o Quatro de Espadas – A Trégua na Infância –, pode gerar repugnância ou vergonha ante seu próprio corpo e suas funções fisiológicas. A necessária aceitação do corpo se facilita usando a essência de Crab Apple.

Infância: temos várias possibilidades: a) Uma forte e contínua repressão ou invalidação da criatividade da criança, assim como de suas expressões corporais, emocionais, instintivas, de sua sensualidade e impulsos vitais, que poderiam vir reforçadas pelo Três de Copas (A Abundância) ou o Oito de Espadas (A Interferência). b) As crianças de 4 a 6 anos passam por uma forte descarga hormonal que as leva a viver uma fase de expressão precoce de sua sexualidade, apaixonando-se pelo genitor do sexo oposto e buscando com ele uma intimidade corporal e sexual,[33] conhecida como Complexo de Édipo/Electra. A repressão ou

---

33. A criança com esta idade vive a sexualidade em todo seu corpo e não especificamente nos genitais, como é o caso do adulto. Busca o contato sexual, mas não a penetração.

castigo dessas expressões assim como o abuso sexual deixam a criança traumatizada e mal resolvida na relação com seu corpo. c) A sedução e a rejeição foram a tônica geral da infância. O genitor seduz e no momento em que a criança fica mais excitada, entregando-se e esperando o contato amoroso, liga a TV e manda a criança para seu quarto. Esta fica criando um elo entre excitar-se, entregar-se e sofrer.

Relacionamentos: a) O relacionamento ajuda a pessoa a identificar, respeitar e acolher suas emoções e instintos, seus impulsos e necessidades biológicas e dar-lhes uma expressão elaborada, integrando assim os lados animal e racional. b) Tem dificuldade para entregar-se e, assim, consciente ou inconscientemente, usa seus atributos para seduzir e manipular seu/sua parceiro/a, enquanto congela suas emoções. Sente-se nutrida com a atenção e o interesse que obtém quando seduz. Assim, trata de manter permanentemente seduzido a seu/sua parceiro/a para garantir a continuidade do relacionamento. c). No entanto, se tem medo de perder sua liberdade, não se compromete, podendo chegar a ser promíscua, mas sem envolvimento emocional. Coloca toda a lenha na fogueira, mostrando-se muito sensual, sexual, atrativa e criativa até que seduz e consegue o amor do outro. Depois perde o pique, já que o que realmente quer e a excita é conquistar. Não estabelece relacionamentos profundos e duradouros, já que seu compulsivo sedutor lhe exige estar sempre disponível e desvinculada para continuar suas conquistas. Pode ser que esteja esperando o parceiro ideal que vai chegar algum dia e para o qual tem de estar disponível ou pode ser que tenha medo de ser abandonada caso se entregue ao amor.

Voz da Essência e Método: integrar este arquétipo começa por escutar, acolher e respeitar os impulsos procedentes do lado animal (instintos, emoções, impulsos vitais e necessidades corporais e biológicas) e dar-lhes uma expressão adequada usando a razão. Finalmente, da integração do consciente e do inconsciente depende o equilíbrio do ser humano. Assim recuperará sua energia e dará um grande salto para diante na sua vida. No momento em que a pessoa aceita seus impulsos, já não necessita se impor nada, nada tem de provar e a ninguém tem de convencer. O floral de Califórnia Pitcher Plant* a ajudará a aumentar a vitalidade, desenvolvendo os aspectos mais instintivos do ser. É fundamental incrementar as atividades que geram entusiasmo, prazer e desengatilham a criatividade. O uso da essência Indian Paintbrush* revitalizará sua expressão criativa, enraizando-a com as forças telúricas. Podemos sugerir o uso da essência de Sunflower* para desenvolver o autocentramento e a autoconfiança.

Caminho de Crescimento: usando as chaves que apareceram nas posições anteriores, a pessoa está se permitindo integrar seu lado animal, talvez pela primeira vez na vida. O consulente está gostando cada vez mais de si mesmo. Relaciona-se e empreende atividades com entusiasmo, energia e disposição. Não se trata de um entusiasmo compulsivo, produto da exaltação mental ou da euforia (atitudes muito características do Cavaleiro de Espadas), mas de um incremento da vitalidade que quer se concretizar criativamente. Por outro lado, sua sexualidade expressa-se cada vez com maior força.

Resultado Interno: essa pessoa, produto de todo o processo que vimos até aqui, identificou, entendeu e desativou as dificuldades internas que tinha para integrar seus lados animal e racional. Sente-se mais firme, alegre, sensual, leve e apaixonada pela vida e por si mesma, mais espontânea, receptiva, mais instintiva e espiritual, mais Zorba e mais Buda. Com maior autoconfiança, se atreve a expressar sua criatividade.

Resultado Externo: o consulente irradia brilho e entusiasmo. Sua vida sexual é plena e criativa. Suas ocupações lhe dão prazer e uma profunda gratificação. Sua inventividade e seu entusiasmo na ação dão um brilho especial a tudo o que faz. Opta por atividades em que possa expressar plenamente sua criatividade. Cuidado para que o ego não se apodere de tudo isso, transforme o amor em arrogância e leve o trem a descarrilar.

O Pendurado

Títulos		Número	Letra hebraica	Caminho cabalístico	Atribuição astrológica	Princípio universal
Marselha Waite Crowley	O Pendurado	12 O completo	מ ou ם no final da palavra. Mem, Água ou Mares M	23º Geburah Hod	▽ Água: emoções, sensibilidade Ψ Netuno: dissolução transcendência.	O Princípio da Entrega
Osho Zen	A Nova Visão					

Títulos: segundo Crowley, esta carta se chamava "O Afogado" antes de receber seu título atual "O Pendurado". Assim, seria mais óbvia sua relação com o elemento Água. Com frequência aparece como "O Enforcado", coisa estranha, pois não está pendurado pelo pescoço. Destacando um aspecto parcial de seu significado, no Tarô Egípcio aparece como "O Apostolado". Os cabalistas a chamam "O Espírito das Águas Poderosas".

Número: o Doze é a manifestação da trindade (Espírito) nas quatro esquinas do horizonte e nos quatro mundos cabalísticos, passando-nos a ideia de realização final, de conclusão concreta. Vivemos em um mundo estruturado espaço-temporalmente acima desse número.

O Zodíaco está formado por 12 signos, obtidos não só pela multiplicação dos quatro elementos pelas três qualidades – cardeal, fixo e mutável –, mas também pela observação do firmamento. O ano está formado por 12 meses e o dia tem 2 x 12 = 24 horas. Os chineses dividem o tempo em grupos de 12 anos e atribuem um animal para cada ano. No pensamento africano, a vibração sonora ao formar o ovo cósmico definiu os quatro pontos cardeais e executou três giros em espiral acima de cada um deles. Então se separaram o Céu e a Terra e apareceram os Grandes Demiurgos, que organizaram a criação. Para esses povos, o Doze é o número da ação.

CORRESPONDÊNCIAS

Letra hebraica: מ ou ם. A segunda letra mãe, Mem, é a letra atribuída ao Pendurado.

É azul, seu valor numérico é 40 ou 600, se estiver no final da palavra, e se corresponde com o M de nosso alfabeto. Significa "Água" ou "Mares". Simbolicamente, representa a mulher, a mãe e seu som. Como o AUM, é o retorno ao silêncio eterno.

Caminho cabalístico: o caminho de Mem (23º) eleva a mente concreta de Hod (A Glória, O Esplendor) para a poderosa Força de Geburah (A Severidade). Aqui Hod representa a concentração profunda do intelecto e Geburah, a lei da justiça inexorável. Nesse caminho, as formas de Hod, isto é, os conceitos de Mercúrio, são animados e provados pelo poder de Marte.

É o caminho da Água ou de Netuno; enquanto O Louco é o caminho do Ar ou de Urano, O Eão é o do Fogo ou de Plutão; e o Universo é o da Terra ou de Saturno. A tarefa para quem trilha esse caminho é ser um canal para as infalíveis leis cósmicas.

Atribuição astrológica: Água ou Ψ. O elemento Água e o planeta Netuno estão atribuídos a este Arcano. Diz um texto chinês do século XII: "De todos os elementos, o sábio tomará a Água como sua preceptora. A Água é submissa, mas conquista tudo. Apaga o Fogo e, vendo que pode ser derrotada, foge como vapor tomando nova forma. Carrega a Terra macia e, quando é desafiada pelas rochas, procura um caminho a seu redor... Satura a atmosfera de modo que o vento morre. A Água cede a passagem para os obstáculos com uma humildade enganadora, pois nenhum poder pode impedi-la de seguir seu caminho traçado rumo ao mar".

Na Alquimia, a Água é considerada o Primeiro Princípio, aquilo que está subjacente a todas as coisas. A vida apareceu nela, confirma a ciência, e é na água do útero que nos desenvolvemos para, depois, encontrarmo-nos com os elementos Ar e Terra. Assim, podemos dizer que a Água é o mais estável e primordial dos elementos. É a Prakriti, a matéria-prima dos hindus, o Wu-ki, o caos, a indistinção primeira dos chineses. Representa a sabedoria, a vida espiritual, a eternidade, a pureza e a fertilidade. A Água representa as emoções profundas e as reações sentimentais em um grande leque que vai desde os medos e paixões compulsivas até o amor livre de apegos, o Amor Universal ou devocional. Está diretamente conectada com o processo de conscientização, pela percepção dos anseios mais profundos da psique. Esta ideia é compartilhada pelos alquimistas para os quais o elemento Água é consciência, também chamada de Princípio Pensante. A consciência e a Água têm em comum certas propriedades, entre as quais está seu movimento ondulatório. Assim, fala-se da "onda da consciência".

Os três signos de água (Câncer, Escorpião e Peixes) são os mais distantes da razão. Estão representados por três animais de sangue frio, seres de baixo nível de evolução, que agem por instinto. São motivados pela emoção e podem ser muito intuitivos, sensíveis e inspirados.

Netuno representa o princípio da dissolução e da experiência de transcender o Eu para fundir-se com a Totalidade. O tipo netuniano é idealista, receptivo, compassivo, inspirado, intuitivo, sensitivo, pacífico, com sentido artístico – Netuno é considerado tradicionalmente o planeta da música – e introspectivo. No entanto, pode ser disperso, irrealista, escapista das exigências do mundo concreto, de fraca vontade e pode até desenvolver uma máscara de vítima ou mártir.

Símbolos: a figura central é um homem pendurado e amarrado por um pé e pregado a três esferas verdes. Suas pernas formam uma cruz e seus braços, um triângulo equilátero. Essa posição é exatamente a oposta da que veremos na mulher da carta do Universo, cuja letra Tau se complementa com Mem, formando juntas a palavra *Tum*, que significa "perfeito", "firme" e "completo". Também os números de ambas as cartas, 12 e 21, são opostos. Enfatizando essa oposição, vemos que o número do Pendurado em alguns Tarôs de Marselha está escrito ao contrário: IIX.

O Pendurado de Marselha, Waite e Crowley.

Na carta de Waite, o sujeito está dependurado em uma cruz egípcia (que tem forma de T), som da letra Tau. A palavra Tau justamente significa "cruz". Na de Crowley, é um *ankh* ou cruz ansata, símbolo da vida e da imortalidade, que segura o pé do homem. O *ankh* está de cabeça para baixo, para referir-se a Mem, que é considerada a Tau invertida. Uma serpente se enrosca no pé esquerdo. É ela que propicia todas as transformações, é o Princípio Criativo e Destrutivo que opera todas as mudanças. Enfatizando o Três (número do Espírito, da síntese e da Imperatriz), O Pendurado está pregado a três discos verdes, cor atribuída a Vênus. A forma do ankh e o símbolo de Vênus são muito parecidos. Assim como os pregos, Vau segura o Espírito à matéria (como vimos no Hierofante), da mesma forma que o Pendurado está unido ao amor e à vida no sentido mais elevado. Sem duvidar da coerência simbólica, considero que Crowley não foi muito afortunado pregando seu pendurado, que de imediato lembra a tortura da cruz e traz ideias de sacrifício e redenção. A carta está dividida em dois espaços. A parte superior na qual se acha o *ankh* está banhada por uma luz branca, sutil e evanescente que irradia desde um ponto central mais elevado. É a luz de Kether. Esse hálito luminoso se manifesta por meio de dois círculos que dividem a área em três espaços que se correspondem com os três mundos cabalísticos: Atziluth, Briah e Yetzirah. A parte inferior mais densa se refere ao mundo material ou Assiah. Nessa parte, temos as Tabelas Elementares, que em número de 400 (10 x Mem) representam todas as energias da Natureza. Todo esse "jogo de luzes" está mostrando a imersão da luz na matéria, iluminando-a e ajudando-a a evoluir. Do Sahasrara Chacra ou centro coronário 18 (número da Lua), raios de luz iluminam o espaço mais escuro onde morre o ego, dissolvendo-se no Todo. Não esqueçamos que a experiência espiritual de Kether é a Fusão com a Divindade. É justamente nesse espaço que a serpente da transformação e da nova vida começa a se agitar. O Pendurado mantém seus olhos fechados, indicando que sua atenção está direcionada fundamentalmente para o interior. Sua expressão é de êxtase, não de sofrimento, e sua cabeça está raspada, como a dos monges budistas, para indicar que rendeu seu ego.

Significados gerais: como não poderia ter sido de outra maneira, surgiram muitas deformações na interpretação deste Arcano. A mais divertida foi a de Court de Gébelin que, colocando-o em pé, viu-o como símbolo da prudência: com um pé no chão está decidindo onde irá colocar o outro.

Certos autores, vinculados à doutrina cristã, veem nesta carta um símbolo de redenção. A redenção da matéria pelo Espírito, das trevas pela luz, dos humanos pecadores pelo Cristo redentor. Para os tempos que correm, essa ideia não é adequada. Redenção implica dívida, queda, pecado. Que pecado? Em uma era em que "todo homem, toda mulher é uma estrela, o único pecado é considerar alguma coisa como pecado", disse-nos Crowley.

O Universo é contínuo, as separações levam ao engano e ao sofrimento. A natureza última do Espírito é a mesma que a dos pensamentos, das emoções e da matéria física. A aparente diferença é apenas a variação no grau de densidade. O mais denso não pecou, não deve pagar por um crime que não cometeu nem precisa ser redimido. É a carta da imersão do Espírito na matéria, da luz na escuridão para iluminá-la, para fazer-se um com ela. O Princípio Criativo impregna a manifestação, dissolve-se nela. No mundo humano, seria o consciente entregando-se ao inconsciente. O ser rende sua mente e sem julgamentos nem preconceitos se deixa fluir nas emanações de seu coração, com a determinação e o desapego da água em seu caminho para o mar, que é a morte do ego. Temos no Pendurado uma inversão, pois o comportamento (o concreto, a matéria, o quatro) sempre esteve por baixo, submetido aos princípios, à moralidade (o abstrato, o espiritual, o três), e aqui o quadrado (A cruz de suas pernas) está em cima do triângulo (os braços).

Em outras palavras, O Pendurado está pendurado e não pode se soltar. A pergunta é: a que estamos amarrados e não nos podemos soltar? A algo que paradoxalmente não escolhemos: à nossa própria natureza. Somos o que somos e não podemos ser outra coisa. A mangueira não dá abacates e o abacateiro não dá mangas. Se convencermos o abacateiro a dar mangas ele vai fazer um esforço brutal; vai se frustrar, pois nunca vai dar mangas, e vai sofrer pois vai negar-se a si mesmo, que é dar abacates. Assim, pois, O Pendurado em um nível humano concreto representa o **Princípio da Entrega à própria natureza**. E quem se entrega a sua própria natureza se entregará com mais facilidade a uma causa maior, uma causa social, científica ou ambientalista, a um ideal, a um mestre iluminado, à vida e ao mundo e será uma entrega real sem ter de renunciar a nada.

Aproximamo-nos do mais universal à medida que mergulhamos no mais íntimo; assim, neste processo de entrega ao que somos nos conectamos com a Totalidade, podendo chegar a fazer contato com a Divindade interna e o Grande Espírito onipresente. Podemos dizer que o primeiro passo em direção à felicidade, harmonia ou nirvana é a plena autoaceitação, independentemente das opiniões que a sociedade, a família ou nossa própria mente, cheia de crenças importadas, possam ter em relação a certos aspectos nossos, catalogados geralmente como defeitos. Se os aceitarmos, podemos entender e polir; mas, se não os aceitarmos, vão estar nos manipulando o tempo todo desde a sombra por meio das projeções.[34]

A renúncia e o sacrifício são ideias que sempre têm acompanhado este Arcano. A renúncia à vontade pessoal deve ser entendida. Quem

---

34. Ver a Primeira Chave para o Bem-estar: a plena autoaceitação em <https://tarotterapeutico.info/videos/>.

se entrega à sua natureza íntima, deixando-a direcionar sua vida, aproxima-se inexoravelmente de seu Ser Superior ou Supraconsciência, *self* ou Faísca Divina, que está perfeitamente sintonizado com a Totalidade e acaba vivendo o êxtase de ser canal da Divindade.

"Ninguém é uma ilha. Somos todos parte de uma única Força vital, parte de uma única existência. A possibilidade do amor aparece basicamente porque nas profundidades de nossas raízes somos um só." (*Osho*)

Essa entrega não tem nada a ver com obedecer a determinadas normas e proibições, seguir cegamente condutas padronizadas, expectativas familiares ou sociais para sentir-se protegido dentro do rebanho, esperando que sejam cumpridas as promessas correspondentes. Isso significaria negar-se a si mesmo, defecar em cima dos próprios potenciais e de nossa essência divina e, principalmente, sofrer e desperdiçar a vida.

"O objetivo mais importante dos sábios deveria ser libertar a humanidade da insolência do autossacrifício, da calamidade da castidade; a fé deve ser aniquilada pela certeza e a castidade, pelo êxtase." (*O Livro de Thoth*, A. Crowley)

NA LEITURA TERAPÊUTICA

Momento Atual: a pessoa está questionando-se até que ponto ela se aceita tal como é na realidade. Pode ser que pelo fato de insistir durante décadas a ser o que não é, tenha perdido a noção do que realmente é, mas se dá conta de que não pode continuar assim porque sua falta de autoaceitação tem consequências nefastas em sua vida:

1) Aumenta superlativamente a necessidade de ser aceito pelos outros.
2) Paga um preço absurdo para ter essa aceitação.
3) É hipersensível a qualquer rejeição ou crítica.
4) Torna-se cada vez mais falso para conseguir a aceitação alheia.
5) Aumenta sua desvalorização.

Âncora: por falta, mostra uma dificuldade crônica para autoaceitar-se, produto de uma programação infantil com fortes rejeições e estimulações em que lhe exigiam aparentar o que não era e esconder o que era e da qual ainda não se liberou. Continua tentando ser o que não é, provavelmente longe do mínimo vislumbre do que realmente é. Como efeitos colaterais estão presentes a dor, por não ser o que é, e a frustração, por não conseguir ser o que crê que deve ser. O floral de Butter Cup ajudará a melhorar a autoaceitação e a de Larch, a autoconfiança.

Por excesso, que pode ser sugerido pela presença de muita Água ou do Dez de Paus – A Opressão –, indica que esta pessoa cronicamente coloca nas costas tarefas e obrigações para conseguir a aceitação dos outros, tornando-se a mártir que imagina que, sacrificando-se, renunciando a seus desejos e opiniões, e dedicando-se de maneira submissa à família, a um trabalho de caráter social, espiritual ou a uma fraternidade, não só vai ser aceita, mas também reconhecida e elogiada. Faz do sofrimento um mérito e do sacrifício, uma condecoração.

Aparentemente, suas ações têm como finalidade ajudar o próximo, mas na realidade pretende comprar aceitação e esconder suas carências emocionais. Está geralmente cansada e deprimida, pode até pensar em suicídio, mas continua tratando de manipular e controlar emocionalmente os outros repetindo: "Eu que sou tão boazinha, ajudo o mundo todo, depois ninguém está nem aí para mim", "Eu me sacrifico tanto por você e olha como você me paga".

Por trás desta necessidade de ser querida sempre há uma grande falta de autoaceitação.

Por baixo de seu disfarce de boa gente, destila ódio e negatividade, especialmente com o Cinco de Espadas – A Derrota. Com o Oito de Paus – A Rapidez – sente-se sempre à beira de uma explosão, identificando uma estrutura de defesa de caráter masoquista. Adia sempre o prazer para depois equacionar sacrifício e amor. A essência de Centaury amainará sua timidez e suas tendências à submissão e ao servilismo, dando-lhe um maior senso de individualidade, autoestima e capacidade para dizer não. Chicory ajudará a trabalhar a carência emocional coberta de uma falsa aparência de conduta amorosa, que é usada como um meio de solicitar e manipular a atenção dos outros em benefício próprio, com toques de autopiedade, martírio e possessividade.

Infância: nada lhe foi dado de graça, só pelo fato de existir e de ser uma criança originalmente espontânea e carinhosa. Cada bocado de atenção e aprovação foi condicionado à renúncia das próprias iniciativas e de sua capacidade de escolher. Foi criada para obedecer e submeter-se. Escutou muitíssimas vezes: "Obedeça e cale a boca", "Criança não tem vontade", "Você não é boa para nada". Acabou fazendo da renúncia, da submissão e da obediência cega sua lei de vida. Sacrificar-se significou garantir sua integridade física e psíquica. Talvez, criou-se em um ambiente de sacrifício e renúncia: "Primeiro a obrigação, depois a devoção", "O paraíso, o prazer, virá como prêmio ao sofrimento e ao sacrifício neste vale de lágrimas".

Relacionamentos: a) O relacionamento está ajudando nosso consultante a perceber que a única coisa à qual está realmente amarrado e não pode soltar-se é a sua própria natureza. Isso pode ser percebido de maneira mais ou menos amorosas. O parceiro pode apoiar a pessoa a ser ela mesma, mas ela também pode dar-se conta, ante a evidência, de que tentar ser como o parceiro só traz sofrimento e frustração. b) Essa pessoa tem uma forte tendência a viver em função do outro, adaptando-se a ele como a água se adapta ao recipiente que a contém. Dedica-se a satisfazer seus desejos e expectativas porque acha que se submeter é a única forma de ser aceita. O floral de Pink Yarrow* a ajudará a estabelecer fronteiras emocionais sadias a partir da noção de sua individualidade.

Voz da Essência e Método: integrar O Pendurado significa:

Reconhecer que nossa natureza essencial não depende de nossa vontade, crenças, sentimentos ou das situações.

Deixar de nos adaptar ao que pensamos que temos de nos adaptar e nos adequarmos ao único que podemos nos ajustar – a nós mesmos. De fato, quando deixamos de insistir em ser o que não somos, fica mais fácil perceber o que somos e obrar em consequência.

Aceitar e assumir tudo o que vem de dentro. No momento em que assumimos que somos como somos, o ego se desinfla; finalmente, que mérito tem sermos o que somos? Você não pode perder nem adquirir sua natureza essencial. O que mais podemos fazer é resgatá-la, poli-la e preservá-la.

Sugerimos que a pessoa trabalhe para identificar, entender e desativar as dificuldades internas que tem para entregar-se plenamente ao que ela é. Algumas perguntas podem ajudar a entender melhor o processo: o que faço ou deixo de fazer para que me aceitem? O que faria ou deixaria de fazer se não buscasse a aceitação dos outros? O que é que me impede de aceitar-me plenamente? Quais foram minhas primeiras experiências de não aceitação na família? Essas experiências de alguma maneira se repetem?

Trata-se de parar de se submeter, de se anular e subordinar todas as obrigações com a família, o trabalho, a sociedade, o parceiro, etc., de ser honesta consigo mesma, entregando-se a sua natureza essencial, renunciando à vontade do ego e não o oposto, que é o que geralmente fazemos. Depois pode se sentir impelida a entregar-se a um ideal ou a uma causa maior que se permita fazê-lo. O floral de Deerbrush* ajudará a ser mais sincera em suas motivações, transformando a emoção em ação. O floral de Califórnia Wild Rose estimulará as forças amorosas de seu coração, ajudando-a a se entusiasmar com a vida.

Caminho de Crescimento: usando as chaves que apareceram nas posições anteriores, a pessoa percebe que nunca havia se aceitado tal como era e quais foram as consequências desta atitude: autoanulação, renúncia e sacrifício para conseguir a aceitação do mundo. Assim começa a aceitar-se e valorizar-se, permitindo-se ser mais ela mesma, respeitando seus impulsos e emoções.

Resultado Interno: essa pessoa, produto de todo o processo que vimos até aqui, identificou, entendeu e desativou as dificuldades internas para entregar-se a sua natureza, independentemente das opiniões que a família e a sociedade possam ter de determinados aspectos ou talentos seus. Como consequência, se entrega à vida e ao mundo.

O Ser entrega-se, integra-se, reintegra-se no Fluir Cósmico onde tudo repousa, flui, vibra, sorri e dança.

Resultado Externo: o consultante está encarando o mundo com a atitude interna que vimos no Resultado Interno. Entrega-se a si mesmo, à vida e ao mundo, irradiando seu amor, sua compaixão, com consciência do significado profundo e universal que tem sua vida. Pode sentir-se atraído por atividades que buscam uma melhora da qualidade de vida dos seres.

A Morte

Títulos		Número	Letra hebraica	Caminho cabalístico	Atribuição astrológica	Princípio universal
Marselha	Sem nome	13 Ruptura de algo completo e estruturado (12) para enfrentar o desconhecido	ן ou נ no final Nun Pexe N	24º Tiphareth Netzach	♏ Escorpião Eu desejo	O Princípio da Transformação
Waite Crowley	A Morte					
Osho Zen	A Transformação					

Títulos: esta foi, durante séculos, a carta mais temida do Tarô, tanto que em alguns baralhos, como o de Marselha, aparece sem título. No Tarô Egípcio, é "A Imortalidade". Na maioria dos Tarôs, incluídos Waite e Crowley, aparece como "A Morte", e no Osho Zen chama-se com toda propriedade "A Transformação". Seus títulos esotéricos são "O Filho dos Grandes Transformadores" e "O Senhor dos Portais da Morte".

Número: A Morte é o Arcano XIII. Este número era, e é, considerado popularmente um indicativo de má fortuna e de todo tipo de desgraças. Os desenhistas dos baralhos antigos deixavam muitas vezes em branco o lugar onde deveria constar esse número. Toda essa apreensão ao Treze tem sentido. Se o Doze nos passa a ideia de segurança, de algo que está completo e estruturado, o Treze significa a ruptura de tudo isso para, arriscando-se a enfrentar o desconhecido, continuarmos a evolução. Podemos dizer que a destruição é um fenômeno inerente à evolução. Assim, o Treze está relacionado com a morte do velho para dar lugar ao novo. Isso dava muito medo aos antigos que diziam: "Mais vale o ruim conhecido que o bom por conhecer". Para os astecas, o Treze era o número que regulava os ciclos do tempo, suas semanas tinham 13 dias e seus séculos, 54 anos, isto é, 13 vezes 4.

CORRESPONDÊNCIAS

Letra hebraica: Nun, ׀ ou ב se estiver no final da palavra, onde deixa de valer 50 para valer 700. Segundo o cabalista Soares, é "o Princípio da Indeterminação, em que a própria vida está em jogo". Nun, que significa "peixe", também se pode traduzir como "perpetuidade", "crescimento crescente" e "prolífico", que são ideias associadas à enorme capacidade de procriação que os peixes têm. Como verbo, traduz-se como "brotar", "germinar" e "gerar", e está associado à força procriadora. É uma letra masculina, de cor azul-esverdeada, que se corresponde com nosso N. Hieroglificamente, representa o novo, jovem, gracioso e belo.

Caminho cabalístico: o 24º caminho, o de Nun, une Netzach (A Vitória, a emanação da energia vital associada à arte, ao amor, aos sentimentos em geral e à Natureza) com Tiphareth (a Beleza, o centro, o Sol). Esse é um dos caminhos que unem a personalidade com a Individualidade, transcendendo a esfera do desejo de Netzach para integrar-se no amor de Tiphareth. O Eros transforma-se em Filos. Nesse caminho, a energia da personalidade projetada pela individualidade é absorvida na morte física ou reconceituada em uma iniciação. A beleza concreta e percebida no objeto do desejo não é outra coisa senão o reflexo da beleza da Individualidade, e este caminho as une.

Atribuição astrológica: ♏. Escorpião é o signo da Morte. Sendo de Água, tende a dissolver as formas, dando lugar a uma recombinação de elementos que dá lugar a novas criaturas. É um signo fixo, governado por Plutão, o transformador, e por Marte. No corpo humano, rege a bexiga, o ânus, os genitais e o nariz. Tem quem diga que também governa o útero, que outros atribuem a Câncer.

Seus nativos são geralmente exaltados, com intensas emoções e desejos, e de forte vontade e instintos sexuais. No entanto, têm dificuldade para expressar tudo isso, porque têm muito medo de se expor. Gostam de lutar e superar os obstáculos.

Sem chegar a ser sonhadores, sentem certa atração pelo misterioso e pelo oculto. São muito criativos e possuem uma excepcional capacidade de trabalho, de modo que quase sempre conseguem o que querem, já que também são obstinados e sabem concentrar-se no que estão fazendo. Quando algo interfere em seu caminho, irritam-se tanto que podem explodir de forma perigosa, destrutiva e autodestrutiva. Tem fama de vingativos, ciumentos e invejosos, porém são seres sensíveis, vulneráveis e, embora queiram se mostrar autossuficientes e solitários, têm uma enorme necessidade de se relacionar. Um nativo de Escorpião não gosta de superficialidade. Sua sensibilidade acentuada lhe permite perceber a falsidade e a hipocrisia do mundo, contra as quais se revolta, às vezes de maneira impulsiva e violenta. Em geral, entrega-se apaixonadamente a tudo o que faz, colocando todo seu potencial e energia. Tem tendência a sofrer de enfermidades infecciosas e problemas no aparelho urinário e genital. Corre o risco de envenenar-se e de ter de passar pela mesa de operações.

Seu verbo é "Eu desejo" e sua frase: "Eu uso meu poder interno construtivamente na autotransformação e na cura".

Símbolos: a figura central da carta é um esqueleto, personificação da morte, não como um estado final, mas como um corredor que leva a uma nova forma de vida. O esqueleto é também considerado símbolo do conhecimento, que atingiu aquele que atravessou a fronteira do desconhecido e que por meio da morte penetrou nos segredos do além. Em outro nível, simboliza a brevidade desta vida. Quando se perde tudo, alguma coisa fica: o esqueleto. Não o vemos, mas segura tudo o que vemos. Representa a forma essencial, o que permanece. O que muda é o acidental, o acessório. Os ossos do corpo humano são governados por Saturno, que representa a estrutura básica das coisas: a energia que dá forma aos seres até chegar ao grau máximo de densidade e solidez. Um de seus nomes é "O Senhor das Pedras". O esqueleto com sua foice saturnina, com a qual Cronos (Saturno) castrou seu pai Urano para tomar o poder, está coroado com o capacete de Osíris.[35]

Representava a necessária aniquilação prévia que faz possível a aparição de uma nova vida, tal como a semente se decompõe para germinar.

Escorpião – Johfra.

---

35. Este deus egípcio, neto de Rá, representava originalmente a força da vegetação. Com sua irmã e consorte Ísis, civilizou seu povo de caçadores nômades. Ensinou-lhes a agricultura, a fabricação de ferramentas, a manufatura do pão, o cultivo da uva, a elaboração do vinho e da cerveja de cevada. Ciumento de sua obra e de seu poder, seu irmão Set preparou-lhe uma armadilha, trancando-o em um sarcófago, e o jogou ao Nilo. Ísis, sabendo que a alma do morto não se libera até passar pelos rituais funerários correspondentes, saiu imediatamente a sua procura e o achou em Biblos (Fenícia). Retornou ao Egito, ocultando-se nos pantanais do delta. No entanto, em uma noite de caça, Set, que tinha usurpado o trono, descobriu a arca, abriu-a, esquartejou Osíris em 14 pedaços, que jogou no Nilo, esperando que os crocodilos os devorassem. Os jacarés não se atreveram a merendá-lo e Ísis conseguiu resgatar 13 pedaços (o pênis foi comido por um peixe) com os quais, e com a ajuda de Anúbis e Thoth, reconstituiu seu corpo, embrulhando-o com vendas. Ísis insuflou com suas asas vida à alma de Osíris. Ainda usando a sua magia, concebeu um filho póstumo: Hórus, que depois se vingaria do assassino de seu pai. A partir daqui, Osíris foi identificado com o Sol noturno que morre cada noite para ressuscitar no dia seguinte, transformando-se no deus dos mortos, da morte e da ressurreição.

Esse processo de aniquilação e renascimento está explícito também na dança do esqueleto (e a dança é um dos melhores caminhos para desativar o ego) que, com sua foice, destrói o existente e cria uma série de borbulhas onde novas figuras passam a fazer parte do grande baile da vida e da morte. Os alquimistas falariam em putrefação: "A putrefação é a morte dos corpos e a divisão das matérias do composto, que as leva à corrupção e as dispõe para a geração" (*Dictionnaire Mytho-hermétique*. Paris: Pernety, 1787).

Ísis, Osíris e Hórus.

A Putrefação significa a destruição das formas, para que a vida renasça de outra maneira. A forma se vai, mas a essência permanece para tomar outras formas. Em verdade, é a morte que dá continuidade à vida, que sem mudar estaria estagnada. A morte não é senão o processo contínuo de destruição, sem o qual nada pode chegar a existir.

Aos pés do esqueleto aparece um escorpião; ao seu lado, uma serpente e, acima, uma águia. Esses três animais expressam a mesma ideia de transformação em três níveis diferentes. No escorpião, o acento está colocado na destruição. Depois da cópula, o macho é morto pela fêmea. Quando as crias nascem, seu primeiro alimento são as vísceras de sua mãe. Vemos aqui como a vida da espécie e, portanto, de seus indivíduos, está perfeitamente unida e determinada pela morte desses mesmos indivíduos. Rodeado de fogo ou diante de um grave perigo, esse aracnídeo prefere se matar dando-se uma estocada com seu ferrão. A vida e a morte, a criação e a destruição, são os dois lados da mesma moeda. É interessante que o signo de Escorpião, no hemisfério boreal, cai em outono, época em que grande parte da vegetação morre, decompõe-se, fermenta, às vezes embaixo da neve, e é nesta nova matéria-prima caótica – o húmus – que se prepara o renascimento para uma nova vida.

De ambos os lados do escorpião vemos duas flores, um botão de ópio à direita e uma flor de *Datura stramonium* (trombeteira) à esquerda, que estão aí para reforçar a ideia de destruição, ligada à transformação. Sabemos que o uso de certas plantas psicotrópicas, apesar de supor um desgaste para nosso organismo, podem ser de notória ajuda em momentos específicos de nosso caminho evolutivo. No entanto, essas duas são tremendamente destrutivas física e psiquicamente. Os antigos acreditavam que a serpente, "A Senhora da Vida e da Morte", era imortal. Contudo, apenas mudava de pele. Esse animal primitivo está presente em todas as culturas. Sua riqueza simbólica exigiria por si só um livro. Em primeiro lugar, encontramo-la como "Senhora do Princípio Vital", fora do tempo, anterior a todos os deuses; ponte ou canal entre o Caos e o Cosmos.*
Nela, o Espírito tem de submergir-se para regenerar-se e dar frutos. É o

reservatório ou o potencial de onde se originam todas as manifestações e transformações. Segundo uma das mais antigas tradições da bacia mediterrânea, a serpente "Atum", emergindo das águas primordiais, cuspiu (em outra versão ejaculou) toda a criação.

Na antiguidade neolítica, a serpente era um símbolo constante e principal da Grande Deusa, tanto em Creta como no Oriente Médio. Na Mesopotâmia, em um sítio arqueológico do século XXIV a.C., foi descoberta uma representação da Deusa com uma serpente enroscada na garganta.

Na Índia, vimos os *nagakals* relacionados com os cultos tântricos ao feminino. No Egito, a deusa serpente Ua Zit seria a criadora original do mundo. Em Canaã, a deusa Astarte era representada com uma serpente, etc. Com o advento do patriarcado e seus deuses masculinos de guerra, vingança e morte, os símbolos da Deusa, em geral, e a serpente em particular, foram assimilados pelos novos cultos para "legitimar" o poder dos novos governantes e lembrar a derrota da antiga ordem matrilinear e da Deusa ou foram, simplesmente, degradados e difamados. Assim, na mitologia grega, ao lado de Zeus, a serpente se torna um símbolo do novo poder. Aparece no escudo de Atena. Existem sérias razões para supor que na Arca da Aliança, o símbolo mais sagrado da religião judaica, havia uma serpente de bronze, feita no deserto pelo próprio Moisés, que representava Jeová e que era cultuada no templo de Jerusalém junto à sua esposa, a deusa Asherah. Esse culto existiu até que, durante a perseguição religiosa realizada pelo rei Ezequias (mais ou menos 700 a.C.), a serpente foi retirada do templo e destruída.

Zeus derrota o monstro Tifão, mas não o mata, manda-o para baixo do vulcão Etna, onde continua cuspindo fogo; Apolo extermina a serpente Píton; Hércules mata Ladon; Baal, deus fenício do furacão, submete a serpente Lotan; Jeová mata a Leviatã; etc.

Minoana, deusa cretense da terra, do céu e do mar.

Sem nome de Marselha.
A Morte de Waite e Crowley.

No Cristianismo, Maria mata a serpente pisando-lhe a cabeça, dando continuidade ao mito hebraico, segundo o qual a serpente, agora símbolo da luxúria, e a mulher seriam as causadoras de todas as dores da raça humana: "A serpente, que tendo seduzido o pudor virginal de Eva inspirou-lhe o desejo do coito bestial e de toda a impudência e de toda a prostituição bestial dos homens" (Jacob Boehme, Paris, 1945).

O feminino é mutilado e degradado ainda mais, acabando como um sombrio e ridículo espectro de si mesmo, com a música de fundo de um tango de Carlos Gardel! Em muitas tradições, a serpente é um antepassado mítico que trouxe diversos conhecimentos, ajudando na evolução da espécie humana. Sua forma mais conhecida é Quetzalcoatl (A Serpente Emplumada), de origem tolteca, retomada mais tarde pelos astecas. Na África, existem inúmeros exemplos. Em todos eles, a serpente simboliza o poder da sabedoria, que transformou suas civilizações. A serpente é também um símbolo de fecundidade. Na Índia, as mulheres que desejam ter um filho adotam uma naja: serpente áspide. Contam que os antigos tupis-guaranis chicoteavam os quadris das mulheres estéreis com serpentes para fazê-las fecundas. Em Angola, certas tribos colocam uma serpente de madeira embaixo da cama nupcial para garantir a fecundação. Tem quem veja na serpente um símbolo viril em suas aparições repentinas, enrijecida e erguida para lançar seu veneno. Podemos considerá-la sexualmente ambivalente: seu corpo é fálico e suas roscas são vaginais. A serpente representa o Princípio Vital Primordial, atemporal, anterior ao masculino e ao feminino.

"A serpente é um vertebrado que encarna a psique inferior,
o psiquismo escuro, o que é estranho, incompreensível e misterioso."
(L'homme à découverte de son âme. Structure et fonctionnement de l'inconscient. C. G. Jung)

A águia, símbolo de Zeus, é "a Senhora do Trovão e do Raio" tanto na fria Sibéria quanto nas pradarias norte-americanas, no Japão, China, África, México, etc. Bruxos, sacerdotes, reis, heróis e especialmente exércitos a usam como emblema e com a intenção de participar de seus poderes. Várias penas de águia amarradas em um pauzinho são os instrumentos de cura mais usados nas tribos de índios norte-americanos. Capaz de encarar a luz do Sol frontalmente, a águia é um símbolo de clarividência em muitas culturas. Os gregos, os romanos, os persas e os beduínos do deserto interpretam o voo das águias como premonição ou expressão da vontade divina. Essa ave de rapina representa aquilo que está acima da matéria, livre das ataduras das leis do mundo material, e simboliza transcendência, elevação espiritual e pureza. Representa a essência do ser humano: livre, eterna e divina. Atingir a águia, entregar-se à essência é o resultado final da transformação. É a nova vida que surge depois da putrefação, é o estado da águia do qual fala don Juan: "Eu já me entreguei ao poder que rege meu destino e não me prendo a nada, para não ter nada que defender. Não tenho pensamentos para assim poder Ver. De nada tenho medo para assim me lembrar de mim mesmo. Desprendido e natural, eu passarei pela Águia para me tornar livre" (*O Presente da Águia*, Carlos Castañeda).

Ao lado da serpente, aparece o peixe, tradicionalmente símbolo da vida, da fecundidade e da prosperidade, em razão da sua prodigiosa capacidade de reprodução, colocando milhões de ovas. Deve ser o peixe que comeu os genitais de Osíris. Na antiga Ásia Menor, o peixe era considerado o pai e a mãe da espécie, enquanto na Síria era atributo das deusas do amor, passando na Grécia a ser, com a forma do golfinho, um atributo de Afrodite e associado também ao culto de Apolo, dando nome a seu templo oracular de Delfos. Na China, é símbolo de boa fortuna. Para os indígenas da América Central, representa o deus do milho e, antes que a Igreja Cristã adotasse a cruz como seu símbolo principal, os cristãos primitivos usavam o peixe para representar Cristo e suas comunidades.

Significados gerais: esta carta simboliza o Princípio Universal da Transformação, que exige a morte do velho, do que perdeu sua capacidade de pulsar no ritmo cósmico e que só por meio da destruição voltará a ser energeticamente vivo.

Um astrofísico poderia muito bem ver, no movimento ondulante da foice, o papel dos cometas que arrastam em sua cauda aqueles corpos celestes que perderam energia e estão velhos e desvitalizados. Aí ocorre toda uma série de processos de aglomeração e separação de partículas, de reestruturações físico-químicas, de acumulação de energia graças ao movimento da cauda, à influência do núcleo e à captação de energia de estrelas próximas. Quando os novos corpos atingem um potencial cinético suficiente para tornarem-se seres independentes, desprendem-se do cometa ao libertar uma parte de sua cauda. Na Antiguidade, os cometas eram considerados um mau presságio, anunciadores de catástrofes, mortes, epidemias, guerras, fomes, etc. Hoje são observados como premonições de grandes transformações, não necessariamente espantosas.

No mundo humano, a morte representa uma profunda transformação, produto da identificação, compreensão e desativação de toda uma série de padrões de conduta que, se bem foram necessários na infância para ter um mínimo de aprovação, cristalizaram tornando-se os eixos da falsa personalidade (ego); décadas depois, a pessoa continua fazendo suas opções de vida e tomando suas iniciativas automaticamente a partir de tais padrões e não a partir da essência. Esse é o momento em que começa a destruição das couraças nas quais se cristalizaram todo tipo de bloqueios, medos e traumas. As tensões musculares são aliviadas e os padrões viciados de comportamento, desmascarados. A armadura repressora que víamos em O Carro começa a rachar-se, e pelas fendas aparecem as borbulhas essenciais do ser mais autêntico. Inclusive quando essa transformação é desejada pode desencadear uma crise, cuja intensidade dependerá do grau de apego que o sujeito tem com seus padrões neuróticos de conduta e mecanismos de defesa.

A dança, tanto nos rituais dionisíacos no antigo Egito, com os dervixes rodopiantes, com as danças xamânicas, etc., quanto na Índia, com Shiva, o transformador, representado como Shiva Nataraj, aquele que dançando mata seu ego, leva ao transe, é um meio de se libertar dos condicionamentos e de fazer contato com sua verdadeira natureza.

Shiva Nataraj.

Nesse sentido, podemos afirmar que o rock ajudou a salvar a humanidade de um desastre provavelmente nuclear. Foi em momentos álgidos da Guerra Fria que os roqueiros, com uma nova linguagem e ritmo, colocaram a juventude para bailar, alquimizando e dissolvendo a raiva e a frustração que seriam utilizadas pelas agências de inteligência para destruir ainda mais o planeta. Podemos agradecer a Lennon, Hendrix, Joplin, Morrison, Jagger, Page, Dylan, Raul Seixas, Pink Floyd, e muitos e muitos mais.

NA LEITURA TERAPÊUTICA

Momento Atual: o consulente está passando por uma crise, sentindo que está processando dentro dele uma profunda transformação. Percebe que tem atitudes diferentes e sente vontade de encarar as situações de uma nova maneira. Também podem manifestar-se impulsos até agora desconhecidos, deixando-o até assustado. Dá-se conta de que quanto mais se identifica com os velhos padrões de conduta, necessários para sobreviver na infância, a crise é mais aguda. A segunda carta pode mostrar como essa transformação interna se concretiza na vida ou os bloqueios que a dificultam.

Âncora: por falta, é uma pessoa que sempre diz: "Mudar? Antes a morte", ficando assim ancorada no passado e em seus padrões de conduta com os quais se identifica. Nunca conseguiu acompanhar as transformações dos tempos e evita confrontar seus conflitos internos, fugindo ou anestesiando-os. Sugerimos-lhe o uso do floral de Sagebrush* que facilita a ruptura com os velhos hábitos e falsas identificações, e ajuda a reencontrar a essência e a verdade interna. O de Walnut proporciona coragem para se libertar do passado e das ideias alheias, especialmente se está muito influenciada pela família, como indicaria um Dez de Copas (A Saciedade) na Âncora.

Esta atitude gera tensão que dificulta ainda mais a possibilidade de realizar transformações conscientes.

Uma segunda carta pode indicar-nos como essa tensão pode se manifestar: com cartas coercitivas como o Quatro ou Oito de Espadas (A Trégua e A Interferência) pode não ter transformação, pedindo o floral de Cayenne,* que é como uma faísca catalisadora que propicia uma resposta energética intensa capaz de superar os bloqueios. Com a Princesa de Espadas, poderia dar uma atitude defensiva, crítica, desconfiada e agressiva frente a tudo que é novo. O floral de Oregon Grape* ajuda a dissolver esse padrão de desconfiança. Com a Rainha de Espadas, em vez de transformar sua vida, quer mudar o mundo. É uma inconformista que coloca no mundo suas próprias insatisfações. Em sua revolta se destrói e destrói seu ambiente. Poderíamos recomendar-lhe o uso de Saguaro*, que alivia sua rebeldia extrema e resistência à autoridade.

Por excesso, pode mostrar uma pessoa que vive mergulhada em workshops de autoconhecimento, no consultório do psicanalista, em rituais com plantas psicotrópicas, etc. Acaba com a cabeça cheia de informações que não levam à prática e com elas engorda seu ego. A transformação procede da consciência e a consciência vem da profundidade com que vivemos a experiência. Uma pequena experiência vivida com profundidade pode trazer muito mais consciência que inúmeras experiências superficiais. A essência de Blackberry* pode ajudar a levar a concretizações práticas todas essas informações.

Infância: esta é a única posição em que este Arcano pode significar a morte física. Em primeiro lugar da criança: um encontro com a morte no útero, no parto ou nos primeiros anos de vida, confirmado pela presença de Plutão próximo ao ascendente natal. Também a morte ou a perda de algum de seus pais que desapareceu de sua vida. Esta morte pode ser simbólica, quando o pai faz uma barbaridade, por exemplo, viola a filha, que fica tão impactada, ferida e enraivecida que diz: "Este canalha não é mais meu pai". Também pode falar da perda de irmãos ou de alguém muito próximo, inclusive um animal de estimação que marcou intensamente a criança.

Relacionamentos: a) A relação atual está ajudando a pessoa a transformar-se. De novo isso pode se dar de maneiras muito diferentes. Tanto pode se sentir amorosamente apoiada para conseguir libertar-se de padrões caducos de conduta, quanto entrar em crise ao perceber que, se quiser dar continuidade à relação, tem de largar esses padrões e regras de conduta para viver sua verdade interior. b) Também pode mostrar a pessoa que se autoproclama catalisador adas transformações de seu par, que "sabe" o que tem de entender ou fazer para melhorar a relação e a vida, protegendo-se assim detrás do divã.

Voz da Essência e Método: chegou a hora de agarrar o touro pelos chifres e encarar a crise: identificando, entendendo e desativando os medos e outras dificuldades internas para abandonar velhos padrões de comportamento, hábitos e rotinas, dando mais atenção à verdade interior.

Sugerimos terapia, especialmente desprogramação infantil, pois nela estão enraizados os velhos padrões, crenças e medos. O ser interno está sufocado embaixo das couraças e dos modelos de comportamento que o desconectam de sua natureza e que tem de ser abandonados. Integrar o Arcano da Morte significa também aceitar as situações que atraímos, evocadas pela necessidade de crescimento interior, embora sejam estas as que mais tememos. São essas situações, e não as que esperamos (quando me aposente..., quando apareça minha alma gêmea...), as que vão nos ajudar a nos transformar.

O floral de Morning Glory* pode ajudar a pessoa a se desprender dos hábitos mais destrutivos.

Um bom ponto de partida é desautomatizar cada ato, cada gesto, cada pensamento, colocando atenção em cada coisa, especialmente na respiração, tentando fazer de cada instante algo irrepetível. Um erro comum é falar na transformação com o sentido de melhorar. A melhor maneira de piorar é falar em melhorar. Não se trata de ser melhor (a partir de que crenças vamos nos considerar melhores?), mas de ser integralmente o que somos.

Caminho de Crescimento: usando as chaves que apareceram nas posições anteriores, a pessoa começa a se transformar. Também como produto de perceber as consequências de ter vivido durante décadas obedecendo a padrões de conduta invasores, dos quais agora começa a se tornar independente. Trata-se de mudanças internas que se refletirão no mundo externo. Assim vai tomando atitudes mais autênticas, firmes e profundas. Acompanhada pelo Ermitão, indica que essa transformação é o resultado ou ocorre paralelamente a um processo de autoanálise. Com a Princesa de Copas, mostra um despertar da criatividade e da capacidade de expressar os sentimentos. Com o Três de Espadas (A Aflição), indica que o consulente pode ser rejeitado, abandonado ou culpabilizado por pessoas que não aprovam suas mudanças, colocando em evidência sua vulnerabilidade frente a rejeição, abandono ou culpa, e empurrando-o a trabalhar essas áreas sensíveis.

Resultado Interno: essa pessoa, produto de todo o processo que vimos até aqui, conseguiu identificar, entender e desativar as dificuldades internas que tinha para eliminar os caducos padrões de conduta inoculados na infância e se expressar a partir de sua essência. Mostra a morte da marionete programada e desconectada do verdadeiro ser.

Resultado Externo: essa pessoa encara o mundo com a atitude que vimos no Resultado Interno e, como fruto de suas mudanças internas, não somente deixa de atrair o que atraía, como também pode estar colocando sua energia na transformação de seu ambiente, firmemente apoiada em sua verdade interior.

A Arte

Títulos		Número	Letra hebraica	Caminho cabalístico	Atribuição astrológica	Princípio universal
Marselha Waite	A Temperança					
Crowley	A Arte	14 2 x 7	ס Sameck, Suporte A serpente mordendo seu rabo S	25º Tipharet Yesod	♐ Sagitário Eu vejo	O Princípio da Integração dos Opostos
Osho Zen	A Integração					

Títulos: no de Marselha e na maioria dos Tarôs se chama "A Temperança". Com "A Justiça", "A Força ou Fortaleza" e "A Estrela", que para muitos autores continuam significando esperança, temos uma alusão às virtudes do Catolicismo.

Dessas quatro cartas, as três primeiras foram rebatizadas por Crowley, chamando-as "Art", "Ajustement" e "Lust". Os títulos esotéricos da Arte são "A Filha dos Reconciliadores" e "O Impulsionador da Vida".

Número: A Arte é o Arcano XIV. Duas vezes Sete é a união de duas entidades puras que, completando em si mesmas um ciclo, atingem juntas um novo estado de perfeição.

CORRESPONDÊNCIAS

Letra hebraica: ס, Sameck, simples e azul, de valor 60, está atribuída à Arte. Corresponde-se com o S de nosso alfabeto. Significa "suporte", "apoio", "coluna", "sustentar" ou "estabelecer". Hieroglificamente representa uma serpente mordendo seu próprio rabo: é aquela que se alimenta de sua própria substância.

É o Uróboro, a matriz cósmica que abraçando o Universo evita que se desintegre. Este é um dos símbolos mais antigos que se conhecem. Representa a manifestação e a reabsorção cíclica, a união sexual e a autofecundação permanente. É a perpétua transformação da morte em vida e da vida em morte, a morte que sai da vida e a vida que sai da morte. Outra interpretação mostraria a união do mundo animal (a serpente) com o mundo espiritual (o círculo). Existiria aqui uma espécie de união de opostos que se vê mais clara em algumas representações em que a serpente é metade branca e metade negra, tal como vimos na ilustração "O Um" do Mago.

Caminho cabalístico: o caminho de Sameck (25º) vai desde Yesod (o Fundamento, os alicerces, a esfera da Lua) até Tipharet (A Beleza, a visão da harmonia, a esfera do Sol). É um caminho vertical, equilibrado na coluna central da Árvore e considerado um dos mais importantes e difíceis da cabala prática, em que é vivenciada uma parte fundamental da Grande Obra. Trata-se, em termos alquímicos, da destilação do negro.

Indo da Lua para o Sol, conecta a personalidade ou psiquismo astral de Yesod com a Individualidade de Tiphareth.

Aqui, o caminhante submete e verifica suas crenças nos desafios da vida cotidiana, estabelecendo (Sameck) sua própria verdade em um processo contínuo de tentativas e erros.

Atribuição astrológica: ♐. Sagitário é um signo de Fogo, mutável, regido por Júpiter. Governa no corpo humano os quadris, as costas e as nádegas.

Seus nativos possuem excelente e transbordante vitalidade, o que supõe uma grande necessidade de atividade e movimento. De temperamento entusiasta, ardente e impulsivo,

Sagitário – Johfra.

são enormemente extrovertidos. Sagitário, que significa "arqueiro", é representado por um centauro armado, assim como Diana, deusa da caça e da Lua, de arco e flechas. O sagitariano aborda a vida como uma aventura, uma viagem, uma procura. Seu passatempo é fazer dessa viagem uma jornada interessante, variada, expansiva; cheia de novidades, encontros e conhecimentos. Sente uma verdadeira fascinação pelo desconhecido, pelo risco e pelo jogo. Adora viajar e tudo o que é exótico e distante. Tem caráter alegre, jovem e otimista; de modo que se relaciona com facilidade, embora seja também inconstante e superficial. O mundo da segurança, das rotinas domésticas e da tranquilidade não o satisfaz. Precisa fixar objetivos para conquistar, superar seus limites e viver em contínua mudança.

Diana de Éfeso.

É um excelente ator, porém sincero e franco. Seu sentido elevado da justiça pode levá-lo a questionar o sistema social. Sua missão é transmutar e impulsionar. Tem tendência a sofrer de ataques de ciática, gota, reumatismo, problemas nas articulações e também de tumores e enfermidades hepáticas.

Como bom jupiteriano, não sabe colocar seus próprios limites e cai em exageros às vezes destrutivos. Seu verbo é "Eu vejo" (visão = 60 = Sameck) e sua frase integradora é: "Eu manifesto a sabedoria interior e vejo o supremo nas coisas mais simples".

Símbolos: a figura central da carta é a própria Diana, a caçadora, a dos muitos peitos, tal como foi cultuada em Éfeso (Ásia Menor, hoje Turquia), representando provavelmente o feminino de maneira mais global: a Grande Deusa, que a todos dá a vida e também a morte.

Os guerreiros arianos que invadiram a bacia mediterrânea, até então (2500 a.C.) fundamentalmente matriarcal, casaram seus deuses de guerra e morte com as deusas nativas, mas não consideraram oportuno manter o culto à Grande Deusa ou Grande Mãe e, como não puderam eliminá-lo, simplesmente o desmembraram. Diana representa a estrutura natural, o suporte (Sameck) do fluxo e refluxo da Existência.

Aqui Diana de Éfeso integra o rei negro e a rainha loira que se casavam nos Amantes, atribuídos a Gêmeos, signo oposto e complementar de Sagitário. Uma parte de seu rosto é negra e a outra é branca. O lado de rosto branco tem o cabelo e o braço negros e a coroa dourada do rei, com um rebite de prata. O outro lado tem o cabelo loiro, com a coroa prateada da rainha com uma marca de ouro e o braço branco. A mão esquerda branca (feminina) segura a copa de prata da rainha e a direita (masculina) tem a lança do rei sob a forma de uma tocha acesa. Sua roupa é de cor verde, para indicar que ela, como A Imperatriz, favorece o crescimento vegetal e a criatividade. Nela se misturam as abelhas e as serpentes das roupas do casal real. O Leão e a Águia aumentaram de tamanho e aquele trocou seu sangue com o glúten branco desta. Os símbolos polares dos Amantes estão aqui perfeitamente complementados, equilibrados, contrabalançados e intercambiados. Não é só uma soma de polaridades, mas também uma fusão e complementação profunda dos Princípios Masculino e Feminino. Cada um desses princípios não é completo em si mesmo, tampouco é totalmente incompleto, já que cada um deles, para poder existir, precisa levar uma referência de seu oposto em sua própria natureza. O símbolo que melhor expressa esta ideia é o *Yin-Yang* taoista, em que cada aspecto leva em seu centro uma gota de seu oposto complementar, tal como vemos na ilustração.

Na carta, poderíamos perceber essa mesma ideia no fato de que as duas partes do rosto de Diana são maiores que a metade exata: cada uma participa do outro lado.

Ela está misturando no caldeirão dourado os dois princípios: Fogo e Água, que aparecem no chão perfeitamente harmonizados, mostrando graficamente, como nos disse Crowley: "A satisfação do desejo de cada elemento, parcialmente incompleto, de completar-se através da assimilação de seu oposto. A Água se derramou sobre o Fogo e este se amalgamou com ela".

Toda operação alquímica acontece também dentro do alquimista, cujo veículo físico está representado pelo caldeirão dourado (símbolo de felicidade e de prosperidade no I Ching), indicando que, em virtude da operação, se espiritualizou. A aplicação de Yod (o Fogo, a energia sexual de kundalini) sobre He (A Água, a consciência) produz Vau (o Ar, a consciência espiritualizada) dentro do corpo físico que é a He final. O resultado é maior que a simples soma de suas partes. No caldeirão, estão presentes os quatro elementos, tal como sugere a cruz de braços iguais gravada em sua borda.

A Temperança de Marselha e Waite. A Arte de Crowley.

Saindo do caldeirão, e como resultado da operação que se realiza nele, um raio de luz emerge e ascende, transformando-se em dois arco-íris que formam a borda do manto de arminho que cobre os ombros de Diana. O arco-íris é, em primeiro lugar, a expressão na Natureza da perfeita união da Água (a chuva de dia ou a umidade de noite) com o Fogo (a luz do Sol ou da Lua). Um resultado que também vai além em beleza e colorido que a simples união das qualidades de seus componentes. Em segundo lugar,

As oito operações alquímicas.

o arco-íris representa a ponte que une a Terra e o Céu, passando ideias de elevação e espiritualização. Para os bororos do Mato Grosso, os índios de Nevada (Estados Unidos) e outras tribos africanas e asiáticas, o arco-íris é uma serpente (de novo Samek) geralmente maléfica que rouba crianças e anuncia catástrofes. Astrologicamente, o arco-íris está atribuído a Sagitário. A seta do arqueiro é um símbolo de penetração, unificação, decisão e de intuição fulgurante. Quando atinge seu objetivo, representa a realização final e, ascendendo com o raio que forma o arco-íris, também sugere a aspiração por unir-se com a Divindade. Como essa operação de juntar o Fogo com a Água envolve a manipulação da energia sexual, podemos considerar a libertação da seta um orgasmo espiritual. É a onda de bem-aventurança do êxtase tântrico ou Mahamudra, o clímax dos místicos. Lembremos que Teresa de Ávila descreve suas experiências espirituais como um anjo espetando uma seta de fogo em seu coração. A seta ascendente simboliza a libertação dos condicionamentos materiais.

Duas Luas de três dias, veneradas na Índia como a Lua de Shiva, a mais feminina e receptiva de suas formas (A Lua da Yoni), cruzam-se frente à cabeça de Diana. E se complementam com um enorme disco solar que ocupa o fundo da carta, no qual está gravado em latim a máxima alquímica: *Visita Interiora Terrae Rectificando Invenies Ocultum Lapidem*, que literalmente significa: "Visita o interior da Terra, retificando encontrarás a Pedra Oculta", que podemos interpretar como "Dentro de ti mesmo, retificando (seguindo a direção correta) encontrarás a Pedra Filosofal" (o catalisador da transformação dos metais em ouro e do alquimista em sábio, assim como o elixir da eterna juventude).

Estas oito palavras correspondem-se com as oito operações alquímicas. Observe que o corvo, que na Grécia era consagrado a Apolo, em cima do crânio que se corresponde com a primeira operação: a Calcinação, aparece na carta no centro do caldeirão, pousado em uma caveira, símbolo da continuidade da vida através da morte e do renascimento.

O arco.

As letras iniciais do mandato alquímico formam a palavra "vitriol"; é o solvente universal, formado pela combinação equilibrada dos três princípios alquímicos: o Enxofre, o Sal e o Mercúrio. As duas Luas parecem dois arcos prontos para disparar suas setas.

As três letras dos três caminhos inferiores da Árvore: Quoph, 29º caminho, A Lua; Shin, 31º caminho, O Eão; e Tau, 32º caminho, O Universo, formam a palavra *Qesheth*, que significa "arco" e "arco-íris", que lança a flecha para o alto.

O caminho de Sameck, a serpente que sustenta, é uma seta que atravessa o arco-íris entre os peitos de Diana, ordenados como os seis planetas, ou metais, ao redor do Sol ou do Ouro, que podemos considerar os sete níveis de consciência. Esse caminho é uma etapa do Caminho da Seta que ascende pelo pilar central da Árvore. É o caminho do místico, o caminho do meio, que leva ao aspirante, sem desvios, de Malkuth a Kether, atravessando Yesod (A Lua, o passado, a mãe, o psiquismo astral), passando por Tipharet (o Sol, o eterno presente, a individualidade) e finalmente superando o Abismo, da mão da Sacerdotisa para atingir a luz de Kether. A máxima alquímica do disco solar nos indica como percorrer esse caminho com sucesso. A seta é também um símbolo de Mercúrio, já que representa a vontade dirigida.

Significados gerais: esta carta representa o Princípio da Integração dos opostos perfeitamente unidos e complementados. Nela se dá a consumação da Boda Real que vimos nos Amantes e que, com A Arte, forma a polaridade alquímica *Solve et Coagula*, "Separa e Junta", estando aqui enfatizado o aspecto "Junta".

Com o processo de integração se dá o de espiritualização. Se no Arcano XIII a morte do robô dava lugar à libertação da Essência do Ser, na Arte essa essência se manifesta na prática. O Louco atingiu sua segunda iniciação, a práxis é possível. A essência começa a expressar-se sem tensões nem angústias, imprimindo sua beleza e fragrância em tudo o que a pessoa faz. Assim, esta entra no fluir, de maneira que o caminhar se torna uma dança, a palavra transforma-se em poesia e o silêncio, em meditação, como falei no capítulo "A Grande Viagem". A partir da calma interna, da não ação, O Louco atua e o resultado é A Arte. Agora podemos entender por que Crowley deu esse título a esse Arcano, o qual é muito mais amplo e profundo que "a Temperança", que no melhor dos casos indica moderação e, no pior, domínio sobre as paixões. Também pela óbvia conotação que esta carta tem com a alquimia que, durante a Idade Média, foi chamada de "ars chimica", a Arte Química, e inclusive de "A Grande Arte".

No Taoismo há o "Wu Wei", a ação sem ação, a ação externa a partir da calma interna, a ação não como resultado da atividade mental, do ego, mas do silêncio interior, do desapego, da vontade verdadeira. É o fazer sem fazer, a ação externa desde a calma interna. Como dizem os taoistas: "Ser como um bambu oco". Você não faz a canção, mas canção faz o vento. Você é apenas um canal. Mas quem é o vento? É o que vem de dentro, o que emerge do inconsciente com sua própria energia, alegria e ânimo.

De uma história taoista:

"– Cadê o Mestre? – perguntou um monge recém-chegado às portas do mosteiro.

– O Mestre está descansando – responderam-lhe.

Não querendo interromper seu descanso, o monge se retirou. No dia seguinte, voltou a perguntar e obteve a mesma resposta. No

terceiro dia e no quarto se repetiu a história. No quinto dia, já impaciente, perguntou:
– Como descansa este Mestre?
– O Mestre descansa trabalhando – responderam-lhe".

Na ação desde o centro, desde o silêncio interior, não tem desgaste, não tem tensão, não tem ansiedade por resultados, não tem esforço. Há prazer, a ação é total, o equilíbrio das coisas não é violentado, o Mestre descansa trabalhando. Essa atitude Wu Wei é a verdadeira Pedra Filosofal. Podemos ver como a decisão tomada nos Amantes e iniciada no Carro está sendo concretizada na vida prática, na Arte.

Outra integração do que sempre nos venderam como opostos é o divertir-se trabalhando. Sempre que expressamos um talento, este vem com prazer e energia de maneira que, se optamos por atividades que nos proporcionem esse prazer que vem de dentro, se fazemos de nossa diversão nosso trabalho, estamos garantindo que nosso trabalho vai ter qualidade, pois nele estão se manifestando talentos específicos. Assim deixamos de estar divididos de segunda a sexta-feira, fazendo algo que não nos dá prazer para obter dinheiro, já que sábado e domingo gastamos esse dinheiro para comprar prazer que não vem de dentro, mas de fora. E, se necessitamos incorporar conhecimentos para fazer melhor esse trabalho que nos diverte, vamos absorvê-los com facilidade de forma que a qualidade de nosso trabalho aumente ainda mais e assim ganharemos dinheiro, pois a sociedade que hipocritamente diz que valoriza o esforço, o que na realidade paga é a qualidade. Além do mais, se fizermos de nossa diversão nosso trabalho, quando acaba a jornada laboral, vamos encarar melhor as relações, sejam familiares, amorosas ou amistosas, seremos doadores e não vampiros nem mendigos, e será mais fácil fluir nelas. Também quando fazemos aquilo de que gostamos não vemos o tempo passar de modo que envelhecemos mais devagar. Com o corpo, o coração e o bolo saudáveis será mais fácil abrir a porta da transcendência espiritual.[36]

NA LEITURA TERAPÊUTICA

Momento Atual: vemos a pessoa em contato com um impulso interno de fazer opções profissionais que lhe deem prazer. Pergunta-se: será possível fazer do que me diverte meu trabalho? Provavelmente sempre esteve metido em atividades sem graça, só por dinheiro, para dar satisfação à família ou por *status*. Talvez certas crenças que lhe impediam de fazer aquilo de que realmente gostava estejam perdendo força, ao tempo que está cada vez mais insatisfeita, senão farta, de suas ocupações profissionais habituais.

---

36. Ver em <https://tarotterapeutico.info/videos/> a 4ª Chave para o Bem-estar: Faça de sua diversão seu trabalho.

Ainda percebe que não adianta forçar a barra. Observa que os melhores resultados chegam quando faz aquilo que lhe dá mais prazer, aquilo que naturalmente sai de dentro, e isso não exige esforço. Qual é o esforço que faz a mangueira para dar mangas? Também percebe que, quanto menos pensa em resultados e fica mais absorvida na ação, quando a ação é um fim em si mesma, e não um meio para atingir um fim no futuro, melhores são os resultados.

A vontade do *ego*, projetada no futuro, nos resultados da ação, estabelece objetivos que o inflam. Na vontade verdadeira o desejo procede do inconsciente, toma o corpo todo e se manifesta na ação sem ânsia de resultados.

Âncora: por excesso, temos uma pessoa que se identifica tanto com o que faz, que sua autoestima e humor estão em função de suas atividades profissionais, resultados e reconhecimento. É óbvio que este padrão de conduta será mais difícil de manter se ela não gosta do seu trabalho. Podemos ter o caso da pessoa que fez de sua diversão seu trabalho, mas que se absorveu de tal modo nele que deixou de viver outras coisas. Com essa máscara, perfeccionista, às vezes alegre e popular, procura reconhecimento e *status*, ao mesmo tempo que foge de si mesma e esconde suas emoções e desejos profundos, especialmente se na infância há cartas que enfatizam a racionalização e a repressão, como o Quatro, o Seis ou o Oito de Espadas (A Trégua, A Ciência e A Interferência, respectivamente). Com um Sete de Copas (A Corrupção), pode indicar a dependência de estimulantes, como álcool, cocaína ou café para manter sua fachada animada. O floral de Agrinomy poderia ajudá-lo a ser honesto emocionalmente, reconhecer suas dores e expressar seus sentimentos.

Por falta, mostra uma pessoa refém da maldição de Jeová: "Ganharás o pão com o suor do teu rosto", convencida de que uma coisa é trabalhar e outra muito diferente é se divertir, de maneira que nem imagina que possa ganhar dinheiro com algo que lhe dê prazer, pois segundo ela o trabalho não pode dar prazer, porque não seria trabalho. Seu prazer vem de gastar o dinheiro que ganha sem prazer. Com o Sete de Paus (A Coragem) indica que essa pessoa se exige demais, violentando assim os ritmos naturais de seu corpo e podendo acumular tensão na musculatura. A flor de Dandelion* a ensinará a escutar as mensagens corporais, permitindo que a energia dinâmica trabalhe com menor esforço.

Infância: um de seus pais (ou adultos com os quais a criança se criou) era uma pessoa compulsivamente perfeccionista, aparentemente eficiente, equilibrada e produtiva, ou gostaria de ter sido. Esse adulto exigiu que a criança interiorizasse essas atitudes e ainda lhe exigiu um bom desempenho em tarefas que poderiam ser até impróprias para sua idade.

A criança não só se sentiu muitas vezes incapaz e desvalorizada pelo adulto, mas também ficou acreditando que só seria aceita pela família e, como extensão desta, pela sociedade, se conseguisse mostrar eficiência, capacidade de trabalho e autocontrole ou, no pior dos casos, perfeição a toda prova.

Relacionamentos: a) A relação ajuda a pessoa a fazer esta integração de polaridades, especialmente no aspecto profissional. Assim o parceiro, de maneiras diferentes, impulsiona a pessoa a optar por atividades profissionais que lhe dão prazer, a transformar esses impulsos internos, que na realidade são seus talentos que queriam se expressar, em uma fonte de renda. Também pode mostrar que a relação promove que a pessoa identifique e integre suas polaridades masculina e feminina. b) Vende no mercado das relações uma imagem de excelente profissional, inteligente, ocupado e provavelmente realizado ou a ponto de estar. Por trás dessa fachada esconde seus sentimentos e necessidades emocionais. Aconselharemos o uso do floral de Evening Primrose* para facilitar-lhe uma expressão emocional mais quente e comprometida.

Voz da Essência e Método: a carta da Arte nesta posição indica que o consulente não está fluindo na vida. Pode ser que esteja envolvido em atividades de que não gosta (profissionais ou relacionamentos) ou, se gostar, está obcecado com seus objetivos. Perde o momento, isto é, a vida, em um esforço que ele pensa que só acabará quando as metas forem atingidas. Se não conseguirmos atingir nossos objetivos, é porque ou não são nossos objetivos verdadeiros, enraizados no inconsciente para que por meio deles se expressem nossos talentos, liberando energia e prazer, ou temos de aprender ainda alguma coisa antes de atingi-los. Na segunda opção há prazer, na primeira não.

Integrar esse arquétipo significa aprender a fluir como resultado de integrar as polaridades. Profissionalmente sugere que a pessoa faça de sua diversão seu trabalho. Atividades que realmente têm a ver com ela mesma, ou seja, com seus potenciais são aquelas que surgindo naturalmente de dentro, com prazer e energia vão lhe garantir não somente desfrutar do momento como também a qualidade dos resultados e, portanto, o retorno econômico e o reconhecimento. Sugerimos que a pessoa responda a si mesma algumas perguntas: de todas minhas atividades, quais são as que faço somente por dinheiro? Que faria se não necessitasse trabalhar para viver? Que medos e ameaças aparecem quando sinto necessidade de largar um trabalho sem graça e fazer aquilo de que eu gosto? De onde vem essas ameaças? A essência de Wild Oat a ajudará a escolher seu trabalho como algo que responde a um verdadeiro chamado interior. A Princesa de Copas sublinhará a importância de participar de atividades artísticas. O floral de Íris* a ajudará a desenvolver e colocar a criatividade artística no trabalho cotidiano.

Tratando-se de uma mulher, com o Dez de Copas (A Saciedade) ou A Imperatriz na Âncora, podemos imaginar que está dividida entre seu lar, seus filhos e sua realização profissional. Nesse caso, o uso do floral de Pomegranate* pode facilitar uma eleição mais consciente.

No plano das relações é importante que a pessoa entenda que, à medida que esconde ou nega uma de suas polaridades (masculina ou feminina), vai se sentir manipulada por ela e pelas pessoas sobre as quais projeta tal polaridade. À medida que as desenvolve e integra, rumo ao que os esotéricos chamam "Androginato Interno", isso deixa de suceder, não se sente mais cega e compulsivamente atraída ou repelida por ninguém e poderá fluir nas relações amorosas. Se nos Amantes a pessoa está no masculino quando tem de estar no masculino e está no feminino quando tem de estar no feminino, aqui no Arte está nos dois ao mesmo tempo. Como disse Che: "Tem de se endurecer sem perder a ternura".

Caminho de Crescimento: usando as chaves que apareceram nas posições anteriores, a pessoa se dá conta de que não pode dedicar a maior parte de seu dia, ou seja, de sua vida a atividades sem significado que faz apenas para ganhar dinheiro. Já sabe o que lhe dá prazer e está investindo nele.

Resultado Interno: essa pessoa, produto de todo o processo que vimos até aqui, conseguiu identificar, entender e desativar as dificuldades internas que tinha para fazer de sua diversão seu trabalho. Liberou-se da maldição de Jeová e deixou de estar dividida entre semana e fim de semana, trabalho e férias, desfrutando o tempo todo, com o que encara as relações irradiando prazer. Seu trabalho/diversão a recarrega energeticamente de maneira que pode até rejuvenescer. Suas polaridades feminina e masculina se desenvolvem, aperfeiçoam e integram, abrindo a porta para a transcendência espiritual.

Resultado Externo: a pessoa encara o mundo com a atitude que vimos no Resultado Interno. Trabalha naquilo de que gosta e como ela gosta. É naturalmente eficiente e dedicada, fluida e solta. Os frutos de seu trabalho e seu trabalhar estão impregnados da fragrância e da beleza de sua essência. É importante que não se esqueça de que na vida existem mais coisas que o trabalhar, pois, quando fazemos de nossa diversão nosso trabalho, é mais fácil cair na tentação de passarmos o dia trabalhando.

Capítulo 8

O Terceiro Heptenário

O Demônio

Títulos		Número	Letra hebraica	Caminho Cabalístico	Atribuição astrológica	Princípio Universal
Marselha Waite Crowley	O Diabo	15 15 = 1 + 5 = 6	י Ayin Olho Muda	26° Tipharet Hod	♑ Capricórnio Eu uso	A Energia Criativa no seu aspecto mais material. Os Instintos
Osho Zen	Os Condicionamentos					

Títulos: em quase todos os Tarôs, este Arcano se intitula "O Demônio" ou "O Diabo". Diabo procede do grego "διάβολος", *diábolos*, no século V a.C. Significa o "caluniador" ou "acusador", como Satanás em hebreu. Demônio vem do grego *daimónios*: "que provém da divindade", "enviado por um deus" "que tem caráter divino, maravilhoso, extraordinário". São criaturas de caráter descontraído e festivo, amantes do sexo e da dança; intermediárias entre os deuses e os homens, relacionadas com as forças da fertilidade, como os sátiros e as ninfas. Eu prefiro chamá-lo Demônio.

No *Osho Zen Tarô*, é "Os Condicionamentos" e, no Tarô Egípcio, é chamado "A Paixão". Seus títulos esotéricos são "O Senhor dos Portais da Matéria" e "O Filho das Forças do Tempo", por sua atribuição a Capricórnio, governado por Saturno (Cronos), o Senhor do Tempo. Waite o chama "O Habitante do Umbral". Também é conhecido como "O Príncipe dos Poderes do Ar", porque sua energia está mediando o fluxo das correntes astrais.

Número: o Quinze é o número atribuído a esta carta. Reduzindo-o: 15 = 1 + 5 = 6, obtemos um Seis, número da perfeição, produto da união dos opostos ou número do sexo. O Quinze é um Seis em um novo estado, com a experiência do caminho. Sendo 3 x 5 está mais ligado ao plano humano que o Seis.

CORRESPONDÊNCIAS

Letra hebraica: ע. Ayin é uma letra simples, de cor índigo, cujo valor numérico é 70. Significa "olho" e esotericamente seria "o olho que tudo vê". É uma letra muda que corresponde ao nosso O. Hieroglificamente, representa o lado mais material das coisas. O sentido da vista é aquele que nos permite conhecer esse lado material, que no Oriente é conhecido como *maya* ou mundo da ilusão. Os físicos atuais também concordam: o que parece real no nível material é uma ilusão. Tal como diz um ditado popular espanhol: "Nada é verdade nem é mentira. Tudo é da cor segundo o cristal com que se olha".

Caminho cabalístico: o caminho de Ayin (26º) une e equilibra Hod, "o Esplendor", com Tipharet "a Beleza"; a esfera da mente racional de Mercúrio com a esfera da individualidade, governada pelo Sol. Esse é um processo de transferência da percepção consciente da mente concreta para a mente abstrata. Nesse caminho, reorganizamos nossa perspectiva e obtemos uma visão renovada do mundo.

Atribuição astrológica: ♑. Capricórnio é, dos três signos de Terra, o mais pétreo e resistente. E governado por Saturno, o Senhor das Pedras. É considerado um pesado e escuro signo que simboliza o mais elevado e o mais baixo ao mesmo tempo. Representa os condicionamentos e a conseguinte libertação. No corpo físico, governa os joelhos, os ossos, as articulações, os dentes, a pele, as cartilagens e a glândula pituitária, que por sua vez corresponde ao Chacra Ajna ou terceiro olho.

Capricórnio – Johfra.

O trabalho do nativo desse signo é sondar os mistérios da Natureza e favorecer os benefícios derivados do uso da previsão e da prudência. Os capricornianos são geralmente astutos, prudentes e ambiciosos. Sentem-se tão atraídos pelo sucesso social, que são capazes de qualquer sacrifício para atingi-lo.

Apesar de serem muito materialistas, responsáveis, sérios e desconfiados, "têm um lado de caçador de mistérios, como um mago que esconde seus segredos, com medo de que possam ser usados contra ele", disse Ana Maria Ribeiro no seu livro *Conhecimento de Astrologia*.

Essa dupla natureza está contida em seu próprio símbolo, metade cabra, metade peixe: quando o mar cobriu as montanhas, a cabra submergiu no oceano, adquirindo a sabedoria interior. Quando o mar se retirou, ela teve de deixar sua metade peixe e aceitar os condicionamentos da matéria sólida, conta a lenda. De maneira lenta e segura, esses nativos conseguem geralmente todos seus objetivos. Quando aparecem obstáculos, irritam-se sobremaneira, vendo inimigos por toda parte. São rancorosos e carecem de sentido poético. São estritamente utilitários, realistas e se preocupam muito com as fofocas. Não estão especialmente interessados em estabelecer relacionamentos afetivos. São céticos em relação ao amor, mas no final da viagem se envolvem profunda e duradouramente. Por trás de seu aspecto sério e precavido, temos seres intensamente orgulhosos. Fascina-os o poder e têm uma forte tendência à depressão e ao isolamento. Estão predispostos ao reumatismo e aos problemas ósseos em geral. Seu verbo é "Eu uso" e sua frase é: "Eu atinjo minhas metas relaxadamente, deleitando-me a cada passo do caminho".

Cernunnos e Cerridwen.

Símbolos: no Tarô de Marselha, vemos um animal estranho, antinatural, grotesco e assustador, com chifres de veado, asas de morcego e peitos de mulher, tal como o Cristianismo medieval representou a ideia do demônio, inspirando-se no chifrudo deus celta Cernunnos,[37] em Pan e no Mendés egípcio, mistura de fauno e de sátiro, que representaria a antítese da Divindade. Alguns baralhos contemporâneos, como o de Waite e o da Golden Dawn, continuam mostrando demônios feiosos, antinaturais e ameaçadores, que escravizam os seres humanos e parecem poderosos hierofantes de algum tipo terrível de magia negra.

Esse apego a elementos folclóricos do Cristianismo e a ideias ultrapassadas é extremamente anacrônico, especialmente desde que Eliphas Levi, ainda no século XIX, reformulou esta carta, titulando-a "Baphomet", eliminando elementos grotescos, antinaturais e malignos. Com asas de anjo, uma tocha acesa na cabeça, o Caduceu na barriga sentado em cima de uma esfera, e o pentagrama evolutivo na sua testa, como O Mago, aponta com uma mão o céu e com outra o chão.

Finalmente Crowley deu outro passo adiante, colocando um ser da Natureza: o Markhor (*Capra falconeri*), a maior cabra selvagem conhecida, que aparecia por trás do Imperador. Markhor significa comedor de serpentes em persa, punjabi e urdu, pois, segundo a crença popular do Hindukush (Himalaias Afegãos/Paquistaneses), essas cabras perseguem as serpentes e as devoram. Com suas doces uvas na cabeça lembra Pan,

---

37. Cernunnos, Deus celta da vegetação, Senhor dos animais, representava o Princípio Masculino Fecundante. Consorte de Cerridwen, a Grande Mãe, Deusa da fertilidade e do mundo subterrâneo, era considerado o pai da raça galesa e de seus deuses: Tutatis, Esus e Taranis.

Pangenator, capaz de gratificar-se com todas as manifestações da Existência.

"Todas as coisas o exaltam igualmente. Ele não se regozija menos com o escabroso e estéril que com o plácido e fértil. Representa a capacidade de extasiar-se com qualquer fenômeno, por mais repugnante que pareça; ele transcende todas as limitações; ele é Pan, o Todo." (*O Livro de Thoth*, Aleister Crowley)

Seus chifres têm forma helicoidal, simbolizando a força da geração. Zoroastro definia Deus como aquele que tem forma de espiral. Hoje, a ciência comprovou que o Universo e o DNA têm estrutura helicoidal. Os chifres são fundamentalmente um símbolo de poder. A palavra hebraica *queren* significa ao mesmo tempo chifre, poder e força. Os chifres do touro têm um simbolismo lunar e são atribuídos à Grande Deusa da fertilidade, enquanto os do carneiro são solares e representam a potência viril. Na gíria italiana, o pênis é chamado "corno". A exemplo de Dioniso, Alexandre Magno* foi representado com chifres de carneiro.

Por trás do Markhor, vemos uma representação absolutamente fálica da Árvore da Vida, cujo tronco (pênis) surge do marrom-escuro da Terra – Malkuth –, ascende e, tornando-se dourado e luminoso, penetra no anel (vagina) de Nuit-Binah, Saturno. As raízes da Árvore são dois testículos transparentes para poder ver as figuras que representam a vida em diferentes estados de evolução. As do esquerdo são femininas, enquanto as do direito são masculinas, sendo uma delas semicaprina, indicando que o homem é mais animalesco que a mulher.

Em cada testículo, ocorre a mitose, ou processo de divisão celular, com os dois novos núcleos e os cromossomos acasalados no centro.

Em frente ao macho cabrão, temos o báculo do Adepto Chefe, que é uma forma do Caduceu em que as serpentes olham em direções opostas. Assim como o tronco da Árvore atravessa os céus, o báculo desce até o centro da Terra.

O fundo da carta está formado, como disse Crowley, "pelas formas deliciosamente tênues, complexas e fantásticas da loucura, da divina loucura da primavera, já prevista na loucura meditabunda do inverno". Essas formas se assemelham aos chamados canais de Marte, planeta que governa o instinto.

O Diabo de Marselha, Waite e Crowley.

Significados gerais: esta carta sempre esteve vinculada à sexualidade e aos instintos em geral, de maneira que recebeu todas as conotações negativas que a moral de épocas anteriores dava ao instintivo. Assim, era considerada a representação de todo o negativo. Inclusive autores modernos continuam insistindo nesses significados:

"Expressa o desejo de satisfazer suas paixões a qualquer preço; a inquietude, a excitação exagerada, o uso de meios ilícitos, a franqueza que dá lugar a influências deploráveis." (*Le Tarot des Imagiers du Moyen Âge*, Oswald Wirth, 1966)

"O Diabo é o portador da morte, da desgraça e da miséria. Personifica aquele que pratica o mal sem considerar as consequências que acarretará sobre os outros." (*O Tarô Clássico*, Stuart R. Kaplan, 1972.)

De outro ponto de vista, mas dando-lhe também um caráter negativo, no Tarô Osho Zen o Demônio significa o conjunto de crenças e condicionamentos que fazem com que não sejamos o que verdadeiramente somos.

Para Crowley, o Demônio ilustra a energia criativa no seu aspecto mais material. No âmbito humano, representa os instintos, que são basicamente quatro:

1. O instinto de defesa.
2. O instinto sexual.
3. O instinto de preservação.
4. O instinto gregário.

O instinto de defesa faz com que nos defendamos ao nos atacarem. Quando se desengatilha, superamos o medo e conseguimos enfrentar e superar situações em que estamos em franca desvantagem.

O instinto sexual leva-nos ao desejo impostergável de unir-nos intimamente. No instinto de preservação da vida, estão os medos que nos levam a evitar os perigos reais, os cuidados corporais e o respeito aos ritmos do corpo. O instinto gregário leva-nos a nos agrupar para enfrentar juntos os desafios da sobrevivência, tal como acontece ainda nas comunidades indígenas.

O prazer e a alegria são companheiros inseparáveis do exercício consciente de nossos instintos. Podemos dizer que o prazer é a ponta do *iceberg*, enquanto o resto é a necessidade biológica. O exemplo mais chamativo de como a mãe Natureza esmerou-se dando ao ser humano, nesse caso à mulher, a capacidade de sentir prazer, é o clitóris, que, absolutamente prescindível para as tarefas de reprodução, tem uma enervação de assombrosa complexidade e tamanho.

Quando os instintos são reprimidos, sublimados e manipulados, ficamos alienados. Acabamos sendo inconscientemente escravos de padrões de comportamento massificados, criadores de hábitos (especialmente entre as crianças e os adolescentes) e confundimos o supérfluo com o necessário, a aparência com a realidade, acima da qual projetamos nossos desejos e nossas carências emocionais. Até que a vida se transforma em uma agonia permanente, sem brilho nem criatividade. Ao mesmo tempo, esse instinto reprimido vai intensificando o assento do ódio, do pavor, da sexualidade vendida e da vingança, e imprime de tal maneira os comportamentos que podemos dizer que se cria um ser psíquico, chamado "Id" ou "o Peleyo", por Brodem, e incorporado por Freud à psicanálise, que nos manipula desde o nosso interior.

Por isso, o Demônio do Tarô de Crowley está sorrindo, ele sabe que em suas mãos está nossa energia vital. Meio irônico, meio compassivo, ele sorri, dizendo-nos: "escolhe: se me proporcionas um canal para expressar-me, te dou energia, prazer e alegria, se me reprimes ficarás triste, enfermo e louco".

Se decidimos assumir nossa instintividade, vivê-la plena e atentamente, integrando-a a nosso cotidiano, veremos como paulatinamente ela vai se expressando de um modo distinto, sem ansiedades nem compulsões, cada vez com maior sensibilidade, com maior consciência, com maior criatividade. Um povo não condicionado sexualmente possui tal vitalidade que será dificilmente manipulado, catequizado e/ou alienado. Por isso todas as estruturas de poder hierárquicas, sejam políticas, eclesiásticas e até algumas esotéricas, reprimem a sexualidade.

NA LEITURA TERAPÊUTICA

Momento Atual: a pessoa está sentindo o impulso de viver seus instintos, provavelmente reprimidos faz muito tempo. Certas crenças e medos que dificultavam sua expressão instintiva estão perdendo sua força, especialmente se esta carta aparece com O Entusiasmo (A Força), o Seis de Copas – O Prazer – ou A Arte, indicando um resgate da sexualidade e dos instintos em geral e um enfoque mais consciente do corpo e de suas necessidades, repercutindo em um aumento de prazer, alegria, energia e autoafirmação. Percebe também as consequências de conter os instintos: baixa da autoestima e da vitalidade, manipulação por parte do reprimido, quando não transformação do reprimido em raiva, agressividade, obsessões e/ou perversões.

Âncora: por falta, mostra que esta pessoa jamais se permitiu viver seus instintos. Em função de crenças, princípios, doutrinas, preconceitos e medos internalizados, passou a vida negando o que lhe é mais próprio e mais íntimo. Pode ser qualquer dos quatro:

1. Instinto de defesa: se não se defende quando a atacam, não somente atrairá mais agressões, como também será manipulada pela raiva que acumula, destilando-a em seu ambiente ou expressando-a de maneira autodestrutiva ou explosiva.

2. Instinto sexual: se não assume e vive seus impulsos sexuais, colocando uma lista de pré-requisitos para se *"horizontalizar"* com alguém,

atrairá pessoas que não vão aceitar essas condições e a sexualidade reprimida pode manifestar-se de uma maneira enfermiça, sem amor, com raiva ou com frieza emocional ou perversões.

3. Instinto de preservação: se quando o corpo lhe pede um sofá a pessoa, dá-lhe um expresso duplo e outras três horas no computador, não somente acaba com sua energia vital como também vai atrair somatizações, gritos de alerta do corpo para fazer-lhe caso e cuidá-lo.

4. Instinto gregário: a pessoa se isola, tem medo de fazer contato e pode acabar imaginando intenções hostis nos outros e transformando-se em uma paranoica que, em algum um momento, pode querer vingar-se do mundo cruel.

Com o Sete de Copas (A Corrupção) indica voyeurismo, tendências ao estupro, ao sadomasoquismo sexual e outras perversões. Às vezes pode alternar-se com um forte sentimento de culpa. Recomendaremos o floral de Basil,* para integrar a sexualidade física com a espiritualidade em uma unidade consciente e prazerosa. Um caso não tão drástico é aquele cujo conflito em relação ao sexo, produto de uma educação moralmente severa, o impulsiona do puritanismo à promiscuidade compulsiva. Nesse caso, aconselharemos o uso do floral de Easter Lily.* Com um Cinco de Espadas (A Derrota), indicaria que a energia reprimida da libido sobe à cabeça e se manifesta como hostilidade mental e verbal. O Snapdragon* será recomendado para redirecionar a energia sexual para seus canais naturais. A chamada espiritualidade é, na maioria das vezes, a máscara de um instinto mal vivido. O amor e a espiritualidade são as manifestações mais transcendentes do desejo. Quem nega o desejo de sua natureza, mata o amor e a espiritualidade. Esse caso se dá em muitas mulheres que não integram a consciência do feminino nos planos físicos, rejeitando seu corpo e suas manifestações instintivas, resultando em estresse e em problemas nos órgãos da reprodução. O uso da flor do Alpine Lily* as ajudará a receber os instintos com o Eu feminino espiritual. Com o Quatro de Discos (O Poder), mostra o direcionamento da energia sexual para o poder e a riqueza material, para compensar o medo da intimidade que uma relação sexual supõe. Podemos sugerir o uso de Poison Oak.*

Aqui não temos a opção por excesso pois, sendo um processo biológico, se autorregula, assim como deixamos de comer quando matamos a fome. Não continuaríamos comendo por fome, senão para compensar alguma carência. Uma atitude permanentemente defensiva ou uma obsessão por sexo seriam também uma compensação e não uma expressão genuinamente instintiva.

Infância: as expressões instintivas em particular e as funções fisiológicas em geral foram reprimidas. O contato com seu próprio corpo, os jogos com a água, a terra e o ar livre foram muito limitados. Houve exageração com a limpeza, e comer, defecar e urinar foram desnaturalizados em função de maneiras corretas e horários apropriados. Nem é preciso dizer que as expressões sexuais, produtos do chamado complexo de Édipo ou de Electra que a criança vive entre os 3 e 6 anos, foram massacradas com ameaças e castigos. Os aspectos sexuais da vida lhe foram escondidos e/ou carregados de negatividade.

Relacionamentos: a) O relacionamento está ajudando o consulente a assumir e desenvolver sua instintividade. No entanto, também pode mostrar que a pessoa está tornando-se consciente de uma forte carga sexual presa, que dá lugar a estados ofuscados de consciência, acompanhados de tumultos, brigas, ciúmes, projeções e fantasias negativas. Nesse caso, a essência de Black Cohosh* ajudará a desenvolver a coragem suficiente para confrontar e transformar ativamente essas circunstâncias destrutivas, em vez de encolher-se diante delas. b) Temos aqui uma pessoa que se relaciona, fundamentalmente, pelo instinto. A porta de acesso para seus relacionamentos é exclusivamente sexual. É incapaz de ver no outro algo que não seja o corpo nem de expressar carinho. Procura relacionamentos sexuais sem se envolver emocionalmente; pode ser um bom cliente do bordel local. O uso de Sticky Monkeyflower* a ajudará a perder o medo de se expor no contato íntimo e lhe facilitará a expressão de seus sentimentos.

Voz da Essência e Método: integrar O Demônio significa dar liberdade à expressão instintiva, deixando de inventar desculpas intelectuais, morais ou de qualquer outro tipo para reprimi-la e, assim, manter um falso controle sobre as situações. Hoje é prioritário viver as necessidades biológicas e os desejos sexuais sem condicioná-los a nada que não seja o desejo sexual. O sexo é uma necessidade corporal, como comer, dormir, fazer xixi, etc. e, embora possamos reprimi-lo com maior facilidade, deve ser vivido sem moralismos nem condições. Todo condicionamento do sexo a algo que não seja o desejo sexual é uma forma de prostituição.

"Por que não criar uma vida em que o sexo não traga experiências amargas, ciúmes, fracassos; em que o sexo se torne simplesmente diversão, nada mais do que qualquer outro jogo, simplesmente um jogo biológico?" (*Osho*)

Uma filosofia religiosa exageradamente dissociativa, detectada pelo Hierofante na Infância ou na Âncora, pode ter alimentado um sentimento de desvalorização do corpo físico, ignorando e/ou rejeitando instintos básicos de sobrevivência. Nesse caso, aconselhamos o uso do floral de Manzanita,* que ajuda a resgatar o corpo e a integrá-lo com o lado espiritual. O floral de Califórnia Pitcher Plant*, planta insetívora, ajuda a integrar os desejos e as expressões mais instintivas de nossa natureza animal.

Sugerimos que a pessoa identifique quais são as crenças e medos que a impedem de viver fluidamente seus instintos. Depois necessita revisar seu passado para reviver as situações específicas em que essas crenças e medos foram colocados, recordando também que ameaças e chantagem foram estabelecidas. Então vai se dar conta de que o que foi impactante na infância para uma criança dependente e vulnerável não tem força para o adulto independente atual.

Como disse Esquenazi: "Quando nos exaltamos contra algo indica que estamos vinculados a esse algo. Os que condenam veementemente a homossexualidade ou outras condutas que saem do recinto 'dos bons costumes' no fundo estão desejando vivê-las, mas não se permitem".

Sendo que a raiva é uma emoção particularmente conectada com a repressão dos instintos, sugerimos a Meditação Dinâmica de Osho. É importante que consiga dizer não e coloque limites como uma forma de defender-se. Sugerimos identificar atitudes autodestrutivas e observar, detrás da raiva acumulada, que necessidades naturais estão sendo negadas. Os exercícios da análise bioenergética que ajudam a soltar as tensões pélvicas podem facilitar a expressão instintiva mais natural.

Caminho de Crescimento: usando as chaves que apareceram nas posições anteriores, a pessoa está começando a diluir as crenças, medos e outros bloqueios que reprimiam a expressão de seus instintos que agora começam a aflorar. Como efeito colateral vem um *crescendo* da vitalidade, da afirmação pessoal, do prazer mais básico e claro da vida sexual.

Resultado Interno: fruto do processo de autoconhecimento e transformação, que vemos nas cartas, a pessoa conseguiu identificar, entender e desativar as crenças, medos e outras dificuldades internas que tinha para viver plenamente os instintos, cuja energia criadora passa a manifestar-se em todos os aspectos de sua vida se sentindo mais vital, disposta, alegre e amorosa, bonita e com a porta aberta para o transcendente.

Resultado Externo: firmemente enraizado em sua natureza animal, vivendo plenamente sua sexualidade, expressando sua garra e sua criatividade, o consulente leva a vida com prazer, podendo se interessar em atividades nas quais possa expressar sua energia instintiva: esportes, turismo de aventura, atividades no meio da natureza, dança, etc.

A Torre

Títulos		Número	Letra hebraica	Caminho cabalístico	Atribuição astrológica	Princípio universal
Marselha	A Casa Deus			27º		
Waite Crowley	A Torre	16	♪ o ⅁		♂ Marte	A destruição das prisões
Osho Zen	O Raio	4 x 4 A destruição das formas	Phe Boca P e F	Netzach Hod	A autoafirmação por meio da conquista	

Títulos: nos Tarôs de Marselha chama-se "*La Maison Dieu*", isto é, "A Casa Deus". Alguns estudiosos afirmam que este era o nome de certos hospitais-mosteiros que, na Idade Média, acolhiam peregrinos, pobres e doentes. Outros falam que os hospitais se chamavam "*Hôtel Dieu*" e não "*La Maison Dieu*", que se referia à própria igreja. Hotel e Hospital procedem da palavra latina *hospes*: que dá hospitalidade. Um nome um tanto esquisito para o que parece ser uma estrutura que está desabando. Há quem afirme que "*La Maison Dieu*" viria de "*La Maison du Feu*" (A Casa do Fogo).

Mais tarde passou a chamar-se "La Torre fulminada por el rayo" ou simplesmente "La Torre". Outros títulos são: "O Hospital", "O Fogo do Céu" e, no Tarô Egípcio, "A Fragilidade". Seu título esotérico é "O Senhor das Hostes dos Poderosos".

Número: o Dezesseis, sendo o quadrado do Quatro, leva até o extremo as qualidades que esse número representa. Quando desenvolvemos um aspecto de uma determinada polaridade até o limite, na verdade estamos fortalecendo seu oposto. Se o Quatro representa a estabilidade, a ordem, a lei, a estrutura material das coisas, o sólido; seu quadrado, o Dezesseis, será o número da destruição das formas, das leis, da ordem estabelecida. Passa, pois, uma ideia de retorno ao informe, ao Nada.

CORRESPONDÊNCIAS

Letra hebraica: Phe, פ ou ף se estiver no final da palavra; é dupla, feminina e seu valor numérico é 80, se estiver no início e fim da palavra, e 800, se no final. Sua pronunciação dura é P e a suave é F. Significa "boca" e se relaciona com os processos de ingestão de alimentos e com a fala. Sabemos que, para um alimento ser assimilado pelo organismo, sua estrutura tem de ser destruída. Um aspecto dessa destruição acontece na boca. Hieroglificamente, Phe representa o poder da palavra criadora.

Caminho cabalístico: este caminho conecta o centro dos processos da razão Hod (o Esplendor) com a esfera dos desejos naturais Netzach (A Vitória), o intelecto puro com o sentimento puro. Isso significa a destruição das velhas formas. É um caminho horizontal e equilibrado no mundo da personalidade.

Atribuição astrológica: ♂. Phe, letra dupla, se corresponde com Marte, que representa o princípio do dinamismo e da força. É pura ação e impulsividade. No mundo humano, é a energia da sobrevivência e da autopreservação. É a instintividade que dá coragem e impulso na luta pela vida. Marte é a autoafirmação do Eu para enfrentar as pressões externas, por isso é também a agressão, a competitividade, a guerra e a luta. Se Vênus leva a pessoa para a doçura e a afetividade, e a faz procurar uma vida tranquila e agradável, Marte a empurra a usar a força, a lutar e a conquistar. Se Vênus é o amor passivo e magnético, o prazer e a união, Marte é o lado animal do sexo que, para procriar, conquista e possui.

Jean Noblet +/-1650.   Nicolas Conver 1761.

O marciano não gosta de vida relaxada e tranquila, ele precisa viver intensamente, como enfeitiçado pelo perigo e pelo risco. Sua impulsividade natural lhe faz ser terrivelmente impaciente. Quer realizar seus desejos já, sem se importar com o passado e com as consequências futuras de seus atos. Assim, ele toma decisões continuamente e procura as soluções mais radicais. Marte governa Áries e, com Plutão, rege Escorpião.

Símbolos: a imagem mostra uma torre sendo destruída por chamas e raios. As primeiras torres conhecidas são os *zigurates* da Mesopotâmia, hoje Iraque, que tinham cem metros de altura. Cada andar era pintado segundo a cor de cada um dos sete planetas conhecidos na época.

Essas torres eram observatórios astronômicos, embora representassem escadas por onde algum dia os deuses desceriam até a Terra e os humanos subiriam ao céu. Estavam coroadas por um templo e encarnavam o esforço humano para aproximar-se da Divindade, que para o homem estava lá fora, ali em cima, longe no céu. Quando procuramos a Divindade fora de nós mesmos, sempre aparece alguém que se apresenta como intermediário, que estipula comportamentos, mandamentos, dogmas e tributos para conseguir a misericórdia e as recompensas de tal ente projetado. Acabamos parecendo aqueles cachorros que correm atrás de sua própria cauda, imaginando que é algo alheio a eles. Esses comportamentos massificados, que dão uma falsa segurança e ao mesmo tempo nos escravizam, formam parte da Torre que está sendo destruída. Do alto caem quatro figuras humano-geométricas. São os soldados da guarnição que, identificados com o papel de guardiões da torre, adquiriram rigidez geométrica que sem dúvida vai virar farinha chegando ao chão.

A Casa Deus de Marselha.
A Torre de Waite e Crowley.

No topo, o olho de Shiva, o Princípio destruidor e transformador da *trimurti* hindu, aparece aberto. Segundo essa tradição, quando isso acontece, os opostos se reintegram e o Universo se aniquila. Nos outros baralhos, um raio que cai do céu é o responsável por isso.

Nos primeiros Tarôs de Marselha o raio saía da torre. É a partir de Nicolas Conver que o raio cai do céu. No de Visconti-Sforza, essa carta se perdeu.

Na esquina inferior direita, as mandíbulas abertas de Dis, o Deus romano da morte, cospem fogo nos alicerces da torre, indicando que a destruição se realiza desde a base.

Banhadas no brilho do olho estão a pomba e a serpente, que já vimos no Hierofante. Elas mostram dois caminhos (a vida e a morte). A vontade de viver e a de morrer. O caminho da serpente é o tantrismo hindu, o trabalho com a Kundalini usando a energia primordial em práticas sexuais, a entrega às energias naturais, os rituais dionisíacos e os mistérios de Elêusis. O caminho da pomba é o da devoção pura, em que o instinto é sublimado. Na carta, a serpente tem a cabeça de leão, tal como aparece no Tesão, rodeada por um anel de fogo, fazendo alusão a Abraxas, a entidade que assimila nela mesma o positivo e o negativo, o luminoso e o escuro.

Significados gerais: A Torre é a expressão gráfica do Princípio da Destruição. Vemos nela a destruição pelo fogo de toda ordem material existente. Quando um sistema físico atinge seu ponto de máxima tensão interna, para atingir um novo equilíbrio, destrói sua estrutura. Um exemplo seria o degelo, quando a temperatura sobe.

Na tradição shivaísta do sul da Índia, a Suprema Perfeição só pode ser atingida por meio da morte, pela destruição do existente, das formas do manifestado.

Costuma ser interpretada como desastres que destroçam a estrutura do consultante. Para Crowley, mostra a destruição das prisões da vida organizada, das rotinas mecânicas que alienam o ser humano. É a ruptura das correntes que nos aprisionam a novas torres ou edifícios de apartamentos ou escritórios, em que repetimos gestos sem sentido, profundamente desconectados de nós mesmos, da Natureza e dos outros. Conectados à televisão e ao saldo bancário, vivemos poluindo, consumindo, compensando-nos autodestrutivamente de nossas frustrações, escondendo-nos, manipulados pelo Hierofante de plantão, inconscientes de que somos seres divinos.

Esses bonecos são os guardiões da Torre que estavam totalmente identificados com seu papel de defensores de uma ordem – sufocante e sem saída – estabelecida por terceiros. Quando a torre é derrubada, cai e o impacto destrói sua falsa personalidade, os indivíduos podem voltar a fazer contato consigo mesmos e com a realidade externa.

Essas estruturas ou prisões que sufocam e limitam podem ser de dois tipos.

1. Externas: vínculos profissionais, compromissos familiares, exigências financeiras, relações amorosas, que de amorosas já não têm nada, etc.

2. Internas: "Eu sou assim, tenho de ser assim, construí esta fachada para que me aceitem e para não passar de novo por situações nas quais sofri, de maneira que tudo o que não se sintonize com essa

fachada não deixo passar". Essa camisa de força é o Ego com suas falsas identificações, suas fantasias, ambições e ilusões irreais. É a destruição do véu de *maia* rasgado pelo relâmpago da consciência. Essas ideias são familiares desde a carta da Morte, na qual o acento estava colocado na aparição da essência do ser, produto do abalo dos velhos padrões de comportamento cristalizado em uma transformação originalmente interna. Na Torre, a destruição é mais ampla, extensa e explosiva. Às vezes, pode ser a reação espontânea a um estado prolongado de quietude, inércia e pressão interna. Aqui se destrói todo um estilo de vida, liquidam-se relacionamentos, vínculos, empregos e tudo aquilo que limita o ser. Dependendo do apego com o que desaparece, a passagem por essa etapa pode estar acompanhada de uma agradável sensação de libertação e alívio ou pode ser uma experiência de perda tremendamente dolorosa.

NA LEITURA TERAPÊUTICA

Momento Atual: a pessoa se sente sufocada e não aguenta mais. Está em contato com o impulso interno de dinamitar suas prisões, sejam externas (vínculos profissionais ou afetivos, compromissos familiares ou financeiros, etc.) ou internas (qualquer tipo de identificação que nada tem a ver com a verdadeira natureza do ser e que costumamos colocar depois do eu sou... em definitiva o ego). Percebe também as consequências de haver permanecido em tais prisões. Na verdade, a origem da prisão externa é interna.

A segunda carta mostrará em que área da vida está se dando esse questionamento ou em função de que critérios ou desculpas essa pessoa não destrói de vez o que a oprime.

Âncora: por falta, especialmente com algum Quatro na Âncora, mostraria alguém que tem tanto medo do desconhecido, das mudanças, do "que vai lhe faltar", de mostrar sua vulnerabilidade, que passou a vida construindo fortalezas, identificando-se com grupos ou atividades, amarrada a empregos ou vínculos emocionais, organizando suas rotinas para que nada lhe possa pegar desprevenida e, assim, sentir-se segura. Emana raiva e negatividade, que direciona para assuntos que não estão vinculados diretamente com as verdadeiras causas de sua raiva e frustração, pois na verdade não quer confrontá-las. Degrada-se com compensações e emite uma vibração pesada de rancores escondidos e frustrações sufocantes, tudo em nome de sua segurança. Usa a energia que lhe sobra para escorar sua prisão. O floral de Star Thistle* aumentará sua segurança interna e independência da matéria, alimentando a generosidade e a consciência da abundância interna e externa.

Por excesso, temos o destruidor, que destroça tudo o que toca e especialmente a si mesmo. Opta por atividades que não lhe dão prazer e que são uma carga pesada que se autoimpõe, talvez por pressão da família, levando-o a viver em tensão permanente que vai se acumulando até que explode para fora, destruindo a estrutura material que dava suporte à atividade, por exemplo, levando a empresa à ruína, ou para dentro destruindo seu corpo físico. Quando algo se interpõe no seu "caminho", sofre de ataques de fúria explosiva. Seu problema está na falta de referenciais internos para escolher a vida que realmente reflita sua natureza interna. Seus negócios vão à falência, seus relacionamentos afetivos acabam em brigas, é expulso de seus empregos como um revoltado que sempre se dá mal. Pode estar sabotando-se para não crescer, para não se estruturar e, assim, não ter de se responsabilizar por nada. Nesse caso, confirmado pela presença do Louco, seria viável usar o floral de Fairy Lantern,* para ajudá-lo a responsabilizar-se.

Esse comportamento destrutivo, em alguns casos delinquente, que pode ser produto de uma forte revolta contra o autoritarismo familiar, indicado pelo Imperador ou um Quatro na Infância, poderia ser aliviado com o uso da essência de Saguaro.* O floral de Wild Oat o ajudará a descobrir e investir na sua vocação, e o de Cerato aumentará a autoconfiança e o ajudará a ser independente das pressões e opiniões alheias.

O floral de Scarlet Monkeyflower* lhe proporcionará maior honestidade emocional para reconhecer e trabalhar o que realmente o irrita e o leva a explodir, especialmente com um Oito de Paus (A Rapidez), sem permitir que se acumulem e tomem um caráter desproporcionalmente cegante da consciência.

Infância: esta época esteve marcada por desastres que quebraram sua segurança interna e sua confiança no mundo. Pode ter sido a destruição do lar familiar, brigas entre seus pais e irmãos, incêndios, guerras, etc. Com o Sete de Copas (A Corrupção) pode indicar abuso sexual.

Relacionamentos: a) O relacionamento está ajudando a pessoa a identificar e eliminar as suas prisões. Isso pode suceder de diferentes maneiras. O parceiro pode estimulá-la amorosamente e dar-lhe apoio para que saia, por exemplo, de um emprego asfixiante, mas também pode ser a relação o que a asfixia e oprime até que não aguenta mais e sente a necessidade de desfazer-se dela. b) Está vivendo seu relacionamento como uma prisão que a sufoca. Pode ser que esteja disposta a estourar o vínculo "matrimonial", que já devia ter sido desfeito há muito tempo e que levou o casal a acumular consideráveis e perigosas doses de raiva. c) É incapaz de criar vínculos. O menor compromisso é uma prisão insuportável. Não quer amarrar-se a nada e acaba seus relacionamentos explosivamente quando passa a euforia inicial.

Voz da Essência e Método: o ser verdadeiro sente-se em uma prisão, na qual o ego se tornou o guardião. A tensão interna é cada vez maior, com perigo de somatizações corporais. É urgente reconsiderar o estilo de vida, as prioridades que determinam o cotidiano, para se libertar de toda essa estrutura limitante da qual só ficará livre por meio da destruição: não existe mais flexibilidade nem possibilidade de contornar a situação. Sugere que a pessoa identifique o que a está sufocando, oprimindo e limitando, sejam prisões externas, como vínculos profissionais, agenda saturada, compromissos familiares, relações, exigências financeiras, rotinas chatas e pesadas; ou internas: falsas identificações, fantasias e outros elementos constituintes do ego. Como reconhecê-las? Quando perdemos o centro e nos exaltamos, o coração dispara, o sangue sobe à cabeça, a respiração trava e vem o impulso de atuar compulsivamente é que há uma identificação. É necessário que a pessoa perceba, entenda e trabalhe para desativar medos, bloqueios e outras dificuldades internas que a impedem de dinamitar suas prisões.

Para dar esse salto à liberdade, sabendo melhor do que deve despojar-se e com uma consciência mais viva do ser interno, sugerimos o floral de Sagebrush.* Quando A Torre aparece na Voz da Essência, pede para identificar e detonar as prisões; as cartas do Método sugerem como o consultante vai fazer, coisa que pode demorar um tempo. Por exemplo, paulatinamente, com o Dois de Discos – A Mudança – ou rapidamente, com o Oito de Paus – A Rapidez. No entanto, se aparece no Método é o mais rápido possível, antes que o corpo pague o pato.

Caminho de Crescimento: usando as chaves que apareceram nas posições anteriores, a pessoa percebeu as consequências de se manter em suas prisões (externas e/ou internas), entendeu por que se manteve nelas e, se ainda não as destruiu, já foi comprar a dinamite.

Resultado Interno: essa pessoa, produto de todo o processo que vimos até aqui, conseguiu identificar, entender e desativar as dificuldades internas que tinha para desmantelar as estruturas limitantes que a aprisionavam. Assim, pois, temos aqui a destruição das prisões externas e do ego que, como A Torre, costuma estar construído com tijolos de duas caras. A externa costuma ser de orgulho e prepotência e a interna de medo e autoanulação. Diga-me de que te gabas e te direi do que careces, diz o refrão.

Resultado Externo: o consultante, que passou parte de sua vida prisioneiro em um labirinto de atividades e vínculos que o sufocavam, mantendo no alto um ego que oprimia seu verdadeiro eu, por meio de todo o processo que vimos até aqui, fortaleceu-se de tal maneira que agora quando aparece uma situação que o sufocaria ainda mais, em vez de seguir aguentando mais e mais tensões, desmantela o labirinto. Rompe suas prisões, larga seu modo de vida alienado, acaba com o ego ou pelo menos com seus aspectos mais grosseiros e limitadores.

A Estrela

Títulos		Número	Letra hebraica	Caminho cabalístico	Atribuição astrológica	Princípio universal
Marselha Waite Crowley	A Estrela			15º		
Osho Zen	O Silêncio	17 A pureza e a espiritualidade. O cânon do equilíbrio	ה He janela H aspirada	Jokmah Tiphareth	♒ Aquário Eu sei	A renovação das categorias

Títulos: este Arcano se corresponde com o Arcano VI de Etiellá, "o Ar", enquanto na maioria dos Tarôs se intitula "A Estrela". Em alguns Tarôs medievais, aparece como "As Estrelas". No Tarô Egípcio, aludindo a seu significado tradicional, chama-se "A Esperança". No Osho Zen Tarô é "O Silêncio". Seus títulos esotéricos são: "A Filha do Firmamento" e "O Habitante entre as Águas".

Número: o Dezessete transmite uma ideia de pureza e espiritualidade. Na tradição muçulmana, são 17 os gestos litúrgicos e as palavras que compõem a chamada à oração. O alquimista sufi Jabir ibn Hayyan, (?-815 d.C.) considera o 17 o Cânon do equilíbrio de todas as coisas. Também podemos chegar a essa ideia sem ler o *Livro da Balança* de Jabir, já que 17 = 1 + 7 = 8, o número do Ajustamento, sempre representado por uma balança.

CORRESPONDÊNCIAS

Letra hebraica: ה. Até a revelação de o *Livro da Lei*, a letra atribuída a este Arcano era Tzaddi. Mas quando Nuit, por boca de Aiwass, falou: "Todas essas velhas letras de meu livro estão corretas, mas Tzaddi não é A Estrela", Crowley viu-se impelido a mudá-la. Observando que etimologicamente Tzaddi significa Czar, Kaiser, Senado, Senhor, acabou atribuindo-a ao Imperador, cuja letra era He. Também viu que He poderia ser atribuída à Estrela, que no Tetragramaton representa o Princípio Feminino, tal como aparece na carta sob forma humana.

Vimos no Capítulo 5 como se deduziam as atribuições astrológicas por meio das correspondências dos Arcanos Maiores com as letras hebraicas. Vejamos agora como essa mudança de letras aperfeiçoa a simetria da sequência dos signos. Colocando na primeira coluna a sequência tradicional dos Arcanos Maiores, a coluna de suas correspondências astrológicas fica assim:

0	O Louco	**Ar**
I	O Mago	Mercúrio
II	A Sacerdotisa	**A Lua**
III	A Imperatriz	**Vênus**
IV	O Imperador	Áries
V	O Hierofante	Touro
VI	Os Amantes	Gêmeos
VII	O Carro	Câncer
VIII	O Ajustamento	Libra
IX	O Ermitão	Virgem
X	A Fortuna	**Júpiter**
XI	O Tesão	Leão
XII	O Pendurado	Água
XIII	A Morte	Escorpião
XIV	A Arte	Sagitário
XV	O Demônio	Capricórnio
XVI	A Torre	**Marte**
XVII	A Estrela	Aquário
XVIII	A Lua	Peixes
XIX	O Sol	**O Sol**
XX	O Eão	**Fogo**
XXI	O Universo	**Saturno**

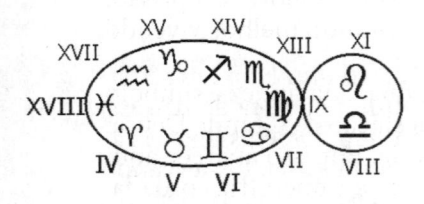

Antes da mudança.

O Duplo Anel do Zodíaco.

Sendo que, na sequência dos signos, Leão e Libra estão permutados ao redor de Virgem, podemos representá-la conforme a ilustração "*Antes da mudança*". Trocando Tzaddi por He, O Imperador pela Estrela, aparece uma nova inversão: Áries e Aquário permutam suas posições em torno de Peixes, obtendo assim o "Duplo Anel do Zodíaco".

Waite privilegiou a sequência dos signos e modificou a dos Arcanos, trocando de lugar "A Justiça" (Libra) com "A Força" (Leão).

He é uma letra simples, feminina e vermelha, que tem o som do H aspirado do inglês na palavra "home" e cujo valor numérico é cinco. Significa "janela" e hieroglificamente representa a vida universal, o sopro vital, o hálito do ser humano, tudo o que anima e vivifica.

Caminho cabalístico: o caminho de He (15º) une Tiphareth (a Beleza) com Jokmah (a Sabedoria). Aqui a individualidade se confronta com a dinâmica da pura energia divina. Nesse caminho, a individualidade toma consciência de suas origens e de seu propósito.

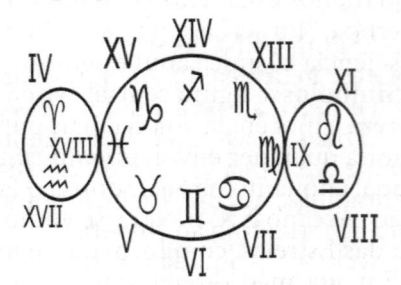

Atribuição astrológica: ♒. Aquário é um signo de Ar, fixo, governado por Urano e Saturno. No corpo físico, governa os tornozelos, os calcanhares, o sistema circulatório e a medula espinhal. Urano lhe comunica um forte desejo de liberdade para inovar, atravessar os véus dos mistérios e destruir as estruturas caducas e preconceituosas.

Aquário – Johfra.

Saturno, o princípio da coesão, da estruturação e da ordem, faz com que os aquarianos se inclinem por princípios éticos e sólidos para governar suas vidas. Seu trabalho é procurar a verdade e fazer deste mundo um paraíso tanto pela aplicação prática de seus ideais como pelo uso de seus conhecimentos científicos. Os nativos mais puros chegam a ser impessoais, objetivos e com pouquíssimas considerações emocionais. São cidadãos do mundo, livres, sem apegos nem raízes. Aparentemente têm mais interesse em conhecer e aperfeiçoar a sociedade do que se conhecer e se aperfeiçoar. Parece que amam mais a humanidade que seus vizinhos. Declaram que a amizade é mais importante que o amor e se entregam de corpo e alma a uma causa, mas têm sérias dificuldades para expressar suas emoções íntimas e relacionar-se com alguém em profundidade.

"É importante que o nativo de Aquário se lembre de que entre a cabeça e os pés existe um corpo." (*Conhecimento de Astrologia* Anna Maria Ribeiro,)

Têm uma mentalidade progressista, atrevida e revolucionária. Amam a liberdade, a justiça e a fraternidade. São humanitários, embora não aceitem as falsas conciliações. Carecem de capacidade de adaptação e indulgência, ainda que, sendo muito sociáveis, acabem por adquiri-las. Geralmente têm muitos amigos. Adoram mudar e conhecer. Sua intuição é aguda. Podemos dizer que são seres que se anteciparam a seu tempo. Suas tendências patológicas são a anemia, problemas de coração (Aquário é o signo oposto de Leão, regente do coração), espasmos e palpitações, intoxicações, problemas circulatórios e doenças mentais. Os aquarianos estão entre o gênio e a loucura, entre a glória e a prisão. Seu verbo é "Eu sei" e sua frase: "Eu planto um mundo melhor vivendo a consciência cósmica aqui e agora".

Símbolos: a figura central é uma mulher nua. Sua nudez é símbolo de pureza e inocência. Ela é a mais pura manifestação da Grande Deusa, anterior a qualquer envolvimento com a matéria. Por isso aparece aqui desnuda, enquanto na Sacerdotisa o faz velada e na Imperatriz coroada. No Eão, Arcano XX, mostra-se como a abóbada celestial. É Nuit, a Senhora das Estrelas, com forma humana.

Em sua mão direita, que se corresponde com Joakin, o pilar do amor, tem uma copa dourada da qual transborda um néctar "que é também leite, azeite e sangue sobre sua cabeça, sugerindo a renovação eterna das categorias, das inesgotáveis possibilidades da Existência", diz-nos Crowley. Com a mão esquerda, correspondente a Boaz, o pilar do rigor, derrama o fluido de uma jarra prateada no ponto em que se junta a Água do mar de Binah (outra manifestação de Nuit) com a Terra de

Malkuth. É interessante observar que as linhas de força dos fluidos são diferentes. As que se precipitam no Abismo são linhas retas. A geometria euclidiana (das retas) foi deixada de lado pelos modernos matemáticos e físicos quando perceberam que o Universo é curvo e que a linha reta não se ajusta à realidade. Na Natureza, não existem retas. Einstein enunciou que o Cosmos* tem forma espiral, assim como as linhas do fluido da jarra dourada que acabam se envolvendo com Nuit e lhe cacheando o cabelo, que delicadamente submerge no Abismo. As copas, que segundo várias tradições são equivalentes aos peitos de onde flui e transborda o leite que alimenta a humanidade, são uma de ouro, solar, relativa ao aspecto consciente do ser, e outra de prata, lunar, relativa ao inconsciente. Parece, pois, que o inconsciente está se limpando de crenças ultrapassadas.

Produto do trabalho da mulher com os fluidos, surgem do Abismo os cristais, símbolo do início do desenvolvimento da vida e do conhecimento universal, e a terra é fertilizada, como mostram as rosas que aparecem na esquina inferior direita. As borboletas, que também simbolizam a libertação de velhos casulos, sobrevoam as rosas. O crescimento se dá nos três reinos: mineral, vegetal e animal. Por trás da mulher, temos a abóbada celestial, outra forma de Nuit, destacando-se Vênus, A Estrela de sete pontas, enfatizando que os principais atributos de Nuit são o amor, a beleza, o prazer, a união e a criatividade. Um amor gerador e criador, tal como é sugerido em suas espirais.

Na esquina superior esquerda, está A Estrela de Babilônia, também de sete pontas, como as letras desta palavra. Seus raios, também em espiral, banham o fundo da carta com uma luz sutil e tênue. Babalon ou Babilônia é outra forma de Nuit: a Mulher Escarlate, a voluptuosa mulher que cavalga a besta do Tesão.

Significados gerais: Crowley rompe com o significado tradicional de esperança, uma armadilha com a qual as elites nos controlam: "Sabemos que estão sofrendo, mas não se desesperem, não se sublevem, não percam a esperança, que as coisas vão melhorar". A ideia de esperança, que não deve ser confundida com autoconfiança, sempre esteve relacionada com

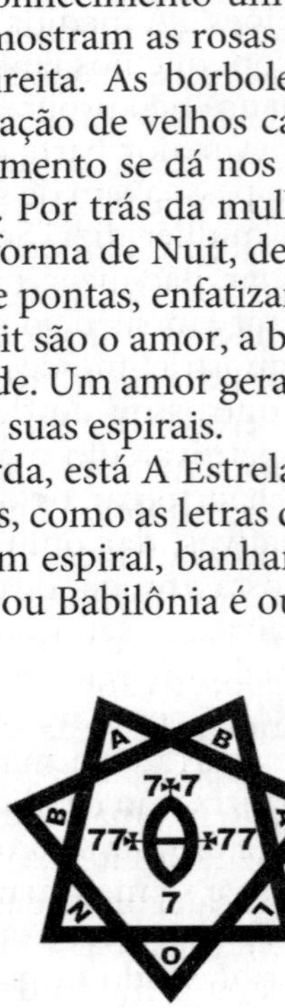

A Estrela de Marselha, Waite e Crowley.

A Estrela de Babalon.

a salvação externa, ou seja, de que alguém vai chegar e vai nos salvar, assim nos desvalorizamos e permanecemos infantilizados.

Para Crowley, a Estrela ilustra o Princípio Universal da Renovação das Categorias. O velho integra-se à Existência voltando-se ao não manifestado, e as novas experiências são realizadas. Essa carta encarna as forças cósmicas que levam à evolução das galáxias, das espécies, da sociedade, das ideias, do ser humano, enfim, de tudo que existe. Algo diferenciado tem de se dissolver no indiferenciado para possibilitar o movimento, as mudanças, a evolução, a continuidade, o eterno retorno.

No entanto, essas linhas de força espiraladas da copa superior não são realmente espirais, mas um conjunto de linhas retas que seguem a forma de uma espiral. Sendo que a linha reta, inexistente na natureza, é uma abstração mental: a distância menor entre dois pontos, todas as crenças, princípios e valores acabam sendo abstrações mentais fora da realidade. Em um plano humano, a Estrela representa uma limpeza de crenças que leva ao resgate da mente perceptiva. Quanto mais crenças, princípios e valores temos na cabeça mais se distorce nossa visão da realidade. "Nada é verdade nem é mentira, tudo é da cor do cristal com que se mira", diz um refrão castelhano. Pois as crenças são o cristal. O Budismo zen afirma: "Não busques a verdade, apenas abandona tuas opiniões". À medida que vamos eliminando crenças, ideias e julgamentos com que nos embotaram, resgatamos a mente perceptiva que tinha a criança não programada. A Estrela mostra este processo.

A maior parte dessas crenças está relacionada com a necessidade que a pessoa tem de ser aceita. Embora as coisas estejam mudando muito, a mulher diz: "Se quero ser aceita tenho de ser boa, bem-educada, agradar, não dizer 'não', estar atenta ao que os outros esperam de mim, esperar em silêncio ser reconhecida, ter sempre presentes meus defeitos, mostrar-me desamparada, incapaz e dependente, esperar a ajuda dos outros ou do destino, não exigir o que me corresponde, não ser competitiva com meus colegas nem autoritária com meus subordinados, não forçar os outros a fazer o que eu quero, renunciar a tomar iniciativas, dar opiniões só se me pedirem e com pouca ênfase, estar disposta a mudar de opinião, esconder a agressividade e me desconectar da raiva, ser serviçal e tolerante, sacrificar-me, fingir, ser bonita, amável, sedutora sem chegar a ser provocativa, simpática, orientar-me pelos desejos e pelas necessidades dos outros, colocar como principal prioridade agarrar um marido (por razões de status, segurança econômica e autoafirmação de minha feminilidade) e, uma vez laçado, cuidar de meus filhos e esposo; ser compreensiva com as dificuldades e erros dos outros, inclusive se meu marido me desvaloriza ou maltrata; sobrecarregar-me de trabalho, fazer exatamente o que esperam de mim, nunca me mostrar superior sendo original ou criativa, obedecer às regras do jogo, conseguir o que quero às escondidas e não abertamente, deixar que os outros descubram o que quero em vez de expô-lo claramente, saber esperar, estar disposta a executar ordens, desvalorizar meus conhecimentos ou minhas capacidades intelectuais, não assumir minhas responsabilidades comigo mesma nem analisar minhas experiências, culpar-me pelos meus fracassos, aceitar o que 'Deus ou o destino me manda', vestir-me na moda, sentar-me com as pernas juntas, não gesticular muito, inclinar a cabeça, não segurar o olhar, não interromper, saber escutar, sorrir mas não dar gargalhadas, diminuir-me corporalmente, em vez de me manter erguida, mostrar-me tímida, modesta e humilde, dar a outra face, evitar os conflitos, não discordar, trabalhar pelo 'bem comum', deixar ou até pedir que os outros decidam por mim, sabotar minha autonomia, perdoar, 'ser feliz se você é feliz', não ter interesses nem critérios próprios, compadecer-me dos fracos, cuidar deles e ajudá-los, renunciar a meus sonhos e minha liberdade, renunciar a meus ideais, convicções e ideias, renunciar a ser feliz, renunciar a meus próprios méritos, renunciar a meu tempo e, finalmente, renunciar a ser eu mesma, sofrer em silêncio e não me permitir ser cuidada".

E o homem diz: *"Para ser aceito tenho de ser o homem da casa, o provedor das necessidades materiais, não posso chorar nem mostrar medo, dar prioridade ao trabalho, embora a saúde e os relacionamentos estejam comprometidos, mostrar-me seguro e capaz sempre, ser competitivo, vencer, me impor, ser o melhor, nunca me dar por vencido, satisfazer materialmente à família e sexualmente à esposa (e a alguma outra mulher mais se for possível), manter minhas emoções sob controle, tomar iniciativas, fazer propostas, mostrar que sei do assunto, dar opiniões, mandar em casa, ser superior à mulher e às crianças, caminhar como se soubesse aonde eu vou, manter-me erguido, ser insensível, prático e enfrentar qualquer perigo e estresse".*

Aqui resgatamos nossa percepção que se torna mais objetiva, realista e global, capaz de identificar as forças que estão transformando o Universo. Quando o ser atinge esse estado de consciência, deixa de sentir-se só, isolado ou perdido em um mundo ameaçador, desconhecido e estranho, e percebe que é uma parte integrante e interatuante do Cosmos* com o qual pulsa.

NA LEITURA TERAPÊUTICA

Momento Atual: a pessoa, dando-se conta de que uma boa parte de suas ideias, crenças e opiniões não funciona, pois sustenta iniciativas e decisões que a levam continuamente ao sofrimento, está questionando-as. A segunda carta do Momento Atual pode mostrar fatores internos que dificultam esta limpeza ou as primeiras consequências deste processo. Assim, sua mente se torna permeável a novas compreensões, produto tanto de sua própria experiência como de uma visão mais realista e global da vida.

Âncora: por falta, esta pessoa tem uma grande dificuldade para mudar sua forma de pensar. Está tão aferrada a suas crenças, princípios e valores que, por mais que se mostrem disfuncionais, caducos ou falsos, continua defendendo-os e fazendo deles um guia para seus atos. Amarrando-se às suas crenças, só aceita aquilo que vai de acordo com elas e sistematicamente tenta forçar, eliminar, mudar e invalidar tudo o que, segundo suas crenças, não é admissível. O floral de Rock Water a ajudará a se flexibilizar mentalmente.

Por excesso, o consultante não pode ver nada que não esteja querendo mudar ou melhorar. É um contestatário compulsivo que questiona tudo o que lhe rodeia e que, segundo ele, são empecilhos para a evolução da humanidade. Vende uma imagem de vanguardista e entusiasta, ponta de lança do pensamento pós-moderno. Sempre tem a razão e a ideia mais brilhante e atual. Chegando a tertúlia diz: "Estão todos equivocados. De que estão falando?" Intelectualmente, parece que foge do superficial e mesquinho, mas no final é ele que acaba sendo, pois é tão mental que não se permite a expressão de seus sentimentos e instintos, e fica repetindo sentenças grandiloquentes. Pretende mudar o mundo, mas desconhece a si mesmo. É incapaz de relaxar e viver e, de suas vivências, extrair suas próprias experiências e critérios. Sugeriremos o uso de Vervain para ajudá-lo a enraizar em si seus ideais. Esse excesso de espírito crítico e condenatório é a tampa de seu sentimento de inferioridade e pode ser fruto de uma infância de crítica e desvalorização, denunciada pelo Cinco de Espadas (A Derrota), na Âncora ou na Infância. O uso do floral de Beech favorecerá sua tolerância, sua aceitação das diferenças e sua capacidade de ver o lado positivo de cada pessoa ou situação.

Infância: existiu aqui um conflito de valores. Os princípios ensinados ou até impostos em casa eram diferentes dos da escola ou da rua. Talvez o pai defendesse ideias que eram atacadas pela mãe e vice-versa, ficando a criança no meio do fogo cruzado, pois a aceitação de ditos valores, ideias ou crenças era condicionada à aceitação e ao tratamento que a criança recebia. Pode ser que tenha sido criada em um lar "progressista" e/ou fanático. Teve de se adaptar a padrões de comportamento que, embora pudessem negar as caducas formas autoritárias e religiosas do passado, não deixavam de ser normas colocadas sem carinho. Tudo isso deixou a criança dividida e insegura.

Relacionamentos: a) O relacionamento está levando a pessoa a questionar velhas crenças, princípios e valores, ajudando-a assim a recuperar uma percepção mais realista e funcional. Se a relação estiver apoiada justamente nessas crenças e fantasias, é muito provável que passe por uma crise. b) Vende no mercado das relações amorosas uma imagem de progressista, original, inovadora e contestatária de todo o caduco, estritamente mental que não mostra emoções nem desejos instintivos, como vimos na Âncora por excesso.

Voz da Essência e Método: integrar este arquétipo é perceber que o importante não é que as crenças sejam corretas ou incorretas, mas que há crenças que impedem que você seja você mesmo e sustentam decisões que levam ao sofrimento e crenças que não o fazem. Uma vez que compreendemos isso, podemos reformular nossas crenças, deixar de lado a falsa personalidade e nos relacionar sem preconceitos.

Chegou o momento de identificar e eliminar as crenças que não funcionam, pois são camisas de força para seu desenvolvimento. Discutir crenças é como discutir futebol ou religião. No entanto, podemos pegá-las por suas consequências, como explica o trabalho sugerido: desenhe seis colunas em um papel; na primeira coloque retrospectivamente duas ou três palavras, identificando fatos que fizeram você sofrer a partir de uma decisão que tomou (ou de permanecer indecisa) e da qual você se responsabiliza plenamente. Agora coloque na segunda o argumento que a levou a tomar tal decisão ou a permanecer indecisa. Se você encontrou dez fatos, provavelmente coloque dez argumentos. Quando você acabar a segunda coluna, vai colocando na terceira a crença que sustentou o argumento e verá que não tem dez, senão três ou quatro que se repetem. Bem, você já sabe a que crenças não pode dar bola. Na quarta, você vai identificar a emoção que dá força à crença, pois a força de uma crença é dada pela intensidade da emoção que sentimos quando essa crença foi incorporada. Por isso há crenças que têm muita força e outras nenhuma. Na quinta, transforme essa crença em um critério o mais objetivo, funcional e realista possível que, mesmo que não deixe de ser uma cortina, é um véu quase transparente, e que dá base para ações concretas, pois, se queremos reprogramar o cérebro, temos de partir para a ação. A mente por si só é incapaz. Assim, na última coluna, colocaremos para cada critério várias ações que podemos tomar a partir de tal critério.

A essência de Sage* lhe favorecerá a capacidade de extrair sábias conclusões da auto-observação e perceber a própria vida em um contexto maior. O floral de Shasta Daisy* ajudará a sua mente a ter uma visão do cotidiano integrado em uma perspectiva mais global, enquanto a de Filaree* lhe proporcionará uma compreensão das coisas e da vida com um sentido cósmico.

Caminho de Crescimento: usando as chaves que apareceram nas posições anteriores, a pessoa não somente se dá conta das consequências nefastas de manter crenças que ela não inventou, mas também que necessitou incorporar para ser aceita pela família e pela sociedade, e começa a questioná-las e eliminá-las, melhorando sua percepção.

Resultado Interno: essa pessoa, produto de todo o processo que vimos até aqui, identificou, entendeu e desativou as dificuldades internas que tinha para eliminar princípios, valores, preconceitos e outras crenças que a impediam de ser ela mesma e a conduziam à frustração e ao sofrimento. Mudou, pois, sua maneira de pensar. Sua mente tornou-se mais perceptiva, flexível e tolerante e não a impede de ser espontânea.

Aumentou sua sensibilidade, de modo que agora se sintoniza melhor com seu ambiente e interpreta as mensagens que trazem as circunstâncias que atrai, e é capaz também de entregar-se às experiências que antes estavam proibidas pelas crenças.

Resultado Externo: a pessoa encara o mundo com a atitude interna que vimos no Resultado Interno e, como consequência, muda sua vida. Pode ser que se interesse por atividades que buscam a evolução da humanidade, em qualquer aspecto: ecologia, terapias naturais, consciência corporal, psicoterapia, agricultura orgânica ou em meios de comunicação, ajudando os outros a livrarem-se de crenças, doutrinas e dogmas de fé.

A Lua

Títulos		Número	Letra hebraica	Caminho cabalístico	Atribuição astrológica	Princípio universal
Marselha Waite Crowley	A Lua	18 A escuridão, o inacessível, a profundidade	ק Kuf	29º A parte posterior da cabeça K	♓ Peixes Eu acredito	O lado escuro do Universo. A sombra do inconsciente
Osho Zen	As Vidas Passadas			Netzach Malkuth		

Títulos: desde o Tarô de Marselha aparece na maioria dos tarôs com o título de "A Lua". No egípcio, é "O Crepúsculo" e no Osho Zen Tarô, "As Vidas Passadas". Seus títulos esotéricos são "O Regulador do Fluxo e do Refluxo" e "A Criança dos Filhos do Poder".

Número: A Lua leva tradicionalmente o número Dezoito. Duas vezes Nove e, por redução, também Nove; é o número da escuridão, do inacessível.

CORRESPONDÊNCIAS
Letra hebraica: ק. Koph ou Kuf é simples, masculina, carmesim e seu valor numérico é 100. Significa "a parte posterior da cabeça" e está relacionada com o cerebelo, que governa os chamados processos involuntários, como as pulsações cardíacas e a respiração. É o elo entre os centros cerebrais superiores e a medula espinhal. A função corporal atribuída a essa letra é dormir e tem o som de K, mais duro do que o de Qaph dura.

Caminho cabalístico: o caminho de Koph leva de Malkuth (o Reino) para Netzach (a Vitória), unindo as naturezas física e emocional. Temos aqui o aprimoramento do corpo biológico para entrar melhor em contato com os planos sutis. Nesse caminho, o iniciado toma consciência de seu corpo físico como um instrumento fundamental para sua evolução, encontrando-se com os fantasmas do mundo material de Malkuth que se instalaram em sua mente. São os fantasmas da escuridão do inconsciente coletivo, consideram alguns estudiosos.

Atribuição astrológica: ♓. Peixes é o signo correspondente a esta carta. É um signo de Água, mutável, feminino, governado por Netuno e Júpiter. Rege os pés, as mucosas, o sistema linfático e a aura. Sendo o último signo do Zodíaco, representa a possibilidade de transcender. Os piscianos levam para a frente seu processo de individuação à medida que servem e curam os outros. São muito sensíveis e impressionáveis, desequilibram-se com facilidade. Seu estado anímico se reflete, como em nenhum outro signo, na sua saúde física. Podemos considerar dois tipos de piscianos: o primeiro é mais intuitivo, espiritual, livre das amarras mais pesadas da vida material. É o místico procurador da verdade profunda, altruísta, humanitário, criativo e inspirado. Seu desejo de que todos os seres se vejam livres do sofrimento e sua tolerância o levam a entregar-se amorosamente ao mundo. O segundo tipo é escapista, disperso, indolente. Muitas vezes dependente de drogas, com uma mínima autoafirmação e autoestima. Esse tipo adora representar o papel de vítima.

Peixes – Johfra.

O primeiro tende a fundir-se com o Universo. Sua compaixão[38] e tolerância levam-no a entregar-se amorosamente ao mundo. O segundo está desligado de si mesmo e anda confundido e confundindo os outros. É claro que os dois tipos convivem dentro do mesmo pisciano.

O pisciano tem tendência a engordar, a sofrer dos pulmões e das glândulas, a padecer de inchaço dos pés e é muito vulnerável a intoxicações e infecções. Suas crises emocionais deixam-no frequentemente fora da realidade.

Seu verbo é "Eu acredito" e sua frase é: "Eu sou um na minha integração com a vida".

Símbolos: por baixo aparece um escaravelho levando entre suas patas o disco solar. É Kephra ou Kephri, o escaravelho sagrado egípcio, que, como o Sol, volta das trevas da noite, renascendo de si mesmo, por isso é chamado também "o Sol Nascente". Na arte egípcia, é representado empurrando uma bola de fogo, na qual depositou seu sêmen. Essa ideia está inspirada em um fato real: esse coleóptero (popularmente o "rola-bosta") coloca seus ovos em uma bola de estrume, que

---

38. Compaixão, segundo o Budismo tibetano, é a vontade de que todos os seres vivos se vejam livres do sofrimento.

vai empurrando continuamente sob os raios do sol. O estrume esquentado pelos raios solares fermenta e, assim, choca os ovos. A bola representa o Sol, pois contém os elementos necessários para o crescimento e a alimentação.

Segundo essa tradição, Kephra é o pai dos deuses, o Grande Senhor da criação e da Ressurreição. Simboliza o ciclo solar do dia e da noite. Transporta o Sol, em silêncio, pela escuridão da noite e pelos rigores do inverno.

Nesta carta, Kephra surge das águas de Nuit, onde repousa o caos primordial. E com a luz de sua consciência (o Sol) entre as patas, descobre diante de si uma paisagem um tanto sinistra.

Crowley escreve: "Kephra é a mais alta força criativa, começando a materializar-se na forma orgânica mais primitiva". Representa também a evolução orgânica da raça humana e o desenvolvimento celular do veículo físico humano, desde as raízes mais profundas da Natureza. Nos Tarôs de Marselha, Waite e Golden Dawn, aparece um caranguejo ou uma lagosta saindo das águas primordiais. São os símbolos dos primeiros sinais de percepção consciente, representando a humanidade que sai da inconsciência. O caranguejo às vezes anda para trás, mostrando o perigo que corremos de perder nossa consciência e involuir.

Na frente, vemos um caminho ou um rio tingido com sangue que surge entre duas montanhas altas e estéreis. Sobre ele, nove gotas de sangue lunar (menstrual) pingam com forma de Yod desde a Lua. Sabemos que a raiz *mens* significa Lua e que a palavra Ártemis, a deusa grega da Lua, significa "a fonte superior da água".

A Lua de Marsella, Waite e Crowley.

Em ambos os lados do caminho, dois chacais espreitam, uivando incessantemente e assustando os caminhantes inseguros. O chacal é considerado um animal de mau augúrio porque é noturno, ronda os cemitérios e se alimenta de cadáveres. É considerado um símbolo de avidez, crueldade e desejo insaciável, ou seja, das emoções e sensações exacerbadas.

A consciência corre sério perigo de ser apagada pelos chacais que aqui não estão representando tão somente a instintividade cega e compulsiva, mas também o medo, o ódio, a culpa e todas as emoções e sentimentos destrutivos. Os chacais estão aos pés de seu amo, o deus Anúbis, filho de Osíris e Néftis, protetora dos mortos e esposa de Set. Anúbis preside os ritos funerários, ocupa-se do defunto, embalsama-o e pesa seu coração. Se este for mais leve que a pena de Ma'at, que se encontra no outro prato, indicará que o morto está livre de culpa.

Esse psicopompo, que segundo a lenda encarnava em um cachorro selvagem, simboliza a morte e o caminho do morto até chegar ao vale da imortalidade. Em uma mão leva o báculo Fênix, atributo de Thoth, deus cabeça de Íbis, que pela forma de seu bico é uma ave lunar, símbolo de previsão e sabedoria. Na outra mão, segura a cruz ansata ou *Ankh*, a chave que abre a porta do túmulo para os campos de Ialu, mundo da eternidade, especialmente quando segurada pela parte superior, o que ocorre na carta. Essa cruz é considerada um símbolo de integração dos Princípios Ativo e Passivo, portanto, um símbolo de vida.

Por trás de Anúbis, erguem-se duas torres escuras, de aparência sinistra. Nelas residem todos os preconceitos, superstições, tradições mortas e medos ancestrais que bloqueiam a evolução do ser humano. Estão também as ameaças e os pavores colocados por pais e religiosos na infância. Na verdade, as torres estão vazias, somos nós quem projetamos nelas tudo o que tememos.[39] No Tarô de Dali (1984), essas torres são os arranha-céus de Nova York. Detrás das torres, vemos duas montanhas azuis. Se seus cumes fossem os joelhos de uma mulher sentada em posição ginecológica, estaria dando à luz, parindo o Sol que vemos entre as patas do escaravelho, indicando que a verdadeira luz só surge à medida que atravessa, ilumina e integra a sombra. A luz que nega a sombra é uma farsa ou como disse Jung: "Ninguém se ilumina fantasiando figuras de luz, senão tornando consciente sua própria escuridão".

O desenho desta carta foi inspirado no movimento do mar, cujo fluxo e refluxo é governado pela Lua, mas não é a Lua da Sacerdotisa: o Princípio Receptivo que governa o inconsciente e o lar, o esotérico e a intuição, que une o desconhecido e o conhecido, o humano (Tiphareth) e a essência divina (Kether). Não é a Lua Cheia das fogueiras de Beltane, em que o povo se acasalava para fecundar os campos e trazer prosperidade ao clã. Esta é a Lua Negra, que com seus chifres apontando para baixo é a lua da feitiçaria, da magia negra, das drogas que enlouquecem. Aqui não há mais luz. No entanto, essa escuridão também é a condição necessária para

Anúbis, Íbis e a cruz ansata.

---

39. Court de Gébelin afirma que essas torres são um lugar de descanso, no qual o caminhante pode repousar e meditar.

o renascimento da luz. Essa lua é a deusa dos mortos, o lado escuro de Hécate, que, representada com três corpos e três cabeças, é a nigromante, a deusa da feitiçaria dos terrores noturnos, dos fantasmas e dos monstros que causam pânico. Aparece acompanhada de asnos, cachorros e lobas. Com tochas na mão preside os sortilégios. No Hinduísmo, temos Kali, o aspecto destrutivo do feminino, rodeada de chacais e outros animais que frequentam os crematórios, aparentemente bêbada, empunhando armas mortais e ensanguentadas. É representada em pé sobre o cadáver de Shiva, seu consorte ou polaridade masculina.

A pergunta é: o que é que nos enfeitiça? O que nos enfeitiça nos manipulando, sem que nos demos conta, é tudo aquilo que escondemos na sombra: talentos e aspectos nossos que, quando manifestados na infância, foram censurados, reprimidos, ameaçados, rejeitados ou castigados gerando sofrimento e medo. Então os escondemos primeiro da família, depois do mundo e finalmente de nós mesmos. Esses aspectos e talentos nos manipulam por meio das projeções. Projetamos nos outros aquilo que está escondido em nossa sombra. Assim como as flechas de Cupido eram de ouro e de prata, nossas projeções são de ouro quando vemos em outra pessoa aspectos ou talentos que tivemos de reprimir, mas que não condenamos, e nos identificamos e enganchamos com a pessoa em questão, apaixonando-nos loucamente por ela. Quando vemos ou colocamos em outra pessoa aspectos ou talentos nossos que foram tão severamente reprimidos que acabamos condenando-os, odiamos loucamente a pessoa que os expressa. Quando sentimos fortes oscilações de voltagem emocional a respeito de alguém ou de uma situação, podemos estar seguros de que estamos projetando. Claro que, quando passamos por uma situação com tais características, temos a grande oportunidade de reconhecer e resgatar o aspecto ou talento que está na sombra. Esta carta é o que os místicos chamaram "A noite escura da alma".

Significados gerais: representa o Lado Escuro do Universo. É o oposto complementar do Sol, tal como veremos na próxima carta. A luz e a sombra aparecem ao mesmo tempo; não existe sombra sem luz nem luz sem sombra, necessariamente a luz e a sombra coexistem.

No plano humano, representa os aspectos mais escuros do inconsciente, a sombra que atrai e espanta o consciente, como a Lua faz com Kephra. Essa atração é produto da necessidade que o ser tem de completar-se, de resgatar-se. Esse umbral é talvez o maior desafio conhecido. Se no Louco víamos o inconsciente do ser não programado que se manifesta expressando pela ação seus talentos e outras particularidades, na Lua temos o inconsciente sombrio formado por todo aquele que rebotou no muro das proibições e estimulações da programação e teve de ser escondido. Mas para resgatar e iluminar sua sombra terá de enfrentar justamente o que mais teme. Aqui o desconhecido é fonte de perigos, medos e alucinações. Quando o ser humano tenta seguir o caminho do seu coração, aparece uma infinidade de ameaças, medos, dores, raivas e culpas; todo um conjunto de negatividade que foi inoculado nos primeiros anos da infância, justamente para que a criança não vivesse suas emoções naturalmente, acabando assim com boa parte de seus referenciais internos. A Lua refere-se ao passado ao qual estamos enganchados, especialmente à infância. Essa área psíquica não aparece de forma clara, possível de identificar, compreender, analisar e resolver, mas chega como uma nuvem escura, um gás lacrimogêneo que confunde, irrita e produz toda uma série de sensações internas, extremamente desagradáveis, que inibem a possibilidade de avançar.

NA LEITURA TERAPÊUTICA

Momento Atual: a pessoa está se dando conta de que não pode continuar sentadinha em cima do baú da sombra fingindo que não passa nada. Já se deu conta de que tudo o que esconde a manipula e está se debatendo entre o impulso interno de abrir o baú e aceitar, iluminar e integrar o que tem dentro e o medo de fazê-lo. Isso pode ser o produto de seu próprio processo de autoconhecimento ou de atrair situações que tocam e exaltam tudo o que está escondido, de maneira que é impossível continuar negando a sombra. Pode ser um momento difícil, confuso, conflitivo e angustiante, em que o medo se manifesta de modo agudo e paralisante, mas com um enorme potencial de crescimento. A essência floral de Mimulus reforçará a coragem e a paz interior necessárias para enfrentar este tremendo desafio.

Âncora: indica que esta pessoa teve de esconder tantos aspectos e talentos que foram a sombra, como a parte imersa de um *iceberg*, que apenas mostra uma parte limitadíssima do que na realidade é, e essa poderosíssima sombra a manipula continuamente, mantendo-a em um estado de grave alienação de si mesma. Vive com uma forte tensão para manter o controle e com um medo permanente de que tudo o que está escondendo apareça, ou seja, de expressar emoções e desejos não compatíveis com a imagem que pretende passar ao público. Isso estaria confirmado pelo Ajustamento (A Justiça) na Infância ou na Âncora. A essência de Scarlet Monkeyflower* a ajudará a alimentar a honestidade emocional, favorecendo a integração do lado sombrio, assim como a de Black-Eyed Susan,* que favorece a valentia para ir ao encontro das partes sombrias ou desconhecidas da psique.

Esse medo pode se desdobrar e se manifestar de diferentes maneiras.

O medo indefinido, especialmente do desconhecido, como pressentimentos negativos, pesadelos, superstições e uma contínua ansiedade e insegurança. A flor de Aspen confere confiança no desafio ao desconhecido, e capacita a mente consciente a recuperar e a processar melhor as informações escondidas.

O medo da rejeição, da crítica e de qualquer outro tipo de hostilidade vivido na infância, indicado pelo Três de Espadas (A Aflição), faz com que a pessoa projete esse estado paranoico a seu redor e reaja diante do mundo de maneira desconfiada e hostil, indicada pela Princesa de Espadas na Âncora; sugerimos o uso de Oregon Grape,* que quebra o padrão da desconfiança.

O medo do fracasso pode ser produto de intensas expectativas por parte de seus pais quando criança. Estaria detectado pelo Oito de Espadas (A Interferência) na Âncora. O floral de Larch, que alimenta a expressão criativa, a espontaneidade e a confiança em sua capacidade, será o mais indicado neste caso.

O medo dos desafios comuns do cotidiano, acompanhados de timidez, introversão, pode ser produto de superproteção/castração, assinalada pela Imperatriz, ou excessivas proibições sugeridas pelo Oito de Espadas (A Interferência). Essa predominância de pequenos medos pode abrir a consciência para um medo mais básico e real, e, portanto, com maiores possibilidades de ser trabalhado e resolvido. A essência de Mimulus ajudará a recuperar a coragem de viver com maior curiosidade, alegria e espontaneidade.

O medo de se expor pode ser produto de um compulsivo "não gosto de mim", detectado pelo Cinco de Copas (A Frustração) na Âncora ou na Infância. Se esse medo se manifesta evitando o contato íntimo, amoroso e sexual, ou fazendo do sexo uma ginástica impessoal, sugerimos o uso do Sticky Monkeyflower.*

O medo de perder o controle mental e/ou emocional, liberando impulsos destrutivos, seria indicado pela presença do Quatro de Espadas ou de Copas (A Trégua e O Luxo) ou do Cavaleiro de Paus na Âncora. Geralmente, o ego vai querer reforçar ainda mais o controle. Antes que a explosão ocorra, sugerimos o uso de Cherry Plum.

O medo de crescer e de enfrentar as responsabilidades de adulto (salientado pelo Louco na Âncora), produto de uma infância muito paparicada, superprotegida e dependente (A Imperatriz e O Eão são seus respectivos indicadores), será aliviado com a flor de Fairy Lantern,* que facilita o trânsito por meio de tais bloqueios emocionais até a maturidade que integra o lado infantil.

O medo da perda de coisas, de tal maneira que a pessoa baseia sua segurança interna em seus bens materiais, indicado pelo Quatro de Discos (O Poder) na Âncora, procede de um estado de carência emocional muito profunda indicada pela presença da Rainha de Espadas na Infância. Esse tipo de avareza pode ser trabalhado com o floral de Star Thistle,* que fortalece a segurança interna, a generosidade e a confiança.

O medo da morte, produto da identificação materialista com o corpo físico, resultado de uma educação estritamente racionalista, detectada pelo Seis de Espadas (A Ciência) ou por uma rebelião contra uma programação religiosa dogmática, inculpadora e repressiva denunciada por O Hierofante, pode ser tratado com a flor de Chrysanthemum,* que favorece o desenvolvimento da espiritualidade.

O medo de perder a individualidade no grupo faz com que a pessoa se torne tímida e retraída (A Sacerdotisa nos Relacionamentos indicaria um caso assim), e que, apesar de sofrer com sua solidão, se enclausura em ocupações. A flor de Violet* estimulará a confiança de que os outros vão ajudá-lo e de que sua individualidade vai revelar-se com maior firmeza.

Por falta, pode mostrar a criação de uma personalidade contrafóbica: tem tanto medo de ter medo que atua como se não tivesse medo. Coloca uma máscara de segurança, otimismo, despreocupação, tudo está bem, que pode ser trabalhada com a essência de Agrimony.

Infância: tudo era perigoso; o mundo era assustador. "Cuidado, criança! O carro vai você! atropelar" As iniciativas foram podadas com ameaças: "Não se atreva!", "nem pense nisso!", "vá de castigo para o quarto escuro!". Debaixo desse tipo de programação, criou-se uma sombra dantesca que aglutinou a maioria das características e talentos da criança, sendo depois escondidos do mundo e de si mesma. Com o Nove de Espadas (A Crueldade), pode indicar tortura física, castigos humilhantes e violentos. Talvez tenha sentido sua própria vida em perigo e adquirido traços esquizoides em sua personalidade.

Relacionamentos: a) A relação está ajudando a pessoa a reconhecer que existe em seu inconsciente um baú fechado a sete chaves onde guarda talentos e características de seu ser, guardados ali no passado sob sinistras ameaças e cuja aceitação e expressão estão travadas por fortes medos. Isso se pode dar de várias maneiras, das quais a menos agradável seria se o/a parceiro/a é que toca suas áreas sensíveis, estimula a aparição dos aspectos sombrios e dispara seus medos, como confirmaria o Nove de Espadas indicando que a pessoa se sente ameaçada pelo/a parceiro/a. Em qualquer caso pode ser um excelente estímulo para entender e desativar o medo e aceitar e integrar a sombra. b) Para esta pessoa relacionar-se é uma espécie de tortura psíquica, pois fazê-lo significaria se mostrar, expor-se, abrir o baú da sombra, e isso dispara seus medos de que volte a ocorrer o horror que sucedeu no passado quando se expressava espontaneamente. Como fantasmas, aparecem as possibilidades de ser rejeitada, criticada, abandonada ou violentada, caso ela se atreva a ser verdadeira. Não acredita em seu amor, em sua beleza, em seu *sex appeal*, e quase sempre prefere não se relacionar com ninguém, a não ser que haja também um elemento masoquista significativo em sua personalidade, como indicaria o Nove de Espadas ou o Cinco de Discos (A Crueldade e O Sofrimento), na Âncora.

Voz da Essência e Método: integrar este Arcano significa parar de negar a sombra, aceitar todos os aspectos, talentos e características que por diferentes motivos foram trancados no baú. Claro que para isso a pessoa necessita identificar e desativar seus medos ao que possa sair do baú. Trata-se de aceitar a própria sombra como algo inegavelmente nosso, fazendo desses medos um fio condutor que nos leve cada vez mais para dentro de nós mesmos.

Não serve de nada dar as costas à sombra e tentar avançar para a luz, pois, quando fazemos isso, a sombra aumenta atrás de nós e como não a vemos nos manipula ainda mais. Ali encontraremos também medos, sensação de vulnerabilidade e fragilidade, obsessões, paranoias e ameaças, tudo isso procedente do passado. Resgatar e iluminar a sombra significa enfrentar justamente o que mais tememos, o que nunca quisemos ver, o que sempre negamos. Claro que não o negamos e escondemos porque quisemos, fomos obrigados a isso na infância. A criança sabe instintivamente que para sobreviver necessita ser cuidada, alimentada, protegida e aceita por seus pais, especialmente por sua mãe. Quando a criança se expressa e essa expressão traz uma rejeição, uma crítica, uma ameaça, uma condenação, um castigo ou uma palmada no traseiro, o instinto de sobrevivência dispara e esconde esse aspecto ou talento que havia expressado. Primeiro o esconde da família, depois do mundo e finalmente de si mesma. Esta tarefa começa pela aceitação, pelo reconhecimento dos medos e a busca de suas origens, dando uma revisão atenta e o mais objetiva possível da primeira infância. O tamanho do medo é diretamente proporcional à diferença de tamanhos entre a criança e o gigante que colocou esse medo e, também, a dependência que a criança tem desse gigante. Usando os medos atuais como um fio condutor, podemos elaborar um historial retrospectivo que nos leva até a situação original onde esse medo foi introduzido. Quando revivemos essa situação com nosso tamanho, independência, experiência e consciência de adulto, o medo se minimiza; pode não desaparecer completamente, mas já não nos manipula. Assim, podemos desativar os medos e tomar as iniciativas correspondentes. Os medos são neste momento nossos aliados. Aceitá-los, reconhecê-los, descobrir como funcionam e livrar-se deles são tarefas e o trampolim. Detrás deles podemos encontrar belos potenciais (XVIII = IX = 0), cuja realização pode nos dar muito prazer. Usaremos os florais da Âncora.

"Muitos de nossos problemas (talvez a maioria) existem porque nunca os encaramos, nunca os enfrentamos. E isso lhes dá energia, ter medo dos problemas lhes está dando energia, tentar evitá-los sempre lhes está dando energia porque você os está aceitando." (*Osho*)

Caminho de Crescimento: usando as chaves que apareceram nas posições anteriores, a pessoa percebe até que ponto sempre foi manipulada por sua sombra, identifica as consequências dessa manipulação e se sente capaz de confrontar seus medos, entreabrir o baú e começa a aceitar e integrar aspectos de sua sombra.

Resultado Interno: essa pessoa, produto de todo o processo que vimos até aqui, trabalhou e minimizou seus medos, reconheceu e integrou seus talentos e aspectos de seu próprio ser que estavam escondidos na sombra. Hoje sua sombra já não a manipula e se expressa na vida de um modo muito mais espontâneo e autêntico. E mesmo que ainda possa haver alguma coisa no baú, podemos dizer que deu um tremendo salto em sua evolução.

Resultado Externo: a pessoa atrai uma situação que, como um míssil impacta no baú da sombra, não deixando a menor opção de continuar ignorando-a. Tudo o que está aí escondido aparece com uma força tal que a pessoa, mesmo que morra de medo, tem de aceitá-lo como uma parte sua e tentar integrá-lo. Claro que o processo de crescimento que vimos nas cartas que apareceram nas posições anteriores lhe estão dando a firmeza interior para poder encarar este desafio que, provavelmente, tampouco chegaria se a pessoa não estivesse pronta para ele.

O Sol

Títulos	Número	Letra hebraica	Caminho cabalístico	Atribuição astrológica	Princípio universal
Marselha Waite Crowley — O Sol	19 19 = 1+9 = 10 = 1+0 = 1	ר Resh cabeça RR-R	30° Hod Yesod	☉ O Sol A individuação	O lado luminoso do Universo. A Consciência
Osho Zen — A Inocência					

Títulos: no Tarô Egípcio, é "A Inspiração" e no Osho Zen, "A Inocência". Nos outros, "O Sol". Seu título esotérico é "O Senhor do Fogo do Mundo".

Número: o Dezenove é um número primo relacionado com o Dez e com o Um (19 = 1 + 9 = 10 = 1 + 0 = 1), e passa uma ideia tanto de ciclo completo, voltando à unidade, como de individualidade.

CORRESPONDÊNCIAS

Letra hebraica: ר. Resh é uma letra dupla, masculina, laranja, cujo valor numérico é 200. Significa "cabeça" ou "fisionomia". Simbolicamente, representa o Fogo e se relaciona com as faculdades de pensar, querer e sentir.

O som original da Resh dura se perdeu; sabemos que existiu porque há dez palavras na Bíblia em que Resh aparece com *Dagesh* (o ponto dentro da letra). Seu som suave é "ere", como Eremita.

Caminho cabalístico: esse sendeiro (30º) une Yesod (o Fundamento), a mente inconsciente, e o psiquismo da Lua com Hod (a Glória), a mente racional, concreta e consciente relacionada a Mercúrio. Aqui se esclarece a natureza da relação entre a mente e o corpo físico. Suas sensações são refinadas e a sexualidade é compreendida como a grande força secreta que o iniciado usa.

Atribuição astrológica: ☉ O Sol é a fonte de luz, calor, energia e vida. É o Princípio Universal pelo qual tudo vive e se movimenta. Governa a expressão mais elevada do Eu, a Individualidade, a Vontade Verdadeira e o Espírito. O Sol evoca ideias de grandeza, superioridade, majestade, autoridade, vida e energia radiante. Rege nossa criatividade, vitalidade e força de vontade. O signo em que está indica a melhor maneira de ser si mesmo. Sendo a fonte de energia, relaciona-se com a libido, nossa energia psíquica. Governa o signo de Leão e a casa V, e no corpo físico rege o coração, a circulação sanguínea, as artérias, a coluna vertebral e os olhos.

Símbolos: na metade superior da carta aparece o Senhor da Nova Era, Heru-Ra-Ha, outro nome de Hórus, manifestando-se sob a forma do Sol. Ele não é somente a fonte de vida, luz e energia, mas também a manifestação da Divindade. O Sol vivifica e manifesta as coisas, porém pode destruí-las. Segundo várias tradições, existiam vários sóis que foram abatidos com flechas para que não incendiassem as colheitas, deixando apenas um. O Sol que se põe toda noite, renascendo a cada manhã, é símbolo de ressurreição e imortalidade.

O Sol de Marselha, Waite e Crowley.

Está no centro do sistema, assim como o coração está no centro do corpo humano. É o Atma ou Espírito Universal. No ser humano, representa sua parte divina, a chama viva que arde em seu coração, símbolo da consciência. Também pode representar o superego, aquela área do psiquismo incorporada pela influência da família e da sociedade que reprime o ser com proibições, regras e doutrinas.

O Sol está representado na forma de uma flor de lótus, com duas fileiras de 12 pétalas cada uma, simbolizando o florescimento da energia solar nos planos externo e interno (duas fileiras), de forma total e completa (12 pétalas). O lótus no Oriente é equivalente à rosa no Ocidente, representando também o amor, o coração, a espiritualidade e a imortalidade.

Os Rosa-cruzes colocam a rosa no meio da cruz, no local onde estaria o coração de Cristo. Crowley eliminou a cruz, deixando só a rosa, o amor. Com isso, quis indicar que todas as limitações artificiais, normas e leis da Era de Peixes, relacionadas com a cruz e com o Quatro, não têm mais efeito na Nova Era.

Embaixo do Sol, as duas crianças, que já apareceram no Louco, no Hierofante e nos Amantes, surgem, desta vez, com asas de borboleta. Livres e inocentes, estão celebrando a vida, bailando a vida, como diria Rolando Toro, desinibidas e livres de qualquer ideia de pecado, castigo ou morte. Os gêmeos são também um símbolo do que nós somos. Achamos que somos um, mas somos dois. Há em nós uma natureza consciente e uma natureza inconsciente. Do equilíbrio e da simbiose dos dois depende nosso bem-estar.

Por trás das crianças, ergue-se uma montanha que representa a aspiração da Terra por atingir o Céu. Podemos considerá-la um intermediário entre ambos. É verde, simbolizando a fertilidade. O cume da montanha está rodeado por um muro que delimita um recinto interno, mostrando que o processo de crescimento ou ampliação da consciência é interno, não existe loja onde se possa comprar meio quilo de consciência.

Segundo a tradição hindu, existe um muro de rochas que cerca o Cosmos,* no centro do qual se eleva o Monte Meru, eixo do mundo, assento de Shiva e Parvati. Esse muro também pode representar as leis naturais ou as limitações que continuarão existindo na Nova Era.

Do Sol surgem 12 raios curvos que delimitam os 12 signos astrológicos no canto da carta, enfatizando a ideia de que o Sol se encontra no centro do Zodíaco, cinturão de Nuit.

Significados gerais: esta carta representa a totalidade da luz do Universo. No plano humano, temos dois níveis:

1º) A Individualidade. A consciência: somos a consciência que temos de nós mesmos. O Eu Central, aquele diamante que vimos na ilustração "Radiografia de um cocô" do Capítulo 2, que não pode ser maculado pela programação, embora possa ficar escondido atrás das estruturas de defesa e de montanhas de lixo. É o "Self" da Análise Bioenergética, a Presença silenciosa que observa o mundo e a si mesma.

A ignorância nos cega para a percepção de nossa verdadeira natureza e faz com que nos identifiquemos com os aspectos mais passageiros e superficiais do nosso ser.

"O homem é a única criatura que se recusa a ser o que é."
(Albert Camus, 1913-1960)

Identificamo-nos com nossa mente, nossas emoções, nosso corpo físico e seus instintos, nossa conta-corrente, nosso carro ou nossa imagem no espelho, quando, em verdade, somos o proprietário disso tudo, o observador. Separados de nosso centro, ignorantes de nossa verdadeira natureza, deixamo-nos conduzir desatentamente por nossas propriedades ou as reprimimos de modo cruel.

O caminho para eliminar a ignorância passa pela aceitação de tais impulsos, expressando-os e observando-os atentamente. Assim, integrando-os em nosso cotidiano, chegará o dia em que não nos identificaremos mais com eles: "Eu vivo em meu corpo, que amo e respeito, mas não sou meu corpo", "Aceito e expresso minhas emoções, mas não sou minhas emoções, mas quem as observa". A expansão da consciência leva-nos ao centro e permite-nos ser mais objetivos, tanto no plano interno como no externo. No plano interno, porque vamos iluminando áreas escuras que não conhecíamos; e, no externo, porque, ao reconhecer como nossas essas áreas, já não as projetamos e começamos a ver o mundo exterior como ele é e não como o reflexo de nós mesmos. O descobrimento de si mesmo, de nosso Sol interno, que sempre esteve presente, manifestando-se por meio de intuitos, estados expandidos de consciência e *insights* em geral, é também o descobrimento do mundo.

Nesse nível de consciência cada ser, cada indivíduo, é único e irrepetível, e nesse sentido é especial. Cada ser tem seus próprios talentos e particularidades que o fazem diferente dos outros. Nesse centro residem o amor e a liberdade.

"Quando há liberdade não há medo, e a mente sem medo é capaz de amar infinitamente. E o amor pode fazer o que quiser."
(Krishnamurti, 1895-1986)

Essa Individualidade é totalmente diferente do ego; este nos separa da realidade e dos outros, a Individualidade nos conecta com o mundo, tal como o amor. Permite-nos passar ao segundo nível.

2º) A Espiritualidade. Quando desenvolvemos nossa Individualidade (e não antes), ela pode se dissolver no Universo, como uma gota de água no oceano. Passamos de um ser único e diferente a um ser que é a mesma coisa que todos os seres. Todos somos um. O Grande Espírito que permeia cada ser humano permeia também os animais, as plantas e o Universo todo.

NA LEITURA TERAPÊUTICA
Momento Atual: a pessoa se questiona até que ponto está sendo autêntica consigo mesma. Faz contato com um impulso interno para desenvolver mais sua individualidade, que a leva a viver sua vida mais em função de si mesma do que em função de terceiros ou de circunstâncias externas. Sente a necessidade de se expressar tal como vem de dentro e dar cordas soltas a seus talentos que pugnam por se expressar, especialmente sua criatividade, arriscando a se tornar mais visível. No entanto, a segunda carta pode mostrar o que se opõe à manifestação

plena de sua individualidade ou em quais aspectos concretos da vida esse processo se expressa com maior intensidade. Com o Hierofante poderíamos pensar em transcendência espiritual.

Âncora: esta pessoa está desconectada de si mesma, de maneira que tem uma noção pouco estruturada de sua identidade. Em geral, isso pode se manifestar de duas formas diferentes:

Por excesso é um ego inflado. Sente-se vazia e procura preencher a noção de estar viva por meio dos outros, precisando ser sempre o centro das atenções. Para isso se pavoneia sem pudor, ostentando seus conhecimentos, seu brilho, seus êxitos, sua beleza superficial. Quando consegue ser admirada, sente-se satisfeita e eufórica. Não consegue relaxar nem ser um comum mortal enquanto houver alguém na plateia. Se ninguém lhe dá atenção, desinfla-se, e por baixo das penas aparece uma criança carente e desvalorizada. Essa excessiva identificação com aspectos ilusórios do eu pode ser revertida com o uso do Sagebrush,* que ajuda a reencontrar o ser essencial. Para quem faz da beleza exterior o gancho para atrair a atenção, e não sabe sair na rua sem uma "máscara cosmética" (Princesa de Copas na Âncora), o uso de Pretty Face* ajudará esta pessoa a entrar em contato com sua beleza interna, favorecendo a aceitação de sua aparência pessoal. Com O Imperador na Infância e qualquer um dos Seis (A Vitória, O Prazer, A Ciência ou O Sucesso) na Âncora, confirmaríamos essa possibilidade, com uma relação conflitiva com um pai ou tutor autoritário.

Assim como ao Imperador, fascina-lhe ser líder de alguma coisa, e apresenta sua candidatura a presidente das associações das quais participa. Os dois querem mandar, O Imperador para colocar todos para trabalhar e acumular dinheiro e poder, e o Sol para conquistar fama, glória e aplausos. Em ambos existem traços psicopáticos.

Por falta seria alguém cuja identidade desapareceu. Não sabe quem é nem o que quer. É incapaz de criar. Parece um fantasma que sofre de doenças resultantes de uma baixa defesa imunológica. Resignado a cumprir seu destino, é um Zé Ninguém que cala a boca e obedece. O uso de Equinacea* ajudará a resgatar a integridade e a dignidade do Ser.

O Três ou o Oito de Espadas (A Aflição ou A Interferência) ou o Cinco de Discos ou de Espadas (O Sofrimento ou A Derrota), na Infância, indicam que os pais anularam seu filho; com essa rejeição, críticas, humilhações, castigos, etc. confirmariam esse caso.

É muito comum se anular por meio da tentativa de ser normal. A conduta normal é um estado de alienação da própria experiência. Vivemos como se fossem próprios padrões, esquemas, valores, doutrinas, normas e todo tipo de parâmetros externos de consenso social, enquanto negamos nossa própria experiência. Julgamos esta por meio desses padrões que consideramos próprios, mas que não o são. Questionamo-nos em função desses parâmetros, e pensamos que o correto e adequado é o standard, e o incorreto é o que vem de dentro. Para todos esses casos, o floral mais adequado será o Sunflower,* que resgata o sentido equilibrado da individualidade.

Infância: o sentido de identidade desta criança foi distorcido. Isso pode ter acontecido de várias maneiras:

Uma forte anulação da individualidade da criança, em que os medos, as ameaças, os castigos e as proibições quebraram sua noção de identidade, especialmente com a Lua, A Sacerdotisa, O Nove ou o Oito de Espadas – A Crueldade e A Interferência.

Uma expectativa familiar de brilhar, de destacar-se, mostrando-se a melhor da sala, do jogo ou da casa é sugerida por O Imperador, O Mago ou O Seis de Paus ou de Discos (A Vitória e O Sucesso).

Com o Três de Copas (A Abundância) ou o Nove de Discos (O Ganho), mostra a criança sendo o centro obsessivo das atenções, paparicada pela família, de maneira que desenvolveu a crença de que o mundo está a seu serviço. Acabou disposta a fazer qualquer coisa para continuar o centro das atenções. Em todos os casos, saiu com uma sensação de identidade distorcida.

Relacionamentos: a) A relação ajuda a pessoa a fortalecer a noção de sua individualidade. Com o Hierofante, poderíamos ver também o desenvolvimento da consciência espiritual. Isso pode se dar como um apoio amoroso do/a parceiro/a ou como uma reação de defesa ante intentos de anulação. b) A pessoa relaciona-se procurando satélites que inflem seu ego, ajudem-na a brilhar e a destacar-se na sociedade.

Voz da Essência e Método: integrar o Sol significa ampliar a consciência de sermos nós mesmos, que inicialmente passa não só pela aceitação dos impulsos do inconsciente, como também pela apreciação e pelo estímulo das qualidades particulares que nos levam a sermos um ser único. De todo modo, a presença desta carta indica que a pessoa está muito longe de si mesma, identificando-se com papéis que nada têm a ver com sua natureza, e com isso sua noção de identidade está muito diluída.

Esta carta pode ser trabalhada em dois níveis, sendo o segundo consequência do primeiro:

Primeiro, o fortalecimento da identidade. Para isso, sugerimos que trabalhe as qualidades solares:

1ª) O Sol faz seu caminho, não orbita os planetas. É necessário que a pessoa descubra por que vive em função dos outros.

2ª) O Sol não pergunta aos planetas se querem mais ultravioleta. A pessoa necessita trabalhar sua autoexpressão identificando, entendendo e desativando as dificuldades internas que a impedem.

3ª) Mantém-nos vivos. Se o Sol se apaga em uma semana estaremos a -70 graus; é a fonte de energia criativa. Sugere investigar e trabalhar os bloqueios da criatividade.

4ª) É visível. Quais são as travas para se mostrar?

5ª) Não briga com as nuvens para que os seres que dependem dele para continuar vivos o vejam em sua magnificência e glória. Haveria de investigar onde estão as origens da necessidade de ter a atenção dos outros.

6ª) Sabe se retirar quando chega o momento. Algum problema para se sentir bem quando está só?

Será conveniente usar a essência de Sunflower.*

Depois, o desenvolvimento do lado espiritual. A espiritualidade é o perfume da flor que dificilmente sentiremos se a terra em que está plantada não for fértil (se o corpo físico e seus instintos não estiverem sadios e em harmonia), se não chover (se a pessoa estiver carente emocionalmente) e se a atmosfera estiver poluída (se a mente estiver saturada de preconceitos e doutrinas). Trabalhando e harmonizando esses três níveis, naturalmente a verdadeira espiritualidade aparece.

A essência floral de Lótus* atua como elixir espiritual que ajuda a alma a abrir-se para sua divindade interior, enquanto a de Star Tulip* facilita a meditação.

Podemos sugerir esta meditação do Osho: "Quinze minutos antes do amanhecer apenas espere e observe. Quando o Sol aparece no horizonte, comece a sentir que está nascendo no seu umbigo. Não é necessário fixar a vista, pode piscar os olhos. Dez minutos serão suficientes, depois feche seus olhos e contemple o sol dentro de você" (*O Livro Laranja*).

Caminho de Crescimento: usando as chaves que apareceram nas posições anteriores, a pessoa inicia uma fase de especial afirmação da identidade, pois se deu conta de que continuar vivendo em função dos demais somente traz frustrações e sofrimento. Valorizou sua criatividade e opta por atividades em que a pode expressar.

Resultado Interno: essa pessoa, produto de todo o processo que vimos até aqui, identificou e desativou as dificuldades internas que tinha para ser ela mesma. Hoje é plenamente protagonista de sua vida, expressa-se a partir de sua verdade e autenticidade com firmeza e se atreve a expressar sua criatividade. Sente-se livre, espontânea e feliz, em contato com sua voz interior e com seu ser espiritual.

Resultado Externo: a pessoa encara o mundo com a atitude interna que vimos no Resultado Interno. Está cheia de energia, canalizando-a adequada e espontaneamente para atividades criativas, de maneira que tem muitas possibilidades de ser vista e reconhecida pela sociedade.

O Eão

Títulos		Número	Letra hebraica	Caminho cabalístico	Atribuição astrológica	Princípio universal
Marselha Waite	O Julgamento	20 20 = 2 + 0 = 2	ש Shin dente Sh	31º Hod Malkuth	△ Fogo: instintos, criatividade, espiritualidade ♇ Plutão: a destruição, a transmutação	A mudança de Era. O amadurecimento
Crowley	O Eão					
Osho Zen	Além da Ilusão					

Títulos: este Arcano geralmente intitulado "O Julgamento" ou "O Juízo Final" foi tão bombardeado pelos dogmas de fé católicos que se distanciou muito do que seria a ideia original. Para resgatá-la, Crowley e Harris tiveram de desenhar uma carta totalmente inovadora e a chamaram "O Eão (grande espaço de tempo, usado na geologia). No gnosticismo é a inteligência eterna emanada da Divindade Suprema". Com o título de "A Ressurreição", o Tarô Egípcio consegue livrar-se do dogmatismo cristão, mas, como veremos, ainda fica na metade do caminho. No Osho Zen Tarô, chama-se "Além da Ilusão". Seu título esotérico é "O Espírito do Fogo Primitivo".

Número: O Eão é o Arcano número Vinte. Segundo a tradição maia, esse número representa o deus solar em sua função de arquétipo do ser humano perfeito. Também no calendário religioso maia, de 360 dias, seus 18 meses são de 20 dias. Hoje na numeração quiche, a etnia mais próxima aos desaparecidos maias, o Vinte representa o ser humano com seus 20 dedos. Os índios hopis realizam a imposição ritual do nome de um recém-nascido aos 20 dias de vida. Por redução é um Dois.

CORRESPONDÊNCIAS

Letra hebraica: ש. Shin, a terceira e última letra mãe, é vermelha, está associada ao elemento Fogo e à antítese. Sua forma lembra a de uma fogueira de três chamas rematadas por três Iods. Seu valor numérico é 300 e seu significado é "dente". Corresponde-se com o som "sh".

Caminho cabalístico: o caminho de Shin (31º) une Malkuth (o Reino) com Hod (a Glória ou o Esplendor). Nos textos da Golden Dawn, esse caminho é chamado "O Esplendor do Mundo Material", por sua relação com o aperfeiçoamento do corpo físico. Paul Foster Case chama o processo desse caminho "a edificação do Corpo do

Mestre". Esse sendeiro se refere também ao desenvolvimento da mente concreta. Desde Malkuth, o reino dos elementos, o aspirante dirige-se ao encontro do arquivo de imagens e formas-pensamento, desenvolvendo o domínio sobre a mente, assim como o discernimento.

Seu desafio é conectar o intelecto com a realidade concreta das coisas materiais.

Hórus.

Atribuição astrológica: △ e ♀. O elemento Fogo corresponde-se com "O Eão". Vejamos suas características principais.

Transformador – destrói o velho facilitando a aparição do novo. Esse é o aspecto mais importante nas culturas agrárias. Os deuses do *Popol Vuh* foram queimados na fogueira. O fogo queima os campos e facilita a aparição, com as primeiras chuvas, de um manto verde de Natureza viva, geralmente muito mais exuberante que os campos que não queimaram.

Purificador e regenerador – os druidas irlandeses, galeses e bretões acendiam fogueiras todos os anos em 1º de maio (que segundo seu calendário era o primeiro dia do verão) e faziam passar o gado entre elas, para preveni-lo contra as epidemias.

Sutilizador – o fogo leva a matéria a seu estado mais sutil por meio da combustão. A chama expressa a aspiração que o fogo tem pelo elevado, pelo espiritual, para unir-se com as chamas do Sol e das estrelas. O Fogo, segundo certas tradições, simboliza o Espírito, nosso lado divino, a chama que arde em nosso coração. Quando entramos em contato com nosso Ser Espiritual, toda nossa vida toma outro sentido, uma nova dimensão mais transcendental aparece. Acontece como se queimássemos toda uma série de interesses, desejos, compromissos e rotinas que perderam seu significado. Outros autores consideram o Fogo e o Espírito como elementos completamente diferentes e independentes.

O Julgamento de Marselha e Waite. O Eão de Crowley.

Fonte de Energia – no ser humano, o Fogo é a energia da libido, nossa energia sexual que nos impulsiona a viver, a procurar prazer, a unirmo-nos, a reproduzirmos, a criar e a transformar o mundo ao nosso redor. Relacionar o Fogo com o Espírito e ao mesmo tempo com a energia sexual pode parecer espantosamente heterodoxo para a tradição dissociativa ocidental. No entanto, no Hinduísmo, a kundalini, a serpente de fogo enroscada na base da coluna vertebral, é energia sexual que, uma vez acordada e devidamente canalizada, vai ascendendo pelo canal central do corpo sutil, *sushuma*, abrindo os sucessivos chacras e desenvolvendo a consciência. À medida que a serpente ígnea vai subindo, sem deixar de ser energia sexual, espiritualiza-se, e quando atinge o chacra coronário (Sahasrara, Kether) se transforma em pura luz. Quando isso acontece, o ser humano entra em divino êxtase ou *Satori*.

Fonte de luz – neste sentido podemos relacionar o Fogo com o conhecimento intuitivo.

Plutão representa o princípio da destruição e a transmutação. Impulsiona o indivíduo a seu renascimento e ao aprofundamento da experiência. As pessoas com um Plutão forte em seus mapas terão uma enorme força de vontade que pode ser dirigida para metas criativas, uma mente inquisidora, paranormalidade e desejos de transcendência. Às vezes, suas ambições são desmedidas; suas mentes, obsessivas; suas emoções, explosivas; e podem ser cruéis e manipuladoras para conseguir seus objetivos.

Símbolos: a figura central, uma criança de olhos grandes e lindos, é Hórus, filho de Ísis e Osíris, na forma de Har-pa-Khrad (o infante Hórus). Sobre sua cabeça está o deus da sabedoria (Ohyros) em forma de uma serpente alada de duas cabeças. A criança é a representação em forma humana do Senhor da Nova Era, também chamado "Heru-Ra-Ha", de natureza solar e banhado em luz dourada. Seu dedo indicador está na boca como se ainda não tivesse decidido como será o mundo que gostaria de governar. Segundo essa tradição, o Universo é um reflexo de seus pensamentos; nós mesmos existimos porque estamos sendo pensados por Hórus. Neste sentido, podemos entender o primeiro princípio do *Kylibalion*: "O Todo é Mente, o Universo é Mental". Há quem ache, invertendo o processo, que essa entidade é o aglutinador de nossos pensamentos, que os peneira e os manda de volta para nós. Seria uma forma-pensamento coletiva.

Por trás do Hórus-Criança, está sentado Hórus-Cabeça de Falcão, Senhor do Silêncio e da Força, tal como está representado no museu do Cairo e descrito no Capítulo 3. Representa o Sol nascente e é símbolo da ressurreição. Envolvendo a criança em uma matriz azul, Nuit, representada como a abóbada celestial noturna, rodeia-o e o protege maternalmente. Seus mamilos são galáxias espiraladas, e em seu corpo brilham as estrelas. Seu cinturão, como o da Imperatriz, são as constelações do Zodíaco. Perfeitamente encaixado em Nuit está Hadit, seu companheiro, o Princípio Masculino na forma de um ovo com asas para destacar que ele é pura energia em movimento, o impulso primordial. Vejamos alguns extratos do segundo capítulo de *O Livro da Lei* para conhecer melhor Hadit:

"2. Eu, Hadit, sou o complemento de Nuit, minha noiva. 5. Vede! Os rituais do velho tempo são negros. 6. Eu sou a chama que queima em todo coração de homem e no âmago de cada estrela. 9. Lembrai-vos todos vós de que a existência é pura alegria; de que todos os sofrimentos são apenas como sombras; eles passam e estão acabados. 22. Eu sou a Cobra que dá Conhecimento e Deleite e brilhante glória; e movo os corações dos homens com arrebatamento. 26. Eu sou a serpente secreta, enroscada a ponto de pular. 27. Existe um grande perigo em mim, pois quem não compreende estas runas cometerá um grande erro. Ele cairá dentro do mundo chamado Porque e lá perecerá com os cães da Razão. 44. Sim! Festejai! Regozijai-vos! Não existe pavor no além. Existe a dissolução, o eterno êxtase nos beijos de Nu."

Aos pés da criança está a letra Shin, sugerindo uma flor. Em suas três Iods aparecem figuras humanas: três bebês a ponto de nascer. Hórus está decidindo-se, está a ponto de criar (pensar) um novo Universo.

O Novo Mundo está aparecendo por todas as partes, apesar de a estrutura fundamental do velho mundo de Peixes ainda estar em pé. Esta carta representa o momento cósmico que pode demorar vários séculos de transição entre uma era e outra.

O capítulo terceiro de *O Livro da Lei* é o mais escuro e difícil. As palavras de Hórus pressagiam guerras, destruições (não podemos esquecer que esse livro foi ditado em 1904), assim como o fim das religiões como seitas organizadas e hierarquizadas, e o início da luta da mulher por sua emancipação. Vejamos algumas passagens:

"3. Em primeiro lugar deve ser compreendido que Eu sou um deus de guerra e vingança. 11. Adorai-me com fogo e sangue, adorai-me com espadas e com lanças. Que a mulher seja cingida com uma espada diante de mim. 17. Não temei nada; não temei nem dos homens, nem dos fados, nem dos deuses nem de nada. Nuit é vosso refúgio como Hadit é vossa luz, e eu sou a potência, a força e o vigor de vossas armas. 55. Que Maria inviolada seja despedaçada sobre rodas: por causa dela que todas as mulheres castas são completamente desprezadas entre vós. 56. Também por causa da beleza e do amor."

O dedo sobre os lábios é também uma alusão à Némesis, deusa romana da justiça e da vingança, muitas vezes representada cobrindo seus lábios com o indicador, para mostrar que a prudência e o silêncio são muito mais aconselháveis que a arrogância e a tagarelice.

Significados gerais: esta carta representa todo o conjunto de transformações que acontecem no Universo quando mudamos de Era. Uma ordem tornou-se caduca, vai desaparecendo, vai sendo destruída implacavelmente por uma série de forças emergentes que dão lugar a um mundo novo. No mundo humano esta mudança é um madurar produto de levar à prática a consciência desenvolvida na carta do Sol. Tradicionalmente esta carta é interpretada como uma nova consciência, como se a consciência do Sol não fosse suficiente ou necessitasse ser renovada. Sucede que, mesmo que o indivíduo tome consciência de certas questões internas, dentro dele há uma criança carente e insegura, conhecida como a criança ferida, que impede que essa tomada de consciência se concretize na prática. Em geral, a programação infantil nos deixa carentes e inseguros; uma parte nossa cresce e se torna um adulto geralmente ocupado e às vezes importante que como não recebeu suficiente amor e atenção, tem dificuldade para nutrir amorosamente a sua criança interior. Esta, por sua parte, morre de vontade de ser aceita e de medo de voltar a passar pelo sofrimento que passou na infância. Ambos os fatores se tornam um potencial imenso para manipular.

O adulto pode se dar conta de que tem de fazer tal coisa ou de que tem de deixar de fazer tal outra, mas na hora de tomar a iniciativa correspondente, a criancinha lhe dá uma rasteira ou um empurrão. O passar pelo Eão é, pois, um amadurecimento produto da integração do adulto e da criança à medida que aquele dá amor, atenção e segurança a esta que cresce e deixa de manipular. A este amadurecimento podemos chamar renascimento, outra interpretação tradicional deste Arcano.

Agora podemos compreender o Tarô de Marselha e os que nele se inspiraram: Court de Gébelin, Papus, Waite, etc. No Catolicismo, não existe a ideia de expansão da consciência nem a da sucessão das eras. Se no Oriente a paz interior e a compreensão suprema são coisas que se atingem neste mundo com base na dedicação e no trabalho interno, para o Catolicismo a graça de Deus é algo que Ele dá a quem quer, geralmente depois da morte. As ideias mais próximas a um tempo novo e a uma compreensão nova na doutrina cristã seriam a chegada do Reino de Deus, acontecimento imediatamente posterior ao mistério da ressurreição dos mortos. Neste momento, os humanos dotados de uma nova consciência se autojulgam por seus pecados. Assim a imagem mostra a ressurreição dos mortos, embora seu título seja "O Julgamento", que sempre foi a pedra angular com a qual as religiões manipularam a humanidade.

NA LEITURA TERAPÊUTICA

Momento Atual: a pessoa está se dando conta de que é constantemente manipulada por sua criança interior, que a impele a atitudes infantis que trazem frustração e sofrimento. Percebe a necessidade de atender desde seu lado adulto a carências e medos dessa criança para poder levar à prática sem sabotagens suas iniciativas conscientes. A carta contígua nos dirá em que planos podem ser tomadas essas iniciativas ou que bloqueios dificultam a transição. Por exemplo, um Oito de Espadas (A Interferência) ou o Sete de Discos (O Fracasso) indicam que tais decisões estão sendo paralisadas por desculpas da mente ou pelo medo de fracassar.

Âncora: esta pessoa tem uma dificuldade crônica para levar à prática suas percepções, pois está manipulada por medos e carências emocionais de sua criança ferida. Isso pode ser vivido de diferentes maneiras. Pode ser buscando compulsivamente segurança, proteção e aceitação. Se aparece com o Quatro de Discos – O Poder –, sua prioridade será a segurança material. Com A Imperatriz na Infância, pode ter dificuldade para sair do lar paterno e se o faz, vencendo seus medos, repete a mesma estrutura familiar em sua própria casa. Obedece e reprime seus impulsos para tentar obter o amor de sua mãe superprotetora/castradora ou de pessoas com características maternas. Pode tornar-se refém de um emprego de que não gosta, nem lhe dá oportunidade de crescimento, em troca de segurança; Prisioneira de uma relação por medo a solidão. Enfim, prisioneira de qualquer útero que a impede de crescer desenvolvendo seus talentos e potencialidades.

Teme que, se tomar atitudes independentes, vai ser rejeitada. Nesse caso, o floral de Fairy Lantern* a ajudará a crescer, liberando-a do elo neurótico que a faz pensar que só vai ser aceita quando se mostrar como "uma coitadinha", dependente e obediente, tal como seus pais a ensinaram. Uma doença ou acidente na infância, detectados pelo Cinco de Discos (O Sofrimento) ou o Nove de Espadas (A Crueldade), poderiam ter desenvolvido um padrão de excessiva dependência da família. O Sete de Espadas (A Futilidade) na Âncora ou na Infância indicaria que essa pessoa se deixa influenciar demais pelas opiniões alheias, sendo que essa dependência a incapacita de tomar atitudes. Com o Cinco de Espadas – A Derrota – como segunda carta na Âncora, também é incapaz de levar à prática suas percepções, mas as usa para criticar e julgar o próximo. A essência de Beech ajudará a desativar essa atitude e a ser mais tolerante, indulgente e compreensiva.

Infância: a criança foi impedida de tomar suas próprias decisões, suas percepções foram invalidadas, e suas iniciativas, podadas. E, ainda, foi envolvida em um casulo de superproteção, no qual sua autonomia e autoafirmação desapareceram. Pode indicar também um parto traumático. Foi manipulada em um ambiente emocionalmente carregado com eventuais maremotos e se transformou em alguém um manipulador, carente e inseguro.

Relacionamentos: a) A relação está ajudando a pessoa a perceber até que ponto está sendo manipulada por sua criança interna que até agora não via ou não queria ver. Qualquer coisa a leva a fazer dramas, birras, chantagear, proferir ameaças, como nas telenovelas mexicanas. Se o/a parceiro/a não entra no jogo, poderia ter um mínimo de percepção objetiva a respeito de suas atitudes e identificar a criança ferida que faz todo esse circo. Este já seria o primeiro passo para amadurecer. b) Esta pessoa apresenta no mercado dos relacionamentos uma imagem de criança desamparada, dependente, extremamente sensível a qualquer impacto, reagindo de maneira compulsiva, manipuladora e hiperemocional. Busca no/na parceiro/a alguém que a nutra amorosamente e que lhe dê segurança. Vai atrair pessoas que não fazer nada disso. Ou vão permanecer impassíveis com suas atitudes ou vão ser tão infantis como ela, transformando a relação em um pandemônio. É conveniente o uso de Fairy Lantern.*

Necessidade Interna: integrar este Arcano significa quebrar a casca do ovo onde se esconde e protege. Responsabilizar-se por suas ações e omissões, compreender as situações pelas quais passa, tomar decisões e encarar a vida sem intermediários, tudo isso torna-se necessário. É conveniente reconhecer e assumir a criança que ainda pede permissão, que espera aprovação para poder tomar iniciativas, preocupando-se ou se deixando intimidar pelo que acha que os outros podem pensar, falar ou fazer a seu respeito. Amadurecer significa se outorgar o certificado de adulto, que toma suas decisões e iniciativas a partir de sua consciência e compreensão, e assume as responsabilidades pertinentes. Dar essa certidão de adulto para a criança que procura aceitação e reconhecimento passa por lhe oferecer aquilo que não teve e a deixou carente: atenção, carinho e apoio. A compreensão não vem da quantidade de experiências, mas da profundidade com que as vivemos.

Voz da Essência e Método: integrar este Arcano significa assumir plena responsabilidade sobre suas ações e omissões, tomando suas decisões e iniciativas a partir de sua consciência e compreensões sem se deixar enganar pelas manipulações da criança carente e assustada. Sugerimos que desde o lado adulto esta pessoa dê carinho, atenção e apoio à sua parte infantil machucada, que a manipula, em vez de buscar alguém que lhe dê tudo isso, coisa que nunca vai suceder; e, se lhe dão umas migalhas de atenção, vai pagá-las a preço de ouro. É fundamental que, entre tantas atividades que são meios para alcançar fins faça algumas que são fins em si mesmas, como jogar, ver chover ou as nuvens passarem, deitar-se no sofá e escutar música, etc.

Assim a criança cresce, integra-se com o adulto e a pessoa madura. Tornar-se-á dona e responsável por sua própria vida e tomará iniciativas práticas a partir de sua consciência e percepção, sem lhe importar o que vão dizer, pensar ou fazer os outros. A essência de Cerato fortalece a confiança na sua própria percepção e ajuda a tomar decisões firmes e precisas.

Caminho de Crescimento: usando as chaves que apareceram nas posições anteriores, a pessoa compreende até que ponto é uma marionete nas mãos de seu lado infantil carente, inseguro e manipulador. Para de esperar que o mundo se adapte às necessidades desse pequeno ser e começa a lhe dar atenção e carinho.

Resultado Interno: essa pessoa, produto de todo o processo que vimos até aqui, conseguiu livrar-se das manipulações de seu lado infantil que tem saudades da segurança e do conforto do útero, nutriu suas necessidades de amor, atenção, contato e segurança, acabando com suas carências e medos, e hoje é uma pessoa madura que leva à ação suas percepções. Sua criancinha carente e insegura se transformou em uma criança espontânea, alegre e curiosa para conhecer coisas novas. Pode-se considerar esse madurar um renascimento do ser para a grande aventura da vida.

Resultado Externo: a pessoa está encarando o mundo com a atitude interna que vimos no Resultado Interno. Torna-se dona e responsável de si mesma, faz o que no fundo quer, assume as consequências e peita o mundo, se for necessário, sem se importar com o "que vão dizer, falar ou pensar". Sua necessidade de segurança e proteção se minimizou de maneira que sai do útero e se sente atraída por atividades ou uma forma de viver na qual se sinta mais solta, independente e autônoma. Pode deixar o emprego para fundar sua própria empresa, sair do lar paterno ou de uma relação retrocedente, desprender-se de uma determinada ideologia para passar a pensar por si mesma, etc.

O Universo

Títulos		Número	Letra hebraica	Caminho cabalístico	Atribuição astrológica	Princípio universal
Marselha Waite	O Mundo	21 21 = 3 x 7	ת Tau Cruz T e Z	32º Yesod Malkuth	♄ Saturno A materialização	A Síntese Final
Crowley	O Universo					
Osho Zen	A Conclusão					

Títulos: o último Arcano maior aparece nos baralhos medievais com o título de "O Mundo". No Tarô de Etiellá, chama-se "A Terra", e, no Egípcio, "A Transmutação". No Osho Zen Tarô, é "A Conclusão" e no de Crowley, "O Universo". Seu nome esotérico é "O Grande Um da Noite dos Tempos".

Número: o Vinte e Um simboliza a perfeição final (21 = 3 x 7). Allendy diz:

"O Vinte e Um é o número inverso do Doze. O Doze é par e representa uma situação equilibrada que resulta da organização harmoniosa dos ciclos perpétuos, enquanto o Vinte e Um é ímpar e simboliza o esforço dinâmico da individualidade, que se vai elaborando na luta dos opostos e abrange o caminho sempre novo dos ciclos evolutivos". Em muitas culturas, a maioridade se atinge aos 21 anos de vida, justamente quando se completa a dentição. Nesse sentido, podemos considerá-lo o número da maturidade, da responsabilidade e de algo que se completou.

CORRESPONDÊNCIAS

Letra hebraica: ת. Tau ou Taw é dupla, de tom cinza-escuro e seu valor numérico, 400, é considerado um valor limite. É a última letra deste alfabeto; seu som forte é T e o suave é o da Z espanhola ou Th inglesa na palavra *thing*. Representa, graficamente, a cruz egípcia, instrumento que se usava para medir a altura das águas do Nilo. Arquitetos e pedreiros a usam para calcular a profundidade e, como esquadro, para tirar ângulos retos. Atualmente, continua em uso nos ateliês de arquitetos, desenhistas e alfaiates. Hieroglificamente, representa a alma universal, a reciprocidade, a proteção, a abundância e a perfeição. Carlos Soares a chama "resistência cósmica ao sopro vital (aleph) que a anima", considerando-a o princípio oposto e complementar de Aleph, a primeira letra.

Caminho cabalístico: este caminho vertical une e equilibra Malkuth (o Reino) com Yesod (o Fundamento: vai da Terra à Lua). Parece o último caminho, mas, na verdade, é o primeiro, pois é daqui que o caminhante começa sua evolução, saindo do puro condicionamento material em direção à compreensão da personalidade, reflexo da individualidade de Tiphereth em Yesod, em que se vive o mundo subterrâneo do psiquismo inconsciente. É aqui e agora, no corpo e nos planos físicos, que começamos nossa jornada espiritual ou, como reza o ditado taoista: "O caminho para o infinito começa embaixo de nossos pés". O desafio desse caminho é perceber que a energia divina está presente em nossa natureza humana ou, em outras palavras, que somos Seres Divinos. Aqui percebemos que a matéria é sagrada.

Atribuição astrológica: ♄. Saturno é lento e frio, como uma bola de neve no espaço. Foi considerado pelos antigos "o Grande Maléfico" em oposição a Júpiter, "o Grande Benéfico". Hoje é visto de outra maneira: Saturno é quem coloca limites ao desenvolvimento e à expansão das coisas. Estipula obrigações, regras e necessidades na vida pessoal e na sociedade. Dá forma às coisas; é quem leva os fenômenos até sua síntese final, até suas últimas concretizações e consequências. É Cronos, o Senhor do Tempo, que solidifica e estabiliza as coisas. Os governados por Saturno são ambiciosos e adoram o poder. Saturno-Cronos, segundo conta o mito, destronou seu pai Urano cortando-lhe os testículos, isto é, acabando com sua capacidade criativa, com uma foice de pedra que Gaia, a Mãe Terra, esposa de Urano, Pai Celestial, preparou especialmente para castrar seu companheiro. Para evitar que a história se repetisse, Cronos devorava seus filhos à medida que iam nascendo, tal como vemos nas telas de Goya e de Rubens.

O Tempo (Cronos) dá forma a tudo que existe, mas também vai destruindo as formas e dissolvendo as aparências no eterno baile da existência, em que tudo aparece e tudo desaparece, tudo se manifesta e tudo retorna à origem, tal como nos ensina o quinto princípio do *Kybalion*: "Tudo flui e reflui, tudo tem seus períodos de avanço e retrocesso, tudo ascende e descende, tudo se movimenta como um pêndulo. A medida de seu movimento para a direita é a mesma que a de seu movimento para a esquerda; o ritmo é a compensação".

E assim como Gaia acabou com seu consorte Urano, Reia, esposa de Cronos, fugiu para Creta para salvar Zeus. Creta foi a última civilização matrilinear europeia. Foi destruída definitivamente pelos dórios no século XI a.C. Zeus, quando cresceu, deu uma droga a seu pai que vomitou todos os seus filhos. Com a ajuda deles, lutou contra Cronos durante dez anos, até que o encadearam e o mutilaram sexualmente, abrindo uma terceira geração de deuses.

Saturno encarna os princípios da coesão, da concentração, da fixação, da condensação e da inércia, por isso é representado como um esqueleto que maneja uma foice, tal como aparece na carta da Morte.

Símbolos: a figura central da carta é uma mulher – alguns autores consideram que se trata de um andrógino, bailando em perfeita harmonia com uma enorme serpente. Esse par representa o consciente e o inconsciente, perfeitamente integrados e cujo resultado é o conhecimento, a alegria e a celebração. A mulher forma com seus braços um triângulo e com suas pernas uma cruz, a mesma figura do Pendurado, só que invertida, assim como o 21 é o 12 invertido. Aqui o triângulo espiritual está acima da cruz da matéria, simbolizando a culminação da tarefa de iluminação das trevas que se iniciou naquela carta.

Com a mão direita, a bailarina segura uma foice, símbolo da colheita, cuja empunhadura é um raio que surge do olho de Shiva, que aqui está fechado, indicando que este não é momento de aniquilações. Por sua forma, a foice, como outras armas curvas, tem simbolismo lunar, de maneira que não estaremos enganados se dissermos que a mulher está segurando a Lua, está conectada com as suas emoções. Nas esquinas da carta temos os quatro querubins, que não são mais máscaras, como no Hierofante, mas fontes que jorram água. As fontes, sagradas em muitas culturas (os descendentes dos maias não pescam nas nascentes dos rios nem cortam as árvores à sua volta), são um símbolo de geração, purificação, plenitude e juventude. Os querubins sugerem estruturação completa do Universo. Eles formam um plano em um marco cor de café, cuja forma lembra uma vagina. Do outro lado, temos um segundo espaço, em que a bailarina que transcendeu os condicionamentos físicos da matéria celebra a realização da Grande Obra. Está rodeada pela Via Láctea, representada pelos 72 quinários do Zodíaco (72 x 5° = 360°), onde vemos as diferentes constelações, representando sob esta forma o cinturão de Nuit. Na parte inferior, aparece o desenho esquemático da "Casa da Matéria", em que estão ordenados por H. P. Sullivan os 92 elementos químicos segundo sua hierarquia. Atrás está o sólido geométrico de Moebius,[40] cuja superfície aparecia no Ermitão.

Significados gerais: esta carta representa a Síntese Final de qualquer processo, sugerindo uma transcendência e a abertura de um novo começo no qual o ser, livre de sua programação (de seu carma), integrado e pleno, em comunhão com seu impulso vital inconsciente, livre e feliz, baila extasiado, celebrando a si mesmo e a vida. Mostra a celebração da Grande Obra consumada. Em um plano espiritual, indica a Iluminação em que os condicionamentos do mundo, a ilusão do maia, já não limitam o ser, que continua vivendo no mundo, mas que já o transcendeu e agora não é mais seu escravo. Já não é mais do mundo; agora está no Tao, já não é. Especificamente simboliza a realização pessoal, a culminação de qualquer empreendimento, a realização concreta e final de projetos cuja conclusão é um trampolim para jogar-se a uma nova fase que se caracteriza por dançar com a serpente, ou seja, transformar em ações concretas os impulsos que vêm do inconsciente.

NA LEITURA TERAPÊUTICA

Momento Atual: a pessoa entrou em contato com o impulso interno de chegar a resultados concretos em uma série de assuntos e abrir um capítulo novo caracterizado por fazer o que lhe vem de dentro. Esta conclusão é produto do desenvolvimento de sua capacidade de realização mais do que de fatores aparentemente externos. A segunda carta pode mostrar que fatores internos, como bloqueios ou medos, dificultam esse processo. Por exemplo, o Três de Espadas (A Aflição) pode indicar que o medo de ser rejeitado ou abandonado freia o impulso anterior.

Âncora: temos aqui, por falta, alguém incapaz de fechar etapas e abrir outras novas. Conformou-se, apegou-se e acostumou-se à sua vida repetitiva, sem novidades e provavelmente chata e aborrecida. Pode construir um pedestal onde se vangloriar e fingir que conseguiu tudo o que queria, que nada necessita mudar. "Para que, se estou tão bem assim?", diz tentando se enganar. Seu corpo também está cristalizado, provavelmente com uma estrutura de defesa de caráter rígido, indicada pela presença de um Quatro de Espadas (A Trégua) ou de Discos (O Poder) na Âncora. Esse excesso de rigidez pode ser trabalhado com Rock Rose, propiciando maior flexibilidade interna e capacitando o indivíduo a sentir melhor o pulsar da vida e de suas próprias emoções. O

---

40. Este sólido, formado por dois tetraedros que se inscrevem e circunscrevem mutuamente, está postulado em seus estudos com os poliedros, formulado em seu trabalho *Ueber die Bestimmung des Inhaltes ieder Polyëders*, de 1865, no qual demonstra matematicamente a existência de poliedros sem volume.

floral de Cayenne* é um catalisador ígneo que pode ajudá-lo a sair da prisão dos velhos padrões de comportamento e a dar o "próximo passo". Por excesso, pode mostrar um perfeccionismo exagerado que o impede não somente de concluir assuntos (sempre está revisando o livro que escreveu e nunca o leva à editora), mas também o impossibilita de abrir novos. A essência de Buttercup* pode ajudar a aceitar a si mesmo e suas contribuições.

Infância: o ambiente familiar era muito sério e disciplinado, sendo os objetivos materiais e a segurança as prioridades fundamentais, talvez para assim alcançar um nível social ou econômico mais alto. Tudo estava decidido, organizado e estabelecido, sem a possibilidade de inventar ou de tomar iniciativa alguma. Para ser aceita a pessoa tinha de se adaptar a um sistema de hábitos e preconceitos, exigências, valores e tarefas. Com o Quatro de Discos – O Poder –, os primeiros anos desta pessoa foram uma prisão, em que seus horizontes estiveram notavelmente restringidos e qualquer expressão espontânea foi condenada a fracassar.

Outra possibilidade seria que a infância da criança estivesse dividida em duas fases, morando durante um tempo significativo sob o teto de outras pessoas, como avôs, por exemplo, com exigências de conduta diferentes e isso a deixou ainda mais confusa.

Relacionamentos: a) A relação está ajudando a pessoa a concluir um ciclo de vida fechando toda uma série de assuntos, seja abandonando-os porque não interessam mais ou chegando a seus resultados concretos para abrir outro ciclo com novas motivações e interesses. Claro que a relação pode estar incluída entre tais assuntos. Com o Oito de Paus – A Rapidez –, a Torre ou o Cinco de Copas – A Frustração –, pode indicar que o consultante está acabando, ou já acabou, sua relação de casal e abre um novo momento de vida. No entanto, pode indicar uma nova etapa de vida juntos. Certos assuntos que eram o foco de atenção do casal foram concluídos, por exemplo, criar os filhos, e hoje tem mais tempo, liberdade e energia disponível para outras coisas. O relacionamento passa para uma nova etapa. b) Mostra alguém que se relaciona esperando que o/a parceiro/a lhe proporcione o apoio necessário para concluir seus projetos econômicos e, assim, passar para uma nova fase de vida.

Voz da Essência e Método: integrar este Arcano significa aprender a concretizar e realizar, pôr as mãos na massa e fazer o pão. O ser interno não aguenta mais belos projetos no ar; precisa resumir e passar para uma nova fase de vida, pois a atual já deu tudo o que tinha para dar. É hora de ser menos fumaça e mais pedra. O crescimento passa por concluir os assuntos pendentes para poder abrir um novo capítulo da vida. Existem duas maneiras de fazê-lo. Aqueles que se tornaram obsoletos, que já não geram entusiasmo, cuja data de validade venceu, devem ser abandonados. Se hoje fosse o último dia de sua vida, você continuaria insistindo em tais e quais assuntos? Assim a pessoa resgata tempo e energia para levar para a frente os assuntos vigentes até limpar a prancheta. Passada a página, a pessoa necessita sentir o que realmente a anima e motiva antes de saturar sua agenda com novas atividades.

Nesses momentos, a terapia que pode dar melhores resultados é a Gestalt. O floral de Hornbeam estimulará sua energia para envolver-se com mais entusiasmo nas tarefas cotidianas. A flor de Walnut ajuda nos momentos de transição, fortalecendo a determinação e a constância.

Caminho de Crescimento: usando as chaves que apareceram nas posições anteriores, a pessoa está identificando claramente os assuntos que pedem para ir ao lixo e os que estão aí para chegar a resultados concretos. Pode estar vislumbrando como consequência da iminente conclusão desses assuntos uma nova fase de vida.

Resultado Interno: esta pessoa, produto de todo o processo que vimos até aqui, conseguiu identificar, entender e desativar as dificuldades internas que tinha para, concluindo uma série de trabalhos, projetos, tarefas, responsabilidades, relações ou obrigações, saltar para uma nova etapa de vida caracterizada por fazer o que seu inconsciente lhe pede. Geralmente é uma fase mais feliz e com mais tempo livre, que pode significar uma transcendência espiritual, especialmente se aparece com O Hierofante ou com O Sol.

Resultado Externo: a pessoa concluiu uma série de assuntos, colheu os frutos de seu trabalho, chegando às últimas concretizações que lhe deram base para construir um trampolim que lhe permite lançar-se a uma nova fase, em que se sente mais solta, livre e leve, e faz mais caso de si mesma.

Capítulo 9

As Figuras da Corte

Os 16 tipos de personalidade

As Figuras da Corte, tradicionalmente consideradas Arcanos Menores, são na verdade uma ponte entre os Arcanos Maiores e os Menores. No primeiro capítulo, dissemos que os Arcanos Maiores são expressões de energias que atuam em um nível macrocósmico ou, em outras palavras, são ilustrações simbólicas de arquétipos ou princípios universais. Os Arcanos Menores representam aspectos limitados ao microcosmos, isto é, relativos ao ser humano. A esfera de influência das Figuras da Corte é mais ampla que a dos Arcanos Menores, já que, como veremos, se referem também a fenômenos da Natureza, como a chuva, as erupções vulcânicas ou o vento.

Configuração matriarcal e patriarcal

Na maioria dos Tarôs, as Figuras da Corte estão dispostas em uma configuração patriarcal, sendo a figura principal o Rei, ao redor do qual as outras cartas se articulam: sua esposa, a Rainha, seu filho e herdeiro, o Cavaleiro e o Valete. No Tarô de Crowley, de caráter matriarcal, a figura central é a Rainha, dona do trono e da terra, e sua filha, a Princesa, é a herdeira. O Cavaleiro é o esposo da Rainha, aquele que demonstrou, em torneios, ser o mais capaz de defender o reino. Em cerimônias mais íntimas, com as sacerdotisas, devia também mostrar sua virilidade para cumprir sua segunda função: dar uma herdeira ao reino. Quando a Princesa herdeira casa, passa a ser Rainha, e o Cavaleiro se torna Rei. Segundo as lendas mais antigas, este teria de matar seu sogro, o velho Rei, com suas próprias mãos, como uma prova adicional de suas capacidades. "Que será do gamo rei quando o jovem gamo crescer?" (*As Brumas de Avalon*, Marion Zimmer Bradley). Essa morte foi se tornando cada vez mais simbólica, sendo suficiente que o velho Rei, muitas vezes acompanhado de sua esposa, abandonasse suas funções, retirando-se do castelo.

Vejamos as correspondências entre as Figuras da Corte de diferentes Tarôs:

Crowley	Marselha	Waite	Cosmic	Experimental	Osho Zen
Cavaleiro	Rei	Rei	Rei	Pai	Rei
Rainha	Rainha	Rainha	Rainha	Mãe	Rainha
Príncipe	Cavaleiro	Cavaleiro	Príncipe	Filho	Cavaleiro
Princesa	Valete	Pajem	Princesa	Filha	Pajem

As Figuras da Corte e os quatro elementos-natureza e expressão

As 16 figuras resultam das combinações dos quatro elementos: Fogo, Água, Ar e Terra, consigo mesmos e com os três restantes. Relacionam-se os quatro elementos com as quatro séries ou naipes, as quatro figuras e os aspectos da quaternidade humana, conforme a tabela a seguir:

FOGO	Paus	Energia	Cavaleiros
ÁGUA	Copas	Emoção	Rainhas
AR	Espadas	Intelecto	Príncipes
TERRA	Discos	Corpo físico	Princesas

Chegamos à seguinte relação entre os elementos e cada uma das 16 figuras:

	PAUS	COPAS	ESPADAS	DISCOS
Cavaleiro	Duas vezes Fogo	Aspecto fogoso da Água	Aspecto fogoso do Ar	Aspecto fogoso da Terra
Rainha	Aspecto aquoso do Fogo	Duas vezes Água	Aspecto aquoso do Ar	Aspecto aquoso da Terra
Príncipe	Aspecto aéreo do Fogo	Aspecto aéreo da Água	Duas vezes Ar	Aspecto aéreo da Terra
Princesa	Aspecto térreo do Fogo	Aspecto térreo da Água	Aspecto térreo do Ar	Duas vezes Terra

Em um plano humano, são 16 tipos de personalidade e seus desdobramentos em atitudes, qualidades humanas e aspectos comportamentais. Cada figura da corte ou personalidade está formada pela combinação de dois elementos. Podemos considerar cada tipo de personalidade formada por um aspecto mais profundo ou essencial, o qual podemos chamar de Natureza Interna, e um aspecto externo, o qual chamamos de Expressão Externa. A Natureza Interna é determinada pelo naipe, isto é, a família, se é de Paus, Copas, Espadas ou Discos. A Expressão Externa é definida pela figura, isto é, pela função, se é um Cavaleiro, Rainha, Príncipe ou Princesa. Por exemplo, o Cavaleiro de Copas (como toda a família de Copas) possui uma Natureza Interna emocional, e sua Expressão Externa será fogosa como a de todos os cavaleiros.

A FAMÍLIA DE PAUS – NATUREZA INTERNA FOGOSA.

São instintivos, dinâmicos, valentes e idealistas, lutadores, impulsivos, autocentrados e determinados.

A FAMÍLIA DE COPAS – NATUREZA INTERNA AQUOSA.

São emocionais, receptivos e sensíveis.

A FAMÍLIA DE ESPADAS – NATUREZA INTERNA AÉREA.

São mentais, interessados na elucubração mental, ideias, teorias e conhecimentos. Guardam certa distância de pessoas e dos acontecimentos.

A FAMÍLIA DE DISCOS – NATUREZA INTERNA TÉRREA.

Conectados com o corpo físico e o mundo material. São práticos e realizadores, interessados em resultados concretos.

OS CAVALEIROS – EXPRESSÃO FOGOSA.

Encarnam o aspecto fogoso da série a que pertencem. Por exemplo, o Cavaleiro de Copas representa o aspecto fogoso da Água. Correspondem-se com a letra Iod do Tetragramaton que, como vimos, representa o Princípio Ativo, dinâmico ou masculino. As ações dos Cavaleiros são sempre rápidas, impulsivas, às vezes violentas e geralmente efêmeras. O fato de estar a cavalo ressalta tanto a rapidez de seus movimentos como mostra a força propulsora que é de origem animal, instintiva, o que se aplica ao Fogo. Podemos dizer que esses são os ativistas e aventureiros da família. Não em vão, deixaram as comodidades dos reinos dos quais eram príncipes para conquistarem a mão de princesas e transformarem-se em seus consortes; elas viram Rainhas, e eles, Reis. Tomam iniciativas a partir de sua Natureza Interna: o de Paus a partir de seus instintos; o de Copas, de suas emoções; o de Espadas, de sua mente; e o de Discos, de sua conexão com seu corpo físico e o mundo material. Quem usar outro baralho além do de Crowley poderá aplicar tudo relacionado aos Cavaleiros para os Reis.

AS RAINHAS – EXPRESSÃO EMOCIONAL.

São as donas soberanas da terra e do trono. São as companheiras dos Cavaleiros e com eles se complementam. Correspondem-se com a primeira He do Tetragramaton, representando assim o princípio passivo, receptivo, conservador e feminino do Universo. Expressam-se emocionalmente a partir do elemento que define sua Natureza Interna. Encarnam o aspecto aquoso da série correspondente. Por exemplo, a Rainha de Discos representará o aspecto aquoso da Terra. Sendo o elemento Água representante do aspecto emocional do ser humano, diremos que as Rainhas são as sentimentais da família.

"Recebem, promovem e transmitem o impulso inicial de seus Cavaleiros, realizando o segundo nível do processo de criação." (*O Livro de Thoth*, Aleister Crowley)

As Rainhas de Crowley correspondem-se com as Rainhas de outros baralhos.

OS PRÍNCIPES – EXPRESSÃO MENTAL.

São os filhos homens das Rainhas. Estão retratados em um carro em que transportam as energias combinadas de seus pais. É a saída ativa da união dos Princípios Masculino e Feminino, enquanto a Princesa é a saída receptiva. Representam o poder da letra Vau no Tetragramaton, síntese e fruto de Iod e He. Encarnam a parte aérea da série à qual pertencem; por exemplo, o Príncipe de Copas representa o aspecto aéreo da Água. Sendo a mente o aspecto humano relacionado com o Ar, diremos que os Príncipes são os intelectuais da família. Suas ações são mais duradouras que as dos Cavaleiros. Suas funções são as de "conceituar e divulgar aquilo que estava oculto", disse Crowley. Elaboram e expressam ideias, e apresentam projetos cada um a partir de sua Natureza Interna. Os Príncipes são o aspecto aéreo da Existência e representam quatro manifestações diferentes da expressão mental. Eles se correspondem com os Cavaleiros dos baralhos patriarcais.

AS PRINCESAS – EXPRESSÃO PRÁTICA.

As filhas das Rainhas correspondem-se com a segunda He. Elas levam o impulso original até sua cristalização final e, reabsorvendo o fluxo de energia, levam-no ao silêncio original, ao início de um novo ciclo. Encarnam, pois, o lado térreo da série correspondente. Assim, a Princesa de Copas representará o lado mais sólido da Água. São as mais práticas e materialistas de suas respectivas famílias. Materializam, constroem, levam para o mundo do concreto a sua Natureza Interna. Correspondem-se com os Pajens ou Valetes dos outros baralhos.

Vejamos a Natureza Interna e Expressão Externa de cada uma das 16 figuras:

	CAVALEIRO	RAINHA	PRÍNCIPE	PRINCESA
de Paus	Natureza e Expressão fogosas	Natureza fogosa e Expressão emocional	Natureza fogosa e Expressão mental	Natureza fogosa e Expressão prática
de Copas	Natureza emocional e Expressão fogosa	Natureza e Expressão emocionais	Natureza mental e Expressão emocional	Natureza emocional e Expressão prática
de Espadas	Natureza mental e Expressão fogosa	Natureza emocional e Expressão mental	Natureza e Expressão mentais	Natureza mental e Expressão prática
de Discos	Natureza prática e Expressão fogosa	Natureza prática e Expressão emocional	Natureza prática e Expressão mental	Natureza e Expressão práticas

Com esse quadro, podemos decifrar as dificuldades de cada personalidade em função dos elementos que lhe faltam. Por exemplo, o Príncipe de Discos (aspecto aéreo da Terra ou Natureza prática e Expressão mental) carecerá de emoções e impulsos instintivos fortes, pois faltam em sua composição Água e Fogo.

O predomínio de determinado elemento no mapa natal de uma pessoa favorece notavelmente determinada personalidade. Assim, o Fogo acentua tendências impulsivas, a Água favorece o predomínio da emoção, o Ar predispõe para o intelectualismo e a Terra desenvolve personalidades práticas e materialistas.

Equilíbrio nas personalidades

Fogo e Ar são masculinos e Água e Terra são femininas. Sendo que o equilíbrio procede da união harmônica dos Princípios Masculino e Feminino, as figuras com maior tendência para o equilíbrio são aquelas que conjugam um elemento masculino com outro feminino, e as que se desequilibram com maior facilidade são aquelas nas quais se repete o elemento, especialmente o Cavaleiro de Paus e a Rainha de Copas, duas vezes Fogo e duas vezes Água, respectivamente. Considerando que o Fogo e a Água são os Princípios Primordiais, e o Ar e a Terra seus filhos, estes últimos terão as características de seus pais. Assim o Ar, embora masculino, possui as características femininas de sua mãe, a Água, que o Fogo não possui. Na Natureza, vemos que o Ar e a Água são fluidos, podem ser guardados em recipientes fechados, e com a elevada pressão podemos liquidificar os gases. Ambos os processos são impossíveis de realizar com o Fogo. Também como a Água, o Ar tende a encher todos os vazios. Por outro lado, a Terra, feminina, tem características de seu pai, o Fogo, que a Água não tem, por exemplo, seu calor interno, sua tendência a elevar-se formando montanhas.

Fogo e Água são M-α e F-α, enquanto Ar e Terra são M-β e F-β, respectivamente.

Podemos dizer que o Cavaleiro de Paus é mais masculino que o Príncipe de Espadas e que a Rainha de Copas é mais feminina que a Princesa de Discos.

Assim, podemos delinear uma sequência a partir da personalidade mais masculina até a mais feminina:

1ª	Mα Mα	Cavaleiro de Paus	
2ª	Mβ Mα	Príncipe de Paus	Cavaleiro de Espadas
3ª	Mβ Mβ	Príncipe de Espadas	
4ª	Mα Fβ	Cavaleiro de Discos	Princesa de Paus
5ª	Mα Fα	Cavaleiro de Copas	Rainha de Paus
6ª	Mβ Fβ	Príncipe de Discos	Princesa de Espadas
7ª	Fα Mβ	Príncipe de Copas	Rainha de Espadas
8ª	Fβ Fβ	Princesa de Discos	
9ª	Fα Fβ	Rainha de Discos	Princesa de Copas
10ª	Fα Fα	**Rainha de Copas**	

As figuras com maior tendência para o equilíbrio são o Príncipe de Discos e a Princesa de Espadas, seguidos do Cavaleiro de Copas e da Rainha de Paus.

Funcionalidade e transcendência

A capacidade funcional de cada figura procede também dos elementos que integram sua composição. As personalidades que não têm Fogo possuem uma autoconfiança menor. Seu entusiasmo e otimismo também diminuem e podem se assustar com os desafios. Têm maior dificuldade para falar "não" e se submetem a terceiros com mais facilidade.

As personalidades que não têm Água apresentam dificuldade para entrar em contato com seus sentimentos e necessidades emocionais e para compreender os sentimentos alheios. Sua sensibilidade e compaixão são menores e tendem a ser frias, sérias e reservadas, e a desdenhar o conhecimento intuitivo.

As personalidades sem Ar têm dificuldade para refletir a respeito de si mesmas e a respeito da vida, para "digerir" novas ideias ou pessoas, especialmente as muito intelectuais. Podem até reagir violentamente diante de ideias que não aceitam. Têm falta de perspectiva e sua visão acaba sendo fragmentada. Têm dificuldade para "pensar grande" e elaborar projetos.

As personalidades com pouca Terra tendem a ignorar as exigências do corpo físico e da sobrevivência no plano material. Podem se sentir fora de lugar sem conseguir se adequar à estrutura social. Têm dificuldade para encontrar trabalhos para ganhar o sustento e, às vezes, recorrem aos caminhos da imaginação e da espiritualidade para tentar transcender as limitações do mundo material. Falta senso prático e com frequência são distraídas e lunáticas.

Assim, as cartas que na ilustração "As Figuras da Corte", no começo deste capítulo, estão na diagonal são as personalidades menos funcionais: Cavaleiro de Paus, Rainha de Copas, Príncipe de Espadas e Princesa de Discos, pois nelas só temos um elemento. No entanto, em razão de que em cada uma delas se repete o elemento, esses quatro personagens têm maior capacidade de ir em profundidade em seu elemento e transcender.

O superimpulsivo Cavaleiro de Paus, duas vezes Fogo, livre de qualquer consideração emocional, mental ou prática, pode alcançar a mais pura espontaneidade, como somente uma criança ou um Mestre Zen o fazem. Se não se conecta com os outros elementos, seu dinamismo não será mais do que agitação frenética, insensível às emoções alheias, incapaz de realizações práticas e de tirar lições de seus atos ou de planificar sua vida.

A Rainha de Copas, duas vezes Água, vive em um mundo estritamente emocional, no qual se submerge profunda e continuamente. Sua sensibilidade ilimitada a leva a unir-se emocionalmente com todos os seres, como uma gota de água se dissolve no oceano, sofrendo, gratificando-se e amando com eles. Seu caminho de transcendência é a pura devoção e desenvolve melhor do que ninguém o amor universal, a intuição e a clarividência. No pior dos casos, não conseguirá expressar suas emoções, dar-lhes uma saída prática ou compreender os mecanismos que as governam, e acabará afogando-se nelas.

O Príncipe de Espadas, duas vezes Ar, é o paladino do intelecto. Sua extrema agudez mental lhe permite elaborar descrições e teorias imparciais a respeito do mundo que o rodeia. Memoriza e peneira um enorme volume de dados, transformando-se em um especialista em vários assuntos, quanto mais abstratos melhor. Decifra incógnitas e propõe soluções sem exaltações. Planifica até os menores detalhes de sua vida e toma decisões sem piscar. Pode ser um matemático, um filósofo idealista, um filólogo, um analista de sistemas ou um estudioso dos fenômenos paranormais e dos poderes da mente. Na Índia, será um adepto avançado do Raja Yoga, que se liberou do maia e atingiu a unidade por meio do uso impecável da mente. Esse aéreo erudito pode transformar-se em uma biblioteca ambulante ou em um orador vazio e sonífero se não estabelece mínimos vínculos com os outros elementos.

Finalmente, a Princesa de Discos, duas vezes Terra, transcende do mais concreto até o mais sutil e espiritual, centrando-se em suas sensações físicas e não mundo material. A conexão com seu corpo e com suas funções a leva à meditação e vai adquirindo a sabedoria de quem está profundamente conectada à Natureza. Se não constrói pontes com os outros elementos, acabará sendo uma pessoa insuportavelmente materialista e hipocondríaca.

As Figuras da Corte e a carta testemunha

A carta testemunha representa o assunto que estamos estudando; no Tarô Terapêutico, é o consulente. Usamos a Figura da Corte, isto é, o tipo de personalidade que melhor se encaixa com o consulente.

Como estamos trabalhando com tipos de personalidade, podemos representar homens com cartas femininas (Rainhas e Princesas) e mulheres com cartas masculinas (Cavaleiros e Príncipes). Essa carta trabalha como uma ponte entre o consultante e o resto das cartas, como um intérprete em um país estranho. Ajuda o restante das cartas a se dispor corretamente e a quantificar os danos causados por uma determinada programação infantil, como veremos adiante.

A melhor maneira de escolher a carta testemunha é por meio da predominância dos elementos (Fogo, Água, Ar e Terra) no mapa astrológico natal do consulente. Cada planeta participará de uma forma diferenciada na constituição da personalidade segundo a tabela seguinte:

Sol = 16%	Ascendente = 14%	Vênus = Marte = 11%	Urano = Netuno = Plutão = 3%
Lua = 15%	Mercúrio = 12%	Júpiter = Saturno = 6%	

	Fg	Ág	Ar	Tr
Sol em Capricórnio				16
Lua em Libra			15	
Ascendente em Gêmeos			14	
Mercúrio em Capricórnio				12
Vênus em Sagitário	11			
Marte em Capricórnio				11
Júpiter em Sagitário	6			
Saturno em Capricórnio				6
Urano em Leão	3			
Netuno em Escorpião		3		
Plutão em Virgem				3
	20	3	29	48

Sabendo que Áries, Leão e Sagitário são signos de Fogo; Câncer, Escorpião e Peixes, de Água; Libra, Aquário e Gêmeos, de Ar; e Capricórnio, Touro e Virgem, de Terra, calculamos facilmente os porcentuais para cada elemento.

Exemplo: Para uma pessoa em que a predominância elementar é Terra, com 48%, e depois Ar, com 30%, resta Fogo, com 20%, e Água com apenas s%. O elemento predominante determinará a Natureza Interna da personalidade.

Se predomina Fogo, escolhemos uma carta da família de Paus; se predomina Água, escolhemos uma carta da família de Copas; se predomina Ar, escolhemos uma carta da família de Espadas; e, se predomina Terra, será escolhida uma carta da família de Discos.

O segundo elemento predominante determinará a função ou Expressão Externa.

Predominando Fogo, temos um Cavaleiro; predominando Água, temos uma Rainha; se Ar é o segundo elemento, temos um Príncipe; e, se é Terra, é uma Princesa. No exemplo anterior representamos a pessoa com um Príncipe de Discos.

Se nos depararmos com um empate, isto é, com uma diferença de três ou menos de três pontos percentuais entre dois elementos, é conveniente desempatar, observando os planetas nas casas, sendo que as casas 1, 5 e 9 são de Fogo; as casas 2, 6 e 10, de Terra; as casas 3, 7 e 11, de Ar; e as casas 4, 8 e 12 são de Água.

Neste caso, quando um planeta está nos últimos 5 graus de uma casa o consideraremos na casa seguinte. O mesmo sucede com o Ascendente: quando está nos últimos 5 graus de um signo, nós o consideraremos no signo seguinte.

Às vezes a pessoa não sabe a hora em que nasceu, em cujo caso calcularemos a Figura da Corte sem considerar o ascendente.

Quando escolhemos a carta a partir do mapa, temos uma excelente compreensão da personalidade do consulente mediante a carta testemunha, que trabalha como uma ponte entre o consultante e o restante das cartas; ajuda as outras cartas a se dispor corretamente e também a quantificar os danos causados por uma determinada programação infantil, como veremos mais adiante.

Correspondências

Com os signos astrológicos: estabelecer correspondências entre as Figuras da Corte e os signos astrológicos poderia ser interessante. No entanto, sendo que ambos os sistemas definem tipos de personalidade obtidas por caminhos diferentes, são decodificações distintas, por exemplo, as nove personalidades do Eneagrama; designar um signo a cada Figura da Corte seria mutilar o Tarô. Ademais, temos 16 Figuras e só 12 signos, assim teríamos de deixar quatro figuras fora. Crowley exila as Princesas:

"As Princesas não possuem atribuição zodiacal. São aquele tipo de pessoas elementares que reconhecemos pela falta de qualquer sentido de responsabilidade e cujas qualidades não parecem ter nenhuma firmeza." (*O Livro de Thoth*)

As cartas restantes são atribuídas a dois signos consecutivos, o último decanato de um signo e os dois primeiros do signo seguinte, tal como vemos na ilustração.

Parece-me incongruente degradar as Princesas (as materializadoras de suas respectivas famílias), chamando-as de irresponsáveis e sem firmeza.

Outro sistema deixa de lado as quatro cartas em que o elemento se repete, ou seja, Cavaleiro de Paus, Rainha de Copas, Príncipe de Espadas e Princesa de Discos, e observa as características que cada signo tem dos elementos que não são o seu. Assim, dos três signos de Fogo, Leão é o mais aéreo, Sagitário o mais aquoso e Áries o mais terrestre. Continuando com todos os signos, chegaremos tabela a seguir:

	FOGO CAVALEIRO	ÁGUA RAINHA	AR PRÍNCIPE	TERRA PRINCESA
Aspecto Fogo: mais impulsivo	**	Câncer	Gêmeos	Virgem
Aspecto Água: mais emocional	Sagitário	**	Libra	Capricórnio
Aspecto Ar: mais mental	Leão	Escorpião	**	Touro
Aspecto Terra: mais prático	Áries	Peixes	Aquário	**

Reunindo as informações das tabelas anteriores, teremos as correspondências diretas entre as Figuras e os signos no quadro seguinte:

	PAUS	COPAS	ESPADAS	DISCOS
Cavaleiro	2 Fogo	Câncer	Gêmeos	Virgem
Rainha	Sagitário	2 Água	Libra	Capricórnio
Príncipe	Leão	Escorpião	2 Ar	Touro
Princesa	Áries	Peixes	Aquário	2 Terra

No final, são apenas correspondências entre dois sistemas diferentes. Assim como nos Arcanos Maiores não dizíamos que o Imperador é Áries e o Demônio, Capricórnio, aqui tampouco vamos dizer que a Rainha de Paus é Sagitário e o Príncipe de Discos, Touro. Eu prefiro não atribuir nenhum signo às Figuras da Corte e desenvolver o tipo de personalidade a partir dos elementos.

Com a Árvore da Vida: MacGregor Mathers, líder da Golden Dawn, deixou escrito que as figuras não estão exatamente acima das sephiroth, mas, a seu lado. Robert Wang, discípulo de Mathers, explica essa ideia indicando que as cartas não se correspondem totalmente com as sephiroth, mas são a extensão de suas qualidades. Crowley as situa tal como vemos na ilustração.

Com o Tetragramaton: as figuras da corte representam as qualidades elementares do Tetragramaton nos quatro mundos cabalísticos chamados: "Aztiluth", plano da emanação; "Briah", plano da criação; "Yetzirah", plano da formação; e "Assiah", plano físico. Já que Atziluth se corresponde com o Fogo, Briah, com a Água, Yetzirah, com o Ar, e Assiah, com a Terra, não é difícil concluir as correlações, como vemos no quadro seguinte:

	PAUS	COPAS	ESPADAS	DISCOS
Cavaleiro	Yod em Aziluth	Yod em Briah	Yod em Yetzirah	Yod em Assiah
Rainha	He em Aziluth	He em Briah	He em Yetzirah	He em Assiah
Príncipe	Vau em Aziluth	Vau em Briah	Vau em Yetzirah	Vau em Assiah
Princesa	2ª He em Aziluth	2ª He em Briah	2ª He em Yetzirah	2ª He em Assiah

As Figuras de Paus

No plano humano, o Fogo está na energia que exteriorizamos cada dia, que nos leva a nos mover, a realizar, a transformar nosso ambiente, a procurar a satisfação de nossas necessidades vitais e que aparece resplandecente quando nos apaixonamos ou entusiasmamos com algo. É a energia da libido, de raiz sexual, expressão de nossos instintos. Também está relacionado com a criatividade e as faíscas intuitivas que iluminam a consciência; finalmente, com o Ser espiritual cujo descobrimento transforma nossa vida. Este espectro energético, que vai desde a energia sexual até a espiritualidade, se corresponde perfeitamente com Kundalini e é o que move as figuras de Paus.

O Cavaleiro de Paus

Natureza Interna e Expressão Externa Fogosas

O Cavaleiro de Paus (duas vezes Fogo), na Natureza, é o resplendor e a luz do fogo e também as manifestações mais destrutivas desse elemento, como os incêndios, as secas e as explosões nucleares. O cavaleiro está dentro de uma armadura completa. A sua mão esquerda segura uma tocha: o Ás de Paus. Seu cavalo negro salta agilmente entre as chamas. A capa do cavaleiro é de fogo. Esta carta encarna a impulsividade, a impetuosidade, a ferocidade e a velocidade. Tal como disse Crowley: "Não está capacitado para dar continuidade a suas

O Rei de Paus de Marselha e Waite, e o Cavaleiro de Paus de Crowley ações. Entre suas qualidades não está a perseverança nem a capacidade de adaptação; se fracassa no primeiro impulso não terá reservas para continuar" (*O Livro de Thoth*).

A ausência de Terra e Água faz com que o processo de transformação ocorra de maneira explosiva. Sem consistência nem profundidade, podemos dizer que o Cavaleiro de Paus é um fogo de palha. No entanto, um Cavaleiro de Paus pode atingir a transcendência indo fundo nos seus impulsos; sem mente, emoções ou considerações práticas, pode tornar-se a expressão mais pura da espontaneidade, como uma criança ou um Mestre Zen. Contaram-me por aí: "Um monge chegou a um mosteiro zen procedente de outro mosteiro. Na hora do 'satsang' o monge interpelou o mestre: 'Meu mestre fala de um lado do rio e suas palavras aparecem escritas imediatamente nas folhas de bananeira do outro lado. E você, mestre, que milagres você faz?' O mestre zen respondeu: 'Quando tenho fome como, quando estou cansado descanso, quando tenho sono durmo, quando tenho sede bebo, esses são meus milagres'".

NA LEITURA TERAPÊUTICA

Momento Atual: o consulente está sentindo um forte impulso interno para tomar uma iniciativa de origem instintiva. Provavelmente, conteve-se durante muito tempo, até a saturação. A segunda carta pode mostrar fatores que freiam essa iniciativa ou de que maneira ela se manifesta. Pode ser uma liberação de tudo aquilo que sufocava seu lado instintivo ou uma explosão, brusca, violenta e/ou autodestrutiva, no pior dos casos, embora sempre represente uma intensa liberação. A energia expansiva do fogo determina um movimento centrífugo. Duas vezes Fogo indicará um explosivo movimento do centro para periferia. Muitas coisas são deixadas para trás. Pode indicar o início de uma viagem, de uma fuga ou a ruptura de vínculos matrimoniais, de trabalho ou financeiros.

Âncora: mostra uma dificuldade crônica para administrar seus impulsos instintivos. Se a pessoa tiver muito Fogo no seu mapa, mais de 50%, a lemos por excesso: vive irritada e estressada, não consegue se acalmar, sempre correndo compulsivamente. Se parar, poderia entrar em contato com as causas reais de sua agitação e com seus verdadeiros impulsos, mas prefere não fazer isso. Reage de maneira compulsiva e irreflexiva ante as situações. Como não elimina as causas de seu estresse, irritação e/ou sufoco, explode com a família, no trânsito ou no futebol.

Outras características das Figuras da Corte na Âncora, especialmente com as cartas da diagonal, se deduzem do excesso e da falta de elementos. No caso do Cavaleiro de Paus, não somente do seu excesso de Fogo, mas também de sua desconexão com os outros três elementos: Água, Ar e Terra. Por causa do excesso de Fogo sempre tem pressa, é exageradamente competitivo, até pode ser agressivo. A falta de Água lhe dificulta ser receptivo e permanece desligado de suas emoções, com exceção da rabia. Sem Ar não analisa as situações nem prevê as consequências de seus atos. E sem Terra lhe falta sentido prático para materializar e construir alguma coisa, assim como para conectar-se com seu corpo físico.

No mundo prático, seja em relacionamentos, trabalho, saúde, costuma ser um desastre. Pode sofrer de paranoia obsessiva. Sugeriremos o floral de Impatiens.

Se tiver menos de 10% de Fogo no seu mapa astrológico, nem consegue expressar seus impulsos instintivos nem dirigir essa energia acumulada para outras coisas. Permanece em um estado de sufoco e irritação latente.

Infância: se o consultante tiver mais de 50% de Fogo no seu mapa quando criança, provavelmente era um capetinha hiperativo, impulsivo e espontâneo que não ficava quieto um segundo. Seus pais, em vez de dar-lhe espaço, de levá-lo ao parque para desafogar, o obrigaram a estar quietinho em seu quarto ou diante da televisão e isso significou uma acumulação ainda maior de energia que, eventualmente, explode para fora ou para dentro.

Com menos de 10% de Fogo, indica um genitor com o tipo de personalidade que vimos na Âncora por excesso: explosivo, estressado e agressivo em um ambiente de brigas, discussões, ciúmes, onde a criança se sentiu rejeitada e assustada, já que qualquer ação poderia dar lugar a uma tempestade de fogo, como quem caminha em um terreno minado. Além do mais, esse genitor não lhe deu amor (falta de Água) nem foi um bom provedor material que desse segurança (falta de Terra). Sua capacidade de tomar iniciativas, seguir seus impulsos e manifestar sua raiva foi liquidada, especialmente se na Âncora temos A Sacerdotisa ou o Nove de Espadas – A Crueldade. Com O Imperador, o Cinco de Paus (A Luta), o Nove de Paus (A Firmeza) ou O Mago na Âncora, a criança construiu uma couraça de lutador ou trabalhador incansável para, desconectada de suas emoções e pânicos, tentar não sofrer. Provavelmente o lado instintivo da criança ficou encapsulado, especialmente se o genitor é homem e a criança é uma menina.

Relacionamentos: a) O relacionamento ajuda a pessoa a resgatar a espontaneidade, especialmente no que se refere à sua expressão instintiva e criativa, saindo de situações que a sufocam instintivamente. Às vezes a sufoca a própria relação e sente o impulso de liberar-se. b) Vende uma imagem de quem com facilidade se exalta sexualmente e se lança sem romantismo nem pudores em cima do objeto de seu desejo. Mostra-se superativa, lutadora, competitiva, às vezes briguenta sem grande habilidade mental e muito menos um bom sentido prático ante a vida. Se é uma mulher, venderá uma imagem de uma pessoa de ação, sem melindres ou sentimentalismos e que sempre toma a iniciativa na hora de ir para a cama.

Em ambos os casos, relaciona-se sem se envolver, salta de uma aventura à outra, movida apenas pela atração física, sem expressar suas emoções. A essência de Stiky Monkeyflower* lhe facilitará o envolvimento emocional.

Voz da Essência e Método: o crescimento passa pela liberação dos impulsos fogosos reprimidos. Se está em uma situação profissional ou familiar em que se sente sufocada, desestimulada, frustrada ou agredida; em um ambiente onde não pode expressar sua criatividade; em uma relação na qual não pode viver plenamente sua sexualidade, e sente o impulso de sair, é importante que identifique e trabalhe as dificuldades internas, para isso revisando as circunstâncias em que estas dificuldades foram instauradas. Provavelmente faz tempo que seu lado instintivo está preso, almejando tomar uma iniciativa, a ponto de explodir. Necessita sair da prisão de seus hábitos repressivos e compromissos para dar corda solta a seus impulsos mais autênticos. A essência de Scarlet Monkeyflower* ajuda a reconhecer, expressar e liberar o que está preso na sombra. Como provavelmente a emoção reprimida que aparecerá primeiro é a raiva, sua liberação não destrutiva vai exigir certos cuidados. Sugeriremos a Meditação Dinâmica de Osho.

Caminho de Crescimento: usando as chaves que apareceram nas posições anteriores, a pessoa inicia um processo de liberação, começa a se autorizar a fazer o que lhe vem de dentro, rompendo as ataduras que amarravam seus impulsos fogosos: instintivos e criativos. Está começando a viver mais espontânea e impulsivamente.

Resultado Interno: essa pessoa, produto de todo o processo que vimos até aqui, conseguiu identificar, entender e desativar as crenças, medos e outras dificuldades internas que mantinham seus impulsos fogosos debaixo de sete chaves. Hoje não somente largou o que a sufocava, mas também resgatou sua espontaneidade e sua criatividade, abrindo possibilidades de transcendência espiritual como corresponde ao Fogo, que em última instância é luz.

Resultado Externo: a pessoa encara o mundo com a atitude interna que acabamos de ver, abordando com entusiasmo suas atividades, entregando-se de corpo e alma à realização de seus impulsos, sem medo de tomar iniciativas, usando sua intuição e decidida a superar os obstáculos que aparecerem em seu caminho.

A Rainha de Paus
Natureza Interna Fogosa e Expressão Emocional

Representa a parte aquosa do Fogo. Na Natureza, é a cor e a fluidez do fogo. Também o arco-íris, a lava vulcânica ainda líquida e a eletricidade. A Rainha já não é mais aquela explosão instintiva do Cavaleiro. É mais equilibrada em virtude da presença do elemento Água, que suaviza e complementa o Fogo. Sua energia vital, que em toda sua família transborda, está em contato íntimo com suas emoções, de maneira que sua energia pode ser amorosamente direcionada.

A coroa da Rainha irradia fogo e está rematada com o ovo alado, indicando que sua energia é vivificante e, convenientemente direcionada, leva à transcendência e à espiritualização.

Seus cabelos vermelhos compridos cobrem sua armadura de guerreira. Está sentada em um trono de fogo que tomou, disse Crowley, "forma geométrica sob o influxo de seu poder". Em um mar de fogo, as chamas sob seu trono são firmes e fortes. Com a mão esquerda segura uma vara acabada em uma pinha, atributo das Bacantes. A pinha, como a hera, representa a continuidade e o crescimento no reino vegetal. A Rainha apoia sua mão direita na cabeça de um leopardo, símbolo de altivez, ferocidade, habilidade e força. Presente no escudo de armas da Grã-Bretanha, esse predador, o mais veloz dos felinos, representa a casta real e guerreira, especialmente em seu aspecto mais agressivo.

Essa mulher é muito passional. Como uma Bacante, entrega-se como ninguém ao amor. Ela é uma amante realmente fogosa. É firme em suas iniciativas, sabe muito bem o que quer, é gentil e generosa com seus amigos e perigosa com seus inimigos. Adora o poder e é muito atraente. Os meios-termos a irritam e usa todas suas armas para conseguir o que quer. Não se destaca por sua elaboração intelectual, gosta das coisas claras e os homens a seus pés. Pode mostrar-se autoritária e severa e, embora em casos extremos, pode chegar a ameaçar e manipular; geralmente é franca e leal. Sua vaidade e tendência a exaltar-se fazem com que às vezes perca o sentido da realidade e a noção de seus limites. Não tem Terra em sua composição e pode chegar a explodir.

A Rainha de Paus de Marselha, Waite e Crowley.

NA LEITURA TERAPÊUTICA

Momento Atual: a pessoa se questiona até que ponto é a dona de sua vida, especialmente de sua expressão emocional. Sente o impulso de viver plenamente suas paixões deixando de controlá-las. Seja por meio de seu processo de autoconhecimento ou de atrair situações que estimulem sua instintividade, percebe a necessidade de valorizar e expressar suas necessidades e desejos sexuais. Temos aqui um processo de autoafirmação e crescimento que também pode manifestar-se no mundo profissional.

Âncora: se tem muito Fogo em sua carta astral, será por excesso. Trata-se de uma pessoa que tenta manter-se sempre por cima, gastando sua energia e mostrando um poder e uma firmeza que na realidade não possui. Suas melhores armas são a sedução e a chantagem emocional. Quando contrariada, inflama-se com facilidade e usa todo tipo de pressão emocional para conseguir o que quer. Se não nutre sua instintividade, busca despertar o desejo sexual nos outros, com o qual manipula. Vive no salão de beleza, na academia e usa roupas *sexy*. Se toda maquilada volta da padaria sem que ninguém mexa com ela, deprime-se. Às vezes, desacata a razão nas suas exigências só para ver até que ponto controla. Quer ser paparicada o tempo todo. Na necessidade obsessiva de sentir-se poderosa, parece com O Imperador, mas os métodos e objetivos são diferentes. Ele é basicamente mental e procura dinheiro e poder em suas relações. A Rainha não está interessada no poder econômico, não rejeita uma joia, mas prefere uma viagem a Paris. A essência de Tiger Lily* a ajudará a transmutar essas tendências hostis em cooperação com os outros, e a de Vine estimulará a tolerância em relação à liberdade alheia, dissolvendo assim a necessidade de controle e domínio.

Se tem pouco Fogo (menos de 10%), lemos por falta, indicando que tem dificuldade para conectar-se com sua energia instintiva e lhe falta autoafirmação para expressar e fazer valer suas emoções. E, claro, tudo o que esconde a manipula e, assim, deixa de ser a dona de sua vida. Sugerimos Hibiscus,* que ajuda a restaurar e recuperar as energias da sexualidade com vitalidade e autenticidade, integrando a paixão sexual com o calor do amor.

Infância: com mais de 50% de Fogo e bastante Água, teríamos uma criança passional, segura de si mesma, autoafirmativa, que expressa suas emoções de maneira espontânea, firme e radical. Quando é criticada ou reprimida, não se dobra, defendendo-se com unhas e dentes. Seus pais a pressionaram até que a obrigaram a submeter-se.

Com pouco Fogo e Água, a Rainha representa a mãe que viveu com dramática intensidade a relação com seu(sua) filho(a). Se este(a) se comportava "como Deus manda", ela era todo amor, contato, peitos e colo, carinho, beijos e abraços, que, exagerados, podiam até sufocar a criança. Mas, se a criança não acatava suas expectativas, ou, pior ainda, a enfrentava nas suas manipulações para controlar a família, a lava vulcânica caía sobre ela: ameaças, gritos, insultos, chantagens e descontrole, chegando à violência física, se aparece com o Nove de Espadas – A Crueldade. A criança, vendo que tem todas as chances de perder ao enfrentar a sua mãe, acabará submetendo-se. É muito provável que essa mãe não deixe o adolescente em paz e sinta muito ciúmes de seus(as) namorados(as). Esse tipo de mãe cria filhos geralmente com uma estrutura de defesa de caráter masoquista, com uma considerável dificuldade de serem autônomos, firmes e incapazes de negar-se a satisfazer as expectativas dos outros. Com "O Tesão" indicaria uma mãe especialmente sedutora.

Relacionamentos: a) Indica que a relação (atual ou anteriores) ajuda a pessoa, de maneira agradável ou não, a assumir suas paixões e expressar de forma mais direta e autêntica suas emoções e instintos, tornando-se mais dona de si mesma e melhorando sua autoestima. b) Vende no mercado dos relacionamentos uma imagem passional e dominante que vimos na Âncora por excesso. Usa a sexualidade, a sensualidade e a atração física como ferramentas para manipular. Estimula o desejo sexual em suas "vítimas" e, por satisfazê-lo ou não, manipula-as e controla. Se suas expectativas não são satisfeitas, manipula, esperneia e chantageia. Não gosta de responsabilizar-se por suas atitudes nem sentimentos. É difícil resolver as coisas conversando, pois, ao não ter Ar, argumentar objetiva e razoavelmente não é seu forte.

Sempre culpa seu companheiro pelos momentos ruins. Na verdade, o que ela quer é ser amada intensa e fogosamente. Quando isso acontece, curam-se suas mágoas, incorpora a Afrodite e se entrega ao amor e ao sexo com possibilidade de orgasmos múltiplos.

Voz da Essência e Método: sugerimos que a pessoa se conecte mais com seu corpo, trabalhe suas tensões e se permita expressar instintos e emoções para poder resgatar sua energia vital, que provavelmente está estancada. É importante identificar, entender e desativar medos, crenças e outras dificuldades internas que lhe dificultam conectar-se e expressar seus impulsos instintivos: de defesa, sexual, de preservação e gregário para daí obter a força, firmeza e confiança para expressar e fazer valer suas emoções: "Isto é o que eu sinto e não arredo o pé".

Chegou o momento de resgatar o poder interno, de afirmar-se, chega de ser um satélite dos outros. No caso de uma mulher, seria "liberar o mulherão", permitindo-se ser mais sensual e sexual. A dança do ventre, o flamenco e a biodança podem ajudar.

Se aparece o Sete de Espadas (A Futilidade) na Âncora ou nos Relacionamentos indicando excessiva influência dos outros, sugerimos o uso do floral de Walnut, que desenvolve a capacidade de tomar decisões independentes. Também podemos indicar o floral de Wild Oat, que ajuda a direcionar a energia ativa, partindo de um profundo referencial interno.

É importante que essa pessoa trabalhe seu corpo e dê maior atenção a seus impulsos para que sua energia vital possa fluir melhor. Massagens bioenergéticas ou Roldfing podem ser muito efetivas para eliminar os bloqueios de sua vitalidade e, assim, poder ter consciência do que na verdade o corpo está lhe pedindo.

Caminho de Crescimento: usando as chaves que apareceram nas posições anteriores, a pessoa está desenvolvendo um contato mais profundo e intenso consigo mesma, especialmente com sua instintividade, que lhe dá base para começar a expressar-se com firmeza e autoridade, principalmente no âmbito emocional e por regra de três nos outros aspectos da vida. Está aprendendo a dirigir melhor sua energia para o que realmente quer e a satisfaz. A pessoa forte que sempre foi, mas que nunca se atreveu a mostrar, começa a aparecer com sua sensualidade e carisma.

Resultado Interno: produto de todo o processo, conseguiu identificar, entender e desativar as dificuldades internas que tinha para viver plena e intensamente suas paixões, tanto em suas relações amorosas quanto em seu trabalho. Autêntica na expressão de suas emoções, se sente dona e senhora de si mesma, firme, segura, determinada e irradiando energia.

Resultado Externo: vemos a pessoa no mundo com a atitude interna que acabamos de ver no Resultado Interno. Essa integração interna de instintos e emoções e a transparência em sua expressão geram autoridade, firmeza e espírito de liderança. Interessa-se por atividades nas quais possa colocar sua criatividade e sua emoção de maneira que seu trabalho não somente é algo pessoalmente gratificante, mas também pode ter uma vertente social.

O Príncipe de Paus
Natureza Interna Fogosa e Expressão Mental

Encarna a parte aérea do Fogo, sua capacidade de expansão e volatilização. O Príncipe aparece nu para ressaltar sua pureza. Sua coroa de chamas está ornamentada com a cabeça alada de um leão, da qual pende uma cortina de chamas. Essa imagem simboliza o aspecto mais elevado e espiritual do leão. Outro leão, símbolo de poder, sabedoria e justiça, que por excesso de orgulho pode tornar-se um tirano alucinado com seu próprio poder, está empurrando o carro do Príncipe em um firmamento de fogo.

Em sua mão direita, segura a vara Fênix. Essa ave, segundo contaram os historiadores gregos Heródoto e Plutarco, é um pássaro mitológico que, depois de consumir-se nas chamas, tem o poder de renascer de suas próprias cinzas. Simboliza ressurreição, imortalidade, renascimento por meio do fogo e reaparição cíclica da vida.

O Emblema de Crowley.

No peito do Príncipe, vemos o símbolo de sete pontas do emblema mágico de Crowley, no qual três círculos e uma lua representam os genitais masculinos, inseridos em uma estrela de sete pontas, que veremos também no Cinco de Paus (A Luta) e no Ás de Discos. Sendo a parte aérea do Fogo, a energia do Príncipe está canalizada para assuntos intelectuais, chegando com ideias, projetos e teorias. Sendo fogosa a

Natureza Interna desse Príncipe, suas ideias, projetos e teorias estão enraizados em seus instintos e criatividade, aparecendo, pois, com muita energia e brilho.

Ele sempre tem grandes projetos, nos quais se joga de corpo e alma, sem muita noção de seus limites, como cabe à ausência de Terra na composição elementar.

Tampouco se destaca por suas emoções, pois não tem Água. Sempre entusiasmado com seus projetos e ideais, trabalha para divulgá-los, sentindo mais prazer com isso que com o resultado concreto de suas ações. "Seu maior problema é o orgulho. Deprecia os mesquinhos e os medíocres, com os quais se mostra autoritário e explorador", diz Crowley. No pior dos casos, usa seus projetos e ideias para inflar seu ego. Só o Cavaleiro de Paus é mais macho e impulsivo que ele.

NA LEITURA TERAPÊUTICA

Momento Atual: a pessoa está sentindo o impulso de aventurar-se em assuntos, provavelmente profissionais, que realmente a motivem e estimulem, em que possa expressar sua criatividade intelectual, com entusiasmo e energia, tornando-se, assim, mais visível e talvez liderando. Este movimento pode ser o produto de um tempo em que suas atividades não têm muita graça. Esta mudança vem acompanhada de uma valorização de suas capacidades intelectuais e de sua criatividade.

Âncora: com mais de 50% de Fogo, leremos a Âncora por excesso. Exige-se mostrar-se sempre intelectualmente brilhante, porta-voz das melhores ideias, teorias, projetos e informações mais atualizadas. Imagina que, se não se mostra dinâmica e empreendedora, sempre brilhando e com energia disponível, vai ser rejeitada. Está mais interessada em chamar a atenção que nos resultados práticos. É hiperativa e tensa, projetada no futuro e em seus objetivos. Não consegue nem pretende relaxar, pois não aceita seu cansaço. Sem Terra faltam limites e organização, de maneira que está envolvida em mil coisas simultaneamente sem levar adiante nenhuma. O floral de Oak a ajudará a respirar-se e a parar quando for necessário.

Com o Sete de Paus (A Coragem), indica que tem a tendência heroica de assumir responsabilidades acima de suas forças e/ou capacidades. Esse sofrimento pode ser aliviado com o uso do floral de Elm.

O Cavaleiro de Paus de Marselha e Waite e o Príncipe de Paus de Crowley.

Sem Água, dificilmente expressa suas emoções profundas, vive para sua vaidade e pode fabricar uma doença cardíaca, se a vida a derruba de seu pedestal.

Com pouco Fogo, será por falta, indicando dificuldade para mostrar suas ideias, elaborar projetos e envolver-se em atividades criativas de cunho intelectual, com ímpeto, disposição e entusiasmo. Provavelmente é apagada, apática, sem grandes interesses, ideias nem ideais. Passou sua vida em atividades burocráticas e anticriativas sem graça, nas quais permanecia quase invisível. Sugerimos essência de Peppermint* para ir além da preguiça e desenvolver a vivacidade mental.

Infância: se a pessoa tem muito Fogo em sua carta astral e bastante Ar (mais ou menos 30%) provavelmente, quando criança, estava cheia de ideias que expressava com entusiasmo: "Papai, vamos construir um motor com água para não gastar dinheiro com gasolina!". Este aspecto da criança foi desvalorizado e reprimido, talvez ironicamente criticado, até que a criança deixou de se expressar. Tem um genitor "brilhante", cheio de ideias e projetos geniais, que ofuscavam o brilho da criança. Sempre muito ocupado, não deu amor nem apoio ao filho, que se sentia um retardado e incapaz ao lado de um pai tão "maravilhoso".

Relacionamentos: a) O relacionamento está ajudando a pessoa a valorizar sua capacidade intelectual e investir na elaboração de ideias, projetos ou teorias em que expresse sua criatividade intelectual, fazendo as opções profissionais correspondentes. b) Vende uma imagem de pessoa ocupada e entusiasta que se relaciona procurando companheiros(as) de viagem que a entendam intelectualmente, apoiem seus ideais e projetos e, especialmente, a admirem e alimentem seu ego, como vimos na Âncora por excesso.

Voz da Essência e Método: sugerimos que a pessoa trabalhe sua autoconfiança para expressar suas ideias e envolver-se em projetos nos quais possa exprimir sua criatividade intelectual e que gerem energia, entusiasmo e prazer. Para isso é conveniente que identifique os medos e outras travas que dificultam essa expressão, revise seu passado, especialmente sua infância, para reviver as situações em que esses medos e travas foram colocados. Também pode ajudar a fundamentar melhor seus conhecimentos e desenvolver sua capacidade de comunicação. É importante que se envolva em um projeto interessante e estimulante, dando uma saída criativa à sua energia vital acumulada.

Sugerimos a Meditação da Nuvem: escolha a foto da infância em que você se vê mais feliz. Observe-a até sentir dentro de si a presença da criança que você vê na foto. Então, deite-se em um tapete com o Sol batendo nas plantas de seus pés. Feche os olhos e estique-se para aliviar as tensões corporais, sempre respirando profundamente. Uma vez relaxada, sentindo os raios esquentando suas pernas e subindo pelo seu corpo todo, imagine que começa a levitar na direção do Sol. Lá embaixo, ficam a cidade, a família, a sociedade, as normas de conduta, os medos. Você vai aproximando-se do Sol que a aceita totalmente, sem exigir nada em troca. Então, você verá uma nuvem branca na qual se deitará. Cheia de energia do Sol, você começará a concentrá-la no coração e, colocando as mãos e a foto sobre ele, lhe perguntará: "Qual é a vida que você quer viver", e permanecerá receptiva. Não deixe que a mente julgue as respostas. Não faça isso com a seriedade de um adulto, mas com espírito brincalhão. Acabadas as respostas, agradeça ao Sol, tome devagar o caminho de volta e escreva uma lista com elas. Repita a operação várias vezes até não ter mais respostas. Você perceberá que algumas foram tomando mais força. Estas constituirão o pivô central de sua transformação.

Uma vez achados, trabalha as dificuldades internas para levar à prática tais projetos. A essência de Cayenne* catalisará a vontade para entrar em ação. Se um Sete de Discos (O Fracasso) aparecer na Âncora, denunciando insegurança, baixa autoestima e medo de fracassar, sugerimos também o uso do floral de Larch, que regenera a autoconfiança, especialmente na própria capacidade, a espontaneidade e a expressão criativa.

Caminho de Crescimento: usando as chaves que apareceram nas posições anteriores, a pessoa começa a valorizar seus talentos criativos intelectuais e a fazer opções em que os coloca em prática.

Resultado Interno: produto do processo que vimos até aqui, a pessoa conseguiu identificar, entender e desativar medos, crenças e outras dificuldades internas para criar, intelectualmente, sejam ideias, teorias ou projetos.

Resultado Externo: vemos a pessoa encarando o mundo com a atitude interna que acabamos de ver no Resultado Interno: oferece à sociedade ideias e projetos interessantes e criativos que talvez a tornem uma líder. Nós a vemos brilhando, segura de si mesma e sentindo um grande prazer e entusiasmo em suas atividades.

A Princesa de Paus
Natureza Interna Fogosa e Expressão Prática

Simboliza a parte térrea, a mais sólida, do Fogo, isto é, o combustível, as brasas e as cinzas. Também podemos relacioná-la com o processo de desintegração do átomo. A Princesa está saltando em uma chama cuja forma lembra a letra Iod, que representa o impulso ativo primordial. Seu movimento é brusco e impulsivo. De sua cabeça, saem as penas de avestruz de Maat, para mostrar sua enorme sensibilidade a qualquer estímulo. Está nua, nada está oculto. Leva em sua mão esquerda uma vara rematada por um disco solar. Com a direita, segura o rabo de um tigre, que acaba se enroscando em seu pescoço. Esse felino, que apareceu na carta do Louco, representa a força instintiva da Princesa. Parece ser uma sacerdotisa a serviço do altar do Fogo, dourado e adornado com cabeças de carneiro, símbolo de Áries (o aspecto térreo do Fogo), o mais impulsivo, primordial e primitivo dos signos de Fogo. Pula em um mar de paixão e vitalidade, simbolizados pelo fundo vermelho da carta.

A energia da Princesa expressa-se como a erupção de um vulcão, isto é, explosivamente e desde o centro da Terra. Não é o fogo de palha do Cavaleiro, é o fogo da forja do ferreiro, o fogo que cria e constrói. No entanto, pode destruir e arrasar, como as explosões vulcânicas ou nucleares. Sua força vem das entranhas mais profundas de seu corpo e aparece como o felino sobre sua presa: repentino, violento e implacável. Conectada com seus instintos e criatividade, como corresponde à sua Natureza Interna fogosa, dá-lhes forma material conforme a sua Expressão Externa: Terra.

NA LEITURA TERAPÊUTICA

Momento Atual: temos aqui duas possibilidades: 1ª) O consultante está sentindo o impulso de dar forma material a sua criatividade e instintividade. Pode ser um surto criativo. 2ª) Produto de ter reprimido seus impulsos instintivos e sua criatividade durante tempo demais, hoje está a ponto de explodir, especialmente com o Oito ou o Nove de Espadas (A Interferência ou A Crueldade), ou o Quatro de Paus ou de Espadas (A Conclusão ou a Trégua) na Âncora. Se além do mais está o Oito de Paus – A Rapidez – no Momento Atual, a explosão é iminente com fortes traços de histeria e destruição. Sugerimos aqui também a Meditação Dinâmica do Osho.

Âncora: com muito Fogo na sua carta astral (+ de 50%) e bastante Terra (mais ou menos 30%) será por excesso, mostrando uma pessoa com um permanente conflito interno porque sua carga instintiva, naturalmente poderosa, ficou entalada por uns padrões de conduta excessivamente repressivos. Essa energia instintiva se expressará distorcidamente e/ou acabará explodindo, em geral de forma histérica e destrutiva, sem consciência das causas dessa raiva. Dessa forma, suas explosões, que poderiam servir para aliviar a pressão interna e levantar um certo questionamento, acabam em nada, pois essa pessoa, sentindo-se intensamente culpada, volta a ser "boa e obediente". A essência floral de Snapdragon* a ajudará a redirecionar sua energia instintiva por meio de seus canais naturais. Scarlet Monkeyflower* lhe fomentará a coragem para aceitar e conseguir expressar seu lado sombrio.

O Valete de Paus de Marselha, o Pajem de Waite e a Princesa de Crowley.

Infância: com muito Fogo e Terra, vemos uma criança com grande capacidade de materializar seus impulsos criativos, criar coisas, inventar, e esse talento foi criticado e proibido. Faltando Fogo e Terra, sugere um ambiente familiar onde alternava a alta tensão contida com explosões, de maneira que era perigoso expressar-se e tomar iniciativas em geral. Seu medo de fazê-lo diretamente só lhe deixou o caminho das explosões histéricas e das somatizações. Provavelmente, chegará à adolescência com uma grande carga de rebeldia, que poderá ser direcionada para atividades antissociais ou anestesiada com drogas.

Relacionamentos: a) A relação, de maneira mais ou menos agradável, ajuda a pessoa a dar forma a seu forte potencial criativo e instintivo. b) Não consegue viver sua sexualidade dentro de sua relação de forma que está pegando fogo, mas não se permite, em função de crenças, viver sua sexualidade com terceiros pelos quais pode sentir-se muito atraída, e isso gera uma grande tensão que pode levá-la a explodir de maneira pouco ou nada funcional.

Voz da Essência e Método: sugerimos identificar, entender e desativar as dificuldades internas para dar forma concreta a seus impulsos instintivos e criatividade, que provavelmente estão contidos faz tempo. Para soltar esse tigre sem perigo, seria conveniente em primeiro lugar eliminar a raiva acumulada praticando a Meditação Dinâmica de Osho durante 21 dias.

A essência de Golden Ear Drops,* que trabalha liberando memórias dolorosas, facilitará uma verdadeira limpeza do coração.

Caminho de Crescimento: usando as chaves que apareceram nas posições anteriores, a pessoa toma consciência de até que ponto, produto de uma contenção crônica de seus instintos, está de explodir e percebe a necessidade de fazer, e faz, catarses. Inicialmente seus instintos se expressaram de um modo brusco e compulsivo, misturados com ansiedade, medo, raiva e culpa. A pessoa não deve assustar-se com isso, pois logo essas explosões se transformarão em um fluxo contínuo de energia e interesse em atividades criativas de maneira mais funcional, prática e prazerosa.

Resultado Interno: essa pessoa, produto de todo o processo que vimos até aqui, conseguiu liberar sua energia instintiva e criativa das armaduras que a sufocavam. Resgatou sua sexualidade e sua capacidade de defender-se. Hoje se sente mais segura em seus relacionamentos e no trabalho criativo, nos quais alcança resultados concretos de qualidade.

Resultado Externo: vemos a pessoa encarando o mundo com a atitude interna que vimos no Resultado Interno. Expressa fluidamente sua energia instintiva e criativa, e a usa com eficácia nos assuntos práticos e materiais. Aqui não temos o brilho intelectual dos projetos do Príncipe, a ação é menos espetacular, mas chega mais longe no processo de concretização de sua criatividade no mundo da matéria.

Capítulo 10

As Figuras de Copas

Referem-se ao elemento Água. Vale a pena ler de novo o que vimos a respeito da Água no Pendurado. No plano humano, elas representam quatro tipos de personalidade em que as emoções dominam.

O Cavaleiro de Copas
Natureza Interna Emocional e Expressão Fogosa

Ilustra o aspecto fogoso da Água. Na Natureza, são as chuvas torrenciais, as enchentes dos rios e os maremotos, as tempestades e todos aqueles fenômenos em que se manifesta o aspecto destrutivo desse elemento. Também é sua capacidade de dissolução, que é de caráter elétrico, assim como o brilho da água. O Cavaleiro de Copas, montado em um cavalo branco, símbolo de majestade e vitória, tem asas de anjo, símbolo de transcendência e espiritualidade. Na mão direita, segura uma copa, da qual surge um caranguejo fazendo referência ao signo de Câncer que, sendo cardinal, é o mais impulsivo dos signos de Água. Embaixo, o pavão, rei da sedução, abre sua cauda, que se transforma em ondas marinhas e depois nas asas. O pavão é a expressão do brilho, qualidade fogosa da Água, no reino animal. É um símbolo da totalidade, já que reúne todas as cores do arco-íris na sua cauda. Representa o Sol e Krishna. Também é símbolo de beleza e poder de transmutação, pois se acredita que as cores de suas penas procedem da transmutação, dos venenos das serpentes que come.

Sua Natureza Interna é Água; por dentro é emocional, sensível, amoroso, receptivo, acolhedor, e sua Expressão Externa é fogosa, ou seja, expressa suas emoções por meio de iniciativas decididas, impetuosas, criativas e instintivas, em um leque que vai das paixões cegas e primitivas, que nos Amantes víamos como amor romântico ou erótico que nos move inconscientemente, aos extremos irracionais acompanhados de fortes oscilações emocionais, até o amor devocional sugerido pelas asas do anjo. Tradicionalmente é a carta do Amante que chega.

NA LEITURA TERAPÊUTICA

Momento Atual: a pessoa sente o impulso interno de tomar iniciativas claras e decididas a partir de suas emoções e sua sensibilidade. Pode estar vivendo um momento de exaltação emocional, em que estas emoções, que provavelmente reprimiu de forma crônica, estão vindo com tal ímpeto que já não consegue contê-las. Está tomando consciência de que não será autêntica consigo mesma enquanto não tomar tais iniciativas. A carta contígua pode mostrar as dificuldades internas que podem aparecer para fazer essa transição ou em que aspectos se expressa mais ou que outras questões internas podem estar aparecendo por causa desse processo.

Âncora: com muita Água em sua carta astral (mais de 50%), leremos a Âncora por excesso. É o sedutor profissional que está tão carente, que seu objetivo principal é encontrar pessoas que o preencham. Para suprir esse vazio emocional, desenvolveu, assim como o pavão, as mais apuradas técnicas de galanteio e sedução. Vive apaixonando-se e, claro, decepcionando-se. Desesperado, corre atrás dos outros e se esquece de si mesmo. Na verdade, está procurando o colo que faltou na infância, um pai ou uma mãe que lhe dê o aconchego, a proteção e o amor que nunca teve. Procura pessoas que o amem incondicionalmente, por isso não consegue viver um envolvimento adulto-adulto, de modo que seus relacionamentos nunca são duradouros nem profundos. Cada vez que se apaixona, projeta no outro suas necessidades afetivas e a imagem de homem/mulher ideal que, na verdade, não é nada além que a da mãe ou do pai que gostaria de ter tido. Quando percebe que esta pessoa nada tem a ver com suas fantasias, decepciona-se, separa-se dela e continua com as fantasias.

Pode esconder suas necessidades afetivas com uma máscara de autossuficiência exagerada e de falsa independência. Pode também alimentar uma autoimagem de especial ou de exótico para atrair suas vítimas, cuja atenção suga sem misericórdia. Provavelmente tem uma estrutura de defesa de caráter oral. O floral de Chicory nutre a carência emocional facilitando o centramento da pessoa. A essência de Fairy Lantern* será também adequada.

Com pouca Água (menos de 10%), leremos a Âncora por falta: uma pessoa cronicamente tímida com dificuldade para expressar suas

O Rei de Copas de Marselha e Waite, e o Cavaleiro de Crowley.

emoções e transformá-las em iniciativas claras, para conquistar pessoas pelas quais se sente atraída. Pode existir também uma invalidação de sua sensibilidade que a impede de escolher opções profissionais em que possa realmente colocá-la. A flor de Pink Monkeyflower* ajuda a ser mais honesto emocionalmente e promove o valor para assumir riscos emocionais.

Infância: se a pessoa tiver mais de 50% de Água indica que, quando criança, expressava suas emoções com grande intensidade e transparência. Apaixonava-se "perdidamente" pelas pessoas, pelos animais, pelos jogos e pela vida em geral. De grande coração, trazia para casa os cachorros da rua ou dava pela janela brinquedos para as crianças pobres. Seus pais condicionaram a aprovação à aniquilação de tais impulsos. A criança tornou-se séria e triste.

Se tiver menos de 10% de Água, poderia mostrar um genitor galinha, que não amadureceu e vivia seduzindo para se autoafirmar. Sem Terra não era bom provedor e no melhor dos casos levava a criança ao parque, onde paquerava as babás e mães das outras crianças.

Relacionamentos: a) O relacionamento, de maneira mais ou menos agradável, está dando força à pessoa para tomar iniciativas decididas a partir de suas emoções, seja no mundo dos relacionamentos, talvez superando sua timidez ou medos, seja no mundo profissional, fazendo opções em que pode colocar sua sensibilidade e emoções. Também pode incentivar a expressão de aspectos emocionais mais elevados, como a devoção por um mestre iluminado ou um determinado caminho espiritual. Não seria tão agradável se o/a parceiro/a a perturba emocionalmente gerando tanta pressão que a obriga a tomar iniciativas urgentes e até certo ponto radicais. b) Seria uma pessoa que seduz compulsivamente, como vimos na Âncora por excesso. É um dom Juan que coloca toda a lenha na fogueira, mostra-se muito sensual, sexual, atrativo, e também criativo, até que seduz e consegue o objeto de seu desejo. Depois perde o pique, pois o que realmente o excita é se afirmar por meio da conquista. Não estabelece relações profundas nem duradouras, já que seu compulsivo sedutor lhe exige estar sempre disponível e desvinculado para continuar suas conquistas. É um carente que no fundo quer o peito da mamãe. Por trás dessa telenovela, pode existir um medo tremendo de ser abandonado, especialmente se aparece com o Três de Espadas (A Aflição).

Voz da Essência e Método: sugerimos que tome iniciativas a partir de suas emoções. No mundo das relações amorosas, trabalhando sua timidez provavelmente crônica, aprendendo a se relacionar e fazendo valer suas emoções e seus desejos sexuais sem colocar obstáculos mentais. Para isso é importante que a pessoa identifique e desative crenças, medos e outros bloqueios que a impeçam de tomar estas atitudes. Revisando as circunstâncias em que essas dificuldades internas foram colocadas, vai ver que para o adulto que é hoje essas situações não têm o impacto que tiveram. No âmbito profissional, é importante que se dedique a atividades em que não necessita pendurar as emoções e a sensibilidade com o casaco quando entra no trabalho.

O floral de Mallow* estimulará a confiança em seus sentimentos íntimos, favorecendo um envolvimento social mais afetuoso, caloroso e sensual. A essência de Califórnia Wild Rose a ajudará a sentir interesse pela vida e pelos outros. Também lhe sugerimos que opte por atividades em que possa colocar sua sensibilidade e suas emoções.

Caminho de Crescimento: usando as chaves que apareceram nas posições anteriores, a pessoa percebe que, se não colocar suas emoções para fora, se não se deixar levar pelo que vem de dentro, a vida perde a graça. Assim, está começando a respeitar seus impulsos internos, a escutar a voz de seu coração, a valorizar suas emoções e sensibilidade e a tomar iniciativas espontâneas. Deixa de ser tímida e se interessa por atividades em que possa colocar sua emoção e sua sensibilidade.

Resultado interno: essa pessoa, produto de todo o processo que vimos até aqui, conseguiu desfazer os bloqueios que travavam suas emoções mais fogosas e hoje já consegue viver de maneira mais espontânea, amorosa, sensual e erótica. Esta entrega ao amor pode ser um degrau para doar-se a algo mais elevado, um movimento artístico, uma causa social, um maestro iluminado ou uma tradição espiritual.

Resultado Externo: encarando o mundo com a atitude interna que acabamos de ver no Resultado Interno, muda suas opções profissionais e sua maneira de relacionar-se, tornando-se mais autêntica e verdadeira, especialmente em sua expressão emocional.

A Rainha de Copas
Natureza Interna e Expressão Emocionais

Duas vezes Água na Natureza, representa a capacidade de recepção, assimilação, reflexão e refração ótica que a água tem.

A Rainha está semiescondida em uma espécie de ovo luminoso. Segura uma concha marinha em forma de copa com sua mão esquerda, enquanto sua mão direita segura uma flor de lótus. Seu trono está sobre as tranquilas águas marinhas, que refletem sua imagem. Da palavra latina *bucina* (instrumento produtor de sons), deriva a palavra "búzio", que significa "concha marinha". Os monges tibetanos usam um tipo de búzio para, fazendo um tremendo barulho, perturbar e aniquilar a mente e assim poder ter, depois, acesso à percepção interior do som natural da verdade. É um dos instrumentos mágicos dos índios huichóis do México. De uma concha marinha nasceu Vênus, como já vimos na carta da Imperatriz. A concha está relacionada com a Água, com a Lua e com os princípios de conservação e fertilidade. Na Índia, é o atributo fundamental de Vishnu, o Princípio da Conservação, às vezes considerado a contraparte feminina do raio. É símbolo de fortuna, beleza e abundância e, como tal, figura no escudo do Peru. Também simboliza a vagina, a tal ponto que em alguns países ambas as palavras são sinônimas. Saindo do caracol, aparece um caranguejo, símbolo lunar, tal como aparece na carta da Lua. A flor de lótus de Ísis, a Grande mãe na iconografia egípcia, é considerada a primeira aparição de vida sobre a imensidão neutra das águas primordiais. Depois do coração aberto do lótus, aparecerá o Sol. Essa flor é a vagina arquetípica, a origem das manifestações. Tradicionalmente, é desenhada com oito pétalas, número da harmonia cósmica. É muito usada em mandalas e mudras, tal como as que representam os sete chacras. Cada uma com um número diferente de pétalas, desde o Muladhara (centro basal), com quatro, até o Sahasrara (centro coronário), com mil. O talo e a flor dessa planta são símbolos sexualmente totalizadores. O mantra OM MANI PADME HUM não significa outra coisa senão que o diamante – mani – está dentro da flor de lótus – padme. O masculino está no centro do feminino, como já vimos no disco giratório do Carro.

Aos pés da Rainha, sustentada em uma pata só, há uma garça que tem diferentes significados simbólicos. Para os japoneses, com a tartaruga e o pinheiro, indica longevidade. No Egito, é um símbolo de prosperidade. Pelo fato de ser uma ave migratória, representa a regeneração cíclica. Por outro lado, na Índia é considerada um símbolo de traição e natureza mentirosa. Provavelmente, foi essa ideia que levou Crowley a colocar essa ave na carta: "é difícil conhecer verdadeiramente a natureza da Rainha, pois está refletindo a do observador". Aqui as qualidades do aspecto aquoso do ser humano aparecem em grau superlativo: a receptividade, a sensibilidade, a emoção, a intuição, a clarividência, a premonição e a mediunidade. No entanto, o lado da confusão e a falta de clareza estão presentes, indicados pelo fato de que os reflexos não deixam ver com nitidez quem é essa Rainha. Sempre teremos de tirar uma segunda carta.

A Rainha de Copas de Marselha, de Waite e de Crowley.

NA LEITURA TERAPÊUTICA

Momento Atual: indica que a pessoa está fazendo contato com emoções há tempos escondidas no fundo do baú do inconsciente. Pode ser produto de seu processo de autoconhecimento ou de atrair situações que impactam o baú, e as emoções transbordam. Pode perceber como essas emoções represadas a manipularam continuamente. Sente que necessita assumi-las e fazer alguma coisa com elas. Em algum caso, poderíamos ver aqui uma pessoa entrando em contato com o impulso interno de desenvolver sua paranormalidade.

Âncora: com muita Água (mais de 50%) será por excesso: uma pessoa com uma forte carga emocional, mas incapaz de tomar iniciativas claras, diretas e concretas ou de expressá-las conceitualmente. Duas vezes Água, ela é a pura passividade, tão enrustida que ninguém sabe o que ela acha, o que quer e muito menos o que sente. Como a Água, adapta-se ao recipiente que a contém, interpreta diferentes versões da "pobrezinha de mim": vítima, santa ou mártir, com alguma exaltação e hipersentimentalismo teatral e manipulador. Provavelmente, o medo foi a emoção paralisante que marcou sua infância e bloqueou seus canais de expressão espontânea. É muito sensível, vulnerável, de maneira que não se arrisca a declarar seus interesses e intenções, preferindo atuar nas sombras, intrigando e manipulando. Com cara de "não fui eu", não se responsabiliza por nada, pois, se nada faz, por nada tem de responsabilizar-se. Desconfia do mundo, sente-se atacada com facilidade e reforça sua imagem de vítima. Sem Terra, está desconectada de seu corpo e da realidade concreta que a circunda. Sem Fogo, falta-lhe combustível para tomar iniciativas e viver seus instintos. Sem Ar, tem dificuldade para prever, planejar, analisar ou avaliar as consequências de suas atitudes, assim como para desenvolver ideias, projetos e critérios próprios.

Com pouca Água (menos de 10%), leremos por falta. Mostra uma negação absoluta das emoções, congelou-as de modo que não somente não as vive como também não as sente, enquanto por excesso as vive intensamente, mas não as expressa. Teríamos aqui traços esquizoides.

Em ambos os casos o floral de Fuchsia,* facilitando catarses emocionais, irá lhe permitir a expressão emocional mais honesta e profunda.

Infância: a) Com muita Água em sua carta astral (mais de 50%), mostra uma criança com uma sensibilidade tão grande que escutava coisas, tinha visões, premonições, talvez o dom da clarividência, e isso foi reprimido. Assim teve de bloquear estas qualidades. b) Com pouca Água em sua carta astral (menos de 10%), a Rainha de Copas pode muito bem representar a mãe (em alguns casos, o pai) do consulente; uma pessoa retraída, obscura e manipuladora. Em casa ninguém conhecia suas emoções e desejos, mas sempre acabava conseguindo o que queria, usando o silêncio pesado, a intriga, a aparente falta de interesses, a manipulação, as indiretas e a cara de santa. A criança aprendeu com esta pessoa que é preferível permanecer em silêncio, porque qualquer coisa que faça ou diga pode ser usada contra ela, e, como sua mãe, acabou trancando suas emoções, dores e raiva usando os caminhos indiretos para conseguir seus objetivos. A Rainha de Paus fala para a criança: "Se não comer te mato", a de Copas lhe diz: "Se não comer eu morro".

Relacionamentos: a) Mostra uma relação que, de maneiras diferentes, ajuda a pessoa a assumir suas emoções. Pode tratar-se de um resgate de profundos sentimentos, que significa um passo importante no crescimento e afirmação interna desta pessoa. Mas também poderia ser que o/a parceiro/a a toca em pontos muito sensíveis que provocam uma tempestade emocional que a ligam aos momentos mais dolorosos de sua vida, ficando perigosamente no limiar do surto psicótico. Também poderia mostrar uma relação que ajuda a desenvolver sua paranormalidade. b) Pode identificar uma pessoa que se relaciona com a atitude que vimos na Âncora por excesso: com essa máscara de vítima, submissa e mártir que se adapta ao ambiente e às expectativas de seu(sua) parceiro(a). Internamente é um maremoto, externamente uma lagoa serena que reflete a Lua. O pulo de um sapo a leva a crises internas agudas, mas a expressão externa de tudo isso não vai além de umas ondulações concêntricas. Talvez um dia se enferme e, impossibilitada de fazer tudo, passe a ser completamente dependente dos outros.

Voz da Essência e Método: sugerimos abrir o baú onde faz tempo escondeu suas emoções. Agora pode assumi-las, aceitá-las honestamente, mesmo que ainda não tome iniciativas a partir delas, pois isso seria o Cavaleiro, nem lhes dê forma material, que seria a Princesa. Estamos na fase inicial, trata-se de parar de fingir, de aceitar sentir o que se está sentindo. Para isso é fundamental identificar, entender e desativar as dificuldades internas que impedem esta aceitação. Se já vive suas emoções, a Rainha de Copas sugere que a pessoa desenvolva e expresse sua sensibilidade ou seus potenciais paranormais.

Uma segunda carta nos indicará se é para amolecer os bloqueios deste profundo e escondido turbilhão de emoções ou se deve haver um trabalho de desenvolvimento da paranormalidade. Com o Três ou o Nove de Espadas (A Dor e A Crueldade) na Infância, e cartas de forte repressão na Âncora, indicando traumas infantis guardados no inconsciente, aconselhamos um trabalho terapêutico de regressão para acessar memórias que precisam ser limpas. Aqui será recomendável o uso do floral de Black-Eyed Susan.* No segundo caso, a essência de Queen Anne's Lace* ajudará a desenvolver sua clarividência de maneira equilibrada e integrada com suas emoções e instintos.

Caminho de Crescimento: usando as chaves que apareceram nas posições anteriores, a pessoa começa a entender e eliminar as dificuldades internas que não lhe permitiam aceitar suas emoções. Percebe que passou boa parte de sua vida escondendo-as por medo de alguma coisa. Pode estar revisando seu passado e recordando as circunstâncias originais que a obrigaram a escondê-las, de maneira que começa a desativar tais medos. Também pode estar descobrindo que tem uma sensibilidade muito elevada que pode desenvolver.

Resultado interno: produto de todo o processo que vimos até aqui, a pessoa conseguiu identificar, entender e desativar as dificuldades internas que tinha para assumir-se emocionalmente, para aceitar esse poço sem fundo de emoções que às vezes vem como um maremoto. Assim, aceita também seu lado mais receptivo e sua forte sensibilidade que pode legar em alguns casos à paranormalidade.

Resultado Externo: vemos a pessoa encarando o mundo com a atitude interna que acabamos de ver no Resultado Interno: receptiva, emocional, sensível e sensitiva, que se expressa tanto em suas opções profissionais quanto em suas relações. Talvez se sinta interessada em atividades em que possa colocar sua sensibilidade, como leitura de aura, alinhamento de chacras, reiki ou qualquer outro tipo de imposição de mãos, enfim, atividades que trabalhem com energias sutis ou inclusive com a mediunidade ou paranormalidade.

O Príncipe de Copas
Natureza Interna Emocional e Expressão Mental

Representa o aspecto aéreo da Água. Na Natureza, é o vapor, a elasticidade e a volatilidade desse líquido. O Príncipe está coroado com um elmo, com uma águia de asas abertas, que evoca o relâmpago e a cruz estilizada do broto do milho. Também uma águia, símbolo de libertação dos condicionamentos do mundo material, puxa seu carro de conchas marinhas, em uma lagoa sob a chuva. Com a mão esquerda segura uma copa metálica, de onde se desenrosca uma serpente, a qual ele observa atentamente. Essa serpente está representando o inconsciente. A águia e a serpente formam o símbolo do Escorpião. Na mão direita, tem uma flor de lótus invertida, indicando que o príncipe precisa trazer à vida prática seu lado feminino. Atrás dele, vários tênues redemoinhos de vapor aludem a seu lado espiritual.

Sua Natureza Interna é emocional e sua Expressão Externa, mental, ou seja, chega com ideias, opiniões, teorias e projetos, produtos da observação de suas emoções. Usa sua mente para observar, entender e conceitualizar os mecanismos que regem suas emoções, procurando assim sua verdade interior. Pergunta-se por que uma determinada circunstância dispara suas emoções. Assim, identifica as áreas sensíveis que foram tocadas e recorda as circunstâncias impactantes originais, evocadas pelas situações atuais, onde se criaram essas áreas sensíveis. Dessa maneira, vai conhecendo-se, tira conclusões, elabora teorias e explicações para sua conduta emocional. Percebe que o que foi impactante quando era uma criança vulnerável e dependente, hoje, para o adulto que é, já não tem força e assim vai curando suas áreas sensíveis. Este "psicoterapeuta" parece o secretário do Ermitão para assuntos emocionais. O Ermitão com sua lanterna, a luz de sua consciência, observa e analisa o inconsciente, e o Príncipe de Copas, com a mente, observa e analisa suas emoções. Assim cresce e pode ajudar os outros. Outra variante se dá quando a mente é usada para observar e controlar as emoções e, inclusive, para manipular o próximo.

NA LEITURA TERAPÊUTICA

Momento Atual: a pessoa sente o impulso interno de observar-se, de conhecer-se melhor, especialmente na área emocional que provavelmente ignorou durante parte de sua vida. Observa as emoções e as analisa, tentando identificar os mecanismos que as governam. Isso sucede porque está envolvida em um processo de autoconhecimento ou porque atraiu situações de alto impacto emocional. A segunda carta pode mostrar que fatores internos freiam este movimento ou suas consequências imediatas.

Âncora: com muita Água (mais de 50%) e bastante Ar (mais ou menos 30%), lemos por excesso. Esta pessoa teme expressar suas emoções, necessitando tê-las em baixa observação e controle. Não quer conhecê-las, entendê-las, poli-las nem as transformar, simplesmente trata de contê-las; se as observa, é para controlá-las. Não confia nelas, não acredita em seu amor, imagina que se se deixar levar por seus sentimentos vai quebrar a cara; assim, peneira continuamente seus impulsos emocionais. Teme se expor, mostrar sua vulnerabilidade, suas feridas, carências, emoções e/ou medos. E especialmente ser descoberta, porque sabe que está fingindo. Não diz nem faz o que sente, e diz e faz o que não sente. Sua ordem interna é: pensar antes de atuar. É inteligente porque trabalhou sua atenção (especialmente analítico com o Seis de Espadas – a Ciência na Infância ou na Âncora). Sugerimos Scarlet,* Pink* e Sticky Monkeyflower.* O primeiro, para aceitar e começar a integrar sua sombra, e para ser honesto emocionalmente; o segundo, para abrir-se e se expor com os outros; e o terceiro, para viver o contato físico e a intimidade sexual com mais amor.

Prestando atenção a suas emoções, identifica mecanismos internos; por exemplo, quanto mais carente está, paga um preço maior por umas migalhas de atenção. A partir da descoberta de um mecanismo interno, vê-o com mais facilidade nos outros e tenta manipular, neste caso, dando ou retirando essas migalhas.

O Cavaleiro de Copas de Marselha, de Waite e o Príncipe de Crowley.

Com pouca Água (menos de 10%), leremos a Âncora por falta, indicando uma pessoa que tem dificuldade para lidar com suas emoções. Sente-as, mas não trabalha em consequência, não as observa, não trata de entendê-las, prefere evadir-se distraindo-se ou anestesiando-as com álcool, tornando-se assim uma perfeita desconhecida de si mesma. A essência de Black-Eyed Susan* ajuda a desativar o medo de observar as emoções reprimidas.

Infância: neste caso, como com todas as Figuras da Corte em que predomina o Ar (os príncipes em sua expressão externa e a família de espadas em sua natureza interna), não é uma caraterística da criança que foi reprimida. Aqui mostra um genitor que analisa, critica e censura a expressão emocional espontânea, tanto a sua como a da criança, até que a inibe. E a essa contenção emocional foi condicionada a aceitação. A criança ficou com medo de expressar suas emoções e começou a mantê-las em baixo controle.

Relacionamentos: a) O relacionamento está ajudando o consulente a conhecer-se. Pode ser que o/a parceiro/a, em uma atitude amorosa, facilite, observe e entenda seus altos e baixos emocionais, mas também pode ser que toque em áreas muito sensíveis e o consultante não tem mais remédio a não ser ir para dentro para tentar entender por que sofre como primeiro passo para parar de sofrer. Em ambos os casos, o/a parceiro/a é um/uma aliado/a que estimula o crescimento da pessoa. b) Temos aqui alguém que não se entrega ao amor; é sensível, pode chegar a amar, mas analisa tanto os prós e os contras de seus impulsos, que os acaba eliminando ou, quando finalmente os expressa, já perderam seu brilho, pureza e fragrância originais. Manipula a partir do entendimento de como funcionam emocionalmente os outros.

Voz da Essência e Método: sugerimos voltar-se para dentro, dando-se a atenção necessária para deixar de atuar mecanicamente e estabelecer pontes entre suas emoções verdadeiras e seus atos. A observação atenta das emoções e impulsos, a integração dos desejos ocultos na vida cotidiana e o estudo de mecanismos, crenças e medos que inibem a introspecção e a expressão emocional melhorarão muito a vida. Este trabalho de autoconhecimento será facilitado pela essência de Black-Eyed Susan,* indicada especialmente para quem tem amnésia emocional e não reconhece aspectos traumáticos e afligidos de seu ser.

Caminho de Crescimento: usando as chaves que apareceram nas posições anteriores, a pessoa começa a observar-se, a descobrir-se e a interessar-se cada vez mais na aventura da descoberta interior. Começa a entender como funcionam suas emoções, saindo assim de respostas reativas pasteurizadas pela programação infantil e do bombardeio idiotizado dos meios de comunicação.

Resultado Interno: essa pessoa, produto de todo o processo que vimos até aqui, descobriu os mecanismos, crenças, medos e outras dificuldades internas que a impediam de ir para dentro e contatar suas emoções. Conseguiu trazer para a luz aquilo que estava nas profundidades de seu inconsciente, e o observa e analisa com a mente. Hoje entende como funcionam suas emoções, porque se dão certas oscilações de voltagem emocional e isso abre a porta para uma transformação em que emoções e mente se complementam, permitindo a espontaneidade e a responsabilidade pelos próprios atos. Sua mente tornou-se o instrumento rápido, eficiente e obediente, que reflete, conceitua e expressa o pulsar de seu coração.

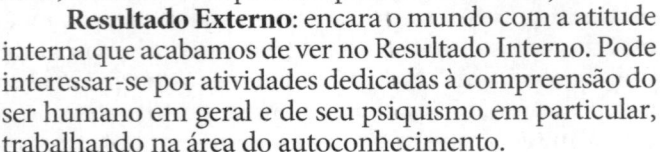

Resultado Externo: encara o mundo com a atitude interna que acabamos de ver no Resultado Interno. Pode interessar-se por atividades dedicadas à compreensão do ser humano em geral e de seu psiquismo em particular, trabalhando na área do autoconhecimento.

A Princesa de Copas
Natureza Interna Emocional e Expressão Prática

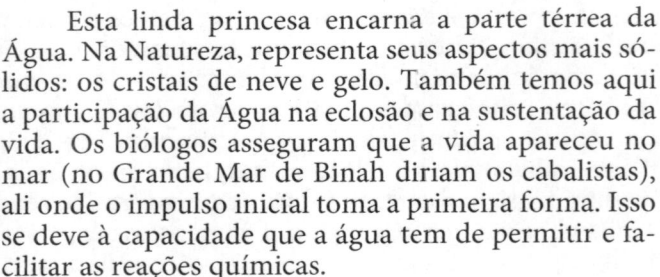

Esta linda princesa encarna a parte térrea da Água. Na Natureza, representa seus aspectos mais sólidos: os cristais de neve e gelo. Também temos aqui a participação da Água na eclosão e na sustentação da vida. Os biólogos asseguram que a vida apareceu no mar (no Grande Mar de Binah diriam os cabalistas), ali onde o impulso inicial toma a primeira forma. Isso se deve à capacidade que a água tem de permitir e facilitar as reações químicas.

A princesa é uma bailarina com um vestido solto, em cuja borda estão desenhados os cristais de neve. Em uma mão, tem a flor de lótus, símbolo do poder feminino, e, na outra, segura uma enorme concha marinha da qual surge uma tartaruga. Esse animal tem um simbolismo riquíssimo. Sua casca abobadada na parte superior, como o céu, e na parte inferior plana, como a Terra, era considerada não só uma representação do Universo, mas também uma mediadora entre o espiritual e o material, simbolizando adivinhação e sabedoria. Sua força e a ideia de firmeza e poder que evocam suas patas firmemente plantadas no chão, como quatro colunas fazem dela o cromóforo por excelência: aquele que carrega o mundo em suas costas. Segundo a tradição hindu, ela carrega o elefante em cujo lombo descansa o mundo. Sua conhecida longevidade está associada à ideia de imortalidade e também à de sabedoria. "Mais sabe o diabo por ser velho que por ser

O Valete de Copas de Marselha, o Pajem de Waite e a Princesa de Crowley.

diabo", diz o ditado. A tartaruga representa também a base material da arte. Na mitologia greco-romana, conta-se que Mercúrio confeccionou uma cítara com a casca de uma tartaruga e acalmou as iras de Apolo dando-a de presente. Em certas tribos amazônicas, tapando com cera de abelha alguns de seus orifícios, é usada como instrumento musical em cerimônias iniciáticas. Para elas, a tartaruga é a vagina da esposa do Sol. O movimento de sua cabeça para dentro e para fora da casca tem uma forte analogia com a ereção fálica. E o recolhimento em seu interior tem um alto significado espiritual. Os primitivos trigramas do I Ching eram obtidos colocando um casco de tartaruga sobre as brasas e observando como se quebrava.

Vistos seus símbolos, podemos dizer que a Princesa de Copas é muito mais que uma simples bailarina profana. Ela participa e conclui os processos de criação da existência.

A Natureza Interna da Princesa de Copas é Água, emocional, e sua Expressão Externa é Terra, prática e materializadora. Assim transforma sua sensibilidade e suas emoções em coisas concretas, como faz o artista, dá forma à sua sensibilidade e coloca sua emoção em um quadro, uma coreografia ou um jardim; como efeito colateral temos a entrega à beleza, ao prazer e ao êxtase.

A princesa está coroada por um grande cisne de asas abertas. Esta é a ave da luz, da beleza e da brancura imaculada; às vezes é lunar e feminina, símbolo da virgem celestial que vai ser fecundada, e às vezes masculina, símbolo de Apolo, cujo carro era puxado por cisnes.

"Na filosofia oriental, o cisne corresponde-se com a palavra AUM ou AUMGM, que é o símbolo de todo o processo de criação."
(*O Livro de Thoth*, A. Crowley)

Feminino na contemplação, masculino na ação, é símbolo da força do poeta e da poesia, e seu canto representa o desejo sexual. Osho o tomou como seu símbolo.[41]

A princesa dança em um mar espumoso com o esturjão, símbolo de fertilidade e poder criativo. Ela vive em êxtase permanente, deixando-se arrebatar pelas forças amorosas internas e externas, às quais se entrega sem a mente. Nesta carta não existe Ar, o intelecto não comanda, a mente tornou-se receptiva, transformou-se em não mente.

Ela cria por meio da expressão de suas emoções. Sua conexão interna a leva a ligar-se com o Cosmos,* a estar no Tao, e no Tao ela se expande e se contrai, inspira e expira. É a voz do oráculo, mas depois guarda silêncio.

---

41. Nostradamus profetizou que o grande mestre dos novos tempos teria como símbolo um cisne, seus discípulos se vestiriam de vermelho, e ele seria perseguido em inúmeros países e assassinado.

Encarna a sensualidade, a voluptuosidade e o amor que o artista expressa em suas obras. Ela é a artista do baralho. Sua entrega total à beleza, ao prazer e ao êxtase pode fazer com que certos espíritos mesquinhos, que fazem da vida um sofrimento e esperam cegamente alguma recompensa por seu sacrifício, vejam na atitude dessa Princesa egoísmo e superficialidade. Na realidade, é pura inveja diante de tanta beleza, ternura, criatividade e graça.

A mente cria a ilusão do tempo, enquanto a não mente vive em um eterno presente, transcendendo o tempo. Assim, para a não mente a adivinhação é natural. Expressando seus sentimentos, sem guardar nada, vivendo criativamente, a Princesa mantém-se saudável, bonita, jovem, pura e fiel à sua verdade.

NA LEITURA TERAPÊUTICA

Momento Atual: a pessoa se sente atraída por atividades em que possa dar forma concreta e material a sua sensibilidade e emoções, por atividades artísticas ou para-artísticas em que possa expressar sua noção de beleza. Pode estar questionando-se também até que ponto invalida seus talentos artísticos e por que o faz.

Âncora: com muita Água (mais de 50%) e bastante Terra (mais ou menos 30%), leremos a Âncora por excesso. Trata-se de uma pessoa que necessita compulsivamente agradar. Como um ator que não sai do palco, interpreta o papel de alguém muito especial, criativo, inspirado e, às vezes, afetadíssimo que morre se não consegue o aplauso de seu público, de maneira que vive a interpretação contínua de uma farsa absurda e frustrante. Um talento nem sempre reconhecido, preocupada compulsivamente com o "que dirão" e com as aparências. Muito carente emocionalmente, busca atenção com uma forte necessidade de ser admirada. Esta Barbie é muito insegura e acaba se vendendo a quem lhe dá um pouco de segurança e proteção. Para essa pessoa que vive em função de padrões estéticos alheios, geralmente machistas, que degradam a mulher, indicamos o floral Prety Face,* que a ajudará a conectar-se com sua beleza interior e a aceitar sua aparência externa.

Com o Dez de Copas (A Saciedade) ou o Sete de Espadas (A Futilidade), alertando para uma excessiva influência dos padrões familiares e/ou das convenções sociais, aconselharemos o uso do floral de Goldenrod* que, ajudando a pessoa a ligar-se com o Ser verdadeiro, fortalece a convicção interior e a noção de individualidade.

Com pouca Água em sua carta astral (menos de 10%), será por falta. Teríamos uma pessoa com uma dificuldade muito grande de materializar sua sensibilidade e suas emoções e, mesmo que tenha talentos para isso, não se atreve a colocá-los em prática. A essência de Íris* facilita a expressão artística ajudando a quem, apesar de contar com a inspiração criativa, não consegue plasmá-la em suas criações.

Infância: a) A criança queria cantar, bailar, pintar, fazer teatro... enfim, expressar seus talentos artísticos e isso foi proibido. b) Esta pessoa foi programada para agradar. Provavelmente, obrigaram-na a estudar balé ou a tocar piano quando a criança queria dançar salsa e tocar bongô. Depois do concerto os pais, satisfeitos em seu narcisismo, a mandavam a seu quarto. Esta dupla mensagem de estimulação e rejeição criou insegurança e carência emocional. No pior dos casos, pode desenvolver uma estrutura de defesa de caráter rígido.

Relacionamentos: a) O relacionamento ajuda a pessoa a desenvolver sua capacidade de materializar sua sensibilidade. No melhor dos casos, é estimulada poelo/a parceiro/a a envolver-se em atividades em que possa expressar suas emoções e dar-lhes forma: "Matricule-se em Belas-Artes, que eu me ocupo das contas". b) Vende no mundo das relações a imagem de flor de estufa que está aí para agradar: "Que tenho de fazer para que me ame? Como tenho de vestir-me?"

Parece com essas jovens que desfilam nos centros comerciais vestidas na moda, observando nos espelhos das vitrines se estão chamando a atenção; mas, se aparece alguém, essa moça "manequim" sem Fogo, nem Ar em sua carta astral, vai rejeitar qualquer proposta minimamente atrevida: "Eu não sou dessas". Se fosse a Rainha de Paus, já o haveria levado para a cama. O floral de Sunflower* será muito eficiente para restabelecer a noção de sua individualidade.

Voz da Essência e Método: sugerimos que dê vazão a seu potencial criativo, participando de atividades artísticas, desenvolvendo os aspectos mais criativos de sua profissão e colocando sua sensibilidade, suas emoções e seu sentido de beleza em tudo o que faz, tanto em seu trabalho quanto nos relacionamentos. Para isso, é necessário identificar, entender e desativar os bloqueios e as invalidações que possam existir dificultando esse processo. A prática de biodança pode aliviar suas tensões corporais, conectar-se com suas emoções e expressá-las, e perder o medo de relacionar-se, abrindo-se ao grupo.

Para vitalizar sua expressão criativa com a energia telúrica, é recomendável o floral de Indian Paintbrush,* enquanto o de Íris* aporta à criatividade elementos de transcendência e espiritualidade.

Caminho de Crescimento: usando as chaves que apareceram nas posições anteriores, a pessoa está aprendendo a dar forma a suas emoções e sensibilidade, reconhecendo e valorizando seus talentos artísticos e seu sentido de beleza.

Resultado Interno: essa pessoa, produto de todo processo que vimos até aqui, conseguiu identificar, entender e desativar as crenças, medos e bloqueios que desvalorizavam seus talentos artísticos e impediam que optasse por atividades criativas em que pudesse colocar seu sentido de beleza e sua sensibilidade. Para um homem, indicaria também o aflorar de seu lado feminino.

Resultado Externo: vemos a pessoa encarando o mundo com a atitude interna que acabamos de ver no Resultado Interno, interessando-se por atividades direta ou indiretamente relacionadas com a arte, pelas quais expressa sua beleza interior e suas emoções. É uma fase de frutificação criadora em que afloram a sensualidade, a graça e a capacidade de concretizar e materializar.

Capítulo 11

As Figuras de Espadas

As Espadas estão relacionadas com o elemento Ar, considerado o terceiro e, por alguns estudiosos, o último elemento primordial. Sendo masculino, não é tão *Yang* quanto o Fogo, já que é fruto da união deste com a Água e tem caraterísticas dos dois. O Ar, que para algumas tradições é o pai do Universo, representa o mundo sutil entre o Céu e a Terra, o mundo da expansão que, segundo os chineses, é insuflado pelo sopro K'i, necessário para a existência de todos os seres. Para os hindus, o Ar (vayu) é o sopro vital, o sopro cósmico, o verbo (prana). Existem também tradições que relacionam esse elemento com o Espírito: "O ser é, inicialmente, meio fera, meio bosque; mas quando o Ar quer tornar-se Mente, surge o homem" (*A Lenda dos Séculos,* Victor Hugo).

Aqui o relacionaremos com o intelecto, de maneira que as quatro figuras de espadas mostrem quatro formas de manifestação desse elemento na Natureza e, também, quatro atitudes ou modos diferentes de expressão da mente.

O Cavaleiro de Espadas
Natureza Interna Mental e Expressão Fogosa

Encarna a parte fogosa do Ar na Natureza, é sua luminosidade, o vento, as tormentas e, em geral, o aspecto destrutivo do ar. Crowley o vê como "a força bruta do movimento aplicada a um elemento aparentemente manipulável".

O Cavaleiro é um guerreiro em uma armadura verde com um capacete que tem asas giratórias, nas quais estão escritos os nomes das quatro direções principais. Ele é o Espírito do Temporal, o Senhor dos Ventos que desce do céu montado em um cavalo sem rédeas, indicando que não existe um controle racional do movimento. O instinto arrasta o Cavaleiro que, com uma espada na mão direita e uma adaga na esquerda, está passando uma ideia de ataque ou de fuga extremados. De fato, em muitos códigos de esgrima, está proibido usar as duas armas ao mesmo tempo. Três andorinhas voam por baixo dele, indicando que o corpo, a psique e o espírito estão juntos no mesmo movimento. A parte fogosa inflama de tal modo o Cavaleiro que este perde toda capacidade de reflexão e raciocínio e se joga "como um louco" atrás de seus objetivos. Transforma-se em um puro impulso, que pode se perder no vazio ou, no pior dos casos, levá-lo à autodestruição.

O Cavaleiro representa, pois, uma atitude de extrema exaltação da mente, sem Água para suavizá-la nem Terra para determinar seus limites ou dar-lhe uma certa base. Assim, sua atitude pode ser extremista e exageradamente impulsiva. Por outro lado, o excesso de *Yang*, embora seja menor que no Cavaleiro de Paus, facilita a perda de contato com a realidade. Essa exaltação desconectada das verdadeiras emoções e da realidade material lembra os discursos dos políticos, dos fanáticos religiosos e dos demagogos em geral. Também pode se tratar de uma reação explosiva e libertadora diante de uma situação sufocante que suportava há tempo. Sua Natureza Interna é mental e sua Expressão externa, fogosa. Este tipo de personalidade toma iniciativas claras, decididas e, no melhor dos casos, criativas, a partir de suas ideias, opiniões e projetos mentais.

NA LEITURA TERAPÊUTICA

Momento Atual: a pessoa está fazendo contato com um impulso interno de tomar iniciativas decididas, drásticas e até certo ponto radicais a partir de uma ideia, um projeto ou um ideal. Poderia ser uma viagem de estudos, se a segunda carta for o Seis de Espadas (A Ciência). Provavelmente, durante muito tempo, essas iniciativas estiveram contidas e agora vêm com tanta força que não há como contê-las mais. Com o Oito de Paus – A Rapidez ou a Torre –, teríamos a possibilidade de uma explosão. A segunda carta pode mostrar o que acontece com esse impulso, se vai para a frente ou não, com quais dificuldades se deparará ou em que aspecto da vida se manifesta mais.

Âncora: com muita Água (mais de 50%) e bastante Fogo, interpretaremos por excesso. Seria um fanático que vive se lançando compulsivamente em iniciativas a partir de ideias, doutrinas e teorias. Pode se jogar inclusive em iniciativas perigosas, pois, faltando-lhe Terra, não tem sentido prático, conexão com a realidade material, nem capacidade

O Rei de Espadas de Marselha e de Waite e o Cavaleiro de Crowley.

para estabelecer limites. Sem Água, não lhe importa se alguém sofre com suas iniciativas. Se tiver poder, pode chegar a ser perigoso. Também pode ser uma pessoa viciada em estimulantes que a mantêm todo o tempo compulsivamente em ação e exaltada a partir de sua mente turbinada. Pode devotar-se obsessivamente a uma causa social, religiosa, política ou acadêmica, mais ou menos "sublime" que nada tem a ver com ela, proclamando-se sua profeta. Está desconectada de seu ser e não se permite parar e observar-se. Sua atitude dominante não é uma dança expressiva, mas uma louca corrida cega e irreflexiva em prol de supostos objetivos. Assim, pode galopar "a tumba aberta" para acidentes e sérios problemas.

A essência de Vervain a ajudará a tomar contato com seu corpo e, assim, poder enraizar seu entusiasmo. Também será útil Impatiens pois, desenvolvendo paciência, observação e receptividade, irá ajudá-la a fluir com o ritmo natural dos acontecimentos.

Infância: representa um dos genitores, provavelmente o pai, cujas características vimos na Âncora por excesso. Exaltado, explosivo, talvez viciado em estimulantes, ou membro de uma seita religiosa, partido político ou torcida radical, não dá atenção a seu filho, pois permanece obsessivamente envolvido em suas histórias. Sem emoções para nutri-lo, sem um lado prático para ser provedor, mais parece um fanático que pode aterrorizar as crianças ou tentar doutriná-las ou incluí-las em suas iniciativas, frequentemente, perigosas e alucinadas. Foi um tempo de permanente agitação, sem amor, serenidade e estabilidade. Provavelmente a criança presenciou discussões violentas, com argumentos dilacerantes, inflamados e agressivos, que a fizeram sentir-se ameaçada. Se for menina, seus futuros relacionamentos ficarão complicados.

Relacionamentos: a) Mostra uma relação que ajuda a pessoa a tomar iniciativas decididas a partir de suas ideias, opiniões e projetos. Isso pode se dar de diferentes maneiras. O parceiro pode estar apoiando-a em sua autoconfiança, em sua autoestima e na validação de suas ideias e projetos ou este movimento pode se dar como uma reação à atitude do parceiro que invalida suas ideias e projeto de vida, reprime suas iniciativas, de maneira que a pessoa aguenta e aguenta até que não suporta mais. b) Vende no mercado das relações a imagem de ativista exaltado, cuja vida consiste em lutar por um ideal político, social, religioso ou desportivo, para atrair pessoas sem se arriscar a abrir-se. Sem emoções (Água) e sem lado prático (Terra) geralmente suas relações não duram. Se gosta de alguém, voa em cima e o hipnotiza com sua eloquência e fogosidade. Realizados seus desejos de autoafirmação, pode desaparecer tão rápido como chegou, pois tem medo de ficar e mostrar suas necessidades afetivas e sua vulnerabilidade. Se a pessoa é contrariada, sua reação (Fogo – Ar) pode ser explosiva e destrutiva e sem Água pode fazer sofrer bastante os que a rodeiam. O floral de Yellow Star Tulip,* sensibilizando-a sobre as emoções alheias, irá ajudá-la a desenvolver a necessária empatia com os outros, para poder relacionar-se melhor. Na cama, se for um homem, pode ser (como o Cavaleiro de Paus) um ejaculador precoce, e se for mulher, se esfriará tão rapidamente como se excitou. A essência de Stiky Monkeyflower* a ajudará a perder o medo da intimidade, podendo, assim, abrir-se emocionalmente em seus relacionamentos.

Necessidade Interna: os projetos, as ideias, as decisões e os objetivos, que por muito tempo foram adiados e reprimidos, devem, desde já, ganhar espaço e ser postos em prática.

Método: chegou a hora de a pessoa expressar aos quatro ventos suas ideias, opiniões, ideais e projetos, que durante muito tempo foram adiados e reprimidos, tomando a partir deles iniciativas específicas e determinadas. O floral de Trumpet Vine* a ajudará a superar suas dificuldades de expressão verbal, tornando-a mais vital e verdadeira, e o de Blackberry* a estimulará a pôr em prática suas ideias. Será conveniente identificar e desativar possíveis velhas crenças, medos e padrões de conduta que desde sempre travaram este movimento, melhorando assim sua autoconfiança e sua autoestima. Também pode ajudar a fundamentar melhor suas opiniões e conhecimentos.

Caminho de Crescimento: usando as chaves que apareceram nas posições anteriores, a pessoa está começando a sentir-se capaz de tomar iniciativas decididas a partir dos primeiros vislumbres de seu verdadeiro plano de vida, especialmente se aparece com o Ás de Espadas. Se conteve suas opiniões e projetos por muito tempo, pode ser que agora venham de maneira exaltada, extremista e perigosa. Cuidado com os acidentes. É preciso ter noção da medida das coisas e das próprias forças.

Resultado Interno: esa pessoa, produto de todo o processo que vimos até aqui, conseguiu livrar-se das restrições internas e externas que a mantinham presa a rotinas e doutrinas sem vida. Perdeu o medo de falar o que pensa e tomar atitudes a respeito. Melhorou sua expressão instintiva, que hoje volta a ser o veículo expressivo de seu processo criativo mental.

Resultado Externo: a pessoa encara o mundo com a atitude interna que acabamos de ver no Resultado Interno, lançando-se com determinação e ímpeto a ideais, projetos e ideias que a estimulam mentalmente. Com a Fortuna, também nesta posição, pode sugerir uma mudança geográfica, buscando um lugar mais adequado levar para adiante suas ideias e projetos ou para adquirir novos conhecimentos.

A Rainha de Espadas
Natureza Interna Mental e Expressão Emocional

Encarna o aspecto aquoso do Ar. Na Natureza, representa a elasticidade, o poder de transmissão, a umidade ambiental e as nuvens. Sentada em um trono de nuvens brancas, segura uma espada com a qual acaba de cortar a cabeça de um velho barbudo, que segura com a outra mão. Esse gesto representa um corte energético e drástico com as velhas normas, doutrinas, crenças e padrões autoritários, trogloditas e machistas que governam a sociedade. Sua coroa está formada por estilizados prismas de cristal, símbolo de claridade, entre os quais aparece a cabeça de uma criança, o espírito da pureza, da inocência e da espontaneidade. Toda a carta representa a morte do velho para dar lugar ao novo, em um nível predominantemente mental. A mente se libera de caducas crenças, normas, regras e dogmas, fruto de sua integração com as emoções. Da mesma maneira que a chuva limpa a atmosfera, as emoções não condicionadas chocam-se com as velhas doutrinas, preconceitos e condicionamentos, dando uma nova direção ao intelecto, que se recria com as próprias experiências. Esta Rainha é a mais perceptiva, observadora e inteligente de suas primas. Nada lhe escapa, sua mente se inspira no pulsar de seu coração e podemos chamá-la, como Crowley, "A Libertadora da Mente". Sendo sua Natureza Interna mental e sua Expressão Externa emocional, quando determinadas doutrinas e crenças importadas impedem e condenam a expressão de suas emoções, a Rainha tem duas opções: a primeira é eliminar essas doutrinas e normas, afirmar-se em suas emoções, respeitando-se e parando de obedecer ao velho barbudo; a segunda é continuar obedecendo-lhe, contendo suas emoções, e como consequência pode tornar-se cada vez mais amarga, moralista, fria e intolerante. Pode inclusive transformar-se em uma defensora fanática de uma determinada visão de mundo, que é justamente o que lhe causaria mais danos.

A Rainha de Espadas de Marselha, de Waite e de Crowley.

NA LEITURA TERAPÊUTICA

Momento Atual: a pessoa está fazendo contato com um impulso interno que a leva a questionar seu sistema de crenças, especialmente aquelas doutrinas, regras e dogmas que reprimem suas emoções. Dá-se conta das consequências de haver passado uma boa temporada contendo suas emoções por causa de suas crenças. É cada vez mais difícil continuar obedecendo a essas crenças. A segunda carta pode mostrar alguma dificuldade interna para avançar em tal movimento, algum novo questionamento que aparece, produto do anterior, ou como se dá esta transformação. Por regra de três pode estar questionando também princípios da sociedade ou de suas relações, rebelando-se contra o autoritarismo machista ou participando na luta dos oprimidos.

Âncora: se seus elementos dominantes são Ar e Água, leremos por excesso: questiona compulsivamente qualquer sistema de crenças, seu ego se afirma negando doutrinas, normas ou valores. Vê atitudes machistas, racistas ou troglodíticas por todas partes. Abre-lhe a porta do elevador e briga com o outro: "Você acha que sou paralítica ou o quê?"

Desprovida de Terra em sua constituição, falta-lhe sentido prático, e sem Fogo não se conecta com seus instintos e criatividade, de maneira que acaba sendo excessivamente mental e sem objetividade em sua rebelião contra os princípios e valores do sistema. Como toda carta na Âncora, mostra uma fachada para sentir que é alguém. Esta atitude de estar sempre contra é muito desgastante, pode levar a somatizações e a perder a conexão com suas verdadeiras emoções. A pessoa pode mostrar-se uma grande idealista, defensora de causas elevadas, livre de interesses materiais e paixões animais. Nessa categoria de pessoas, temos políticos, intelectuais, padres de esquerda, algumas feministas e quem sublima suas emoções e desejos, adotando atitudes heroicas, às vezes panfletárias. São geralmente críticos, perfeccionistas, rebeldes e manipuladores das emoções, tanto próprias quanto alheias. Outras vezes, adotam atitudes ultraconservadoras, defendendo a moral "dos velhos e bons tempos". Para uma mulher, indicaremos o uso do floral de Alpine Lily,* que a ajudará a viver plenamente sua feminilidade, enraizando-a em seu corpo.

Com pouco Ar (menos de 10%), leremos por falta. Se o Príncipe de Copas racionaliza as emoções, este ego "emocionaliza" as ideias, doutrinas e valores. Sua expressão emocional está condicionada por suas crenças, até o ponto que pode tentar inculcar seus princípios de conduta e padrões moralistas às pessoas com as quais se relaciona. A pessoa tem dificuldade crônica para questionar as doutrinas, as normas e os dogmas em que foi programada e, assim, passou sua vida obedecendo-lhes, aceitando-os como suas, mesmo que massacrem a expressão de suas emoções e gerem dor. Acaba destilando amargura e se torna cada vez mais fria, moralista e intolerante. "Se eu reprimo minhas emoções e impulsos acatando estes princípios, vocês hão de fazer o mesmo", diz a beata.

Desconectada de seu corpo físico, pode considerar o sexo sujo e degradante e deixá-lo permanentemente em lista de espera. Acima de sua nuvem, vive no mundo impessoal das ideias e das emoções "corretas". Essa Rainha é crítica com os outros e severa consigo mesma.

A essência de Beech a ajudará a ser mais tolerante, e a de Rock Water, a ser mais flexível e receptiva na sua expressão emocional. Pode ter sofrido algum tipo de abuso sexual na infância, se aparece o Cinco de Discos (O Sofrimento) e o Sete de Copas (A Corrupção) nesta posição, de maneira que se mostra tímida e/ou hostil para evitar o contato. Recomendamos a essência de Pink Monkeyflower* ou de Poison Oak,* conforme o caso.

Infância: esta Rainha pode estar representando a mãe do consulente, uma pessoa que, apesar de ter uma natureza emocional forte, em função de critérios morais e mentais rígidos, bloqueou seus sentimentos e os do(a) filho(a), que não só não recebeu amor, mas também foi criticado em suas iniciativas, especialmente naquelas que envolviam expressões instintivas ou emocionais mais profundas. É a mãe fria, distante, crítica, severa, às vezes intelectual, geralmente frustrada sexualmente, que condicionou a aprovação e o carinho à obediência de normas e princípios severos.

Relacionamentos: a) A relação ajuda a pessoa a desfazer-se de todo um sistema de crenças que a sufocavam emocionalmente. Claro que isso pode suceder de diferentes maneiras. Sempre podemos perguntar: seu marido usa barba? Se esta pessoa aceitou que sua relação estivesse sustentada por sua obediência a determinadas normas e crenças, geralmente repressoras de suas emoções, o fato de estar questionando-as e liberando-se delas pode supor um questionamento de sua relação e a correspondente transformação. O floral Bleeding Heart* facilitará um relacionamento fundamentado na liberdade emocional. b) Vende no mercado das relações amorosas uma imagem aparentemente vanguardista que critica a família tradicional, trabalha para mudar o mundo e mostrar a falsidade de determinados sistemas de crenças que, segundo ela, alienam. Com esta fachada exageradamente mental, esconde suas paixões, seu medo de se entregar e mostrar suas carências emocionais.

Voz da Essência e Método: chegou o momento de fazer a revolução, de assumir as emoções, de seguir os desejos, de lutar pelo direito à sua autodeterminação, enfrentando os dogmas religiosos, as ideologias e crenças trogloditas e machistas e também as pessoas que, no ambiente familiar ou profissional, representam e tentam preservar tais ideias arcaicas. Essa revolução interna passa em primeiro lugar por identificar as crenças que sustentam doutrinas, normas e dogmas que se obrigou a obedecer, impedindo sua expressão emocional verdadeira. Em segundo lugar, sugerimos que revise e reviva as circunstâncias em que foram colocadas essas crenças, e que ameaças e chantagens foram inoculadas pela família. Assim poderá liberar-se delas percebendo que o que tinha um peso enorme na infância, para o adulto que é atualmente já não o tem. Portanto, poderá respeitar-se, deixando de ir contra suas emoções, e cortará a cabeça desse velho barbudo troglodita, reacionário, machista e antipático.

O floral de Centaury a ajudará a liberar-se do controle de outras pessoas, especialmente se tem tendências ao servilismo detectadas pelo Pendurado na Âncora. A essência de Walnut estimulará sua coragem para independer-se de padrões e ideias impostas pela família ou pela sociedade.

Caminho de Crescimento: usando as chaves que apareceram nas posições anteriores, a pessoa começa a desengajar-se desse sistema de crenças em que foi criada e que até agora constituía a base estrutural de sua conduta. Começa a questioná-lo e, assim, vai liberando suas emoções e desenvolvendo uma atitude mais independente na família e no trabalho e, provavelmente, uma renovação de amizades.

Resultado Interno: fruto de todo este processo, a pessoa viveu uma revolução interna, conseguiu desmascarar e desativar as ameaças e medos que a levavam a obedecer toda uma série de crenças, doutrinas e normas que a impediam de expressar e viver fluidamente suas emoções. Hoje está livre dessas velhas crenças e sua percepção da realidade é mais objetiva, clara e aguda, pois vê o mundo e a si mesma por meio de uma mente limpa, pura, inocente, sem malícia, nem preconceitos.

Resultado Externo: vemos a pessoa encarando o mundo com a atitude interna que acabamos de ver no Resultado Interno. A partir daí, é muito provável que se sinta interessada em levar essa revolução interna para seu ambiente e tome parte ativa no movimento geral de transformação das ideias da sociedade: informação, ambientalismo, economia solidária, luta contra o racismo e pelos diretos da mulher, os excluídos ou as minorias, promoção de sucessos alternativos, etc.

O Príncipe de Espadas
Natureza Interna e Expressão Mentais

Ar por partida dupla, este príncipe encarna as qualidades de expansão, volatilização, elasticidade e mobilidade deste elemento. A ausência dos outros três elementos torna o Príncipe de Espadas altamente desinteressado de tudo o que não pertença ao mundo intelectual. Esta é a carta do intelecto puro, isolado das emoções, da espiritualidade, do corpo e seus

O Cavaleiro de Espadas de Marselha e de Waite, e o Príncipe de Crowley.

instintos e da realidade material. Em seu carro e em suas asas, predominam figuras geométricas indicando que se trata de um ser abstrato, impessoal e mental.

Na mão direita, o Príncipe levanta uma espada, símbolo de polaridade. Essa é uma caraterística fundamental da mente. Quando definimos algo, necessariamente, estamos definindo ou inventando seu oposto, como vimos na citação do *Tao Te King* da Sacerdotisa. O trabalho do iniciado é atingir a unidade existente por trás da aparente polaridade, sendo o caminho da integração, e não o da afirmação de um determinado aspecto em detrimento de seu oposto e complementar, o que leva a alguma parte.

A espada tem dois fios, com um constrói – impõe a lei – e com o outro destrói. A mente também, com um afirma e com o outro nega. Quando nem afirma nem nega, quando simplesmente é uma testemunha silenciosa ou um executor sem ânsia de resultados dos mandatos da livre vontade, inspirada na essência, então se transforma em não mente e conduz à transcendência espiritual. Como a espada que com os dois fios consagra.

"Penso noventa e nove vezes e nada descubro. Deixo de pensar, mergulho em um profundo silêncio e então a verdade se revela.
(Einstein, 1879-1955)

Três crianças saltando em todas as direções, como pensamentos loucos, como grilos em uma jaula, nos passam uma imagem da mente agitada. Também podemos ver na espada em punho e nas rédeas a imagem da mente reprimindo, julgando e controlando os impulsos espontâneos das três crianças.

Na mão esquerda, traz a foice com a qual, segundo Crowley, o Príncipe destrói tudo o que criou com a espada. Uma mente sem referenciais internos, isto é, emocionais e instintivos, será incapaz de concretizar qualquer coisa, já que a dúvida e a desvalorização são suas constantes.

Este Príncipe é tão mental que se torna irracional, argumentador e sempre propõe ideias e projetos sem o mínimo interesse nem capacidade de levá-los à prática. Apaixonado pela oratória, adora discutir e defender as ideias mais inverossímeis e insensatas pelo puro prazer de argumentar. Desconectado da realidade, é um formalista puro que não acredita no que afirma. É incapaz de expressar qualquer emoção ou paixão; pode levantar qualquer bandeira, mas sua falta de fogo impede que sua retórica inflame o público e inclusive a si mesmo. No melhor dos casos, será um filósofo, um filólogo ou um pesquisador da evolução das ideias.

NA LEITURA TERAPÊUTICA

Momento Atual: a pessoa anda com sua mente turbinada tentando encontrar saídas, soluções ou conclusões a respeito do que está sendo mostrado pela outra carta do Momento Atual. Está se debatendo mentalmente. Seria bom que entendesse que não é por meio da mente que vai encontrar a solução, mas por se conectar com sua natureza e escutar a voz de sua essência. Para isso, terá de trabalhar para deixar a mente silenciosa e receptiva. Também pode mostrar o impulso interno de desenvolver alguma ideia.

Âncora: com muito Ar (mais de 50%), será por excesso: uma pessoa incapaz de sair de sua cabeça, não entendeu que é a proprietária da mente, assim como o é do corpo físico, das emoções, dos instintos, da conta bancária e do automóvel. Deixou que a mente desse um golpe de estado e hoje é refém do tirano mental que, com chicote na mão, manda fazer o conveniente, adequado, coerente, pertinente e lógico, tal como o Príncipe faz com as três crianças que puxam sua carruagem. Além do mais, essa identificação com a mente a deixa desconectada da voz de sua essência, pois, com tanto ruído mental, tantos argumentos, tantos prós e contras, é impossível escutá-la e, como diz Crowley, a pessoa acaba prisioneira dos cães, da razão e dos porquês. É tão mental que seu bom senso desaparece.

É perigosamente instável e para tudo tem um argumento com o qual justifica seus atos. Sem Água nem Fogo, esconde seus sentimentos e instintos. Sem Água, mostra-se autossuficiente, insensível e incapaz de aceitar e abrir-se ao amor. Seu discurso carece de emoção, ardor e conexão com a realidade. Lembra os políticos centristas, que adormecem no plenário. Anda sempre propondo ideias e projetos, sem o mínimo interesse nem capacidade de levá-los à prática, pois tampouco tem Terra. Como não fundo, é um carente empedernido, adora ser escutado. A essência de Nasturtium* traz vitalidade ao processo mental e ajuda o consulente a casar seus argumentos com a experiência prática da vida cotidiana. O floral de Blackberry* o ajudará a concretizar seus projetos.

Infância: temos aqui o pai do consulente, às vezes a mãe. Sem Água, não nutre emocionalmente; sem Terra, não enche a geladeira; e sem Fogo, falta-lhe o lado instintivo que o levaria a proteger e cuidar de seus filhos. Desconectado da realidade, desinteressado de tudo aquilo que não seja seu universo mental, vive em seu mundo, talvez acadêmico, que lhe serve de proteção. Quando não é totalmente omisso com seus filhos, costuma exigir, para dar um mínimo de aprovação ou para não rejeitá-los, que sejam sua cópia fiel, racionais, lógicos e "inteligentes", e critica e invalida suas iniciativas e expressões emocionais, chegando a feri-los cruelmente em sua sensibilidade. Pode ser um frustrado carregado de agressividade, encoberta por toneladas de argumentos vazios. Para não entrar em conflito com seu pai, a criança escondeu suas emoções, silenciou suas ideias, reprimiu suas iniciativas e acabou parecendo-se cada vez mais com ele. No pior dos casos, perdeu seus referenciais internos.

Relacionamentos: a) Mostra uma relação que estimula a pessoa a valorizar sua capacidade de perceber e analisar a realidade e desenvolver ideias ou projetos interessantes. b) Tem tanto medo de mostrar seus sentimentos que anula seus impulsos emocionais e instintivos com uma densa cortina de princípios, doutrinas e ideias de maneira que, no melhor dos casos, estabelece relações com pessoas que compartilham suas ideias ou com quem pode ter uma conversa "interessante". Sua sexualidade é fundamentalmente cerebral: fala em sexo, mas não o pratica. Seus relacionamentos são basicamente intelectuais, atrai suas vítimas com dissertações abstratas. Tem dificuldade para amar ou deixar-se amar, tanto que dificilmente vive relacionamentos duradouros e profundos.

Voz da Essência e Método: sugerimos colocar a mente em seu lugar,[42] ser a dona da mente, a melhor ferramenta do ser humano, mas uma ferramenta, ao fim e ao cabo, está trabalhando debaixo das ordens de seu proprietário ou deve estar quieta no painel de ferramentas. Se queremos que nossas opções nos deem gratificações profundas, temos de tomá-las a partir do que vem de dentro, do que vem da essência e isso não é uma elaboração mental, isso vem do inconsciente com seu entusiasmo, energia e alegria. A mente serve para ver qual é a maneira mais adequada de levar essa opção não racional à prática, ou seja, a mente é muito boa para decidir como se faz uma coisa, mas não funciona para decidir o que se faz. Assim integramos consciente e inconsciente. Em segundo lugar, uma vez que a mente está em seu sítio, e a pessoa está fora do redemoinho de pensamentos e dúvidas, será necessário que se conecte com seu interior para perceber o que realmente quer e, assim, poder tomar decisões importantes, que a tirem de onde se encontra (cujas raízes podem estar definidas pela carta da Âncora). O crescimento passa por um processo de tomar decisões, de chegar a conclusões, sejam estas agradáveis ou não. A pior decisão é manter-se na indecisão. Se for uma pessoa indecisa, que sempre anda procurando os conselhos dos outros, como denunciaria o Sete de Espadas (A Futilidade) na Âncora, lhe sugerimos a essência de Cerato; enquanto se é um tipo preguiçoso e indisciplinado, será o floral de Tansy,* que indicaremos para ajudá-lo a tomar decisões firmes e práticas.

Caminho de Crescimento: usando as chaves que apareceram nas posições anteriores, a pessoa está trabalhando para deixar a mente no seu lugar, percebendo como se identificou com ela a vida toda. Começa

---

42. Ver a Quinta Chave para o Bem-estar em <www.tarotterapeutico.info>, português VÍDEOS.

a livrar-se do tirano e usar a mente de um modo mais criativo e prático, tomando decisões a partir de referências internas.

Resultado Interno: essa pessoa, produto de todo o processo que vimos até aqui, conseguiu colocar a mente no seu lugar, integrando, assim, consciente e inconsciente. Sua mente mais objetiva, funcional e enraizada no seu ser interno permite-lhe captar e analisar a realidade. Hoje valoriza suas capacidades intelectuais e é capaz de elaborar e expressar ideias, teorias e projetos.

Resultado Externo: vemos a pessoa encarando o mundo com a atitude interna que acabamos de ver no Resultado Interno, avançando em suas propostas, aperfeiçoando-se intelectualmente e desenvolvendo sua originalidade e inventividade na prática. Pode interessar-se na advocacia, na docência, em ministrar conferências, na investigação em diversas áreas do pensamento, provavelmente as mais abstratas: matemática, física teórica, direito, filologia, etc.

Caminho de crescimento: Usando as chaves que apareceram nas posições anteriores, a pessoa, se tem muito Ar no seu mapa astrológico, indica que está trabalhando para deixar a mente no seu lugar, percebendo como se identificou com ela a vida toda. Começa a livrar-se do tirano e a usar a mente de um modo mais criativo e prático, tomando decisões a partir de referências internas. Se tem pouco Ar, pode estar mostrando que está começando a valorizar sua capacidade intelectual e a desenvolver ideias e projetos.

A Princesa de Espadas
Natureza Interna Mental e Expressão Prática

Encarna o aspecto mais térreo do Ar. Na Natureza, representa a capacidade de saturação e densificação que a atmosfera tem. Está relacionada também com a pressão atmosférica e com o ambiente carregado, pesado, tóxico e poluído de certas metrópoles. A Princesa é a materializadora das ideias, simbolizando o aspecto mais prático e concretizador da mente. Seu intelecto está direcionado para a resolução de assuntos materiais. Sua mente está especialmente conectada com a realidade física das coisas, já que o elemento Terra lhe dá uma referência que o Príncipe não tem. No entanto, a falta de Água e Fogo faz com que sua mente não consiga voar. Falta-lhe inspiração e sensibilidade para que sua vida seja algo além de pagar suas contas e alimentar suas ambições materiais. A imagem mostra a Princesa com uma espada na mão direita, disposta a dar um golpe em um possível inimigo invisível, cuja presença ela sente pelo estado tormentoso e carregado do céu e das nuvens que a rodeiam. Com a outra mão, parece proteger um altar de pedra acima de nuvens escuras. Tudo parece indicar a iminência de uma batalha, em que tanto pode estar defendendo-se como atacando. O altar pode estar representando seus apegos e todo um conjunto de culpas e outras caraterísticas pessoais que não quer mostrar por considerá-los seus pontos fracos. Seu elmo está rematado com a Cabeça de Medusa, a única mortal das três Górgonas: Ésteno, Euriale e Medusa, três irmãs, demônios[43] ctonianos que representam a perversão dos impulsos sociais, sexuais e espirituais, respectivamente. Seus cabelos são serpentes enfurecidas e tem presas de javali, mãos de bronze, asas de ouro e pescoço coberto de escamas de dragão. Ela petrificava aqueles que nela fixassem a vista. Medusa representa a energia paralisante e mórbida da culpa, muitas vezes exagerada pela vaidade exaltada que inibe o esforço reparador. Perseu – filho de Zeus e Danae –, conta-nos o mito, munido com o casco de Hades, que o tornava invisível, mostrou para Medusa sua própria imagem refletida no polido escudo de Atena. Medusa ficou petrificada e Perseu a decapitou. Sendo a materializadora das ideias, podemos ver nela a capacidade de lutar contra todos os obstáculos que se interpõem em seu caminho.

NA LEITURA TERAPÊUTICA

Momento Atual: a pessoa sente um forte impulso de materializar seu projeto de vida, abrindo passagem entre as possíveis dificuldades que possam aparecer. Isso pode indicar que passou parte de sua vida desconectada de seus verdadeiros propósitos e, claro, incapaz de materializá-los.

Âncora: com muito Ar (mais de 50%) e bastante Terra será por excesso: esta pessoa sempre considerou que a vida é uma luta para materializar objetivos. Sendo que os elementos dos quais carece, Água e Fogo, são os que promovem o contato e a intimidade com os outros; em seu afã de alcançar resultados, os vê e os trata como competidores e rivais. Desconfiada, vê perigos em toda parte e se mantém em guarda, disposta a se defender dos supostos ataques do mundo. É mesquinha, protege-se e atua de maneira fria e calculista. Astuta e ambiciosa, pode se tornar uma máquina de ganhar dinheiro e sua qualidade de vida desaparece. Sem contato com

O Valete de Espadas de Marselha, o Pajem de Waite e a Princesa de Crowley.

---

43. Na verdade, eram antigas Deusas que no novo panteão de Deuses masculinos foram degradadas e marginalizadas até o plano de demônios. Ctonianos faz referência à Terra em seu aspecto interno e obscuro, símbolo de fecundidade, germinação e morte.

suas emoções e instintos, não se importa com o sofrimento que suas iniciativas em busca do seu bem material possam causar ao próximo e inclusive a si mesma. Sem emoções à vista, é grosseira e cerebral na cama. Sua lógica é destrutiva e seu pessimismo e negatividade só atraem problemas e complicações, Costuma estar envolvida com advogados, pleiteando por algum assunto material. É como uma formiguinha firme e perseverante que insiste até conseguir o que quer. Essa Princesa é possessiva e avara, e sua energia atrai os ladrões. Pode criar muita intriga, fala mal de você para mim e de mim para você. O floral de Oregon Grape* pode ajudá-la a confiar nas boas intenções do vizinho, e o de Star Thistel*, a contrabalançar seu compulsivo materialismo e seu medo de que lhe falte algo, com a generosidade e a capacidade de compartilhar as coisas com os outros. A Princesa projeta seus medos e culpas no mundo exterior e, faltando Água e Fogo (os elementos que nos tornam solidários, compassivos e gregários), pode tomar atitudes desconfiadas, defensivas e/ou agressivas. Qualquer aproximação representa um perigo que deve ser contra-atacado imediatamente. Pode ser consciente de suas atitudes negativas, envolvendo-se em sentimentos de culpa que a aprisionam e que só geram mais raiva e destruição.

Infância: com muito Ar (mais de 40%) e bastante Terra (mais ou menos 25%) em sua carta astral, podemos pensar que quando criança esta pessoa tinha muita inventiva e disposição para materializar suas ideias; assim, construía ou tentava construir o motor de movimento contínuo ou uma casa em uma árvore com materiais que encontrava na garagem. Essas iniciativas foram proibidas pelos seus pais e sua capacidade de materializar e sua inventiva foram invalidadas.

Também pode mostrar uns pais que encaravam a vida como uma luta, na qual tudo estava subordinado à obtenção de resultados materiais. Para isso, se necessário, tinham de abrir passagem a estocadas, sem se importar com o que os outros pudessem sentir, pois são vistos como rivais ou inimigos dos quais têm de se proteger, especialmente dos mais próximos, como vizinhos ou familiares invejosos de suas vitórias e que provavelmente irão, criar dificuldades. Sem amor a criança acabou carente e insegura e incorporou essa ideia de que "a vida é uma batalha na qual não se pode confiar em ninguém". Travou as emoções transformando-se em alguém bloqueado, agressivo e provavelmente covarde.

Relacionamentos: a) Mostra uma relação que ajuda a pessoa a identificar e materializar seu verdadeiro projeto de vida. Isso pode se dar de maneiras muito variadas. A mais agradável é quando o/a parceiro/a lhe dá apoio para valorizar sua capacidade e para encontrar saídas ante as possíveis dificuldades que possam aparecer. A menos agradável seria uma reação diante de um/a parceiro/a que quer metê-la em um caminho de vida que nada tem a ver com ela. b) Vende no mercado das relações amorosas a imagem de uma pessoa lutadora, conquistadora incansável de objetivos materiais, vencedora em mil batalhas e que, no melhor dos casos, vê o relacionamento como uma luta em comum para alcançar objetivos materiais e *status*. No pior, vê em qualquer aproximação um intento de se aproveitar dela, uma agressão e se defende como pode. Se alguém lhe pergunta: "Que horas são?", suspeita de assédio sexual e chama a polícia. Também pode armar estratégias para ser ela quem tira proveito material da relação.

Voz da Essência e Método: sugerimos que a pessoa se conecte consigo mesma para visualizar claramente qual é seu verdadeiro projeto de vida. A partir daí é importante dar forma a esse projeto sem se coibir com as dificuldades, que em geral serão menores quando esse projeto está mais enraizado na essência. Essas dificuldades podem vir de pessoas acostumadas com uma conduta conciliadora e obediente, permeável a sugestões e opiniões de terceiros, adequada às normas, expectativas e convenções da sociedade. Quando a pessoa começa a trabalhar com empenho em seu próprio projeto de vida, os demais tratam de interferir: "Que é isso? Fizeram bruxaria contigo?" Na verdade, esses freios não estão em tais pessoas, mas em quanto elas lhes dão bola. Assim, pois, é conveniente que nosso consultante entenda por que se obriga a lhes dar atenção, quais são os medos se não o faz e em que situações esses medos foram colocados. Desse modo será mais fácil desembainhar as armas de sua lábia verbal para abrir passagem entre essas supostas dificuldades. Podemos pedir que essa pessoa faça uma lista de objetivos em todos os planos e comece a trabalhar neles, desde o mais fácil até o mais difícil. O floral de Penstemon* a ajudará a enfrentar circunstâncias difíceis, perseverando no esforço até concretizar seus planos.

Caminho de Crescimento: usando as chaves que apareceram nas posições anteriores, a pessoa começa a vislumbrar qual é seu projeto de vida autêntico e a trabalhar para materializá-lo, enfrentando com energia qualquer oposição que possa aparecer a seu movimento.

Resultado Interno: essa pessoa, produto de todo o processo que vimos até aqui, conseguiu desativar as dificuldades internas que tinha para identificar seu verdadeiro plano de vida, e livrar-se dos medos e preconceitos que a levavam a bloquear-se e a ficar na defensiva, como uma mola tensa disposta a pular. Hoje confia em si mesma, sabe que o mundo não é seu inimigo e pode avançar nas concretizações de tal plano.

Resultado Externo: nós a vemos encarando o mundo com a atitude que acabamos de ver no Resultado Interno. Assim, trabalha sem melindres nem sentimentalismos de maneira objetiva, funcional e realista para chegar a resultados concretos em suas atividades. Se aparece uma situação que pretende bloqueá-la em seu movimento (Oito de Espadas – A Interferência) ou empurrá-la em outra direção (Sete de Espadas – A Futilidade), pode aproveitá-la para afirmar-se e avançar com mais energia e entusiasmo em seu próprio caminho.

Capítulo 12

As Figuras de Discos

Os Discos, as Moedas ou os Pentagramas estão relacionados com o elemento Terra. Se o Ar é o filho do Fogo e da Água, a Terra é sua filha, assim como as Princesas são as filhas da Rainha e do Cavaleiro. Com a Água, a Terra é um elemento feminino, receptivo e passivo; no entanto, a Água é um elemento primordial, enquanto a Terra não é. A Água representa o indiferenciado, o Oceano anterior à organização do Cosmos,* e é na Terra onde se desenvolveram as manifestações e diferenças. Na China, a Terra representa a perfeição passiva, isto é, a tendência para a fixação e condensação, enquanto o Céu é a perfeição ativa, a tendência à volatilização e à dissolução. As quatro Figuras de Discos representam quatro maneiras diferentes de abordar a matéria, seja o corpo físico ou os assuntos materiais.

O Cavaleiro de Discos
Natureza Interna Prática e Expressão Fogosa

Encarna a parte ígnea da Terra. Na Natureza, representa as montanhas, vales e quebradas, os terremotos e o calor interno do núcleo do planeta.

Este Cavaleiro tem um cavalo totalmente diferente dos briosos corcéis de seus pares. Não pula, não voa, nem cai do céu; está mais interessado nas espigas de trigo que em ser o herói de gloriosas façanhas. Suas patas vão engordando à medida que se aproximam do chão, até parecer troncos firmemente enraizados. O Cavaleiro veste uma armadura negra e uma capa que acaba fundindo-se com o plantio. A viseira de seu elmo está adornada com a cabeça de um cervo, animal que, atribuído a Diana, é símbolo de fecundidade e abundância. Para os alquimistas, representa o mercúrio filosofal. Em certas tradições, como a dos índios Pawnee, o cervo é o anunciador da luz, animal solar patrono da estação das secas. Para os huichóis, forma parte da trindade divina, com o peiote e o milho.

Na mão direita, segura um batedor para debulhar o trigo que cresce a seus pés, indicando que suas tarefas têm a ver com a produção de alimento.

Com seu grande escudo, símbolo de defesa e proteção, o Cavaleiro parece estar cuidando do trigal contra as possíveis incursões dos animais selvagens e dos vizinhos malandros. A espiga de trigo, símbolo de Virgem, alimento e promessa de novas espigas, é considerada na mitologia grega um presente de Deméter, a deusa da fecundidade e iniciadora nos mistérios da vida. As colinas da paisagem estão todas cultivadas. Sendo o aspecto fogoso da Terra, a relação deste Cavaleiro com ela é puramente energética. Ele trabalha a terra e ela cobre suas necessidades vitais. É um ser simples, pouco aficionado a pensar (não tem Ar). Sua sabedoria vem de sua integração com a Pachamama e seus ciclos. Tampouco se trata de um sentimental ou de um artista de alta sensibilidade (não tem Água), no entanto, está em contato com suas sensações físicas e mensagens corporais. Pode parecer, à primeira vista, um ser rude e primitivo, mas seu contato com a Terra alimenta seu lado feminino. É um trabalhador nato que coloca sua energia, seu Fogo, no mais concreto e sólido; pode ser tanto um campesino como um metalúrgico. No pior dos casos, é uma pessoa exageradamente servil, incapaz de tomar decisões ou de possuir certa visão de conjunto, que só sabe cumprir ordens, executando trabalhos manuais geralmente pesados.

Pode mostrar também uma pessoa que, como o índio amazônico, pertence à selva, cuida dela e dela se alimenta e se carrega de energia, estando harmoniosamente ligado à Natureza.

O Rei de Ouros de Marselha, de Pentáculos de Waite e o Cavaleiro de Discos de Crowley.

NA LEITURA TERAPÊUTICA

Momento Atual: esta pessoa está se perguntando a que massa deve meter a mão, em que atividade vai investir sua energia, para satisfazer suas necessidades corporais e pagar as contas. Este movimento pode responder a uma necessidade de autonomia de quem depende de familiares.

Âncora: com muita Terra em sua carta astral (mais de 40%) e bastante Fogo (mais ou menos 25%), leremos por excesso: um *workaholic* ou trabalhador compulsivo que imagina que só será aceito pela sociedade se se mostrar uma pessoa responsável, séria, serviçal e infatigavelmente trabalhadora. Está a pleno sol, cuidando dos campos, enquanto provavelmente seus companheiros da aldeia estão tirando uma soneca. Vive para trabalhar e, de um modo muito germânico, faz do trabalho sua religião. Suas emoções, intelecto e espiritualidade foram exilados. O floral de Aloe Vera* o ajudará a colocar o coração no que faz, de maneira que sua atividade seja mais criativa, equilibrada e centrada. Na cama pode ser uma pessoa fogosa, mas não expressa amor nem ternura. Pode tornar-se um escravo que se vende em troca de comida e segurança. Dia a dia repete mecanicamente as mesmas rotinas, os mesmos gestos desconectados, sem prazer nem consciência. O floral de Oak a ajudará a colocar limites em suas tarefas e saber quando dizer: "chega, vou descansar". Com o Dez de Paus (A Opressão) ou o Pendurado, indicaria que sua necessidade compulsiva de agradar a leva a nunca dizer "não", em uma atitude degradada, servil e autonegligente. Nesse caso, recomendamos também o floral de Centaury.

Com o Quatro de Discos (O Poder), teríamos alguém que acumula compulsivamente porque tem medo de que algum dia lhe falte algo. É um avarento que vive para o material. Nesse caso, podemos indicar o floral de Star Thistle.*

Com pouca Terra e Fogo (menos de 10%), leremos por falta: tem sérias dificuldades para sair do sofá e trabalhar, de maneira que pode ser dependente economicamente. Se não consegue se mover e colocar sua energia na matéria, é por causa de uma profunda desconexão com seu ser verdadeiro, ou seja, com seus talentos ou por uma forte e crônica invalidação de suas potencialidades. Pode usar o floral de *Tansy** que promove um atuar decidido e dirigido para as próprias metas, e uma orientação meditada e cheia de propósito.

Infância: com muita Terra (mais de 40%) e bastante Fogo, poderia ser uma criança que se movia para conseguir suas coisas, trocava selos por bolinhas de gude e, nos domingos, vendia sanduíches na praia para comprar uma bicicleta. Essas iniciativas e os talentos relacionados com elas foram censurados, reprimidos e invalidados. No entanto, geralmente mostra um ambiente familiar em que os pais colocavam toda sua energia no "sagrado" trabalho: "Temos de dar duro para pagar as contas e ser apreciados", mas sem Água e sem Ar não havia muita imaginação, sensibilidade, nem capacidade de desenvolver ideias e projetos interessantes e rentáveis, de maneira que não saía de um trabalho pesado e rotineiro, sem grandes possibilidades de crescimento: um círculo vicioso, trabalhar, comer e dormir e, talvez, aos domingos umas cervejinhas. Para ser aceita "na empresa familiar", a criança teve de deixar de jogar para cumprir com as exigências impostas. "Olhe seu pai, que tanto se sacrifica para pagar seus estudos, e é assim que você o paga".

Relacionamentos: a) A relação ajuda a valorizar seus talentos e a tomar iniciativas decididas a partir deles, de maneira que progride na conquista de sua independência econômica. Claro que isso pode suceder de diferentes maneiras. Talvez a menos agradável, mas não menos eficiente, seja quando o parceiro perde seu emprego, fica incapacitado para trabalhar ou se vicia em "sofing". b) Relaciona-se vendendo uma máscara de responsabilidade, seriedade, serviço e eficiência que vimos na Âncora por excesso: "Venha comigo, morena, que nunca lhe faltará o feijão com arroz". Sem Água, teme expressar seus sentimentos e morre de medo de ser rejeitado ou abandonado. Sugerimos o uso de Pink Monkeyflower.* Pode ser "o marido responsável" ou "a esposa abnegada", que segura economicamente o lar. Provavelmente, nos dias da semana chega cansado(a) da rotina profissional e só quer assistir à TV. Não traz flores nem faz uma serenata para cantar debaixo da janela da sua namorada, mas, tendo fogo na sua composição, alguma energia vai sobrar para o sexo.

Voz da Essência e Método: sugerimos que o consultante assuma suas responsabilidades, movendo-se para satisfazer suas necessidades materiais de sobrevivência e deixar de depender dos outros. Não pode continuar sendo um "sugóptero" com medo de usar suas potencialidades. Recomendaremos a essência de Tansy,* que o ajudará a reconhecer suas verdadeiras forças e favorecerá atitudes decididas para a conquista de metas concretas.

Tampouco se trata de que a pessoa faça qualquer coisa, pois essa desmotivação pode ser produto de ficar tentada a fazer coisas que nada tinham a ver com ela, e repetir a história somente a levaria a voltar a se desmotivar.

"A única responsabilidade autêntica é com teu próprio potencial. Tua inteligência e tua consciência devem atuar de acordo com ele." (*Osho*)

Trata-se, pois, de que a pessoa escolha uma atividade em que coloque seu potencial. E como vai descobrir que atividade é essa? Vários exercícios podem funcionar: primeiro, antes de despertar completamente, perguntar-se: qual é a vida que me apetece viver? Segundo, já acordada pode se perguntar: se tivesse 120 milhões de euros no colchão, o que faria, não com esse dinheiro, que está aí só para garantir as necessidades econômicas, mas com a minha vida? Terceiro, escolher a foto de infância na qual a pessoa se vê mais feliz, respirá-la até sentir essa criança dentro e perguntar-lhe: o que vamos jogar? Porque o jogo da criança e o trabalho do adulto têm um denominador comum: em ambos os talentos se expressam. A expressão de um talento sempre vem acompanhada de prazer. Finalmente, o prazer é a bússola, como vimos na Arte.

Caminho de Crescimento: usando as chaves que apareceram nas posições anteriores, a pessoa está reformulando seu trabalho, começando a tomar iniciativas em atividades em que expressa seus talentos de maneira que vêm com sua própria energia, prazer e entusiasmo e que, a curto ou médio prazo, vão lhe proporcionar aquilo de que seu corpo e seu bolso necessitam.

A Flor da Vida e a Árvore Sephirótica.

Resultado Interno: produto de todo o processo que vimos até aqui, a pessoa conseguiu identificar, entender e desativar medos, crenças e outras dificuldades internas, que tinha para colocar sua energia em atividades que lhe dão prazer não pelo fato de ter bons argumentos para escolhê-las, mas porque nelas pode manifestar naturalmente seus talentos. Assumiu sua parte adulta, resgatou também a confiança em sua capacidade de trabalho e perdeu o medo de enfrentar responsabilidades.

Resultado Externo: vemos a pessoa encarando o mundo com a atitude interna que acabamos de ver no Resultado Interno. Investe sua energia em satisfazer suas necessidades materiais com entusiasmo e prazer, conquistando, assim, sua plena independência econômica. Também pode suceder que uma situação externa a empurre a reformular suas responsabilidades e dedicar-se a atividades mais criativas e produtivas.

A Rainha de Discos
Natureza Interna Prática e Expressão Emocional

A Rainha de Discos encarna o aspecto aquoso da Terra. Na Natureza, é a vegetação, a biomassa, a própria Pachamama criando e reabsorvendo todos os seres vivos. São afins a esse aspecto as ideias de fertilidade, fecundidade e receptividade. A Rainha está sentada em um trono de vegetação exuberante. Parece que sua atenção está dirigida para a fertilização do deserto ao fundo. Em uma mão segura uma esfera dourada, símbolo de perfeição e totalidade, em que toda uma série de círculos se entrelaça harmoniosamente. Esta imagem lembra a Flor da Vida, um dos símbolos mais antigos da humanidade, encontrado no templo de Osíris (3000 a.C.), na Índia, Japão, Peru, Espanha, México, etc. É a matriz de onde se criam, expandem e desenvolvem todas as manifestações da vida. Contém em suas proporções cada fórmula matemática, cada lei da física, cada harmonia musical, cada forma de vida biológica. Como, por exemplo, a árvore da vida, a fruta da vida de onde surgem o Cubo de Metraton e os sólidos platônicos.

A Rainha de Ouros de Marselha, a de Pentáculos de Waite e a de Discos de Crowley.

Segundo a tradição esotérica islâmica, é da esfera que emanam os mundos.

Na mão direita, segura um bastão acabado em um cubo de cristal, em cujo interior temos um hexagrama inscrito em um cubo, indicando que o poder da Rainha está firmemente estruturado, estabilizado e equilibrado. Se o hexagrama mostra a união dos opostos criando o Universo, teríamos aqui essa força criativa trabalhando especificamente dentro da matéria, simbolizada pelo cubo. O hexagrama tridimensional é chamado Merkabah. Conhecida no antigo Egito, esta palavra está formada por três sílabas: *Mer*, que significa campo de luz giratório; *Ka*, alma; e *Ba*, corpo humano. A rotação em sentidos opostos dos campos magnético, elétrico e físico do ser humano dá lugar a Merkabah.

Ela é coroada com os chifres do Markhor, cuja forma espiralada faz referência ao poder gerador. Aos pés da Rainha, outra cabra está parada sobre uma esfera dourada, a qual, de acordo com Crowley, indica que "a Grande Obra é fertilizar". O macho cabrão representa a potência viril, a força vital, a libido, as forças criativas no nível mais material. A Rainha é a dona da terra e utiliza seus recursos materiais segundo suas emoções. Ela ama a terra, cuida dela e a protege. Está por trás do processo de criação e de crescimento da vida no planeta. Não é intelectual nem particularmente fogosa, mas, incorporando os dois elementos receptivos (Água e Terra), entra em contato com suas emoções, sensações corporais e a realidade material que a rodeia.

Essa Rainha é prática, sensual, carinhosa, generosa, trabalhadora, serena, sensível, protetora e amante do lar, das crianças e de seu ambiente.

NA LEITURA TERAPÊUTICA

Momento Atual: vemos o consulente tomando contato com o desejo de fazer algo pelo mundo, vivificando e fertilizando seu ambiente na escala que seja, melhorando assim a qualidade de vida dos seres, sejam humanos, animais ou plantas, e talvez participando de organizações assistenciais ou ambientalistas. A segunda carta pode mostrar se essa atitude é o produto de um sentimento de plenitude interna, em que um coração satisfeito se derrama no mundo, ou se procura aprovação e gratidão. Também pode identificar algum mecanismo interno que dificulta a realização desse movimento ou que novas questões aparecem como consequência desse impulso.

Âncora: com muita Terra (mais de 40%) e bastante Água, leremos por excesso. Esta pessoa tem uma necessidade compulsiva de ser reconhecido por ajudar os outros. Sua falta de autoestima a leva a pensar que só vai ser aceita se morrer para ajudar e cuidar do próximo. Construiu uma fachada de doadora, mas dá para receber. Pode efetivamente querer fazer algo para o mundo, mas o faz buscando uma recompensa, esperando amor, aceitação e agradecimento, e no final o que atrai são malandros que se aproveitam dela, chegando a colocar-se em situações perigosas. Espera, ansiosa, que alguém necessite de ajuda, seja material, de cuidados ou de simples companhia, para imediatamente se oferecer como voluntária e, assim, sentir-se valorizada e merecedora de amor ou pelo menos de agradecimentos. Aparentemente é generosa e simpática, mas no fundo manipula. O floral de Chicory reverte a falta de afeto, facilitando um comportamento mais sincero e digno.

Infância: com muita Terra (mais de 40%) e bastante Água, mostra uma criança muito sensível à dor das pessoas, animais ou plantas e que de alguma maneira toma iniciativas para diminuir esse sofrimento. Essa atitude foi reprimida, condenada e talvez castigada. Se não tem tanta Terra, indica que possui um genitor que compra a criança, usa seu dinheiro para conseguir que se comporte como quer: "Vamos visitar a avó e se não ficar brincando com aquele cachorro pulguento e se comportar bem, na volta te compro um chocolate". Há tanta gente que não se arrisca a fazer ou não sabe do que realmente gosta, conformando-se com as compensações.

Relacionamentos: a) O relacionamento está ajudando o consulente a desenvolver o impulso emocional de fazer algo pelo mundo, investindo sua energia, tempo e dinheiro no que seu coração lhe pede. b) Vende uma imagem de generosidade, de "estou disposta a te ajudar economicamente ou até te sustentar", com a intenção de garantir o amor do/a parceiro/a. A esposa pode sustentar a casa sozinha para que o marido estude e, quando este recebe seu título, a troca por uma colega da faculdade. Geralmente atrai parasitas ou bandidos.

Voz da Essência e Método: não vamos dizer à pessoa que faça algo pelo mundo. Nós lhe sugerimos em primeiro lugar que cuide de si mesma, identifique suas necessidades emocionais e use seu dinheiro e bens materiais para nutrir-se emocionalmente. Enquanto não se sinta minimamente preenchida, qualquer ação em prol de melhorar o mundo será mendigar aceitação. Trata-se de dar primeiro para si mesma, de nutrir-se, presentear-se com uns dias em um SPA, umas boas massagens, com uma viagem ao lugar que sempre sonhou. Dar de presente o que a ajude a melhorar sua autoestima até o momento em que seu amor transborde, então, sim, pode fazer alguma coisa pelo mundo, se quiser.

A essência de Sunflower* ajudará a centrar a atenção da pessoa em si mesma e a de Wild Rose, a ativar os verdadeiros ideais e a empenhar as forças do coração no trabalho da vida.

Caminho de Crescimento: usando as chaves que apareceram nas posições anteriores, a pessoa começa a se nutrir dando a si mesma o que lhe faz bem emocionalmente e, assim, vai melhorando sua autoestima, sentindo-se mais plena, podendo então aparecer um desejo real de fazer alguma coisa pelo mundo sem esperar retorno.

Resultado Interno: essa pessoa, produto de todo o processo que vimos até aqui, conseguiu superar as dificuldades internas que tinha para se nutrir e se sentir bem emocionalmente, de maneira que hoje transborda seu amor em atividades que buscam minimizar o sofrimento dos seres e melhorar a qualidade de vida deles.

Resultado Externo: vemos a pessoa encarando o mundo com a atitude interna que acabamos de ver no Resultado Interno, trabalhando com amor e entrega no desenvolvimento material de sua comunidade, participando de organizações ou atividades que ajudam os mais necessitados e/ou a manutenção da continuidade da vida neste planeta. Sua presença e seus atos vão vivificá-la e nutrirão seu ambiente com amor, atenção e bens materiais.

O Príncipe de Discos
Natureza Interna Prática e Expressão Mental

Encarna o aspecto aéreo da Terra. Na Natureza, representa suas flores, frutos, sementes, aromas e sons. Um touro, animal lunar, associado aos rituais de fecundidade, cujos chifres lembram a forma da Lua em seus primeiros dias, está puxando o carro. Por sua força, bravura e o brilho de seu sêmen, é considerado também solar. O elmo do Príncipe está rematado com um touro alado, mostrando que nele se dão as qualidades do touro no plano mais elevado e transcendental. Sua mão esquerda se apoia em uma esfera dourada, em que aparece o Equador e vários meridianos, linhas imaginárias, que como o paralelepípedo que está no centro são abstrações mentais; não existem paralelepípedos na natureza. Essa esfera representa "a função intelectual aplicada ao trabalho de produção", tal como disse Crowley. Na mão direita, segura um bastão coroado por uma esfera com a Cruz de Malta, semelhante à que leva O Imperador, mostrando como sua obra se realiza em um nível material.

Seu carro está lotado de produtos do mato, frutas, cachos, e o fundo da carta mostra também sementes, flores e espigas, relacionando a carta com a colheita. A mente desse Príncipe está atenta aos assuntos materiais; observa o corpo, a Natureza e o mercado; extrai conclusões e conceitualiza as leis de seu funcionamento, que aplica de novo, procurando maiores benefícios materiais. Se o Cavaleiro de Discos é o trabalhador manual, esse Príncipe é o economista, o agrônomo, o anatomista. Como não tem Água em sua composição, não se importa com os sentimentos alheios, nem com a ética inerente a seu trabalho. Pode ser um construtor de hidroelétricas no Alto Amazonas, ou o dono de uma multinacional que destroça ecossistemas ou países inteiros, como denuncia John Perkins em *Confesiones de un asesino económico*. (Barcelona: Tendencias, 2005). Sem Fogo, este homem de negócios dificilmente se exalta; calculista, frio, reflexivo e geralmente competente, daria um bom Ministro da Fazenda.

NA LEITURA TERAPÊUTICA

Momento Atual: sente o impulso de desenvolver ideias, projetos ou estratégias cujo objetivo é melhorar sua vida econômica, a de um município ou de um país. Pode estar se questionando até que ponto valoriza sua capacidade intelectual para fazê-lo.

Âncora: com muita Terra (mais de 40%), leremos por excesso: mostra alguém extremamente materialista, cuja mente não vai além de fazer negócios. Não manifesta outro tipo de objetivos nem expressa emoções, embora possa ser intelectualmente brilhante, dedicado e competente nos assuntos mais práticos. Nega sua espiritualidade e não acredita em nada que não possa medir, tocar e, especialmente, colocar uma etiqueta e vender. Sua ética de empresário não é transparente.

Sem Fogo nem Água, o sexo acaba sendo uma mercadoria e o matrimônio, um negócio. "O matrimônio foi inventado para salvar e aumentar o patrimônio", diz com fundamento histórico. Não crê na amizade nem no amor, nem se interessa nas consequências que seus projetos possam acarretar para humanos, animais ou plantas.

É competitivo, insensível, ambicioso e só fala de negócios e de seu patrimônio, do qual se vangloria e com o qual se identifica. O que mais o excita é um gráfico de lucros em ascensão. Dedicou toda sua vida a ganhar dinheiro e a estudar como pode ganhar mais. Encanta-lhe fazer contas e mostrar números. No fundo, está frustrado e carente, gasta um bom dinheiro em compensações, consumindo álcool, cocaína, prostitutas de luxo, comidas finamente indigestas, carros desportivos, etc., com os quais se destrói. Tem tanto medo de mostrar seu interior que já esqueceu que existe.

O Cavaleiro de Ouros de Marselha, os Pentáculos de Waite e o Príncipe de Discos de Crowley.

O Stiky Monkeyckyflower* o ajudará a abrir-se emocionalmente. Este sério e pesado homem de negócios está precisando do floral de Zinnia,* para facilitar-lhe o acesso à alegria, ao bom humor e ao desfrute das coisas simples da vida. Essa tendência a ver o mundo em termos de benefício material pode ser amainada com o uso do floral de Hound's Tongue,* que ajuda a pessoa a ver outras coisas, a maravilhar-se com o mistério da vida e a perceber a espiritualidade nos fenômenos físicos.

Com pouca Terra na sua carta astral (menos de 10%), leremos a Âncora por falta. Trata-se de uma pessoa que cronicamente invalidou sua capacidade de desenvolver estratégias, formular projetos e criar negócios que gerem dinheiro e melhoras materiais. Talvez tenha crenças que condenem o dinheiro.

Infância: representa, geralmente, o pai do consulente, mas também pode ser a mãe. Um homem de negócios, sempre ocupado, que não nutre emocionalmente seu filho, tampouco está conectado com a energia instintiva para protegê-lo e cuidar dele. Pensa que criar filhos é lhes pagar escolas caras, comprar roupas de marca e trazer-lhes de suas viagens de negócios aqueles brinquedos "idiotizadores" de crianças.

A criança percebe este *homus economicus* como alguém ausente que não lhe dá a atenção que ela gostaria de receber, deixando-a carente emocionalmente, com síndrome de abandono e, isso sim, com algumas compensações, com as que alimenta seu ego e a crença de: "Tenho, logo existo".

Relacionamentos: a) Mostra uma relação que ajuda a pessoa a valorizar-se, especialmente no que se refere à sua capacidade de desenvolver ideias e projetos, de elaborar estratégias para melhorar economicamente. b) Esta pessoa se relaciona empresarialmente. "Se não vou fundir minha empresa com uma empresa que não anda bem, tampouco vou formar uma família com alguém que não está em uma boa situação econômica". Não quer aproveitar-se economicamente do/a parceiro/a nem é um alpinista social, mas coloca o bem-estar econômico e a segurança material como os principais objetivos em suas relações amorosas; finalmente quer que seus filhos tenham garantida sua situação financeira. Sem Fogo nem Água, não vai se apaixonar nem pecar por ser romântico e, como a Princesa de Espadas, administra suas relações amorosas como uma sociedade limitada.

Necessidade Interna: o consulente precisa valorizar mais suas capacidades intelectuais e práticas, e trabalhar, tornando-se independente ou melhorando economicamente.

Voz da Essência e Método: chegou o momento de ganhar dinheiro, desenvolvendo projetos, elaborando estratégias que melhorem os rendimentos econômicos. Para isso, é necessário identificar e eliminar qualquer tipo de crença que desvalorize o dinheiro ou sua capacidade de ganhá-lo. Sempre nos contaram que o vil metal está em oposição à espiritualidade, quando na realidade harmonizar, resolver e estruturar o mundo material é a maneira de não ser seu prisioneiro e, assim, poder alçar voo ao mundo espiritual. O floral de Blackberry* ajudará a pessoa a organizar seus pensamentos, estabelecer metas e prioridades, enquanto o de Gentian estimulará sua perseverança e coragem, não se deixando desanimar com as dificuldades e reveses que possam vir.

Caminho de Crescimento: usando as chaves que apareceram nas posições anteriores, a pessoa começou a valorizar sua capacidade de desenvolver projetos interessantes que lhe deem dinheiro. Assim, pode estar melhorando sua situação econômica. Trabalha com mais objetividade e conhecimento.

Resultado Interno: essa pessoa, produto de todo o processo que vimos até aqui, conseguiu superar medos, autodesvalorizações ou preconceitos que bloqueavam seu potencial intelectual e sua capacidade de crescer no mundo material. Afirmou sua independência econômica e se sente segura e à vontade no mundo dos negócios.

Resultado Externo: vemos essa pessoa realizando-se nos planos materiais, usando de modo hábil sua mente para crescer empresarialmente. Desenvolve novas ideias e estratégias para melhorar a produção. Pode também estar se interessando na investigação de novas tecnologias ou sistemas operacionais. Cuidado para não acabar prisioneira dos negócios e suas leis!

A Princesa de Discos
Natureza Interna e Expressão Práticas

Representa o aspecto mais sólido e compacto do elemento Terra. Podemos pensar inicialmente que, na Natureza, são os metais seus representantes idôneos. No entanto, seus pontos de fusão baixos e sua maleabilidade lhes conferem uma excessiva fluidez que os descarta. O aspecto mais sólido do elemento Terra são os cristais, mais estruturados, difíceis de fundir e impossíveis de dobrar. Entretanto, os cristais têm também um lado sutil, abstrato, que transcende a própria matéria. Penetrando no mais sólido, no mais denso e concreto, acabamos encontrando o abstrato, o elevado e o espiritual, cumprindo-se uma vez mais o princípio taoísta de que, submergindo-nos em um aspecto da polaridade, encontramos seu oposto e complementar. Assim, pois, esta carta abrange os dois mundos: o material e o espiritual.

A Princesa de Discos é a mais introvertida de todas as Princesas. Sua atitude, que poderia parecer ser de intensa reflexão, não o é, pois em sua composição não existe Ar. Ela vive conectada com o mundo de suas sensações físicas internas. Está em profundo contato com seu corpo, sem mente, sem emoções, sem mais desejos além dos corporais. Essa atitude a leva para a meditação, por meio da qual sua espiritualidade desabrocha.

A Princesa só se observa, e observa o mundo, sem julgamentos, preconceitos nem análises, sem conclusões nem princípios, sem exaltar-se, aceitando-se e aceitando. Assim vai equilibrando os opostos de sua natureza, tal como vemos no disco que segura com a mão esquerda, no qual o *Yin* e o *Yang* geram o Universo, assim como em seu ventre se gera uma nova vida.

Com a mão direita, segura uma lança que aponta para o chão, rematada por um diamante, a pedra de Kether, mostrando a luz mais sublime e pura nas profundidades e a escuridão do elemento mais denso. A Natureza nos dá também aqui outra lição, mostrando-nos a continuidade do

Universo: o mais denso e o mais espiritual não estão separados, um vive no coração do outro. A separação em compartimentos estanques dos aspectos da polaridade é produto da ignorância e só conduz ao fanatismo e ao sofrimento.

Os chifres espiralados da geração, abundância e fecundidade adornam a cabeça da Princesa. Sua atitude receptiva permite que seja um canal para as Forças da Vida.

Vive como Ártemis nas montanhas, em um bosque cujas árvores mostram suas raízes, sugerindo que os mistérios da Natureza e os fundamentos da existência estão disponíveis para quem está em contato com seu corpo.

Ao seu lado, um altar adornado com as espigas de trigo de Deméter indica sua participação na última materialização do processo de criação. Sem fazer nada, ela realiza. A última carta da diagonal, em que se repete o elemento, pode ter certa dificuldade para trabalhar com os outros três, mas também tem a possibilidade de transcender por meio da conexão profunda com seu próprio corpo. Sem Ar, sem julgamentos, preconceitos ou análise, sem princípios nem conclusões, sem Fogo, sem paixões arrebatadoras, sem Água, sem sentimentalismos, aceita-se plenamente e integra de forma criativa os opostos de sua natureza.

NA LEITURA TERAPÊUTICA

Momento Atual: a pessoa está em contato com o impulso interno de dar mais atenção a seu corpo. Pode ser porque este deu sinais de necessidade de atenção, como somatizações, cansaço, etc., ou pode ser pelo próprio processo de autoconhecimento, que leva a pessoa a dar mais importância às mensagens e sensações corporais. Provavelmente, nos últimos tempos, se desconectou do corpo e o tratou como se fosse um cabide no qual se penduram roupas e acessórios lindos. Também pode estar sentindo a necessidade de lidar com o mundo material de maneira mais objetiva e funcional.

Âncora: com muita Terra (mais de 50%), lemos por excesso. Esta pessoa está ancorada na matéria, identificada com a contracorrente e a segurança material, e preocupada hipocondriacamente com a saúde que para ela é ter dinheiro para pagar a mensalidade do seguro médico e os remédios. Identifica-se com a aparência corporal. Quando jovem

O Valete de Ouros de Marselha, o Pajem de Pentáculos de Waite e a Princesa de Discos de Crowley.

vive na academia, fala o tempo todo de seu *personal trainer* e gasta com roupa da moda. Indicar-lhe-emos o floral de Pretty Face.* Depois dos 40 anos investe em cirurgias plásticas. Na terceira idade, se preocupa em deixar pago um funeral e um enterro decente (neste caso será a essência de Chrysanthemum* a mais adequada para abrir-lhe a percepção aos planos espirituais).

O excesso de Terra a deixa tão apegada a suas "relíquias" que não consegue ver a realidade. Sem Fogo, é exageradamente medrosa, vê perigos e problemas para sua propriedade e sua saúde em todo lugar, e foge de qualquer desafio, mudança ou relacionamento. Sem Ar, sua profunda desvalorização interna a leva a sentir-se incapaz de tomar alguma iniciativa profissional, financeira ou de estudos. Seus medos estão tão cristalizados que é incapaz de ser objetiva. O floral de Filaree* pode ajudar a perceber os pequenos assuntos cotidianos com uma visão mais global e equilibrada.

Sem Água, não expressa emoções, vive na defensiva, sem contra-atacar, como faria a Princesa de Espadas. Vende uma imagem de desamparada, vítima indefesa de doenças sem diagnóstico ou de cruéis credores, para conseguir pelo menos a piedade do próximo, enquanto espera uma cesta-família de um deputado populista ou ganhar na loto. O floral de Willow a estimulará a deixar de lado a máscara da vítima e a responsabilizar-se por sua situação.

Se damos a cada um dos membros da família de Discos um saco de milho, o Cavaleiro vai plantar, a Rainha vai distribui-lo entre os necessitados, o Príncipe vai vendê-lo e a Princesa o come e vai esperar receber outro saco. Seu medo de se expor, que a leva a viver escondida, pode ser amainado com a essência de Pink Monkeyflower.*

Com pouca Terra (menos de 10%), leremos a Âncora por falta. Trata-se de uma pessoa com dificuldade crônica para lidar com o mundo material. Não está conectada com seu corpo, que acaba pagando o pato por suas atitudes. E, se não consegue ser consciente de seu corpo, que é o mais visível e concreto, como vai se tornar consciente de suas emoções e espiritualidade? Envolve-se em atividades que geram estresse, tensões corporais, dores musculares e toma analgésico escondendo, assim, os sintomas que acabam se tornando crônicos. Em segundo lugar, tem dificuldade para lidar com a objetividade, com o dinheiro, gastando-o em supérfluos e depois não tem para o que é realmente necessário, assim sempre anda devendo. Não consegue chegar a resultados materiais em suas atividades, dispersa-se e não concretiza. Sua casa pode parecer uma bagunça total e provavelmente tem problemas com a pontualidade.

Infância: houve um excesso de cuidados em relação a seu corpo, talvez produto de paranoia paterna ou porque a criança tinha algum tipo de predisposição para adoecer. Essa excessiva atenção com a saúde gerou uma série de limitações, especialmente em relação a liberdade e tipo de brincadeiras permitidas. Também pode mostrar um ambiente familiar onde a situação econômica estava limitadíssima (um pedaço de pão para cada um), e isso gerou insegurança e uma forte valorização do dinheiro e dos bens materiais que lhe faltaram.

Relacionamentos: a) O relacionamento estimula a pessoa a fazer um contato mais profundo com seu corpo a partir do qual vai se conhecer melhor, pois o corpo é a porta de entrada para o interior do ser; o corpo é o inconsciente visível. Também pode ajudar a desenvolver praticidade em assuntos materiais ou domésticos. Claro que isso pode se dar de maneiras muito diferentes, das quais a menos agradável seria se o/a parceiro/a move a pessoa em pontos psíquicos tão sensíveis que repercutem/no corpo como somatizações. b) Esta pessoa se relaciona com uma atitude notadamente materialista. Sem Fogo nem Água, dificilmente vai se apaixonar; sem Ar, vai ser difícil elaborar um projeto de vida com alguém.

Encara as relações com o coração, a mente, o bolso e as pernas fechadas. "Se tenho um namorado e vem me visitar, vou ter de convidá-lo para tomar um café, vai sair muito caro", diz. Mas se o namorado traz o café e os biscoitos... Teríamos aqui diferentes formas de prostituição, desde a que aluga seu corpo por um tempo, ou até que a morte nos separe, até a que vende sua imagem em uma agência de modelos.

Voz da Essência e Método: sugerimos trabalhar o desenvolvimento da consciência corporal, a princípio observando atentamente as sensações e obedecendo às mensagens corporais, pois um estado crônico de desconexão interna, de desgaste físico-psíquico, de vida sedentária, de imposições do tirano mental ou de extrema dedicação ao mundo externo deixou seu corpo rígido e insensível e, hoje, pede a gritos ser cuidado até que as Forças da Vida voltem a fluir. Convém flexibilizar o corpo, esticá-lo usando massagem e enraizamento tal como indica a Análise Bioenergética, observando sempre as causas de suas tensões corporais. A pessoa necessita regular seu ritmo de vida a partir de suas sensações corporais, dormir quando tem sono, comer quando tem fome, descansar quando está cansado, etc.

Também esta carta, Terra-Terra, pode sugerir que a pessoa desenvolva seu sentido prático, coloque os pés no chão, não tente dar o passo maior que a perna, entenda que o caminho até o infinito começa debaixo de seu pé; baixe o ego das altas montanhas espirituais ou intelectuais e se torne economicamente independente, deixando os sentimentalismos de lado e pagando suas contas.

Aconselharemos o floral de Clematis, para aceitar seu corpo físico.

Se esta pessoa "vive no mundo da Lua", com fortes tendências à distração e ao esquecimento, mostrando disfunções na aplicação do pensamento a assuntos práticos, recomendaremos o floral de Rosemary.* Uma temporada no mato também a ajudará muito.

Caminho de Crescimento: usando as chaves que apareceram nas posições anteriores, a pessoa está começando a perceber que entre a cabeça e os pés existe um corpo, cujas necessidades devem ser atendidas. Assim está compreendendo como este funciona, os fatores que comandam sua saúde e o que é a doença. Desse modo, está começando a se cuidar e a se responsabilizar pelo corpo, em vez de deixá-lo nas mãos do plano de saúde, enquanto come e bebe o que a TV anuncia. Também pode estar começando a desenvolver uma atitude mais objetiva, realista e prática com o mundo material.

Como consequência de todo o anterior, a pessoa está começando a descobrir seu corpo e suas sensações: do consulente ou dos alimentos e remédios dos comerciais da televisão.

Resultado Interno: essa pessoa, produto de todo o processo que vimos até aqui, conseguiu identificar, entender e desativar as dificuldades internas, bloqueios, preconceitos, moralismos e medos que a impediam de aceitar plenamente seu corpo, cuidar dele e escutar suas mensagens e sensações. Desenvolveu a consciência corporal, melhorou sua saúde e vitalidade. Desenvolveu a capacidade prática para lidar com objetividade e competência com o dinheiro e os bens materiais. Deixando, pois, o plano físico mais resolvido, pode abrir a porta para buscas espirituais reais.

Resultado Externo: vemos a pessoa encarando o mundo com a atitude interna que acabamos de ver no Resultado Interno. Equilibrada, com um consistente sentido da realidade, de seu corpo e de suas necessidades vitais, desde seu centro consegue sem tensão levar adiante seus empreendimentos materiais que vai concretizando com cuidado, perseverança e dedicação. Provavelmente pode se sentir atraída por atividades nas quais o corpo é fundamental, por exemplo, massagens, dança, esportes, fisioterapia, educação física, etc.

Capítulo 13

Os Primos: os Mesmos Elementos

Agora que vimos cada uma das 16 figuras, é interessante determo-nos um pouco naquelas que, por ser o produto dos mesmos elementos, podem levar-nos a enganos de interpretação.

Príncipe de Paus e Cavaleiro de Espadas

Os dois conjugam o Ar e o Fogo na sua composição, e ambos são igualmente masculinos com um leve toque feminino: Mα Mβ.

No entanto, o primeiro representa o aspecto aéreo do Fogo e o segundo, o aspecto fogoso do Ar.

A natureza básica do príncipe é fogosa. É um personagem instintivo, impulsivo, cheio de energia vital e entusiasta, como toda a família de Fogo. Suas motivações mais profundas estão além, ou melhor, aquém de qualquer discriminação ou julgamento, de índole moral, prática ou mental.

O canal de expressão de suas qualidades é mental, isto é, expressa toda esta energia sob a forma de pensamentos, projetos e propostas a serem realizados, embora a concretização deles não seja seu departamento. Suas ideias estão firmemente arraigadas no instinto, ou seja, em seu interior. Suas elaborações intelectuais levam seu selo pessoal. Jamais agitará bandeiras alheias e sempre se considerará o centro de seu universo.

O Cavaleiro de Espadas possui uma natureza fundamentalmente intelectual, seu mundo é o da mente; adquire, analisa e rumina informações e ideias, embora não tenha grande capacidade de reelaborá-las, como faz o Príncipe de Espadas. Seu canal de expressão é impulsivo, inconsciente e, como o Fogo, muitas vezes destrutivo. É a mais pura expressão da mente exaltada. Pode mostrar um valente defensor de um ideal ou de uma opinião, personalidade na divisa de um fanático alucinado. A história mostra a pouca profundidade, elaboração e originalidade das teorias mais radicais que os exaltados de todas as doutrinas defenderam, geralmente com um poder destrutivo lamentável.

O Ar é o elemento mais permeável de todos os quatro. Podemos afirmar que somos continuamente invadidos por pensamentos, ideias e crenças que acabamos considerando próprios, quando, na realidade, não vêm da experiência pessoal. Assim, para este Cavaleiro, cuja tendência é de jogar-se impetuosamente na ação, irá lhe bastar qualquer desculpa intelectual, qualquer ideia emprestada para gritar em praça pública: "arrependei-vos que o mundo se acaba".

Embora o Príncipe de Paus possa fazer de suas propostas apenas um meio para chamar a atenção: "se me tivessem escutado...", elas, estando enraizadas no seu instinto, são geralmente mais verdadeiras, originais, honestas e elaboradas que as de seu primo: o Cavaleiro de Espadas.

Rainha de Paus e Cavaleiro de Copas

Nestas personalidades se combinam os elementos Água e Fogo puros, Mα Fβ. Podemos considerá-los os filhos do Cavaleiro de Paus e da Rainha de Copas. Os dois são igualmente equilibrados na sua proporção de masculino/feminino.

A natureza profunda da Rainha de Paus, o aspecto aquoso do Fogo, é instintiva, impulsiva e entusiástica. Seu canal para expressar tudo isso é emocional. Apresenta uma fachada emocional sob a qual ferve seu sangue. Sua energia instintiva não se manifesta em seu estado bruto, como no caso do Cavaleiro de Paus, nem centrífuga, como com o Príncipe do mesmo naipe, mas é refinada, enriquecendo-se com as qualidades femininas da Água. Suas emoções chegam firmemente enraizadas no seu lado instintivo. Essa Rainha é poderosa, extrovertida e centrada ao mesmo tempo. Sua forte conexão interna (Emocional-Instintiva) lhe permite poder viver com mais facilidade seu lado animal, simbolizado pelo leopardo. Como mãe, bate na polícia se querem prender o filho. Como amante, é uma bacante que se entrega ao amor e ao prazer sexual com paixão animal, sempre querendo mais, esquecendo horários, contas, obrigações e a comida no fogo. Dá uma excelente bailarina da Dança do Ventre, *stripper* e destaque de escola de samba. Violentas cenas de ciúmes para impor sua vontade são frequentes.

O Cavaleiro de Copas, o aspecto fogoso da Água, é uma personalidade basicamente emocional e sensível que expressa seus sentimentos de maneira ardente e impulsiva. Sua aparência quase agressiva de conquistador latino pode nos enganar, caso não saibamos que por baixo de todo esse fogo está a necessidade de preenchimento emocional. Esse macho galanteador, uma vez passados seus primeiros arrebatamentos, pode mostrar-se muito mais doce e feminino que o esperado. No entanto, é capaz de qualquer façanha, muitas vezes perigosa, pois, na ausência de Ar e Terra, não pensa nem mede as consequências de seus atos para conseguir estar com sua amada.

Se for uma pessoa emocionalmente carente, dirigirá toda sua energia para saciar suas necessidades de amor e atenção, sugando sem piedade suas vítimas. Esse tipo aparece com frequência nas revistas do coração, envolvido em escândalos ou crimes passionais. É o paquerador profissional.

Rainha de Espadas e Príncipe de Copas

São Fα Mβ e Mβ Fα, respectivamente. A Rainha personifica o aspecto aquoso do Ar, isto é, uma personalidade intelectual que se expressa emocionalmente. Vive no mundo das ideias, análises, doutrinas, ideais, teorias e leis; no entanto, sua necessidade de expressão emocional a leva a peneirar, questionar e repensar todas essas formas mentais, o que o Cavaleiro de Espadas, na sua compulsão pela ação, é incapaz. O Príncipe de Espadas também elabora, mas não pode sair da mente. A sensibilidade, compaixão e amorosidade da Rainha de Espadas a levam a questionar ideias injustas, critérios e leis caducos, transformando-se em uma reformadora da sociedade. Pode ser a teórica de um movimento político, social, ecológico ou reivindicativo.

Se foi educada sob um forte padrão repressivo, submetida a inúmeras normas de conduta das quais é incapaz de libertar-se, irá se sentir dividida e sofrerá muito mantendo uma severidade artificial com ela mesma e com o mundo, e tentará vender suas ideias com o melhor de seus sorrisos. Talvez procure uma válvula de escape para suas emoções, enchendo a casa de animais de estimação ou devotando-se a uma organização de caridade.

O Príncipe de Copas, o aspecto aéreo da Água, não está interessado em leis ou em mudar a sociedade, mas em transformar o indivíduo, começando por ele mesmo. Essa é uma personalidade basicamente emocional que se expressa intelectualmente. Por fora, pode parecer um sisudo professor de psicologia ou literatura, no entanto, suas motivações são emocionais. Precisa expressá-las e o faz intelectualmente. Vê-se obrigado a estudá-las, analisá-las, catalogá-las, discriminá-las e compará-las para poder emitir suas conclusões. Vai descobrindo os mecanismos que as governam e aprende a respeito de si mesmo e dos outros. Não só tem maior facilidade para manter-se centrado do que sua prima, a Rainha de Espadas, mas é também uma das personalidades mais orientadas para a procura da felicidade.

Se esse Príncipe está carente emocionalmente, faz terapia ou tenta manipular emocionalmente os outros. Enfim, tem certos conhecimentos obtidos por meio da auto-observação, que facilitariam tais jogos para encher seus buracos.

Princesa de Espadas e Príncipe de Discos

Temos aqui o aspecto térreo do Ar e o aspecto aéreo da Terra, ambos bem equilibrados: MβFβ.

A Princesa é uma personalidade basicamente intelectual, vive no mundo das ideias, doutrinas e teorias. Sua necessidade expressiva a leva a colocar em prática tudo o que passa pela sua cabeça. "Antes de acreditar em alguma coisa, é necessário ver se funciona na prática", diz. Assim, ela vai pondo ordem nesse mundo mental, desmascarando os preconceitos, as falsidades e as doutrinas tendenciosas, e reelaborando sua visão de mundo a partir das lições que tira de suas próprias experiências. Não espera que sua mãe, a Rainha, consiga promulgar determinadas leis no parlamento para conquistar um lugar para aplicá-las de fato. Pode dar um revolucionário partidário da insurreição armada, líder de um movimento de comunidades alternativas, etc.

É o pragmatismo em ação, só perde para a Princesa de Discos. Sua ausência de Água e Fogo, elementos que favorecem a aproximação das pessoas, pode determinar um certo isolamento e desconfiança do mundo que a rodeia, importando-se bem pouco se com o resultado de seus atos alguém possa sofrer.

O Príncipe de Discos é um sujeito intrinsecamente conectado com a matéria e com seu corpo físico. Como toda sua família, dá uma atenção prioritária às suas necessidades corporais e materiais. Sua conexão com este mundo se expressa intelectualmente; assim, observa, investiga, discrimina e propõe leis e teorias a respeito do funcionamento do mundo material. Saúde física e financeira são seus objetivos.

Pode ser um exímio anatomista, consultor financeiro, engenheiro agrônomo, agente tributário ou dono de banco. A ausência de Água e Fogo pode levá-lo a desenvolver as mesmas características negativas que sua prima, a Princesa de Espadas.

Rainha de Discos e Princesa de Copas

A Rainha de Discos, o aspecto aquoso da Terra, e a Princesa de Copas, o aspecto mais térreo da Água, são Fα Fβ e Fβ Fα, respectivamente. A primeira é, na Natureza, a vegetação, onde esta se mostra mais viva, exuberante e abundante. Esta personalidade é fundamentalmente prática, está sintonizada com suas sensações físicas e com o prazer que dá possuir as coisas. No entanto, a motivação para a expressão são suas emoções; seu jeito de apresentar-se é emocional. Suas emoções a empurram a usar o mundo da matéria para se satisfazer. Seu amor pode levá-la a cuidar de um apiário e levar mel para a merenda das crianças da escola, ou seu medo pode transformá-la em uma mãe superprotetora, que compra a autonomia de seus filhos com presentes e doces.

Se é pouco ou mal-amada, pode mostrar-se generosa em excesso.

A Princesa de Copas, de natureza fundamentalmente emocional, expressa-se no mundo material e concreto levando sua sensibilidade a adquirir as mais variadas formas. Precisa colocar em prática suas emoções e procurar canais para realizá-las. Pode procurar o movimento e achar a dança, as cores e descobrir a pintura, o volume, o som e enveredar-se pelos caminhos da escultura ou da música. Canaliza o que sente diretamente sem intermediários ou desvios mentais. Pode transcender a mente e os desejos instintivos para derramar seus sorrisos, suas lágrimas, sua compaixão, sem medos nem rancores. Nessa espontaneidade, sua espiritualidade tem o caminho aberto, e essa princesa pode virar a voz do oráculo, como também o foi da dança, da música, da poesia, tudo ao mesmo tempo.

Comove-se com seu ambiente e expressa tanto a alegria como o sofrimento em suas composições. Pode converter-se em um perigoso espectador para o sistema, embora nunca teorizará nada.

Bem pode ajudar a sua prima com o mel, mas, quando visitam a escola, será ela a primeira voz do duo. A primeira terá um jardim de flores das quais extrairá elixires, a segunda pintará as que vir nas suas caminhadas nas montanhas.

Se não resolver seus medos, adotará traços de artificialidade e vaidade. Se teme expor suas emoções, irá se ocultar detrás de rótulos como atriz, modelo ou coreógrafa, que continuará interpretando fora do horário comercial.

Princesa de Paus e Cavaleiro de Discos

A Princesa de Paus, aspecto térreo do Fogo, e o Cavaleiro de Discos, aspecto fogoso da Terra, têm a mesma polaridade: $F\beta$ $M\alpha$ e $M\alpha$ $F\beta$, respectivamente; equilibrada, embora com um leve predomínio da masculinidade.

Assim, a Princesa tem uma personalidade fortemente instintiva. Seus impulsos precisam tomar uma expressão prática imediatamente. Se não o faz, estará fabricando uma perigosa panela de pressão que pode explodir a qualquer momento, podendo tomar a forma de crises histéricas altamente destrutivas.

Vive intensamente sua sexualidade como sua mãe, a Rainha; no entanto, com a ausência de Água, os sentimentalismos, envolvimentos emocionais e apegos não formam parte de seu *script* preferido.

É tão direta e objetiva na materialização de suas necessidades vitais que pode parecer agressiva, e, de fato, qualquer ataque ao que ela considera seus direitos de sobrevivência é respondido imediatamente. É sociável e amiga de festas. A falta de Ar lhe dificulta qualquer planificação e visão a longo prazo, de maneira que, embora seja mais forte que sua comadre, a Princesa de Espadas, esta acaba construindo uma estrutura material mais confortável e estruturada. É o instinto de sobrevivência levantando muralhas para proteger-se das enchentes.

O Cavaleiro de Discos, como as outras três personalidades de Discos, vive firmemente enraizado na matéria; sua motivação essencial é satisfazer suas necessidades básicas. E nisso investe sua energia e seu dinamismo de Cavaleiro. Trata de resolver suas necessidades materiais imediatamente; não tem tempo nem cabeça para elaborar planos, tomar decisões importantes, procurar emprego e, se este lhe dá condição para comer e para ter uma vida minimamente confortável, nunca pensará em especializar-se ou procurar um trabalho melhor. Não mede suas forças nem a rentabilidade de seu desgaste energético. Para o observador distante, o Cavaleiro parecerá uma personalidade mais ativa, pois sua expressão é sempre dinâmica, embora seu enraizamento na matéria o leve a ser mais realista e paciente que os outros Cavaleiros. A Princesa terá maior reserva energética que ele e, embora possa parecer mais circunspecta e objetiva, suas motivações são instintivas. O primeiro trabalha, e trabalha até cansar ou conseguir o que quer, podendo se desgastar muito, e a Princesa realiza.

Relacionamentos entre as Figuras da Corte

Sendo que somos atraídos por pessoas que tocam nosso lado mais íntimo, que nutrem nossa essência, podemos afirmar que uma determinada personalidade fica ligada a outra cuja Expressão externa coincida com a Natureza Interna da primeira.

Pessoas com muito Fogo (Natureza Interna – Fogo/Paus) gostam de ser estimuladas e energizadas pelos seus companheiros e não se sentirão atraídas por pessoas preguiçosas, mas por pessoas dinâmicas que, como elas, também têm e expressam muito Fogo (Expressão Externa – Fogo/Cavaleiros). As personalidades de Paus ficam atraídas pelos Cavaleiros.

Alguém que tem muita Água (Natureza Interna – Água/Copas) buscará intimidade nos seus relacionamentos e se sentirá atraído por pessoas que expressem suas emoções (Expressão Externa – Água/Rainha). A família de Copas se apaixona pelas Rainhas.

Quem tiver muito Ar (Natureza Interna – Ar/Espadas) quer alimentar seu intelecto, trocar ideias e coisas novas nos seus relacionamentos, senão fica entediado. Sentirá atração por pessoas que têm agilidade mental suficiente para proporcionar tudo isso (Expressão Externa – Ar/Príncipes). A família de Espadas se interessa pelos Príncipes.

Quem tem muita Terra (Natureza Interna – Terra/Discos) quer basicamente segurança e estabilidade, que serão proporcionadas por pessoas que saibam materializar e concretizar (Expressão Externa – Terra/Princesas). A família de Discos prefere as Princesas.

Esse é então um tipo de relacionamento nutritivo e simbiótico que tem muitas possibilidades de ser duradouro.

Outro tipo de relacionamento é o intercâmbio: por exemplo, A tem muita Terra (uma figura de Discos) e B, nenhuma, enquanto B tem muita Água (é uma figura de Copas) e A, nenhuma. Nesse relacionamento B aprende a ser prático e A, a conectar-se com suas emoções e a expressá-las. Para que esse tipo de relacionamento aconteça, A e B devem ter certo amadurecimento para poder apreciar qualidades diferentes das próprias nos outros. Esse é um relacionamento em que a pessoa é atraída por aquilo que não tem e que pode acabar quando se completou a experiência, isto é, quando cada pessoa apreendeu o que tinha para apreender da outra. Aqui estudaremos só o primeiro tipo de relacionamento.

Deixando de lado inicialmente as figuras nas quais se repetem os elementos, Cavaleiro de Paus, Rainha de Copas, Príncipe de Espadas e Princesa de Discos, vejamos como se comportam as outras.

A personalidade **Rainha de Paus** adora as atitudes impulsivas, decididas e espontâneas dos Cavaleiros, cujo estilo instintivo e direto é lenha no Fogo interno da Rainha. No entanto, o Cavaleiro de Discos não fica especialmente atraído pela expressão emocional, sensível e terna da Rainha. As manifestações da Rainha são para esse Cavaleiro "pão-pão, queijo-queijo", uma frivolidade. O Cavaleiro de Espadas também não se interessa pela Rainha, acha-a "um pouco burra e sem cultura". O Cavaleiro de Paus quer algo ainda mais fogoso. Quem fica apaixonado pela Rainha de Paus é o Cavaleiro de Copas, que se sente mexido e nutrido em sua Natureza Interna emocional.

Esse relacionamento Água/Fogo pode tomar a forma de uma incandescente paixão, como Páris e Helena: eles se enfiarão na cama e darão às costas para o mundo. É importante que encontrem alguma forma de evoluírem para não acabarem se entediando mutuamente. Sugerimos o Tantra para dar um canal de expressão espiritual ao Fogo.

A personalidade **Príncipe de Paus**, como figura de Fogo que é, se interessa pela expressão fogosa dos Cavaleiros. No entanto, o Cavaleiro de Discos não fica atraído pelo Príncipe, que o acha pouco conectado com a realidade. O de Copas, que se nutre de emoções, também não fica entusiasmado com as ideias do Príncipe e menos ainda o de Paus, que procura alguém mais impulsivo, direto e instintivo. É o Cavaleiro de Espadas quem se encanta com esse Príncipe, que o nutre de ideias.

Este alimenta o Fogo do Príncipe. Assim que se encontrarem, elaborarão aéreos projetos e terão maravilhosas ideias que talvez nunca coloquem em prática. Podem abrir um jornal ou uma oficina de ideias e tentar vender seus projetos para deus e o mundo. Esse relacionamento Ar/Fogo pode ter também uma forte conotação sexual.

A **Princesa de Paus**, também atraída pelos Cavaleiros, acha seu par no Cavaleiro de Discos. O de Espadas, que fica ligado às pessoas de ideias inteligentes e cultas, não dá muita "bola" para essa Princesa, enquanto o Cavaleiro de Copas pode achá-la um pouco tosca e insensível. Para o Cavaleiro de Paus, essa Princesa é séria e prática demais. O Cavaleiro de Discos, sempre vinculado a preocupações de tipo corporal e material, sente-se seguro e apoiado pela Princesa de Paus e admira sua capacidade de materializar as coisas. Nesse relacionamento Fogo/Terra, a Princesa alimenta seu Fogo interior com as atitudes fogosas de seu Cavaleiro. Provavelmente, irão para o mato, criarão cabras e galinhas, cultivarão com suas próprias mãos uma horta, construirão uma casa, terão um monte de filhos...

A personalidade **Cavaleiro de Copas**, como vimos, apaixona-se pela Rainha de Paus, embora inicialmente se interesse por todas as Rainhas. Provavelmente, a Rainha de Espadas acha que ele é um idiota romântico ou machista, com a cabeça cheia de ilusões. A de Discos acha-o um doido sedutor que não sabe onde pisa. A de Copas acha-o um chato que só pensa em sexo.

A personalidade **Príncipe de Copas** fica atraída pela rica expressão emocional das Rainhas. No entanto, a Rainha de Paus o acha pouco fogoso e intelectual demais para seu gosto, e a de Discos, que ele vive no mundo da Lua. A Rainha de Copas fica incomodada com a mania de o Príncipe ficar analisando suas emoções, em vez de deixar vivê-las em paz. Quem fica louca por ele é a Rainha de Espadas, que sabe apreciar as ideias de fundo emocional do Príncipe e que alimentam sua natureza mental. As manifestações emocionais, sensíveis e ternas da Rainha tocam em profundidade a natureza emocional do Príncipe. Esse relacionamento Água/Ar, baseado em uma intensa troca de carinho e ideias, pode levar esse casal a criar uma associação sem fins lucrativos para dar apoio psicológico a crianças carentes ou deficientes, uma empresa para dar consultoria na área de recursos humanos ou um centro de terapias onde o Príncipe de Copas seria o chefe da equipe terapêutica e a Rainha de Espadas, a editora da revista holística.

A personalidade **Princesa de Copas** sente-se atraída pelas Rainhas. A Rainha de Paus nem olha para a Princesa, tão pouco fogosa, tão envolvida com coisas materiais. A de Espadas não tem papo com a Princesa. A Rainha de Copas fica incomodada com o espírito prático demais da Princesa. No entanto, a Rainha de Discos acha nela sua companheira. As manifestações emocionais da Rainha encantam a Princesa que, por seu lado, alimenta a Rainha com sua capacidade de concretizar e materializar. Esse relacionamento Água/Terra pode transformar a Rainha de Discos na produtora artística da Princesa.

O **Cavaleiro de Espadas**, antes de entender-se perfeitamente com o Príncipe de Paus, fica interessado pelos outros Príncipes. O de Discos o acha completamente maluco, exaltado e sem nenhuma capacidade de levar suas ideias à prática, enquanto o de Copas o ignora por ser insensível e fanático. O de Espadas perde a paciência com as atitudes impulsivas do Cavaleiro e procura outro auditório no qual ninguém dispute a palavra com ele.

A **Rainha de Espadas**, atraída pelos Príncipes, desilude-se com o Príncipe de Paus, que a considera emocional demais e pouco fogosa, e com o Príncipe de Discos, que a acha pouco prática. O de Espadas foge das emoções dela que, segundo ele, avacalham a objetividade mental da Rainha. Como vimos, a Rainha de Espadas acha seu companheiro na personalidade Príncipe de Copas.

A **Princesa de Espadas**, atraída pelos príncipes, é pouco considerada pelo Príncipe de Paus, que a acha pouco sexy e muito materialista. O Príncipe de Copas acha-a nada romântica e um tanto ríspida. O Príncipe de Espadas fica incomodado com a "mania" que a Princesa tem de querer levar suas ideias à prática. Isso não é para ele, que prefere deixar as ideias no mundo das ideias. No entanto, o Príncipe de Discos admira prontamente o poder de concretização da Princesa, que fica nutrida e apoiada, em sua natureza mental, pelas ideias do Príncipe de Discos. Esse relacionamento Terra/Ar pode resultar rapidamente em uma empresa onde a chefia de produção será da Princesa e a de administração, do Príncipe.

O **Cavaleiro de Discos**, atraído pelas princesas, não se entende bem com a de Copas, que o acha rude e direto demais, nem com a de Espadas, que simplesmente o acha bastante burro. A Princesa de Discos o chama de imprudente e fresco. No entanto, esse Cavaleiro se dá bem, como vimos, com a Princesa de Paus.

A **Rainha de Discos**, inicialmente, é ignorada pela Princesa de Paus, que a acha pouco fogosa e melosa demais, e pela Princesa de Espadas, que a acha cafona e curta de ideias. Também a Princesa de Discos não gosta dela, especialmente do modo como se deixa levar pelos sentimentos. Finalmente, esta se dá bem com a Princesa de Copas.

O **Príncipe de Discos** leva um fora da Princesa de Paus por ser enjoado, sério demais e pouco fogoso, e da Princesa de Copas por ser aéreo e sem emoções à vista. Já a de Discos o acha um charlatão. É com a Princesa de Espadas, como vimos, que se entende perfeitamente.

Agora vejamos as personalidades em que se repete o elemento: o Cavaleiro de Paus se interessa pelos Cavaleiros, sente-se nutrido em seu Fogo interior pelas expressões destes últimos. No entanto, nenhum dos três Cavaleiros quer o Fogo que o de Paus oferece. Por outro lado, a Rainha, o Príncipe e a Princesa de Paus gostam das expressões fogosas dele, mas o que os três têm para dar não satisfaz o Cavaleiro de Paus, como vimos nos casos anteriores. Este tem de encontrar outro Cavaleiro de Paus para entender-se. Esse relacionamento Fogo/Fogo pode chegar a ser exageradamente sexual e explosivo. Podem formar uma dupla invencível no Paris-Dakar ou outros esportes radicais.

A **Rainha de Copas** gosta das outras rainhas que mexem com sua natureza emocional. No entanto, elas não lhe correspondem. É pouco fogosa e passiva demais para a Rainha de Paus, sem ideias para a de Espadas e pouco prática para a de Discos. Quem se interessa por ela são aqueles que têm uma natureza profunda de tipo emocional, isto é, as figuras de Copas. Como vimos, a Rainha de Copas não se envolve com nenhuma delas. A única opção é outra Rainha de Copas, dando lugar a um relacionamento Água/Água. Podem montar um centro paranormal, uma tenda cigana ou até escrever folhetins ou roteiros para telenovelas.

A personalidade **Príncipe de Espadas** interessa-se pelos Príncipes. Mas esta será uma atração não correspondida:

– Falta-lhe iniciativa, Fogo – diz o Príncipe de Paus.
– Não expressa suas emoções – reclama o de Copas.
– Está fora da realidade – sentencia o de Discos.

Por outro lado, o Príncipe de Espadas descarta, como vimos anteriormente, o Cavaleiro, a Rainha e a Princesa de Espadas, que gostam de suas ideias. Nesse caso, também a solução é outro Príncipe de Espadas. Esse relacionamento Ar/Ar provavelmente não conseguirá sair do mundo das ideias. No melhor dos casos, podem abrir uma escola de filosofia, de matemática ou de idiomas.

Finalmente, temos a **Princesa de Discos**, que ficará no pé de suas comadres, as Princesas. Fria demais para a Princesa de Paus, insensível para a de Copas, sem papo para a de Espadas. Esta também não vai gostar do Cavaleiro, da Rainha nem do Príncipe de Discos. Assim, a possibilidade de achar seu companheiro é encontrar outra Princesa de Discos.

Esse relacionamento Terra/Terra pode dar uma empresa imobiliária, uma academia de musculação ou um centro de massagem.

Capítulo 14

Os Arcanos Menores e Suas Correspondências

As quatro séries numeradas

Os Arcanos Menores numerados, integrados por quatro séries, naipes ou suítes: Paus, Copas, Espadas e Discos, atribuídos aos quatro elementos que, segundo os gregos, compõem a matéria: Fogo, Água, Ar e Terra, expressam diferentes manifestações específicas dos quatro aspectos da natureza humana: energia, emoção, mente e corpo físico.

Os Paus crescem na natureza e fornecem o combustível para alimentar o fogo. Correspondem-se com o elemento Fogo, masculino/ativo, que se manifesta em três níveis: instintivo, criativo e espiritual, pois finalmente o Fogo emite luz. Claro que para chegar ao nível espiritual necessitamos viver plenamente os dois anteriores. Representam nossa energia, que podemos investir em subir montanhas, trabalhar, criar, fazer sexo, etc. É nossa potência criativa e sexual. Do mesmo jeito que podemos trabalhar a madeira, mas não a fabricar, podemos canalizar nossa energia, mas não a inventar. A energia do Fogo é algo autônomo, que surge de nós independentemente de nossa vontade, e assim como a madeira procede da terra e da escuridão, nossa energia procede do corpo e do inconsciente. As dez cartas de Paus representam dez maneiras de viver e/ou expressar nossa energia. Conectada com a essência em direção para o novo no Ás, dividida no Dois, como uma expressão de nossa individualidade no Três, de um modo ordenado, estruturado e estável no Quatro, forçando a barra no Sete, como uma explosão no Oito, etc. Mostram o que fazemos com nossa vitalidade, criatividade e instintividade, como tomamos iniciativas. Em nossa sociedade, geralmente colocamos mais energia no trabalho, de maneira que essas cartas mostram também como estamos trabalhando, isto é, de que forma expressamos nossa energia no trabalho.

Usamos as Copas como recipiente de líquidos. As Copas são instrumentos receptivos vinculados ao elemento Água, feminino/receptivo. As dez cartas de Copas representam diferentes estados emocionais: o desabrochar emocional no Ás, a autoestima no Dois, a estabilidade emocional no Quatro, a alegria no Seis, a tristeza no Oito, o sufoco no Dez, etc.

As espadas são forjadas no fogo e temperadas na água, assim como o elemento Ar, masculino/ativo, com o qual se correspondem, é filho dos elementos primordiais masculino e feminino, Fogo e Água. As Espadas correspondem-se com a mente. Assim como estas se temperam e amolam, a mente se agudiza e amplia. As espadas têm dois gumes, com um destroem, mas com o outro podem construir (por exemplo, um estado de direito onde impera a lei), e a mente pode negar ou afirmar e sempre se mover no âmbito da polaridade. Na suíte de Espadas, temos o mundo da mente, das ideias, dos projetos, da ciência, dos conhecimentos, da informação e da comunicação, da linguagem, da atividade mental, etc. Mostram dez estados ou mecanismos mentais: a mente silenciosa ou não mente no Ás, a mente conciliadora no Dois, arrasada pela dor no Três, destrutiva no Cinco, objetiva no Seis, esponja no Sete, cruel no Nove, etc.

Finalmente, os Discos, Ouros ou Moedas, cuja matéria-prima é dada pela natureza e depois trabalhada para ser acunhada, são atribuídos ao elemento Terra, feminino/receptivo, o mais saturado dos quatro elementos; correspondem-se em primeiro lugar com nosso corpo, que inicialmente nos é dado pelos nossos pais, mas que vamos construindo ou destruindo com nossas atitudes, e que continua pelo bolso, a conta bancária, as fontes de renda e o patrimônio. As dez cartas de Discos expressam dez maneiras diferentes de nos relacionarmos com o corpo e com o mundo material: despertando nossa consciência corporal e/ou iniciando um empreendimento material no Ás, construindo uma estrutura estável no Quatro, destruindo o corpo e/ou as finanças no Cinco, melhorando a saúde e a beleza corporal e/ou atingindo um estado financeiro de harmonia e equilíbrio no Seis, etc.

Não somos compartimentos estanques, é claro que uma carta de Copas (emoções) pode nos afetar energeticamente. Por exemplo, o Oito de Copas (A Indolência), que mostra um estado emocional de tristeza com tendência à depressão, nos atingirá no plano energético causando uma baixa na vitalidade; uma carta de Espadas (intelecto) pode mexer com nosso lado material, por exemplo, o Seis de Espadas (A Ciência), que mostra uma mente objetiva e realista, que pode nos ajudar a melhorar nossa situação econômica. No entanto, estaríamos extrapolando se ligássemos os Paus ao otimismo ou a bons negócios materiais. Falar que as Copas são reflexões, experiências tranquilas, alegria ou passividade, tampouco me parece correto. Alguns autores, provavelmente pelo ranço divinatório, atribuem às Espadas significados como: conflitos, emoções perturbadas ou coléricas, tristeza ou sabedoria. Os Discos ou Moedas também não escapam de alguns significados mirabolantes, como emoções estáveis ou atividades rotineiras. Outra tendência com a qual não concordo é achar que Paus e Copas falam em experiências felizes, enquanto Espadas e Discos mostram problemas ou aspectos difíceis da vida; ou que Paus e Discos falam em atividades mentais, enquanto Copas e Espadas mostram as emoções.

Correspondências astrológicas

Outra importante contribuição de Crowley para a sistematização do Tarô foi a introdução de uma correspondência astrológica completa, designando um planeta e um signo para cada Arcano Menor, com a exceção dos Ases, aos que atribui um quadrante astrológico, como vemos na ilustração "Os Arcanos Menores, os planetas e os signos".

Os Arcanos Menores, os planetas e os signos. Anel interno: os signos; 2º anel: as 36 cartas, desde o 2 até o 10; 3º anel: os planetas regentes de cada decanato. Anel externo: os ases.

Os signos de Fogo são atribuídos às cartas de Paus. Áries, o cardinal, às três primeiras cartas: Dois, Três e Quatro. Leão, o fixo, às três segundas cartas: Cinco, Seis e Sete. E Sagitário, o mutável, com as três últimas: Oito, Nove e Dez. Do mesmo modo, os signos de Água, que se correspondem às Copas: Câncer, o cardinal, às três primeiras; Escorpião, o fixo, às três segundas; e Peixes, o mutável, às três últimas. E assim sucessivamente com as Espadas e os Discos, como vemos na tabela a seguir:

	Dois, Três e Quatro	Cinco, Seis e Sete	Oito, Nove e Dez
Paus	Áries – Cardinal de Fogo	Leão – Fixo de Fogo	Sagitário – Mutante de Fogo
Copas	Câncer – Cardinal de Água	Escorpião – Fixo de Água	Peixes – Mutante de Água
Espadas	Libra – Cardinal de Ar	Aquário – Fixo de Ar	Gêmeos – Mutante de Ar
Discos	Capricórnio – Cardinal de Terra	Touro – Fixo de Terra	Virgem – Mutante de Terra

Cada signo ocupa 30 graus do Zodíaco; está dividido em três decanatos de dez graus e cada um deles é regido por um planeta diferente. Assim, quem governa o primeiro decanato é atribuído à primeira carta. O planeta que rege o segundo decanato será atribuído à segunda carta e o terceiro, à terceira. Graficamente, Crowley representou essas atribuições na ilustração anterior.

Cada Ás se corresponde com o quadrante astrológico cujo signo do meio é o signo fixo do elemento, que se corresponde com a série da carta. Assim, o signo central do primeiro quadrante é Touro, signo fixo do elemento Terra. Corresponder-se-á com o Ás de Discos.

Correspondências com a Árvore e os quatro mundos cabalísticos

No capítulo 5, atribuímos os Ases a Kether, os Dois a Jokmah, os Três a Binah, e assim sucessivamente, como vemos na ilustração ao lado.

O Ás de Paus liga-se ao Kether; o de Copas, ao aspecto aquoso; o de Espadas, ao aspecto aéreo; e o de Discos, ao aspecto térreo. O Dois de Paus se corresponde com o aspecto fogoso de Jokmah; o de Copas, com seu aspecto aquoso; o de Espadas, com seu aspecto aéreo; e o de Discos, com seu aspecto térreo. A correspondência completa está no Apêndice 4. A explicação das sephiroth, seus significados, correspondências planetárias, experiências espirituais atribuídas, etc., estão distribuídas nos próximos quatro capítulos e no Apêndice 4 – Introdução à Árvore da Vida.

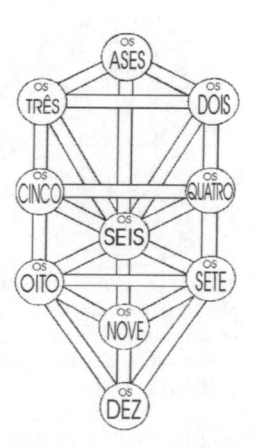

A Árvore e os Arcanos Menores.

Cada série está relacionada com um mundo cabalístico: Paus com Atziluh, o mundo arquetípico; Espadas com Briah, o mundo da criação; Copas com Yetzirah, o mundo da formação; e Discos com Assiah, o mundo físico. Pode-se observar que os mundos vão do menos denso ao mais denso, como seus elementos atribuídos: Fogo, Ar, Água e Terra. No Apêndice 4, Introdução à Árvore da Vida, pode-se encontrar uma descrição dos Quatro Mundos Cabalísticos.

Capítulo 15

A Série de Paus

A expressão energética

As dez cartas de Paus representam diferentes manifestações de nossa energia. São dez modos de expressão de nosso fogo interno.

Ás de Paus – A Raiz dos Poderes do Fogo

O Ás de Paus aparece como um falo em chamas explodindo em todas as direções, com dez línguas de Fogo em forma de Yod e ordenadas segundo a estrutura da Árvore. Esta carta é chamada "A Raiz dos Poderes do Fogo". Nela, a Energia Primordial aparece em um estado inicial, sem nenhuma concretização prática. É só um impulso indeterminado em uma direção que ainda não conhecemos. Em palavras de Crowley: "Os Ases representam as raízes dos quatro elementos. São totalmente diferentes do resto dos Arcanos Menores, estando completamente acima deles; do mesmo modo que se disse que Kether está simbolizada só pelo ponto mais alto da Yod do Tetragramaton".

Corresponde-se ao aspecto fogoso de Kether (tradução literal: a Coroa). Nesta sephirah, anterior à polaridade, não existe nenhuma manifestação, só os primeiros hálitos. Nela se inicia algo que ainda não conhecemos e onde está a semente daquilo que depois vai ficar explícito. Kether representa a essência divina do ser humano; assim, todos os Ases são expressão da essência.

NA LEITURA TERAPÊUTICA
Momento Atual: o consulente está sentindo um forte impulso para iniciar uma nova atividade que, sintonizada com a sua essência, permite-lhe canalizar naturalmente sua energia. Ainda não existe nada concreto, além de certa tensão criativa e entusiasmo, mas tudo está disposto para que a ação ocorra. A segunda carta pode mostrar fatores internos que freiam a iniciativa ou de que maneira esta pode manifestar-se.

Âncora: com menos de 10% de Fogo, esta pessoa tem muita dificuldade de tomar iniciativas, de se jogar em algo novo, entregando-se a seus impulsos e intuições. Essa apreensão com o desconhecido pode ser amainada com a essência de Aspen.

Com mais de 50% de Fogo, atira-se de cabeça em qualquer coisa que a exalta, mas à menor dificuldade se desinfla, cansa-se e abandona, de maneira que não consegue dar continuidade a nada. O floral de Gentian a ajudará a perseverar em suas iniciativas, apesar dos reveses e complicações que possam aparecer, e a ampliar a visão de sua vida, facilitando-lhe assim a extração das lições necessárias.

Infância: com bastante Fogo, a criança tomava iniciativas com muita facilidade, entusiasmo e frequência. Tudo isso foi reprimido ou desvalorizado sistematicamente: "Você tem de pedir permissão", "Você não pode fazer o que der na telha", "Você tem de pensar antes de agir", etc., de maneira que deixaram a criança muito limitada na sua capacidade de tomar iniciativas. Se tiver pouco Fogo, pode ser que a família tomasse iniciativas profissionais às vezes precipitadas e impulsivas, sem resultados e que enfraqueceram sua segurança interna, de modo que hoje teme tomar qualquer iniciativa.

Relacionamentos: a) Mostra uma relação que dá apoio à pessoa para tomar iniciativas enraizadas em sua essência, e onde sua energia instintiva e criativa se manifesta. b) Temos aqui alguém que inicia relacionamentos com suma facilidade, fogosidade e impulsividade, mas que não consegue, nem pretende, dar-lhes profundidade nem continuidade. São relacionamentos de surfista. Vive na espuma das ondas, enquanto o fundo do mar lhe dá medo. Recomendaremos o uso do floral de Sticky Monkeyflower.* Também pode vender no mercado das relações a imagem de um empreendedor audaz, sempre tomando iniciativas profissionais espetaculares.

Voz da Essência e Método: o ser interno está pedindo algo novo e criativo. Já basta de atividades rotineiras e vazias. É urgente deixar-se levar pelos impulsos mais profundos e conectados com a essência. Chegou o momento para começar alguma coisa; não pode ser uma elaboração mental, mas algo que realmente vem de dentro com sua própria energia, entusiasmo e alegria. Algo novo que o estimule, que o leve a concentrar sua energia e atenção em uma nova direção, algo onde sua essência possa se manifestar, provavelmente no aspecto profissional. O floral de Sagebrush* estimulará o desapego com o velho para encarar melhor uma nova etapa, e o de Larch fortalecerá a confiança em sua capacidade.

Caminho de Crescimento: usando as chaves que apareceram nas posições anteriores, a pessoa está suficientemente em contato consigo mesma, talvez depois de uma época de desconexão, pronta para tomar iniciativas que realmente vêm de dentro e para as quais sua energia se direciona espontaneamente. Não se trata de fazer um esforço porque, se essa iniciativa ou atividade tem a ver com ela, virá com toda a força do inconsciente.

Resultado Interno: essa pessoa, produto de todo o processo que vimos até aqui, conseguiu identificar, entender e desativar as dificuldades internas que tinha de se jogar naqueles empreendimentos e aventuras que são a expressão autêntica de sua essência.

Resultado Externo: fruto de todo esse processo, a pessoa encara o mundo com a atitude interna que acabamos de ver no Resultado Interno. Toda sua energia se dirige para iniciar uma nova atividade em que sua essência se expressa, de maneira que o faz com grande entusiasmo, energia e alegria.

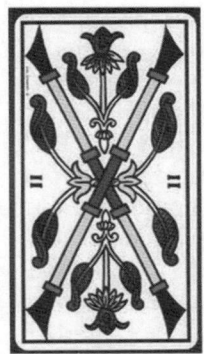

Dois de Paus – O Domínio

A energia que estava direcionada no Ás se polariza no Dois. Formam-se duas linhas de força representadas pelos dois *dorjes* cruzados. Esse instrumento cerimonial do Budismo tibetano representa o raio, símbolo do poder celestial no aspecto mais destrutivo que criativo, isto é, em sua forma primordial, já que podemos considerar a destruição o passo prévio para a criação ou construção. Seis chamas saem do centro da carta, representando a influência do Sol, regente de Tiphareth, esfera de número seis.

Este Arcano intitulado "O Domínio" mostra o conflito entre duas forças. A polarização não foi harmônica, existe um excesso de masculino. O aspecto fogoso (masculino α) da já impulsiva e masculina Jokmah (A Sabedoria), Pai de Tudo, princípio dinâmico da evolução, com a qual o Dois se corresponde, desenvolve uma exagerada tendência à competitividade, à luta, ao antagonismo e à divergência gerando uma luta interna e desgastante entre dois aspectos da personalidade. A correspondência astrológica, Marte em Áries, também mostra um excesso de masculino.

O Dois de Paus de Marselha, de Waite e de Crowley.

NA LEITURA TERAPÊUTICA

Momento Atual: a pessoa está tomando consciência de um conflito caracterizado pela luta entre duas tendências internas opostas, que acaba com sua energia. Uma, ligada ao instinto, Marte, de natureza impulsiva e animal, impulsiona-a para a satisfação de suas necessidades instintivas (prazer e sobrevivência). A outra é a expressão de suas autoimposições: "eu sou assim e tenho de me comportar de tal maneira". O instinto e o intelecto (trono do ego) se opõem com o conseguinte desgaste de energia. É muito provável que esse conflito interno se manifeste também no mundo externo, dando lugar a jogos de poder. Pode ser que o consulente esteja brigando com alguém ou com algo sem perceber que, se estiver em guerra consigo mesmo, estará em guerra com todos aqueles que representam esta zona de si mesmo que não aceita.

Âncora: esta carta mostra uma forte divisão e conflito na personalidade do consulente. É como se tivessem dois galos em seu galinheiro, um galo selvagem, instintivo e espontâneo, e um galo oficial, mascote da 7ª cavalaria, muito preocupado com o que dirão... as autoridades. O oficial morre de medo do que o selvagem possa fazer e o reprime, e o selvagem cada vez mais enraivecido se rebela com mais força contra os padrões coercitivos do oficial, que, cada vez mais assustado, impõe condições mais restritivas. A pessoa torna-se cada vez mais compulsiva e desgastada, pois usa sua energia para se conter. O consulente sente-se em uma panela de pressão a ponto de explodir e tenta com todas suas forças resistir. Destila raiva e frustração em elevadas doses, de maneira que as pessoas mais sensíveis preferem evitá-lo, pois vive brigando com ele mesmo e com os outros. A essência da flor de Snapdragon* ajudará a redirecionar sua energia instintiva. Nos planos externos, pode se manifestar como uma tendência a tentar dominar os outros, especialmente se aparece com O Imperador, que pode ser relaxada com o uso do floral de Vine.

Infância: pais dominadores, repressivos, autoritários e talvez violentos condicionaram sua aceitação, fazendo com que a criança se autocontrolasse permanentemente, acabando com suas iniciativas e sua espontaneidade. Esta se tornou insegura, covarde e manipuladora. Bloqueou seus instintos e acumulou enormes doses de raiva. Pode também mostrar luta de poder entre os pais.

Relacionamentos: a) Mostra uma relação que coloca em evidencia este mecanismo de autocontrole e ajuda o consultante a identificá-lo, primeiro passo para desativá-lo. Isso pode se dar de maneiras muito diferentes, no entanto, se nos reprimimos e nos autocontrolamos, o mais provável é que, para crescer, como vimos no Quarto Princípio do Tarô Terapêutico, vamos atrair pessoas repressoras, que nos levam a uma situação interna limite, em que podemos identificar, entender e ter a possibilidade de romper esse mecanismo interno de autocontrole antes que o mecanismo nos rompa. b) A pessoa quer dominar e controlar seu par. Pode ser de uma forma ativa, exigindo obediência, ou de um modo passivo, vendendo uma imagem de obediente, reprimida e submissa, mas no fundo controla. Na verdade, é uma canalização errada da energia sexual, que, em vez de dirigir-se para o prazer, é dirigida para o poder. Aqui também será aconselhável o uso do floral de Vine.

Voz da Essência e Método: chega de autocontrole. É hora de deixar a instintividade se manifestar. É importante que a pessoa perceba como a contínua autoimposição de um padrão restritivo sobre a natureza animal é uma barbaridade que acaba com a energia disponível, o bom humor e a criatividade, deixando como sequela alguns megatons de raiva acumulada e uma forte tendência a somatizar e sofrer acidentes. O primeiro passo será descarregar essa tensão é, preferencialmente, por meio da Meditação Dinâmica do Osho. Depois, pode ser muito útil um trabalho de análise bioenergética, que amolece as couraças musculares que inibem a expressão emocional e instintiva. O floral de Rock Water a ajudará a ser mais tolerante e flexível consigo mesma.

Caminho de Crescimento: usando as chaves que apareceram nas posições anteriores, a pessoa percebe até que ponto vive em uma desgastante e exagerada tensão interna, produto de seu autocontrole. Percebe as consequências funestas que esta atitude gerou em sua vida, fundamentalmente frustração e raiva. Esse já é um primeiro passo para enfrentar os medos, preconceitos e falsas identificações, que abortam sua espontaneidade e sua expressão instintiva e criativa. Também pode conscientizar-se de seus jogos de poder no lar ou no trabalho.

Resultado Interno: essa pessoa, produto de todo o processo que vimos até aqui, conseguiu identificar, entender e desativar as dificuldades internas que tinha para se expressar de maneira mais autêntica. Depois de uma boa catarse, encontrou as maneiras oficiais de fazer as selvagerias. Acabou, pois, com o conflito entre razão e instinto que lhe esvaziava sua energia.

Resultado Externo: indica que a pessoa vai atrair situações ou pessoas que reforçam a tal ponto este mecanismo de autocontrole, que não poderá continuar fingindo que não existe e se verá obrigada a trabalhar para eliminá-lo. Atrairá controladores, gente que a reprime com cruel intensidade, passando brutalmente por cima de seus direitos (um sócio que quer controlar a empresa, um chefe que quer impor normas exploradoras, um/uma parceiro/a autoritário/a, etc.), obrigando-a a buscar as origens deste mecanismo para desativá-lo.

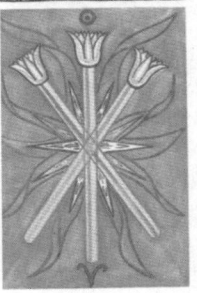

O Três de Paus de Marselha, de Waite e de Crowley.

Três de Paus – A Virtude

A imagem mostra três bastões coroados com as femininas flores de lótus, fazendo referência a Binah (o Entendimento), a Potência

Feminina do Universo, esfera que se corresponde com os três. As dez labaredas que surgem da intersecção dos bastões sugerem uma flor e passam uma ideia também feminina de expansão e harmonia. O Sol esclarece e espiritualiza a procura de identidade de Áries (eu sou). Mostra a energia colocada em ações que estão inspiradas no Eu verdadeiro. Aqui o fazer é a perfeita expressão do ser, e isso dá lugar ao virtuosismo e à transcendência.

Quando uma carta tem como atribuição o Sol, em algumas posições faz referência à manifestação mais autêntica do Eu, enquanto na Infância, Âncora e Relacionamentos se refere ao superego, à imagem de si mesma que a pessoa constrói a partir dos comportamentos aprovados pela sociedade.

Corresponde-se então com o aspecto fogoso de Binah, a Grande Mãe, o útero arquetípico que dá a primeira forma, tremendamente sutil, ao impulso de Jokmah. Aqui o masculino e o feminino se complementam e integram, dando lugar a uma saída criativa. O resultado é uma frutificação. A energia flui em direção a objetivos mais sublimes. É nesse sentido que devemos entender o título desta carta: "A Virtude", embora poderia ser "A Transcendência" ou "O Virtuosismo".

NA LEITURA TERAPÊUTICA

Momento Atual: a pessoa está entrando em contato com o impulso interno de fazer opções por atividades, geralmente profissionais, nas quais possa se sentir mais ela mesma, mais total, verdadeira e integrada. Provavelmente passou uma boa parte de sua vida fazendo coisas que nada tinham a ver com ela, viu as consequências e neste momento sente o impulso de fazer algo onde possa colocar seu selo pessoal. Observe que estamos falando de ação e não de resultados da ação.

Âncora: com muito Fogo (mais de 50%), leremos a Âncora por excesso. É uma pessoa a qual desenvolveu um ego que construiu seu sentido de importância pessoal por meio de atividades que são bem-vistas socialmente. Encantavam-lhe os animais, mas fez medicina porque é mais elegante. Construiu um pedestal do qual, com ar de superioridade, contempla o mundo mais abaixo, tentando compensar a frustração de não fazer o que realmente tem a ver com ela. Pode inclusive jogar em cima um verniz espiritual e frequentar igrejas, clubes ou ordens esotéricas, organizar ou participar de grupos de estudo, seminários, retiros, jantares beneficentes, enquanto reprime seus instintos e emoções "não tão santas". Morre de medo de expressar tudo o que não alimenta sua máscara. A essência de Lótus* será muito útil para amainar esse orgulho espiritual, conectando os centros psíquicos superiores com os inferiores, especialmente com o do coração.

Com pouco Fogo (menos de 10%), leremos a Âncora por falta. A pessoa tem uma incapacidade crônica para perceber e, portanto, para envolver-se em atividades que realmente tem que ver com ela. O uso da flor de Mountain Pride* afirmará sua habilidade para atuar a partir de sua verdade interior e de seus ideais.

Infância: para ser aprovada em casa, foi-lhe exigido ser uma criança modelo: obediente, limpa, serviçal, inteligente, virtuosa, quase perfeita. Foi obrigada a envolver-se em atividades chiques, mas que nada tinham a ver com ela, que gostava de samba, mas foi obrigada a aprender balé. Assim, foi perdendo sua espontaneidade e foi se transformando em um pequeno monstro cada vez mais requintado, dando uma de superior e de exemplo para os irmãos.

Relacionamentos: a) O relacionamento ajuda a pessoa a identificar as atividades que mais têm a ver com ela mesma e a envolver-se com elas. b) Vende nos relacionamentos um modelo de virtudes de namorada(o), de esposa(o) que a sociedade considera o *summum* do comportamento correto. Com O Ermitão, tem medo de mostrar suas necessidades instintivas. Faz de conta que transcendeu seu lado animal. Pode fazer apologia do celibato e do jejum em público, mas na calada da noite assalta a geladeira e se masturba, culpabilizando-se depois. O floral de Manzanita* a ajudará a aceitar o corpo.

Voz da Essência e Método: o ser interno está cansado de atividades sem graça que sugam sua energia. Existe uma ânsia interna para fazer algo que tenha realmente sentido e que lhe dê uma profunda gratificação. Algo em que sua criatividade possa frutificar. Sugerimos que a pessoa se envolva em atividades que tenham a ver com ela mesma, de maneira que seu fazer seja o reflexo de seu ser, sentindo-se assim mais plena e completa. Quando a pessoa já faz, em geral, aquilo de que gosta, pode ver aqui uma necessidade de priorizar o que a faça se sentir mais ela mesma, total e criativa, delegando para terceiros os aspectos que não tem tanto a ver com ela. Também poderia ser a necessidade de desenvolver um trabalho ou um estilo próprio ou inventar alguma coisa. A essência de Mullein* ajudará essa pessoa a seguir sua voz interior, e a de Sunflower* facilitará a expressão de sua individualidade.

Caminho de Crescimento: usando as chaves que apareceram nas posições anteriores, a pessoa percebe que sempre optou por atividades que pouco ou nada tinham a ver com ela e, agora, começa a se permitir escolher alguma de que goste e na qual se sinta mais ela mesma.

Resultado Interno: produto de todo o processo que vimos até aqui, a pessoa conseguiu identificar, entender e desativar os bloqueios e os medos que tinha para fazer exatamente aquilo de que mais gostava. Sente-se mais centrada internamente, total, protagonista e criativa em tais atividades. A ação brota dela como a mais pura expressão de si, da mesma que o perfume brota de uma flor.

Resultado Externo: vemos a pessoa encarando o mundo com a atitude interna que acabamos de ver no Resultado Interno. Finalmente faz o que no fundo quer, fortalecendo sua individualidade. Sem esforço nem ansiedade pelos resultados, expressa sua criatividade. Pode ser que o consultante coloque no trabalho sua consciência espiritual e seus ideais.

Quatro de Paus – A Consumação

Cada um dos quatro de paus tem a pomba de Vênus em uma ponta e o carneiro de Áries na outra. Vênus governa Libra, o signo oposto e complementar de Áries.

A imagem e a correspondência astrológica nos passam uma ideia de integração entre a amorosidade e a delicadeza feminina de Vênus e os impulsos masculinos de Áries. As oito chamas do centro (2 x 4) afirmam o equilíbrio, diz Crowley. Vemos aqui a consolidação e a estabilização da energia ativa por meio da complementação dos opostos.

A energia fogosa dos Paus, que tinha frutificado no Três, recebe agora a influência do Quatro que representa a estabilidade e a ordem que dão limites, canalizam, estruturam e concretizam os impulsos fogosos. No entanto, também podemos encontrar aqui certa estagnação e limitação, produtos do estabelecimento de uma ordem, de um condicionamento que, se colocado artificialmente, restringe a natureza impulsiva e sempre mutável do Fogo. Na Natureza, vemos que o fogo é o único que não aceita uma forma definida.

Assim, temos duas ideias, de certa maneira, divergentes: a) complementação que leva à conclusão; e b) limitação que origina tensão.

A posição e as cartas contíguas indicarão que aspecto predomina.

O Quatro de Paus se corresponde com o aspecto fogoso de Jesed (A Misericórdia), esfera onde o abstrato começa a concretizar-se e formulam-se as primeiras ideias arquetípicas.

Seu título é "A Consumação", também conhecida como "A Obra Perfeita".

O Quatro de Paus de Marselha, de Waite e de Crowley.

NA LEITURA TERAPÊUTICA

Momento Atual: a pessoa está questionando-se até que ponto consegue ser suficientemente operativa e funcional em suas atividades para chegar a resultados concretos. Sente o impulso de organizar-se, de trabalhar de maneira mais metódica ou inclusive de administrar melhor suas tarefas, trabalhando em equipe para poder chegar a resultados.

Âncora: por excesso mostra uma pessoa, que, especialmente no mundo do trabalho, foi exageradamente metódica e ordenada, sempre muito amarrada a suas rotinas. Todos os Quatros na Âncora por excesso são maneiras de esconder a insegurança. Assim se sente mais segura se repete constantemente as mesmas atividades, se não inventa, se não sai do conhecido, arriscando-se a se jogar no desconhecido, mesmo que no fundo se sinta cansada e tensa com tanta rotina e seu trabalho tenha cada vez menos graça. Acaba escrava de sua agenda, enganchada em esquemas e rotinas profissionais, em que procura a segurança que lhe falta interiormente. Viveu para trabalhar e fez do seu trabalho uma prisão. O floral de Hornbeam pode ajudá-la a aceitar sua rigidez e seus hábitos tediosos e a descobrir como mudar seu estilo de vida.

Infância: a criança cresceu em um ambiente em que tudo tinha determinado modo de ser feito, do qual não se podia sair sem criar sérios problemas. A rotina e os hábitos familiares impregnavam e determinavam todos os momentos e ações da casa. Muitas atividades programadas (escola, esportes, inglês, etc.), em que sempre tinha adultos para orientar e avaliar, suprimiam o tempo livre e a possibilidade de ser espontâneo ou realizar escolhas. Com o Nove de Espadas (A Crueldade), indicaria que essas normas foram impostas violentamente ou sob o peso de sérias ameaças com o Três de Espadas (A Aflição).

Relacionamentos: a) O relacionamento está ajudando a pessoa a organizar-se, a trabalhar com mais método e, como consequência, a concluir o que começa. Também pode ser uma relação que impulsiona a pessoa a trabalhar em equipe. b) Vende uma imagem de pessoa organizada, metódica, cumpridora e capaz. Talvez encare as relações como um "vamos trabalhar em equipe", "vamos nos complementar"; neste caso, a relação corre o risco de se tornar uma Sociedade Limitada.

Voz da Essência e Método: sugerimos que compre uma agenda e estabeleça prioridades em suas atividades, seja mais pontual com seus compromissos, não prometa aquilo que não tem possibilidades reais de cumprir e acabe uma coisa antes de começar dez. Para isso é necessário que identifique, entenda e desative as dificuldades internas que a impedem de ser mais metódica, organizada e disciplinada com seus horários. Uma boa recomendação é não deixar as coisas pela metade: "Já comeu? Lave a louça e escove os dentes". É importante que o consultante organize suas atividades para que não somente lhe deem prazer, mas que também catalisem sua criatividade e sejam lucrativas materialmente. O floral de Madia* o ajudará a concentrar-se em cada assunto sem distrações.

Caminho de Crescimento: usando as chaves que apareceram nas posições anteriores, a pessoa percebeu até que ponto era desorganizada e como isso lhe dificultava chegar a resultados concretos em suas atividades; assim que começa a organizar-se, a trabalhar com mais método, aprende a cooperar, facilitando dessa maneira chegar a resultados.

Resultado Interno: essa pessoa, produto de todo o processo que vimos até aqui, conseguiu identificar, entender e desativar as dificuldades internas que tinha para se organizar, para funcionar de um modo mais ordenado e metódico, para trabalhar em equipe e para concluir com maior fluidez suas iniciativas, integrando sua sensibilidade feminina e sua impulsividade masculina.

Resultado Externo: vemos a pessoa encarando o mundo com a atitude interna que acabamos de ver no Resultado Interno. Trabalha com método e organização, talvez formando uma equipe eficiente com muitas possibilidades de obter bons resultados e alcançar o sucesso. Expressa criatividade, amor e beleza em seu trabalho.

Cinco de Paus – A Luta

Esta carta intitulada "A Luta" mostra cinco varas cruzadas, sendo a maior o bastão do Adepto Chefe, uma forma do Caduceu de Mercúrio, na qual as serpentes olham em direções opostas, sugerindo a complementação de opostos que dá lugar ao crescimento e à transcendência. Esse bastão é de chumbo, o metal correspondente a Saturno, que aparece na atribuição astrológica. O Sol entre as asas leva o selo de sete pontas, que aparece no peito do Príncipe de Paus e no centro do Ás de Discos.

Os dois bastões, rematados pelo símbolo feminino do lótus, são os bastões do Adepto Menor, tal como o víamos no Três (A Virtude), e os outros dois são do Adepto Maior, o báculo de Thoth, rematado com a fênix da imortalidade que vimos na mão do Príncipe de Paus e no Mago. Adepto Chefe, Adepto Maior e Menor são graus hierárquicos do Círculo Interno da ordem da Golden Dawn. As chamas que surgem nas intersecções dos bastões têm forma helicoidal. A espiral é símbolo de geração e regeneração permanente, de maneira que essa carta não mostra tensões, a não ser uma tensão criativa, geradora.

O número Cinco introduz o tempo e o movimento que desordenam o sistema estabelecido no Quatro, rompendo seus limites e possibilitando a evolução do sistema. Nesse sentido, o Cinco não só anarquiza e subverte o *status quo*, mas também permite que novos objetivos criativos sejam contemplados.

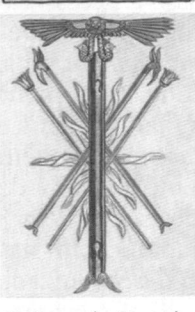

O Cinco de Paus de Marselha, de Waite e de Crowley.

O segundo decanato de Leão, governado por Saturno, que dá forma aos desejos do Leão, é atribuído a essa carta. Se tais aspirações chegam do coração, o movimento será evolutivo, dinâmico e impulsivo, sem virar compulsivo nem desgastante. Se os objetivos leoninos estão mais sintonizados com a vaidade, a autoafirmação do ego, a competitividade e o poder, essa carta levará a um aumento de tensão, a compulsões e rivalidades desgastantes. Mesmo que a carta se chame "A Luta", não se trata necessariamente de uma batalha agressiva, competitiva e desgastante, mas de ter claros os verdadeiros objetivos em que a criatividade de Leão possa se expressar, liberando assim a energia necessária para ir à luta.

Corresponde-se com o aspecto fogoso de Geburah (a Severidade), o Senhor do Medo e da Severidade, o "cirurgião celeste", como o chama Dion Fortune. Esta sephirah representa o aspecto catabólico ou destrutivo da força. Binah contém e freia a força, o impulso masculino na forma feminina. Geburah, cujo planeta é Marte, depura e destrói todas as formas que se afastaram do impulso original de Kether. Essa carta é necessariamente dinâmica e impulsiva; no entanto, estando Geburah no pilar feminino da Árvore, o impulso masculino do Fogo pode ser canalizado, coisa que era praticamente impossível com o Dois de Paus.

NA LEITURA TERAPÊUTICA

Momento Atual: a pessoa sente o impulso de reformular seus objetivos, talvez porque cada dia é mais difícil dar continuidade a suas iniciativas. Isso a leva a questionar se seus objetivos são válidos, ou seja, se por meio das iniciativas pertinentes vai dar forma a sua criatividade. Pode ser que a partir daí esteja vislumbrando novos objetivos ou iniciativas.

Âncora: com muito Fogo (mais de 50%), leremos a Âncora por excesso. Esta pessoa colocou uma máscara de "lutadora compulsiva" que não "perde tempo" em nada que não seja avançar em direção a seus objetivos; tornou-se incapaz de dar oportunidade para que as coisas aconteçam por si mesmas e, desconectada de seu ser, não percebe o que realmente quer e vive projetada no futuro, identificada com seus objetivos e responsabilidades, sem lhe sobrar tempo para respirar, relaxar ou divertir-se. Pensa que, se não passa todo o tempo batalhando, não vai ser reconhecida, aceita ou não vai alcançar os objetivos tão indispensáveis nessa necessidade de reconhecimento e aprovação que tem. Pode ser muito ambiciosa, intrigante e desleal com seus competidores, e cruel e déspota com seus subalternos. Emocionalmente fria, pode fabricar distúrbios cardíacos e dor de costas crônicos. O floral de Oak a ensinará a aceitar suas próprias limitações, a respeitar seu corpo, e a suavidade e receptividade feminina irão equilibrando sua impulsividade masculina.

Com pouco Fogo (menos de 10%), leremos a Âncora por falta, mostrando uma dificuldade crônica para tomar iniciativas decididas para alcançar objetivos. Suas crenças desvalorizam sua capacidade de fazer qualquer coisa criativa que naturalmente gere energia, alegria e entusiasmo, de maneira que assim não pode levar essas iniciativas para a frente fluidamente. Pelo contrário, tudo lhe custa um esforço enorme e por fim desiste. Provavelmente não identifica seus verdadeiros objetivos.

Neste caso, sugerimos Wild Oat para descobrir a sua vocação e Blackberry* para tomar iniciativas e atingir objetivos.

Infância: "nesta vida temos de lutar", essa foi a ordem que a criança recebeu de seus pais e à qual eles condicionaram sua aprovação. "Não podemos perder tempo com bobagens, distrações ou brincadeiras. Todo nosso tempo e nossa energia têm de ir para conquistar nossos objetivos. Acabou sua tarefa de hoje? Então comece a de amanhã." Claro que os objetivos da luta correspondiam exclusivamente às expectativas dos adultos e não aos potenciais – e, portanto, àquilo que dava prazer – da criança. Esta se viu forçada a desenvolver seu lado mais masculino, ativo, competitivo e lutador, enquistando seus medos e dificuldades e travando seu aspecto feminino, amoroso e sensível, assim como seus talentos e sua criatividade.

Relacionamentos: a) Mostra uma relação que, de diferentes maneiras, ajuda a pessoa a definir seus próprios objetivos. Pode ser dando-lhe apoio e valorizando sua criatividade para se atrever ir à luta. b) A pessoa vende uma imagem de lutadora, séria e ocupada na concretização de seus projetos, sem tempo para romantismos. Pensa que, se parar de conquistar objetivos, o/a parceiro/a vai perder o interesse por ela. Seus relacionamentos costumam ser do tipo: o descanso do(a) guerreiro(a) ou "lutemos juntos pelos meus objetivos". O floral de Sticky Monkeyflower* ajudará a entrar em contato com suas emoções e a expressá-las em seus relacionamentos sexuais.

Voz da Essência e Método: chegou a hora de lutar pelo que realmente quer. Assim, em primeiro lugar, a pessoa precisa saber muito bem o que seu coração deseja. Provavelmente a pessoa passou sua vida fazendo o que os outros queriam e não tem a menor ideia do que realmente almeja. A Meditação da Nuvem que vimos no Príncipe de Paus pode ajudar. Também a essência de Wild Oat será muito útil para descobrir o que realmente quer, fazendo do propósito interno a atividade prática externa. Quando optamos por atividades em que colocamos nossa criatividade, ou seja, nossa essência divina, avançamos no caminho de nos tornar seres completos e, portanto, as forças da vida estarão operando a nosso favor.

Se a necessidade de reconhecimento externo, detectada pelo Seis de Paus (A Vitória) ou o Sol na Âncora, entrar em conflito com a vocação, sugerimos o uso de Buttercup.*

Caminho de Crescimento: usando as chaves que apareceram nas posições anteriores, a pessoa se dá conta das consequências de não fazer o que no fundo quer e começa a identificar seus verdadeiros objetivos, aqueles que por estar sintonizados com seu potencial criativo geram energia e entusiasmo, dando-lhe base para os conquistar.

Resultado Interno: essa pessoa, produto de todo o processo que vimos até aqui, conseguiu identificar, entender e desativar crenças, medos, autoinvalidações e outras dificuldades internas que tinha para perceber seus verdadeiros objetivos. Conectou-se com as fontes de sua energia e resgatou sua capacidade de jogar-se na vida com a consciência clara do que quer e de como levá-lo à prática.

Resultado Externo: vemos a pessoa encarando o mundo com a atitude interna que acabamos de ver no Resultado Interno. Trabalha com perseverança e capacidade de materialização, sem se deixar cair na armadilha da pressa e da ansiedade para alcançar resultados. Assim abre seu caminho profissional, conseguindo avançar na realização de suas aspirações.

Seis de Paus – A Vitória

A imagem mostra seis báculos equilibrando-se. Nove (número do elevado e transcendente) chamas luminosas ardem calmamente em um ambiente sereno, sugerindo aqui também harmonia e equilíbrio. O fundo violeta, cor feminina, emite uma atmosfera de suavidade, calma e elevação espiritual.

Depois da irrupção violenta do Cinco, que acabou com o esquema limitado do Quatro, o Seis traz uma nova fase de equilíbrio e harmonia. A Luta conclui com a Vitória. Uma vitória que faz referência especialmente à maneira consciente, fluida e equilibrada com que a pessoa expressa sua energia, e não tanto aos resultados materiais obtidos, pois esta não é uma carta de Discos, mesmo que os resultados sejam a consequência natural desse tipo de ação.

O segundo decanato de Leão está governado por Júpiter. Aqui se produz uma expansão dos desejos (eu quero) e da criatividade (eu crio) desse signo. O esforço e a tensão do Cinco, Saturno em Leão, minimizam-se. Aqui o movimento parece dar-se por si mesmo, naturalmente, sem desgaste; da calma surge a ação como do silêncio surge o som. Essa carta ilustra a energia em seu melhor e mais equilibrado aspecto. Temos aqui o equilíbrio entre a energia que investimos no mundo e a que retorna, seja como reconhecimento, dinheiro, propostas, novas oportunidades, etc.

Corresponde-se com o aspecto fogoso de Tiphareth (A Beleza), a esfera central e mais equilibrada da Árvore, a única que, estando por baixo do Abismo, recebe a luz sutil de Kether. Sendo seu planeta o Sol, Tiphareth é o vínculo, o ponto de transição entre as quatro esferas que estão por baixo dela e que se referem à personalidade, e as cinco que estão por cima, das quais quatro representam a individualidade, o Eu e

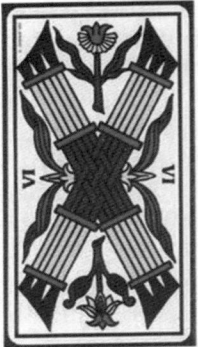

Kether, que representa a Essência Divina ou Divindade Interna. Aqui, a energia expressa-se dinamicamente (como corresponde ao Fogo) equilibrada, fluida e autoconfiante.

A carta se intitula "A Vitória", mas não é uma vitória sobre o mundo externo, não é uma vitória na qual há derrotados, que gerou sofrimento. É a vitória interna de conseguir alcançar esse ponto de harmonia e equilíbrio energético que tem como efeito colateral uma profunda sensação de fluidez e realização, especialmente no mundo profissional.

NA LEITURA TERAPÊUTICA

Momento Atual: a pessoa está se perguntando o que tem de perceber ou que reformulações tem de fazer em sua vida para avançar em direção à plena realizacão profissional; para que este lado deixe de ser um desgaste energético, cheio de fricções e esforço e, finalmente, respeitando seus ritmos internos, flua. Talvez perceba que investir sua energia em atividades criativas, sem se esforçar nem se angustiar pelos resultados, ficando receptiva para as circunstâncias que atrai, é a melhor maneira de abrir uma fase de êxitos e expansão. Quando larga o caminho de esforço, o ego perde um de seus nutrientes e a pessoa tem maior facilidade para sintonizar-se com a sua essência, sincronizar-se com o mundo, e o que há de suceder acontece sem tensões nem preocupações.

Âncora: com muito Fogo (mais de 50%), leremos a Âncora por excesso. Os quatro seis são fachadas: uma máscara glamorosa. Assim, esta pessoa sempre se exigiu mostrar-se uma excelente profissional, um vencedor que conquista todos os dias os louros do sucesso. Esconde seus problemas, dores, medos e falta de afeto por trás de uma máscara de profissional de mão cheia, que exibe orgulhosamente. Tenta parecer superior e foge dos desafios que a levariam a crescer. Pode ser uma perfeita desconhecida de si mesma que morre de medo de não poder manter essa fachada de pé. Ou é uma perfeita desconhecida para si mesma, com um único objetivo que é conseguir, cada noite, alguém que escute seu disco: "eu, meu, me, comigo". A flor de Agrimony a ajudará a ser mais honesta e a reconhecer e trabalhar suas mágoas.

Com pouco Fogo (menos de 10%), leremos por falta. Será uma pessoa que tem consistentes crenças em sua incapacidade de se realizar

O Seis de Paus de Marselha, de Waite e de Crowley.

profissionalmente, encontrando uma maneira fluida, harmoniosa, prazerosa e funcional de trabalhar.

Quando tem nem muito nem pouco Fogo (mais ou menos 25%), as duas interpretações podem ser corretas. Então o conflito é mais forte, e é mais difícil e desgastante manter a fachada.

Infância: a criança necessitou mostrar-se como a melhor, a primeira da classe, a que em qualquer situação consegue êxito, para assim ser aceita por seus pais. "9,5 em Matemática! Que aconteceu?" Não se sentiu valorizada por sua amorosidade, sensibilidade ou criatividade, mas por suas vitórias geralmente competitivas. Assim, a criança acabou usando seus potenciais para satisfazer seus pais e incorporou objetivos e um modo de ser que não têm relação com sua própria natureza, provavelmente escondendo seu sofrimento atrás de uma máscara de superioridade.

Relacionamentos: a) A relação atual ajuda a pessoa a valorizar sua criatividade, a se atrever a sair de sua zona de conforto e expandir seus horizontes profissionais. Pode ajudá-la a entender também que a realização profissional não vem pelo esforço, mas da conexão interna que permite identificar e optar por atividades para as quais realmente tem talentos e, assim, fluidamente, sem ânsia por resultados, desfrutando do presente vai percebendo novas possibilidades. O relacionamento está ajudando o consulente a realizar-se profissionalmente. b) Paquera, passando uma imagem de profissional realizado, o melhor no seu ramo. Adora exibir-se e pode ter tendência à promiscuidade. Seus relacionamentos são superficiais e só duram enquanto lhe inflam o ego. A essência de Yellow Star Tulip* será muito conveniente para desenvolver sua empatia com as emoções e o ser interno do outro, colocando esse ego orgulhoso em seu devido lugar.

Voz da Essência e Método: sugerimos à pessoa que saia do esforço ou da passividade e se envolva em atividades que respondam ao que real e profundamente quer. Para isso é necessário que elimine as dificuldades internas para valorizar sua criatividade e, jupiterianamente, atreva-se a se aventurar. Atividades que não sejam um meio para alcançar um fim, mas que sejam um fim em si mesmas, pois a própria ação, independentemente dos resultados, traz satisfação profunda e um sentimento de realização se a pessoa está desenvolvendo seus talentos nela. É importante que o consultante se certifique de que seu trabalho atual corresponde a esse tipo de atividade. Poderíamos lhe preguntar: "Se tivesse garantidas suas necessidades econômicas, continuaria fazendo o trabalho que faz?" Se a resposta for não, concluiremos que seu trabalho nada tem a ver com ele e lhe sugerimos que trabalhe as dificuldades internas que não a deixam sair de onde está e procurar algo de que realmente goste. Se a resposta for sim, sugerimos que descubra qual é o ritmo mais adequado para realizar suas atividades, aquele que com um mínimo esforço dá os melhores resultados, sem pressa, fluindo, sem ânsia nem exorbitantes expectativas com os resultados. De fato, quanto mais prazer proporciona uma atividade, menos pressa sentimos para alcançar os resultados no futuro, pois estamos desfrutando do momento, plenamente presentes no presente.

Se a carta da Âncora detecta um ego viciado em trabalho e ação, como seria o caso se aparecesse em tal posição O Imperador, o Três de Discos (Os Trabalhos), O Mago ou o Príncipe de Paus, sugerimos que amaine seu ritmo de trabalho e use Aloe Vera,* que o ajudará a colocar mais coração no que faz, e o de Impatiens, que o ensinará a fluir com o ritmo dos acontecimentos. Se, ao contrário, A Sacerdotisa, o Oito de Copas (A Indolência) ou o Sete de Discos (O Fracasso) detectam dificuldades para entrar em ação, sugerimos que procure no seu interior objetivos que o mobilizem. O floral de Tansy* pode revelar-se muito eficaz, ajudando-o a desenvolver uma atitude mais decidida e com propósitos claramente definidos.

Caminho de Crescimento: usando as chaves que apareceram nas posições anteriores, a pessoa começa a eliminar a tensão e a ansiedade; com maior harmonia e fluidez, essa pessoa vai fazer de seu trabalho uma importante fonte de gratificação pessoal, expansão profissional e reconhecimento, sentindo as primeiras brisas de realização.

Resultado Interno: essa pessoa, produto de todo o processo que vimos até aqui, venceu os impedimentos internos que lhe dificultavam viver e trabalhar de maneira simples, natural, sem pressa, fluidamente, sem tensões nem esforço, deixando-se levar por um impulso interno de expansão, de modo que hoje se sente realizada profissionalmente.

Resultado Externo: vemos a pessoa encarando o mundo com a atitude interna que acabamos de ver no Resultado Interno. Avança em direção a seus objetivos profissionais graças à maneira calma, total e prazerosa com que define e encara suas atividades. A realização profissional e o reconhecimento de seu trabalho são o provável resultado desse jeito de respeitar seus ritmos internos.

Sete de Paus – A Coragem

As Seis varas da carta anterior estão sendo empurradas por um pau tosco que nos passa uma ideia do uso da força bruta, alterando o movimento harmonioso e natural das coisas. A energia está direcionada para um determinado assunto sem consciência do contexto. O resultado é uma forte tensão que vai se acumulando. As chamas já não ardem vertical e serenamente, mas compulsivamente e em todas as direções.

A fluidez do Seis de Paus é algo muito prazeroso e transcendente. Tentar manter tal harmonia como estática, quando por sua natureza fogosa é totalmente dinâmica, produzirá tanta tensão que o equilíbrio vai ser destruído. É como aquele que fala para a fogueira: "Você está queimando como eu gosto, por favor, não mude nunca, eu vou controlar o vento, a umidade do ar, a qualidade da lenha, etc., mas, por favor, não mude".

Dessa vez é Marte que estimula a vontade leonina, de maneira que esta se torna impulsiva e inconsciente. Temos aqui tanto a necessidade de autoafirmação quanto de autodefesa, embora possa expressar-se como ataque. Marte nos conduz a atuar apaixonadamente, a realizar proezas, competições e brigas. Exalta o lado mais teimoso e valente do leonino. Por isso é importante crivar esses impulsos de autoafirmação de Marte, e só deixar passar os que nos levam a tomar iniciativas que têm a ver com o eu verdadeiro. Pois, se não o fizermos, quem se autofirma é o ego e aí Marte pode nos levar a atuar de maneira inconsciente e compulsiva, em que o excesso de paixão mata a objetividade e buscamos o reconhecimento por meio da realização de proezas, às vezes perigosas, competitiva ou agressivamente.

Corresponde-se com o aspecto fogoso de Netzach (a Vitória), a esfera dos instintos e das emoções, mas, estando tão longe da luz de Kether e fora do pilar central da Árvore, sua energia fica desequilibrada. Podemos dizer que, nas quatro séries, os sete e os oito representam dois tipos de desarmonias opostas. Opostas e não complementares. Os opostos geralmente se complementam, mas, quando estão longe do equilíbrio, isso não acontece. Por exemplo: a valentia é uma qualidade masculina que se complementa com a prudência, seu oposto, qualidade feminina. Levando a valentia a seu extremo, temos a temeridade, a qual não se complementa com a covardia, que seria a prudência levada a seu extremo.

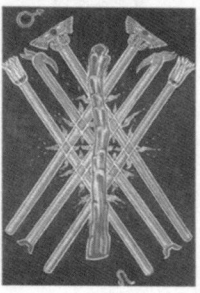

O Sete de Paus de Marselha, de Waite e de Crowley.

Se o dinamismo fogoso do Cinco de Paus acabou com a estrutura ordenada do Quatro, com o Sete de Paus, a maré de emoções e paixões de Netzach acaba com o equilíbrio e a harmonia do Seis de Paus. Isso é válido também para as Copas, Espadas e Discos.

A carta leva por título "A Coragem". Faz referência ao esforço suplementar necessário para impor algo que não sucede naturalmente, seja para mudar ou manter estagnada uma determinada situação. Aqui investimos energia, fazendo um esforço em uma determinada direção ou prioridade.

NA LEITURA TERAPÊUTICA

Momento Atual: a pessoa sente impulso de definir sua prioridade na vida, relacionada provavelmente a uma atividade profissional, mesmo sendo em outra área. Uma iniciativa para a qual converge toda sua energia, talvez fazendo um esforço pontual para conquistar um determinado objetivo.

Âncora: com muito Fogo em sua carta astral (mais de 50%), leremos a Âncora por excesso. É o "herói" que tem a necessidade compulsiva de mostrar-se forte, valente até a temeridade, audaz e capaz de enfrentar qualquer desafio – quanto mais perigoso, melhor. Toda a sua vida foi um esforço permanente e desgastante, procurando passar uma imagem de líder capaz e carismático. Inconsciente dos motivos reais que o levaram a tomar tal atitude, suas atividades e objetivos não têm nada a ver com sua natureza interna e não abrem portas para sua evolução. Seu excesso de competitividade, fanatismo e agressividade o levam frequentemente a comprar brigas. Atua apaixonadamente sem muito respeito pela ética profissional nem por sua saúde. Com O Imperador, pode mostrar uma louca carreira pelo poder. Desgasta-se colocando toda sua energia em um determinado assunto. É um "ideiafix" incapaz de perceber e avaliar o que acontece ao seu redor. Exige o máximo de sua capacidade e imagina que se cochilar vai ser rejeitado. Precisa perceber que, se está forçando algo, é porque tem medo e, em vez de continuar se desgastando, seria melhor identificar a zona interna de onde vem esse medo. Esta pessoa está exausta e, quando não pode mais e se sente incapaz de manter-se à altura de seu pedestal e autoexigências, aparecem sentimentos de fracasso, insegurança, inadequação e medo da solidão. Indicaremos o uso do floral de Vervain, que a ajudará a centrar-se e a enraizar seu entusiasmo ao conectá-lo com seu corpo físico.

Infância: o papai dizia à criança: "Você é um Pinto da Silva, não pode ter medo de nada, honre seu sobrenome", "Você tem de conseguir, para um Pinto da Silva nada é impossível", "Se você apanhar na rua, quando chegar em casa irá apanhar mais". Para ser aprovada, a criança teve de enfrentar situações ou atividades que não correspondiam com sua idade, engoliu o medo em seco e se tornou um ser competitivo, agressivo, prepotente e orgulhoso por fora, e extremamente tenso e covarde por dentro. O medo de não poder satisfazer as expectativas de sua família é tão grande que pode acabar por ter medo de ter medo.

Relacionamentos: a) O relacionamento, de diferentes maneiras, ajuda a pessoa a definir suas verdadeiras prioridades e jogar-se nelas com a cara e a coragem. b) Vende uma imagem de pessoa valente, decidida e esforçada que sabe sempre quais são as suas prioridades. Pode até tentar mostrar-se como um herói, meio autoritário, grosseiro e incapaz de perceber os sentimentos dos outros. A essência de Impatiens a ajudará a ser mais compreensiva e tolerante, a de Vine amainará sua necessidade de dominar e a de Yellow Star Tulip* desenvolverá sua receptividade e sua sensibilidade às emoções alheias. c) A pessoa está fazendo um grande esforço para dar continuidade a seu relacionamento ou para acabar com ele.

Voz da Essência e Método: em princípio, indica a necessidade de definir prioridades e partir para a ação com determinação e coragem. Sugerimos identificar, entender e desativar os medos ou crenças que impedem a pessoa de fazer esse movimento, também os padrões de conduta que a empurram para a dispersão. Tratar-se-ia de concentrar sua energia e seu ímpeto de preferência em uma coisa só e partir para a ação. Sugerimos também fazer da energia instintiva, especialmente da raiva, o combustível para vencer os medos e transformar sua vida. O floral de Borage* estimula o coração, desenvolvendo coragem, entusiasmo e otimismo para enfrentar os desafios, especialmente se o Momento Atual mostra aflição, baixo astral e/ou adversidades.

A flor de Cayenne* dá à pessoa a faísca para iniciar e manter sua ação. Sugere fazer da raiva o combustível para vencer os medos e transformar sua vida.

Caminho de Crescimento: usando as chaves que apareceram nas posições anteriores, a pessoa está começando a perceber sua ou suas prioridades e se lançar nelas; vê-se obrigada a trabalhar seus medos e desenvolver valentia, tomando assim as primeiras iniciativas correspondentes.

Resultado Interno: essa pessoa, produto de todo o processo que vimos até aqui, conseguiu identificar, entender e desativar as dificuldades internas que tinha para definir suas prioridades e com decisão, determinação, valor e ímpeto está se lançando nelas. Resgatou sua garra e arrojo. Hoje é capaz de viver sua vida com firmeza e decisão, enfrentando as dificuldades com vigor e espírito esportivo. Melhorou sua expressão instintiva, que é hoje a força motriz que a leva a conseguir o que quer e a conservar o que conquistou.

Resultado Externo: vemos a pessoa encarando o mundo com a atitude interna que acabamos de ver no Resultado Interno. No entanto, também pode sinalizar uma situação externa que a obriga a juntar coragem e dar respostas firmes e decididas. O importante não é que situações vão ser vividas, mas a oportunidade de resgatar a força interior e a coragem, dissolvendo as resistências e as dificuldades que possam aparecer, colocando à prova sua firmeza, determinação e brio.

Oito de Paus – A Rapidez

Aqui os Paus são raios. O fogo desta carta é mais etéreo, sutil e luminoso; podemos relacioná-lo com a eletricidade. Os raios em sua expansão configuram formas piramidais, assim como a corrente elétrica dá lugar a um campo eletromagnético. O que no Sete de Paus era investimento de energia, em uma determinada direção, no Oito, é dispersão. O que no Sete de Paus era tensão, no Oito é explosão libertadora. Ambas as cartas mostram, em manifestações opostas, a energia do Fogo. A energia de enlace, que mantém unidas várias partículas em uma determinada estrutura, transforma-se em energia cinética quando esse enlace se rompe, e as partículas, vendo-se livres da ordem anterior, adotam estruturas menos tensas e, portanto, mais estáveis.

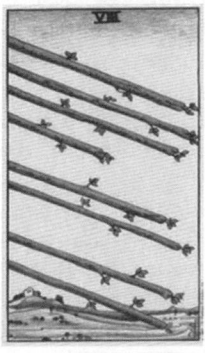

Vemos aqui como a energia sustenta e cria a matéria. Esta carta mostra a transformação, em alta velocidade, da massa em energia sucedendo sob a luz do arco-íris, ponte entre o céu e a terra, produto da interação entre os princípios fundamentais (Fogo e Água), símbolo da união entre o micro e o macrocosmo, dando um caráter mais universal e elevado ao princípio de transformação matéria-energia, forma-força, que vemos sob o arco-íris.

Sua atribuição astrológica é Mercúrio em Sagitário. Aqui se conjugam as características de movimento e rapidez de Mercúrio com as tendências expansivas, aventureiras e transcendentais do centauro, de maneira que nesta carta é impossível manter algo preso. Toda a energia tem de ser exteriorizada e expressada rapidamente, pois Mercúrio em Sagitário não favorece a paciência.

Corresponde-se com o aspecto fogoso de Hod (o Esplendor), a esfera que simboliza a mente concreta associada ao planeta Mercúrio. Com a dupla influência de Mercúrio e a de Sagitário, o movimento está especialmente exaltado, como ressalta seu título: "A Rapidez".

O Oito de Paus de Marselha, de Waite e de Crowley.

NA LEITURA TERAPÊUTICA

Momento Atual: a pessoa está explodindo ou prestes a explodir, produto de muito tempo de autocontenção de seus impulsos instintivos e criativos. A carta da Âncora e/ou a segunda carta indicará se é uma libertação consciente dos fatores que a tinham levado a uma situação de extrema tensão ou de uma reação compulsiva, inconsciente e aparatosa, que não resolve nada e que no pior dos casos pode ser destrutiva. Podemos também ver aqui a pessoa tomando consciência da dispersão de sua energia.

Âncora: mostra uma pessoa que cronicamente usa sua própria energia para se conter, de maneira que está o tempo todo a ponto de explodir. Quando explode não resolve nada, pois suas explosões não tocam as causas reais de sua tensão e, em muitos casos, lhe complicam mais a vida. Vive em um círculo vicioso de autocontenção e explosões histéricas, evitando se conectar consigo mesma e impedindo qualquer possibilidade de equilíbrio psicofísico. Provavelmente está envolvida em uma série de projetos que nada têm a ver com ela, de maneira que não consegue levar para a frente nenhum deles, mantendo-se sempre em um estado de dispersão elevada, insatisfação, raiva e frustração. Provavelmente, na sua tentativa de liberar-se da tensão fala compulsivamente, fuma demais, não fica quieta um segundo ou usa estimulantes. O floral de Scarlet Monkeyflower* a ajudará a descobrir e trabalhar as causas reais de suas dificuldades.

Infância: temos um ambiente familiar explosivo com súbitos e violentos acontecimentos, brigas e explosões, que acabaram com a sua segurança interna, procurando um esconderijo onde se sentisse a salvo. Também poderíamos ver que seus pais muito ocupados não lhe deram limites: "Se foi para a escola, que bom! Se não, pior para ele", nem orientações. Não aprendeu a canalizar sua energia e estabelecer prioridades. Provavelmente se sentiu abandonada. Ante esse ambiente hostil, a criança tentou passar o maior tempo possível fora de casa, talvez soltando toda essa tensão na rua ou na escola, podendo chegar a fazer barbaridades.

Relacionamentos: a) Mostra uma relação que, de maneira agradável ou muito desagradável, ajuda a pessoa a perceber como conter seus impulsos e quando está a ponto de explodir. É importante que a pessoa descubra quais são as verdadeiras causas desse estado de contenção que gera tensão. b) Poderíamos ver aqui alguém que tem uma forte tendência a descarregar em seu parceiro tudo o que engole na vida cotidiana. Obviamente, seus relacionamentos não são duradouros e só pessoas extremamente submissas, sem nenhuma autoestima ou masoquistas convictas aceitam ser seu saco de pancadas. Também pode mostrar alguém que se relaciona com quem aparecer, sem o menor critério seletivo, apenas para extravasar suas tensões por meio do sexo.

Voz da Essência e Método: a pessoa chegou a seu limite de tensão e contenção. Não aguenta mais. É necessário explodir realizando umas boas catarses antes de sofrer um acidente ou somatizar. Sugere descarregar a raiva e a tensão internas com pleno conhecimento de suas causas. A Meditação Dinâmica de Osho será muito apropriada. O floral de Cherry Plum ajudará essa pessoa a dissolver o medo de perder o controle e de fazer barbaridades, para assim, com maior confiança em si mesma, poder entrar em profundidade no caos e na insatisfação interna e passar pelas catarses com mais proveito.

Pode ser também o momento apropriado para romper seus vínculos, ataduras materiais e compromissos sem sentido. Com o Cavaleiro de Paus, pode estar indicando a necessidade de mandar tudo às favas e/

ou entrar de férias. Com cartas na Âncora que mostrem dispersão ou superficialidade, pode sugerir definição e escolha de novas direções.

Caminho de Crescimento: usando as chaves que apareceram nas posições anteriores, a pessoa percebe as consequências de tamanha contenção e dispersão crônica e, por fim, se solta e expressa tudo o que carregou durante décadas. É uma explosão consciente que lhe permite usar criativa e ordenadamente a energia que antes utilizava para conter-se. Eliminada a acumulação de raiva, torna-se mais objetiva para encontrar as causas internas de sua dispersão crônica. Pode ser que rompa com vínculos opressivos e sufocantes.

Resultado Interno: essa pessoa, produto de todo o processo que vimos até aqui, conseguiu identificar, entender e desativar crenças e medos que a mantinham nesse estado de contenção, tensão e dispersão, e explode de maneira consciente. A partir daqui vai utilizar a energia que antes usava para se conter de forma criativa, ordenada e até entusiástica e aventureira.

Resultado Externo: uma situação externa pode ser a gota que transborda o copo, levando o consulente a quebrar um padrão interno de contenção. Irradia energia, rompendo com o passado e com pesados bloqueios. Parte para a ação com objetividade e rapidez e caminha na consecução de seus objetivos.

Nove de Paus – A Firmeza

As nove varas estão perfeitamente entrelaçadas em uma estrutura sólida, completa e resistente, cuja força está mais em sua capacidade feminina de resistir ou suportar qualquer ataque (A Grande Muralha da China) que em tomar atitudes ofensivas ou impulsivas. Aqui as varas parecem flechas, oito no fundo, equilibrando-se quatro com quatro e uma maior na frente. As menores têm uma Lua na ponta e oito no final. As nove flechas estão apontando para baixo, indicando que o movimento caminha para a densificação da energia, para sua concretização na matéria. As dez chamas do centro da carta aludem a Malkuth, esfera número dez. A Lua faz referência ao inconsciente que está inspirando os passos do lançador de flechas (Sagitário) em sua procura de alvos e na fascinante aventura de sua viagem. No entanto, este lado lunar também pode deixá-lo preso ao passado, à programação infantil, às expectativas de sua mãe, transformando-se em uma barreira difícil de superar. Depois da explosão do Oito, a energia se assenta, fundamenta-se sob bases sólidas e se estrutura. Depois da tempestade chega a calmaria.

Corresponde-se com o aspecto fogoso de Yesod (o Fundamento), a esfera da Lua que, segundo afirma Dion Fortune, "pode ser descrita corretamente como a Esfera do mecanismo do Universo". Aqui voltamos para o pilar central. Em Yesod, a força, embora bem estruturada, conserva ainda certo dinamismo. É só em Malkuth que sucede a saturação, a coagulação final.

Este aspecto feminino da energia da carta se deve à repetida influência da Lua, que é o planeta atribuído a Yesod e também o planeta regente do segundo decanato de Sagitário.

Seu título é "A Firmeza". Uma firmeza relacionada a se manter em uma determinada posição, mas para isso é fundamental saber fazer as mudanças e adaptações necessárias. Esta carta mostra a fortaleza do ser, cujos objetivos estão conectados à esfera de suas emoções e instintos que fundamentam, dão estrutura e referenciais a seus atos.

NA LEITURA TERAPÊUTICA

Momento Atual: a pessoa está se dando conta de que falta firmeza em seus posicionamentos e atitudes, que cede demasiado e quais são as consequências. Seu processo de autoconhecimento a leva a sentir a necessidade de se afirmar mais e se pergunta o que pode fazer para isso, mas também poderia ser uma situação específica que a obriga a desenvolver assertividade: ou se afirma ou a situação lhe passa por cima.

Âncora: com muito Fogo (mais de 50%), leremos a Âncora por excesso. Neste caso temos uma pessoa rígida, interiormente insegura e vulnerável, que tem tanto medo de mostrar-se tal como é que se reveste de uma máscara de firmeza, segurança, determinação e invulnerabilidade. Nada a sacode, nada a toca, nada a penetra, ninguém sabe de suas feridas abertas. É capaz de suportar estoicamente qualquer dificuldade ou opressão, fazendo disso um grande mérito com o qual engorda seu ego. Não se permite errar e provavelmente exige o mesmo dos outros, aos quais pretende dar exemplo. Imagina-se acabada se mostra suas "fraquezas", como sua sensibilidade, sua flexibilidade e compreensão. Tem medo de ter medo, enquanto passa uma imagem de "Rambo". Seus padrões extremamente rígidos podem ser flexibilizados com a ajuda da essência de Rock Water. Dessa forma, esta alma especialmente sensível terá mais facilidade para abrir-se e expor sua vulnerabilidade fazendo uso do floral de Pink Monkeyflower.* É conveniente praticar a Meditação Kundalini de Osho.

Infância: a criança teve de aprender a ser forte e resistente para poder sobreviver em um ambiente excessivamente rígido. Foi obrigada

O Nove de Paus de Marselha, de Waite e de Crowley.

a ter de suportar agressões sem queixas, tanto as próprias atitudes familiares (rejeição, abandono, culpabilização, invalidação, crítica, violência física, etc.) quanto situações externas (dificuldades econômicas, fome, frio, violência urbana, machista ou racista, etc.). Assim foi construindo uma armadura que resiste a qualquer coisa, mas que não deixa aparecer a menor emoção.

Relacionamentos: a) O relacionamento está ajudando a pessoa a fortalecer-se e afirmar-se, fazendo de suas emoções a base de suas iniciativas. Isso pode se dar de diferentes maneiras, das quais a menos agradável, mesmo que não menos eficiente, seria uma reação ante o/a parceiro/a que tenta se impor e anulá-la. b) Vende uma imagem de pessoa firme e forte, segura, quase invulnerável. Por detrás dessa rigidez existe uma grande insegurança que impede qualquer abertura emocional. Como disse o ditado: "Me fale do que você se gaba e eu direi do que você carece". Dificilmente conseguirá relacionar-se em um nível mais profundo que o dos objetivos e interesses comuns.

Talvez na cama possa perder um pouco de sua rigidez e mostrar-se mais fogosa, mas não consegue (nem pretende) ser carinhosa nem expressar fluidamente suas emoções. A essência de Sticky Monkeyflower* amainará o medo da intimidade, ajudando-a a manifestar suas emoções.

Voz da Essência e Método: sugerimos que a pessoa se afirme, tanto em seus verdadeiros objetivos, iniciativas, opiniões quanto em relação a seus sentimentos e os faça valer. Mas isso não pode ser feito apenas com força de vontade. Tem de entrar em contato com um referencial interno onde possa enraizar os impulsos. Para isso é fundamental que faça um trabalho de autoencontro. Também ajuda identificar, entender e desativar crenças e padrões de conduta que a deixam vulnerável a situações ou atitudes de outras pessoas, que a desestruturam e debilitam. Necessita entender que, assim como as luas aparecem nas pontas das flechas, nos sentimos muito mais firmes e fortes quando nossas iniciativas não são apenas produto de uma elaboração mental, mas que também colocamos nelas nossas emoções.

Se essa pessoa é muito influenciável, como indicaria o Sete de Espadas (A Futilidade) na Âncora, a essência de Walnut ajudará a desenvolver a firmeza e manter-se em seu próprio caminho. O de Gentian a ajudará a desenvolver a perseverança diante das dificuldades.

Caminho de Crescimento: usando as chaves que apareceram nas posições anteriores, a pessoa está começando a se autoafirmar valorizando suas emoções, seus desejos, suas iniciativas, toda a expressão deste inconsciente lunar que está dando sustentação e fundamento às flechas, ou seja, a sua estrutura energética. Assim começa a fazer valer seus sentimentos e desejos, posiciona-se com mais segurança e enraizamento em suas opiniões e projetos, define objetivos mais enraizados e autênticos com uma sensação de estrutura, de verdade e de firmeza que também lhe permite enfrentar melhor o que tenha de encarar.

Resultado Interno: essa pessoa, produto de todo o processo que vimos até aqui, conseguiu identificar, entender e desativar as dificuldades internas que tinha para se autoafirmar. Resgatou sua firmeza e autoconfiança e, agora, se sente estruturada e mais firme e forte em seus posicionamentos, e suas atitudes estão inspiradas e enraizadas em emoções mais profundas.

Resultado Externo: vemos a pessoa encarando o mundo com a atitude interna que acabamos de ver no Resultado Interno. Melhorou de tal modo sua autoafirmação, enraizamento e consistência interna, que circunstâncias externas que em outros tempos a teriam derrubado já não a movem, nem necessita atraí-las para se afirmar.

Dez de Paus – A Opressão

A imagem mostra oito varas cruzadas ao fundo e duas maiores à frente. São os *dorjes* do Dois de Paus que se tornaram lanças. Seu movimento se dirige para baixo, para a materialização. Os *dorjes* pressionam as oito varas, criando, assim, tensão, visível também na forma das chamas que explodem retorcidas em todas as direções.

O último decanato do jovem, impulsivo, expansivo e espiritual Sagitário é governado pelo velho Saturno, lento, concretizador e materialista. Trata-se de duas energias não muito compatíveis, de maneira que todas as possibilidades de movimento e evolução estão limitadas, se não impedidas. A corrente de energia chegou a um limite de máxima densificação. Tudo ficou cristalizado. Longe da luz, a energia está exausta, bloqueada, sem direção, cega e autodestrutiva.

O Dez de Paus de marselha, de Waite e de Crowley.

O centauro aventureiro e brincalhão ficou preso as obrigações, responsabilidades e tarefas do sisudo e responsável Saturno. Esta é a carta das restrições, da pressão, da sobrecarga, do final do impulso.

Corresponde-se com o aspecto fogoso de Malkuth (o Reino), esfera que recebe as influências de todas as anteriores e na qual se completa a estabilidade final. As fontes espirituais de Kether ficaram muito longe; a correnteza de energia e o impulso fogoso ficaram presos em um mundo denso e escuro.

O Dez mostra a situação limite (não existe Onze nos Arcanos Menores) em que a força dinâmica do Fogo está impedida de avançar. A única saída é a destruição da forma, de toda a estrutura que a oprime, já que a saturação da força na forma elimina qualquer flexibilidade ou possibilidade de adaptação. A forma acabou com a força, como indica o título: "A Opressão".

NA LEITURA TERAPÊUTICA

Momento Atual: a pessoa está tomando consciência de que não aguenta mais carregar um monte de responsabilidades, tarefas e compromissos que nada têm a ver com sua natureza e que, dia após dia, estão tornando-se mais pesados e desagradáveis. Está esgotada e percebendo muito bem as consequências desse excesso, em todos os planos. Essa compreensão pode se dar por meio de seu processo de autoconhecimento, mas também pelo fato de atrair uma situação que chega com uma nova exigência, tarefa ou responsabilidade, que é a gota que transborda o copo. Percebe que está no limite e, se continuar assim, pode somatizar ou sofrer um acidente com possíveis fraturas.

Âncora: ilustra a síndrome de burro de carga. A pessoa passou sua vida assumindo demasiadas responsabilidades e obrigações que não lhe davam nenhuma gratificação, nem a auxiliavam a crescer. Necessitava obsessivamente que os outros a considerassem necessária, imprescindível e importante, colocando para isso, nas costas, tarefas, obrigações, compromissos, autoexigências e responsabilidades que não lhe davam prazer nem ajudavam a crescer. Faz qualquer coisa para satisfazer o próximo: "Eu sei que é muito pesado, mas, se eu não o faço, ninguém o faz". Sobrecarregada e esgotada, não tem tempo nem energia para identificar e fazer o que realmente teria a ver com sua natureza. Engorda seu ego gabando-se de sua capacidade de aguentar, enquanto vai se sentindo cada vez mais cansada, velha e rabugenta. Essa máscara de servilismo será deixada de lado mais facilmente usando a essência de Centaury.

Infância: a criança não teve infância, foi "adulterada" logo. Viveu em um campo de trabalhos forçados. Não só lhe foram proibidas suas iniciativas, como também teve de realizar tarefas e assumir responsabilidades além da sua idade, gostos e potenciais. Sentiu-se explorada e oprimida, mas teve de submeter-se para não sofrer maiores ameaças ou castigos. Poderia ser a irmã mais velha que quando chega da escola não pode jogar, porque tem de cuidar dos irmãos pequenos ou vender amendoins no semáforo. Talvez, teve de dar exemplo de conduta para os menores bloqueando assim sua espontaneidade. Provavelmente, na adolescência, aparecerá uma forte revolta contra a responsabilidade e a disciplina. Se seus pais fizeram uma apologia ao sacrifício, não precisando se impor pela violência, é possível que essa rebelião não suceda e o adolescente continue se impondo atividades que nada têm a ver com sua verdadeira natureza.

Relacionamentos: a) Mostra que a relação atual ajuda a pessoa a perceber o peso que carrega, incluindo em alguns casos o fardo da própria relação que lhe suga sua energia e a impede de desenvolver seus talentos. Sente-se saturada, estagnada e confessa para os amigos que não aguenta mais. b) Esta pessoa vende no mercado das relações amorosas a imagem de quem se dedica de corpo e alma a seu/sua parceiro/a, cuidando dele/a, proporcionando-lhe o que considera que precisa, tentando "ajudá-lo/a" em todos os aspectos. Torna-se seu chofer, sua secretária, sua cozinheira, a que faz as compras, a concubina (essa poderia ser a melhor parte), leva a sogra ao médico, etc. Na verdade, por trás dessas aparentes "boas intenções", "Eu por você faço tudo, amor", pode existir uma linda manipulação, "Onde ele vai encontrar outra que faça tudo o que eu faço por ele", ou quer que dependa dela.

Para essa pessoa, relacionar-se é entrar em um espaço de obrigações, pois imagina que a única maneira de conseguir o amor, ou pelo menos a aceitação de seu parceiro, é virar escrava dele, para depois cobrar, manipular e dominar seu companheiro.

Assim, qualquer relacionamento acaba sendo insuportável, pesado e desgastante. Sugerimos o uso do floral de Chicory para acabar com tal hipocrisia, e sentindo-se nutrida interiormente, aprenda a respeitar a liberdade do outro.

Voz da Essência e Método: é urgente que jogue fora a cruz e se outorgue o direito de viver sem carregar o mundo nas costas.

Sugerimos que o consulente abandone as atividades, compromissos e obrigações que não lhe dão prazer, que são uma carga e não o levam a nenhum tipo de crescimento. É importante que perceba por que carrega essa mochila de chumbo para agradar, fugir de si mesmo e/ou para sabotar sua capacidade de fazer o que realmente quer e, assim, não se responsabilizar pela sua vida. A saída está em eliminar o excesso de carga, descansar e depois passar ao Às: tomar uma nova iniciativa que direcione toda sua energia para alguma coisa que está realmente conectada com a sua essência.

Recomendaremos a essência de Sagebrush,* que favorece o desapego com o supérfluo, esclarecendo o que é realmente essencial.

Caminho de Crescimento: usando as chaves que apareceram nas posições anteriores, a pessoa percebe claramente até que ponto está e esteve saturada e desgastada de tanto se impor tarefas e obrigações que não lhe dão nenhum prazer. Desmascara velhas crenças que a levaram a adotar esse tipo de conduta e, a partir daí, começa a se livrar de tais fardos.

Resultado Interno: produto de todo processo que vimos até aqui, conseguiu identificar, entender e desativar crenças e medos que a levaram a se saturar de atividades que a deixaram esgotada. Largou a mochila por aí e agora, aliviada, se permite viver a partir do que lhe vem de dentro.

Resultado Externo: a pessoa que já estava saturada de tarefas e obrigações atrai uma situação que lhe pede para assumir uma nova tarefa, que seria a gota que transborda o copo. Em outros tempos, haveria feito das tripas coração e a teria assumido. Mas agora, depois de todo o processo que vimos até aqui, percebe as consequências de ter passado a vida manipulada por essa síndrome de burro de carga e dá frenéticos cortes de mangas, larga o excesso de tarefas e provavelmente sai de férias, sem culpas nem remordimentos.

Capítulo 16

A Série de Copas

A expressão emocional

As dez cartas de copas mostram dez estados emocionais. A quantidade de água que vemos na carta mostra o fluxo emocional expressado. O brilho, a transparência e outras qualidades da água nos informam a respeito da qualidade emocional e o mar, onde finalmente a água cai, nos fala do ambiente em que se vive essa emoção.

Ás de Copas – A Raiz dos Poderes da Água

Como a imagem nos mostra, temos aqui o mais puro florescimento emocional. Um hálito de luz branca procedente de Kheter, sephirah atribuída aos ases, incide em uma copa azul adornada com o emblema tricircular que vimos no Hierofante, de maneira que os fluidos da copa transbordam em todas as direções, em uma belíssima gargalhada de cores. Por isso alguns autores dão para esta carta os significados de abundância e alegria.

A cor azul, símbolo taoista do não manifestado, é a cor mais profunda, imaterial, pura e fria. Cria um clima sobrenatural em que o real se transforma em imaginário: o pássaro da felicidade. Disse-nos Kandinsky que o azul tem uma gravidade solene, supraterrenal. Um ambiente azul acalma e tranquiliza. No entanto, não tonifica, como faz o verde, porque lhe falta sustentação na realidade e pode levar a uma fuga que, com o tempo, pode tornar-se depressiva. Em excesso, conduz à divagação e à ilusão. Geralmente, a Natureza apresenta o azul feito de transparências, como é o caso do céu e do mar. Para os egípcios, que rebocavam em azul-claro as paredes das necrópoles, é a cor da verdade. A base da copa é um lótus, símbolo do poder feminino.

O cálice é uma representação do Graal que, como vimos, simboliza a plenitude do ser, a pureza e a devoção. Representa o aspecto aquoso de Kether (pronuncia-se *Kétel*), a sephirah anterior ao par de opostos-complementares, em que o ser e o não ser ainda não estão perfeitamente diferenciados.

O Ás de Copas, que está relacionado com a vagina (yoni) e com a Lua, é o complemento feminino do Ás de Paus, que está relacionado com o pênis (lingam) e com o Sol. É a Raiz dos Poderes da Água e nela estão implícitas todas as manifestações emocionais que veremos na sequência. "Representa o aspecto mais essencial e original das emoções, apesar de que não exista, ainda, qualquer manifestação específica", disse Crowley.

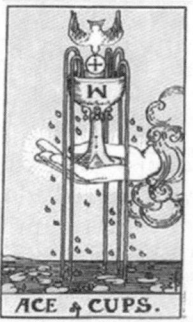

NA LEITURA TERAPÊUTICA

Momento Atual: esta pessoa está passando por um momento de elevada intensidade emocional, provavelmente não canalizada. Tem dificuldade para continuar escondendo suas emoções que agora estão à flor da pele. Sente o impulso interno de se abrir emocionalmente. Isso pode ser por ter recebido um impacto externo que move intensamente suas emoções, ou pode ser produto de seu próprio processo de autoconhecimento. A segunda carta nos mostrará se existe algum bloqueio para sua manifestação ou em que direção prática é manifestada.

Âncora: mostra a incapacidade de trazer à tona as emoções profundas no cotidiano. Uma vida de repressão emocional, com possíveis explosões, pode ter levado a pessoa a uma perda de consciência e objetividade, transformando-a em uma bola de pingue-pongue, que passa da contenção emocional a explosões histéricas, da depressão à euforia, do êxtase ao hospital. Esconde sentimentos profundos e geralmente dolorosos com estados de hiperemotividade. A flor de Fushia* a ajudará a conectar-se e expressar seus verdadeiros e mais profundos sentimentos.

O Ás de Copas de Marselha, de Waite e de Crowley.

Com A Sacerdotisa ou A Rainha de Copas, pode mostrar uma pessoa dedicada às atividades de tipo mediúnico, devocional e/ou psíquico, com as quais esconde suas responsabilidades e foge da vida prática cotidiana. Nesse caso, a essência Canyon Dudleya* a ajudará a apreciar as experiências do cotidiano, enraizando e vitalizando seu psiquismo.

Com pouca Água (menos de 10%), leremos por falta. Indica uma pessoa profundamente desconectada de suas emoções, provavelmente produto de um forte trauma de infância. Sugerimos Golden Ear Drops,* que ajuda a liberação da dor emocional originária da infância.

Infância: se tiver muita Água (mais de 50%) em seu mapa, diremos que era uma criança muito sensível e amorosa, que se viu drasticamente podada em suas expressões emocionais naturais. Se tiver pouca (menos de 10%), veríamos um ambiente familiar emocionalmente exaltado, tipo telenovela mexicana, onde o menor impacto desengatilhava respostas emocionais exageradas e desequilibradas, com possíveis elementos histéricos e paranoicos que deixaram a criança muito assustada e desequilibrada. Também podem acontecer as duas coisas juntas.

Relacionamentos: a) O relacionamento está ajudando a pessoa a se abrir emocionalmente. É uma relação "abre-latas", que obriga a pessoa a assumir e expressar suas emoções. Isso pode dar-se de várias maneiras. Um ambiente de amor, confiança e apoio pode facilitar um desabrochar emocional fluido e consciente. No entanto, poderia ser de uma forma menos agradável, se a pessoa vive, dentro do relacionamento, impactos emocionais muito fortes que desengatilham emoções que estavam escondidas e exigem que a pessoa entenda por que mexem com ela desse jeito. b) Essa pessoa se relaciona sem objetividade; suas carências a conduzem a estados emocionais extremos. Não possui uma base sólida para viver de modo funcional sua necessidade de envolver-se emocionalmente, de maneira que nunca dá um caráter duradouro e profundo a seus relacionamentos afetivos. Acha alguém interessante, projeta nele suas carências, idealiza-o e se apaixona loucamente. Quando este se comporta fora do padrão idealizado, vem a decepção, vivendo assim contínuos altos e baixos (cada vez mais baixos) de voltagem emocional. Como vimos na Âncora, o floral de Fushia* poderá ajudar.

Com o tempo, se essa pessoa não nutre a si mesma, de tanto sofrer, provavelmente vai acabar evitando os relacionamentos e dizendo como mamãe/papai: "todos os homens/mulheres são iguais". A essência de Pink Monkeyflower* pode ajudá-la a abrir-se emocionalmente a partir de um referencial de autoaceitação e honestidade emocional mais firme.

Voz da Essência e Método: as emoções, que há tempo estão contidas, precisam ser desenterradas e expressadas sem censura. Essa pessoa deve trabalhar seu lado emocional, identificando, entendendo e desativando bloqueios e compulsões que a desequilibram. Para isso é necessário reviver as situações, geralmente infantis, nas quais esses bloqueios foram colocados, percebendo que as ameaças esgrimidas pela família hoje não têm mais força. É importante que esteja atenta a seus impulsos emocionais para deixá-los fluir naturalmente. A Biodança e o Renascimento são bons "abre-latas", depois a Análise Bioenergética para entendê-las e trabalhá-las. Quando a criança expressa uma emoção e recebe uma resposta agressiva, a musculatura da área do plexo solar se contrai e depois relaxa. Porém, se isso sucede com frequência, essa tensão muscular se torna crônica e uma nova barreira para a expressão emocional fluida. Trabalhar essas tensões usando a respiração e a massagem é fundamental para recuperar a capacidade de expressar as emoções. A essência de Black-Eyed Susan* a ajudará a resgatar as emoções escondidas e "esquecidas", desenvolvendo a honestidade emocional, especialmente se existiu um trauma ou abuso na infância.

Caminho de Crescimento: usando as chaves que apareceram nas posições anteriores, a pessoa começa a fazer contato com suas emoções, percebe quão necessário é colocá-las para fora, começa a trabalhar e dissolver seus bloqueios, e a permitir-se progressivamente expressá-los na vida cotidiana, assim que as couraças amolecem e as emoções afloram.

Resultado Interno: essa pessoa, produto de todo o processo que vimos até aqui, conseguiu identificar, entender e desativar as dificuldades internas, bloqueios e medos que impediam a expressão emocional e, hoje, é capaz de abrir seu coração e deixar-se levar por suas emoções.

Resultado Externo: indica que a pessoa está encarando o mundo, expressando sua sensibilidade, suas emoções e até seu potencial artístico, inclusive em atividades profissionais.

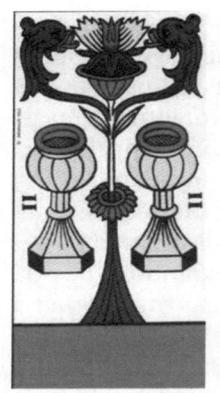

Dois de Copas – O Amor

A imagem mostra duas copas sobre um mar sereno, transbordando água cristalina e brilhante que emana de uma flor de lótus. Ao redor de seu talo, entrelaçam-se delicadamente dois esturjões que, atribuídos a Vênus, são símbolo de vida e fecundidade. O deus do amor na Índia é Kama: aquele que tem como símbolo o peixe.

O Dois de Copas de Marselha, de Waite e de Crowley.

O Dois de Copas mostra a interação entre o masculino e o feminino no âmbito interno, gerando prazer, alegria e êxtase. Aqui a emoção ainda fresca e pura não se tornou densa com apegos, rotinas, normas nem possessão. A emoção pura do Ás é polarizada no Dois, os aspectos masculino e feminino se complementam e voltam à unidade por intermédio dessa união harmônica. Nesta carta atribuída a Câncer, o mais sensível e receptivo dos signos, aparece a influência de Vênus, levando o caranguejo à procura de amor e de união.

Corresponde-se com o aspecto aquoso de Jokmah *(Kujmá*[44]*)*, cuja força viril dá impulso à manifestação, sendo, com Kether e Binah, anterior à própria manifestação. Jokmah é a forma mais abstrata da força, o Princípio Estimulante da Evolução. Certos antropólogos contemporâneos levantaram a tese de que o fator fundamental para a evolução do primata até o *homo sapiens* foi a disponibilidade para o amor. No instante em que a fêmea teve a capacidade de copular não só durante o cio, os primatas deixaram de ser 100% escravos dos instintos e começaram a desenvolver o livre-arbítrio, podendo escolher o momento e o companheiro para viver sua sexualidade. Paralelamente, embora muitos séculos antes, os cabalistas tinham chegado à mesma conclusão quando definiram o aspecto emocional do princípio estimulante da evolução como o amor.

Seu título é "O Amor", e o amor não é uma relação, mas um estado do ser; portanto, no Tarô Terapêutico esta carta não fala de relações nem de encantamentos amorosos, mas de autoestima. É o "eu me amo", a partir do qual posso amar os outros; de fato, nunca amarei ninguém se não me amo previamente.

Muitos autores veem esta carta como um encantamento amoroso. Esta é a carta da autoestima.

NA LEITURA TERAPÊUTICA

Momento Atual: indica que a pessoa está tomando consciência do pouco que se ama, está percebendo que sua autoestima está baixa e se questiona por que não se ama mais. Provavelmente andou buscando, cheia de ilusões e fantasias, o amor por aí, tentando adaptar-se ao que imaginava que os demais esperavam dela e só encontrou decepções e sofrimento. Isso pode levá-la a se perguntar se a chave do amor não estará dentro dela e o que poderia fazer ou deixar de fazer para melhorar sua autoestima.

Âncora: esta carta mostra uma pessoa cronicamente carente, cujo objetivo primordial é encontrar alguém que lhe dê amor e atenção, alguém que se devote totalmente a ela. Como foram seus pais que a deixaram carente, terá a tendência inconsciente de procurar nos outros o tipo de amor que não recebeu deles: um amor paterno-filial incondicional que não exija responsabilidades. Assim, essa pessoa é incapaz de relacionar-se de forma adulta, já que o que procura são os pais ideais que nunca teve. No entanto, o que sempre acha são pessoas que, como seus pais reais, acentuam ainda mais sua carência afetiva. Com o Cavaleiro de Copas, disfarça-se de sedutora e diz que encontrou a pessoa de sua vida pela qual está loucamente apaixonada. O floral de Fairy Lantern*

---

44. Com o J do espanhol da Espanha.

pode ser muito útil para transformar esse comportamento infantil em algo mais maduro e responsável.

Infância: com muita Água temos uma criança muito amorosa e sensível, cujas manifestações emocionais foram represadas, especialmente se aparecer também o Oito de Espadas (A Interferência). Com pouca Água, a criança não se sentiu amada. Seus pais poderiam amá-la, mas não sabiam demonstrar esse amor ou o demonstravam de um jeito que a criança não conseguia receber. Ficou carente e achando que não merecia carinho.

Relacionamentos: a) Mostra uma relação que, de maneira agradável ou não, ajuda ou até obriga a pessoa a trabalhar para melhorar sua autoestima. Aprende a se amar e a partir daí pode viver o amor com menos preconceitos, medos e expectativas. Não tão agradável seria se o relacionamento a desvaloriza, obrigando-a a trabalhar sua autoestima. b) Geralmente é um "mendigo de amor" que se fantasia de pessoa muito carinhosa e meiga. Espera piamente a chegada do/a príncipe/princesa azul que a vai preencher de amor e então, só então, vai ficar feliz. Enquanto isso, paga qualquer preço para alimentar suas fantasias e, finalmente, os príncipes acabam sendo sapos.

Voz da Essência e Método: sugerimos que trabalhe sua autoestima escolhendo as opções que significam que ama mais a si mesma. E isso não nos foi ensinado na família, na escola nem na igreja. Fomos programados para comprar amor agradando aos demais, por isso tem de começar com as coisas mais simples: "Se todos os dias meu café da manhã é pão e café, que outras opções tenho e por qual delas me dou mais amor?" Também para sair de dúvidas: "Fui convidada para um jantar anual das ex-alunas do Coração de Maria e à mesma hora tem um show de Zeca Baleiro. Qual é a opção que significa tratar-me com mais carinho?" Assim vai calibrando sua autoestima. É importante aposentar o tirano mental e revisar seu passado infantil para identificar as situações em que sua autoestima foi podada. Sugerimos também que cuide de seu corpo (recebendo massagens), de sua alimentação, saúde, ritmos de trabalho, dando-se tempo livre, permitindo-se fazer coisas que lhe agradem e procurando relacionar-se com pessoas simpáticas e amorosas. A essência de Mariposa Lily* a ajudará a nutrir-se e dar-se calor e afeto.

Caminho de Crescimento: usando as chaves que apareceram nas posições anteriores, a pessoa está começando a reconstruir sua autoestima. Pouco a pouco, o amor vai se expandindo. Áreas psíquicas que estavam ocupadas por medos, raiva, inveja, frustração, culpa, desejo de poder, etc., são preenchidas pelo amor que começa a permear todos os aspectos de sua vida.

Resultado Interno: essa pessoa, produto de todo o processo que vimos até aqui, conseguiu identificar, entender e desativar as dificuldades internas que tinha para se amar. Um coração cheio de amor tornou a ser o guia de sua vida.

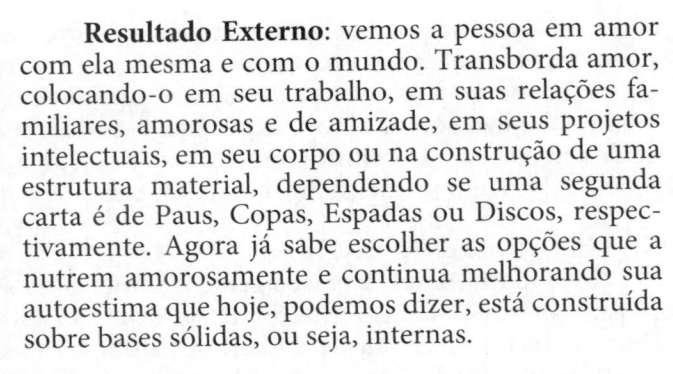

Resultado Externo: vemos a pessoa em amor com ela mesma e com o mundo. Transborda amor, colocando-o em seu trabalho, em suas relações familiares, amorosas e de amizade, em seus projetos intelectuais, em seu corpo ou na construção de uma estrutura material, dependendo se uma segunda carta é de Paus, Copas, Espadas ou Discos, respectivamente. Agora já sabe escolher as opções que a nutrem amorosamente e continua melhorando sua autoestima que hoje, podemos dizer, está construída sobre bases sólidas, ou seja, internas.

Três de Copas – A Abundância

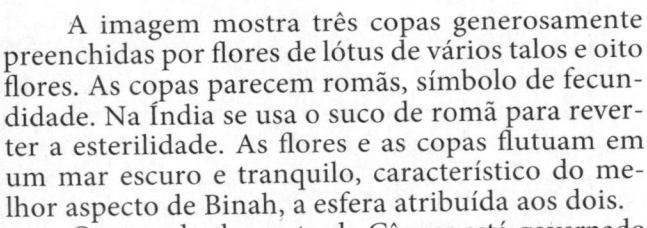

A imagem mostra três copas generosamente preenchidas por flores de lótus de vários talos e oito flores. As copas parecem romãs, símbolo de fecundidade. Na Índia se usa o suco de romã para reverter a esterilidade. As flores e as copas flutuam em um mar escuro e tranquilo, característico do melhor aspecto de Binah, a esfera atribuída aos dois.

O segundo decanato de Câncer está governado por Mercúrio; a habilidade, capacidade analítica e força de vontade de Mercúrio se projetam sobre o mais receptivo dos signos, levando-o à frutificação, dando-lhe canais à sua criatividade e estimulando-o em seu desenvolvimento.

Corresponde-se com aspecto aquoso de Binah (*Biná*), o Feminino em seu estado mais sutil. Se no Dois de Paus, aspecto fogoso (Masculino α) de Jokmah (O Pai de tudo), tínhamos um excesso de masculino, aqui temos, sendo Binah (A mãe de tudo) e a Água femininas, um excesso de feminino. Se o masculino é centrífugo e competitivo, o feminino é centrípeto, aglutinador, convergente, cooperativo e solidário. Enquanto os homens fazem duas equipes e competem, as mulheres colaboram. Esse excesso de feminino gera abundância.

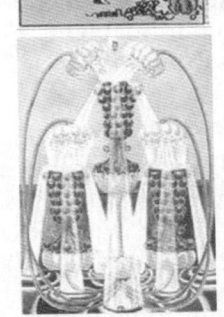

O Três de Copas de Marselha, de Waite e de Crowle.

A carta se intitula: "A Abundância" e nos traz ideias de resultados e gratificações fundamentalmente emocionais, mas também com uma rebarba material.

Nos Três se colhe o que foi plantado nos Dois. No Três de Copas se realiza a frutificação do Dois: a abundância como a frutificação do amor. Quando fazemos opções por atividades em que o amor se expressa, temos os melhores frutos. Claro que não podemos sentir amor na marra: "Tenho de amar meu trabalho porque me dá de comer". Neste sentido, o amor é autônomo ou se manifesta ou não se manifesta. Atrever-se a apostar nas atividades nas quais se manifesta o amor como as que vão dar os melhores frutos será mais fácil, à medida em que valorizamos nossos talentos, potenciais e nossa capacidade de frutificar. Como fruto de desenvolver a autoestima, como no Dois de Copas, temos no Três a generosidade, em primeiro lugar conosco e depois com os outros.

NA LEITURA TERAPÊUTICA

Momento Atual: a pessoa sente o impulso de ser mais generosa consigo mesma e com o mundo, de valorizar mais seus talentos, sua abundância interna e sua capacidade de frutificar. A segunda carta pode mostrar quais iniciativas são tomadas ou quais bloqueios dificultam sua expressão prática.

Âncora: por excesso, com muita Água na carta astral, esta pessoa imagina que, se não for generosa, sempre disposta a ser uma vaca de tetas cheias e disponível para os demais, ajudando-os emocional e materialmente, se não mostrar permanentemente a grandeza de seu coração e de seu bolso, o mundo vai rejeitá-la. Assim, vive comprando os outros. A flor de Agrimony a ajudará a deixar de lado essa máscara, a de Goldenrod* amainará sua necessidade compulsiva de agradar e a de Centaury desenvolverá sua capacidade de dizer não.

Por falta, com pouca Água, nunca valorizou sua abundância interna, seus potenciais e sua criatividade. Desvaloriza-se continuamente e evita qualquer confronto. A essência de Buttercup* ajuda a valorizar-se, especialmente quando há tendências à autoanulação.

Infância: se a pessoa tem muita Água na sua carta astral, podemos ver que quando criança era muito generosa e esta atitude foi reprimida. Com pouca Água, pode ter existido uma contínua invalidação de talentos e capacidades. Com a Rainha de Discos, indicaria que foi comprada: "Se você se comporta bem, compro...". A criança não teve amor senão compensações materiais: caprichos, doces, brinquedos e roupas, por meio dos quais ela aprendeu a afirmar-se diante de seus amiguinhos. Sua família a transformou em um consumista.

Relacionamentos: a) Podemos ver uma relação que ajuda a pessoa, de maneira mais ou menos agradável, a valorizar sua abundância interna, sua capacidade de dar frutos, inclusive filhos se aparece com a Imperatriz. Uma relação que a estimula a ser mais generosa consigo mesma. b) A pessoa vende uma imagem de generosidade e abundância, especialmente no âmbito emocional, como estratégia para construir ou continuar relações. Compradora de amor com presentes e atenções, aparentemente dedicada e entregue a seu par, no fundo não se valoriza e é uma carente possesiva. Acha que, se não se mostra frutífera, generosa e abundante, ninguém vai gostar dela. Recomendaremos a essência de Chicory para que possa relacionar-se de maneira menos possessiva e o amor possa fluir com mais autenticidade e liberdade.

Voz da Essência e Método: chegou o momento de dar frutos, optando por atividades em que o amor se expressa, de trabalhar a valorização da abundância interior, dos talentos e a confiança em sua expressão. Para isso é importante identificar e desativar as dificuldades internas para desenvolver essa confiança e revisar no passado as situações nas quais se sentiu desvalorizada. Sugerimos que invista em si mesma, valorizando e desenvolvendo sua abundância interna, até que seus potenciais naturais frutifiquem. É hora de trabalhar com aquelas atividades em que naturalmente expressa seu amor. O floral de Larch a ajudará a valorizar suas capacidades criativas e expressivas.

Ultimamente temos sido bombardeados com uma infinidade de programas sobre a abundância. Quase todos têm o mesmo denominador em comum: pedir. Também as religiões martelaram este prego: pedir que lhe será dado, pedir à mãe que o filho atende, ou os mais modernistas: pedir para a fonte, para o Universo, etc. E essa ideia é fácil de engolir, porque repete a vivência que tivemos quando crianças, incapazes de conseguir o que queríamos e o pedíamos a nossos pais todo-poderosos, perpetuando aquela situação infantil. Quem pede é o mendigo que, convencido de que não tem talentos nem capacidades, implora para que lhe deem uma moeda e permanece na miséria. Quando pedimos, não nos conectamos com a abundância, mas com a miséria. Se queremos nos conectar com a abundância não temos de pedir, temos de dar, superar os medos de ser generosos e dar. Se não temos dinheiro, damos amor, se nesse momento não temos amor para dar, damos conhecimentos, atenção ou tempo. Não se trata de dar para receber porque nesse caso continuamos esperando, continuamos pedindo; trata-se de dar pelo prazer de dar. Quando descobrimos o prazer de dar por dar e somos generosos, podemos nos transformar em um canal das riquezas existentes.

Caminho de Crescimento: usando as chaves que apareceram nas posições anteriores, a pessoa começa a se valorizar, a expressar seus talentos, a ser generosa consigo mesma e com o mundo, dando assim frutos.

Resultado Interno: essa pessoa, produto de todo o processo que vimos até aqui, identificou, entendeu e desativou as dificuldades internas que tinha para se valorizar, resgatou sua abundância interna, perdeu o medo de seguir a voz de sua essência. Agora, permite-se gozar das coisas boas da vida, é generosa consigo mesma, nutre emocionalmente seu ambiente e se permite ser nutrida por ele.

Resultado Externo: diremos que com essa atitude que vimos no Resultado Interno, a pessoa está encarando o mundo e tem muitas possibilidades de colher com abundância tudo aquilo que com amor plantou. Expressando em suas atividades sua sensibilidade e seus talentos, vive com generosidade e satisfação suas relações afetivas.

Quatro de Copas – O Luxo

Aqui, a ordem, a segurança, a estrutura e a lei do Quatro informam a emoção, de maneira que esta fica limitada, determinada a alguns modos de expressão que podem implicar certa falta de fluidez e naturalidade e, consequentemente, artificialidade. A imagem passa a mesma ideia. Embora o fluxo da água seja generoso (abrimo-nos emocionalmente quando nos sentimos seguros), indicando riqueza emocional, sua trajetória é forçada: a Água está emanando de um lótus rosa, cor do amor, preenchendo as duas copas superiores que transbordam em cima de duas folhas, que deixam cair a Água nas duas copas inferiores. Este movimento para dentro não é natural, desafia as leis físicas e passa uma ideia de tensão e esforço para manter uma suposta perfeição.

Também indica que, para nos estruturar e nos estabilizar emocionalmente, temos de colocar limites. Com Jesed, entramos no mundo da forma, dos limites e, sempre que materializamos, colocamos limites, restringimos.

Se queremos nos ordenar e nos estabilizar emocionalmente no nível interno, necessitaremos entender por que determinadas situações nos desestabilizam e desestruturam emocionalmente. Não podemos fingir que nada acontece, nem fugir para o Himalaia (com o qual apenas estaríamos adiando o processo), nem receber esses impactos em doses cavalares que nos desestabilizariam e desestruturariam até o ponto de perdermos a consciência e ficarmos incapazes de extrair alguma lição das situações. Teremos de tomar esses impactos em doses limitadas, homeopáticas, para perceber por que essas situações nos movem.

O Quatro de Copas de Marselha, de Waite e de Crowley.

Em uma relação sucede o mesmo. Se quero construir uma relação amorosa estável com alguém, tenho de colocar limites precisos: não posso me relacionar com essa pessoa e com a torcida do Flamengo simultaneamente. Tampouco posso voltar para casa depois que ela tenha ido dormir. Também não posso grudar como um chiclete, sufocando-a e transformando assim essa relação em uma prisão.

Justamente encontrar a medida certa em relação aos limites, o que na imagem é o ângulo da caída da água até as copas inferiores, forma parte da arte de se relacionar.

Esta abundância de fluxo é também consequência do influxo da Lua sobre Câncer. A Lua dispara sua sensibilidade canceriana e agita suas emoções. Porém, também acentua seus apegos, dependências e ataduras com o passado, com o lar e com a mamãe.

Esta carta é atribuída ao aspecto aquoso de Jesed (*Jeséd*), a primeira esfera sub-abismal na coluna da força, embaixo de Jokmah. Em um nível inferior mais denso, continua sua obra, organizando e cuidando do que o Pai do Todo impulsionou.

Esta carta leva por título "O Luxo", fazendo alusão à ideia de riqueza e estabilidade emocional. Cuidado com algumas edições do Tarô de Crowley em que traduziram "Luxury" como Luxúria!

Autores tradicionais dão a esta carta significados de apatia, abulia, e insatisfação, ocultas por trás de uma aparente saciedade.

NA LEITURA TERAPÊUTICA

Momento Atual: a pessoa se sente instável, desestruturada e frágil emocionalmente. Esta percepção pode vir de seu próprio processo de autoconhecimento ou de um impacto externo. Pergunta-se o que pode fazer para se fortalecer, organizar-se e se estruturar emocionalmente.

Âncora: por excesso, como sucede com os outros quatro, mostra uma forma de buscar segurança. Neste caso busca segurança por meio de relações estáveis, esperando que seu par, amigo ou familiar lhe proporcione segurança emocional. Torna-se dependente do/a parceiro/a e paga um preço elevado em termos de autenticidade para manter suas relações, que se tornam prisões que sufocam seus verdadeiros impulsos. A pessoa torna-se possessiva, ciumenta, limitada e limitante.

Essa rigidez pode ser amainada com a essência de Rock Water, enquanto Fairy Lantern* ajuda a trabalhar essa busca imatura e enfermiça de segurança por meio dos demais, vistos como substitutos dos pais.

Por falta, indica uma pessoa cronicamente incapaz de se organizar, estabilizar-se e se estruturar emocionalmente, qualquer coisinha a altera enormemente e, como consequência, tem grandes dificuldades para construir relações estáveis. É importante que identifique as origens dessa instabilidade. A essência de Fuchsia* facilita sair de estados de hiperemotividade e histeria, facilitando uma vida afetiva equilibrada e a expressão dos verdadeiros sentimentos.

Infância: a aprovação e o contato físico foram condicionados ao jeito "correto" de expressar as emoções. Se não obedecia a essas regras de conduta emocional, a aprovação era retirada e rejeitada, ameaçada ou agredida. Provavelmente a família se preocupava muito com a imagem que passava para os demais e mantinha as aparências, a qualquer preço: uma família bem estruturada e estável em que não há focos de tensão nem problemas aparentes, não há roupa suja para lavar, no entanto os armários estão cheios de esqueletos. A criança corre o risco de perder seus referenciais internos e acaba manipulando seus pais com as mesmas armas e argumentos que estes lhe ensinaram.

Relacionamentos: a) O relacionamento ajuda a pessoa a se estabilizar e se estruturar emocionalmente. Isso pode suceder de maneiras muito diferentes. Desde um/a parceiro/a que nutre emocionalmente a pessoa ou que a desestabiliza emocionalmente, a tal ponto que a obriga a ter de se trabalhar para poder se estabilizar e se estruturar. b) Temos uma pessoa altamente capaz de se autolimitar e fingir para se sentir segura, protegida, apoiada e, inclusive, sustentada dentro de uma relação amorosa. Se na Âncora buscava segurança em qualquer tipo de relação, aqui é nas relações amorosas. Esse tipo de prostituição é frequentemente praticado entre as donas de casa mais decentes. O floral de Bleeding Heart* a ajudará a relacionar-se, respeitando sua individualidade e a do outro.

Voz da Essência e Método: esta pessoa necessita se estabilizar emocionalmente. Para isso em primeiro lugar deve se perguntar: "O que é que me desequilibra e desestrutura emocionalmente? E por que me desequilibra e desestrutura emocionalmente?" Descobrindo e eliminando os fatores de instabilidade e compulsões, a ordem natural pode aparecer de forma espontânea. Em segundo lugar, necessita identificar o que a ajuda a se estabilizar emocionalmente. Provavelmente precisa dedicar mais tempo a si mesma e fazer as opções que a levam a se nutrir emocionalmente. A essência de Morning Glory* favorece a eliminação de hábitos desregrados e a ajudará a ordenar a vida em sintonia com os ciclos naturais.

Caminho de Crescimento: usando as chaves que apareceram nas posições anteriores, a pessoa começa a se estruturar e se estabilizar emocionalmente no plano interno, o qual favorece a fluidez e a estabilidade em suas relações.

Resultado Interno: produto de todo o processo que vimos até aqui, a pessoa identificou, entendeu e desativou as dificuldades internas que tinha para se estruturar e se fortalecer emocionalmente. Percebeu por que determinadas situações minavam sua segurança e estabilidade emocional e artificializavam a sua expressão emocional. Como consequência, agora flui melhor em seus relacionamentos, mais estável e estruturada emocionalmente; é mais autêntica e espontânea, com um fluxo emocional intenso, expressando-se emocionalmente com mais serenidade, de um modo construtivo e sabendo colocar limites.

Resultado Externo: a partir de sua estabilidade, firmeza e segurança emocional, encara o mundo. Muda sua maneira de se relacionar, podendo construir com mais facilidade relações estáveis de qualquer tipo.

Cinco de Copas – A Frustração

A imagem mostra o fluxo emocional interrompido: a Água desapareceu. As copas cristalinas estão vazias e dispostas em um pentagrama invertido, indicando que a ausência de consciência dá lugar à involução, ao sofrimento e à negatividade. Assim, a vontade não pode trabalhar livremente, os quatro aspectos do Ser (energético, emocional, mental e físico) não se integram e a energia é consumida em conflitos internos e externos; o amor desaparece e a raiva resultante se canaliza para a autodestruição e as brigas com o próximo. O mar morreu, tornando-se um charco de barro a ponto de secar, assim como o lótus que, sob a influência dos ventos tórridos de Marte, estão perdendo suas pétalas.

Depois da calma do Quatro, chegou a hora do Cinco; a transformação é inevitável, e tentar conter a mudança é um absurdo: a tensão criada fará com que a destruição seja mais violenta. É a tempestade emocional sugerida pelo título da carta "A Frustração".

O primeiro decanato de Escorpião está governado por Marte. A energia mal resolvida alimenta a agressividade, a inveja, a possessividade e os ciúmes – quando não os desejos de vingança –, o rancor e a procura de vantagens materiais por meio de chantagens e outros meios antiéticos. O sexo animal não acha o canal do amor para enriquecer-se e elevar-se e se torna, na melhor das hipóteses, uma maneira de liberar tensão e, na pior, uma compensação ou autoafirmação que pode inclusive ter uma conotação de procura de poder e domínio sobre o outro. Esta carta corresponde ao aspecto aquoso de Geburah (*Guevurrá*), a esfera atribuída aos Cinco, o Destruidor, o Justiceiro que sacode a ordem e o espírito construtivo de Jesed.

NA LEITURA TERAPÊUTICA

Momento Atual: a pessoa percebe que a sua autoestima está no fundo do poço. Esta percepção pode vir de seu processo de autoconhecimento ou de uma situação que gera um impacto emocional desagradável forte, como a ruptura de um relacionamento, sentir-se enganada, traída, ignorada e desvalorizada ou de uma frustração econômica ou profissional. Pode estar com muita raiva do mundo e/ou de si mesma; assim, cuidado com os acidentes, especialmente se a segunda carta é o Nove de Espadas – A Crueldade.

Âncora: esta pessoa nunca se amou nem se respeitou ou pelo menos não o suficiente para ter uma autoestima minimamente calibrada. E essa falta de autoestima a leva a criar muitas expectativas do tipo "um

O Cinco de Copas de Marselha, de Waite e de Crowley.

dia alguém vai me amar", que coloca em suas relações. Como não se ama nem confia em si mesma, será difícil que ame ou confie nos demais. Invalida cronicamente seus impulsos e sua sexualidade, e seus relacionamentos em geral acabam em rupturas muito doloridas. Acumula raiva que vai destilando no seu ambiente. Sente-se mal perto de pessoas que se autovalorizam. Tende a se destruir com o Cinco de Discos (O Sofrimento) ou o Nove de Espadas (A Crueldade), ou a destruir os outros com o Cinco de Espadas (A Derrota), e se sente incomodada perto de pessoas que têm uma autoestima decente. A essência de Willow a ajudará a aceitar-se e a aceitar as situações pelas quais está passando, a assumir sua responsabilidade por elas, a perdoar e a fluir com os acontecimentos, em vez de ir contra eles. A de Sunflower* a auxiliará a gostar mais dela mesma, assim como a de Mariposa Lily.*

Infância: a criança sentiu que seus pais não gostavam dela. Foi censurada e desvalorizada, especialmente nas suas iniciativas de autoafirmação e em seus impulsos instintivos, de maneira que provavelmente a criança deixou de gostar de si mesma. É uma situação intermediária entre o Dois de Copas (O Amor), em que a criança não se sentia amada, mesmo que seus pais a amassem à maneira deles, e o Três de Espadas (A Aflição), saturado de agressões psicológicas, como rejeições, abandonos e culpas. A criança sentiu desamor. Também pode indicar (confirmado pelos Amantes) que a separação dos pais traumatizou a criança.

Relacionamentos: a) Mostra uma relação que ajuda a pessoa a perceber até que ponto sua autoestima está ausente. Pode ser que seu/sua parceiro/a insista em pisar em sua autoestima. Em todo caso, essa percepção é uma oportunidade para começar a reconstruir a autoestima, como costuma acontecer quando tocamos o fundo do poço. b) Temos alguém com pouquíssima autoestima. Pode ter sido destruída por uma separação ou perda relativamente recente. Também pode ser algo crônico. Se tem muito pouca autoestima, a pessoa pode usar uma máscara de boazinha ou até de vítima para se relacionar e, claro, o que atrai são sádicos, de maneira que, como na Âncora, suas relações acabam sempre em sofrimento e diminuição maior da autoestima. Projeta em cima de seus/suas parceiros/as seu "Eu não valho nada e não mereço amor", de maneira que desvaloriza também os demais e o que lhe oferecem.

Aqui também a essência de Sunflower* será muito útil. Seu medo da intimidade pode ser amainado com o floral de Sticky Monkeyflower* e a flor de Poison Oak*, pode ajudá-la a trabalhar sua desconfiança e hostilidade.

Voz da Essência e Método: sugerimos que trabalhe sua autoestima. O exercício que vimos no Dois de Copas pode ser útil aqui: fazer as opções que significam e que ama mais. Além disso, deve observar atentamente por que uma determinada situação arrasa a autoestima. Tem de se perguntar: "Qual é a ferida que está sendo tocada?" Os outros não são uns canalhas que me fazem sofrer pisando em minha autoestima, sou eu que atraio essas pessoas para me obrigar a trabalhá-la. Quando consigo recordar as situações que massacravam minha autoestima na infância e as revivo com meu tamanho e independência atuais, tenho a possibilidade de curar essa área sensível e resgatar minha autoestima.

É importante perceber que se determinada relação nos faz sofrer e saímos dela sem entender por que nos dói, sem ter curado a autoestima, o mais provável é que vamos tropeçar na curva da esquina com outra pessoa que vai continuar tocando a mesma ferida. Por isso é mais importante entender por que uma determinada situação mexe com nossa autoestima, que correr para sair da relação. Claro que, se o impacto é tão forte que acaba com a consciência necessária para identificar e curar a ferida, faz-se necessário se afastar um tempo.

Uma vez feito o trabalho, podemos ver a relação de outro prisma e, se há elementos que lhe dão qualidade, podemos optar por continuar, mas; se não têm, já aprendemos o que tínhamos de aprender. Podemos ir com a certeza de que a história não se repetirá. Uma vez curada essa área, o relacionamento pode mudar ou acabar, mas existiu um crescimento.

A essência de ButterCup* pode ajudar a melhorar a autoestima e a de Black-Eyed Susan* a tomar consciência de seus aspectos traumáticos escondidos.

Caminho de Crescimento: usando as chaves que apareceram nas posições anteriores, a pessoa percebe o pouco que se amou na vida e, tomando atitudes que significam o início de uma valorização interna, começa a abandonar hábitos desregrados, atitudes autodestrutivas, atividades frustrantes, e começa a mudar sua maneira de relacionar-se com a família, amores, amigos, colegas de trabalho, etc.

Resultado Interno: produto do processo que vimos até aqui, a pessoa identificou, entendeu e conseguiu eliminar um forte e arraigado fator compulsivo – "Eu não gosto de mim" –, que trancava sua expressão emocional verdadeira e a levava a sofrer nos seus relacionamentos. Percebeu por que sua autoestima era tão vulnerável, revisou as situações originais em que a pisaram, de maneira que hoje se ama mais e é capaz de amar e expressar seu amor.

Resultado Externo: a pessoa atrai uma situação que no passado haveria acabado com sua autoestima. No entanto, graças a todo o processo vivido até aqui, aproveita essa situação para, assumindo que não pode continuar com a autoestima tão frágil, reconstruí-la sobre bases sólidas, ou seja, internas, e reformular suas relações, seja terminando ou disso melhorando-as.

Seis de Copas – O Prazer

A imagem mostra os talos dos lótus movendo-se graciosamente em uma dança sensual e harmoniosa. De suas flores brota a água cristalina, que enche seis copas douradas e que não se derrama, mas é canalizada pelos próprios talos do lótus, indicando que não existe excesso nem desperdício, mas retroalimentação. As ondulações do mar verde (cor da cura) são simétricas. Depois das transformações do Cinco, é possível o equilíbrio no Seis.

Tem uma dupla relação com o Sol, planeta que governa Tiphareth e o segundo decanato de Escorpião. O Sol: a consciência e a energia iluminam a sexualidade e a tendência à transformação do Escorpião, resultando no incremento da corrente vital, da saúde psicofísica, do entusiasmo, da criatividade e do prazer. Esta carta e suas atribuições nos levam a pensar no uso mais consciente da energia sexual, em sua canalização ascendente, conhecida, na Índia, como tantrismo e, na China, como taoismo sexual.

Corresponde-se com o aspecto aquoso de Tiphareth (*Tiférret*), que é Kether, em um arco inferior, e Yesod, em um arco superior. Estando na coluna central, é um ponto de transmutação entre a forma e a força.

O Seis de Copas é a manifestação mais equilibrada, bela e perfeita da emoção. Seu título é "O Prazer". O prazer mais verdadeiro, produto da harmonia das forças naturais que, expressando-se criativamente desde o interior do ser, levam à paz, ao bem-estar, à gratificação profunda e à elevação espiritual.

Não é o prazer que vem de fora, mas o que vem de dentro quando expressamos nosso Sol: 1º) sendo autênticos e verdadeiros com nós mesmos; 2º) manifestando nossos talentos, especialmente a criatividade; e 3º) vivendo nossa sexualidade de maneira consciente e amorosa. Poderíamos chamá-lo também "Alegria", como disse Eckart Tolle. Seria o estado natural do ser: o prazer classe A. O Nove de Copas ilustra o prazer que vem de fora, o prazer classe B, ou a capacidade de desfrutar das coisas boas que nos oferece a vida. Finalmente o Sete de Copas mostra o prazer classe C, que é o pseudoprazer degradante das compensações.

Para alguns autores, como A. E. Waite ou S. Kaplan, esta carta representa o ilusório, as influências do passado que aniquilam a objetividade.

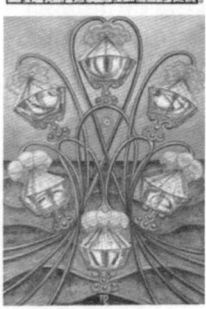

O Seis de Copas de Marselha, de Waite e de Crowley.

Estranhos significados para o aspecto aquoso da esfera mais equilibrada da Árvore. E para um Seis também símbolo do equilíbrio.

NA LEITURA TERAPÊUTICA

Momento Atual: a pessoa percebe que faltam prazer, alegria e satisfação em sua vida e está se questionando o que poderia fazer para ter uma vida mais plena, alegre e com maior significado e gratificação, incluindo uma sexualidade de maior qualidade, com mais consciência, amor e plenitude. Pode inclusive estar percebendo que não está sendo suficientemente autêntica e verdadeira consigo mesma.

Âncora: lemos por excesso se a pessoa tem muita Água na sua carta astral. Como todos os Seis nesta posição, temos aqui uma fachada. Exige-se manter em pé uma máscara de alegre e divertida que irradia prazer continuamente. Acentua de forma artificial a expressão de sua sensualidade e gaba-se de ter uma vida sexual maravilhosa. Em palavras de Alexander Lowen: "O importante para ele é divertir-se ou parecer que está se divertindo, ou pelo menos fazer com que os outros pensem que está se divertindo".

Claro que, enquanto finge esse falso estado interno, a pessoa se desconecta completamente de si mesma. É sedutor/a e adora contar para seus amigos os detalhes de suas conquistas. Não gosta de responsabilidades nem de compromissos, pois isso choca com sua atitude sedutora. A essência de Agrimony a ajudará a reconhecer suas mágoas e frustrações para trabalhá-las honestamente.

Por falta, indica que a pessoa tem crenças muito bem enraizadas, relacionadas com a negação do prazer. "Não mereço me envolver com atividades que me deem prazer." "O prazer é pecado, especialmente o prazer sexual." "Se tenho prazer depois vou ser castigada e sofrer." A essência de Borage* estimula a coragem e o bom humor procedente do fundo do coração.

Infância: O verdadeiro prazer que a criança tem quando faz o que quer, e além do mais conta com o apoio de seus pais, foi restringido. Pode ser que ninguém na família se permitisse ter esse tipo de prazer, como vemos na Âncora por falta.

Relacionamentos: a) O relacionamento está ajudando a pessoa a ser mais autêntica e verdadeira consigo mesma e isso faz com que ela se conecte com suas fontes internas de prazer. Favorece também uma vida sexual mais consciente, plena e amorosa, não apenas como uma descarga de tensões ou uma forma de tentar controlar o/a parceiro/a, mas também como uma comunhão erótica. b) Vende a imagem de quem sente prazer o tempo todo, que se diverte o tempo todo e que se alguém ficar com ela vai ter prazer e diversão. É a máscara que vimos na Âncora por excesso, aparentemente alegre e divertida, com uma forte conotação sexual. Sendo um homem promete mais ou menos explicitamente os maiores picos de prazer: "Venha comigo, morena, você vai saber o que são os orgasmos múltiplos". Provavelmente, tem dificuldade para assumir compromissos e responsabilidades. Prefere a amizade colorida. Esse comportamento infantil pode amadurecer usando a essência de Fairy Lantern.*

Voz da Essência e Método: a pessoa não tem o verdadeiro prazer e, provavelmente, isso acontece faz tempo. Não é comprando compensações, procurando diversões ou distrações que ela vai recuperar-se. Para acessar esse prazer e alegria interior, primeiro necessita identificar, entender e desativar as crenças que condenam o prazer. Também as crenças e padrões de conduta que lhe dificultam: a) ser ela mesma, b) optar por atividades em que possa expressar seus talentos, c) viver sua sexualidade plena, amorosa e conscientemente. Esse prazer, que deveria ser o estado natural do ser humano, é uma sensação corporal conectada a um fluxo emocional que vai de dentro para fora; não é algo que nos dão, nem que podemos comprar, cuja manifestação pode estar impedida por tensões psicofísicas. Exercícios corporais de Análise Bioenergética ajudarão a dissolver essas tensões. Sempre que trabalhamos qualquer questão não só pela compreensão, mas também por meio do corpo, obteremos melhores resultados.

A essência de Zinnia,* que favorece a jovialidade, ajudando a vivenciar a alegre criança interior, pode ajudar. A de Black-Eyed Susan* ajuda a reconhecer e integrar aspectos traumáticos e dolorosos do passado que podem estar bloqueando aceder o verdadeiro prazer.

"Simplesmente faça aquilo que lhe dê prazer (prazer a você e a seu ambiente). Simplesmente crie um ritmo de celebração a seu redor. Esta vida, eu chamo de vida religiosa." (*Osho*)

Caminho de Crescimento: como consequência de usar as chaves fornecidas pelas cartas anteriores, a pessoa começa a ser mais ela mesma, a se atrever a optar por atividades em que pode expressar seus talentos e criatividade; melhora sua vida sexual, de maneira que começa a viver a vida com mais prazer e gratificação.

Resultado Interno: essa pessoa conseguiu identificar, entender e desativar as dificuldades internas que tinha para sentir alegria. Optou por atividades que lhe dão prazer e desbloqueou os canais de expressão desse prazer. Não somente sente prazer, como também vive no prazer. Resolveu seus conflitos emocionais. Sente-se integrada, equilibrada, bonita e sensual, podendo admirar a harmonia, a beleza e a sensualidade do mundo que a rodeia. Irradia paz, beleza e uma grande satisfação interna. É balsâmica e nutritiva com seu entorno.

Resultado Externo: vive com prazer e criatividade, especialmente seus lados emocional e sexual, que, com sua sensualidade, estão em alta. Delicia-se com suas atividades e com seus frutos.

Sete de Copas – A Corrupção

Os lótus não jorram mais água, mas uma espécie de lodo verde, venenoso e nojento, que transborda das sete copas e cai pesadamente em um pântano. As copas estão dispostas em dois triângulos invertidos, com uma copa maior, afundando-se no lodo. As flores estão caindo e murchando; tudo indica um movimento descendente.

Esta carta recebe duplamente a energia de Vênus, por se corresponder com o aspecto aquoso de Netzach (*Netsásh*), esfera atribuída ao sete, associada a Vênus e, por ser Vênus em Escorpião, sua atribuição astrológica. Nesta altura da Árvore, já muito longe da luz de Kether e fora da coluna central, a energia venusiana corre o risco de virar uma cega, doentia e vã, quando não destrutiva, procura de prazer. Seus efeitos ativam no Escorpião seus lados mal resolvidos, deixando-o obcecado pelas satisfações sensórias.

Embora alguns autores a intitulem "O Êxito Ilusório", Crowley preferiu chamá-la "Debauch": "A Corrupção". Há edições que traduziram o título original "Debauch" como "Deboche". É correto desde que usemos essa palavra nos seus significados de corrupção, devassidão ou perversão, e não de zombaria ou desprezo irônico.

Tentar manter artificialmente o nível de prazer do Seis de Copas, sem as transformações, adaptações e desapegos que o passar do tempo exige, leva ao desgaste e à loucura, enfim, ao desastre. Esta é a carta das compensações: drogas, perversões sexuais, compulsão por compras, comida, bebida, TV, etc., enfim, de todos as adições. Mostra a incapacidade de integrar o amor e o sexo, e este último é vivido como uma compensação compulsiva da incapacidade de viver o verdadeiro prazer.

NA LEITURA TERAPÊUTICA

Momento Atual: a pessoa está tomando consciência de que essa busca cega e desenfreada pelo prazer que está vivendo leva a uma degradação de seu corpo, de sua alma e de seu bolso. Essa percepção pode proceder de seu próprio processo de autoconhecimento ou de uma situação específica como uma *overdose*, uma ressaca feroz ou uma conta impagável do cartão de crédito. Pode inclusive perceber que essa compulsão louca por compensações procede de uma carência de prazer verdadeiro e está se questionando o que necessita fazer ou deixar de fazer para sentir um prazer mais profundo.

Âncora: não se sente merecedora nem capaz de atingir o prazer. Não consegue viver sua sexualidade naturalmente nem investir seu tempo e dinheiro em atividades criativas, de maneira que está acabando com sua saúde, seu bolso e seu amor em uma carreira compulsiva atrás do prazer por meio de estados de alta excitação. Temos aqui uma pessoa que se compensa permanente e cronicamente. Pode ser refém de crenças que afirmam que não pode ou não merece ter prazer por meio de seu trabalho, da expressão de seus talentos e criatividade, ou não merece desfrutar das coisas boas que tem a vida. A partir daí se lança em uma busca frenética e insatisfatória de prazer com as compensações. Excessos crônicos com drogas, compras, comida, prostitutas e perversões sexuais estão levando-a à autodestruição física, psíquica e econômica. Pode chegar a pensar na morte com certo prazer mórbido e alucinado. Seu desequilíbrio geral acaba com suas defesas orgânicas, de modo que sempre está doente. Geralmente seus sintomas mais leves são manifestações de tentativas de limpeza de seu organismo: tumores, abscessos, inflamações, gripes... Cuidado com as enfermidades venéreas, Aids, excessos com o álcool e outros tipos de drogas.

Aconselharemos o uso de Morning Glory* para ajudá-la a romper com os padrões destrutivos, o de Milkweed* se é dependente de drogas, e o Sticky Monkeyflower* para equilibrar sua expressão sexual e vencer o medo de expressar sentimentos.

Pode mostrar também que foi alguém que reprimiu tanto sua sexualidade [o Demônio e o Nove de Espadas (A Crueldade) na Infância] que hoje convive com graves problemas psicofísicos. Este é o caso de muitos religiosos, voyeurs, estupradores e outros pervertidos. Em todos os casos, a essência de Basil* será aconselhável.

Infância: na família ninguém tinha prazer classe A nem B, no entanto, as compensações eram permitidas e inclusive estimuladas. Cada membro se compensava de alguma maneira. (O pai com álcool, a mãe com compras ou antidepressivos, o irmão mais velho com coca e o menor com chocolate.) É muito provável que alguns aspectos relacionados às funções fisiológicas eram considerados asquerosos ou perigosos e as expressões naturais foram reprimidas ou castigadas. Brincar com a terra não pode, chupar o dedo também não (melhor uma chupeta), andar nu ou descalço é perigoso, mamar o mínimo possível, logo mamadeira. Se a criança se tocava entre as pernas era ameaçada com terríveis enfermidades ou com o inferno, de modo que cresceu cheia de nojos, sentindo vergonha e/ou repugnância do seu próprio corpo, debatendo-se entre o medo, a culpa e suas expressões naturais. Isso vai dificultar muito sua vida sexual futura e sua capacidade de relacionar-se, e dissociará o sexo do amor, favorecendo comportamentos patológicos, como o celibato ou a promiscuidade sexual compulsiva sem ternura ou intimidade. Sugerimos-lhe que tome Crab Apple. Se aparece com o Cinco de Discos (O Sofrimento), pode mostrar uma criança que foi abusada sexualmente e/ou obrigada a prostituir-se.

Relacionamentos: a) Pode mostrar uma relação que faz com que a pessoa perceba até que ponto se degradou com as compensações. Pode ser que a própria relação a degrade ainda mais. b) Faz alarde de estar no ápice do desfrute sensorial e sexual, bebe os melhores vinhos, come nos melhores restaurantes. Gaba-se de viver experiências de alto nível de excitação e prazer, às vezes próximas à ilegalidade. "Morena, venha comigo na bacanal, pois tenho a melhor cocaína da cidade." Com o Cinco de Espadas (A Derrota) ou o Cinco ou o Nove de Discos (O Sofrimento e O Lucro), temos alguém que se relaciona para tirar proveito, oferece altos níveis de excitação e prazer usando estímulos artificiais e, como uma sanguessuga, vai sugando, corrompendo a pessoa e, quando não lhe dá mais prazer, joga-a fora.

Voz da Essência e Método: "Chega de autodestruição com as compensações" é o grito de socorro do ser interno. Necessita perceber como se destrói com essa busca frenética de prazer. Não se trata de parar na marra, porque, se faz isso, corre o risco de entrar em outra compensação, talvez mais destrutiva. Trata-se de que identifique, entenda e desative os bloqueios que a impedem de permitir-se desfrutar do prazer mais verdadeiro. Que medos, ameaças ou crenças estão por trás? As cartas da Âncora e da Infância nos darão pistas. À medida que a pessoa vive o prazer classe A, as compensações perdem a graça, desaparecendo sem esforço. Tratando-se de um vício químico, provavelmente necessitará de uma desintoxicação. Pode tomar uma cerveja, mas não passa a tarde se encharcando, pois tem outras coisas muito mais interessantes para fazer. O floral de Sticky Monkeyflower* será útil também nesse caso.

Caminho de crescimento: usando as chaves que apareceram, a pessoa compreende que buscava compensações, pois não se sentia merecedora de um prazer mais verdadeiro e profundo. Percebe como essas compensações a degradavam e corrompiam, como esteve desperdiçando sua energia e sua vida com atividades finalmente autodestrutivas. Agora começa a se sentir merecedora do prazer que vem de dentro e a envolver-se em atividades que lhe dão tal prazer, deixando assim as compensações.

Resultado Interno: essa pessoa, produto de todo o processo que vimos até aqui, identificou, entendeu e desativou as dificuldades internas que tinha para se permitir ter o prazer classe A. Hoje sente que merece e pode ter o prazer mais profundo, de maneira que deixa de lado as compensações autodestrutivas e agora consegue viver sua sexualidade sem compulsões, fazendo dela uma fonte de energia, prazer e união com seus/suas companheiros/as.

O Sete de Copas de Marselha, de Waite e de Crowley.

Resultado Externo: a pessoa atrai uma situação externa que a empurra a mergulhar ainda mais em compensações que a degradam, fato que em outros tempos haveria sucedido. Agora essa situação lhe faz perceber quais são as consequências de optar por esse caminho, e a ajuda a sair das compensações e a se afirmar na busca do prazer mais essencial. Como consequência, pode sair das compulsões, seja com comida, bebida, drogas, consumismo compulsivo, relacionamentos degradantes, etc.

Oito de Copas – A Indolência

A imagem mostra um céu cinzento, carregado e ameaçador. As oito copas estão velhas e quebradas, como uma fonte abandonada há séculos. Só flui água em duas copas sobre um chão estéril com alguns charcos.

Nesta carta, Frieda Harris brinca com a perspectiva, passando uma imagem irreal. As duas fileiras inferiores estão no chão, de maneira que dificilmente cairá água das duas copas coroadas pelas flores, que parecem estar em um nível mais alto, nas três que estão na frente.

Se no Sete tínhamos uma procura suicida por prazeres, o Oito cai no extremo oposto: invalida o prazer e imagina que qualquer tentativa de senti-lo conduz à dor. Aqui nada merece o mínimo esforço, o mundo é um vale de lágrimas e nada se pode fazer para mudá-lo. Nosso destino é sofrer e fazer sacrifícios resignadamente, e, se assim o fazemos, talvez sejamos recompensados no futuro. A seriedade, lentidão e exigências opressivas de Saturno cristalizam a profunda sensibilidade do Peixes, que cai em uma profunda depressão. Esta é a carta do desencanto e da apatia, da indolência e da alucinação depressiva. É a ressaca da farra do Sete.

Esta carta está atribuída ao aspecto aquoso de Hod (*Od*), a esfera onde pela primeira vez a força toma uma forma definida e permanente. É conhecida como "o arquivo de imagens". Sendo Mercúrio seu planeta, o mais próximo e, portanto, o mais iluminado pelo Sol, Hod é a sephirah da filosofia esotérica e da magia cerimonial. Podemos dizer que o Oito de Copas representa o aspecto emocional do racionalismo mercuriano.

O Oito de Copas de Marselha, de Waite e de Crowley.

Seu título é "A Indolência", embora também seja conhecida como "O Êxito Abandonado".

NA LEITURA TERAPÊUTICA

Momento Atual: a pessoa faz contato com sua tristeza e falta de motivação para manter suas atividades habituais. Pode estar deprimida. Provavelmente essa tristeza sempre esteve aí, só que escondida e agora está aparecendo, talvez produto de um impacto emocional ou de seu próprio processo de autoconhecimento.

Âncora: mostra uma pessoa cronicamente triste, séria, apática, pessimista, sempre imaginando que alguma coisa terrível vai acontecer; chorosa e com tendência à depressão. Lamurienta e supersticiosa, carregada de infinitos problemas que não vê nem quer ver solução. Queixa-se amarga e compulsivamente, não é mais negativa porque não tem energia para sê-lo. Pode ter a tendência a se isolar e depois se queixa de que foi abandonada. Com voz cavernosa e monótona, diz: "Este mundo é um vale de lágrimas e estamos aqui para nos resignarmos ao destino que Deus nos manda". Seu sistema imunológico está debilitado, de maneira que se enferma frequentemente.

Indicamos o floral de Aspen, que amainará suas apreensões, enquanto seu abatimento crônico e falta de vontade de viver poderão ser tratados com Wild Rose. Para sua amargura e queixas contínuas, recomendamos o floral de Willow, que a ajudará a aceitar e a responsabilizar-se por sua situação, em vez de jogar a culpa nos outros.

Acompanhado do Sete de Discos (O Fracasso), do Oito de Espadas (A Interferência), indica que a pessoa vive em depressão crônica que a impede de mover-se e de trabalhar. A carta da Infância pode mostrar a origem desta atitude.

A terapia bioenergética acompanhada da erva-de-são-joão* e os florais do método podem ser muito úteis.

Infância: caracterizou-se pela absoluta falta de prazer, em um ambiente triste e depressivo. Em seu lar, o prazer era considerado pecado e, como tal, castigado; a alegria era uma ofensa ao pudor e a gargalhada, uma falta de respeito aos maiores. Os adultos da família eram uns frustrados, que décadas atrás deixaram de fazer qualquer coisa para serem felizes. Para evitar conflitos e, com esse exemplo, a criança acabou convencendo-se de que a resignação, como um analgésico para a dor, seria a melhor atitude para levar a vida adiante sem problemas; finalmente, "não mereço ser feliz nem ter alegrias". Com o Oito de Espadas (A Interferência), poderíamos pensar em um orfanato ou em um internato religioso.

Relacionamentos: a) A relação obriga a pessoa a confrontar sua tristeza, apatia e tendências depressivas. Isso pode se dar de muitas maneiras, a menos agradável é quando estas características são acentuadas pelo/a parceiro/a. Neste caso, o mais provável é que acabe o amor, a atração sexual, a vontade de fazer coisas juntos, a comunicação, etc. Acreditando que "mais vale ruim conhecido que bom por conhecer", acomodou-se e não tem mais força para mudar ou separar-se. b) Esta pessoa não dá um passo para relacionar-se: não vale a pena, "Todos os/as homens/mulheres são iguais". Prefere ficar sozinha, reclamando, autocompadecendo-se pela tristeza de sua vida. Em seu íntimo, vive a fantasia de que algum príncipe, princesa está a caminho para salvá-la e fazê-la feliz. No entanto, não se arrisca a beijar os sapos que acha. O que costuma aparecer de vez em quando é algum sádico que adora essas maneiras melindrosas...

Esse comportamento apático e a falta de interesse por seus semelhantes pedem o uso do floral Califórnia Wild Rose.*

Voz da Essência e Método: sugerimos trabalhar a depressão procurando a reconexão consigo mesma. Primeiro, tem de perceber que a depressão não é nossa inimiga, não é a enfermidade da medicina oficial, marionete dos laboratórios farmacêuticos. A depressão é o grito de alerta da essência, talvez o último antes de surtar: "Você foi tão longe de mim que não a alcanço com a mangueira de energia". É a consequência da submissão na procura de aprovação, da dependência econômica e emocional, da imposição de atividades que nada têm a ver com a pessoa ou de viver na ilusão do amor romântico que vimos nos Amantes. A depressão é a última arma que fica para a essência. Estamos, pois, em um ponto limite no qual não podemos continuar fingindo que tudo está ótimo.

Tomar antidepressivos e continuar com a mesma rotina é a melhor maneira de perder esta oportunidade de transformação. Há quatro coisas básicas que podemos fazer:

1) Analisar a infância, para ver se nela existem motivos que expliquem uma depressão profunda.
2) Parar com as atividades que não dão um mínimo de satisfação.
3) Permanecer em contato conosco, dando-nos atenção, sem cair na arapuca da culpa. Naturalmente, e à medida que nos reconectamos com a essência, um dia sentiremos o impulso de fazer alguma atividade física, manual ou intelectual criativa e agradável. Seria bom nos perguntarmos: "O que é que eu faria se não tivesse necessidade de trabalhar para sobreviver?"
4) Fazer algum exercício físico que sintetize endorfinas.

O floral de Sunflower* ajuda a reconectar-se e de Califórnia Wild Rose estimula a vitalidade.

Se a pessoa está tomando antidepressivos, e mesmo que com a consulta tenha feito um contato intenso e profundo consigo mesma, não lhe diremos que pare drasticamente com eles, por mais que se sinta muito melhor. O desmame tem de ser paulatino, primeiro diminuindo as doses e, depois, substituindo por homeopatia ou essências florais.

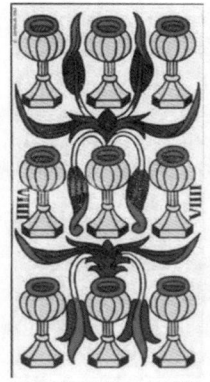

Caminho de Crescimento: usando as chaves que apareceram nas posições anteriores, a pessoa para de fingir e assume essa tristeza profunda que a acompanhou durante muito tempo. Talvez queira chorar e chorar para depois identificar suas origens e começar a se livrar delas. No entanto, se essa tristeza era consciente e a pessoa se identificava com ela, é provável que se olhe no espelho e perceba que não aguenta mais essa máscara de seriedade, de taciturna inveterada, hipocondríaca crônico e, nesse instante, solte uma gargalhada, a primeira em muitos anos.

Resultado Interno: essa pessoa, produto de todo o processo que vimos até aqui, identificou as origens de suas tendências depressivas, revisou as circunstâncias em que essas tendências foram incorporadas e percebeu que essas circunstâncias, que tiveram tanto peso em sua infância, hoje como adulto já não têm. Percebeu que a felicidade não é uma questão de sorte, mas da consciência e da autoestima com que fazemos nossas escolhas. Entendeu e desativou os mecanismos psíquicos que a levavam ao desprazer, à tristeza e à depressão. Hoje, é capaz de viver sua vida com alegria e jogar-se com entusiasmo em seus projetos.

Resultado Externo: a pessoa atrai uma situação que torna a tristeza que sente faz tempo algo impossível de esconder ou de fingir que não existe. No passado isso a deixava na lona, mas agora, em função do processo de crescimento que acabou de viver, pode aproveitar essa situação, como um estímulo para se trabalhar e dar uma patada nessas tendências depressivas.

O Nove de Copas de Marselha, de Waite e de Crowley.

Nove de Copas – A Felicidade

O Nove de Copas se corresponde com o aspecto aquoso de Yesod (*Iesód*), esfera cuja função, segundo o *Sepher Yetzirah*, é purificar as emanações, prová-las e corrigi-las. Yesod é a sephirah dessa substância que chamamos Luz Astral, da qual está formado o corpo etérico. Relacionada com a Lua, seu aspecto aquoso é equilibrado e benéfico. Crowley a intitula "A Felicidade", enquanto outros estudiosos a denominam "A Felicidade Material". Apesar de não ser uma carta de Discos, em Yesod a densidade do fluxo já é compacta.

A imagem mostra-nos nove copas em três fileiras, em uma disposição quadrangular que lembra Jesed-Júpiter, abastecidas por nove lótus. A água que jorram as copas inferiores, de um modo ordenado e gentil, acaba fundindo-se em um mar luminoso e calmo. A imagem passa uma ideia de plenitude e equilíbrio. Disse Crowley: "Esta carta materializa e aperfeiçoa a qualidade aquosa em seu aspecto mais completo e benéfico".

O segundo decanato de Peixes está regido por Júpiter, benevolente e expansivo, que ilumina as profundidades místicas das sensíveis águas desse signo e aflora emoções próximas à alegria, à satisfação e à felicidade.

Waite nos passa uma imagem de satisfação sensorial e mundana. Parece o gordo dono do bar que, ligeiramente bêbado depois de uma noite lucrativa, excita-se observando a empregada que lava a louça. Eu a vejo mais como "saúde, dinheiro e amor" que como "vinho, futebol e sexo". De qualquer maneira, o Seis de Copas (O Prazer), o Sol, Tiphareth, é mais elevado, harmonioso e transcendente que o Nove de Copas (A Felicidade), a Lua, Yesod.

No Seis, Sete e Nove de Copas, podemos ver três tipos de prazer. No Seis, temos o prazer classe A, que vem de dentro para fora e está relacionado com a expressão da criatividade, o desenvolvimento dos potenciais e talentos internos e a experiência sexual tântrica. O Nove nos fala do prazer classe B, que vem de fora para dentro e está relacionado com a capacidade de desfrutar das coisas boas que a vida nos oferece de graça, como um pôr do sol, uma brisa refrescante ou o que compramos no mercado, como um bom vinho. São coisas que vêm de fora, mas é necessária uma atitude interna receptiva para desfrutar. No Sete de Copas, temos o prazer classe C, as compensações, a procura compulsiva por prazer, a tentativa de preencher com algo externo uma carência interna. A questão está na atitude interna; o sexo, por exemplo, pode ser A, B ou C. O prazer classe C (Sete de Copas) degrada, mina a vitalidade e nos distanciamos mais do prazer classe A (Seis de Copas), no entanto, o prazer classe B (Nove de Copas) pode nos levar até o prazer classe A, assim como a contemplação da natureza ou da beleza pode nos levar à meditação.

NA LEITURA TERAPÊUTICA

Momento Atual: a pessoa está avaliando até que ponto desfruta sua vida, sua profissão, suas escolhas, suas férias. Se tem tempo livre e como o vive, se o desfruta ou se joga na busca compulsiva de prazer ou em distrações mais ou menos idiotizantes: chegando a sua casa liga a televisão para se esquecer do seu cotidiano.

Âncora: por excesso, mostra uma pessoa que se exige estar sempre ótima, melhor impossível. Crê que, se não passa uma imagem de pessoa feliz, de *bon vivant*, de estar sempre desfrutando, sem problemas nem preocupações, ninguém vai amá-la. No fundo, tem pavor de enfrentar qualquer coisa desagradável e/ou de encarar seus conflitos internos e externos, dos quais foge. E, como não se conecta com suas aflições e conflitos, não os pode transmutar. Prefere contar e escutar piadas, os prazeres da boa mesa e das coisas boas que a vida oferece. Como não deixa aparecerem suas mágoas, sua alegria acaba sendo falsa. Não precisa de público como o ego indicado pelo Seis de Copas (O Prazer). Podemos sugerir Agrimony para ajudar a tirar a máscara.

Por falta é um asceta, que não se permite desfrutar. Acha que, se desfrutar algo, depois vai a ser punido, "Quem ri hoje chora amanhã"; "Com tanta gente que passa fome, como vou comer um churrasco?" Pode até armar seu ego em cima da imagem de que renuncia ao prazer, uma espécie de faquir que edifica sua importância pessoal sobre a base da austeridade ou da penitência. Em último caso, prazer? Só intelectual. Com a Rainha de Discos se dedica aos outros abrindo mão de desfrutar da vida. O floral de Rock Water pode ajudar a desconstruir esse asceta rígido e intolerante.

Infância: a aceitação estava condicionada a que a criança aparentasse ser feliz em um ambiente em que todos fingiam que estavam ótimos: "Nós que somos (católicos, evangélicos, do Benfica, cariocas, etc.), somos tão felizes". De maneira que qualquer queixa era considerada subversiva: "Não tem direito a reclamar! Se não pode dizer nada agradável, é melhor que se cale! Eu trabalho para que você tenha tudo, assim sorria e agradeça, não seja ingrato!"

Relacionamentos: a) A relação ajuda a pessoa a se tornar mais receptiva e desfrutar das coisas agradáveis que a vida oferece. Pode ser uma relação em que as pessoas desfrutam muito por estar juntas, abrindo assim canais para o prazer classe A. b) Vende uma imagem do tipo Âncora por excesso. Por baixo da máscara de *bon vivant*: "Eu sempre sou feliz e desfruto da vida", esconde-se uma pessoa sugadora com uma grande carência com a qual não quer conectar-se. Acha que, se deixa transparecer algo que não seja agradável e simpático, ninguém a vai querer. Quando chega a hora de se envolver profundamente, de assumir responsabilidades ou solucionar problemas, costuma desaparecer do mapa, pois para ela relacionar-se é divertir-se. Podemos sugerir Agrimony ou Pink Monkey Flower* para acessar sentimentos mais profundos.

Voz da Essência e Método: a austeridade e a abstinência podem ter seu momento, mas agora o consulente está precisando permitir-se certas satisfações sensoriais, autorizar-se a desfrutar das coisas boas que a vida oferece. É importante que saiba rodear-se de pessoas alegres, de menus saborosos, de roupas coloridas; vá a festas e se mantenha longe da TV, especialmente na hora das notícias. Precisa aprender a gratificar-se sem culpa, alegrar os cinco sentidos, decorar sua casa, ver filmes com belas imagens, contemplar pores do Sol, escutar boa música, eliminar o barulho, aromatizar seu ambiente, degustar deliciosos e saudáveis comes e bebes, celebrar, comemorar, receber massagens, dançar, participar de atividades recreativas com pessoas alegres que saibam curtir a vida e nas quais possa desenvolver sua imaginação e sensibilidade. Não é momento de sérios e importantes objetivos serem levados arduamente à prática. Umas férias podem ser ótimas. Para isso é importante identificar e trabalhar crenças, medos e bloqueios que lhe dificultam se permitir ter prazer e desfrutar. A essência de Horbeam pode ajudá-lo a viver suas tarefas cotidianas com mais alegria, e a de Impatiens a direcionará para um ritmo mais agradável, com tempo livre para aproveitar as alegrias da vida.

Caminho de Crescimento: usando as chaves que apareceram nas posições anteriores, a pessoa percebe o pouco ou o nada que desfrutou nos últimos tempos, torna-se mais receptiva aos prazeres sensoriais, permitindo-se dar satisfações e curtir as coisas boas que a vida oferece, tanto no mundo dos relacionamentos quanto das atividades em geral. Pode estar largando uma máscara de infeliz. Como consequência, pode vir também um resgate da energia vital.

Resultado Interno: essa pessoa, produto de todo o processo que vimos até aqui, identificou, entendeu e desativou as dificuldades internas que tinha para conseguir aproveitar a vida, de maneira que agora se permite gozar das pequenas, médias e grandes coisas com as quais nos encontramos todos os dias se estamos receptivos a elas. Sem culpa nem medo de ser feliz, esta pessoa expressa suas emoções com profundidade e honestidade, expande a manifestação de sua sensibilidade e se sente satisfeita e no caminho de sua realização.

Resultado Externo: com a atitude que acabamos de ver no Resultado Interno, a pessoa encara o mundo desfrutando de suas atividades, relacionamentos e da vida em geral. Irradia satisfação contagiosa.

O Dez de Copas de Marselha, de Waite e de Crowley.

Dez de Copas – A Saciedade

Corresponde-se com o aspecto aquoso de Malkuth (*Maljút*[45]), o nadir da evolução, a esfera da Terra e de tudo o que é visível. Os quatro elementos constituem o Ser Planetário, o Chacra mundano de Malkuth.

---

45. J do espanhol de Espanha.

É nesta sephirah, no plano físico, onde se faz possível a discriminação, a separação do real e do irreal. Quem tenta escapar da disciplina da matéria e, portanto, das leis da vida, terá enormes dificuldades para avançar um milímetro no caminho espiritual, tornando, uma e outra vez (nesta e em próximas encarnações), a enfrentar as dificuldades das quais está pretendendo escapar.

Em Malkuth, dá-se a estruturação final em que tudo está determinado, cristalizado, rígido e estático. Esse estado não é compatível com a fluidez da Água. Claro está que a adaptabilidade desse elemento é tão grande que pode cristalizar-se e congelar-se, mas estará pagando o preço de suportar uma tensão interna muito maior. Foi nas águas mais densas, quase saturadas de moléculas, onde se deram as reações químicas básicas para a aparição da vida. Sempre é no ponto limite ou de maior tensão que se desengatilha a transformação libertadora. Manter qualquer estrutura como definitiva e estagnada gera os fatores de sua própria destruição.

Assim, quando nosso universo emocional está completamente ordenado, disciplinado, estabilizado e, portanto, limitado até tal ponto que não é permitida nenhuma mudança, então a sensação de sufoco começa a exigir a transformação, que naturalmente leva à destruição da ordem anterior. Assim como a água sempre tem a tendência de atingir o mar, e, para isso, faz qualquer coisa, as emoções se degradam. Quando represamos a água e as emoções, vamos contra sua natureza, gerando tensões.

O título da carta é "A Saciedade", mais no sentido de "não aguento mais" que "estou absolutamente satisfeito", tal como Waite e outros autores a interpretam, chamando-a "O Êxito Completo".

A imagem nos mostra as copas dispostas nas posições das dez esferas da Árvore, indicando que a ordem alcançou sua estruturação final. A copa superior vai enchendo as outras, com exceção da que ocupa a posição de Yesod, que recebe água de Tiphareth, e a de Malkuth, preenchida desde Yesod. A flor de lótus, que derrama sua água em Kether, tornou-se vermelha, e seus talos formam os 22 caminhos. O mar desapareceu. Em seu lugar, vemos o fundo onde se refletem os raios de Marte, regente do último decanato de Peixes. A energia de Marte não é muito compatível com o pacífico e sensitivo Peixes, que tem dificuldade para facilitar um canal para a integração e a expressão da energia marciana. Toda a estrutura vai carregando-se de tensão, acabando com o prazer e a vitalidade. Sua única saída, como no Dez de Paus (A Opressão) e de Espadas (A Ruína), é a destruição da forma para voltar ao Ás. A expressão emocional ficou tão ordenada e dirigida que acabou com a espontaneidade e a verdade. O amor não sobrevive sob essas condições.

NA LEITURA TERAPÊUTICA

Momento Atual: a pessoa se sente sufocada dentro de uma rede de relacionamentos em que colocou tantos compromissos, obrigações, expectativas, responsabilidades, exigências e autoexigências que transformou essa rede em uma prisão, que trava sua espontaneidade, provavelmente para esconder sua insegurança. De tanto tentar satisfazer as expectativas dos outros (família, chefe, companheiros de trabalho, etc.), mais por necessidade de aprovação e reconhecimento que por outros interesses, está que não aguenta mais. Aparentemente tudo pode estar perfeito, tranquilo, ordenado e estável, mas pode explodir em qualquer momento.

Âncora: passou a vida suportando vínculos emocionais, que não deixaram espaço nem tempo para nada espontâneo e verdadeiro. Vive presa em uma rede (geralmente familiar) de compromissos, vínculos e obrigações que foi construindo para sentir-se segura. Provavelmente não sabe muito bem o que quer para se sentir protegida, talvez ficar sozinha, e seria importante que o descobrisse, assim como os medos para expressar espontaneamente suas emoções. Procura segurança por meio de sentir-se aprovada e aceita, de maneira que não toma nenhuma decisão sem consultar a família. Sua desconexão interna não é tão grande para não perceber suas tensões e é consciente de que algo tem de ser feito, pois não aguenta mais. No entanto, não expressa isso abertamente e continua a farsa, sem modificar suas atitudes e atividades, e por medo de agir diretamente faz tudo por baixo dos panos. A pessoa é santa que, se explodisse, levaria com ela todo o edifício. Para ajudá-la a traçar seu próprio caminho na vida, sugerimos o uso do floral de Walnut. Se existem tendências de viver em função dos outros, manipulando-os possessivamente, o floral de Chicory pode ser usado e, se a pessoa é uma esponja das energias e pensamentos alheios, recomendaremos o floral de Yarrow.*

Infância: era uma família "grude-grude", provavelmente grande e antiga, na qual os laços eram tão fortes que não deixavam nenhum espaço para a espontaneidade, criando uma complexa rede de vínculos que sufocavam a criança e os demais membros da família também. A criança era obrigada a ter uma conduta e uma expressão emocional muito bem definidas, reguladas e dentro dos padrões sacramentados em todas e cada uma das múltiplas relações com avós, tios, tias, pais, primos, etc., e onde também era difícil viver qualquer coisa fora da família. "Não vá brincar com os vizinhos porque seus primos estão chegando."

Relacionamentos: a) Vemos uma relação que ajuda a pessoa a perceber até que ponto está farta. Provavelmente colocou toneladas de exigências, compromissos e obrigações em sua relação com sua família e/ou com a família de seu/sua parceiro/a. Aparentemente, o vínculo se consolidou, e o relacionamento é um exemplo para o bairro, comentado pelo pároco quando fala de família. A verdade é que o amor e o desejo sexual desapareceram faz tempo e só sobrou um conjunto de pesados compromissos, obrigações, exigências, fingimentos e disfarces que incluem as respectivas famílias. No entanto, estão apegados demais ao sentimento de segurança e estão dispostos a qualquer coisa para evitar que nada novo aconteça. b) Mostra uma pessoa tão insegura que, uma vez que começa a namorar alguém, estabelece, não só com ele(a) mas também com toda a sua família, uma extensa e fina rede de vínculos, rotinas, exigências, expectativas e compromissos emocionais para amarrar o relacionamento. Esta atitude acaba com a sua espontaneidade e liberdade, transformando o relacionamento em um sufoco que, a médio prazo, pode estourar.

Com a Imperatriz imagina que cuidar, preocupar-se e dar satisfações ao(à) parceiro(a) é a melhor maneira de manter seu amor. Vive se impondo compromissos e rotinas, e transforma-se no polo submisso do relacionamento, fomentando, sem "querer querendo", que seu parceiro se torne um tirano. É óbvio que com o tempo não aguentará mais, seu relacionamento virará uma tortura e alguma coisa deverá ser mudada. Pedimos que use o floral de Red Chesnut, que desenvolve confiança na vida. Também o de Chicory pode ser útil.

Voz da Essência e Método: mesmo que a pessoa se sinta sufocada, farta e não aguente mais suas relações, não sugerimos que acabe com elas. Inclusive dizer isso seria assumir responsabilidades que só cabem à consultante. Estaríamos infantilizando-a, colocando-a na posição de escutar e obedecer. Sugerimos-lhe que entenda por que na sua busca de segurança se relaciona de uma maneira que acaba se sentindo sufocada e transformando suas relações em prisões. Que lembre em que circunstâncias começou com esse padrão. Percebendo que ela e as circunstâncias mudaram, vai ser mais fácil liberar-se.

Não se trata de romper os vínculos que a sufocam, mas de mudar a maneira de relacionar-se. Se a pessoa trabalha e minimiza seus medos, especialmente o medo de estar só, vai ter mais facilidade para ir eliminando exigências, obrigações, compromissos, possessividades, rotinas e tarefas. Se, por baixo disso tudo ainda há amizade ou amor pode manter o relacionamento, caso contrário não há nada, nada tem de manter.

Recomendamos os florais de Bleeding Heart,* que propicia a liberdade emocional, e o de Walnut, que a ajudará tanto a liberar-se das influências limitadoras e hábitos do passado quanto a afirmar-se em seu próprio caminho e fazer, assim, esta necessária transição com mais facilidade.

Caminho de Crescimento: usando as chaves que apareceram nas posições anteriores, a pessoa percebe, talvez por uma determinada situação, até que ponto se sente sufocada emocionalmente e não aguenta mais. Percebe como se manteve durante muito tempo nessa situação e quais foram as consequências. Compreende que, se não acaba com este mundo de compromissos, vínculos familiares e autorrestrições e resgata a verdadeira expressão de suas emoções, tudo isso vai acabar com ela, deixando-a cada vez mais seca, frustrada e desconectada de si mesma. Vai melhorando sua autoestima e diz: "Não quero nem mereço me sentir sufocada". Percebe que pode viver perfeitamente sem esse excesso de obrigações, exigências, compromissos, etc. e começa a eliminá-los enfrentando seus medos.

Resultado Interno: essa pessoa, produto de todo o processo que vimos até aqui, mudou sua maneira de se relacionar. Identificou, entendeu e desativou as dificuldades internas, bloqueios e medos que a levavam a criar vínculos cheios de possessividade, exigências e compromissos, os quais acabavam com sua espontaneidade e bom humor. Hoje pode se relacionar de um jeito mais autêntico.

Resultado Externo: essa pessoa, que já estava emocionalmente farta, atrai uma circunstância externa que, se aceita, aumentará ainda mais sua sensação de sufoco. Porém, depois do trabalho interno visto nas cartas anteriores, o que faz é obrigá-la a tomar iniciativas práticas a partir dessa sensação de não aguento mais. É como a gota que transborda o copo e que lhe dá a possibilidade de relacionar-se de outra maneira, eliminando esse excesso de compromissos, exigências, apegos, possessividades, rotinas, obrigações e expectativas.

Capítulo 17

A Série de Espadas

A expressão mental

As dez cartas desta série mostram dez estados diferentes da mente. "A mente é simplesmente uma coleção de memórias do passado e, a partir dessas memórias, imaginações sobre o futuro. A mente é condicionamento. As pessoas veem as coisas de acordo com seu condicionamento." (*Osho*)

No entanto, a mente pode ser uma excelente ferramenta desde que fique no lugar dela. Não podemos definir nossas opções de vida a partir da mente, do que é conveniente, adequado, pertinente, coerente e lógico, pois, se o fizermos, a vida perde a graça. A graça vem de fazer o que vem de dentro. As opções de vida precisam ser feitas a partir de impulsos do inconsciente (não racionais), que geram entusiasmo, energia e alegria. Uma vez definidas, a mente pode encontrar a maneira mais adequada e conveniente para levar à prática essas opções. A mente não serve para definir o que, mas para definir o como.

Ás de Espadas – A Raiz dos Poderes do Ar

A imagem mostra uma espada vertical flutuando sob o céu estrelado de Nuit; a ponta da espada atravessa uma coroa luminosa que é Kether. A coroa, símbolo de elevação, poder e iluminação, representa também a luz interior, que ilumina a psique daquele que triunfa em um desafio espiritual. Segundo uma das várias versões do mito do Minotauro, Teseu, depois de vencê-lo, foi guiado por uma coroa de luz para sair do labirinto.

Para Jung, a coroa radiante é símbolo do mais elevado crescimento espiritual. Na carta, as 22 pontas se referem aos Arcanos Maiores e aos Caminhos da Árvore. É a Espada dos Magos, com três sóis e duas luas na empunhadura. Nela está escrito, em caracteres gregos, "Thelema", que podemos traduzir como "Vontade": a palavra da Lei recebida por Crowley.

"Tu não tens outro direito senão fazer tua vontade. A palavra Thelema dispersa as nuvens da mente." (*Crowley*)

A Espada dos Magos une a Terra e o Céu, o visível e o invisível. Em seu punho, enrosca-se uma serpente, mostrando que, quando os pensamentos não interferem, os conteúdos inconscientes são acessíveis à consciência. O fundo da carta mostra o mar de Binah, em seu melhor aspecto, calmo e luminoso. Assim, o Ás de Espadas mostra a mente em seu melhor e mais essencial aspecto: calma, lúcida e receptiva. Aqui não existe nenhuma ideia formulada, mas todas as possibilidades da mente estão contidas. É a não mente, aquela que desde seu silêncio pode ser um perfeito instrumento ou canal da Livre Vontade. É a espada da magia; mostra o poder da força invocada, disse Crowley, enquanto o Ás de Paus representa o poder das forças naturais.

A mente é um canal que une a essência (o inconsciente) com a tela da percepção (o consciente). Se a mente está saturada de crenças, doutrinas, dogmas, preconceitos, argumentos a favor ou contra, porquês, etc., o canal se obstrui, por aí não sabe nada e nos desconectamos de nossa essência (nossa bússola pessoal). O Ás de Espadas, a mente sem pensamentos, silenciosa e receptiva, é o canal aberto pelo qual escutamos a voz da essência, identificando assim nosso verdadeiro caminho de vida, no qual nossos talentos se manifestam, levando-nos a nos tornar seres completos, pois é para isso que estamos aqui.

Ás de Espadas de Marselha, Waite e Crowley.

Corresponde-se ao aspecto aéreo (mental) de Kether. O ente planetário da primeira esfera é Rahasti-Ha-Gilgalim, ou "os Primeiros Redemoinhos", que lembram o que os astrônomos conhecem como nebulosas. A experiência espiritual de Kether é a Fusão com o Cosmos,* o Nirvana ou Iluminação. Essa suprema experiência só pode ocorrer quando a mente está completamente calma ou receptiva, quando já não tem mais pensamentos, quando está totalmente presente no presente, quando a mente chegou ao estado de não mente.

O Ás de Espadas representa o estado essencial da mente, anterior a qualquer manifestação ou pensamento.

NA LEITURA TERAPÊUTICA

Momento Atual: a pessoa está entrando em contato com o impulso interno de definir e viver um caminho de vida que realmente esteja enraizado na sua essência. Isso pode proceder de um momento de sossego e lucidez mental que lhe permite vislumbrar algumas coisas ou da percepção de que seus planos de vida anteriores nada tinham a ver com ela, senão com as masturbações de uma mente desconectada e provavelmente turbinada.

Âncora: se tiver muito Ar, será incapaz de acalmar a mente; a pessoa, desconectada de seu ser interior, elabora planos de vida exclusivamente racionais que tenta levar para a frente. Sempre tem de haver uma boa razão para fazer ou dizer alguma coisa. Corporalmente, fica cada vez mais rígida, gastando mais e mais energia para conter as forças do inconsciente que, condenadas ao ostracismo, hostilizam o consciente. Recomendamos para essa mente tagarela o floral de White Chestnut, que acalma a mente. Com pouco Ar, indica que a pessoa tem dificuldade para elaborar um plano de vida, mesmo que não tenha a ver consigo mesma. A essência de Nasturtium,* que traz calor e vitalidade ao processo mental, pode ajudar.

Infância: nos primeiros anos da infância, a criança costuma estar conectada com seu ser interior e tem facilidade para visualizar seu caminho: "Quando crescer vou ser astronauta". Talvez cada semana quisesse ser algo diferente, mas nesse momento tudo é muito verdadeiro. Se estes sonhos foram criticados, reprimidos ou motivo de gozação: "Já viram um astronauta baixinho e gordo?", ela vai deixar de sonhar. Sendo uma carta de Espadas, também poderíamos pensar que a criança foi tratada de maneira fria e impessoal. Condicionaram sua aprovação a que desenvolvesse suas qualidades intelectuais, tais como a memória, a rapidez de raciocínio e de assimilação de dados e ordens, e a capacidade de seguir os planos que inventaram para ela.

Relacionamentos: a) Pode indicar uma relação que, de uma maneira mais, menos ou nada agradável, facilita ou obriga a pessoa a se conectar interiormente, a buscar o sossego mental necessário para visualizar seu verdadeiro caminho de vida neste momento. b) Relaciona-se de maneira hipercerebral, fria e impessoal. Para ela, relacionar-se é desenvolver um projeto de vida em comum com seu parceiro no qual procura segurança. O floral de Water Violet pode ajudá-la a aproximar-se dos outros e o de Pink Monkeyflower* facilitará sua abertura emocional.

Voz da Essência e Método: sugerimos que acalme sua mente, deixando-a mais sossegada, receptiva e em silêncio. Para isso, algumas técnicas que já comentei no Mago funcionam:

1ª) Manter a mente no presente. Manter-se consciente do corpo e da respiração ajuda.

2ª) Discernir quando a mente está trabalhando sob nossas ordens ou quando está fazendo barulho e tirar nossa atenção do diálogo interno, colocando-a em outra coisa, quando faz ruído.

3ª) Contemplar a natureza ou qualquer forma de beleza.

4ª) Meditar, especialmente as meditações ativas, desenvolvidas por Osho.

5ª) Envolver-se em atividades de que goste, em que a mente desfruta e não faz ruído.

Assim será mais fácil visualizar esse caminho de vida. Um excelente momento para isso é quando nos despertamos, quando a mente ainda não está turbinada. Durante um minuto nos perguntamos: "O que eu quero viver?" A resposta virá da essência.

O floral de White Chesnut ajudará a pessoa a descongestionar a mente e torná-la clara e calma.

Caminho de Crescimento: usando as chaves que apareceram nas posições anteriores, a pessoa entra em um estado mental mais silencioso, facilitando percepções que fazem com que, talvez pela primeira vez na vida, tenha uma clara visão do caminho que quer trilhar nesta existência.

Resultado Interno: essa pessoa, produto de todo o processo que vimos até aqui, conseguiu identificar, entender e desativar as dificuldades internas que tinha para resgatar um estado mental de maior claridade, lucidez, serenidade e desapego, livre de âncoras no passado e de projeções no futuro. Sua mente silenciosa e alerta agora é capaz de dar forma mental aos anseios internos.

Resultado Externo: vemos a pessoa encarando o mundo externo, a partir de uma clara compreensão de qual é realmente o seu caminho de vida. O consulente usa a cabeça como instrumento eficaz de sua vontade verdadeira. Pode estar iniciando novas atividades ou elaborando projetos com objetivos claros que dão um significado profundo à sua vida.

Dois de Espadas – A Paz

A imagem mostra duas espadas cruzadas com suas pontas para o céu, indicando paz, ou que, por enquanto, não tem guerra. As espadas atravessam a lendária rosa azul – símbolo do impossível –, de maneira que, se estas se movimentarem, a flor será imediatamente destruída. Para evitar isso, forçam um equilíbrio.

A carta leva por título "A Paz" ou a "A Paz Restaurada".

Confirmamos essas ideias com a atribuição astrológica: a Lua em Libra cria tendências ao refinamento, à amabilidade, à cortesia, à conciliação e à diplomacia, que dão lugar a concessões e abdicações de ideias, opiniões e/ou projetos, com a finalidade de manter uma hipotética harmonia ou pelo menos evitar a briga e o escândalo. Existe dificuldade para enfrentar o lado conflitante das situações, especialmente dos relacionamentos.

É a carta da mente conciliadora, que leva à perda da autenticidade. Está atribuída ao aspecto aéreo de Jokmah, o Pai de Tudo, a forma mais abstrata da força, o Princípio Dinâmico da Evolução, sendo sua experiência espiritual a Visão da Totalidade.

"É a força masculina que deposita a faísca fecundante no óvulo passivo. É a força dinâmica da vida, que é espírito, que anima a argila da forma física... e, dando impulso à manifestação, é anterior à própria manifestação." (*A Cabala Mística*,) Dion Fortune

A ação de Jokmah, visualizada como um raio no mundo do intelecto, faz com que a mente deixe a calma do Ás e entre em movimento. A vibração do Dois polariza a mente, introduz o ritmo, as ideias opostas, o antagonismo. Ante a ambivalência, a dúvida e a confusão, é necessário um acordo.

NA LEITURA TERAPÊUTICA

Momento Atual: a pessoa está percebendo, talvez pressionada por propostas cada vez mais inaceitáveis ou como fruto de seu processo de autoconhecimento, que suas atitudes compulsivamente conciliadoras estão podando suas expressões mais autênticas, dificultando atingir as verdadeiras soluções. Com essa atitude, pretende evitar conflitos, mas na verdade só os está escondendo, postergando sua resolução e gerando tensões internas.

Âncora: mostra uma pessoa compulsiva e cronicamente conciliadora, incapaz de dizer não e "mandar pastar". Sua insegurança interna a leva a evitar qualquer conflito, discussão pessoal ou enfrentamento e adiar a solução. Abre mão de suas opiniões e projetos para não contrariar nem criar polêmica. Sua vontade é muito fraca e se deixa dominar pelos outros. A essência de Centaury a ajudará a trabalhar essas dificuldades e a atuar a partir de seus propósitos particulares. Não se permite expressar emoções e suas opiniões são pouco definidas, para poder concordar com gregos e troianos. Se for preciso, muda de ideia como de camisa. Acaba sentindo-se vazia, perdida, querendo agradar todo mundo para comprar seu amor. Por fora, parece gente boa, embora meio escorregadia, mas, por baixo dessa máscara, tem uma manipuladora covarde, raivosa e frustrada. O floral de Larch

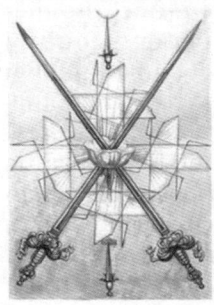

O Dois de Espadas de Marselha, Waite e Crowley.

ajuda a expressar as verdadeiras opiniões e a manifestar as iniciativas, sem dúvidas da própria capacidade.

Infância: esta criança foi programada para aceitar sem queixas tudo o que chegar. Uma criança modelo, obediente, que sempre se adapta e vive em função dos desejos e expectativas de pais e professores. Não pode falar "não", perguntar "por que" ou questionar nada se quiser aceitação. Tampouco pode chamar a atenção, dar trabalho ou criar conflitos. Provavelmente, é uma santa em casa e uma capetinha na rua. Com o Quatro de Discos (O Poder), não teve muito acesso à rua, de maneira que a possibilidade de exteriorizar sua raiva era mínima, causando um conflito ainda maior e um estado de desconexão interna perigoso, com possíveis somatizações.

Relacionamentos: a) O relacionamento leva a pessoa a tomar consciência do mecanismo de conciliação que a conduz a abdicar daquilo que para ela é importante. Isso pode se dar de diferentes maneiras; se concilia em sua relação tentando garantir sua continuidade, provavelmente vai atrair pessoas que chegam com propostas ou imposições cada vez mais inaceitáveis. Percebe que a cada dia engole sapos maiores e que está acumulando muita raiva. b) Esta pessoa vende uma máscara de gentil, amável, simpática, conciliadora e disposta a fazer qualquer acordo, a abdicar de seus desejos e liberdade para "não fazer barraco", para dar continuidade à sua relação ou para se reconciliar. Imagina que só será aceita e talvez amada se disser sempre sim, reprimindo suas verdadeiras opiniões, impulsos e vontades. Sua frase mais comum é: "Você que sabe, querida(o)", enquanto morre de medo de criar algum conflito. Se for mulher, pode fingir na cama. Desvaloriza-se tanto que enfraquece o sentido de sua individualidade e pode chegar a se identificar com o outro. Sugerimos o uso do floral de Pink Yarrow,* que ajuda a determinar fronteiras saudáveis ao Eu, permitindo-lhe entregar-se ao outro, sem se negar a si mesma.

Voz da Essência e Método: Sugerimos identificar este mecanismo mental de conciliação, percebendo também suas consequências. É fundamental revisar o passado para reviver as situações em que esse mecanismo foi incorporado à sua conduta e, assim, perceber que o que foi necessário naquele momento agora não somente não é, como também é contraproducente. Ajudará também assumir e expressar, de uma forma não destrutiva, a raiva guardada, causada por uma vida de concessões, e usá-la como combustível para, superando seus medos, deixar de conciliar e de submeter-se aos desejos e às opiniões dos outros, sendo mais firme em suas decisões e decidida na expressão de seus desejos, defendendo com unhas e dentes o que para si é essencial antes de firmar qualquer acordo. É melhor brigar com os outros e ficar em paz consigo mesma que concordar com eles e brigar com você, acumulando raiva e frustração. O floral de Cerato ajuda a acreditar na voz interior e confiar mais nos seus conhecimentos.

"As pessoas são infelizes porque fizeram concessões e perderam o autorrespeito. Uma vez que você tenha experimentado não fazer concessões, a dignidade e a integridade que isso traz, você sentirá que tem raízes e que vive a partir de um centro." (*Osho*)

Caminho de Crescimento: usando as chaves que apareceram nas cartas das posições anteriores, a pessoa está se dando conta das consequências que sua tendência a conciliar gera, entende por que permaneceu prisioneira deste mecanismo e começa a se afirmar em suas verdades, lutando decididamente para conseguir o que quer.

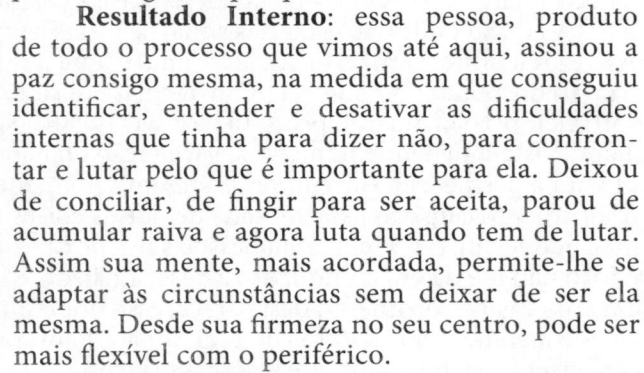

Resultado Interno: essa pessoa, produto de todo o processo que vimos até aqui, assinou a paz consigo mesma, na medida em que conseguiu identificar, entender e desativar as dificuldades internas que tinha para dizer não, para confrontar e lutar pelo que é importante para ela. Deixou de conciliar, de fingir para ser aceita, parou de acumular raiva e agora luta quando tem de lutar. Assim sua mente, mais acordada, permite-lhe se adaptar às circunstâncias sem deixar de ser ela mesma. Desde sua firmeza no seu centro, pode ser mais flexível com o periférico.

Resultado Externo: indica que a pessoa alcançou no processo que vimos até aqui um nível de consciência suficiente para largar esse mecanismo de conciliação. O catalisador dessa liberação pode ter atraído uma proposta absolutamente inaceitável que coloca em evidência o mecanismo e suas consequências. Em outra época, haveria feito das tripas coração e teria se submetido. Agora tem a oportunidade de dizer "até aqui chegou e daqui não passa", e de se afirmar assertiva e dignamente rompendo com sua tendência, provavelmente crônica, de ser boazinha e conciliadora.

Três de Espadas – A Aflição

No Três, recolheremos os frutos que semeamos no Dois. A conciliação hipócrita, a indecisão covarde, a falsa paz e a procura obsessiva por aceitação nos levam ao sofrimento, à desgraça, à desonra e à perda dolorosa dos amigos. A imagem é pesada e obscura; é a tormenta durante a noite, mostrando três espadas: a "dos magos" ascendente incide em

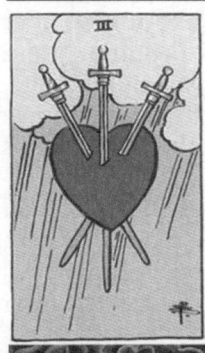

O Três de Espadas de Marselha, de Waite e de Crowley.

dois sabres iguais. As três armas destroem uma rosa cujas pétalas caem. Já não é possível manter as aparências sob a dupla influência do velho Saturno, que nos obriga a aceitar a realidade tal como ela é, acabando com as atitudes gentis, simpáticas e conciliadoras de Libra, sugerindo dificuldades nos relacionamentos, tristeza, sofrimento, isolamento, rejeições e frustrações que obrigarão o indivíduo a reconstruir sua autoestima sobre bases sólidas. A mente desconectada de seus apoios pode entrar em curto circuito e ficar arrasada pela dor, produto de fortes rejeições, abandonos e culpabilizações. Seu título é "A Dor", embora talvez seja mais adequado chamá-la de "A Aflição", pois a palavra dor tem conotações corporais ou emocionais, e esta é uma carta de Espadas.

A aflição pode não estar nas situações, mas na maneira de vivê-las. Às vezes a dor está mais ligada às opiniões que a mente tem a respeito das circunstâncias do que às circunstâncias em si. Existem dois tipos de sofrimento: o sofrimento produto da adversidade. Nada podemos fazer, a dor existe independentemente da aceitação ou não da situação. Exemplo: uma pessoa está sofrendo porque um ser amado tem Alzheimer. E o sofrimento causado pela vontade de que as coisas sejam como queremos que sejam. Exemplo: uma pessoa sofre porque quer o João para ela e João não lhe dá bola. Enquanto a pessoa não abre mão dessa vontade, em cujo caso o sofrimento desaparece, essa dor continua.

É atribuído ao aspecto aéreo de Binah. Para melhor compreender esta esfera, leiamos com atenção este trecho de Dion Fortune: "Reza uma máxima hermética que a força jamais se movimenta em linha reta, mas sempre em uma curva. A força que assim procede, movendo-se em ângulos tangenciais, chegará a alguma forma de estabilidade que os cabalistas chamam 'Binah'".

O Ser Planetário de Binah é Saturno e sua experiência espiritual é "A Visão da Dor". Em seu aspecto aéreo, Binah não é mais a Grande Mãe Parvati, mas Kali, que representa seu aspecto mais destrutivo. Estas são as trevas do Grande Mar. Disse Crowley: "Nesta carta existe uma paixão secreta para criar, mas seus filhos são monstros".

NA LEITURA TERAPÊUTICA

Momento Atual: esta pessoa está tomando consciência de sua grande vulnerabilidade em relação à rejeição, ao abandono e à culpa. Pode ter chegado a essa percepção por meio de seu próprio processo de autoanálise ou por ter atraído uma situação de rejeição, abandono (ou ameaça de) ou culpabilização.

Âncora: o medo de sofrer, de ser golpeada emocionalmente com rejeições, castigos, abandonos, culpabilizações e invalidações paralisa suas iniciativas e silencia suas opiniões. Sua vida é uma tortura, amarrada precisamente a tudo aquilo de que tenta fugir. Pode colocar uma máscara de "aflita", que busca a piedade do próximo: "Coitada de mim!

Ninguém me ama!..." Podem aparecer problemas renais, decorrentes de tanto medo. Prefere a piedade do próximo a fazer um esforço para mudar. Costuma atrair pessoas que a rejeitam, abandonam ou culpam para obrigá-la a se trabalhar, mas também pode ver rejeição, abandono e culpa onde não existem ou sofrer com atitudes de terceiros que nada têm a ver com ela. Esse medo profundo de ser rejeitada, que geralmente procede de experiências de rejeição ou abandono no útero ou na primeira infância, costuma ser tratado com o auxílio do floral de Evening Primrose.* Se essas experiências dolorosas chegam a apresentar temas de violência, crueldade, abuso sexual, denunciados por cartas como o Dois de Paus (O Domínio), o Cinco de Discos (O Sofrimento), o Nove de Espadas (A Crueldade) ou este último com o Sete de Copas (A Corrupção) na posição da Infância, até o ponto de desgarrar a dignidade essencial da criança, sugerimos o uso do floral de Echinacea.*

Infância: caracterizou-se pelo sofrimento mais psíquico que físico. Escutou muitas vezes: "Saia de cima! Não perturbe, sai! Você é o culpado! Não serve para nada! Sinto nojo de você! Odeio você!", etc. O ambiente do lar familiar era pesado, carregado de agressividade, sofrimento, raiva e provavelmente frustração. A criança tornou-se insegura, indefesa, susceptível e perigosamente carente.

Relacionamentos: a) O relacionamento ajuda a pessoa a perceber até que ponto ela é vulnerável a rejeições, abandono ou culpa e, de alguma maneira, favorece ou até obriga a pessoa a trabalhar essa vulnerabilidade. Isso pode suceder de diferentes maneiras. O/A parceiro/a lhe pode dar apoio e segurança para olhar para dentro, mas geralmente, se temos essas antigas feridas, vamos atrair rejeitadores, abandonadores e culpabilizadores para sermos obrigados a trabalhá-las. b) Esta pessoa vive em conflito entre o medo de ficar sozinha e o medo de ser rejeitada, entre se entregar ao amor ou não. Vive seus relacionamentos sempre com um pé atrás, não se envolve. Pode assumir o papel de mártir: "Eu que faço tudo o que você quer e você me paga assim...". Procura ombros para chorar suas mágoas. Sugerimos o uso do floral de Pink Monkeyflower,* que a ajudará a se arriscar emocionalmente, permitindo-a se expor mais.

Voz da Essência e Método: sugerimos que a pessoa assuma sua dor e a trabalhe como primeiro passo para se curar. Tem uma antiga ferida psíquica que a deixa muito vulnerável e não pode continuar fingindo que não a tem, anestesiando-a no bar, distraindo-se ou se blindando. Temos de entender que a dor é um dos elementos com maior poder para catalisar a mudança de vida, **é o sinal de alarme que nos obriga a sair do curralinho onde nos meteram**. Se não fosse pela dor, permaneceríamos toda a vida naquele estado de alienação, produto da programação infantil, das religiões e dos meios de comunicação. O grande paradoxo da dor é que nos exige sair da dor; aceitá-la e entender suas origens possibilita a mudança. Sendo um dos alimentos mais típicos do ego, pode chegar um momento em que se torna insuportável e a pessoa se desidentifica com ela, fica farta do sofrimento e aí muda. A dor pode romper as máscaras, tornando-nos mais ligeiros e humanos. Sempre é uma oportunidade para crescer.

Infância: na infância qualquer rejeição, abandono ou culpa é vivido pela criança como um perigo de morte, pois sabe instintivamente que, se não é nutrida, cuidada, protegida e aceita pela família, não sobrevive. Por isso o impacto dessas três espadas na infância é enorme e a criança faz qualquer coisa para tentar garantir sua sobrevivência. Porém, à medida que revisamos e revivemos essas situações com nosso tamanho e independência atual, percebemos que já não estamos em perigo de morte, essas espadas já não têm o peso que tiveram.

A afirmação prática de nosso direito a nos sentirmo bem pode ser outra chave do assunto. Voltar-se para si mesmo, cuidar do corpo, expressar a criatividade, qualquer técnica para aliviar as tensões e o apoio nutritivo dos amigos são importantes. Em geral, é contraproducente procurar um relacionamento afetivo. A Rosa Mística, meditação do Osho, pode dar excelentes resultados.

Sugerimos o uso dos florais de Evening Primrose,* que tende a quebrar o medo da rejeição; o de Pink Monkeyflower*, que estimula a coragem para abrir os sentimentos; o de Mimulus, para enfrentar os desafios do cotidiano; e o de Scarlet Monkeyflower,* para reconhecer, expressar e transformar as emoções do lado sombrio.

Caminho de Crescimento: usando as chaves que apareceram nas cartas das posições anteriores, a pessoa se dá conta de como o medo ao abandono, à rejeição e a ser culpada a paralisou. Percebe que o mundo não é cruel e a está atacando, mas que tem uma ferida. E, se temos uma ferida, para crescer vamos atrair sempre dedos que a tocam, que nos obrigam a trabalhá-la para curá-la. A partir daí a pessoa fica menos vulnerável a essas estocadas emocionais.

Há um caso interessante nesta posição. A pessoa já fez certas mudanças em sua vida ilustradas pelas cartas anteriores do Caminho de Crescimento (lembrem que acabamos colocando quatro cartas para esta posição) e algumas pessoas, acostumadas à conduta anterior, rejeitam-na, dão-lhe as costas ou a culpam. Mesmo que não seja agradável, é uma excelente oportunidade para acabar com a ferida.

Resultado Interno: produto de todo o processo que vimos até aqui, a pessoa minimizou o medo de sofrer, produto da rejeição, do abandono e da culpa. Assumiu sua dor, revisou suas origens para poder entendê-la e superá-la, desativando os mecanismos que a levavam ao sofrimento.

Resultado Externo: a pessoa atrai situações em que vai se sentir rejeitada, abandonada e/ou culpada, que colocam em evidência sua vulnerabilidade em relação a essas três espadas que em outros tempos a deixariam paralisada, em um estado de profunda dor. No entanto, depois do processo que acabamos de ver, a pessoa alcançou um estado de consciência e de autoafirmação maior e pode aproveitar tal situação para desativar os mecanismos de defesa com os quais tentava esconder suas feridas e as enfrenta cara a cara, dando-lhe a grande oportunidade para eliminá-las. Assim, o consultante pode fazer mudanças em sua vida que não fazia por medo de ser rejeitado, culpado ou abandonado.

Quatro de Espadas – A Trégua

Quatro espadas, formando uma cruz de braços iguais, atravessam uma flor de lótus de 49 pétalas que, segundo Crowley, representa a harmonia social. Quarenta e nove (7 x 7) indica a culminação de um ciclo. No Budismo tibetano, é o número do Bardo: são 49 dias o prazo necessário para que a alma abandone totalmente o corpo e atinja sua nova morada.

A imagem passa uma ideia de fixação e rigidez. Um astrólogo veria aqui quatro corpos celestes (os punhos), formando quatro quadraturas (ângulos de 90 graus) e duas oposições (180 graus), indicando muita tensão.

Temos aqui a influência do número Quatro: a solidificação, a ordem, a lei e as limitações no mundo das ideias.

Depois do arraso da mente pela dor no Três de Espadas, vem uma necessidade de reconstrução, de segurança e estrutura, que pode se dar de duas maneiras: a) amarrar-se a doutrinas, entrando em seitas, partidos políticos ou torcidas para sentir-se amparada e ter coisas em comum com outras pessoas; b) tentar estruturar, ordenar e fundamentar a mente em cima de critérios objetivos e realistas que, além do mais, podem servir de base para a aventura de construir intelectualmente algo novo. Cuidado, estou me referindo a critérios que realmente funcionem e não a ideias majoritárias.

Por outro lado, temos aqui a dupla influência do aventureiro e expansivo Júpiter, atribuído a Jesed e regente do terceiro decanato de Libra. Júpiter em Libra estimula os compromissos sociais, o julgamento imparcial e a elaboração das leis que favorecem a harmonia na sociedade.

O Quatro de Espadas de Marselha, de Waite e de Crowley.

É a carta da mente ordenada em um amplo leque que vai desde a mente firmemente estruturada sobre bases sólidas e bem fundamentadas até a mente rígida, militar, prisioneira de normas e leis, dogmas e doutrinas que impossibilitam uma clara percepção da realidade, assim como dar saltos intuitivos ou chegar a conclusões originais. Entretanto, não é uma ordem dinâmica e mutável como no Seis de Espadas (A Ciência), mas com tendência a tornar-se rígida. A atitude mental desse Quatro pode ser tão artificial quanto a do Dois, no entanto supõe maior tensão, já que neste tem certa capacidade de adaptação, que não existe no Quatro

Corresponde-se com o aspecto aéreo de Jesed, sua expressão no mundo mental. Esta esfera é organizadora, construtiva e edificante. Seu Ser Planetário é Júpiter e sua experiência espiritual é "A visão do Amor".

"Quando o princípio abstrato que forma a raiz de uma nova atividade é formulado em nossas mentes, estamos operando na esfera de Jesed." (*A Cabala Mística*, Dion Fortune)

No Tarô de Crowley, esta carta é intitulada "A Trégua", embora tradicionalmente seja conhecida como "O Descanso Depois da Luta". Alguns autores a interpretam como convalescença, descanso, solidão, exílio, retirada e reclusão.

NA LEITURA TERAPÊUTICA

Momento Atual: a pessoa sente o impulso interno de se ordenar, organizar-se e se estruturar mentalmente. Talvez porque se sinta mentalmente muito desorganizada, dispersa, insegura ou com muita facilidade para se distrair, ou talvez porque queira fundamentar seus conhecimentos em cima de bases realmente sólidas para poder construir alguma coisa no mundo intelectual.

Âncora: com muito Ar em signos fixos, lemos por excesso: é a mente militar. Sua insegurança a leva a buscar segurança na obediência automática a leis, doutrinas, crenças ou normas de conduta, difundidas pelos meios de comunicação ou pessoas que para a consultante representam a autoridade. Mostra a máscara de quem não tem uma dúvida para resolver, mas na verdade sente pânico pelas inovações. Dificilmente mostra seus sentimentos (embora carregue uma bomba de frustração nas entranhas), comporta-se impessoalmente e, quando não há ordens precisas, procura o papai, o chefe, o religioso de plantão ou o cartomante para obtê-las. Assim, irresponsabiliza-se por sua vida. Quem vai acusá-la ou condená-la se ela só obedece a ordens? Quando as têm, sempre mostrará argumentos para mostrar que tem razão e as coisas são como ela diz. Sugerimos o uso de Rock Water, para amolecer sua rigidez, e Poison Oak,* para facilitar-lhe as aproximações emocionais, mostrando-se mais aberta e vulnerável. Essa rigidez pode ser trabalhada com a meditação Kundalini,[46] do Osho.

---

46. Ver: <www.osho.com/Main.cfm?Area=Meditation&Language=Portuguese>.

Por falta, com predominância de planetas em signos mutantes, mostra uma pessoa cuja mente é cronicamente desorganizada, distraída e instável. Tem grande dificuldade para fundamentar solidamente seus conhecimentos e, assim, trabalhar e construir alguma coisa no mundo intelectual. O floral de Madia* favorece o pensamento preciso, a focalização disciplinada e a concentração.

Infância: sua casa parecia mais um quartel que um verdadeiro lar. Se Moisés recebeu o decálogo de Jeová (nome divino de Jokmah), esta criança recebeu o "milecálogo" de seus pais. Havia ordens explícitas para todo e qualquer tipo de expressão; iniciativa, tarefa e comportamento foram normatizados, tudo passa pela peneira do que é correto e do que não é, tudo tem um jeito e uma hora para ser feito. A lei era obedecer. Seu referencial interno foi emparedado com doutrinas; assim, sua espontaneidade e autenticidade desapareceram. A criança cresceu aprendendo a se controlar e a perguntar: "posso?" antes de tomar qualquer iniciativa.

"A obediência não necessita inteligência. Todas as máquinas são obedientes. A obediência te livra do peso de qualquer responsabilidade. A desobediência necessita de um tipo de inteligência um pouco mais elevada. Qualquer idiota pode ser obediente, na realidade somente os idiotas podem ser obedientes." (*Osho*)

Relacionamentos: a) O relacionamento empurra a pessoa a estabilizar, ordenar e estruturar sua mente. Isso pode se dar de muitas maneiras, pode ser que o/a parceiro/a a ajude a se sentir mais segura de suas ideias, apoiando-a para fundamentar melhor seus conhecimentos ou valorizando seus projetos ou teorias. Mas também pode ser que o/a parceiro/a seja superdesorganizado/a, distraído/a, disperso/a mentalmente e a pessoa necessite trabalhar em si mesma qualidades de foco, concentração, ordem e objetividade para que os aspectos mais práticos da relação funcionem. Em ambos os casos, a relação ajuda a pessoa a trabalhar mentalmente melhor. b) Vende uma imagem de pessoa cerebral, organizada e previsível que sempre tem uma boa razão ou norma para fazer as coisas. Vive suas relações obedecendo a normas de conduta, convenções sociais ou doutrinas religiosas: "o que Deus une, o homem não separa". Para ela uma relação amorosa é um "vamos obedecer juntos a essas normas". Lembra os casamentos arranjados pelas famílias, especialmente se são religiosas. Sendo uma carta de Espadas, ou seja, sem Água, emoções, nem Fogo, energia sexual, esta relação não vai ter muita graça. É tão cerebral que, embora possa se envolver e atar-se duradouramente, jamais vai entregar-se nem se apaixonar. Por baixo dessa atitude, esconde-se um medo muito forte da intimidade ou vergonha ou até nojo pelo corpo e suas funções, como poderia indicar o Demônio na Âncora. No primeiro caso, podemos recomendar o floral de Sticky Monkeyflower* e, no segundo, o de Crab Apple, que ajuda a aceitar o corpo.

Voz da Essência e Método: é necessário estabilizar, organizar e disciplinar a mente, não a deixar divagar tanto, ser mais objetivo com as ideias e os projetos. Para isso é importante tanto identificar, entender e desativar os fatores internos e externos, por exemplo, drogas ou álcool, que desorganizam, distraem e desordenam a mente e a tiram de um marco operacional e construtivo, quanto fundamentá-la sobre bases sólidas, objetivas, funcionais e realistas com critérios e conhecimentos que funcionam.

Caminho de Crescimento: usando as chaves que apareceram nas posições anteriores, a pessoa começa a se estruturar, ordenar-se e se afirmar mentalmente; sente-se mais segura de seus conhecimentos, de sua maneira de administrar suas percepções e de usar a mente construtivamente, elaborando projeto e teorias.

Resultado Interno: essa pessoa, produto de todo o processo que vimos até aqui, conseguiu identificar, entender e desativar os fatores internos que desordenavam e desorganizavam sua mente. Hoje a mente está mais bem estruturada sobre bases reais e sólidas, podendo elaborar ideias e projetos. Melhorou sua firmeza, seu foco, seu poder de decisão, tem as ideias mais claras e se sente mais capaz de usá-las na prática, de maneira construtiva.

Resultado Externo: vemos que com esta mente que acabamos de ver no Resultado Interno a pessoa encara o mundo. Desenvolve suas atividades com alto nível de organização e capacidade operacional. Pode se sentir interessada por atividades acadêmicas e/ou apoiando-se em fundamentos sólidos, elaborar novas teorias ou projetos.

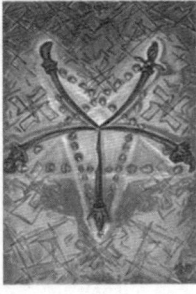

O Cinco de Espadas de Marselha, de Waite e de Crowley.

Cinco de Espadas – A Derrota

O dinamismo do Cinco ativa o *status quo* do Quatro e destrói sua suposta perfeição. A flor foi destroçada e suas pétalas formam um pentagrama invertido, símbolo da involução e da magia negra. As empunhaduras das espadas são todas diferentes. Nas superiores que apontam para baixo, temos um peixe e uma rosa fechada; nas inferiores laterais, uma serpente e uma concha; e, na vertical, uma coroa, símbolo de poder e elevação, só que invertida. Por trás há quatro suásticas que por seu próprio grafismo indicam movimento em consonância com o número cinco. Na tradição budista japonesa, quando a suástica gira para a esquerda, representa amor e misericórdia e, quando gira para a direita, simboliza força e inteligência. No entanto, em relação às originais, as suásticas da carta estão giradas 45 graus. Esta é a cruz gamada nazista. Recordem que Crowley[47] e Frieda Harris criaram seu Tarô em plena Segunda Guerra Mundial e tem muito sentido que colocassem o emblema nazista em uma carta titulada "A Derrota".

Mostra as consequências da rigidez e da estagnação da carta anterior. A ordem intelectual se quebrou em pedaços. O primeiro decanato de Aquário está regido por Vênus. Sendo Aquário um signo mental, não oferece um canal apropriado para a expressão das emoções venusianas, de maneira que pode ser estereotipada ou falseada.

Esta é a carta da mente destrutiva, negativa, manipuladora, competitiva e desconectada do coração, chegando a ser mentirosa, traiçoeira, invejosa, degradada e capaz de qualquer coisa para conseguir seus interesses.

Se as espadas do Três eram chamadas de "Rejeição, Abandono e Culpa", a estas cinco espadas, cujo denominador comum é a negatividade, podemos chamar de "Crítica, Intriga, Vingança, Ciúmes e Inveja". A crítica, eixo central dessa mente ou espada vertical, pode-se desdobrar em destrutividade, autocrítica, autodesvalorização, comparação, sarcasmo, vaidade e perfeccionismo. A intriga fala também em falsidade, traições, chantagens e manipulações, enquanto a inveja esconde o derrotismo e a possessividade. Os ciúmes falam em insegurança e possessividade e a vingança, em ressentimento e frustração.

Corresponde-se com o aspecto aéreo de Geburah, sua manifestação no nível mental. Geburah, cujo Ser planetário é o nada amoroso Marte, é conhecida também como Din (A Justiça, o Pachad, o Medo). Quando alguma coisa está dificultando a evolução do conjunto, aparece a força destruidora de Geburah, às vezes como um chicote, de forma rápida e ativa, às vezes como uma corrente lenta e passiva, até que uma nova ordem seja estabelecida. A experiência espiritual desta esfera é "A Visão do Poder".

NA LEITURA TERAPÊUTICA

Momento Atual: a pessoa se dá conta de que desenvolveu e se identificou com um mecanismo mental que funciona basicamente a partir da crítica e daí amplia seu leque com a intriga, a inveja, os ciúmes e a vingança. Essa percepção pode ser o resultado de seu processo de autoconhecimento ou produto de atrair uma situação com uma carga pesada de crítica, intrigas, inveja, vinganças e/ou traições, que a ajuda a perceber tal mecanismo e suas consequências. O uso do floral de Penstemon* auxilia a ter acesso a reservas de coragem para encarar com perseverança situações externas difíceis e dolorosas.

---

47. Crowley trabalhou durante a Segunda Guerra na contraespionagem britânica.

Âncora: a pessoa tem uma mente destrutiva, negativa e derrotista. Não consegue ver nada belo e confiável no mundo que a rodeia; pelo contrário, só percebe inimigos que precisa aniquilar para poder sobreviver. Leva ao pé da letra o ditado "pense mal e acertará". Embora, às vezes, tente teatralizar o papel de vítima, este psicopata afirma, sem pudor, que neste mundo, em que cobra come cobra, prefere comer a ser comido e que a sinceridade e os bons propósitos levam sempre à ruína, "este mundo é uma bosta e vai ficar pior". Suas paranoias de que o mundo vai devorá-lo poderiam ser revertidas com o floral de Oregon Grape,* que ajuda a desenvolver a confiança e amorosa aceitação dos outros. Dificilmente consegue o que quer e carrega a amarga frustração da derrota. Pode pagar trabalhos de magia negra, mas geralmente o tiro sai pela culatra. Leva nas costas um pesado fardo de amargura, ressentimento e inveja dos que estão em melhor posição financeira e/ou afetiva. Esse sentimento pode ser aliviado com o floral de Willow, desenvolvendo o perdão, a responsabilidade pela própria situação e a capacidade de fluir com a vida. Temos de entender que a pessoa não criou esse mecanismo mental porque quis. É um mecanismo de defesa, que desenvolveu na infância ao se sentir traída, agredida e criticada pela família e que serve também para identificar os pontos débeis do possível agressor. A flor de Black-Eyed Susan* abre a percepção para essas lembranças, aparentemente apagadas, que precisam ser reconhecidas e trabalhadas. O floral de Baby Blue Eyes* a ajudará a restaurar a inocência original infantil e o de Echinacea,* que trabalha despertando a dignidade essencial do ser, irá apoiá-la no resgate de sua integridade e identidade. Às vezes, esse comportamento destrutivo e negativo pode chegar a ser delinquente, com uma forte rebelião contra a autoridade, indicada pelo Imperador, o Dois de Paus (O Domínio) ou o Oito de Espadas (A Interferência) na Infância. Indicamos o floral de Saguaro,* que auxilia a esclarecer o relacionamento com a figura paterna e a autoridade.

Infância: a criança não sabia por onde podiam chover as bofetadas, mais que nada verbais. A qualquer momento podia ser criticada, traída, enganada ou envolvida em intrigas ou brigas. Provavelmente era uma família na qual vários irmãos competiam pela atenção dos pais. Um irmão comia o sorvete e acusava o outro, roubava-se a mesada um do outro, etc. Nao seria de estranhar que a crítica constante estivesse temperada com ironia e sarcasmo, junto a invalidações, ameaças, acusações, castigos, chantagens, negatividade e críticas constantes. Se a criança expressava sua opinião, seus desejos ou abria seu coração, os demais caíam em cima sem piedade. E tudo isso segundo a lei do galinheiro: a galinha que está em cima defeca na que está debaixo. Seria interessante saber em que posição estava a pessoa para melhor avaliar a gravidade dos impactos. A criança se sentiu traída, humilhada e depreciada pela família, e vítima de uma insegurança enorme se entrincheirou e se armou, começou a fingir e a atuar sorrateiramente. Esta é uma das cartas que mostram maior sofrimento na infância, por isso é importante tirar uma segunda carta para ver se a tendência é construir uma personalidade fóbica ou contrafóbica.

Relacionamentos: a) Indica uma relação que ajuda a pessoa a perceber que está amarrada a um mecanismo mental negativo e destrutivo, com base fundamentalmente na crítica e que se alimenta de intrigas, inveja, ciúmes, vinganças e sofrimento. b) Vende no mercado das relações uma imagem de quem sempre tem razão e mil argumentos de peso para acabar com os demais. Gaba-se de sua afiadíssima capacidade crítica. É intrigante, sarcástica e vingativa, e, se necessário justifica-se dizendo que também sofreu muito. Carece de autenticidade para se relacionar. Tenta manipular o/a companheiro(a) para sentir-se a salvo e tirar proveito. Vive presa a estados negativos de raiva, suspeita e inveja. Para afirmar-se desvaloriza o outro, argumentando sem escutar e agredindo-o verbalmente. Seus envolvimentos são passageiros e acabam geralmente em brigas. Poderiam ser mais duradouros se acha (para maior refinamento de seu sadismo) alguém que tenha o Dois de Espadas (A Paz) ou o Oito de Copas (A Indolência) nos Relacionamentos.

A flor de Calêndula,* que estimula o carinho, pode ajudar, facilitando a receptividade e a comunicação verbal com o outro. A essência floral de Holly pode nutrir afetivamente, ajudando-a a abrir seu coração e levando-a a sentir-se unida e considerada por seu/sua companheiro(a).

Voz da Essência e Método: sugerimos que a pessoa identifique este mecanismo mental que desenvolveu e perceba como a leva ao sofrimento. Essa mente destrutiva, crítica e negativa está cimentada pela raiva, sendo fundamental que a descarregue praticando a Meditação Dinâmica de Osho durante 21 dias. Assim, terá capacidade de identificar as situações originais em que começou a desenvolver tal mecanismo. De que queria defender-se? Quais eram as ameaças?, percebendo que esse mecanismo de defesa já não é necessário. Precisa perceber que o mundo não está contra ela. O Universo é imparcial, nem hostil nem amigável, não tem propósito. No final do dia, seria bom fazer uma lista de coisas agradáveis que aconteceram: passou debaixo de uma árvore e os passarinhos cantaram em vez de defecar na sua cabeça. Por isso é fundamental descarregar a raiva que sempre está buscando motivos para aumentar. É importante também que a pessoa aprenda a se tratar com ternura (ver voz da Essência e Método do Dois de Copas), reconhecendo, aceitando e integrando seu lado mais sombrio para fazer contato com seu amor e seus sentimentos mais profundos, expressando-os sem medo de ser manipulada. A essência de Scarlet Monkeyflower* proporciona a coragem necessária para reconhecer e integrar esse lado. Quando existe amnésia emocional ou uma forte tendência a continuar escondendo memórias traumáticas infantis, a essência de Golden Ear Drops* se revela muito útil.

Caminho de Crescimento: usando as chaves que apareceram nas posições anteriores, a pessoa percebe até que ponto ela tinha desenvolvido uma mente hipercrítica, derrotista e destrutiva centrada no que ela considera negativo. Compreende como essa mente (especialmente sua própria autocrítica) a engancha em ambientes negativos e pessoas destrutivas, competitivas e fofoqueiras, quando não violentas ou marginais. Neste momento, começa a mudar, largando a reclamação compulsiva, a crítica destrutiva; começa a sintonizar-se com o amoroso e o belo que existem no mundo. Percebe como atraía pessoas negativas, críticas e destrutivas, até o ponto de ter desenvolvido um enfoque derrotista do mundo e de si mesma.

Resultado Interno: essa pessoa, produto de todo o processo que vimos até aqui, conseguiu sair da mente destrutiva. Aprendeu a valorizar-se, venceu seus medos e desarticulou os mecanismos que a amarravam à negatividade, à crítica, ao pessimismo, à degradação involutiva, à derrota e à desgraça permanente.

Resultado Externo: a pessoa atrai uma situação externa carregada de negatividade, destruição, intriga, enraizada em invejas, rivalidades, mentiras, talvez uma traição, uma tentativa de extorsão, que a fazem compreender como e por que entrava nesse movimento destrutivo. Agora tem a possibilidade de não se deixar envolver em tal jogo sujo e de resgatar sua autenticidade, honestidade e autoconfiança.

Seis de Espadas – A Ciência

A imagem mostra seis floretes, cujos punhos formam um hexágono. Suas pontas se tocam no centro de uma rosa vermelha inscrita no quadrado central de uma cruz dourada, dando a entender que "A Rosa-Cruz é o segredo central da verdade científica" (*O Livro de Thoth*, Crowley).

A rosa, atribuída a Vênus e Atena, é o símbolo do amor, da paixão, da vida, da perfeição e da elevação espiritual. Nasce onde os opostos (os braços horizontal e vertical da cruz) se complementam. Esse símbolo lembra o Caduceu de Mercúrio, que governa também o segundo decanato de Aquário. Aqui se somam a capacidade analítica, a habilidade, a percepção e a força de vontade de Mercúrio com os ideais e a originalidade de Aquário, resultando em uma mente especialmente perceptiva e aguda

O Seis de Espadas de Marselha, de Waite e de Crowley.

em suas observações analítica e especuladora, capaz de extrair conhecimentos e conclusões dedutivas da observação dos fenômenos externos e internos em que vive. Não é a mente do meditador, mas a do cientista. É uma mente inovadora e independente, embora possa ter tendências à excentricidade, ao inconformismo exagerado aquariano e à frialdade. Esta carta indica estudos, conhecimentos adquiridos e viagens.

Corresponde-se com o aspecto aéreo de Tiphareth: a harmonia, o equilíbrio e a beleza no nível mental. É a sephirah do misticismo, na qual a consciência humana, elevando-se pelo Caminho da Flecha, aproxima-se de Kether.

Cristo, Dioniso e Osíris são atribuídos a Tiphareth, cuja experiência espiritual é "A Visão da Harmonia das Coisas". Assim, o Seis de Espadas representa o intelecto em seu aspecto mais harmônico, centrado e equilibrado, capaz de uma visão minimamente objetiva,[48] global e operacional de seu entorno.

Crowley a chamou: "A Ciência", embora tradicionalmente fosse conhecida como "O Êxito Merecido".

NA LEITURA TERAPÊUTICA

Momento Atual: a pessoa sente o impulso de incorporar novos conhecimentos em uma determinada área, como uma faculdade, um curso ou uma especialização. Pode ser que esse impulso a leve a se questionar a respeito de suas capacidades intelectuais. Também pode estar questionando-se até que ponto sua mente lhe está dando uma visão funcional e realista do mundo, ajudando-a a encontrar as maneiras mais adequadas e convenientes de levar determinadas ideias à prática ou não.

Âncora: com muito Ar em sua carta astral (mais de 50%), leremos a Âncora por excesso. A pessoa colocou uma máscara de "sabe tudo", fantasiou-se de intelectual, colocando debaixo do braço as obras completas dos mestres, e com esse "ego cartesiano", científico e civilizado se protege e esconde sua vulnerabilidade e suas emoções. Sempre precisa ou inventa "uma boa razão" para fazer ou dizer alguma coisa. Sua mente está em contínua atividade e sua razão de ser é pensar: "Penso, logo existo". Tudo está programado pela mente, que pondera e analisa suas emoções, que pode definir como fantasias subjetivas, mas quem decide é a razão. Por baixo dos conhecimentos de que se gaba, não sabemos quem está aí. Perdeu sua espontaneidade, passa uma imagem de equilibrada, analítica, conhecedora de múltiplos assuntos, cheia de dados

---

48. Falar de uma visão objetiva da realidade é algo que os próprios físicos abandonaram quando descobriram que as partículas são processos energéticos, e não objetos. Confirmaram que todos os conceitos que utilizamos para descrever a natureza são invenções de nossas mentes e que o Universo é um Ser único e indivisível, no qual tudo se acha vinculado com tudo em uma rede inseparável de relacionamentos energéticos, como afirma Geoffrey Chew em sua teoria de rede: *bootstrap*.

e informações "científicas" e como um docente nunca diz "eu", mas "nós". Participa da vida comunitária em um pedestal de "catedrática", que, quando consultada, dá seu parecer, mas não expressa calor nem proximidade em suas atitudes e, quando a conversa toca assuntos mais pessoais, vai ficando incomodada até que se retira. Está identificada com sua mente racional, de maneira que faz tempo que sua vida perdeu a graça. Pensa que viver é saber muitas coisas do mundo e mostrar que sabe tudo isso para ser reconhecida. Poderíamos sugerir-lhe o uso do floral de Water Violet, que ajudará a conectar-se emocionalmente com a família humana. Esta máscara esconde também uma tremenda vulnerabilidade e insegurança, especialmente no que se refere a se expor, mostrando suas emoções ou seguindo seus impulsos, e o uso de Pink Monkeyflower,* como já vimos, desenvolve a coragem para se expor emocionalmente.

Com pouco Ar em sua carta astral (menos de 10%), leremos a Âncora por falta, mostrando uma invalidação crônica de suas capacidades intelectuais, seja para adquirir conhecimentos, fazer cursos, elaborar teorias e desenvolver projetos, ou dar conferências, argumentar e convencer, de modo que provavelmente terá dificuldades para ter ideias e critérios próprios, mantendo-se assim naquele grupo de pessoas que não percebem nem questionam a lavagem (sujeira) cerebral que o sistema faz. A essência de Peppermint* facilitará a atenção plena, a agilidade mental e a percepção, e a de *Self-Heal**, a segurança na capacidade intelectual.

Infância: condicionaram sua aprovação ao desenvolvimento da inteligência, à aplicação escolar e a decorar uma montanha de fórmulas e datas. Provavelmente queriam que a criança fosse não somente brilhante intelectualmente, mas também precoce. "Pais orgulhosos embarcam filho no aeroporto de Guarulhos para a escola de crianças prodígio de Minnesota." O ambiente foi frio e muito mental. Seus pais, que bem poderiam ser intelectuais, professores ou cientistas, consideravam primitivas e de mau gosto as emoções e os impulsos instintivos.

Relacionamentos: a) Mostra uma relação que ajuda a pessoa a se valorizar intelectualmente. Pode se sentir apoiada pelo seu parceiro para adquirir conhecimentos em uma determinada área, mestrados, doutorados ou na elaboração de ideias, teorias ou projeto de cunho intelectual. Também pode ser que o parceiro invalide sistematicamente seu potencial intelectual e ela, como reação, tome providências para se valorizar. b) É uma pessoa que liga usando a máscara de sabe tudo que vimos na Âncora por excesso. Este intelectual conhecedor de múltiplos assuntos se autoproclama o instrutor de seus/suas candidatos/as à cama. Aquarianamente pode levantar bandeiras revolucionárias, mas isso não passa de jogos do ego para chamar a atenção. Suas relações são apenas uma troca de ideias e informação ou uma convergência intelectual. "Meu marido e eu somos os únicos PhDs na vida sexual das formigas da

Tanzânia e só com ele posso conversar de um assunto tão interessante."
Lembra o filme *O Espelho Tem Duas Faces*, de Barbara Streisand.

Voz da Essência e Método: sugerimos que a pessoa se trabalhe para deixar sua mente a mais realista, funcional e objetiva possível. Para isso é importante sair tanto da mente cartesiana (tudo o que não posso medir ou pesar não existe) como da mente picada pelo mosquito *Esot Ericus*, que transfere a autoridade e a responsabilidade de nossa vida e de tudo o que chega para entidades externas: Deus, a Existência, anjos, mestres ascensionados, comandantes galácticos, ou leis ou pseudoleis universais, como a Lei da Atração, mantendo-nos assim infantilizados. As vacas não voam e um mantra não para uma bala. Mesmo que todos os planos estejam interconectados, se queremos resolver algo que está em um determinado plano, priorizaremos o plano onde estamos. Se dói o fígado, focalizaremos o plano físico; pode ser que uma oração ajude, mas em uma proporção muito menor que uma dieta, um chá de boldo ou a compreensão do porquê acumulamos tanta raiva.

Também podemos sugerir que o consultante desenvolva seu potencial intelectual, identificando e desativando as possíveis crenças que o impedem e que busque obter uma visão mais clara, profunda e ampla dos aspectos do conhecimento que o interessam. O uso da essência de Nasturtium* pode trazer vitalidade e conexão com o mundo físico e prático para seu processo mental, evitando a excessiva aridez e o intelectualismo desconectado, que o trabalho ou o estudo eminentemente mental pode acarretar-lhe. Também podemos indicar a essência de Shasta Daisy,* que reverte a tendência a ser analítico e fragmentário demais para desenvolver uma visão sintética e holística.

Caminho de Crescimento: usando as chaves que apareceram nas posições anteriores, a pessoa começa a valorizar seus talentos intelectuais e a usar sua mente de maneira mais objetiva, realista e funcional, desenvolvendo uma clara percepção de seu entorno e sabendo expressar melhor suas ideias e conclusões.

Resultado Interno: essa pessoa, produto de todo o processo que vimos até aqui, conseguiu desativar preconceitos, doutrinas e crenças que limitavam suas percepções e/ou desvalorizavam sua capacidade intelectual. Hoje sua mente trabalha encontrando as maneiras mais adequadas e convenientes de fazer o que lhe vem de dentro, com toques de originalidade, criatividade e genialidade.

Resultado Externo: também produto de todo o processo que vimos até aqui, a pessoa encara o mundo com a mente descrita no Resultado Interno: com objetividade, funcionalidade, praticidade, competência e habilidade. Pode se sentir atraída por atividades mais intelectuais, como o magistério, a pesquisa ou o desenvolvimento de novas e originais teorias.

Sete de Espadas – A Futilidade

A imagem mostra seis espadas descendentes, triscando os gumes de uma sétima espada que aponta para o alto. Vemos aqui como o movimento ascendente desta última (a visualização de seu verdadeiro caminho de vida) está sendo impedido pelas outras seis, que podemos identificar como: expectativas, conselhos, necessidades e ordens dos outros, propagandas de mídia e religiões. Também poderiam mostrar os piores aspectos dos planetas representados nos punhos, passando uma ideia de falta de complementação e coerência.

O terceiro decanato de Aquário está governado pela Lua. A Dama do Inconsciente imprime seu selo sobre o aéreo, idealista, original e pouco convencional Aquário que, sem limites nem referências sólidas, pode perder-se, tornando-se aéreo demais, fútil, disperso, confuso e superficial, deixando-o vulnerável a crenças e objetivos alheios. Aqui, o frágil equilíbrio da mente se desfaz, caindo no reino da ilusão. Este é o estado da mente dispersa e vã.

Corresponde-se com o aspecto aéreo (mental) de Netzach, esfera atribuída a Vênus e cuja experiência espiritual é "A Visão da Beleza Triunfante". Netzach trata da função da polaridade e estabelece a correta relação humana. Intitula-se "A Futilidade", embora também poderia chamar-se "A Dispersão". Tradicionalmente, é conhecida como "O Esforço Instável".

NA LEITURA TERAPÊUTICA

Momento Atual: a pessoa está tomando consciência da existência de um mecanismo mental que a leva a absorver opiniões, expectativas, conselhos, necessidades e ordens de terceiros, assim como as convenções sociais e a propaganda e desinformação com que os meios de comunicação nos bombardeiam. Percebe que esse mecanismo está enraizado em uma necessidade compulsiva de ser aceita, produto da falta de autoaceitação que tem. Dá-se conta de que, por mais que absorva tudo isso, a aceitação nunca chega e, além do mais, esse mecanismo abala seu projeto de vida e a impede de levá-lo para a frente, deixando-a superficial e dispersa.

Âncora: esta é a mente "esponja" ou mente "sim". Sua insegurança interna deixa a pessoa incapaz de tomar decisões ou iniciativas. O direcionamento de sua vida é permanentemente fragilizado pela necessidade

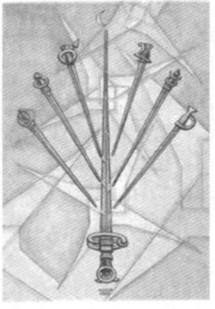

O Sete de Espadas de Marselha, de Waite e de Crowley

compulsiva de dar satisfação aos outros e acaba seguindo opiniões, conselhos, necessidades, palpites, sugestões, ordens e expectativas da família e dos amigos, mas também dos meios de comunicação e das religiões. Pode chegar a internalizar essas vozes e considerá-las suas. A possibilidade de visualizar seu próprio caminho de vida se torna cada vez mais remota. Coloca a responsabilidade de seus atos em seus conselheiros ou nos "adivinhos" que leram seu futuro e vai se desconectando cada vez mais de si mesma, até não saber mais o que sente nem o que quer. Vaga entre as vitrines e antes de comprar liga para alguém para pedir palpite. É vã, frívola, fútil e superficial, sem referenciais nem ideias próprias. Fala das tendências da moda, da novela ou do seriado americano identificando-se com seus personagens. Às vezes, mora com sua mamãe, confidente e conselheira, da qual em muitos casos depende economicamente. É irresponsável e pode não ter muito claras suas preferências sexuais. É incapaz de questionar sua vida seriamente e fazer alguma coisa prática para mudá-la. No melhor dos casos, pode dar um Travolta[49] ou um piolho de shopping. Sempre é uma boa sustentadora do Sistema.

Sugerimos o floral de Cerato que, estimulando a confiança em sua intuição e opiniões, irá desvinculando-a da necessidade de seguir os conselhos dos outros; o de Sunflower,* para fortalecer sua noção de identidade; o de Calla Lily,* para definir-se e aceitar-se sexualmente; e o de Fairy Lantern,* para amadurecer e abandonar comportamentos infantilmente dependentes e frágeis, e encarar a vida como uma adulta.

Não seria de se estranhar que um excesso de drogas lhe tenha "queimado os neurônios" e seja dependente da família ou de alguma instituição. Nesse caso, detectado pela presença do Sete de Copas (A Corrupção) e o Cinco de Discos (O Sofrimento) com o Sete de Espadas na Âncora, recomendamos o floral de Milkweed,* que ajuda o renascimento da parte da psique que estava regredida, facilitando-lhe assumir responsabilidades e atitudes independentes.

Infância: as iniciativas desta criança foram sistematicamente invalidadas; a família a bombardeou com palpites, conselhos, normas e expectativas, mostrando-lhe o "caminho correto". Depois foi colocada em frente à TV por horas e horas, até que se transformou em uma pessoa-ovelha, sem critérios próprios, que se move à deriva das opiniões e dos desejos dos outros, da propaganda que idiotiza e que permanece obsessivamente preocupada com "o que vão dizer". Provavelmente se tornou uma consumidora compulsiva, identificada com marcas e modas. Procura insistentemente a atenção, o conselho e a aprovação dos outros e gosta de fofocas. Se com o Ás de Espadas nesta posição a família se "limitava" a detonar os sonhos de vida da criança: "Já viram um astronauta baixinho e gordinho?", com o Sete detona seu sonho e, além

---

[49]. O personagem do filme *Os Embalos de Sábado à Noite (Saturday Night Fever)*, interpretado por John Travolta.

do mais a tenta, inocular um projeto de vida que provavelmente nada tem a ver com ele: "você tem de ser militar como eu".

Relacionamentos: a) A relação ajuda a pessoa a identificar e entender como funciona este mecanismo que a deixa sumamente permeável a pressões, conselhos, expectativas, palpites da família, dos amigos ou das convenções, propagandas e etiquetas sociais. Isso pode suceder de maneiras muito diferentes. A menos agradável seria se o parceiro insiste em que a pessoa engula suas opiniões e se adapte a suas expectativas e necessidades. O relacionamento está colocando em evidência até que ponto o consulente chega. b) A pessoa relaciona-se superficialmente, atraída pela aparência, as etiquetas, o perfume, a condição financeira à mostra, os objetos externos de *status* e tudo o que os meios de comunicação transformaram no protótipo de um bom partido. Não tem critérios próprios de escolha e pode sair com quem mais insistir ou mais parece com o galã da novela. Sendo uma carta de espadas, não sabe muito bem o que sente e seus relacionamentos podem ser apenas fantasias: "Estou namorando a Cida, mas ela não sabe".

Voz da Essência e Método: sugerimos que a pessoa identifique este mecanismo mental, veja quais são suas origens e consequências, de onde vem o medo do "que podem falar" e as ameaças que sente se deixa de seguir as opiniões, expectativas e conselhos dos outros com os quais edifica seu suposto caminho de vida. No caso de essas expectativas, opiniões, etc. estarem internalizadas e a pessoa acreditar que essas vozes são sua voz, é importante que lhes dê corda para descobrir exatamente de onde vêm. Tem de fazer perguntas a essas vozes, que nos digam de onde tiram suas opiniões, para descobrir possíveis gravações interiorizadas da família, do padre ou do professor. Também é fundamental que interiorize, ligando-se à voz interior para fazer dela e das lições extraídas de suas próprias experiências os fornecedores dos critérios pessoais e impulsores das iniciativas. Para essa transição, a mudança de foco de fora para dentro, o floral de Walnut será indicado, pois ajuda a libertar-se de influências estranhas, fortalecendo o propósito e a convicção interna. Também recomendaremos a essência de Sunflower.*

Por outro lado, é importante descobrir, indo às origens, de onde vem essa vulnerabilidade às influências externas.

Caminho de Crescimento: usando as chaves que apareceram nas posições anteriores, a pessoa percebe até que ponto estava influenciada por ideias e expectativas alheias, assim como pela propaganda, e enxerga as consequências. Revisa as situações em que esse mecanismo foi incorporado e começa a se livrar dele, definindo melhor suas opiniões e começando a vislumbrar seu verdadeiro caminho de vida.

Resultado Interno: essa pessoa, produto de todo o processo que vimos até aqui, conseguiu identificar, entender e desativar o mecanismo mental que não somente a tornava superficial e dispersa, mas que também a deixava, em função dos outros, desconectada de si mesma e manipulada por terceiros. Hoje suas opiniões estão enraizadas em experiências próprias e referenciais internos e tem seus próprios projetos e objetivos.

Resultado Externo: a pessoa atrai uma situação em que se sente pressionada por opiniões, conselhos, ordens, expectativas ou necessidades alheias. Embora no passado os aceitasse, depois do processo evolutivo que vemos na leitura, sente-se mais capaz de se afirmar e não absorver tais elementos, de maneira que, mesmo que a situação não seja agradável, dá-lhe a possibilidade de deixar de ser refém, inclusive enfrentando, se necessário, ideias contrárias, desinformações ou grupos de pressão.

Oito de Espadas – A Interferência

O Oito mostra um aspecto descompensado e complementar do Sete.

A imagem leve e evanescente do Sete se transforma em uma estrutura pesada, fechada, tensa e escura. Duas grandes espadas apontando para o chão se cruzam com outras seis espadas menores, representantes de diferentes culturas: (de cima para baixo) o *Kriss* das Filipinas, o *Kukri* dos Gurkhas do Nepal, o *Scramasax* de origem germânica, o *Machete* (facão latino-americano), a Adaga e o *Yatagan* (sabre turco). As oito armas formam uma espécie de grade que aprisiona o ser. A mente atua aqui como uma teia de aranha que bloqueia qualquer proposta.

O primeiro decanato de Gêmeos é governado por Júpiter, dois tipos de energia pouco compatíveis. Júpiter está em exílio em Gêmeos, de maneira que a procura por transcendência, aventura, conhecimentos e expansão jupiteriana é freada pelas dúvidas e o racionalismo geminiano. É a mente castradora e pessimista, cheia de dúvidas, invalidações e pretextos que acabam aniquilando qualquer iniciativa, especialmente entrar em contato com algo novo. Tradicionalmente é interpretada como obstáculos, críticas, interferências e impedimentos que dificultam a ação. Sem negar a possibilidade da existência de tais problemas no mundo externo, consideramos esta carta mais como um estado mental interno.

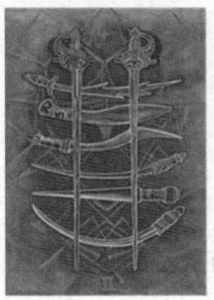

O Oito de Espadas de Marselha, de Waite e de Crowley.

Corresponde-se com aspecto aéreo de Hod (o princípio coagulador no pilar da forma), a esfera que emana de Jesed por meio de Tiphareth. A experiência espiritual de Hod é "A Visão do Esplendor". Sendo Hod a sephirah da magia cerimonial, preside o raciocínio lógico. No mundo mental das espadas, leva-nos a uma mente saturada.

Seu título é "A Interferência", embora também seja conhecida como "A Força Diminuída".

NA LEITURA TERAPÊUTICA

Momento Atual: a pessoa está desmascarando um pesado mecanismo mental com que estava identificada e que funciona interferindo sistematicamente, inventando pretextos e justificativas para não tomar iniciativas que signifiquem um mínimo de aventura ou risco. Pode descobrir esse mecanismo atraindo travas externas que a impedem ou tentam impedir seu movimento de expansão. Assim se dá conta de que, se não existisse esse mecanismo interno de autointerferência enraizado no medo, essas situações não interfeririam. Outra possibilidade de identificar esse mecanismo seria por seu próprio processo de autoconhecimento.

Âncora: vemos uma pessoa cronicamente prisioneira de um mecanismo mental de autossabotagem com que se identifica. Essa mente "grade" ou mente "não" sempre tem boas razões (leia-se desculpas) para impedir qualquer movimento que suponha aventura. Quando um impulso de expansão se manifesta sobre a tela do consciente, a mente entra em pânico e bombardeia a pessoa com todos os pretextos, justificativas e desculpas possíveis, enraizadas no medo, que criam insegurança, enfraquecendo e paralisando a vontade, e a pessoa se sente incapaz de levar este impulso adiante. Este mecanismo a induz também a sentir uma forte apreensão antecipada com as opiniões alheias. Por trás tem muito medo e falta de confiança em sua própria capacidade. A pessoa acaba tensa e frustrada e nega aos outros a liberdade que não dá a si mesma, tornando-se intolerante e repressora. Essa falta de confiança em sua própria capacidade pode ser amainada com o floral de Larch, o qual, ajudando a liberar o potencial criativo, favorece a expressão espontânea. Não mostra suas emoções, aumenta o tamanho de seus problemas e pode chegar a inventar enfermidades para imobilizar-se. A flor de Heather nutre esse vazio profundo, ajudando a pessoa a abandonar esse mecanismo disfuncional de relacionar-se.

Esta rigidez pode ser trabalhada com Rock Water, que a vai abrandando até lhe permitir contatar com suas emoções.

Infância: foi uma prisão, na qual a palavra que mais escutou foi "não", seguida de um argumento aparentemente lógico para negar suas iniciativas e expressões emocionais e instintivas, as iniciativas a partir de suas habilidades, ideias e desejos e, em geral, qualquer tipo de impulso ligado a expandir seus horizontes e desenvolver sua autonomia. Sofreu muito nessa gaiola e ficou atemorizada, insegura, sem autoestima, dependente, desconectada de suas emoções, incapaz de tomar iniciativas e escondendo uma bomba de raiva e de dor em seu interior. Assim a criança não só desenvolveu a crença de que "nunca poderei fazer o que quero", mas também adquiriu o mecanismo de encontrar argumentos para boicotar suas próprias iniciativas, especialmente as que têm um quê de aventura.

Relacionamentos: a) É uma relação que ajuda a pessoa a perceber seu mecanismo mental que, enraizado no medo, interfere e bloqueia suas iniciativas que saem do absolutamente conhecido e/ou seguro. Isso pode se dar de diferentes maneiras, pode ser o parceiro, que freia seus impulsos, ou que incentiva novidades: atividades, iniciativas ou viagens. Em ambos os casos a pessoa dá de cara com tal mecanismo de autossabotagem. b) Esta pessoa não se atreve a se relacionar e muito menos a se comprometer. Sistematicamente bloqueia todas as possibilidades, seja colocando tais precondições em seus possíveis casos, que ninguém as cumpre, ou projetando injustas expectativas de intenções hostis vindas dos outros. Imagina, *a priori*, que seus encontros com outras pessoas não vão dar em nada; assim, sempre tem um pretexto para não aceitar um encontro. A essência de Oregon Grape* facilitará seus relacionamentos, desenvolvendo uma atitude de aceitação dos demais.

Voz da Essência e Método: sugerimos ao consulente que tome consciência da atitude sabotadora que, baseada no medo, coíbe qualquer possibilidade de expansão na sua vida. É importante perceber que os infinitos argumentos que a mente é capaz de fabricar para paralisar seus impulsos para o novo são pretextos que, fantasiados de científicos, não passam de vilões com os quais não se pode dialogar, pois vão nos enganar. Uma vez detectado o mecanismo, a pessoa deve estar suficientemente atenta para, quando chegar o impulso, pôr a mente para trabalhar na sua execução, em vez de deixá-la disparar suas justificativas. A essência de Cayenne* será muito útil, catalisando a vontade e quebrando a resistência a atuar seguindo seus impulsos. Os florais que vimos na posição da Âncora também podem ser recomendados aqui.

Caminho de Crescimento: produto de todo o anterior e atravessando uma área de alta interferência, medos e barreiras internas, esta pessoa começa a desativar os pesados mecanismos de autossabotagem e autoinvalidação que a impediam de se jogar no novo.

Resultado Interno: essa pessoa, produto de todo o processo que vimos até aqui, descobriu que, enquanto tentava ser racional, prudente e séria, estava negando a si mesma, cortando suas asas, matando seu prazer, expansão e crescimento. Conseguiu então identificar, compreender e desativar esse mecanismo de sabotagem, entendendo: "Não é que meu marido não me deixe, é que eu deixo que meu marido não me deixe".

Resultado Externo: a pessoa atrai uma circunstância externa que tenta bloquear suas iniciativas à novidade. O que em outros tempos a deixaria ainda mais amarrada, hoje, depois de todo o processo que vimos, ajuda-a a identificar esse padrão de autossabotagem que sempre a acompanhou, dando-lhe a chance de se liberar dele.

Nove de Espadas – A Crueldade

Nove espadas tingidas e pingando sangue apontam para o chão, enferrujadas e lascadas. O fundo da carta mostra lágrimas lunares, indicando o sofrimento do lado feminino. Se na carta anterior o racionalismo de Gêmeos dificultava o desejo de expansão e crescimento, aqui castra as manifestações instintivas, acabando com a vitalidade. A energia de Marte, o planeta da sobrevivência animal, de nossa força instintiva e de nossa autoafirmação por meio das conquistas, está preso à mente geminiana. Esta carta então mostra um estado mental autodestrutivo e antinatural, que degrada suas expressões instintivas, sendo cada vez mais compulsivas, raivosas, inconscientes e perigosas. A mente sente cada vez mais terror de soltar tais "monstros" e os reprime com maior força. O resultado desse círculo vicioso é uma compulsão maior destrutiva que a desvitaliza e a conduz a somatizações, doenças, acidentes ou até suicídio.

Corresponde-se com o aspecto aéreo de Yesod, a chamada Casa dos Tesouros de Imagens ou o Éter refletor da esfera da Terra. É a esfera de maia e se corresponde com o inconsciente e com a Lua. A experiência espiritual de Yesod é "A Visão do Mecanismo do Universo".

Seu título é "A Crueldade" e também "A Desesperação".

NA LEITURA TERAPÊUTICA

Momento Atual: a pessoa está identificando e percebendo como é manipulada por este mecanismo mental que inventa pretextos e justificativas para negar seus impulsos vitais, suas expressões instintivas e suas iniciativas a sua autoafirmação. Essa percepção pode vir a partir da

O Nove de Espadas de Marselha, de Waite e de Crowley.

auto-observação, mas também poderia vir de uma situação que a pessoa atraiu e que reprime seus impulsos, uma somatização ou um acidente que coloca em evidência seu mecanismo de autodestruição.

Âncora: esta pessoa se deixou torturar cronicamente por um mecanismo de contenção dos instintos: não se defendeu quando se sentiu atacada. Com isso acumulou doses cavalares de raiva, não se permitiu tomar iniciativas a partir de sua sexualidade, não cuidou de seu corpo e saúde e pode até gabar-se de destruir seu corpo ou colocar-se em situações perigosas: "Eu sou tão macho que traço uma garrafa de cachaça e depois pego o carro e faço Brasília – Goiânia em uma hora e meia". Sua vida deve estar salpicada de acidentes e somatizações. Essa raiva acumulada pode atrair mais agressões. Vive em um ambiente onde não possui seu espaço vital, e seus hábitos de alimentação e sono estão desregrados. Seu sistema imunológico está sempre débil e, se aparecer com o Cinco de Discos (O Sofrimento), que fala de destruição corporal, pode indicar tendências suicidas. Também reprime seus impulsos de autoafirmação. Por fora, parece um coitado que pede permissão para respirar e, por dentro, é um mar de ódio e rancor que destila sutilmente veneno em seu ambiente. Esta atitude autodestrutiva pode ter se desenvolvido quando a criança se sentia ignorada, mas, se adoecia ou chegava ferida, sua mãe lhe dava uma atenção especial. A partir daí estabelece a crença de que, se está ferido ou doente, recebe atenção, ou seja, sente-se amado. Este medo de contatar e expressar os aspectos mais instintivos do ser pode ser tratado com o floral de Califórnia Pitcher Plant,* enquanto a aceitação e a expressão da raiva acumulada e outras emoções negativas serão favorecidas com o de Scarlet Monkeyflower.* Não é de se estranhar que esse ego sinta repugnância e vergonha de seu corpo, reprimindo brutalmente sua sexualidade, em cujo caso o floral de Crab Apple será muito útil.

Infância: foi uma câmara de suplícios. Os direitos mais básicos da criança (direito à vida, a ter suas necessidades básicas satisfeitas e de ser independente) foram violados, tudo era motivo para castigos corporais e viveu permanentemente assustada, sob ameaças cruéis, podendo sentir até sua vida em perigo. Seus pais e irmãos descarregavam nela sua frustração e ódio. Escutou coisas do tipo: "Teria sido melhor que você não tivesse nascido!", "Se você voltar a fazer isso, eu te mato!", "Você gosta mesmo é de apanhar!" A criança se tornou completamente insegura, sentindo que não tinha direito à vida e ao espaço que ocupava. Acabou sentindo-se ferida com qualquer coisa e trancou a expressão de suas emoções e suas iniciativas para não dar motivo para os castigos se repetirem. Profundamente desequilibrada, provavelmente desenvolveu uma estrutura de defesa de caráter esquizoide.

Relacionamentos: a) Indica que a relação ajuda a pessoa a perceber até que ponto é cruel consigo mesma, na medida em que reprime sua espontaneidade, seus impulsos sexuais e de autoafirmação, e até suas necessidades biológicas. Isso pode suceder de muitas maneiras das quais a mais desagradável seria deixando que o parceiro a reprima ou a maltrate fisicamente, transformando seu relacionamento em um "matrimônio". Cuidado para não se colocar no papel de vítima que a pessoa pode querer nos vender. Seria mais interessante buscar na Âncora ou na Infância, porque permite que isso suceda e quais são os ganhos secundários que busca por tal mecanismo. b) Interpreta o papel de mártir, pois em suas relações amorosas sempre tem um pretexto para negar a si mesma em suas expressões instintivas e de autoafirmação; assim, sofre e com esse sofrimento se sente importante e engorda o ego. Pode vestir-se de vítima sacrificada, tão "boa pessoa" que ninguém pode jogar-lhe a culpa de nada. A repressão de seus instintos pode levá-la a aceitar comportamentos degradantes dentro de relacionamentos sexuais de tipo sadomasoquista. O floral de Black Cohosh* a ajudará a enfrentar e transformar tais atitudes.

Método: sugere, em primeiro lugar, que identifique esse padrão de autocrueldade e perceba suas consequências, entre elas engordar o ego que extrai mérito e importância pessoal da autocrueldade: "Vocês conhecem alguém que sofra tanto como eu?" "O sofrimento é a forja dos grandes homens". Em segundo lugar, que lembre as situações de seu passado que a levaram a adquirir tal padrão. Talvez continue obedecendo aos "Morra!" explícitos ou implícitos que escutou na infância, ou à necessidade de ser vista como vimos na Âncora. Em terceiro, que perceba o que quer obter ou evitar com essa autocrueldade. E, finalmente, que descubra o que a impede de tratar-se com carinho. Sugerimos terapia, a princípio, algo agradável que aumente sua autoestima (talvez biodança), para depois (com Bioenergética e o processo Fischer-Hoffman) poder encarar os aspectos mais perigosos e assustadores de sua programação e ir limpando seu passado. Os florais indicados na Âncora serão proveitosos também aqui.

Com o Hierofante na Âncora, reprime sua sexualidade natural em função de rigorosos padrões religiosos e poderia tender a formas de sexualidade distorcidas e/ou degradadas. Nesse caso, poderíamos sugerir o uso do floral de Basil.*

Caminho de Crescimento: usando as chaves que apareceram nas posições anteriores, a pessoa começa a perceber como foi uma marionete deste mecanismo mental com o qual se identificou. Entende por que desenvolveu tal padrão e como buscou neuroticamente a aceitação dos demais por meio de condutas autodestrutivas. Assim vai abandonando-o, começa a valorizar-se, a cuidar-se e a se expressar de uma forma mais espontânea e verdadeira.

Resultado Interno: produto de todo o processo que vimos até aqui, a pessoa conseguiu identificar, entender e desativar o mecanismo mental que a conduzia à autodestruição e ao sofrimento. Liberou-se dessa mente cruel e hoje vive fluidamente suas expressões instintivas, suas necessidades biológicas e seus impulsos de autoafirmação. Deixa de carregar megatons de raiva autodestrutiva, respeita-se e se faz respeitar, canalizando sua agressividade natural e colocando limites aos outros para não ser agredida.

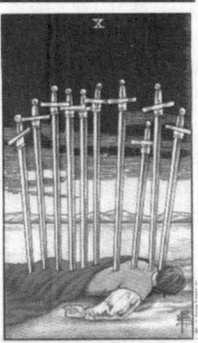

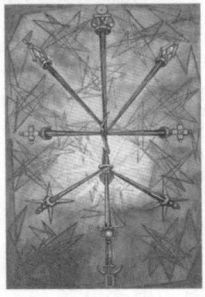

Resultado Externo: a pessoa atrai uma situação, que pode ser um acidente, uma somatização, uma *overdose*, uma tremenda ressaca, uma agressão, uma exigência ou um bloqueio a um impulso instintivo ou de autoafirmação que deixa em evidência seu mecanismo de autocrueldade. Por exemplo, uma petição para que acabe um projeto que implica reduzir ainda mais suas horas de descanso. Em outros tempos teria aceitado, aumentando seu sofrimento, mas depois do processo que vimos nas cartas anteriores diz: "Até aqui chegou, mas daqui não passa", e confronta a situação externa que acaba lhe dando a chance de identificar melhor e perceber as consequências do mecanismo interno.

Dez de Espadas – A Ruína

A imagem mostra dez espadas, cujas empunhaduras ocupam a ordenada posição das sephiroth na Árvore. Nove delas quebram a espada central, cuja empunhadura é o coração de Tiphareth. A mente não pode ir invalidando os diferentes aspectos do ser sem se autodestruir. É na integração harmoniosa desses aspectos que estão a saúde e o equilíbrio. Quanto mais a mente está obcecada com seus princípios e crenças, ficando rigidamente estruturada em cima de critérios lógicos, normas e códigos de comportamento, mais se dissocia do prazer e da realidade interna/externa, e menos funcional e mais perigosa se torna. O lado racional hostilizado pelas forças do inconsciente mostra-se incapaz de sustentar o que até agora constituía sua visão de mundo ou de tomar a menor iniciativa. É a confusão total, a ruína da mente.

Por outro lado, essa destruição da mente, como um sistema de crenças organizado, é o primeiro passo para um novo enfoque em que esta ocupe o lugar que lhe corresponde. O Sol em Gêmeos traz a lucidez e a consciência necessárias para perceber que não podemos continuar

O Dez de Espadas de Marselha, de Waite e de Crowley.

tentando manter em pé algo que está caindo. Abre a porta para uma nova mente, mais objetiva, inspirada, criativa e conectada com a essência do ser: o Ás de Espadas, a mente silenciosa, receptiva e capaz de vislumbrar um plano de vida autêntico.

As dez espadas são os milicos que tomaram o poder e, como não estavam preparados para tais funções, deixaram a grande cagada. Por mais caótico que pareça, esse momento não deixa de ser a oportunidade para começar de novo. Aqui está a decepção e a destruição de uma série de princípios, sobre as quais a mente constrói sua estratégia e tenta encontrar segurança.

É atribuída ao aspecto aéreo de Malkuth: a esfera onde culmina e se materializa o fluxo de energia e que representa o resultado final de todas as atividades da Árvore. Malkuth não é somente a esfera da Terra, mas também da alma da Terra, o aspecto mais sutil e psíquico da matéria. Sua experiência espiritual é "A Visão do Sagrado Anjo da Guarda". No Dez de Espadas, dá-se a culminação de toda a energia das ideias. É a última materialização no plano intelectual, a mente densa e saturada que pode, por meio da destruição, voltar ao Ás. O título da carta é "A Ruína".

NA LEITURA TERAPÊUTICA

Momento Atual: a pessoa está tomando consciência de que sua visão do mundo é falsa e inoperante e que somente traz decepções e sofrimento. Se até este momento lutava para manter em pé essa estrutura mental, agora planeja abandoná-la. Isso pode ser produto de seu trabalho de autoconhecimento ou de um acontecimento externo que lhe demostra que não pode continuar insistindo em manter o sistema de crenças que sustenta sua visão de mundo. Quanto maior é seu apego a ela, mais profunda será sua decepção. Aqui se abre uma bela oportunidade de reformatar a mente sobre bases mais autênticas.

Âncora: esta pessoa passou sua vida apegando-se a uma visão de mundo estruturada em doutrinas, filosofias, ideologias e religiões, geralmente estabelecidas pela oligarquia dominante e divulgadas pelos meios de comunicação que, sistematicamente, se revelaram inúteis e a decepcionaram, deixando-a confusa e perdida. Desconectada de seus referenciais internos, não se atreve, nem pode, extrair suas próprias conclusões e critérios e continua procurando padrões alheios nos quais possa proteger-se e amarrar-se, tal como a ovelha perdida à procura de rebanho e pastor. Quanto mais se esforça em escorar esse edifício em ruínas, mais tijolos caem na cara. A essência de Chesnut Bud a ajudará a extrair lições de suas experiências, cortando essa corrente de decepções. O floral de California Poppy* facilitará o desenvolvimento da responsabilidade por si mesma, centrando-a e levando-a a superar a procura absurda por "maravilhosas soluções" em cultos religiosos ou falsos gurus. É incapaz de assumir-se como um ser autônomo, adulto, com um caminho próprio e um potencial para realizar. O floral de White Chesnut, desenvolvendo a calma interna por meio da tomada de consciência de seus sentimentos, irá ajudá-la a esclarecer sua mente. A mania enfermiça de procurar ideologias para viver pode ser revertida com a essência de Cerato, que fortalece a confiança na verdade interior.

Infância: em primeiro lugar, a expressão espontânea da criança foi reprimida e seus referenciais foram negados e substituídos por um sistema de valores e códigos de conduta – provavelmente por meio de ameaças e chantagens – que castraram seu prazer e sua alegria de viver. Em segundo lugar, viu que seus pais não respeitavam o que lhe inculcaram. Ex.: castigaram-na por mentir e percebe que seus pais mentem. A criança tornou-se desconfiada, insegura e provavelmente depressiva.

Relacionamentos: a) Mostra uma relação que ajuda a pessoa a perceber que sua visão de mundo não funciona. Primeiro, porque está estruturada em cima de um sistema de crenças, princípios e valores falsos e, segundo, porque somente traz decepções, frustrações e sofrimento. Assim, a pessoa se sente impelida a largar essa velha visão de mundo. Claro que, se esse sistema de crenças é o que sustenta sua relação, é muito provável que a relação acabe junto com a visão. b) A pessoa tem um histórico de relacionamentos cheios de grandes ilusões e maiores desilusões, decepções e sofrimento, decorrentes de tentar se adequar a uns modelos de relações geralmente machistas que anulam suas verdadeiras expressões e seus talentos. Acaba com tanto medo de se decepcionar, de ser enganada e de que "se aproveitem de suas boas intenções", que coloca uma barreira muito grande para qualquer relacionamento e estes não sucedem. Aí diz: "mamãe tinha razão, todos os/as homens/mulheres são iguais". Essa insegurança e falta de confiança nos outros podem ser aliviadas com o uso do floral de Mallow.*

Voz da Essência e Método: sugerimos que deixe de desperdiçar energia tentando manter em pé uma estrutura mental que não só a reprime e aprisiona, mas também traz decepções e sofrimento. Necessita avaliar o preço que paga para ser aprovada, definindo seu caminho a partir da obediência a um sistema de crenças e padrões que não inventou. Para isso é útil lembrar as circunstâncias originais em que teve de começar a se conduzir a partir de tais padrões, identificando também as ameaças que foram esgrimidas pela família se fazia o que lhe vinha de dentro, até conseguir dobrá-las e quebrá-la. O trabalho de desativação de crenças proposto na carta da Estrela funciona também aqui para tirar a base dessa visão de mundo. Não se trata de mudá-la por outra visão, de sair das Testemunhas de Jeová e entrar no Islamismo, mas de deixar que se derrube e tentar manter-se na mente receptiva, silenciosa, perceptiva e alerta do Ás de Espadas que, conectada com a essência do ser, permite ver seu verdadeiro caminho de vida.

Esse desapego de critérios, identificações e padrões de comportamento aprendidos será facilitado com o floral de Sagebrush,* enquanto a essência de Goldenrod* estimula a noção de identidade separada e faz a pessoa menos influenciável as pressões e normas de grupos sociais. Assim mesmo, recomendaremos o floral de Sunflower* para fortalecer e equilibrar a individualidade. O trabalho de seis colunas sugerido no Método da Estrela pode também ser muito útil aqui para mudar esta visão de mundo que não funciona.

Caminho de Crescimento: usando as chaves que apareceram nas posições anteriores, a pessoa percebe que passou parte de sua vida sustentando uma visão de mundo falsa e inoperante. Toma consciência de que, quanto mais adere a ela e ao sistema de crenças que a sustenta, maiores são as decepções, as frustrações e o sofrimento. De maneira que começa a duvidar e está disposta a trabalhar seus medos para ir abandonando-a.

Resultado Interno: essa pessoa, produto de todo o processo que vimos até aqui, largou uma maneira de pensar, crenças e doutrinas que nunca foram suas, mas inoculadas desde fora. Agora são desmascaradas e desativadas com os medos e as ameaças colocados na infância pela família e pelas religiões se não obedecesse. A mente não é mais uma coletânea de ideias e crenças importadas, mas uma ferramenta eficiente para levar à prática as iniciativas do eu verdadeiro.

Resultado Externo: a pessoa que ainda insistia em manter de pé uma visão de mundo inoperante, atrai uma circunstância externa que a obriga a se dar conta das consequências de continuar fazendo-o, obedecendo ao sistema de crenças que sustenta tal visão. Como subproduto disso, percebe também que as expectativas e ilusões que tinha a respeito de determinadas pessoas, assuntos ou projetos são irreais e insustentáveis. A realidade lhe mostra que precisa mudar sua maneira de pensar e que o problema não está nas circunstâncias externas que frustram sua mente, mas na sua forma de se enganar, criando ilusões e expectativas. Daqui pode surgir uma mente mais silenciosa e funcional. É uma boa oportunidade para transformar sua vida a partir da transformação de sua mente.

Capítulo 18

A Série de Discos

O lado corporal e prático

A série de Discos, Moedas ou Pentáculos mostra dez maneiras de nos relacionarmos com o mundo material, isto é, com o corpo físico, as propriedades, o dinheiro e as fontes de renda.

Ás de Discos – A Raiz dos Poderes da Terra

A imagem mostra a matéria nos três reinos da Natureza: mineral, seu centro metálico mais denso; vegetal, a madeira; e animal, as asas. Disse Crowley: "O velho conceito de Terra, como um elemento passivo, imóvel, inerte e até maligno, tem de desaparecer na Nova Era. As velhas moedas se tornaram discos vivos e pulsantes, da mesma forma que o átomo não é mais a partícula maciça e morta de Dalton, mas um sistema de forças em rotação comparável à própria hierarquia solar" (*O Livro de Thoth*).

No centro da esfera dourada, três pequenas circunferências e um crescente lunar formam o emblema mágico ou hieroglífico pessoal de Crowley, símbolo dos genitais masculinos, que já no Cinco de Paus – A Luta – e no peito do Príncipe de Paus, também dentro de uma estrela de sete pontas o *Sigillum Sanctum* da Ordem A∴A∴ *(Astrum Argentum)*, fundada por Crowley em 1905. A circunferência superior contém um traço vertical que indica a unidade, o *lingam* que com a *yoni* (a crescente lunar) mostra a união fecundante dos Princípios Masculino e Feminino, base de toda a manifestação. Inscrito nas duas circunferências inferiores aparece 666, o número da Besta, que somado ao traço vertical (1) dá o 667, número da Mulher Escarlate. Tudo isso inscrito em dois pentágonos entrelaçados cujos vértices prolongados formam uma roda de dez raios, na qual está escrito "TO MEGA TERION" ("A Grande Besta", em grego), nome iniciático de Crowley a partir de 1904. Enquanto a maioria dos desenhistas de Tarôs antigos coloca seu selo pessoal no Dois de Ouros, Crowley o faz no Ás.

Corresponde-se como aspecto térreo de Kether. Esta sephirah se corresponde, no microcosmos, com o crânio, a centelha divina e a flor de lótus de mil pétalas, o chacra Sahasrara. É o primeiro caminho da Árvore e é conhecido como A Consciência Mística (Sekhel Mufla).

A carta representa o início de uma nova estrutura material e uma relação mais consciente e integrada do ser humano com seu corpo. Aqui se abre um caminho para o enriquecimento externo e interno. Tradicionalmente, é interpretada como prosperidade, êxito material e segurança, significados esquisitos para um Ás, que é de inícios e não de resultados.

Crowley a chama "A Raiz dos Poderes da Terra".

NA LEITURA TERAPÊUTICA

Momento Atual: vemos aqui o despertar da consciência corporal; a pessoa finalmente percebe as mensagens que seu corpo lhe manda e as começa a escutar. Provavelmente fazia tempo que se havia desconectado de seu corpo. Também pode estar sentindo o impulso interno de fazer algo no plano econômico, um empreendimento enraizado em sua essência, em que expresse seus talentos e como efeito colateral possa ganhar dinheiro.

Âncora: lemos a Âncora por excesso se a pessoa tem mais de 50% de Terra, mostrando que vive iniciando negócios, pulando de um ramo de atividade para outro sem obter nunca resultados concretos, posto que esses empreendimentos nada têm que a ver com ela, senão com a busca de segurança econômica ou de *status* que infla o ego. São meios para conseguir fins, e não a expressão de talentos específicos cujo caso seriam fins em si mesmos. Sem ter clara sua vocação, trabalha só por dinheiro. Se os negócios permitirem, cuidará de seu corpo, mas apenas da aparência. Indicaremos Hound's Tongue* para ampliar sua visão excessivamente materialista da vida e do mundo.

Com menos de 10% de Terra, indica uma profunda e crônica desconexão com seu corpo, de maneira que sua vitalidade é cronicamente baixa. Também uma forte desvalorização de sua capacidade para iniciar negócios, abrir fontes de rendas, investir em empreendimentos financeiros ou atividades profissionais lucrativas. Assim, pode

O Ás de Discos de Marselha, de Waite e de Crowley.

ficar ancorado em um emprego chato e frustrante ou dependendo economicamente da família.

Em ambos os casos o floral de Wild Oat ajudará a pessoa a reconhecer e a investir naquilo que realmente pode satisfazê-la interior e exteriormente.

Infância: a criança viveu em um clima de insegurança material. Mudaram de casa, bairro ou cidade frequentemente, talvez um de seus pais se ausentasse durante longas temporadas ou mudasse com frequência de emprego ou atividade profissional. O esforço nessa direção comia o tempo e a energia, de maneira que faltavam atenção e amor para a criança, que acaba carente e insegura. Não existia consciência corporal e comiam a margarina que a televisão anunciava. Provavelmente quando a criança cresceu, procurou encobrir sua insegurança interna com a posse de coisas e pessoas.

Relacionamentos: a) O relacionamento ajuda o consulente a desenvolver sua consciência corporal e a atrever-se a iniciar projetos econômicos que estão realmente sintonizados com sua essência. b) Enfoca os relacionamentos como um ponto de partida de um projeto financeiro que o ajude a tomar iniciativas e progredir economicamente. Pode ser que encubra esta abordagem com bla-bla-bá romântico, véus e grinaldas, mas no fundo quer melhorar financeiramente.

Voz da Essência e Método: sugerimos escutar as mensagens do corpo, observar as sensações e necessidades corporais, entender que o corpo não é um cabide onde penduramos roupas e acessórios, mas que tem sua própria sabedoria, dada pela mãe natureza; sabedoria que está muito além do somatório de conhecimentos que a mente junta e com os quais o ego se identifica. Trata-se de cuidar da saúde, dos hábitos alimentares, dos ritmos de trabalho e descanso, etc. Sugerimos também que abra uma fonte de renda para se tornar independente economicamente e/ou melhorar sua situação financeira, talvez colocando a primeira pedra de uma nova estrutura material. No entanto, esta atividade não pode ter como prioridade o dinheiro, mas o prazer que vem da própria ação e cujo efeito colateral será o dinheiro. O floral de Morning Glory* ajudará a regular seus hábitos e a sair de padrões autodestrutivos, enquanto o de Cayenne* aportará a faísca inicial para romper a inércia e partir para a ação.

Caminho de Crescimento: usando as chaves que apareceram nas posições anteriores, a pessoa está se propondo a iniciar uma nova vida no plano material, fazendo corresponder suas iniciativas com a manifestação prática de seus talentos. Isso começaria pelo desenvolvimento da consciência corporal com novos hábitos e poderia continuar com novos empreendimentos no âmbito do trabalho, no comércio, o início da construção de uma nova estrutura material ou outros investimentos econômicos.

Resultado Interno: essa pessoa, produto de todo o processo que vimos até aqui, conseguiu superar autoinvalidações, bloqueios e medos que a impediam de desenvolver suas capacidades práticas e tomar iniciativas no lado material. Hoje é independente economicamente e cuida de seu corpo com mais consciência.

Resultado Externo: mostra que a pessoa está encarando o mundo com a atitude interna que acabamos de ver no Resultado Interno. Conectada com sua essência, tem uma visão mais objetiva de suas necessidades corporais e dos assuntos econômicos. Pode mostrar interesse em abrir um novo negócio ou empresa.

Dois de Discos – A Mudança

Os dois discos da carta aparecem aqui sob a forma do emblema chinês *Yin* e *Yang*. No superior, banhado em luz branca, complementam-se os elementos Fogo, em amarelo, e Água, em verde, os dois componentes do casal Primordial, girando em sentido anti-horário. No inferior, com o fundo escuro, giram em sentido horário os elementos Ar e Terra. À volta desses símbolos, uma serpente coroada morde seu rabo. É o Uróboro, a matriz cósmica que mantém unido o Universo; símbolo da estabilidade no meio do movimento, de plenitude que integra os processos de criação e destruição que estão unidos. Ilustra graficamente o ditado de Heráclito de Éfeso: "A matéria nem se cria nem se destrói, unicamente se transforma". Todas essas imagens, inclusive os círculos do fundo que parecem expansões energéticas da serpente, passam-nos a ideia do movimento harmonioso, produto da interação dos Opostos.

A mudança é a base da estabilidade. Aquilo que muda, que sabe se adaptar aos novos tempos, permanece; aquilo que rigidamente tenta manter-se imóvel, quebra-se. Ou, como disse o *I Ching*: "O imutável é a mutação".

O primeiro decanato de Capricórnio está governado por Júpiter. São duas energias opostas e complementares. Quando os opostos se alternam no predomínio de sua força, dando lugar ao movimento, atinge-se uma estabilidade em contínua transformação que facilita a vida: "uma metamorfose ambulante".

É atribuída ao aspecto terreno de Jokmah. Quando o princípio dinâmico da evolução incide na matéria, sucedem-se as mudanças. Seu título tradicional é "A Mudança Harmoniosa"; Crowley

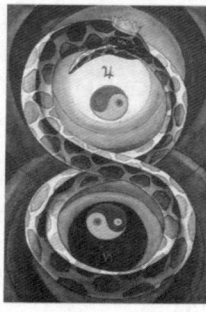

O Dois de Discos de Marselha, de Waite e de Crowley.

a chama "A Mudança". Esta carta mostra mudanças materiais harmoniosas (e não transformações drásticas ou bruscas), produto da visão de um projeto de vida e da adaptação consciente às situações. Aqui se desenvolvem as estabilidades interna e externa.

NA LEITURA TERAPÊUTICA

Momento Atual: indica que a pessoa sente um impulso interno de fazer uma série de mudanças em sua vida a partir da percepção do que realmente quer viver. Pode estar também sentindo a necessidade de se adequar, de adaptar-se aos novos tempos e situações. Pode existir também uma certa consciência da necessidade de trabalhar a flexibilidade e o alongamento corporal.

Âncora: não consegue mudar porque sua desconexão interna a impede de acessar a visão de um projeto de vida que realmente a estimularia a crescer, a se expandir, a mudar, dando um significado mais profundo à sua vida. E como consequência há uma dificuldade crônica para fazer qualquer tipo de mudança e adaptar-se às contínuas transformações das coisas, mantendo-se entrincheirada nas suas rotinas, psiquicamente tensa e corporalmente rígida. Podemos sugerir Rock Water, que ajuda a ser mais flexível, e Sagebrush,* para encontrar seu verdadeiro caminho. Com a Roda da Fortuna pode querer mudar tudo e ser incapaz de fixar-se em um trabalho, cidade ou relacionamento. Esta carta é tão harmoniosa que não tem interpretação por excesso.

Infância: seus pais, ancorados no tempo, não aceitavam as mudanças naturais da criança nem a estimulavam a crescer. Se fosse por eles, a criança continuaria usando fraldas e dormindo no berço. Cerceavam suas iniciativas, bloqueavam sua expansão, invalidavam suas ideias dentro de um ambiente à antiga, onde mudar era perigoso e proibido.

Relacionamentos: a) O relacionamento ajuda a pessoa a visualizar mais claramente aonde quer chegar na vida e a empurra a concretizar essa visão. Claro que esses empurrões podem ser dados de maneiras muito diferentes. b) Mostra uma pessoa que tem a ilusão de que alguém vai chegar e então sua vida vai mudar, especialmente a questão econômica. Com a Morte vemos alguém que vende uma imagem do catalisador das transformações, que o/a parceiro/a necessita viver para crescer.

Voz da Essência e Método: sugerimos que a pessoa se atreva a sonhar! Trata-se de buscar a visão, não de elaborá-la mentalmente, mas de criar a situação interna para que a visão venha de dentro. Voltar para si mesma (pois quase todos os problemas que temos se originam da falta de contato com o eu interno), meditar, facilita ter a visão. Obtê-la significa encontrar um propósito de vida que lhe dê um significado profundo, uma verdadeira motivação que a impulsione a superar os obstáculos e os medos para realizar o que realmente quer, resgatando assim a alegria de viver, o entusiasmo, a inspiração e o prazer. E uma vez que a pessoa alcançou a visão, trata-se de ir caminhando em direção a ela, sem ânsia pelo resultado, sem pressa, mas sem pausa, sem tentar dar o passo maior que a perna, de maneira organizada e metódica em direção à concretização do sonho. É importante não falar de esforço, pois o esforço que precisamos fazer para levar adiante um assunto é inversamente proporcional à distância que esse assunto tem de nossa essência. Que força de vontade precisamos para fazer algo que nos entusiasma? Também podemos sugerir aqui atividades corporais suaves que favoreçam a flexibilidade e a elasticidade do corpo, por exemplo, o Tai Chi. A essência de Sagebrush,* que outorga discernimento entre o essencial e o supérfluo, ajudará a pessoa nessa transição. Também pode ir questionando e mudando elementos de ordem material: hábitos de alimentação, rotinas domésticas, trabalho, residência, guarda-roupa, penteado, etc.

Caminho de Crescimento: usando as chaves que apareceram nas posições anteriores, a pessoa está tomando consciência da dificuldade de fazer mudanças interessantes em sua vida, por causa de sua incapacidade de visualizar um projeto de vida ou um objetivo específico que a estimule o suficiente. Aqui começa a se perguntar qual é a vida que gostaria de viver. Por outro lado, pode estar começando a trabalhar sua rigidez corporal.

Resultado Interno: essa pessoa, produto de todo o processo que vimos até aqui, conseguiu identificar, entender e desativar as dificuldades internas que tinha para fazer mudanças em sua vida. Hoje está caminhando fluidamente sem esforço, nem tensões, atenta e desfrutando do momento presente em direção a seu sonho de vida que a estimula e a motiva, gerando entusiasmo e energia. Sabe adaptar-se à impermanência das coisas, transformando-se interior e exteriormente, programando mudanças externas e levando-as a cabo suave, compassadamente: expansão, recolhimento, inspiração, expiração... com paciência e perseverança.

Resultado Externo: com a atitude interna que acabamos de ver, a pessoa está encarando o mundo, fazendo toda uma série de mudanças em direção à materialização de um projeto de vida que a estimule. Também pode mostrar um trabalho corporal que a leva a eliminar tensões e rigidezes e se sentir com maior capacidade de adaptação às circunstâncias.

Três de Discos – Os Trabalhos

A imagem mostra um tetraedro visto de cima, símbolo geométrico do crescimento da vida. Nos vértices de sua base, três rodas de 12 raios (número da totalidade) estão girando. Cada roda leva em seu centro um dos símbolos dos três Princípios alquímicos que movimentam o Universo: Enxofre, Mercúrio e Sal; Sattvas, Rajas e Tamas, na nomenclatura hindu, como já vimos ao estudar os símbolos da Roda da Fortuna. A pirâmide está flutuando no mar de Binah, na Noite do Tempo (Saturno é o planeta desta esfera), mas a concretização chegou a tal ponto que o mar se solidificou.

O segundo decanato de Capricórnio é governado por Marte, planeta que está em exaltação neste signo. Assim, a energia instintiva marciana está dinamizando na capacidade capricorniana de manipular o lado mais denso e concreto da matéria, direcionando-se para a construção e os resultados práticos, com a perseverança e a capacidade de organização capricornianas.

Esta carta mostra o direcionamento da energia vital para a transformação da matéria por meio do trabalho. Pode existir certo controle ou sublimação da sexualidade para o trabalho. Tradicionalmente, é interpretada como aumentos materiais, trabalho artesanal, construção e, inclusive, fama e glória, produto do trabalho bem-feito e acabado.

Corresponde-se com o aspecto térreo de Binah, a Mãe da Forma. Aqui a função de Binah concorda com a energia dos Discos, de maneira que, nesta carta, se revela o aspecto mais positivo de sua influência e a matéria toma forma. Em outras palavras: a influência de Binah no elemento Terra determina a forma básica do Universo.

No nível humano, é por meio do trabalho que a matéria toma forma. Esta carta, conhecida como "Os Trabalhos Materiais", é chamada por Crowley simplesmente de "Os Trabalhos".

NA LEITURA TERAPÊUTICA

Momento Atual: mostra um questionamento em relação ao trabalho. A pessoa pode estar revivendo suas opções profissionais ou fazendo contato com um impulso interno de se envolver em uma alternativa profissional em que sua energia vital se manifeste naturalmente. Uma atividade que gere energia e autoafirmação e não a consuma produzindo frustração e estresse. Com O Ermitão poderia indicar interesse na terapia corporal.

Âncora: se a pessoa tem muita Terra, será lida por excesso: não trabalha para viver, mas vive para trabalhar. Desenvolveu um ego "trabalhólatra", viciado em trabalhar. Sempre tem alguma coisa para fazer,

O Três de Discos de Marselha, de Waite e de Crowley.

leva trabalho para casa e pode considerar que qualquer coisa que não seja trabalhar é perder o tempo. Não para, assim não entra em contato com suas carências emocionais, mágoas, frustrações e conflitos internos. Quando sai de férias, sente saudades do escritório. Assim tenta obter reconhecimento e, quanto mais se esforça, mais engorda o ego e se distancia cada vez mais de si mesma. Provavelmente se enterrando no trabalho sublima sua sexualidade. A essência de Aloe Vera* a ajudará a equilibrar sua energia e conectar sua força de vontade com a voz profunda da essência. Geralmente anda cansada e imagina e, se perder o emprego, vai morrer na miséria e solidão. A essência de Oak a ajudará a aceitar seus limites e a parar de se esforçar.

Por falta, temos uma pessoa com dificuldade crônica para identificar e, portanto, envolver-se em atividades profissionais que a estimulem energeticamente e a levem a resultados práticos. A essência de Íris* ajudará a despertar a capacidade criadora e a inspiração.

Infância: no lar infantil se adorava o deus Trabalho. "Aqui ninguém pode ser um folgado!", "Todos, não importa a idade, têm uma função a cumprir!", repetiam seus pais em tons não muito amorosos. O carinho e a aprovação foram condicionados a que a criança cumprisse com suas obrigações que, geralmente, nada tinham a ver com seus potenciais, desejos e predisposições. A criança se acostumou a não fazer sua vontade, mas a dos outros, e a mostrar-se eficiente no trabalho para ser aceita. Não seria de se estranhar que encontremos o Dez de Paus (A Opressão) na Âncora.

Relacionamentos: a) O relacionamento, de maneira mais ou menos agradável, está ajudando a pessoa a reformular sua vida profissional, vendo novas possibilidades e escolhendo atividades em que sua energia possa se expressar de maneira mais plena. b) Vende uma imagem de alguém entusiasticamente envolvido com seu trabalho. Pode exigir-se ser o elemento provedor das necessidades materiais do casal, corroborado pelo Cavaleiro de Discos na Âncora ou nos Relacionamentos. Também pode mostrar que vê as relações amorosas como um "Vamos trabalhar juntos", de maneira que a energia vital, que deveria estar fluindo naturalmente para o amor e o sexo, está sendo sublimada para o trabalho.

Voz da Essência e Método: é um chamado a uma reformulação no âmbito do trabalho. Pode ser que o tipo de trabalho que faz vampirize sua energia ou não faz nada porque o que consegue ver como possibilidade profissional não lhe agrada. Sugerimos que a pessoa identifique que atividade acende seu entusiasmo e cuja realização a levaria a uma autoafirmação de seu Eu e melhoraria sua autoestima. É hora de deixar a rede ou o bar, aspirar a alguma coisa a mais do que o seguro-desemprego e colocar as mãos na massa, usando sua criatividade, conhecimentos e potenciais, especialmente se depende financeiramente de outros. Também pode indicar a necessidade de um trabalho corporal para melhorar sua saúde, especialmente se aparecer com a Princesa de Discos.

O floral de Blackberry* a estimulará a entrar em ação com propósitos claramente direcionados, e o de Fairy Lantern* a ajudará a desenvolver sua independência.

Caminho de Crescimento: usando as chaves que apareceram nas posições anteriores, a pessoa está iniciando uma reformulação de prioridades profissionais, identificando e se envolvendo com atividades que geram energia e autoestima, e desativando crenças e medos que a mantêm refém de trabalhos ou empregos que não produzem nenhuma satisfação.

Resultado Interno: essa pessoa, produto de todo o processo que vimos até aqui, conseguiu identificar, entender e desativar seus medos, crenças, invalidações, preconceitos e outras dificuldades internas que a impediam de se envolver em uma atividade profissional interessante, na qual pode canalizar fluidamente sua energia vital. Hoje o trabalho está perfeitamente integrado em sua vida, e é um fator de autoafirmação e crescimento interno.

Resultado Externo: indica que com a atitude interna que vimos no Resultado Interno a pessoa está encarando o mundo. Está envolvida em uma atividade profissional que a entusiasma e a leva a crescer em todos os aspectos.

Quatro de Discos – O Poder

Os Discos se transformaram nas torres quadradas de uma fortaleza também quadrada, rodeada por um fosso cheio de água. Os castelos simbolizam poder, proteção, segurança, transcendência e realização. A imagem passa a ideia do poder material firmemente assentado, dominando e estabilizando o Universo com métodos pacíficos. Cada uma das quatro torres leva o signo de um elemento, recalcando o firme assentamento e a estruturação da corrente de energia em todos os níveis da matéria. O terceiro decanato de Capricórnio é governado pelo Sol; sua luz e energia permeiam o mais prático, materialista e concretizador dos signos, fazendo com que este transforme o mundo material em uma estrutura ordenada, fixa, poderosa e estável. Como nos disse Crowley: "Qualquer ideia de revolução é alheia a esta carta". O Sol, regente desta carta, é o Eu; e o Eu no corpo físico é o sistema imunológico.

Atribuído ao aspecto terra de Jesed, mostra o elemento Terra em seu aspecto mais ordenado, fixo, estruturado e limitado. Tradicionalmente, é conhecida como "O Poder Material". Crowley a intitulou "O Poder".

É a carta da estabilidade, da ordem e da construção material da qual emana um determinado poder. Podemos ver neste castelo o centro do poder de onde o senhor governa seu território ou a cadeia que subjuga o prisioneiro. Em alguns casos, ambos são a mesma pessoa. No entanto, as portas do castelo estão abertas. Aqui se manifesta o poderio material do *status quo*.

Tradicionalmente é interpretada como segurança material, heranças presentes, mas também avareza e apego material, como mostra a imagem de Waite, compactuando com a doutrina católica que da boca para fora negativiza a matéria.

NA LEITURA TERAPÊUTICA

Momento Atual: a pessoa sente o impulso de se estruturar materialmente. Isso começaria pelo corpo buscando uma boa forma física por meio de exercícios corporais, esportes, ioga, etc., praticados com método e disciplina. Depois viria a percepção de que necessita mudar sua maneira de gastar dinheiro, deixando de fazer com supérfluos e compensações para investir em algo concreto e sólido, como bens imóveis que a levem a construir um patrimônio bem estruturado.

Âncora: com mais de 50% de Terra, a Âncora será por excesso: sempre viveu para suas posses. Crê que vai conseguir acabar com sua insegurança interna crônica acumulando bens materiais quando, na realidade, a segurança interna se constrói desenvolvendo os talentos e potencialidades. Teme que um dia possa faltar o necessário para viver e se dedica obsessivamente a tentar "garantir" seu futuro material. Valoriza mais o dinheiro que seu próprio tempo ou sua saúde. Com o Sol como atribuição astrológica na Âncora, mostra que quer ser reconhecida pela sociedade a partir do que tem, vivendo preocupada e ocupada em mostrar *status*. Assim pode trabalhar desesperadamente, passa fome ou se endivida *ad infinitum* para comprar uma casa no bairro mais elegante da cidade. Também pode mostrar alguém que vive na academia para ter as medidas de quem aparece na capa de certas revistas. Essa tendência a passar a vida contando dinheiro e medindo sua segurança em termos de riqueza material pode ser revertida com o floral de Star Thistle,* que, nutrindo sua segurança interior, desenvolve a generosidade e a consciência da abundância interna.

Por falta, indica que tem dificuldade crônica para se disciplinar corporalmente e estar em boa forma física. Pode se matar de comer

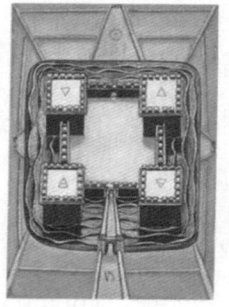

O Quatro de Discos de Marselha, de Waite e de Crowley.

e beber o final de semana dizendo que na segunda-feira começa uma dieta. No âmbito econômico, tem dificuldade para se estruturar materialmente, para conseguir os bens necessários para ter uma vida digna, para construir um patrimônio, e a pessoa acaba sempre prisioneira do mundo material sem poder transcender para outros planos mais sutis. A essência de Blackberry* ajuda a traduzir as ideias em ações, facilitando a realização prática de seus objetivos.

Infância: este castelo era uma prisão em que se passava para a criança a ideia de que o mundo estava dividido das portas da casa para dentro, onde existia segurança, e das portas para fora, onde só tinha bandido ou tarado à solta. O ambiente familiar, no qual a segurança material era a prioridade, era muito fechado e o medo de roubos, assaltos, sequestros e a perda eram ameaças contínuas. "Não leves os brinquedos para a escola, pois seus colegas vão quebrá-los." Jogar na rua estava terminantemente proibido. Também pode existir excessiva disciplina com o corpo e hábitos relacionados à saúde. Se não teve irmãos, sua infância foi muito solitária. Acabou submetendo-se e cortando as asas de sua autonomia e seu prazer para poder ser aceito; inseguro e dependente, procurou nas coisas materiais e nos outros a confiança e segurança que lhe faltavam dentro.

Relacionamentos: a) A relação ajuda a pessoa a se estruturar no plano material tanto corporalmente, fazendo com que melhore sua forma física, quanto economicamente, impulsionando a construir sua própria estrutura material. Isso pode se dar de muitas maneiras, desde valorizando sua capacidade para se realizar materialmente, até pedindo que perca peso ou levando-a à percepção de que necessita ter sua própria residência. b) Mostra uma pessoa insegura que busca estabilidade e segurança material por meio da relação, de maneira que só se envolve ou se mantém em uma relação por interesse material. Existe muito medo de se abrir, a não ser que a estabilidade e a segurança material estejam garantidas: o apartamento quitado, a comunhão de bens. Quando se envolve, constrói uma prisão, onde se acomoda, vivendo para sentir-se segura e com o máximo de conforto possível. Com A Sacerdotisa passa a imagem de "eu sou um castelo a ser conquistado". A essência de Rock Water ajudará a descartar os padrões de rigidez de seu comportamento, enquanto a de Pink Monkeyflower,* a sair da casca onde se esconde, a abrir-se emocionalmente e a começar a fazer experiências de amor e contato com os outros.

Voz da Essência e Método: sugerimos que faça exercícios corporais de maneira metódica, até sentir que seu corpo reflete seu verdadeiro ser. Pode ser algum esporte de que goste e lhe dê a sensação de ser mais ela mesma quando o pratica, para se sentir em forma.

Também chegou o momento de se estruturar materialmente. Em primeiro lugar, identificando exatamente qual é a estrutura material em que o ser verdadeiro vai se sentir a gosto, eliminando crenças do tipo "não mereço" ou "tenho de mostrar ao mundo que sou alguém tendo isto ou aquilo". Tem, pois, de distinguir as ambições materiais da mente programada e caprichosa, trono do ego, das verdadeiras necessidades e realizações materiais do eu. Se o que quer construir não está realmente sintonizado com o eu, o esforço será enorme e a pessoa se esgotará no intento. Em segundo lugar, reformulando seus gastos para poder investir na aquisição do patrimônio que realmente almeja.

A essência de A, de Wild Oat, ajuda a encontrar sua verdadeira direção na vida, fora da qual nada tem sentido. A, de Morning Glory*, facilitará a recuperação de sua energia, regularizando seus hábitos. A presença do Carro na Âncora, indicando uma pessoa incapaz de fixar-se em um lugar, em um trabalho, em um relacionamento, etc., fará com que o floral de Sweet Pea* seja indicado para fortalecer seus vínculos e estruturar-se em um determinado local.

Caminho de Crescimento: usando as chaves que apareceram nas posições anteriores, a pessoa começa a cuidar de seu corpo, mudando hábitos, talvez seguindo um programa de exercícios que lhe agrade. Também começa a vislumbrar o que seria a estrutura material que, tendo mais que ver com ela, pode-lhe proporcionar maior qualidade de vida e começa a trabalhar para construí-la.

Resultado Interno: essa pessoa, produto de todo o processo que vimos até aqui, conseguiu identificar, entender e desativar as dificuldades internas que a impediam de cuidar de seu corpo para se sentir em boa forma e lhe bloqueavam a possibilidade de perceber e construir a estrutura material que a leva a se sentir a gosto.

Resultado Externo: com a atitude que acabamos de ver no Resultado Interno a pessoa encara o mundo. Assim vai construindo uma estrutura material que lhe proporciona uma verdadeira qualidade de vida. Cuida de seu corpo com método e disciplina, de maneira que se sente em boa forma e, mesmo que não se apresente para as olimpíadas, sobe dez andares sem enfartar quando o elevador não está funcionando.

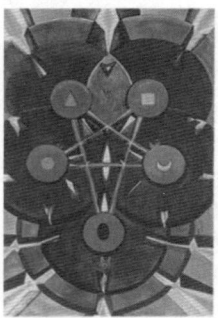

O Cinco de Discos de Marselha, de Waite e de Crowley.

Cinco de Discos – O Sofrimento

Cinco discos de chumbo formam um pentagrama invertido. No fundo, outra série de discos escuros está se quebrando por efeito de uma violenta tensão. Parece uma engrenagem oxidada que, longe de responder a um impulso dinâmico, acumula tensão até que explode em pedaços. Tudo o que não muda é destruído; a introdução do movimento do Cinco quebra a rígida e aparentemente sólida estrutura do Quatro.

Mercúrio em Touro é sua atribuição. O dinamismo elétrico de Mercúrio é travado pelos apegos às estruturas rígidas, à intolerância e à falta de flexibilidade de Touro. O resultado é tensão, incapacidade para avançar e destruição das estruturas materiais. Em um nível interno, mostra o estado de tensão, desgaste e tortura que sofremos quando nos impomos atividades que nada têm a ver com nossa natureza. No melhor dos casos, temos um máximo de esforço para um mínimo de rendimento.

Corresponde-se com o aspecto terra de Geburah.[50] Tradicionalmente, esta carta é interpretada como sérios problemas materiais, miséria, pobreza espiritual, perdas, fracassos, fome, etc.

Seu título é "O Sofrimento", normalmente chamada "O Conflito Terrestre".

NA LEITURA TERAPÊUTICA

Momento Atual: a pessoa, carregada de dificuldades financeiras e muita tensão corporal com tendência a somatizar e/ou adoecer, percebe que insistir em atividades que pouco ou nada têm a ver com sua verdadeira natureza só aumenta o esforço, o sofrimento, o sacrifício e os problemas econômicos, tornando sua vida uma tortura.

Âncora: para conseguir a aprovação do mundo ou porque não se atreve ou não sabe o que realmente quer, a pessoa sempre se impôs atividades incompatíveis com sua natureza. Mesmo que teoricamente poderiam dar dinheiro, como não tem talentos específicos para elas, exigem-lhe tanto esforço que sua vida se tornou uma tortura: problemas econômicos, tensões crônicas com o corpo pagando o pato. Mesmo que atraia circunstancias externas que agravem seus problemas corporais e econômicos, como sinal para mudar de rumo, insiste em mantê-lo, agravando seu sofrimento. Sem prazer, pode gastar o pouco que ganha em compensações que debilitam ainda mais seu sistema imunológico. A essência de Dogwood* ajudará a respeitar mais seu corpo. Água de Wild Oat ajuda a identificar sua vocação e tomar as correspondentes iniciativas.

Infância: foi obrigada a assumir tarefas contrárias à sua natureza e idade que geraram muito estresse e somatizações, podendo aparecer problemas de dicção, falta de atenção, tremores, etc. Isso tudo em um ambiente familiar de dificuldades econômicas, talvez com algum doente em casa, aumentando ainda mais a sensação de insegurança. Com um Sete de Copas (A Corrupção), poderia indicar que a criança foi molestada

---

50. O Quinto Caminho: A Consciência Arraigada. Corresponde ao braço direito.

sexualmente. Se também aparece o Dez de Paus (A Opressão), foi explorada ou obrigada a prostituir-se.

Outro caso seria o de uma criança que sofreu doenças ou acidentes graves e que ficou, durante algum tempo, incapacitada para brincar e viver como uma criança normal. Isso gerou a superproteção ou rejeição que dificultou ainda mais o desenvolvimento saudável de sua personalidade.

Relacionamentos: a) A relação ajuda a pessoa a perceber que suas opções profissionais nada têm a ver com ela e somente trazem problemas econômicos e estresse. Pode ser que a própria relação a esteja estressando, talvez porque o/a parceiro/a gasta ou perde dinheiro com muita facilidade. b) Temos aqui alguém que inconscientemente procura sofrer em seus relacionamentos e, para isso, se envolve com pessoas estressadas, de mau-caráter, com tendência a enfermar-se, quando não destrutivas que lhe trazem problemas econômicos. Sugerimos o uso do floral de Black Cohosh,* que desenvolve a habilidade para enfrentar e transformar essas situações, em vez de resignar-se.

Voz da Essência e Método: sugerimos em primeiro lugar que cuide de seu corpo, antes que essas tensões corporais se tornem crônicas ou somatizem: elimine hábitos destrutivos, melhorando sua alimentação, busque massagens ou uma consulta com um bom iridólogo para saber como está por dentro. Mas tudo isso é apenas um paliativo se não identifica e elimina as causas do estresse, provavelmente relacionadas com insistir em andar por caminhos que não são os seus e que somente trazem tensões, dificuldades e problemas econômicos. É importante identificar, entender e desativar crenças que sustentam essa relação disfuncional e autodestrutiva com o mundo material. Talvez quando criança elaborou uma crença do tipo "Eu não mereço amor", que vai ao inconsciente e se transforma em um "Não mereço dinheiro", ou uma crença do tipo "Para obter um mínimo de aprovação tenho de me esforçar" se torna "Para sobreviver tenho de fazer um esforço enorme". Neste caso, aprender a se dar amor ajuda a mudar a relação com o mundo material. Seu crescimento, sua saúde psicofísica e talvez sua vida estejam dependendo de que aprenda a escutar sua voz interior, identifique seus talentos e mude radicalmente de atividades.

A essência de Wild Oat faz-se necessária para que esta pessoa ache e siga sua verdadeira vocação. A de Morning Glory* lhe facilitará libertar-se de padrões de comportamento destrutivos, hábitos desregrados e abusos consigo mesma. Também a essência de Mariposa Lily* a ajudará a desenvolver uma consciência nutritiva, feminina e afetiva, que irá curando as feridas da criança interna. Os florais que vimos na Âncora também podem ser recomendados.

Caminho de Crescimento: usando as chaves que apareceram nas posições anteriores, a pessoa percebe o nível de estresse que carrega e as consequências de manter o corpo submetido a tanta tensão, entre elas perder dinheiro, de maneira que começa a cuidar do corpo e a buscar alternativas profissionais que, tendo a ver com ela, geram prazer e energia.

Resultado Interno: esta pessoa, produto de todo o processo que vimos até aqui, livrou-se de crenças ou padrões de conduta que a levavam a se envolver com atividades que, contrárias a sua natureza, lhe exigiam grande esforço e detonavam seu corpo. Essa mudança de atitude a ajuda a sair de dificuldades financeiras e a recobrar a saúde.

Resultado Externo: é muito provável que atraia uma situação que a pressione para que tome uma iniciativa que, por não ter nada a ver com ela, gera ainda mais tensões, acentuando uma trajetória de estresse e dificuldades financeiras. Talvez uma proposta econômica sedutora, mas que entranha risco, quando não um pedido de dinheiro emprestado. Neste momento a pessoa tem uma boa oportunidade para romper com sua trajetória anterior, rejeitando a proposta e mudando sua maneira de trabalhar e ganhar dinheiro, respeitando-se a si mesma e cuidando de seu corpo. Pode indicar também a perda do emprego, o qual não deixa de ser uma possibilidade para optar por uma atividade mais criativa e prazerosa, resgatando seus talentos adormecidos.

Seis de Discos – O Sucesso

O Seis de Discos mostra o elemento Terra em seu aspecto mais equilibrado, harmonioso, belo e vital, ponte para níveis superiores. A imagem mostra seis luminosas esferas azuis, cada uma com o símbolo de um planeta formando um hexágono, em cujo centro aparece o Sol sob a forma da rosa na cruz de braços iguais, ou Cruz da Natureza, que representa o poder em equilíbrio. No fundo, uma estrela de seis pontas completa uma estrutura perfeitamente contrabalançada e centrada no Sol, o Chacra planetário de Tiphareth, a sephirah correspondente aos seis.

O segundo decanato de Touro é governado pela Lua que neste signo está exaltada. As melhores qualidades da Lua e de Touro se manifestam e complementam aqui: sentido prático, perseverança, afetividade, sensualidade e sensibilidade artística.

Corresponde com o aspecto térreo de Tiphareth, a realização plena desta esfera no mundo material.[51]

Esta carta é conhecida tradicionalmente como "O Êxito Material" e Crowley a denomina "O Sucesso". Esta é a carta em que o lado material se mostra em seu melhor e mais equilibrado aspecto. Aqui, o corpo físico está saudável, vital e belo, capaz de proporcionar a seu dono a base biológica necessária para submergir-se na aventura da vida. Esse é o estado em que, sem maiores esforços nem preocupações, só permitindo a expressão prática das forças inconscientes, os assuntos materiais se autorregulam,

---

51. É o sexto caminho intitulado no Sefer *Yetzirah*, a Consciência do Influxo Transcendental. Corresponde-se com o plexo solar.

e seus resultados se constituem como uma sólida plataforma para dar continuidade a outros desafios mais sutis e transcendentais.

Esta carta não implica necessariamente a acumulação de bens materiais ou de dinheiro, como seria com o Nove (O Lucro) e especialmente o Dez (A Prosperidade) desta série. No entanto, a carência material está descartada.

Certos autores interpretam esta carta como filantropia, generosidade, presentes, recompensas, obtenção de novas propriedades, etc.

NA LEITURA TERAPÊUTICA

Momento Atual: embora fiquemos tentados a dizer que este é um momento no qual se combinam uma excelente forma física e uma situação financeira exitosa, na realidade a pessoa está se perguntando que pode fazer para se sentir fisicamente saudável, vital e bela e conseguir que seu lado financeiro decole e deixe de ser fonte de preocupação.

Âncora: por excesso (muita Terra) mostra uma pessoa que cronicamente dedica sua vida a aparentar sucesso material. Exibe-se com seu carro novo, embora more numa favela, veste-se na moda e se endivida em festas e reuniões sociais. Por trás dessa necessidade compulsiva de reconhecimento, escondem-se a carência emocional, a insegurança e a frustração internas: "Só me amarão se acharem que eu sou rica e bem-sucedida". Também pode ser assídua frequentadora da academia ou do salão de beleza, exigindo-se ter uma aparência corporal deslumbrante, mesmo que por dentro esteja feito um farrapo. Sugerimos o floral de Agrimony, para reconhecer suas mágoas e procurar a paz e satisfação internamente. Também o floral de Califórnia Poppy* pode amainar sua mania de comprar e de tentar dar sentido à sua vida a partir do externo. Sua visão desequilibradamente materialista da vida pode ser ampliada com o floral de Hound's Tongue.*

Por falta, podemos dizer que a pessoa tem umas consistentes e crônicas crenças que desvalorizam sua beleza e sua capacidade de algum dia se sentir exuberante de vitalidade, ou de alcançar com seu trabalho uma situação econômica cômoda e confortável. A essência de Larch estimula a autoconfiança na expressão criativa e no sucesso, quando tem uma tendência a duvidar das próprias capacidades.

O Seis de Discos de Marselha, de Waite e de Crowley.

Quando as duas interpretações são corretas, imagine o conflito e o desgaste de energia de que essa pessoa vai padecer.

Infância: a prioridade eram as aparências, tudo devia nutrir a imagem de família economicamente resolvida, satisfeita e feliz. A criança tinha de manter no alto o estandarte dos Pereira da Silva: "Gasto uma fortuna para que você estude com os filhos dos ricos, e você vai brincar com aqueles mortos de fome?" Assim acaba perdendo sua espontaneidade para vestir o disfarce familiar, geralmente orgulhoso, hipócrita e prepotente, do qual depende a aprovação.

Relacionamentos: a) O relacionamento estimula a pessoa a cuidar de seu corpo para se sentir mais bela, vital e saudável, e a valorizar sua capacidade de ganhar dinheiro para alcançar uma situação financeira de independência, tranquilidade e conforto. Claro que isso pode suceder de maneiras muito diferentes, mas em todo caso é uma grande oportunidade para crescer. b) Vende a imagem que vimos na Âncora por excesso, somente que não o faz com todo mundo, apenas com quem quer seduzir. É impecável com sua imagem, paquera usando um Rolex (falso). É capaz de passar fome para manter as medidas ou gastar o que não tem com seu *personal trainer* e anabolizantes.

Voz da Essência e Método: sugerimos-lhe que cuide de seu corpo para melhorar sua vitalidade e sua saúde e, inclusive, se sentir mais bela, encontrando um equilíbrio entre passar o dia cultivando a aparência corporal e ignorar o corpo. No plano econômico, nem viver para ter, nem fazer da austeridade uma norma. Trata-se de optar por atividades que, gerando prazer e energia, deem um retorno financeiro que a deixem despreocupada: "Não me preocupam as contas, porque as posso pagar, nem ganho tanto dinheiro que me preocupa como vou lavar ou investir". Se a presença do Quatro de Discos (O Poder) na Âncora mostra um excesso de materialismo, sugerimos as essências para tal carta e posição. Se, pelo contrário, temos cartas que indicam falta de interesse no mundo material, então poderemos indicar o floral de Clematis para que a pessoa esteja mais no aqui e agora, deixe de divagar e possa canalizar construtivamente seus sonhos. A Sacerdotisa na Âncora pode mostrar que essa pessoa considera o corpo e o mundo físico depreciáveis se comparados ao mundo espiritual. Neste caso, o floral de Manzanita*, direcionando seu foco espiritual para o interior do corpo, irá ajudá-la a integrar ambos os mundos.

Caminho de Crescimento: usando as chaves que apareceram nas posições anteriores, a pessoa está mudando sua atitude perante o corpo (que já não é o táxi que carrega o cérebro, os cartões de crédito e o celular, mas que tem suas necessidades e ritmos específicos que tem de respeitar), o dinheiro e o mundo material em geral. Dá-se conta de que cuidar do corpo significa também deixar de fazer o que o corpo não quer fazer e optar por atividades que a gratificam, as quais como efeito colateral, proporcionam dinheiro e tranquilidade econômica.

Resultado Interno: essa pessoa, produto de todo o processo que vimos até aqui, conseguiu identificar, entender e desativar as dificuldades internas que tinha para alcançar a saúde, a vitalidade e a beleza no corpo e a despreocupação econômica. Hoje se sente mais satisfeita, segura, centrada e equilibrada, com possibilidades reais de se realizar materialmente.

Essa pessoa resgatou sua harmonia interna, sua autoestima e sua saúde. Perdeu os medos e as crenças que a desvalorizavam e que não lhe permitiam conseguir o sucesso material.

Resultado Externo: a pessoa está encarando o mundo com a atitude que acabamos de ver no Resultado Interno. Desfruta de boa forma física e trabalhando com sensibilidade e sentido prático, suas finanças fluem harmoniosamente; sente-se bem-sucedida, satisfeita e despreocupada financeiramente. Como consequência, terá tempo livre para se dedicar, se tem vontade, a atividades que estão além da matéria.

Sete de Discos – O Fracasso

Os discos aparecem aqui como falsas moedas de chumbo, três atribuídas a Saturno e quatro a Touro, planeta e signo atribuídos a esta carta, cujo fundo nos mostra uma vegetação morta, fossilizada, sem flexibilidade nem movimento. A imagem passa uma sensação de peso, de cristalização e de falta de energia dinâmica. Saturno e Touro são lentos, presos à Terra e apegados a esquemas rígidos. A expressão de ideias, emoções e impulsos instintivos está impedida. Esta posição de Saturno dá lugar também a problemas materiais, egoísmo, exagerada cautela, desconfiança, obstinação e possessividade.

O Sete de Discos de Marselha, de Waite e de Crowley.

Corresponde-se ao aspecto térreo de Netzach.[52] Esta esfera, que representa a força vital da Natureza e que na série de Paus dava lugar à Coragem, exerce, no plano térreo, uma influência perturbadora. Disse Dion Fortune em *A Cabala Mística*: "Ela (Netzach) e Vênus se distraem dos negócios mais sérios da vida e nos convidam a dar uma olhada nas vidas de Cleópatra, Heloísa e

---
52. O Sétimo Caminho, chamado no *Sefer Yetzirah* "A Consciência Oculta".

Guinevere, para compreender que Vênus, no plano físico, tem por lema 'por amor renuncio ao mundo'".

Também não é menos certo que, quanto mais amor colocamos em nossas atividades, geralmente melhores são os resultados que obtemos. Na sociedade urbana de nossos dias, a maioria das atividades economicamente produtivas exige colocar de lado as emoções, a instintividade e o prazer, para pensar só na sobrevivência material. Não se trata de rejeitar a matéria como algo degradado, ilusório e pernicioso,[53] para nos dedicarmos ao amor ou à espiritualidade; nem bloquear os sentimentos e a sensibilidade para podermos realizar atividades materiais automaticamente. Como sempre, a saída está na integração dos diferentes aspectos da realidade.

Esta carta, que Crowley denomina "O Fracasso", é conhecida também como "O Sucesso Incompleto" e mostra os condicionamentos mais severos, as amarras mais determinantes da matéria. Aqui a perseverança só conduz ao desperdício inútil de energia, pois o movimento está impedido pelo excesso de bloqueios físicos e psíquicos, internos e externos; finalmente, os objetivos terão de ser abandonados. Alguns autores interpretam este Sete como a perda de dinheiro, o caos e as dificuldades materiais; outros, como aprendizado, trabalhos manuais, modéstia, etc.

NA LEITURA TERAPÊUTICA

Momento Atual: a pessoa passa por uma árida sensação de estancamento que pode ser tanto em um nível corporal quanto econômico. Corporalmente, pode estar com problemas de movimento relacionados com Saturno, como artrite, reumatismo, artrose, dores nas articulações, descalcificação óssea, ou com Touro, que rege a garganta. Seus negócios estão bloqueados e por mais que insista não avança. Sente uma sensação de fracasso aumentando que a leva a se perguntar quais são as origens desse estancamento para assim perceber o que fazer para sair do buraco.

Âncora: esta pessoa sempre se sentiu bloqueada por um forte medo de fracassar. Sua vida está cheia de iniciativas e objetivos abandonados, de trabalhos inacabados e de relacionamentos frustrados. Tudo lhe resulta difícil, sem saída, e cada vez com menos energia. Sua atitude pessimista diante da vida (Saturno), como uma profecia, acaba sempre se cumprindo e codeterminando o fracasso final ou a desistência, muitas vezes antes de começar. Com o Cinco de Discos – O Sofrimento –, passa essa imagem de fracassada, usando alguma doença ou acidente que a deixou parcialmente incapacitada, ou com a mente enfraquecida pelo abuso de drogas, se é com o Sete de Copas – A Corrupção –, para viver às expensas da família ou de alguma instituição.

A essência de Milkweed* ajudará a resgatar esse aspecto central do ser que estava regredido. A de Larch, liberando o potencial criativo

---

53. A separação insuperável entre espírito e matéria foi desenvolvida no Ocidente por Platão.

e favorecendo sua autoconfiança, ajudará a reverter suas expectativas de fracasso. Também pode ser a autossabotagem (com o Oito de Espadas – A Interferência). A de *Wild Oat* será recomendável. Pode mostrar igualmente distúrbios fisiológicos, relacionados com a expressão e o movimento.

Com o Seis de Paus (A Vitória) na Infância, teve de se mostrar vitoriosa para ser aprovada. Internamente foi alimentando um terrível medo de fracassar, pois sua aceitação estava em jogo. A necessidade compulsiva de ser vitoriosa e cheia de energia gera seu oposto: o fracasso e a enfermidade. A essência de Elm estimula a confiança, integrando a capacidade natural de trabalhar, na visão mais ampla e desapegada, que proporciona o eu verdadeiro.

Por outro lado, as metas a conquistar eram determinadas pelas expectativas de seus pais e nada tinham a ver com seus potenciais. De maneira que, mais adiante, o fracasso pode assomar as orelhas e se instalar na vida da pessoa.

Infância: mostra que a criança desenvolveu a crença: "Vou fracassar", colocada pela família de diferentes maneiras, mais explícitas, como: "Você não é bom para nada!", "Assim você será sempre um fracassado!", ou implícitas, contagiando-se da sensação de fracasso presente no ambiente. Se a criança chegava com um sonho, ou uma vitória, incomodava seus pais que lhe jogavam em cima uma pesada carga de fracasso. É possível que existissem também dificuldades econômicas aparentemente sem saída. Acabou insegura, sem vontade nem objetivos próprios, e paralisada pelo medo de errar e fracassar. Com um Seis de Espadas, pode mostrar uns pais tão "inteligentes e perfeitos" que, ao lado deles, seus filhos eram uns perfeitos idiotas candidatos a fracassados.

Relacionamentos: a) Indica uma relação que, de diferentes maneiras, ajuda a pessoa a perceber até que ponto seu medo de fracassar a deixa estancada, especialmente em relação à questão econômica, e de alguma maneira a impulsiona a trabalhar esse medo e tomar iniciativas. Pode ser que esse medo de fracassar seja reforçado pelo/a parceiro/a. b) Tem um medo tão grande de fracassar nos seus relacionamentos, que não se envolve. E, se acontecer algum tipo de contato, geralmente propiciado por outra pessoa, consegue que a relação não dê em nada.

Voz da Essência e Método: sugerimos que investigue e descubra de onde vem esse medo de fracassar, que a paralisa. Provavelmente, quando criança incorporou crenças relacionadas com o fracasso. Reviver as circunstâncias em que essas crenças foram inoculadas ajudará a perceber que aqueles impactos que a amarraram ao fracasso, hoje, como adulta, não têm esse poder. Também que trabalhe a autoconfiança e o corpo para resgatar a flexibilidade e a capacidade de movimento. Assim, que abandone atividades que, por mais esforço que faça, permanecem travadas. Os florais da Âncora podem ser usados aqui. Pode fracassar também por aversão às responsabilidades de adulto, preferindo manter-se dependente. Nesse caso, a essência de Fairy Lantern* será eficiente.

Caminho de Crescimento: usando as chaves que apareceram nas posições anteriores, a pessoa percebe até que ponto seu medo de fracassar a deixava amarrada, sem possibilidades de crescer nem interna nem materialmente. Ela começa a trabalhar esses medos e a sair da estagnação, muitas vezes abandonando negócios, projetos e/ou vínculos que a atolavam porque no fundo nada tinham a ver com ela.

Resultado Interno: essa pessoa, produto de todo o processo que vimos até aqui, venceu seu medo de fracassar, de ficar no meio do caminho, longe de qualquer segurança, sem poder avançar nem retroceder, com uma mão na frente e outra atrás. Sua atitude ante o corpo também mudou, hoje se sente mais solta e flexível.

Resultado Externo: mostra que a pessoa atrai uma situação adversa que a bloqueia, ainda mais especialmente no plano econômico. O que, em outros tempos, a teria deixado completamente travada, depois de todo o processo que vimos nas cartas anteriores, chegou a um estado de consciência de si mesma em que esta situação não a paralisa, mas a obriga a entender e trabalhar para desativar seu medo de fracassar, assim como a ajuda a perceber que insistir em atividades que nada têm a ver com ela a desgasta e a conduz ao fracasso. Também pode atrair uma situação que a obriga a cuidar de seu corpo, especialmente a rigidez, problemas ósseos ou de garganta.

Oito de Discos – A Prudência

Os discos tornaram-se flores de uma grande árvore, cujas folhas as protegem e suas raízes se afirmam na terra fértil de Virgem. A imagem passa ideia de firmeza, vitalidade, beleza, fertilidade, proteção, delicadeza e abundância. Nesta carta, juntam-se as melhores qualidades de Mercúrio (Chacra planetário de Hod, a esfera correspondente ao oito) e de Virgem (também governado por Mercúrio), signo que está sendo iluminado e energizado pelo Sol, regente de seu primeiro decanato. O Sol, símbolo do eu verdadeiro, impregna, pois, os resultados materiais.

Disse Crowley: "Isso significa inteligência carinhosamente aplicada aos assuntos materiais, especialmente os relativos ao agricultor, ao artesão e ao engenheiro". Temos aqui a expressão de várias qualidades, como: habilidade prática, capacidade analítica, método, espírito de serviço, entrega e eficiência, organizando e construindo metodicamente nos planos materiais. O produto não só é útil, mas também é belo.

Corresponde ao aspecto térreo de Hod,[54] a sephirah na qual são construídas as formas que restringem a natureza instintiva, cuja energia procede de Netzach. Aqui as forças naturais são canalizadas para os objetivos desejados, ganhando assim em organização.

---

54. O Oitavo Caminho que, no *Sefer Yetzirah*, é chamado "A Consciência Perfeita". Corresponde às pernas.

Tanto a tradição quanto Crowley coincidem em chamar esta carta de "A Prudência". A árvore está em flor, ainda não deu seus frutos. Uma geada ou um vendaval podem malográ-los; é necessária a prudência de quem caminha sobre as águas geladas de um lago. No Três de Discos, a ênfase está no trabalho, no investimento da energia vital (Marte), no uso das coisas (Capricórnio), enquanto no Oito está a obtenção e qualidade dos resultados.

NA LEITURA TERAPÊUTICA

Momento Atual: o consulente fez contato com o impulso interno de colocar seu selo pessoal nos frutos de seu trabalho. A segunda carta mostra como isso se concretiza ou as dificuldades internas com as quais o consulente se depara.

Âncora: por excesso (muita Terra) é um *homo faber*, o que fabrica, produz. Precisa compulsivamente mostrar os resultados de seu trabalho na procura por aceitação e reconhecimento, autoexigindo-se produzir todo o tempo. Imagina que o vão condenar ao ostracismo e deixa de oferecer ao mundo seus produtos, belos, úteis, quase perfeitos. Além do mais, com o Sol como atribuição astrológica nesta posição, exige-se que seus produtos agradem à *high society* e seus meios de comunicação. Assim, a pessoa está condicionada pela moda, pelas convenções sociais e pelo considerado chique, glamoroso e de bom gosto. É perfeccionista e muito crítica consigo mesma e com os outros, especialmente com a concorrência. A essência de Beech a ajudará a ser tolerante e a aceitar as diferenças e imperfeições alheias. Sua obsessão pela utilidade e eficiência pode ser revertida com a flor de Íris,* que introduz e restaura o sentido da beleza da vida e das coisas. Também pode mostrar uma pessoa que se desvive para ter um corpo dentro dos padrões exigidos pela moda e exibidos pelos meios de comunicação. Se com o Quatro de Discos vivia na academia e com o Seis não saía dos salões de beleza e de massagens redutoras, com o Oito pode ser uma boa cliente dos cirurgiões plásticos.

Por falta seria uma pessoa que, tendo talentos para realizar algo diferente em que coloque seu selo pessoal, não se atreve a dar esse salto e se restringe a atividades de rotinas nas quais permanece anônima e que considera mais seguras. A essência de Sunflower* favorece uma expressão mais autêntica em tudo o que faz.

O Oito de Discos de Marselha, de Waite e de Crowley.

Infância: para ser aprovada, a criança teve de mostrar-se produtiva e brilhante, fazendo coisas especiais, de bom gosto, valorizadas pela sociedade. Assumiu tarefas que nada tinham a ver com seus talentos e teve de cumpri-las perfeitamente se esmerando nos detalhes, em detrimento de brincadeiras e outras atividades próprias da idade. Em relação ao corpo, a aparência tinha de ser "impecável".

Pode ser também que seus pais fossem pessoas que lograram certa visibilidade social, talvez profissionais liberais ou artistas com reconhecimento de seu trabalho, e esperavam que a criança estivesse à altura correspondente e desde essa idade mostrasse qualidades especiais em relação a sua capacidade de fazer algo notável. Perdeu sua infância e provavelmente se transformou em alguém servil, organizado e pseudorresponsável.

Relacionamentos: a) O relacionamento ajuda a pessoa a colocar seu carimbo pessoal no que faz, escolhendo atividades de que gosta e nas quais o autor possa ser reconhecido por sua obra. Também pode estar ajudando a que valorize, divulgue e comercialize suas obras. Claro que isso pode suceder de muitas maneiras. b) Vende uma imagem no mundo das relações amorosas de pessoa produtiva, dedicada e cuidadosa, cujas realizações profissionais sempre têm um toque muito especial, buscando assim a aprovação social, como vimos na Âncora por excesso.

Voz da Essência e Método: sugerimos fazer uma síntese própria no seu trabalho, optando por atividades em que sua inspiração e criatividade se manifestem, de maneira que os resultados levem seu selo pessoal, refletindo neles o ser único e especial que é; como quando olhamos um quadro de Dalí sabemos que é de Dalí. Se é uma artista, sugerimos que se atreva a desenvolver um estilo próprio. Também é importante que trabalhe seu corpo até sentir que ele reflita seu eu. Sugerimos o uso do floral de Blackberry,* que a ajudará a organizar seus pensamentos e intenções em metas específicas e executá-las. Também o de Borage* pode ser útil para desenvolver a coragem e a alegria para enfrentar as dificuldades para aventurar-se.

Caminho de Crescimento: usando as chaves que apareceram nas posições anteriores, a pessoa inicia uma nova fase de sua vida que se caracteriza por uma melhora de sua capacidade produtiva e criativa, começando a plasmar em suas obras sua individualidade. Também pode estar cuidando de seu corpo, de maneira que sinta que sua aparência física está mais sintonizada com seu eu.

Resultado Interno: essa pessoa, fruto de todo o processo anterior, conseguiu identificar, entender e desativar as dificuldades internas que tinha para poder expressar seu eu nos resultados de seu trabalho, e sua beleza interna na sua aparência corporal.

Resultado Externo: encara o mundo com a atitude interna que acabamos de ver. Está produzindo, trabalhando, construindo, aperfeiçoando suas obras, com carinho e eficiência, cuidando dos detalhes.

Pode desenvolver um estilo próprio em seu trabalho, de maneira que suas obras possam ser reconhecidas como algo característico e especial.

Nove de Discos – O Lucro

A imagem mostra três discos centrais entrelaçados e dispostos em um triângulo ascendente, indicando a integração entre o amor (disco rosa), a sabedoria (disco azul) e a criatividade (disco verde). Os três estão unidos pelo amor, visível por meio dos outros dois. Por trás estão os outros seis discos, cuja disposição planetária e geométrica é equivalente à do Seis de Discos (O Sucesso), passando uma ideia de equilíbrio e realização.

Vênus governa o segundo decanato de Virgem. A resultante dessas duas energias é uma canalização para os assuntos práticos de natureza afetiva que, em alguns casos, pode perder certa espontaneidade, em função do espírito analítico e organizado de Virgem. Em outros, pode favorecer a prestatividade e a entrega à vida. Esta carta mostra os benefícios materiais que obtemos quando colocamos o amor, a beleza e o espírito de união e da fraternidade em tudo o que fazemos. Aqui se misturam a matéria densa com a emoção e a procura por prazer, de maneira que, em certos casos, o resultado não é muito saudável, tal como veremos em algumas posições. Em outros casos, teremos um aumento de vitalidade.

É atribuído ao aspecto térreo de Yesod,[55] esfera que se corresponde com o nove. Esta carta é a expressão, no mundo da Terra, do magnetismo etérico de Yesod, que se manifesta como uma grande força e firmeza, que conduz ao lucro material.

Alguns autores, como Waite e S. Kaplan, interpretam esta carta como solidão e prazer não compartilhado ou culminação material, segurança e discernimento, respectivamente. Seu título tradicional é "O Benefício Material". Crowley a chama simplesmente "O Lucro".

O Nove de Discos de Marselha, de Waite e de Crowley.

---

55. O Nono Caminho que, no *Sefer Yetzirah*, é conhecido como A Consciência Pura. Corresponde aos órgãos reprodutores.

NA LEITURA TERAPÊUTICA

Momento Atual: a pessoa está se perguntando que reformulações são necessárias para melhorar seus ingressos em atividades que ama, dão-lhe prazer e por meio disso pode manifestar seu sentido da beleza, pois provavelmente as atividades que lhe dão dinheiro não lhe dão prazer.

Âncora: lemos a Âncora por excesso se a pessoa tem muita Terra. Neste caso, vive para lucrar; sua ambição a leva a fazer o que deseja, usar, manipular, seduzir ou explorar os demais para encher seus cofres. Essa obsessão pelo dinheiro pode ser revertida com o floral de Filaree,* que ajuda a colocar este aspecto material dentro de uma visão mais ampla. Sugerimos também o uso do floral de Vine para entregar-se mais à vida, em vez de estar ansiosamente tentando controlar os outros. O floral de Deerbrush* pode ajudá-la a fortalecer seus padrões éticos.

Por falta, indica que está convencida de que o dinheiro só pode ser conseguido com muito esforço e sacrifício. Imagina que nunca vai conseguir progredir economicamente em atividades que lhe proporcionem prazer. Para ela, trabalhar é uma coisa e divertir-se é outra completamente diferente e excludente. Está presa a uma das maldições de Jeová: "Ganharás o pão com o suor de teu rosto", acreditando que o trabalho é um castigo de Deus e não uma atividade que nos ajuda a nos tornarmos seres completos: realizados, frutíferos, saudáveis e felizes, expressando e desenvolvendo nossos talentos. Então, mesmo que tenha talentos, não os transforma em atividades lucrativas, permanecendo em atividades sonsas, que não geram entusiasmo e lhe exigem esforço e sacrifício. Sugerimos Sagebrush* para ajudá-la a eliminar tudo o que não está vinculado a sua essência, descobrindo assim a sua vocação, e Wild Oat para levá-la à prática.

Infância: a criança encarnou em uma família cujo deus era o lucro, adorado dentro e fora do horário comercial, não sobrando tempo nem energia para lhe darem atenção e carinho. Provavelmente se sentiu abandonada e, quando cresceu ou incorporou a ambição familiar, como o Manolito de Mafalda, fez de ficar rica sua prioridade ou se rebelou contra o dinheiro e o trabalho.

Relacionamentos: a) A relação empurra a pessoa, de maneira agradável ou não, a se atrever a tentar fazer do que lhe dá mais prazer, onde coloca seu amor e seu sentido de beleza, sua fonte de renda. b) Vende uma imagem de "máquina de fazer dinheiro". Crê que, se não consegue manter em pé essa fachada, ninguém vai amá-la. Assim, passa a vida comprando amor e atenção. Também poderia ser alguém que usa as relações amorosas para se beneficiar economicamente. Não é a atitude mercantilista do Príncipe de Discos, mas algo que raia a delinquência, desde a caça ao parceiro rico, até ser um profissional do golpe do baú.

Voz da Essência e Método: sugerimos trabalhar para desenvolver seus potenciais criativos e investir em atividades em que o amor e o prazer fluem naturalmente. Muitas vezes nos disseram: "Você tem de amar seu trabalho, pois o sustenta". Mas o amor é autônomo, aparece quando quer, não mandamos nele. Indiretamente podemos estimulá-lo ou desestimulá-lo, mas a vontade não tem acesso direto à chave do amor que está no inconsciente. Podemos nos acostumar a um trabalho de que não gostamos, mas nunca poderemos amá-lo. Sugerimos que a pessoa escolha atividades nas quais possa expressar sua beleza interna e sua sensibilidade, fazendo do que ama e lhe dá prazer sua fonte de ingressos. A essência de Íris* se mostrará aqui útil, trazendo inspiração e criatividade neste processo e impelindo-a a cultivar a beleza e a arte em si mesmas e no mundo. Recomendaremos a leitura de *O Ócio Criativo*, de Domenico de Masi.

Caminho de Crescimento: usando as chaves que apareceram nas posições anteriores, a pessoa percebe que trabalhar e ganhar dinheiro não precisam ser uma maldição e um sacrifício. Percebe a pouca graça de uma vida na qual as atividades profissionais são feitas sem amor. Observa a tremenda manipulação que há por trás de fazer do trabalho um castigo de Deus e começa a melhorar sua economia por meio de benefícios obtidos com novas atividades, realizadas com amor e prazer.

Resultado Interno: consequência de todo o anterior, a pessoa conseguiu identificar, entender e desativar as dificuldades internas que travavam a confiança em sua criatividade e bom gosto estético e impediam que se atirasse em atividades que pudessem lhe dar prazer. Assim, deixou trabalhos ou empregos sem graça e põe seu foco em atividades em que realmente expressa esses talentos criativos, nas quais naturalmente o amor e o entusiasmo se manifestam, dando-se conta de que pode viver muito melhor fazendo o que dá prazer e o que dá dinheiro. Corporalmente deu uma notável melhorada em sua saúde, vitalidade e beleza.

Resultado Externo: vemos a pessoa encarando o mundo com a atitude que acabamos de ver no Resultado Interno, melhorando assim a relação entre a energia que coloca no seu trabalho, o retorno que lhe chega como dinheiro e reconhecimento. Pode estar melhorando sua situação financeira com atividades que lhe proporcionam prazer e possibilitam expressar sua sensibilidade estética e seu amor. Com a Princesa de Copas, pode indicar interesse por uma atividade artística ou para-artística.

Dez de Discos – A Prosperidade

Os Discos viraram moedas douradas e inertes, ocupando as posições das sephiroth na Árvore. A que ocupa a posição de Malkuth, esfera número dez, é a maior, indicando um firme enraizamento de toda a estrutura. Quase todas as moedas levam diferentes símbolos de Mercúrio, governante do terceiro decanato de Virgem. A que ocupa a posição de Hod leva gravado um emblema solar, indicando que só por meio da consciência podemos sair do impasse do esgotamento da força. Na moeda central está escrito Rafael, arcanjo de Tiphareth, e na moeda maior, as três letras mães, Shin, Aleph e Mem (relativas aos elementos Fogo, Ar e Água, respectivamente), completam a quaternidade com a Terra do metal da moeda.

No fundo, uma chuva de moedas que perderam seu brilho sugere a futilidade das coisas materiais, um dia ordenadas e estáveis, e em outro, desorganizadas e caóticas.

Aqui se manifestam as melhores qualidades de Mercúrio e Virgem. Esta é a carta da prosperidade material, fruto do desenvolvimento prático da capacidade analítica e de comunicação (Mercúrio), assim como do espírito de serviço (Virgem). Não se trata do equilíbrio material autorregulado do Seis de Discos (o Sucesso), pois o Dez exige uma contínua atenção e capacidade de mudar para manter-se. Se o Seis fala de equilíbrio e despreocupação com o dinheiro necessário para viver dignamente, o Dez fala de somas elevadas que podem alavancar projetos interessantes, que melhoram a qualidade de vida.

Corresponde-se ao aspecto térreo de Malkuth.[56] À medida que vamos abaixando na Árvore, a força vai ficando prisioneira na forma. Assim, em Malkuth a força se consumiu totalmente, não existe mais impulso. "Nela (Malkuth) se completa a estabilidade. Todas as outras sephiroth são, em algum grau, dinâmicas e é na ciência de Malkuth que repousam suas virtudes." (*A Cabala Mística*, Dion Fortune).

Este Dez representa a última solidificação. Podemos considerá-lo nos Arcanos Menores como o Universo nos Arcanos Maiores. No Universo, a máxima concretização saturnina leva à transcendência e, no Dez de Discos, conduz a uma transformação dual. Se a riqueza só é usada para continuar acumulando, sem lhe dar uma saída criativa ou que reverta positivamente no bem-estar da comunidade, então, disse Crowley, a tendência natural será a dissipação e as perdas. Por outro lado, a riqueza pode ser uma boa base para descobrir e avançar para outros níveis mais elevados e transcendentes. Conhecida tradicionalmente como "A Riqueza", Crowley a denomina "A Prosperidade".

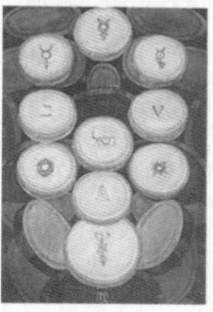

O Dez de Discos de Marselha, de Waite e de Crowley.

---

56. O Décimo Caminho, chamado "A Consciência Centelheante". Corresponde aos pés e ao ânus.

NA LEITURA TERAPÊUTICA

Momento Atual: a pessoa está questionando sua relação com o dinheiro. Pergunta-se o que tem de fazer ou deixar de fazer para obter recursos para levar seus projetos para a frente.

Âncora: tem alguma coisa mal resolvida em relação ao dinheiro. Por excesso, com mais de 50% de Terra, a pessoa se identifica com o dinheiro e com o poder que este proporciona: "Você vale o que você tem". Este *homo economicus* se autoexige uma atenção permanente, um esforço constante e uma severa contenção emocional para criar projetos, sociedades, investimentos ou manobras na bolsa de valores a fim de aumentar seu capital, para o qual vive. Esta atitude pode acabar com seu bom humor, com sua saúde e seu tempo livre para desfrutar do que tem. Pode ser generoso com seus colaboradores e até patrocinar grupos assistenciais ou culturais, sempre que for deduzido do imposto de renda. Essa procura por fortuna, como fim último da vida, pode ser colocada em seu lugar usando o floral de Sunflower.* A essência de Hound's Tongue* ajudará a ampliar a visão cegamente materialista e a conscientizar-se da importância do interno e da beleza da vida, enquanto o floral de Trillium* amainará sua necessidade compulsiva por posses materiais e sua autovalorização em função de suas riquezas.

Por falta, mostra uma pessoa refém de crenças do tipo: "Eu não mereço ter dinheiro" ou "O dinheiro corrompe", "Antes entra um camelo..."; levam-na a rejeitar a grana e a perder as oportunidades que a ajudariam a melhorar economicamente. Gasta mais dinheiro e tempo arrumando seu carro velho que comprando um novo. Apesar de fugir do consumismo e de levar uma vida espartana, as exigências materiais a deixam frequentemente sufocada por dívidas. O floral de Gorse a ajudará a se motivar, e o de Wild Oat a encontrar uma direção na vida.

Infância: a família girava ao redor do dinheiro e do poder que o dinheiro dá. O humor da família dependia da situação econômica, das oscilações do dólar, da bolsa... Faltaram amor, contato físico e apoio. Isso não quer dizer que a família tivesse dinheiro, mas que toda a atenção estava em ganhar dinheiro, talvez para pagar dívidas ou impedir que a empresa familiar se arruinasse. Pode ser que a criança fosse a herdeira do patrimônio ou das dívidas familiares e foi programada para assumir essa responsabilidade. Se foi criada na prosperidade, a criança teve muitos brinquedos para compensar suas carências. Pode ser o herdeiro do patrimônio familiar programado para assumir as empresas. Se a situação econômica foi difícil, percebeu e incorporou o sofrimento que isso gerava na família.

Relacionamentos: a) O relacionamento está ajudando a pessoa a valorizar-se, especialmente no que se refere à capacidade de elaborar projetos e ideias que podem não só atrair financiamentos, mas também dar muito dinheiro. b) Essa pessoa quer segurança econômica e *status*, de modo que procura parceiros que a ajudem a melhorar sua situação financeira. Pode chegar a ter a fantasia de que vai encontrar um/uma "marido rico/a". Quando estabelece um relacionamento, é o dinheiro e o conforto que o sustentam. A pessoa também pode inverter a situação e achar que só vai ser amada se for a provedora financeira de seu par.

Voz da Essência e Método: é importante mudar a relação com o dinheiro, sabendo colocá-lo no seu devido lugar. Ele não é nem a última razão de nossa vida, nem o "vil metal" que nos contamina, mas o retorno que a sociedade nos dá por nosso trabalho. Usado conscientemente, é um poderoso aliado em nosso crescimento. Além do mais nos permite ser independentes, sem o que é difícil manter uma relação transparente. Sugerimos que identifique, entenda e desative as dificuldades internas que invalidam sua capacidade de elaborar projetos, mostrá-los e conseguir recursos para desenvolvê-los, especialmente se esses projetos têm como objetivo a melhora da qualidade de vida em sociedade, na escala que seja. Não é o trabalho de formiguinha que vai proporcionar tais recursos, mas o de se atrever a pensar grande e desenvolver projetos realmente interessantes. Como isso não pode se alcançar saudavelmente sem uma visão ampla e sensível do mundo, sugerimos a essência de Filaree* e a de Madia,* que ajudam a disciplinar e concentrar a mente.

Caminho de Crescimento: usando as chaves que apareceram nas posições anteriores, a pessoa percebe que suas crenças a respeito do dinheiro não lhe facilitam nem um pouco sua fluidez econômica, de maneira que começa a mudar tais crenças. Dá-se conta de que o dinheiro está aí e que, se concebe um projeto interessante, engenhoso e original, esses recursos podem chegar a estar disponíveis.

Resultado Interno: essa pessoa, produto de todo o processo que vimos até aqui, mudou sua maneira de pensar a respeito do dinheiro. Eliminou crenças e atitudes que freavam sua capacidade de desenvolver ideias e projetos interessantes e, definitivamente, a impediam de crescer economicamente. Resgatou sua autoconfiança e desenvolveu a capacidade de lidar com o mundo material. Hoje percebe esse lado com uma visão ampla e desapegada, sabendo que os recursos estão disponíveis quando existe uma boa ideia.

Resultado Externo: com esta nova atitude que vimos no Resultado Interno a respeito do dinheiro, a pessoa encara o mundo. Isso repercute diretamente em sua vida econômica, de maneira que está criando as bases para obter os recursos necessários que lhe permitam levar adiante seus projetos.

Apêndice 1
Exemplos de Leitura

Apresentam-se as duas primeiras leituras do Módulo Prático da Formação em Tarô Terapêutico, nas quais são analisadas e comentadas as leituras dos arquivos do autor. A terceira leitura é a transcrição de uma consulta.

Primeira leitura

Francine, nascida em 28 de fevereiro de 1984, México (DF), às 2h 50. Tinha 20 anos quando fez a consulta.

Planeta	Signo	Fogo	Água	Ar	Terra
Sol	Peixes		16		
Lua	Aquário			15	
Asc.	Capric.				14
Merc.	Peixes		12		
Vên.	Aquário			11	
Mar.	Escorp.		11		
Júp.	Capric.				6
Sat.	Escorp.		6		
Ura.	Sagit.	3			
Net.	Capric.				3
Plut.	Escorp.		3		
		3	48	26/45	23/29

Figura da Corte
Quase não tem Fogo (03), tem muita Água (48), e o Ar (26) e a Terra (29) estão empatados. Vamos desempatar: em casas de Ar temos 45 e nas de Terra 29. O primeiro elemento é a Água e o segundo elemento é o Ar. A Figura da Corte que mais se parece com ela é o Príncipe de Copas. Seu aspecto evolutivo consiste na busca mental da compreensão dos mecanismos emocionais para assim resolver seus conflitos. Seu aspecto involutivo é usar a mente para controlar as emoções.

LEITURA TERAPÊUTICA

Levantamos primeiro as cartas do diagnóstico (Momento Atual, Âncora, Infância, Relações e Voz da Essência); não tem Arcanos Maiores, e sim duas cartas de Discos no Momento Atual, duas cartas de Copas, uma carta de Espadas e uma de Paus. Não existe uma predominância de nenhum elemento.

Sempre vamos começar a interpretação por aquela carta que parece mais clara. Geralmente é a carta da Voz da Essência, neste caso o Dez de Espadas (A Ruína). As Espadas são cartas mentais e o Dez é a saturação, um ponto limite que exige uma mudança, que no caso dos Dez de Paus, Copas e Espadas é uma ruptura para voltar ao Ás no Dez de Discos (A Prosperidade); não é preciso uma ruptura, porque a saturação é a natureza do elemento Terra. Você pode saturar a Terra sem criar tensões.

Seu ser essencial lhe pede uma ruptura radical com uma visão de mundo que vem do passado e está estruturada em cima de velhas crenças, normas, leis, princípios, valores e preconceitos. O Dez de Espadas é quando a mente joga a toalha e se rende: não consegue mais sustentar uma visão de mundo que não funciona.

Aluno: – E os outros Dez?

– O Dez de Paus (A Opressão) é: "Eu não consigo continuar carregando tantas tarefas, estou esgotada". O Dez de Copas: "Não consigo mais manter estes vínculos emocionais cheios de exigências, expectativas, responsabilidades e compromissos que me sufocam". No Dez de Discos, já não tem uma ruptura.

Parece contraditório ter no Momento Atual o Cinco de Discos (O Sofrimento) com o Nove de Discos (O Lucro); isso aparentemente é incompatível. O Cinco de Discos fala de tensões corporais, doenças e problemas econômicos.

Já o Nove fala em ganhar dinheiro e bens materiais com amor e prazer, pois sendo Vênus sua atribuição astrológica, indica o impulso interno em que naturalmente o amor, o prazer e a beleza se expressam. Então o que estão mostrando estas duas cartas juntas?

Aluno: – (Rindo) Que de dia ela sofre e perde dinheiro e de noite lucra e ama.

– Hahaha, na verdade é um conflito interno entre duas possibilidades. Por um lado (5D) está trabalhando em algo de que não gosta, que lhe exige esforço e que lhe proporciona muito pouco dinheiro, do qual provavelmente uma parte gasta com compensações, de maneira que não consegue ser independente economicamente. A partir desta situação, Francine está sentindo o impulso interno (9D) de fazer aquilo de que realmente gosta, onde possa colocar seu Vênus: expressar seu amor e sua sensibilidade artística e sentir prazer, sua forma de ganhar dinheiro.

E estamos diante de uma pessoa de Copas, uma pessoa com muita sensibilidade; aliás, ela tem um pé no Príncipe e um pé na Princesa; colocamos o Príncipe porque tem um pouquinho mais de Ar que de Terra, mas em algum momento ela pode ser mais Princesa que Príncipe de Copas.

O Seis de Paus (A Vitória) aparece na Âncora, mas não fiquemos presos ao nome da carta. O nome da carta às vezes fala muito e às vezes fala menos. Esta é uma carta de energia, ao mesmo tempo é um Seis e ainda está na Âncora. O Seis é o número do equilíbrio e da harmonia, isto é, o Seis de Paus indica que a energia está sendo expressa de maneira harmônica.

A pessoa encontrou um equilíbrio entre a energia que coloca no mundo e a que o mundo lhe devolve, como dinheiro, reconhecimento ou novas propostas. Sua atribuição astrológica é Júpiter em Leão. O verbo de Leão é criar ("eu crio"), uma característica básica de Leão é a criatividade. O Seis de Paus está também relacionado com a criatividade e a expansão. A criatividade não pode ser colocada onde você bem quer, há atividades em que sua criatividade nasce naturalmente e outras em que, por mais que você esquente seus neurônios, por mais que você queira, a criatividade não sai porque você está longe de sua praia. A criatividade é autônoma, vem do inconsciente, está relacionada com a sexualidade. É como o tesão: você sente ou não sente tesão por uma determinada pessoa, você não pode se forçar a sentir ou a não sentir. Agora, o que faz com isso já depende de você, de seu consciente.

Esta carta, que aparentemente é uma carta muito harmônica, na posição da Âncora, mostra, como todos os Seis, uma fachada autoimposta para conseguir aceitação. Se com o Seis de Discos (O Sucesso) procurava aceitação vendendo uma imagem de pessoa bem-sucedida economicamente, com o de Paus se exige ser vitoriosa, uma profissional de mão cheia. E esta pessoa é muito jovem, então para quem ela deve estar tentando mostrar que é capaz?

Aluno: – Para os pais.
– Exatamente. Então vamos ver a Infância. Temos o Sete de Copas (A Corrupção), que mostra a procura ansiosa de prazer lá fora, porque lá no fundo a pessoa não se autoriza a ter o verdadeiro prazer, o prazer classe A que vem de dentro, o Seis de Copas (O Prazer), aquele que você tem quando se permite ser você mesmo, quando é espontâneo, quando faz aquilo que vem de dentro. O Sete de Copas é compensação. Não tenho prazer no meu trabalho então vou logo para o *happy hour* ou comprar roupa no shopping. O Sete de Copas na Infância, em primeiro lugar, está mostrando uma negação de tudo o que é prazer verdadeiro. A família diz: "Você não pode ter prazer, nós não temos prazer, nós só podemos nos compensar de nossa falta de prazer com a televisão, com os doces, com a comida, com o futebol, mas o verdadeiro prazer, que é ser livre, expressar seu livre-arbítrio e fazer as coisas de que você gosta, não pode". Tem também uma especial negativização de tudo o que está relacionado com prazeres mais sensuais, com a sexualidade, com as necessidades ou funções biológicas, tudo isso é uma coisa feia, suja e nojenta.

O Sete de Copas é uma carta sombria, ilustra um estado de forte carência emocional que leva à frenética, compensatória e compulsiva busca de prazer com comida, bebida, drogas, sexo, compras, etc., que corrompe e degrada.

Quando aparece na Infância, indica que existia essa degradação no ambiente familiar; não fazemos o que queremos, suportamos aquilo de que não gostamos, aguentamo-nos, e depois nos compensamos de modo que papai é viciado em álcool, mamãe em remédios e os avós em televisão.

A pessoa se criou nesse ambiente e, para ser aceita, ser vista, desenvolveu essa máscara do Seis de Paus: "Tenho de ser alguém, tenho de dar certo, tenho de ser vitoriosa". Além do mais, está com a cabeça cheia de crenças, princípios e valores que não funcionam, de maneira que sua visão de mundo está se desmoronando (10E). Neste momento, ela está sofrendo muito, com muita tensão física, trabalhando em algo que não tem nada a ver com a natureza dela e está questionando-se como poderia ganhar dinheiro com prazer. Então ela me disse que está fazendo as contas na empresa de um amigo do pai, mas que ela não gosta, passa o dia todo lá num cubículo e ainda pagam uma porcaria que não lhe permite uma verdadeira independência econômica; e durante as tardes estuda administração de empresas, que tampouco gosta, mas era essa a maneira de ela dizer para os pais que dá conta, que é capaz de trabalhar e ganhar dinheiro. Então eu perguntei o que ela gostaria de fazer, em que atividade poderia colocar seu Vênus, seu prazer e sua arte. Então ela me disse que, quando vários anos atrás ganhou um concurso escolar de desenho de seu estado e foi convidada para participar em um concurso nacional em outro estado, a família não deixou, dizendo que isso não era sério, que tinha de trabalhar em algo decente. E ela, para ser aceita, tinha de corresponder à expectativa dos pais, e guardou seu pincéis.

Sem prazer, compensava-se. Comia muito, estava com alguns quilinhos a mais, fazia dietas espartanas e depois ia para o outro lado. Estava emocionalmente muito vulnerável e sensível nos relacionamentos. Qualquer coisa mexia tremendamente com suas emoções, como mostra o Ás de Copas nos Relacionamentos. Uma migalha de atenção gerava fortes expectativas, uma desatenção a levava para o fundo do poço.

Lidas as primeiras cartas do diagnóstico, sacamos do maço uma segunda carta para a Infância: Quatro de Copas (O Luxo); outra na Âncora: o Quatro de Espadas (A Trégua); e outra para a Voz da Essência: a Princesa de Espadas.

O Quatro de Espadas, outra carta mental, na Âncora, identifica a mente militar que busca segurança pela obediência a normas e leis. De onde vêm essas normas se ela só tem 20 anos?

Aluno: – Devem vir das normas que os pais colocaram nela.

– Sim, vem dos pais, mas não só do que ela internalizou deles e que continua trabalhando, mas dos pais atuais, porque ela ainda vive com eles, tem de obedecer, mostrar que é capaz de satisfazer suas expectativas para ver se eles finalmente a aceitam e a amam. Parece, com essas cartas na Âncora, que fala para seus pais: "O que é que eu tenho de fazer para vocês me amarem?" Olhem o conflito: por um lado se ajusta às ordens e, por outro, a essência está pedindo, com o Dez de Espadas, que elimine todas essas crenças, princípios e valores aos quais sempre obedeceu, especialmente aquela que postula que os pais sabem o que é conveniente para os filhos.

E a segunda carta da Voz da Essência é a Princesa de Espadas. O que quer dizer essa Princesa de Espadas? O que fazem todas as Princesas?

Aluno: – Materializam.

– E a de Espadas?

Aluno: – A de Espadas materializa a partir de sua natureza interna, que é mental.

– Então ela vai materializar o quê?

Aluno: – Vai materializar ideias, projetos...

– Isso mesmo. Ideias, projetos, até ideais. A primeira carta da Voz da Essência pede para acabar com o sistema de crenças e esta segunda, a Princesa de Espadas, pede para materializar ideias, só que dessa vez são suas próprias ideias. A Princesa de Espadas pede que lute e se abra caminho entre as dificuldades para construir seus projetos, seus ideais, suas elaborações mentais, e isso não tem nada a ver com as crenças, porque inicialmente a primeira coisa que falou foi: "mande essas crenças embora".

E ainda temos uma segunda carta na Infância que é o Quatro de Copas (O Luxo), uma carta de emoções. Muitas cartas de Copas na Infância significam que houve muita manipulação emocional. E o Quatro, o que é?

Aluno: – O quadrado, a estrutura, a estabilidade, a ordem, os limites...

– Sim, tudo isso no plano da expressão emocional. Então, na Infância, essa família que nega o prazer verdadeiro e que, no fundo, cada um gostaria de pegar o seu caminho e fazer o que bem quisesse, fica lá todos, compensando-se (7C), pois o importante é manter a estrutura, a forma, as aparências (4C). A expressão emocional está predefinida, limitada àquilo que não subverte a ordem estabelecida.

Agora abrimos as cartas do Método, do Caminho de Crescimento e dos Resultados, aparecendo: O Carro, o Dez de Paus – A Opressão, o Ás de Paus e O Tesão.

No Método saiu O Carro, o Arcano Maior VII. Este número fecha um ciclo e abre outro. É uma carta que pede para definir muito bem e deixar para trás o que não preenche você. Podem ser vínculos profissionais, exigências financeiras, compromissos familiares, amizades ou relações amorosas, que de amorosas já não têm nada. Então, depois de se esvaziar do peso morto, mais leve, perceberá melhor para onde quer ir com seu Carro. Esta carta no Método reforça o Dez de Espadas; a primeira coisa que deve fazer é largar aquilo que não entusiasma e que não mobiliza, que não gera nenhuma gratificação profunda, porque o Carro só se move à medida que se conecta com algo lá dentro que realmente o estimule. O carreteiro procura algo que lhe dê um preenchimento profundo, plenitude, e, até ele não sentir isso, fica lá. É uma carta de emoção, atribuída ao signo de Câncer, de sentir; ele está sentado em cima da Lua Crescente (o aspecto mais receptivo da Lua).

Se isso fosse pouco, temos ainda A Torre como segunda carta do Método, sugerindo quebrar as prisões, liberar-se de tudo o que sufoca e limita. Quando? Agora. Se a Torre tivesse saído na Voz da Essência, esta também estaria pedindo para você quebrar suas prisões; no entanto, como você vai quebrá-las está definido no Método. Quando sai a Torre no Método, a questão é chutar o pau da barraca logo antes que a barraca caia na sua cabeça.

Aluno: – E se tivesse saído A Torre na Âncora?

– A Torre na Âncora poderia indicar que a pessoa tem muita dificuldade de chutar o pau e a barraca acaba caindo na cabeça dela. Uma coisa é perceber que a empresa que você assumiu não é sua praia e vendê-la, outra coisa é ir para a falência com ela. E, quando falamos em estrutura material, também falamos do corpo. Então esta carta na Âncora fala disto: da dificuldade de a pessoa romper as prisões, de maneira que se cria uma tensão interna tão grande que ela somatiza e se destrói fisicamente. Faz um trabalho de que não gosta e, em vez de largar esse trabalho, detona-se com álcool, ou joga essa tensão toda no pedal do acelerador do carro.

Aluno: – E na Infância, que seria?

– Na Infância, a Torre mostra desastres, e isso já não é responsabilidade da criança. Nos Relacionamentos, indica que o relacionamento a impulsiona de uma forma agradável ou não a identificar ou eliminar suas prisões, entre as quais pode estar o próprio relacionamento.

No Caminho de Crescimento, temos o Dez de Paus, que fala de saturação no plano energético; não tem mais energia para nada, é a exaustão, o esgotamento físico e energético, geralmente decorrentes de um excesso de tarefas ou de assumir algumas tarefas que, pelo fato de não ter nada a ver com a pessoa, a vampirizam energeticamente.

As cartas do Caminho de Crescimento, especialmente se são cartas sombrias, como é o caso, falam sempre de uma compreensão e a partir dela o início de uma mudança. Indicam que, usando as chaves que apareceram nas posições anteriores, a pessoa percebe que estava se desgastando e começa a diminuir o número de tarefas, a largar essas atividades, como o Carro solicitava desde o Método. Às vezes, podemos ver as cartas do Caminho de Crescimento como uma consequência do início do trabalho do Método e, outras vezes, como esse trabalho do Método é desenvolvido. Com a Torre no Método, as cartas do Caminho de Crescimento podem mostrar como ela está chutando o pau da barraca ou se ela já chutou, e as cartas mostram outra história. Nesse caso, o processo sugerido pelo Carro e pela Torre passa por abandonar as atividades que ela se impunha para se mostrar "vitoriosa" diante das expectativas paternas e, assim, se sentir mais livre e mais solta.

A segunda carta do Caminho de Crescimento é o Nove de Espadas (A Crueldade). Ela começa a perceber que durante toda sua vida foi cruel com ela mesma. Percebe como seus impulsos instintivos, Marte, estavam sendo reprimidos; com a mente, Gêmeos, como colocava em dúvida seus impulsos com a mente obediente do Quatro de Espadas que dizia assim: "Isso não pode, isso é proibido, isso vai contra as normas". A conexão interna, que supõe perceber que sempre tem sido cruel com ela mesma, favorece a capacidade de mudar.

A terceira carta do Caminho de Crescimento é o Sete de Paus (A Coragem), em geral uma carta desequilibrada, uma carta de forçar a barra; porém, quando aparece no Caminho de Crescimento, expressa seus melhores aspectos. Francine, deixando de ser cruel consigo, define suas prioridades, coloca toda sua energia nisso e, com a cara e a coragem, se lança nelas. E isso a leva a quê?

Aluna: – A uma grande e profunda transformação interna, a Morte.

– Efetivamente, a última carta do Caminho de Crescimento nos fala de uma transformação interna. Mas de que tipo de transformação interna? Está falando da morte, de toda uma série de padrões comportamentais que adquiriu na infância na sua procura de aceitação e que a deixavam presa a círculos viciosos de ação e reação inconsciente e que, ainda, bloqueavam a expressão de sua essência e de sua verdade.

Aqui ela começa a romper seus padrões e a sintonizar sua vida com sua essência.

No Resultado Interno temos o Ás de Paus, mostrando que venceu as dificuldades internas que tinha para tomar iniciativas independentes, geralmente de tipo profissional enraizadas na essência, rompendo então com aquela mente obediente.

Ao lado os Amantes, indicando que, na medida em que entende que o homem e a mulher de sua vida são suas polaridades internas, deixa de projetar seu lado masculino que estava regredido. Recupera esse poder de decisão, de tomar iniciativas, de confrontar e de lutar que tinha projetado e deixado nas mãos de seu pai e/ou dos seus namorados. Não somente deixa de pagar um preço absurdo para tentar conseguir o amor dos supostos "homens de sua vida", "almas gêmeas" ou "meias laranjas", mas também identifica e avança no caminho de vida que significa ser fiel a si mesma.

E, finalmente, temos, no Resultado Externo, O Tesão, indicando que, como resultado de todo o anterior, encara o mundo integrando seu lado animal com seu lado racional. Opta por atividades que geram tesão e entusiasmo, que a estimulam e nas quais pode expressar sua criatividade. Como efeito colateral desta integração, vem um aumento da autoestima, da vitalidade e da autoconfiança, do prazer, da alegria de viver e do entusiasmo, sentindo-se mais energizada, sensual, bonita e sexy.

A Rainha de Espadas é a segunda carta do Resultado Externo. É a Libertadora da Mente. Ela corta a cabeça do velho barbado que representa as velhas crenças, as normas, os hábitos e os preconceitos machistas e trogloditas que estavam acampados na cabeça dela desde a infância. Parece que este processo de libertação não fica só no interno, mas também se manifesta no mundo externo. Pode ser que de alguma forma ela levante bandeiras de liberdade, lute contra injustiças e privilégios que percebe ao seu redor. Usar os florais pode ajudar: Indian Paintbrush,* que fortalece a expressão criativa; Sabegrush, que ajuda a identificar a verdadeira vocação e a fechar ciclos; Blackberry,* que trabalha o poder criativo, motiva a vontade e facilita a manifestação concreta das ideias; Centaury para fortalecer sua independência; Sunflower* para ser mais ela mesma; e Borage,* para ajudar a tomar iniciativas determinadas.

Aluno: – Você sabe o que aconteceu com esta moça?

– Um ano depois eu escrevi para ela. Ela me contou que um mês depois da consulta saiu da casa dos pais, que era a sua grande prisão, a grande Torre, e daquele emprego terrível que, embora lhe desse um dinheirinho para ajudar em casa, não era suficiente para torná-la independente. Ela foi para Cancún e se dedicou à pintura, que era aquilo de que ela gostava desde que era criança; vendia quadros para os turistas, dava aula de artes em uma escolinha de uma amiga com quem compartilhava a casa e também estava envolvida em um grupo de defesa dos direitos das mulheres. Ficou lá um ano, veio o furacão e ela foi para o interior do México, visitou a família, mas já com a certeza de que seu caminho é trabalhar com pintura. Foi uma grande mudança, mas também se não mudasse com o Carro e a Torre no Método...

Segunda leitura

Verônica, nascida em 10 de julho de 1954, Rio de Janeiro, às 8h30.

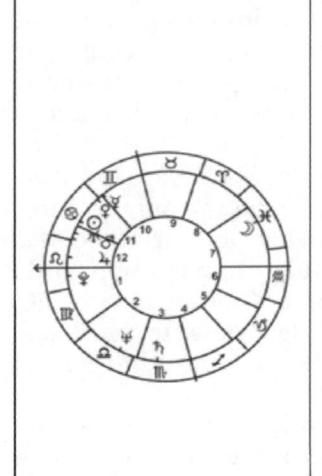

Planeta	Signo	Fogo	Água	Ar	Terra
Sol	Câncer		16		
Lua	Peixes		15		
Asc.	Leão	14			
Merc.	Gêmeos			12	
Vên.	Câncer		11		
Mar.	Câncer		11		
Júp.	Leão	06			
Sat.	Escorp.		06		
Ura.	Câncer		03		
Net.	Libra			03	
Plut.	Leão	03			
		23	62	15	00

Figura da Corte
Está claro que o primeiro elemento de Verônica é Água. E qual é o segundo?
Aluno: – Fogo.
– Não, o segundo também é Água, pois tem mais de duas vezes Água do que Fogo e ainda o Fogo não chega, embora se aproxime, a 25%. A Figura da Corte que mais se parece com ela é a Rainha de Copas, uma pessoa muito sensível, emocional e receptiva. Se opta por atividades em que possa expressar sua sensibilidade, vai crescer, caso contrário, pode se adaptar demais ao que imagina que os outros esperam dela e se tornar dependente.
Levantamos as cartas do diagnóstico?
Aluno: – Temos muitas Copas e um Disco só...
– É bastante lógico, depois desses 62% de Água e nada de Terra. Por onde vocês começariam a interpretar?
Aluno: – Pelo Três de Copas da Voz da Essência.
– É, boa opção.
A carta chama-se Abundância e está relacionada com a valorização dos potenciais e talentos, com a frutificação emocional e, às vezes, material do amor. Então, é uma carta de abundância emocional, uma carta de frutos, a frutificação de seu amor. Qual seria a mensagem que a essência está mandando para a pessoa?
Aluno: – Deixar fluir as emoções?
– Isso é muito vago, a carta é muito mais específica.
Aluno: – Tem muita emoção guardada?
– Com certeza ela tem muita emoção guardada, mas não seria em função desse Três de Copas. O que mais indica que tem muita emoção guardada é que, sendo uma Rainha de Copas, tem o Dois de Paus (O Domínio), na Âncora, e o Oito de Copas, na Infância.
Começar por esse Três de Copas não seria errado. Para completar a ideia, o Três de Copas na Voz da Essência está pedindo para acreditar nos potenciais e talentos, acreditar na abundância interior, expressar as emoções e levá-las à frutificação. Pede que a pessoa invista naquelas atividades e relações nas quais seu amor se expressa naturalmente, apostando que será nelas que poderá obter os melhores frutos, especialmente emocionais. Evidentemente, se a essência pede que a pessoa se valorize, é porque, pelo menos nesta fase de sua vida, desvaloriza-se consideravelmente.
No entanto, a carta mais impactante é o Nove de Espadas (A Crueldade) nos Relacionamentos. Esta é uma carta sombria.
Aluno: – E o Dez de Espadas?

– O Dez de Espadas (A Ruína) nos Relacionamentos pode indicar uma relação que ajuda o consultante a abandonar e superar uma velha visão de mundo estruturada em cima de um sistema de crenças arcaico. Isso pode se dar de muitas maneiras, das quais a menos agradável seria por meio de decepções: a esposa ficou fazendo tudo para conseguir a atenção do marido durante décadas e aí ela descobre que ele é gay. Fantástico, pois assim percebe a realidade e isso pode liberá-la.

Aluno: – É um estado mental.

– Sim, todas as Espadas são estados mentais. Há estados mentais lúcidos, como o Ás, a mente do meditador, que se conecta com a essência e pode vislumbrar seu verdadeiro caminho de vida, e o Seis (A Ciência), uma mente equilibrada, realista, no sentido de que sabe extrair dessa ilusão, que chamamos de realidade, informações que funcionam.

A mente do Nove é especialmente demente. É a mente cruel, que se dedica a sacanear o indivíduo duvidando e negando (Gêmeos) seus impulsos vitais (Marte). Assim, detona sua vitalidade e seu corpo, sendo o único Arcano que tem sangue e lágrimas. Se engole sua raiva, mata-se comendo muito ou pouco demais, não vive sua sexualidade e, se a vive, o faz de maneira muito conturbada, reprimida ou perigosa, sempre autodestrutiva. Quando aparece na Âncora, pode chegar a indicar um ego que se gaba de fazer barbaridades.

Em princípio nas Relações, mostra uma relação que de maneira mais, menos ou nada agradável leva a pessoa a tomar consciência deste mecanismo de autocrueldade. A menos desagradável seria se o parceiro de uma forma amorosa a ajudasse a perceber tal mecanismo e suas consequências. No entanto, sendo que atraímos aquilo de que necessitamos para crescer, é muito provável que Verônica atraia gente que ponha o dedo na chaga, pessoas cruéis que reforçam tal mecanismo, reprimindo, subjugando e até agredindo-a fisicamente. Podemos entender melhor o processo à vista da Âncora, em que o Dois de Paus (O Domínio), uma carta onde Marte também está presente, indica que Verônica sempre se reprimiu. Lembram-se do que tínhamos falado dele no Módulo Teórico?

Aluno: – Uma briga interna?

– Isso, os dois galos brigando no galinheiro. Era um conflito em que a energia se desgasta entre uma parte marciana, essa parte impulsiva, instintiva do inconsciente, e a outra parte que diz: "Eu sou assim, tenho de me comportar desse jeito".

Aluna: – Sendo uma mulher, tem, então, seu lado marciano, isto é, seu lado masculino preso?

– Sim, ela aprendeu a se reprimir e ficou se controlando a vida toda. Seu lado masculino, aquele que toma iniciativas que a levam a se autoafirmar, a expressar sua instintividade, sua raiva, sua sexualidade, a lutar por um território próprio, está contido e, portanto, projetado de maneira que atrai pessoas que expressam esse lado de um modo muito intenso. Esta repressão crônica denunciada pelo Dois de Paus faz supor que a forma com que o parceiro está ajudando a reconhecer sua atitude de autocrueldade não deve ser a mais agradável.

A Âncora sempre tem suas origens na infância. Neste caso, esta autorrepressão está enraizada em uma história de infância mostrada pelo Oito de Copas (A Indolência). Como teria sido essa infância?

Aluno: – Oito de Copas, que eu me lembre, é aquela falsidade nos sentimentos ou alguma coisa assim.

– Falsas expectativas, mas isso é um aspecto secundário do Oito de Copas. Vamos repassar o Sete e o Oito de Copas, a Corrupção e a Indolência. São aspectos descompensados, inarmônicos do elemento Água, das emoções. O Sete de Copas é a procura compulsiva do prazer que leva à degradação, à corrupção. É o indivíduo que sexta-feira cai na gandaia e passa o fim de semana bebendo todas, cheirando todas, fumando todas, comendo todas, entupido de Viagra. É a euforia, produto de agentes externos. E o Oito de Copas é a ressaca de segunda-feira. A pessoa fica sem disposição nenhuma. É a indolência, a apatia, a preguiça e, no pior dos casos, a depressão. Na Âncora é algo crônico, pode ser uma tendência à depressão muito grande que pode ter suas oscilações, mas sempre é uma pessoa triste, que não se valoriza. Na Infância, teve uma vida de tristeza, sem amor, sem apoio, talvez em um ambiente muito sombrio e triste: um internato religioso, um reformatório ou uma casa onde havia pessoas idosas e não podia fazer barulho, festas nem pensar, uma gargalhada era uma falta de respeito com os mais velhos, não podia falar à mesa, qualquer coisa precisava de permissão, não era permitido seguir seus impulsos espontâneos e alegres. Então foi uma infância em que ela teve de se adaptar a esse ambiente repressor e triste. Ainda temos Saturno nesta carta, que mostra pais frios, rígidos, controladores, autoritários, cobradores, exigentes e sérios.

Também um ambiente familiar no qual ninguém merece ser feliz. Aqui se vive aquela crença de que este mundo é um vale de lágrimas, que estamos aqui para sofrer e nos resignar. Quanto você mais sofre em silêncio, mais perto de Deus você vai morar no céu. Então, essa criança nunca recebeu amor e apoio em suas iniciativas, teve de andar sempre se controlando, segurando-se e, assim, recebia algum tipo de aceitação. Então ela desenvolveu esse padrão de autocontenção, de autocontrole, de autorrepressão, que é o Dois de Paus na Âncora, e ficou reprimida, enrustida.

Somente com essas duas cartas (2B, 8C) poderíamos pensar que essa criança se tornou uma sofrida dona de casa. Uma pessoa que desvaloriza seus talentos, não usa suas capacidades, não encara o mundo nem tem independência econômica, reprime-se cronicamente de maneira que atrai homens repressores e violentos, como denuncia o Nove de Espadas nos Relacionamentos.

Aluno: – E o Nove de Espadas na Infância?

– São castigos corporais quando era criança. Isso não quer dizer que fosse surrada segunda, quarta e sexta, regularmente, porque às vezes o que mais traumatiza é o contraste. Às vezes pode ser uma surra sistemática, como pode ser que a criança era bem tratada, mas de repente, em um momento x, a mãe descobre que o pai tem um caso, fica alterada, a criança apronta e leva uma surra. Isso pega a criança desprevenida, ela sofre mais. Porque a criança que é sistematicamente surrada cria uma couraça para não sofrer. É como os meninos de rua que têm uma couraça que esconde seu sofrimento: "Não dói". Calejou!

Vamos colocar mais duas cartas. Estamos deixando o Momento Atual para depois, a fim de entendê-lo melhor. Então, temos uma segunda carta na Âncora e uma segunda carta na Voz da Essência. O que estaria indicando essa segunda carta da Voz da Essência? Que carta é essa?

Aluno – É o Universo, uma nova fase...

– Certo, a essência está pedindo para fechar uma fase de vida e começar um ciclo novo, pede para concluir toda uma série de assuntos, seja chegando a resultados materiais concretos, seja eliminando de nossa vida assuntos obsoletos. Temos três cartas que fecham um ciclo: O Carro, o VII; A Arte, o XIV; e O Universo, o XXI. Com o Carro, a pessoa sai da empresa dando gritos com o chefe, sai do relacionamento falando que vai comprar cigarros e não aparece mais. Enquanto com o Universo não, ela fica lá, conversa com a esposa ou com o marido, deixa as coisas claras, a situação das crianças resolvida, dividem-se os bens com responsabilidade, etc. Ela prepara uma colega para tomar seu lugar.

Risos...

Não no relacionamento! No trabalho! Então é fechar mesmo, porque, se o indivíduo for embora dando umas bofetadas no chefe, ele não fechou a história. De repente, um mês depois topa com o chefe e seus colegas do caratê no bar.

Então o que tem de fechar a Verônica?

Aluna: – Aparentemente o relacionamento, pois é o que mais a faz sofrer.

– Sim, o relacionamento pode ser o que mais dói. Mas eu acho que o sofrimento na relação não é a causa, mas a consequência, da atitude que Verônica tem diante a vida e da de si mesma.

Aluna: – E como A Arte fecha um ciclo?

– Quando você faz de sua diversão seu trabalho, deixa de estar dividida de segunda a sexta fazendo o que não deseja para ganhar dinheiro, e de sexta a domingo gastando esse dinheiro para comprar prazer, para viver de segunda a segunda tendo prazer e dinheiro, e sua vida dá um salto quântico, em todos os aspectos.

O que estaria mostrando a segunda carta da Âncora, o Oito de Paus (A Rapidez)?

Aluno: – Dificuldade de expandir?

Outro aluno: – Não, ela está explodindo.

– Seria uma atitude crônica de contenção de sua energia que a deixa a ponto de explodir. Não se esqueçam de que a Âncora costuma mostrar questões crônicas e permanentes. Não pode estar explodindo o tempo todo, não iria sobrar nada. No entanto, pode estar o tempo todo a ponto de explodir. E isso faz muito sentido, pois ela se reprime permanentemente, como vimos com o Dois de Paus na Âncora. Também está controlando-se permanentemente; é difícil que consiga direcionar sua energia para alguma coisa e fica na dispersão, que é outra característica do Oito de Paus.

Agora podemos entender melhor o Nove de Espadas nas relações à vista das duas cartas da Âncora. Em princípio, pensamos que o marido era um tipo violento, até cruel que agredia fisicamente a Verônica, mas não me estranharia nada que essa mulher hiper-reprimida e a ponto de explodir provoque, irrite e azucrine o marido até que este perca as estribeiras, agrida a esposa que aproveita a oportunidade para explodir e o lar familiar se torne um campo de batalha. Uma vez expressado o excesso de tensão, Verônica volta a se controlar.

Então agora o Momento Atual fica claro. Temos aqui o Quatro de Discos (O Poder), indicando que Verônica sente vontade de se estruturar materialmente. Isso está potencializado pela Voz da Essência que com o Três de Copas lhe diz: "Use seus potenciais, valorize sua abundância interior, você é capaz". Essa estruturação material passaria em primeiro lugar por se tornar independente economicamente e, a partir daí ter sua própria casa onde possa de fato se sentir bem, pois com o Nove de Espadas nas relações dificilmente vai se sentir bem na que está, que provavelmente é mais a casa do marido que a sua.

O Cinco de Copas (A Frustração) fala da autoestima. Como está a autoestima dela?

Aluno: – No fundo do poço.

– Parece, em vista das outras cartas, que a autoestima simplesmente não está. Lembrem, o Quatro de Copas (O Luxo) representa segurança, estrutura e estabilidade emocional no plano interno e um relacionamento estável, um casamento, no plano externo. O Cinco rompe tudo isso, acaba com essa estabilidade emocional interna, leva sua autoestima ao fundo do poço e exige uma reformulação dos relacionamentos que, neste caso, seria mais uma separação que uma melhora.

Então essa pessoa está nesse conflito: sente o impulso de se separar do marido, mas tem a questão da segurança econômica (4D); teme perder o que até agora lhe proporciona seu sustento, pois não é independente economicamente; quer se estruturar economicamente e o pior é que sua autoestima está baixíssima para se atrever a se lançar.

Então vejamos mais cartas: Carta do Método. O que temos aqui?

Aluna: – Príncipe de Copas?

– O que ele faz?

Aluno: – Observa suas emoções.

Aluna: – Coloca a atenção em si mesma e descobre os mecanismos que governam suas emoções.

– Certamente, no Método, sugere observar tudo aquilo que gera subidas bravas de voltagem emocional, pois, se uma circunstância a move emocionalmente, é porque evoca circunstâncias do passado que criaram uma área sensível, uma ferida. Além do mais, para crescer necessita curar essa ferida, vai atrair dedos que a tocam e a obrigam a trabalhar para curá-la. Estar atenta a essas oscilações lhe vai permitir identificar a ferida. O segundo passo é, por meio da memória, lembrar as circunstâncias que abriram a ferida na infância e se dar conta de que o que foi dramático e impactante até o ponto que gerou uma área sensível na criança dependente e hipersensível, hoje, não tem esse poder na pessoa adulta.

E, em consequência de tudo isso, temos a primeira carta do Caminho de Crescimento: o Sete de Espadas (A Futilidade). O que significa?

Aluna: – Ela começa a perceber o quanto era afetada pelas outras pessoas, pelas crenças dos outros e quanto isso atrapalhava o caminho dela.

– Isso e mais, ela percebe como ficou a vida toda dando satisfação para os outros, absorvendo suas expectativas, obedecendo a suas ordens, acatando seus conselhos e palpites, adaptando-se às suas necessidades, incorporando suas crenças e agora, vendo também as consequências de tudo isso, rompe o padrão e começa a mudar. O Sete de Copas é a mente "sim", a mente esponja. Na Âncora, indicaria também que esta maria vai com as outras não tem critérios próprios, é o ser-o-velha, produto da propaganda, com uma futilidade, superficialidade, frivolidade e dispersão tremendas. No Caminho do Crescimento, ela toma consciência e começa a mudar. Percebe também até que ponto não tinha vida própria, não tinha objetivos próprios, estava servindo aos outros. Mas isso ela percebe como uma consequência do trabalho sugerido pelo Príncipe de Copas, não cai de graça na consciência. Antes destas compreensões, qual seria a atitude dela, como boa Rainha de Copas?

Aluna: – Seria a vítima! A santa, que faz tudo pelos outros.

– É, o marido que é uma "anta". Sempre foram os outros, os malvados que não a valorizavam. A partir daqui ela percebe que não se valoriza, que permite que tudo isso aconteça. Na verdade, ela atrai a desvalorização, inclusive a violência para poder explodir; na hora da pancada, sim, pode explodir e expressar sua raiva. Os dois apanham e batem. Depois volta a se controlar. Enquanto a principal dificuldade (Âncora) para crescer for sua autorrepressão, atrairá tiranos agressivos para levá-la a uma situação insustentável, em que se verá obrigada a desenvolver seu lado masculino. Não serve de nada largar o marido sem mudar sua atitude interna, pois na esquina vai encontrar outra "anta".

Antes de continuar com o Caminho de Crescimento, vamos tirar uma segunda carta para o Método. Aparece o Oito de Espadas (A Interferência). Se o Sete de Espadas é a mente "esponja", o Oito é a mente "grade", a mente "não" que fala "não" para o novo, para a aventura, para tudo aquilo que está fora do perímetro conhecido, da área de conforto, mesmo que cada vez seja menos confortável e mais doloroso, mas ao fim e ao cabo é conhecido, seguro. O Oito de Espadas no Método sugere parar de deixar-se enganar por desculpas, pretextos e justificativas que a mente inventa (Gêmeos) para não sair do habitual. É um mecanismo mental muito comum. Assim que chega o impulso de fazer alguma coisa nova, imediatamente surge um argumento para não fazer ou para adiar – por isso a carta se chama Interferência. Não sai do conhecido, do seguro, por mais chato que seja. É um mecanismo mental muito eficiente, porque a desculpa vem colada no impulso, vem junto e passa batido, e você ficou lá no sofá. Assim, pois, primeiro é preciso estar muito atenta para quando chega o impulso, nesse microintervalo, pôr a mente a trabalhar para viabilizar a melhor maneira de levar à prática o impulso aventureiro. Assim, estando a mente ocupada obedecendo a nossa ordem, ser-lhe-á mais difícil nos bombardear com pretextos e justificativas. E, se algum falso argumento consegue se infiltrar, não lhe faremos caso, pois sabemos que está enraizado no medo e sua função é a sabotagem. Depois é preciso procurar as origens desse mecanismo. As origens estão na Infância, denunciadas pelo Oito de Copas. Com esse Saturno aí, com essa tristeza aí, evidentemente o novo, o jovial, o fresco, o diferente não eram permitidos.

Esse mecanismo mental, enraizado no medo, sabota qualquer impulso de expansão, de aventura (Júpiter). O que seria aventura para Verônica?

Aluna: – Sair desse relacionamento que a está destruindo.

– Sair? Mas como? Voltar à casa de seus pais, onde tudo começou? Eu diria que o primeiro passo para sair é começar a trabalhar e conquistar a independência econômica, isso mudaria muitas coisas, mas não parece tão fácil.

Aluno: – Poderíamos interpretar também o Oito de Espadas como: ela foi uma mente "sim" a vida toda e disse "não" para si mesma a vida toda e, de repente, ela diz "não" para os outros e "sim" para si, meio que invertendo a história?

– Foi uma mente esponja com os outros e uma mente grade consigo. Parando de dizer não para si mesma vai ajudá-la a parar de dizer sim para os outros. O mais importante não é falar "não" para o marido, mas falar "sim" para ela. O problema não está nos outros, está nela. Essas Rainhas de Copas às vezes são tão boazinhas que conseguem acordar o Frankenstein que todo *sir* Lancelot tem dentro de si. Porque, de alguma maneira, todos nós sentimos, em algum momento, raiva de nossa mãe. Se não trabalharmos isso, jogando a raiva fora e perdoando, quando aparecer alguém dizendo, implicitamente, "me bata, por favor, me domine, me controle, quero ser sua vítima", jogaremos essa raiva em cima dessa pessoa.

Por isso a terceira carta do Método – A Morte – vai mais fundo que o Príncipe de Copas. A Morte diz: "aceite, identifique, entenda e desative os padrões de conduta automáticos, crônicos, que foram necessários na infância para ser aceita, faça terapia", que são:

✔ a autocontenção mostrada pelo Dois de Paus;
✔ ficar a ponto de explodir o tempo todo, do Oito de Paus;
✔ a tendência à tristeza, o "eu não mereço ser feliz", do Oito de Copas;
✔ a desvalorização dos talentos mostrada pelo Três de Copas na Voz da Essência;
✔ os dois mecanismos mentais – Sete e Oito de Espadas.

Assim poderá conectar-se e expressar sua essência.

Então vamos para a segunda carta do Caminho de Crescimento: o Arcano XI, O Tesão. O que estaria falando nessa posição?

Aluna: – Para entrar em contato com o corpo, essa parte mais instintiva. Reconhecer-se como mulher.

– Por aí vai. O Tesão fala da integração do lado animal com o lado racional.

Se com o Príncipe de Copas muda o foco que antes estava nos outros: "O que os outros esperam de mim?", e começa a colocá-lo dentro, com o Tesão começa a identificar, respeitar e acolher o que vem de seu lado animal: emoções, instintos, impulsos vitais e necessidades corporais e biológicas, elaborando com a razão uma expressão adequada para eles.

Esta integração gera uma sensação de prazer e alegria que nunca experimentou com aquele Oito de Copas na Infância. Isso melhora sua autoestima, sua sensualidade, sua beleza, sua força interior, sua determinação, de modo que, talvez pela primeira vez na vida, sente que é alguém, que é mulher, que é ela mesma. Então percebe que não precisa mais fingir. Sente entusiasmo pela vida e toma consciência de seu potencial criativo, que é aquela matriz vermelha que se desabrocha lá em cima e começa a valorizá-lo e expressá-lo.

Isso tudo a leva ao Ás de Espadas, que, como todos os Ases, é um início. O Ás de Espadas é uma carta de ar, mental. É um estado mental diferente, já não é mais a mente esponja, nem a mente grade. É a mente silenciosa, receptiva, atenta, enfim, a não mente, a mente que não mente, que permite que caiam as fichas. Porque a mente tagarela nada percebe. Estas compreensões a levam a vislumbrar seu próprio caminho de vida, o caminho que realmente está enraizado em sua essência.

Então começa a fazer contato com seu lado masculino, O Imperador, que antes estava projetado com sua capacidade de lutar para ser independente, de enfrentar as dificuldades, de definir objetivos e trabalhar com método e organização para materializá-los, começa a outorgar-se o direito, que mais que um direito é a única obrigação, diria Crowley, que tem o ser humano, de fazer o que quer, de mandar em sua vida.

Assim chegamos ao Três de Paus no Resultado Interno. Que é o Três de Paus?

Aluna: – É uma carta de energia, de ação, de fazer.

– Onde está colocado o acento? Mais no fazer que nos resultados do fazer. É uma carta na qual temos o Sol, o Sol em Áries, mostrando a individualidade – o Sol – se manifestando e, além do mais, está no Resultado Interno, onde as cartas manifestam seus aspectos mais evoluídos...

Aluno: – É fazer a partir do eu, deixar fluir.

– Muito bem. Verônica, como produto de todo o processo, supera as dificuldades internas que tinha para fazer de seu fazer a expressão de seu ser, de sua individualidade. É quando a pessoa opta pela atividade em que sente mais que é ela mesma, mais total, mais integrada. A pessoa diz "inventaram isto para mim", ou melhor, "eu estou inventando isto".

Então vemos uma grande possibilidade de mudança. Estava se destruindo, a ponto de explodir, reprimindo-se, sofrendo, negando-se a si mesma e agora vai se autoafirmando até o ponto de escolher atividades em que expressa sua criatividade, sente-se mais ela mesma e em definitivo cresce.

E aí vem outro salto indicado pelo Três de Discos no Resultado Externo. O que seria esta carta aqui?

Aluno: – É o trabalho.

– Sim, o trabalho! Então o que ela faz? Põe-se a trabalhar. E isso, o que implica?

Aluna: – Que se torna independente economicamente.

– E aí pode fechar uma etapa de sua vida e abrir outra, como a essência estava pedindo. Começa a trabalhar em uma atividade que lhe proporciona energia, autoafirmação e resultados materiais.

Para encerrar, temos o Ás de Copas como segunda carta do Resultado Externo. Representa uma abertura emocional. Vai conseguir expressar suas emoções há tanto tempo guardadas. Vejam bem, se uma Rainha de Copas não coloca suas emoções para fora, então manipula, chantageia, ela se faz de vítima, fica doente...

Aluno: – E esse trabalho que aparece aí pode estar relacionado a essa abertura emocional, pode estar indicando que ela vai trabalhar com alguma coisa específica?

– Sim, com alguma coisa em que possa colocar suas emoções e sua sensibilidade, esses 62% de Água que tem. A Rainha de Copas pode trabalhar com coisas sutis, a sensibilidade dela é tão grande que tem facilidade para se colocar no lugar do outro e curar, trabalhando com qualquer técnica, especialmente reiki, leitura de aura, arteterapia, alinhamento de chacras, às vezes até com a mediunidade.

Aluno: – Mas ela não tinha nada em Terra, e aí, felizmente, aparece uma carta de Discos no Resultado Externo.

– Uma pessoa sem Terra no seu mapa deve ser alguém com dificuldade para concretizar. Podemos sugerir exercícios de enraizamento como o Tai Chi, alguns tipos de ioga, análise bioenergética. Provavelmente, devia ter atraído algum tipo de homem muito concretizador, alguém que a bancava, e ela se sentia incapaz de resolver os aspectos materiais de sua vida. E ainda há muitas Rainhas de Copas, especialmente se não tiver Terra, que vivem aparentemente para a emoção, que se devotam a manter ardente a chama do amor do marido, quando no fundo o que querem (e necessitam) é segurança econômica e que, sendo muito sensíveis, são bastante vulneráveis a qualquer atitude minimamente desatenta do marido; logo se sentem, não digo atacadas, mas humilhadas por qualquer coisinha.

Sugerimos as essências florais a seguir: Califórnia Pitcher Plant,* para contatar-se e expressar melhor sua energia instintiva; Larch, para aumentar sua autoconfiança e valorizar sua capacidade; Butercup,* para melhorar sua autoestima; Sagebrush,* para libertar-se dos velhos hábitos e dos padrões de comportamento viciados; Cerato, para desligar-se dos conselhos dos outros e trabalhar a incapacidade de tomar decisões claras e firmes; Walnut, para desenvolver a coragem de seguir as próprias convicções; Centaury, para fortalecer a vontade, libertar-se do domínio dos outros e da tendência a ser servil e agradar. Para falar "não" e valorizar as próprias necessidades.

Terceira leitura

Temos uma mulher que nasceu no dia 15 de maio de 1963, na República Mexicana.

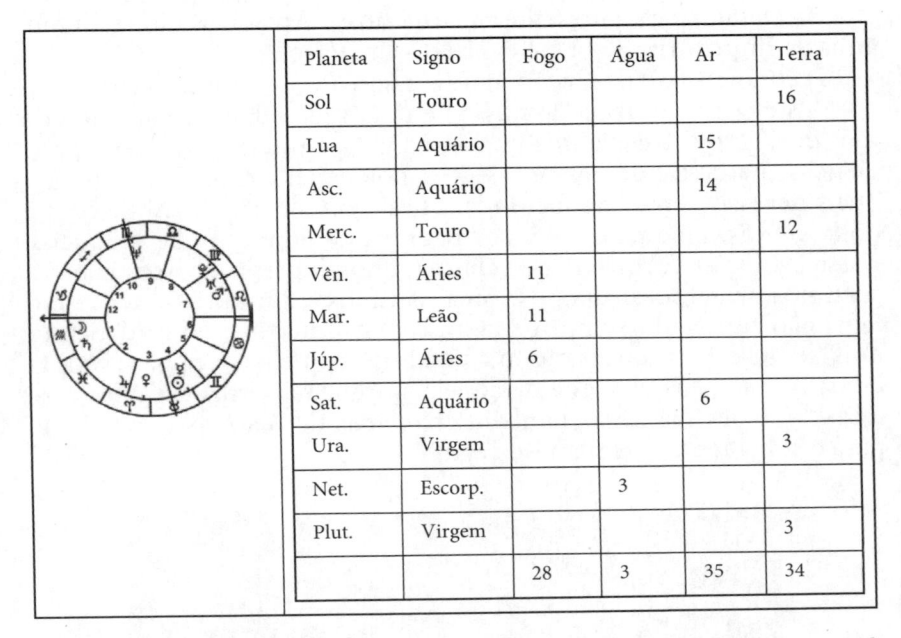

Planeta	Signo	Fogo	Água	Ar	Terra
Sol	Touro				16
Lua	Aquário			15	
Asc.	Aquário			14	
Merc.	Touro				12
Vên.	Áries	11			
Mar.	Leão	11			
Júp.	Áries	6			
Sat.	Aquário			6	
Ura.	Virgem				3
Net.	Escorp.		3		
Plut.	Virgem				3
		28	3	35	34

Carta Testemunha: tem 28% de carga planetária em signos de Fogo, 3% em signos de Água, 35% em signos de Ar e 34% em signos de Terra, isto é, temos um empate entre o Ar e a Terra. Para desempatar, analisamos a carga planetária que temos nas Casas de Ar (25%) e nas Casas de Terra (9%). À vista dos resultados, podemos dizer que esta pessoa tem mais Ar do que Terra, de maneira que a Figura da Corte que mais se parece com ela é a Princesa de Espadas, uma personalidade que materializa ideias e projetos. Seu lado evolutivo é sua capacidade de luta, de perseverança, de abrir caminho entre as dificuldades. Seu lado "involutivo" é que, sem Água nem Fogo, esquece que a vida é algo além do que materializar projetos. Fica desconfiada, os outros são rivais, o mundo é perigoso.

Desafios e Lições de Vida:[57]
A. Da presente encarnação:
1963 = 1 + 9 + 6 + 3 = 19
19 + 15 + 5 = 39

---

57. Para maiores detalhes ver *Tarô e Numerologia: Desafios e Lições de Vida* do mesmo autor publicado pela Madras Editora.

A primeiro Lição de Vida da presente encarnação é 39, isto é, o Príncipe de Copas.
A segunda Lição de Vida é 39 = 3 + 9 = 12 = O Pendurado.
A terceira Lição de Vida é 12 = 1 + 2 = 3 = A Imperatriz.
O Desafio para a presente encarnação é o Arcano Maior escondido atrás da Imperatriz, 3 = 2 + 1 = 21 = O Universo.[58]

Leonor: – Isso das Lições de Vida tem a ver com a missão?

Este conceito usual de missão é uma armadilha, se não entendemos que, caso exista alguma missão na vida, é nos desenvolver a partir de nossa natureza, de nossos talentos, potenciais e capacidades para os quais necessitaremos também identificar, entender e desativar os medos, crenças, bloqueios e outros padrões de conduta que bloqueiam nossa evolução. À medida que conseguimos expressar nossos talentos, sentimos prazer, desfrutamos e nos sentimos realizados. Se você não é feliz, não conseguiu cumprir sua missão. A única missão verdadeira é, pois, ser feliz. Tem de ter muito cuidado com quem chega para você falando que sua missão é esta ou aquela, porque na verdade muitas vezes essas "missões", às vezes também chamadas de "carmas", levam você para o sofrimento ou inflam seu ego.

Seu desafio nesta vida (O Universo) é superar a dificuldade que tem para colocar um ponto final em um capítulo de sua vida e iniciar outro, concluindo assuntos. Esses assuntos podem se concluir de duas maneiras. Os obsoletos, aqueles que deixaram de estimulá-la, de lhe dar prazer, melhor eliminá-los, resgatando assim tempo e energia para os vigentes, alcançando as últimas concretizações nestes últimos assuntos, construindo um trampolim que lhe permite lançar-se a uma nova etapa de vida que se caracteriza por estar mais atenta e disponível para levar à prática os impulsos do inconsciente. Mesmo que este seja seu desafio de vida, o mais provável é que você não vai morrer sem resolvê-lo, pois atraímos permanentemente as circunstâncias e pessoas de que necessitamos para crescer. Assim, pois, estará atraindo dificuldades para avan-

---

58. O Arcano Maior XII, O Pendurado, também está escondido atrás da Imperatriz, mas não será um Desafio porque é a segunda Lição de Vida.

çar nos assuntos que deveria deletar e, quando o fizer, é muito provável que atraia facilidades para concluir os assuntos vigentes.

Você tem nesta vida três Lições de Vida, três orientações que podem ajudá-la a crescer e ser mais você mesma. A primeira é o Príncipe de Copas que sugere trabalho de autoconhecimento, de autoanálise e a observação atenta das emoções para identificar os mecanismos ocultos que as governam. A segunda é o Pendurado, a entrega a sua própria natureza, aceitando-se plenamente, independentemente das opiniões alheias. Como disse Jung: "O que aceitas te transforma. O que negas te submete". É importante que você compreenda que a única coisa à qual você está atada é a sua própria natureza: a mangueira não dá abacates e o abacateiro não dá mangas. À medida que você se entrega a sua própria natureza, pode se entregar à vida, ao mundo e a seus ideais. Qualquer coisa que façamos pelo mundo, se não nos aceitamos totalmente, não será um ato de entrega senão de busca da aceitação do mundo.

Finalmente, tem A Imperatriz, que indica que seu crescimento está vinculado a sua capacidade de ser consigo mesma a mãe que você gostaria de ter tido na infância. Trata-se de se cuidar, nutrir-se, se proteger, amar-se incondicionalmente, estar atenta a cobrir todas as suas necessidades. À medida que você vai se preenchendo, deixará de esperar que outras pessoas o façam e não pagará um preço absurdo para que isso suceda e finalmente poderá transbordar e fazer isso com os seres que estejam necessitados dessa atitude materna, favorecendo o crescimento e a qualidade de vida dos seres deste planeta. Trata-se também de valorizar sua capacidade de frutificação, de criar arte ou filhos, jardins ou saladas.

Vejamos agora os Desafios e Lições de Vida do ano natal atual, ou seja, de aniversário a aniversário.

Como a consulta foi feita em março de 2006, quando a consultante ainda não havia feito aniversário, usaremos para o cálculo 2005, e seus resultados são válidos desde 15 de maio de 2005 até 15 de maio de 2006.

$2005 = 2 + 5 = 7$
$7 + 15 + 5 = 27$

A primeira Lição de Vida para o ano natal atual é 27 = Ás de Paus.
A segunda Lição de Vida é $27 = 2 + 7 = 9$ = O Ermitão.

O Desafio será $9 = 1 + 8 = 18$ = A Lua.

O seu desafio anual é A Lua. Trata-se de desativar as dificuldades internas, especialmente os medos que tem de abrir o baú da sombra do inconsciente onde você escondeu toda uma série de aspectos, características e talentos cuja expressão no passado gerou sofrimento e que, desde a sombra, manipula, especialmente por meio das projeções. Nós nos sentimos cegamente atraídos pelas pessoas nas quais vemos aspectos ou talentos nossos que gostaríamos de expressar, mas que não conseguimos, e repelidos pelas que expressam aspectos ou talentos nossos que condenamos. Vale dizer que não escondemos essas características e talentos porque queremos, mas porque sabemos instintivamente que para sobreviver (e a sobrevivência é a força maior dos seres vivos) necessitamos ser aceitos pela família e, se expressássemos um aspecto ou talento nosso e recebêssemos uma crítica, uma ameaça, chantagem ou castigo, o instinto de sobrevivência enviava esse aspecto ou talento para a sombra do inconsciente. É importante, pois, perceber essas manipulações e suas consequências.

Como se trabalham os medos? Em primeiro lugar, não podemos fugir deles ou fingir que não existem. Primeiro, temos de aceitá-los como algo nosso. O tamanho do medo é proporcional à dependência e à diferença de tamanhos entre você, quando foi colocado esse medo, e o da pessoa que o colocou, geralmente o pai ou a mãe, aqueles gigantes. Se hoje, com seu corpo e consciência de adulto, você revive as cenas nas quais se sentiu ameaçada e escondeu seus aspectos e talentos, você vai perceber que o que foi assustador agora já não o é, o medo se minimizará e já não a controlará. Além do mais, este ano vai atrair mísseis que vão furar o seu baú, ajudando-a a ter de aceitar o que você esteve escondendo a vida toda.

Seu crescimento pessoal neste ano está muito vinculado à sua capacidade de (Ás de Paus) tomar uma nova iniciativa, firmemente arraigada na sua essência. Também de incorporar o Ermitão, cultivando seu autoconhecimento, para o qual tem de mudar o foco de sua atenção.

Estamos acostumados a pôr a responsabilidade nas circunstâncias, no mundo cruel, neste canalha que somente quer se aproveitar quando o que temos de fazer é identificar em que chaga estão pondo o dedo, percebendo que a vida depende mais de como respondemos às circunstâncias que das próprias circunstâncias. Entender que, se "nos choca nos checa", que se algo gera angústia, ira, medo, tristeza, aflição ou dispara ou seca minha libido, é porque trago do meu passado uma área sensível. Identificá-la e curá-la, revivendo as circunstâncias onde foi criada, permitirá permanecer no seu centro inalterável a tais pessoas ou circunstâncias. Este é o verdadeiro autoconhecimento (saber por que as coisas nos afetam, como afetam), base para a cura.

LEITURA TERAPÊUTICA

– O que está dificultando seu crescimento pessoal é o apego a princípios, crenças, leis e normas (Âncora 1: Quatro de Espadas), como se dentro de você ainda existisse uma criança que precisa pedir permissão, que precisa de ordens e dogmas que lhe deem segurança. Essa mente obediente não gera nenhum tipo de prazer, de gratificação profunda, mas um sentimento de frustração, de estagnação (Momento atual 2: Sete de Discos – O Fracasso), do qual agora você está tomando consciência e também está se perguntando: até que ponto eu estou desfrutando de minha vida? (Momento atual 1: Nove de Copas).

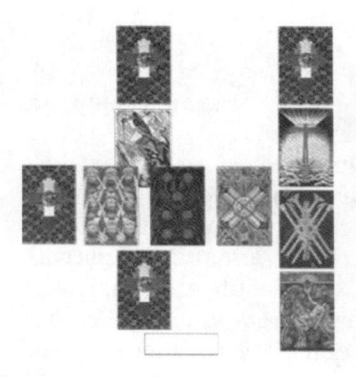

Quanto mais nos aderimos a normas e leis buscando seguridade e aceitação do mundo, mais diminuem o prazer e a satisfação. Esse é o tema que está aflorando, o que você está questionando nesta fase de sua vida e, é claro, o desfrutar da vida está relacionado com sair desta espécie de estagnação que você está sentindo. É como se você tivesse diante de si, na realidade dentro de você, a opção de desfrutar da vida ou a opção de ficar frustrada e estagnada.

Sua essência com a carta do Tesão pede para identificar, entender e desativar as dificuldades internas para integrar o lado animal com o racional. Por um lado, respeitando e acolhendo o que vem do lado animal: emoções, instintos (as forças que nos mantêm vivos como indivíduos e como espécie), os impulsos vitais e as necessidades corporais e biológicas e, por outro, dando uma expressão adequada elaborada pela mente. É evidente que, com o Quatro de Espadas na Âncora, a mente deu um golpe de Estado e esse processo de integração deixou de acontecer faz décadas, provavelmente desde a infância, onde o Ás de Espadas já nos fala de uma programação muito mental sobre sua personalidade também mental, como é a Princesa de Espadas. Além do mais, essa integração tem uma série de efeitos colaterais: aumenta a autoestima e a autoconfiança, sentimo-nos mais vitais, sensuais e sexys e encaramos a vida com mais entusiasmo, alegria e prazer. Também a criatividade biológica, que garante a continuidade da espécie, pode ser elaborada pela mente e expressa de mil maneiras, de modo que a essência pede que a pessoa opte por atividades criativas. É evidente que esse excesso de mente, de leis, crenças e normas impediu essas opções criativas.

Às vezes sucede que algumas pessoas com bastante Fogo, como é seu caso, não vivem esta integração de maneira que não se sentem capazes de conseguir as coisas por si mesmas e buscam o apoio dos outros por meio da sedução, de uma sedução bastante sóbria com esse Quatro de Espadas, mas uma sedução ao fim e ao cabo.

Faz sentido para você o que eu estou falando?
– Que é isso o que eu faço?

– Sim.
– Seduzir?
– Sim, essa é uma das atitudes que esta carta está mostrando.
– Sim, totalmente.
– Você não precisa seduzir ninguém, esta mesma força que você coloca na sedução você pode colocar em suas iniciativas. Você seduz para ser apoiada e aceita. Investindo essa mesma energia, que você coloca na sedução, no que você realmente gosta, vai ver como se multiplica e se transforma em criatividade, que é o que sua essência está pedindo. Então você poderia expressar sua sensualidade, sua beleza, seu erotismo, no entanto, sem estar dirigida para a sedução. Assim você melhora sua autoaceitação e precisará menos da aceitação dos outros. Também, quando você se sentir com mais energia, menos precisará do auxílio dos demais.

É conveniente fazer umas aulas de dança do ventre para soltar a energia da pélvis, que é onde está presa a energia animal, e também escolher atividades criativas que gerem entusiasmo maior. Sua essência diz para usar como bússola o entusiasmo, e assim você vai desabrochar a mulher forte, sensual e erótica que é, deixando a sedução para as relações eróticas.

Esse excesso de mente do Quatro de Espadas já vinha da infância (Infância: Ás de Espadas com esse 35% de Ar, você era uma criança mentalmente precoce, cheia de ideias e com vontade de concretizá-las, 34% de Terra). Mas quando você expressava suas ideias, ideais ou sonhos, quando falava o que gostaria de ser quando crescer, quando tinha um vislumbre de seu caminho de vida e o compartilhava com seus pais, foi criticada duramente, talvez com ironia, condenada, em definitivo, muito desvalorizada. Então, para evitar o sofrimento, desconectou-se de si mesma e a mente tomou o poder.

Esse Sete de Paus – A Coragem nos Relacionamentos – me faz pensar que provavelmente foi seu pai quem mais desvalorizou você, pois, sendo ele o primeiro homem de sua vida, marca muito a maneira como depois você passou a se relacionar com os homens. E você se relaciona com uma atitude de permanente esforço (7B). É claro que um relacionamento é como um jardim, tem de cuidá-lo, mas uma coisa é cuidar do relacionamento e outra é você forçar a barra e deixar de ser você mesma para conseguir mantê-lo. O que tenho de fazer para que você me aceite? O que tenho de fazer para que você me ame? Como eu tenho de ser para você gostar de mim? Isso é algo que conduz à dor. Tem aqui um forte "eu não mereço" em relação ao masculino e ao amor que a leva à sedução. Se eu não andar na corda bamba, não vou garantir o amor dessa pessoa.

Você aprendeu isso com seu pai, buscando sua aprovação obedecendo, adequando-se às suas expectativas e exigências.

Sacamos duas cartas mais para o diagnóstico e voltemos às que faltam.

Sua essência também pede (Voz da Essência 2: Arcano Maior IX, O Ermitão) para você olhar para dentro, escrever a respeito de seus medos, revisar suas origens, pôr o foco de sua atenção em entender por que as circunstâncias a alteram, ou seja, por que geram raiva, tristeza, medo, angústia, etc., identificando as áreas sensíveis, criadas no passado, que são reativadas pelas circunstâncias atuais. Você vai perceber que, se revisa seu passado, o que gerou feridas quando era uma criança vulnerável e dependente hoje já não tem esse poder. Fazer terapia, especialmente análise bioenergética, pode ajudar.

A segunda Âncora, o segundo padrão que dificulta seu crescimento (Âncora 2: Cinco de Paus), é uma síndrome de lutadora que a leva permanentemente a estar na luta, e assim, por exemplo, você vai à praia, mas não deixa de pensar no trabalho. Parece que você caiu nas garras do tirano mental que obedece às ordens e faz você trabalhar sem pausa, buscando no fundo a aprovação daquele pai que desvalorizava suas ideias e projetos infantis. Claro que, se continua obedecendo (Quatro de Espadas) e optando por atividades que nada têm a ver com você, não desfrutará (Nove de Copas) e se desgastará energeticamente até o ponto de se sentir estancada física e economicamente, saboreando uma amarga sensação de fracasso (Sete de Discos).

No Método, o Sete de Espadas – A Futilidade – sugere identificar e desativar a "mente esponja", um mecanismo mental que absorve as opiniões, expectativas, conselhos, pressões, necessidades, sugestões ou ordens de gregos e troianos, leia-se família, amigos, o *petit comité*... mesmo que aí também possam entrar as convenções sociais, a propaganda e as religiões, que deixam a pessoa fútil, dispersa e superficial, além de impedi-la de avançar na execução de seu projeto de vida (seja este um devaneio mental ou algo realmente enraizado em sua essência), como as seis espadas descendentes não deixam subir a espada maior ascendente e a triscam. Para ajudar a desativar esse mecanismo, é conveniente identificar suas origens e também observar suas consequências ao longo de toda a vida.

E por que você faz isto? Porque tem um medo muito grande da rejeição, do abandono e de ser culpada, como indica a primeira carta do Caminho de Crescimento, o Três de Espadas – A Aflição. Mesmo o fato de aparecer esse Três no Caminho de Crescimento indica que, desativando a mente "esponja" e fazendo caso, a essência vai começar a curar essa ferida tripla.

– É curioso que apareça isso, porque é algo que aconteceu muito no passado, mas agora já não.

Agora sou muito independente, tomo minhas próprias decisões, não dou bola para os outros. Surpreende-me muito que apareça isso. Sim, tenho o problema do abandono, mas esta parte de me deixar influenciar pelas opiniões e conselhos dos outros já não a vejo mais.

– Em uma outra época isso era mais visível?

– Antes muitíssimo.

– Às vezes não é que você esteja obedecendo às expectativas e às ordens de, por exemplo, seu pai, mas que esteja obedecendo às expectativas e às ordens de seu pai internalizado na infância. Aí estão os outros.

– Sim ... as vozes lá dentro.

Os gregos foram embora, mas deixaram um cavalo em Troia. Aparentemente hoje você pode não obedecer a seus pais atuais, mas na infância foram gravadas as ordens com as quais você se identifica; não as reconhece mais como ordens alheias, acredita que são suas. Quando aparece uma dessas vozes, tem de observá-la, tem de perceber. Coloque duas cadeiras, em uma você se senta incorporando a voz suspeita e na outra senta você e somente lhe faz perguntas, até que possa se dar conta de que ouviu a resposta já muitas vezes, por exemplo, do seu pai. Você já sabe que essa voz não é sua e não tem por que seguir obedecendo lhe.

"Voz – Melhor você começar a trabalhar!

Você – Por que eu teria de começar a trabalhar?

Voz – Porque tem trabalho pendente e enquanto não o acabe não pode se permitir o luxo de não fazer nada.

Você – Por que não posso fazer uma pausa?

Voz – Porque não pode perder tempo."

Quando você percebe que esse "não pode perder tempo", escutado mil vezes na sua infância, é uma ordem internalizada, então será mais fácil que a deixe de obedecer.

Saquemos mais cartas para o Método, Caminho de Crescimento e Resultados.

A segunda carta do Método (Quatro de Discos – O Poder) sugere em primeiro lugar exercícios corporais regulares, alimentação mais saudável, para se sentir corporalmente mais em forma e disciplinada para não ser engolida por sua parte "trabalhólica". Em segundo lugar, perceber o que realmente quer construir como estrutura material. Qual seria, por exemplo, a casa onde você realmente vai se sentir bem, a que reflete seu verdadeiro ser e não a que infla seu ego ou que quer mostrar para os outros. Isso é válido para tudo o que você vai construir.

À medida que você usar todas essas chaves e compreender melhor os mecanismos que dificultam seu crescimento pessoal, o primeiro desafio será trabalhar (Caminho de Crescimento 1: Três de Espadas) em profundidade o medo da rejeição, a culpa e o abandono.

Como se trabalha o medo ao abandono, à rejeição e à culpa? Pois do mesmo jeito que os medos em geral, como vimos no Desafio Anual da Lua. À medida que você vai desativando essa vulnerabilidade, de menos dedos precisará que cutuquem suas velhas feridas. Pode acontecer também que diante de atitudes suas mais espontâneas, sensuais e impulsivas, pessoas que a conheciam mais apegada a normas e responsabilidades falem assim: "nas como é possível? Você tem mudado demais, já não é mais aquela pessoa. Não gosto de você". Embora não seja agradável, empurra você para trabalhar sua vulnerabilidade ante essas três espadas. Seja um ou outro o caso, ou talvez os dois, vai repercutir na sua própria valorização (Caminho de Crescimento 2: Três de Copas), na valorização de sua abundância interior de seus talentos, de sua criatividade, de sua capacidade de dar frutos. Você vai tornando-se mais generosa consigo mesma e percebe que o que faz com amor dá melhores frutos.

A terceira carta é A Arte, onde começa a integrar os opostos, especialmente no âmbito profissional, fazendo de sua diversão seu trabalho. Quando optamos por uma atividade que nos dá prazer, sendo que o prazer é um dos efeitos colaterais da expressão de um determinado talento, os resultados de nosso trabalho terão qualidade, o que facilitará a entrada de dinheiro. O outro efeito é a energia, de maneira que não nos cansaremos, mantendo assim o corpo mais saudável e jovem. Além do mais, se passamos o dia nos divertindo com nosso trabalho, quando nos relacionamos o faremos como doadores de prazer e não como vampiros nem mendigos; fluímos melhor em nossas relações. Com o corpo, coração e bolso saudáveis, será mais fácil abrir a porta da transcendência espiritual. Pergunte-se o que faria se não necessitasse trabalhar para viver, se tivesse o dinheiro suficiente no colchão para cobrir suas necessidades econômicas.

Ter prazer e estar no presente significam uma tremenda liberação de energia (Caminho de Crescimento 4: Oito de Paus), uma energia que antes você estava usando para se conter, obedecendo às normas importadas do Quatro de Espadas, e isso gerou muita tensão. Quando na Arte flui sendo um canal para o que vem de dentro, para o que lhe dá prazer, já não está se impondo nada, desativando assim o Quatro de Espadas.

Como resultado de todo este processo (Dez de Copas – A Saciedade) há uma reformulação de sua maneira de se relacionar e de fazer vínculos. Se antes você se vinculava emocionalmente às pessoas procurando fundamentalmente segurança e, para isso, inventava muitas obrigações, exigências, autoexigências e compromissos que sufocavam, agora você identifica, entende e desmantela as dificuldades internas que tinha para eliminar esse excesso. Se por baixo ainda tem amor, amizade ou ternura, então você mantém os vínculos, mas, se não tiver nada, nada tem para manter.

Os Amantes no Resultado Externo mostram um casamento consigo mesma. Percebe que o homem e a mulher de sua vida estão dentro e não fora, são suas polaridades internas masculina e feminina. Isso a leva a romper os velhos padrões de relacionamentos, em que se esforçava para manter uma relação, como vimos com o Sete de Paus, levando-a a recuperar a percepção distorcida pela expectativa de que chegasse sua metade da laranja. Você percebe que é uma laranja inteira e a partir daí, desde seu centro, vê as pessoas como são e estabelece relações a partir do que nessas pessoas se sintoniza naturalmente com você, sem se adaptar a nenhum molde. Nesse momento, deixando de orbitar terceiros, pode visualizar e trilhar o caminho de vida no qual realmente é fiel a si mesma.

Também como resultado (Resultado Externo 2: Nove de Discos), tem uma melhora de sua situação econômica, ganhando dinheiro com o que realmente lhe dá prazer, onde naturalmente seu amor e senso de beleza se manifestam.

Sugiro que você tome quatro gotas, quatro vezes ao dia, das essências florais de Evening Primrose,* que ajuda a dissolver o medo ao abandono e à rejeição; Califórnia Pitcher Plant,* que facilita a expressão da instintividade; Indian Paintbrush,* que facilita a expressão da criatividade; Rock Water, para amolecer seu sistema de crenças e normas; Sagebrush,* que ajuda a sentir qual é o seu caminho e as atividades que mais têm a ver com você.

Apêndice 2
Resumo de Significados

★ Aspecto involutivo.

0 ou 22 – O Louco. O Princípio da Potencialidade Absoluta.

O Potencial iniciando sua manifestação. É a criança não programada, EPATIPICA: espontânea, presente, alegre, total, imprevisível, perceptiva, inocente e capaz de se maravilhar. Salto para o desconhecido.

★ Síndrome de Peter Pan. O eterno adolescente, irresponsabilidade, dependência, insegurança, busca de aprovação e amor incondicional, dificuldade de extrair lições das experiências, sem objetivos, traços de caráter oral em sua personalidade, manipulação.

01 – O Mago. O Princípio Masculino Universal, o *Yang*.

A ação e a mente em ação, comunicação, o dinamismo, a mente analítica, hábil e criativa, a capacidade de assimilar conhecimentos, argumentar e convencer, de elaborar projetos, ideias e teorias. Força de vontade.

★ Refém do tirano mental. Comportamento agitado e ansioso, dificuldade para parar, calar, sentir e observar-se, desconexão e desconhecimento do lado interno, excessiva racionalização.

02 – A Sacerdotisa (A Papisa). O Princípio Feminino Universal, o *Yin*.

A receptividade (ao que vem de dentro e ao que chega de fora) e a mente silenciosa, receptiva e contemplativa. A meditação, a conexão com o interior e com a fonte das emoções, a calma, a ausência de ansiedade e de qualquer tipo de tensão. A sabedoria interior, o esoterismo, a não mente, a intuição, a via para o divino, a clarividência.

★ Dificuldade para agir, comunicar-se e tomar decisões, desconfiança do mundo, fantasias, autoinvalidação, falsa espiritualidade, timidez, repressão sexual, a dama de gelo, passividade.

03 – A Imperatriz. O Princípio Feminino Material.

As Forças da Vida, a Natureza. A mãe que cuida, nutre, protege e facilita o crescimento dos seres vivos. O amor incondicional. Criatividade, sensualidade, prazer, frutificação, gravidez, entrega amorosa ao mundo.

★ A "Supermãe", superprotetora, castradora, controladora, manipuladora, que procura aceitação se tornando imprescindível.

04 – O Imperador. O Princípio Masculino Materializado.

O poder econômico e político. As corporações multinacionais. O pai. A autoridade. O que manda na sua vida. Concretiza materialmente trabalhando com método e organização. O líder.

★ Desconectado de suas emoções, rejeita seu lado feminino; viciado em trabalho, dinheiro e poder, frio, autoritário, tenso e agressivo, teme mostrar suas "fraquezas". Traços de caráter psicopático.

05 – O Hierofante (O Papa). O Princípio da Transcendência Espiritual.

O Mestre Iluminado. A procura espiritual ou de conhecimentos. O Mestre Interior. A capacidade de integrar o lado espiritual no cotidiano e/ou de passar conhecimentos para os outros. O Poder Ideológico, as ideologias e os meios de comunicação.

★ Identificação com instituições, doutrinas, seitas, ideologias partidárias, etc., vivendo em função de princípios morais ou ideológicos importados.

06 – Os Amantes. O Princípio da Polaridade.

O processo de criação do Universo pela interação dos Princípios Feminino e Masculino. O Amor como agente criativo e evolutivo em todos os níveis. Reconhecimento e desenvolvimento das polaridades internas feminina e masculina. Percepção do caminho de vida no qual a pessoa é fiel a si mesma.

★ Projeção de um lado da polaridade no outro, que leva à dependência, à anulação, e identificação com o papel vivido dentro de um relacionamento. Ilusões a respeito do casamento. Dificuldade para escolher.

07 – O Carro. O Princípio do Desapego.

Largando o peso morto para fechar um ciclo e abrir outro, tornando-se independente dos condicionamentos externos. Iniciação.

★ Medo de envolver-se, escondido atrás de uma máscara de autossuficiência e independência. Foge dos compromissos e é alérgico às obrigações. Dificuldade para desapegar-se e passar para outra.

08 – O Ajustamento (A Justiça). O Princípio do Equilíbrio.

As Forças que ajustam e equilibram o Universo. A lei de ação e reação.

Ajustando-se com o mundo sem perder a autenticidade. Eliminando as fricções internas e externas. O caminho do meio.

★ Ajusta-se ao que imagina que os outros, a família e a sociedade esperam dele. Imagem de modelo de comportamento que teme a crítica e a condena.

09 – O Ermitão. É o Princípio de Ir para Dentro.

A Introspecção, o autoconhecimento produto de descobrir por que as coisas afetam como o afetam. Autoanálise.

★ Dificuldade para se relacionar, de se envolver e expressar as emoções. Timidez e espírito taciturno, crítico e manipulador. Pode defender o ascetismo e a castidade.

10 – A Fortuna (A Roda da Fortuna). O Princípio de Ir para Fora.

A Expansão Universal e o Movimento. A expansão. Crescimento por meio da aventura. Expansão de horizontes. Novas possibilidades.

★ Adicto ao novo, vive na roda viva das circunstâncias e das mudanças sem se centrar. Dispersão, falta de disciplina e dificuldade para colocar limites e concretizar. Medo do desconhecido.

11 – O Tesão (A Força). A Vitalidade, Força e Brilho de Todos os Seres.

Representa a integração do lado animal (instintos e emoções) com o racional que gera energia transbordante, alegria, prazer, sensualidade, entusiasmo, vitalidade, magnetismo sexual, criatividade e autoestima.

★ Reprime o lado animal, forte racionalização *versus* seduz e manipula usando seus atrativos.

12 – O Pendurado. O Princípio da Entrega.

A entrega à própria natureza do ser e, como consequência, a entrega à vida e ao mundo. A plena autoaceitação, independentemente das opiniões alheias. A dissolução do ego.

★ Dificuldade para se aceitar. Buscando aceitação, renuncia a ser ele mesmo e se torna submisso, sacrificado, vítima e manipulador.

13 – A Morte. O Princípio da Transformação.

A Transformação como produto de identificar, entender e desativar os padrões de comportamento adquiridos na infância. Crise que leva a mudanças internas. Rompimento das couraças dando lugar a manifestações da Essência do ser.
★ Dificuldade de se transformar conscientemente. Apego aos velhos padrões de conduta.

14 – A Arte (A Temperança). O Princípio da Integração dos Opostos.

A Fusão dos Princípios Masculino e Feminino. Água, Ação sem ação: o *wu wei*. Faz de sua diversão seu trabalho. Descansa trabalhando. O fluir. A integração das polaridades internas feminina e masculina: o Androginato Interno.
★ Esconde-se atrás de uma máscara de perfeccionismo e identificação com o trabalho. Teme ser rejeitado se não consegue ser um profissional "maravilhoso".

15 – O Demônio. A Energia Criativa em Seu Aspecto Mais Material.

Os instintos, as forças que nos mantêm vivos como indivíduos e como espécie: de defesa, sexual, de preservação e gregário.
★ Incapacidade para viver os instintos. Repressão e/ou compulsão sexual. A carga sexual presa dando lugar à raiva, à frustração e tendências para a destruição ou perversões sexuais. Negação do corpo e suas funções. O sexo como compensação e/ou autoafirmação.

16 – A Torre (A Casa Deus). O Princípio da Destruição.

Mostra a destruição das prisões externas e internas que sufocam e limitam o indivíduo.
A liberação rompendo prisões externas: vínculos profissionais, rotinas, exigências financeiras, compromissos familiares, relações ou prisões internas: o ego, com suas falsas identificações, ambições e fantasias. Contato com a realidade, produto da ruptura das prisões.
★ Incapacidade de se liberar das prisões, o que gera tensão e autodestruição.

17 – A Estrela. O Princípio da Renovação das Categorias.

Resgate da percepção, produto de eliminar crenças caducas.
★ Refém de crenças. Vanguardismo ou reformismo compulsivo.

18 – A Lua. O Princípio da Escuridão.

★ O lado escuro do Universo. A sombra do inconsciente e suas manipulações. O medo de expressar a sombra. Refém de seus medos. Pavor de se envolver. Rasgos paranoicos.

19 – O Sol. O Princípio da Luz.

O lado luminoso do Universo. A consciência da individualidade e da espiritualidade. Protagonismo, lucidez, autenticidade, criatividade, visibilidade.

★ Necessidade compulsiva de ser o centro das atenções, escondendo um senso de individualidade enfraquecido.

20 – O Eão (O Julgamento). O Princípio da Sucessão das Eras.

As mudanças no Universo quando acaba uma Era e entra outra. O amadurecimento do indivíduo, produto de curar a criança ferida, dando-lhe amor, atenção e apoio, e assim deixa de manipular e se integra com o lado adulto.

★ Vítima das manipulações da criança ferida, dificuldade para levar à prática a consciência. Dependência, busca compulsiva de aceitação. Apego ao que lhe dá segurança e proteção.

21 – O Universo. O Princípio da Síntese Final.

É a Síntese Final e a consequente transcendência. A realização pessoal. Ponto final em um capítulo da vida. Culminação de assuntos que abrem uma fase de estar mais atento para fazer o que vem de dentro.

★ Dificuldade para fechar um capítulo de vida e abrir outro, consequência de não conseguir materializar. Medo de mudar. Refém de apegos, rotinas e vínculos. Extrema rigidez de caráter.

22 – O Louco é considerado o nº 0 ou como nº 22 e seus significados estão no início do capítulo como o nº 0. Não é preciso repetir.

23 – O Cavaleiro de Paus. Natureza Interna e Expressão Externa Fogosas.

Toma iniciativas decididas a partir de seu Fogo: instintos e criatividade. Personalidade impulsiva, impetuosa, entusiasta e espontânea.

★ Pessoa extremamente ativa. Fogo de palha. Compulsiva, incapaz de parar e acabar o que começou. Faltando Água, Ar e Terra, não percebe nem prevê as consequências emocionais ou materiais de suas iniciativas; é incapaz de analisar e extrair experiências de seus atos e se torna grosseira, brusca, explosiva e destrutiva.

24 – A Rainha de Paus. Natureza Interna Fogosa, Expressão Externa Emocional.

Intensa expressão emocional enraizada nos instintos. Passional, firme em suas iniciativas, generosa, poderosa, amante fogosa, entusiasta. Luta pelo que quer, franca e leal.

Vaidosa, autoritária, explosiva, exagerada, teatral, apegada aos objetos de seu amor. Namoradeira, pouco amiga de analisar as coisas e falta-lhe sentido prático.

25 – O Príncipe de Paus. Natureza Interna Fogosa, Expressão Externa Mental.

Chega com ideias e projetos criativos enraizados no seu fogo. Entusiasta que se entrega de corpo e alma a suas atividades. Notável capacidade de idealização. Prazer na realização. Brilhante e decidido.

Orgulhoso, quer ser admirado por suas ideias e projetos. Não mostra suas emoções e tem mais facilidade para encantar o público com seus projetos do que colocá-los em prática.

26 – A Princesa de Paus. Natureza Interna Fogosa, Expressão Externa Prática.

Dá forma material a seus impulsos fogosos: instintivos e criativos.

★ As energias fogosas não canalizadas criam fortes tensões e podem explodir histérica e destrutivamente. Sem emoções nem capacidade de autoanálise.

27 – Ás de Paus (A Raiz dos Poderes do Fogo).

A energia se canaliza sem dispersões para uma nova atividade enraizada na essência. Forte impulso instintivo para algo novo.

★ Dificuldade para tomar iniciativas sintonizadas com sua essência.

28 – Dois de Paus (O Domínio).

★ Dois galos no galinheiro. O ego reprime o lado instintivo e a energia se desgasta. Predisposição à competitividade enfermiça, lutas de poder e autoritarismo.

29 – Três de Paus (A Virtude).

Energia em atividades que ajudam a desenvolver a individualidade. O fazer como expressão do ser.

★ Opção por atividades que dão *status* ou aprovação social, mas não proporcionam satisfação profunda.

30 – Quatro de Paus (A Consumação).

Atribuído ao aspecto fogoso de Jesed. Vênus em Áries.

O método e a organização levam a concluir assuntos profissionais com sucesso, em atividades nas quais a iniciativa masculina e a sensibilidade e receptividade feminina se complementam.

★ A busca de segurança no mundo profissional por meio de atividades rotineiras sem prazer nem criatividade. Círculo vicioso de atividades sem significado.

31 – Cinco de Paus (A Luta).

Energia perseverantemente direcionada para a materialização de objetivos criativos.

Sugere esclarecer o que realmente se quer, em que assunto pode expressar sua criatividade e investir logo na materialização dos projetos com dedicação, perseverança e responsabilidade.

★ Máscara de "lutador" que não se pode dar um tempo de repouso. Buscando aceitação e reconhecimento, trabalha sem descanso.

32 – Seis de Paus (A Vitória).

Equilíbrio entre a energia investida no mundo externo e a que retorna como dinheiro, aprovação e novas oportunidades. Opção por atividades criativas levadas a cabo fluidamente, sem esforço nem competitividade agressiva, atrevendo-se a expandir os horizontes que levam à realização profissional.

★ Fachada de profissional de mão-cheia, vitorioso em seus empreendimentos, que esconde um: "se não me mostrar maravilhoso e vencedor, ninguém vai gostar de mim".

33 – Sete de Paus (A Coragem).

Energia direcionada para uma prioridade específica com a cara e a coragem.

★ Máscara de "herói" que tem a necessidade compulsiva de mostrar-se sobre-humano e encarar qualquer desafio. Desgaste energético, produto de um esforço desesperado para forçar os acontecimentos.

34 – Oito de Paus (A Rapidez).

★ A energia usada na contenção dos impulsos fogosos cria fortes tensões que podem levar a explosões. Explosões históricas em um quadro de forte repressão. Dispersão de energia.

35 – Nove de Paus (A Firmeza).

Autoafirmação energética e posicionamento decidido e firme. Não arreda o pé.

★ Extrema rigidez que mascara vulnerabilidade, insegurança e apego ao passado. Resistência às mudanças.

36 – Dez de Paus (A Opressão).

Saturação energética que sugere reelaborar a vida profissional. Excesso de tarefas e estresse que podem levar a problemas de saúde.

37 – Cavaleiro de Copas. Natureza Interna Emocional, Expressão Externa Fogosa.

Toma iniciativas criativas e instintivas a partir das emoções e da sensibilidade. Os aspectos mais fogosos das emoções: a paixão e a exaltação emocional.

★ Carente emocional que se autoafirma pela paquera 24 horas. Procura a/o mulher/homem ideal (mamãe/papai). Relacionamentos superficiais. Faltando Terra e Ar, seduz compulsivamente sem sentido prático nem percepção das consequências de seus atos.

38 – Rainha de Copas. Natureza Interna e Expressão Externa Emocionais.

A mais sensível, impressionável, sensitiva, receptiva, sentimental das 16. Pode ser paranormal, clarividente, médium.

★ Perdida em um mar de emoções sem expressão, ocultando o que sente e o que quer, manipula, adotando geralmente o papel de vítima. Sente-se vulnerável, por isso não se arrisca. Deprime-se e/ou somatiza com facilidade.

39 – Príncipe de Copas. Natureza Interna Emocional, Expressão Externa Mental.

Com a mente, observa e analisa as emoções, e trata de perceber e definir seus mecanismos. Conhecendo-se pode ajudar os demais a se conhecer. Tem cara de psicoterapeuta.

★ Desconfia de suas emoções e as observa para controlá-las. "Pensar antes de atuar" é seu lema. Sem espontaneidade, usa o que sabe a respeito de si mesmo para manipular os outros.

40 – Princesa de Copas. Natureza Interna Emocional, Expressão Externa Prática.

Dá forma e materializa suas emoções e sensibilidade. Sensual e amorosa, expressa o que sente nos relacionamentos e/ou na arte.

★ Procura compulsiva de aceitação, agradando e mostrando-se sempre "uma gracinha". Não vai mais além das aparências. Tem dificuldade para tomar iniciativas práticas e sua instintividade está escondida.

41 – Ás de Copas (A Raiz dos Poderes da Água).

Abertura ou liberação emocional intensa que pode chegar a ser explosiva.

★ Sentimentalismo exagerado. Forte vulnerabilidade emocional e incapacidade de canalizar as emoções que geram ciclos de contenção/explosão.

42 – Dois de Copas (O Amor).

É a carta da autoestima, de quem está em amor consigo mesmo e, como consequência, com o mundo.

★ Carência emocional, busca compulsiva de amor e atenção, de uma "mãe" ou um "pai" que se dedique a ela. Mendiga amor.

43 – Três de Copas (A Abundância).

A frutificação do amor no plano emocional que pode se refletir também no mundo material. A generosidade emocional consigo e como consequência, com os outros. Valorização da abundância interior e dos talentos.

★ Pode mostrar uma pessoa que não acredita nela mesma, dá as costas para o tesouro escondido no seu interior. Tenta preencher sua carência emocional comprando amor e aceitação, e mostrando-se generosa e atenciosa.

44 – Quatro de Copas (O Luxo).

Estado emocional estruturado, nutrido e estabelecido que facilita relações estáveis e bem estruturadas.

★ Emoções presas a padrões rígidos e vínculos artificiais. Procura de segurança por meio de um relacionamento sem prazer nem criatividade, que gera uma prisão.

45 – Cinco de Copas (A Frustração).

★ A autoestima destruída. A reformulação de relações a partir de recuperar a autoestima, entendendo por que determinadas situações ou pessoas a pisam.

46 – Seis de Copas (O Prazer).

Equilíbrio e harmonia emocional. Prazer e alegria, produto de ser autêntico e verdadeiro, de expressar os talentos e de viver a sexualidade plena e conscientemente.

★ Fachada de alegre e sexy para ser aceito.

47 – Sete de Copas (A Corrupção).

★ Procura frenética de prazer por meio das compensações: comida, bebida, drogas, compras, sexo sem intimidade e outras compensações que degradam a alma, corrompem o corpo e detonam o bolso.

48 – Oito de Copas (A Indolência).

★ Estado emocional de tristeza, apatia, pesar, melancolia com possíveis conotações depressivas. Fantasias.

49 – Nove de Copas (A Felicidade).

Satisfação sensorial e emocional. Receptividade que permite desfrutar das "coisas boas" que a vida oferece.

★ Máscara de satisfeito com a vida. "Se não mostrar que sou feliz ninguém vai gostar de mim."

50 – Dez de Copas (A Saciedade).

★ Situação limite de saturação emocional, não aguenta mais, sufoco, produto de colocar excessivas exigências, compromissos, obrigações, expectativas e possessividade nos relacionamentos emocionais, procurando segurança.

51 – Cavaleiro de Espadas. Natureza Interna Mental, Expressão Externa Fogosa.

Toma iniciativas criativas e instintivas a partir da mente: opiniões, ideias, crenças, teorias, projetos... Luta por seus ideais ou por causas sociais. Mente exaltada.

★ Faltando Água e Terra, está desconectado de suas emoções; não percebe as consequências emocionais que suas iniciativas podem gerar nos demais e a realidade prática das coisas; pode tornar-se um fanático catequizado.

52 – Rainha de Espadas. Natureza Interna Mental, Expressão Externa Emocional.

A libertadora da mente. Assim como a chuva lava a atmosfera, as emoções limpam a mente de crenças trogloditas e machistas. Resgate da expressão emocional autêntica como produto de eliminar velhas crenças.

★ Amargurada, supercrítica, intolerante, manipuladora, argumentadora, severa, culpabilizadora e chantagista.

53 – Príncipe de Espadas. Natureza Interna e Expressão Externa Mentais.

A personalidade mais mental de todas. Teórico, argumentador e orador cheio de informações, dados e estatísticas. Meticuloso analisador das próprias ideias e das alheias, sempre disposto a propor projetos e teorias.

★ Identificado com a mente e desconectado de instintos, emoções e lado prático, desliga-se da realidade, vivendo no mundo abstrato e insípido das ideias.

54 – Princesa de Espadas. Natureza Interna Mental, Expressão Externa Prática.

Concretiza e materializa suas ideias. A mente trabalhando de maneira prática. Decidida e lutadora. Se é necessário, usa sua mente para abrir passagem diante das dificuldades.

★ Faltando Água e Fogo, vive desconectada de suas emoções e de seus instintos, e usa a mente de maneira mesquinha, desconfiada e sórdida. Relaciona-se só por interesse material.

55 – Ás de Espadas (A Raiz dos Poderes do Ar).

A mente silenciosa, receptiva e alerta, que conectada com a essência é fiel instrumento da vontade e percebe o verdadeiro caminho de vida do ser.

★Excesso de racionalização que coíbe a espontaneidade. Não sabe agir sem um plano elaborado. Desconectado da essência e das emoções e instintos.

56 – Dois de Espadas (A Paz).

★ A mente conciliadora incapaz de dizer não, de mandar passear, de enfrentar ou de se afirmar no que é essencial quando se trata de chegar a um acordo ou firmar um contrato, abdicando assim de suas opiniões, direitos e desejos para evitar o conflito. Debaixo de sua aparência amável e gentil, pode carregar doses enormes de raiva.

57 – Três de Espadas (A Dor).

★ A mente arrasada pela dor, produto da vulnerabilidade a rejeições, abandonos e culpabilizações. O medo de sofrer paralisa a espontaneidade. Máscara de sofrimento para conseguir o apoio solidário dos outros.

58 – Quatro de Espadas (A Trégua).

A mente construtiva que trabalha com método, ordem e organização, convenientemente estruturada em cima de uma série de fundamentos sólidos e funcionais.

★ Mente militar que busca segurança obedecendo ordens. Rigidez mental que, dando prioridade à estabilidade e à segurança, fecha-se a novas ideias, bloqueia suas emoções, a imaginação e a espontaneidade.

59 – Cinco de Espadas (A Derrota).

★ A mente destrutiva, derrotista, articulada ao redor de crítica, ciúmes, inveja, intrigas e vingança. Vê unicamente o lado negativo e feio da vida. Atrai baixaria.

60 – Seis de Espadas (A Ciência).

A mente realista, equilibrada, funcional e científica, que sabe extrair dados da experiência e aplicá-los à realidade funcionalmente. Capacidade de aprender ou mudar crenças, seja por meio de estudos ou de viagens.

★ O "sabichão" que esconde seus instintos, emoções e falta de confiança interna com dados, informações técnicas e estatísticas. A mente "cartesiana" que não acredita em intuição, espiritualidade, esoterismo, nem em nada que não esteja "cientificamente comprovado".

61 – Sete de Espadas (A Futilidade).

★ A mente "esponja" que, absorvendo as expectativas, conselhos, necessidades, convenções sociais, religiões e propaganda, acaba se desconectando de seus próprios referenciais, tornando-se fútil, superficial, dispersa e confusa.

62 – Oito de Espadas (A Interferência).

★ A mente "grade" que sabota qualquer iniciativa de aventura e expansão, inventando pretextos enraizados no medo.

63 – Nove de Espadas (A Crueldade).

Mente cruel e suicida que nega a expressão dos instintos e dos impulsos de autoafirmação do eu, conquistando seus objetivos com uma avalanche de justificativas. Isso gera muita raiva que pode alimentar atitudes autodestrutivas das quais o ego se gaba.

64 – Dez de Espadas (A Ruína).

Situação limite em que a visão de mundo, armada em cima de um sistema de crenças anacrônico, revela-se falsa, inoperante e geradora de sofrimento.

★ Apego a uma velha visão de mundo, por mais que só traga decepções e frustrações.

65 – Cavaleiro de Discos. Natureza Interna Prática, Expressão Externa Fogosa.

Toma iniciativas instintivas e criativas a partir de suas necessidades corporais e econômicas. Sem grandes sentimentalismos nem afeição pelo mundo intelectual, sua sabedoria e equilíbrio procedem de sua integração com a natureza e seus ciclos.

★ Trabalhador compulsivo, que se exige ser responsável e serviçal para conseguir a aprovação dos outros. Sem Água, número Ar, suas atividades ficam limitadas, pois carece de sensibilidade e de capacidade de elaboração mental. Faltam-lhe sensibilidade e capacidade de criar projetos. Preso ao trabalho formiga.

66 – Rainha de Discos. Natureza Interna Prática, Expressão Externa Emocional.

Impulsiona suas iniciativas emocionais com seu poder material. Assim, vivifica e nutre seu ambiente.

★ Compra atenção e amor ajudando financeiramente o próximo e vai sentindo-se cada vez mais usada, vazia, frustrada e carente.

67 – Príncipe de Discos. Natureza Interna Prática. Expressão Externa Mental.

Atenção mental dirigida para a matéria, observando como funciona, e elaborando teorias e projetos com fins produtivos.

★ Sem Água nem Fogo, fica desconectado de emoções e instintos. Pode ser um frio e calculista homem de negócios, que faz do dinheiro o objetivo principal de sua vida, sem grande criatividade nem consciência do sofrimento que seus projetos podem gerar.

68 – Princesa de Discos. Natureza Interna e Expressão Externa Práticas.

Ligada ao corpo e a suas sensações. Receptiva às mensagens corporais, faz delas a base de sua capacidade para materializar. Em silêncio mental, aquietadas suas emoções e desejos, vai aprofundando-se na sua consciência corporal até entrar em meditação, abrindo o caminho da transcendência. Dá forma ao mundo material.

★ Sem Água lhe falta sensibilidade e sem Fogo nem Ar (elementos ativos) tem dificuldade para tomar iniciativas fica ancorada na matéria identificando-se com a aparência corporal superficialmente e com dificuldade para ser independente economicamente.

69 – Ás de Discos. A Raiz dos Poderes da Terra.

Nova iniciativa no mundo material, levando à prática uma nova consciência corporal e/ou um novo empreendimento enraizado na essência que pode trazer benefícios econômicos.

★ Dificuldade para atingir objetivos concretos nos seus empreendimentos materiais pela incapacidade de tomar iniciativas sintonizadas com sua essência.

70 – Dois de Discos (A Mudança).

Mudanças paulatinas no mundo material, fruto de permitir-se sonhar e atingir a visão clara de qual é a vida que realmente quer viver. Flexibilidade corporal e capacidade para adaptar-se às mudanças dos tempos.

★ Sem uma visão clara da vida que quer viver, tem dificuldade para mudar. Rigidez corporal.

71 – Três de Discos (Os Trabalhos).

Atenção direcionada para o trabalho. Opção profissional que estimula energeticamente e leva à autoafirmação do eu. Trabalho corporal que melhora a vitalidade.

★ "Trabalhólatra." Viciada no trabalho, é incapaz de parar e olhar as outras áreas de sua vida que provavelmente estão estagnadas. Procura aprovação e reconhecimento por meio do trabalho e nele sublima sua energia sexual.

72 – Quatro de Discos (O Poder).

Estabilidade e segurança econômica, decorrentes de trabalhar com método e organização. Percepção consciente do que quer construir materialmente. Boa forma física, produto de exercício corporal metódico.

★ Busca de segurança em virtude de construir uma estrutura material estável. Apego à matéria e à aparência corporal.

73 – Cinco de Discos (O Sofrimento).

★ Destruição da estrutura material: tensões corporais, estresse, somatizações, enfermidades, perdas econômicas, dívidas, muito esforço para pouco rendimento, produto de se envolver com atividades que nada têm a ver com sua natureza.

74 – Seis de Discos (O Sucesso).

Boa saúde, beleza e vitalidade. Reconhecimento social e sucesso econômico. Situação econômica em equilíbrio e harmonia, o que elimina a preocupação com o dinheiro.

★ Exige-se manter uma fachada de bem-sucedido economicamente e corpo de atleta para ser aceito.

75 – Sete de Discos (O Fracasso).

★ Sensação de estagnação e/ou fracasso nas atividades econômicas por mais que invista. Problemas físicos nas áreas do movimento e da comunicação. Medo de fracassar que coíbe as iniciativas.

76 – Oito de Discos (A Prudência).

Momento de produção material em que os resultados do trabalho levam seu selo pessoal, adquirindo visibilidade e valorização. Um novo estilo. Sugere atrever-se a fazer sua própria síntese, mostrando seu Eu nas suas obras.

★ Autoexigência de que seu corpo seja atrativo e/ou que os resultados de seu trabalho sejam especiais, diferentes e brilhantes, adaptando-se em ambos os casos ao que se supõe que o mundo espera. Cuida de seu corpo de um modo superficial e vaidoso.

77 – Nove de Discos (O Lucro).

Ganhando dinheiro com atividades que lhe dão prazer, em que seu amor se expressa naturalmente, e colocando sua sensibilidade estética. Benefícios na área da saúde e beleza, decorrentes dos cuidados amorosos com o próprio corpo.

★ Obsessão com os lucros. A ética e a solidariedade não são seus fortes. Mostra também o culto vaidoso à beleza pessoal.

78 – Dez de Discos (A Prosperidade).

Saúde e prosperidade econômica, resultantes do uso brilhante da mente aplicada à matéria, administrando ou elaborando projetos que angariam recursos.

★ Identificada com o dinheiro ou com crenças que em nada ajudam seu progresso econômico. Ostentação. Refém do dinheiro.

Apêndice 3
Quadros

Neste apêndice estão os significados das cartas nas posições da Leitura Terapêutica, de maneira mais técnica e simples possível, deixando de lado possíveis deduções ou aportes mais intuitivos que possam ter sido lidos nos capítulos anteriores.

(+) = por excesso; (-) = por falta; ↑ = muito, mais de 50%; ↓ = pouco, menos de 10%; F = Fogo; Ag = Água; Ar = Ar; T = Terra.

O Louco	
Significados Gerais	Princípio da Potencialidade absoluta no início da manifestação.
Momento Atual	Impulso de resgatar sua criança não programada (EPATIPICA).[59]
Âncora	(+) Síndrome de Peter Pan. Eterno adolescente. (-) Desconectado de sua criança não programada.
Infância	Sem infância. Foi "adulterado".
Relacionamentos	a) O relacionamento ajuda a contatar e desenvolver as características da criança espontânea. b) Procurando mamãe/papai. Relacionamento paterno-filial.
Voz da Essência e Método	Desativar as dificuldades internas para resgatar sua criança não programada.
Caminho de Crescimento	Começa a se conectar e expressar sua criança não programada.
Resultado Interno	Resgatou sua criança não programada.
Resultado Externo	Com essa atitude EPATIPICA encara o mundo.

---

59. EPATIPICA: Espontâneo – Presente – Alegre – Total – Inocente – Perceptivo – Imprevisível – Capaz de maravilhar-se.

Apêndice 3

	O Mago	A Sacerdotisa	A Imperatriz
Significados Gerais	O Masculino Universal. A ação, a mente em ação.	O Feminino Universal. A Receptividade, a mente receptiva e silenciosa. A Meditação.	O Feminino Material. As forças da vida que nutrem, cuidam, protegem e facilitam o crescimento dos seres vivos. A Natureza. A mãe.
Momento Atual	Impulso de agitar, comunicar-se e criar intelectualmente.	Impulso de parar, de estar receptiva com o que vem de dentro e de fora.	Impulso de cuidar-se e cuidar dos outros.
Âncora	(+) Dificuldade de parar de correr e de pensar. Identificação com a mente. Desconexão com o mundo interno. (-) Dificuldade para se mover, comunicar-se e criar projetos.	(+) Dificuldade para se mover, comunicar-se e se expor. (-) Dificuldade para se conectar com sua essência e ser receptiva com o mundo.	(+) Vive cuidando dos outros, superprotetora e castradora. (-) Dificuldade de se cuidar e cuidar dos outros.
Infância	Aceitação condicionada a se mostrar ativo, comunicativo e inteligente.	Aceitação condicionada a estar quieta e em silêncio.	Mãe superprotetora e castradora.
Relacionamentos	a) O relacionamento ajuda a tomar iniciativas, desenvolver projetos, comunicar-se. b) Troca ideias, mas não se envolve. Máscara de ocupado e importante.	a) O relacionamento ajuda a interiorizar e ficar receptiva. b) Não se relaciona. Fachada de "eu já transcendi essas coisas".	a) Relação que a impulsiona a se cuidar e/ou a querer ter filhos. b) Cuida maternalmente de seu/sua parceiro/a.
Voz da Essência e Método	Partir para a ação. Usar os conhecimentos e habilidades. Criar intelectualmente. Vender o peixe. Comunicar-se.	Sugere parar, respirar, sentir, escutar a voz interior, ser receptiva com o que vem. Meditar.	Sugere ser consigo mesma a mãe que você gostaria de ter tido quando era criança.
Caminho de Crescimento	Começa a desenvolver ideias, projetos, faz contatos, agitando.	Começa a se tornar receptiva com o que vem de dentro e o que vem de fora.	Começa a cuidar de si mesma.
Resultado Interno	Desativou as dificuldades para mover-se, comunicar-se e criar projetos.	Desativou as dificuldades para escutar a voz interior e ser receptiva com o que vem.	Desativa as dificuldades internas para cuidar de si mesma.
Resultado Externo	Com dinamismo e ideias criativas encara o mundo.	Encara o mundo escutando sua voz interior e ficando receptiva ao externo.	Cuidando-se, passa a cuidar de quem necessita ser cuidado.

	O Imperador	O Hierofante	Os Amantes
Significados Gerais	O Masculino Material. O Poder econômico e político. O Pai.	A transcendência espiritual.	A Polaridade criando o Universo.
Momento Atual	Impulso de mandar em sua vida, de materializar projetos.	Impulso para a espiritualidade.	Impulso de desenvolver suas polaridades masculina e feminina.
Âncora	(+) Tirano. Psicopata. (-) Projeta seu lado masculino. Dependente.	(+) Preso a doutrinas. (-) Incapaz de perceber algo mais além da matéria.	Projeta uma das polaridades e depende da pessoa sobre a qual projetou. Dificuldade para fazer escolhas e tomar decisões.
Infância	Pai (ou mãe) autoritário que não deu carinho.	Adoutrinamento.	Conflitos entre os pais, com a criança no meio.
Relacionamentos	a) Relação que ajuda a tomar o comando de sua vida e materializar projetos. b) Fachada de poderoso e mandão. Procura vassalos.	a) Relacionamento que ajuda abrir-se à espiritualidade. b) Fachada de mestre, guru. Procura discípulos.	a) Relacionamento que ajuda a desenvolver as polaridades internas. b) Obsessão ou idealização do casamento. Busca sua "meia laranja".
Voz da Essência e Método	Sugere ser a autoridade que manda em sua vida. Materializar seus projetos com método e organização.	Sugere aproveitar o que os verdadeiros mestres ensinaram. Conectar-se com o mestre espiritual interno. Ensinar o que sabe.	Sugere perceber que o homem e a mulher de sua vida estão dentro e não fora. Assim, poderá identificar o caminho de vida que signifique ser fiel consigo.
Caminho de Crescimento	Para de projetar o Princípio Masculino e começa a mandar em sua vida e a materializar seus projetos.	Começa a se interessar pela espiritualidade e/ou a ensinar o que sabe.	Começa a desenvolver suas polaridades, a mudar sua maneira de relacionar-se e vislumbra seu real caminho de vida.
Resultado Interno	Desativa as dificuldades para mandar em sua vida e materializar seus próprios projetos.	Desativa as dificuldades para viver sua espiritualidade e/ou ensinar o que sabe.	Desativa as dificuldades internas para desenvolver plenamente suas polaridades, avançando assim em seu caminho de vida.
Resultado Externo	Encara o mundo exercendo o mando e materializando seus próprios projetos.	Encara o mundo vivendo plenamente sua espiritualidade e/ou passando conhecimentos.	Encara o mundo de ambas as polaridades, sem expectativas nem dependências.

	O Carro	O Ajustamento	O Ermitão
Significados Gerais	A Mudança de ciclo. O Desapego.	O ajuste entre o mundo interno e o externo.	A introspecção analítica.
Momento Atual	Impulso para largar o peso morto.	Buscando a maneira de expressar com autenticidade seus impulsos, sem gerar fricções com o mundo externo.	Impulso para se conhecer melhor. Por que as coisas mexem comigo?
Âncora	(+) Máscara de desapegado. "Não necessito disso." (-) Incapaz de se desapegar.	(+) Ajusta-se ao que imagina que os outros esperam dele. Modelo de comportamento. (-) Incapaz de ajustar-se.	(+) Dificuldade para fazer contato. Isola-se. Asceta. (-) Incapaz de olhar para dentro.
Infância	Foi abandonado.	Aceitação condicionada a ser um modelo de conduta.	Ambiente de tristeza, falta de presença amorosa dos pais. Solidão.
Relacionamentos	a) O relacionamento ajuda a desapegar-se daquilo que não o nutre, pode até ser do próprio relacionamento. b) Fachada de desapegado.	a) Relação que ajuda a ser mais autêntico na expressão dos impulsos, sem criar conflito com o mundo externo. b) Ajusta-se ao/à parceiro/a passando uma imagem de perfeito/a marido/esposa.	a) Relação que ajuda a olhar para dentro e entender por que as situações geram impactos. b) Não se relaciona. "Mais vale só do que mal acompanhado."
Voz da Essência e Método	Sugere abrir uma nova fase de vida largando o peso morto.	Sugere encontrar a maneira de expressar com autenticidade seus impulsos, sem gerar fricções com o mundo externo.	Sugere mudar o foco. Não é o mundo cruel. Se algo afeta, é porque tem uma área sensível que é necessário trabalhar.
Caminho de Crescimento	Começa a eliminar o que já não o estimula.	Entende a origem de suas fricções internas e com o mundo e começa a eliminá-las.	Começa a identificar e curar as velhas feridas de maneira que vai se centrando.
Resultado Interno	Desativa as dificuldades internas para eliminar o peso morto, abrindo assim uma nova etapa de vida.	Desativa as dificuldades internas para se expressar com autenticidade sem se chocar com o mundo externo, ficando assim mais equilibrado.	Desativa as dificuldades internas para mudar o foco, curou suas feridas e assim fica centrado e aberto.
Resultado Externo	Eliminado o peso morto, encara o mundo mais leve, fechando uma etapa e abrindo outra.	Encara o mundo sabendo expressar seus impulsos com autenticidade e sem criar fricções com o mundo.	Curou suas feridas, as situações já não o afetam, encara o mundo centrado e aberto, conhecendo a si pode ajudar os outros a se conhecer.

	A Fortuna	O Tesão	O Pendurado
Significados Gerais	A Expansão.	A Integração do lado animal com o lado racional.	A Entrega à própria natureza.
Momento Atual	Impulso para o novo e desconhecido.	Impulso de acolher o que vem do lado animal (instintos e emoções), dando-lhe uma expressão elaborada com a mente.	Impulso de autoaceitação. Percebe as consequências de não se aceitar tal e como é.
Âncora	(+) Adicto à novidade. Não fecha etapas. (-) Incapaz de se aventurar. Medo da novidade.	(+) Sedutor compulsivo. (-) Repressão do lado animal. Racionalismo exacerbado.	(+) Busca compulsivamente a aceitação, fazendo o que quer que seja para os outros. (-) Incapaz de aceitar-se, tenta ser o que não é.
Infância	Mudanças geraram insegurança.	Repressão do lado animal. Ambiente familiar cheio de tabus, especialmente sexuais. Invalidação da criatividade.	Aceitação condicionada a renunciar a si e submeter-se às exigências familiares.
Relacionamentos	a) O relacionamento ajuda a se aventurar e abrir horizontes. b) A compulsão pelo novo impede relações profundas e duradoras. Promiscuidade.	a) O relacionamento ajuda a valorizar o lado animal, melhorando o tesão, a sensualidade e a sexualidade. b) Seduz obsessivamente.	a) Relacionamento que ajuda a autoaceitar-se. b) Manipula com uma máscara de submissão que se sacrifica pelo outro.
Voz da Essência e Método	Sugere trabalhar as dificuldades internas que impedem a aventura.	Sugere trabalhar as dificuldades internas que impedem integrar a animalidade e a razão. Fazer opções criativas.	Sugere entender que o único que nos prende é a nossa natureza; tem de trabalhar as dificuldades internas que impedem a autoaceitação.
Caminho de Crescimento	Começa a abrir-se para o mundo. Descobre coisas novas e procura oportunidades de expansão.	Começa a integrar a razão e a animalidade, melhorando sua autoestima e entusiasmo pela vida.	Começa a identificar as causas de sua não aceitação e a minimizá-las.
Resultado Interno	Supera as dificuldades para aventurar-se a encarar o desconhecido.	Desativa as dificuldades para integrar os lados animal e racional. Transborda energia, prazer, entusiasmo, autoconfiança, criatividade e autoestima.	Desativa as dificuldades para entregar-se a sua natureza e, como consequência, pode entregar-se à vida, a seus ideais e ao mundo.
Resultado Externo	Expande seu mundo. Faz novos contatos. Viaja.	Encara o mundo integrando seus lados animal e racional, e opta por atividades nas quais pode expressar sua criatividade.	Sua plena autoaceitação o leva a optar por atividades em que se entrega a seus ideais.

	A Morte	A Arte	O Demônio
Significados Gerais	A Transformação interior.	A integração dos opostos.	Os instintos: as forças que nos mantêm vivos como indivíduos e como espécie.
Momento Atual	Crise: impulso/medo de desativar velhos padrões de conduta que trazem sofrimento.	Impulso de fazer de sua diversão seu trabalho.	Impulso de aceitar e viver seus instintos: de defesa, sexual, de preservação e gregário.
Âncora	(+) Adicto a psicoterapias. (-) "Mudar? Antes a morte!"	(+) Máscara de profissional de mão-cheia. Perfeccionista. (-) Dificuldade para fazer de sua diversão seu trabalho.	(+) Adicto ao sexo. (-) Instintividade reprimida, talvez direcionada para o poder, trabalho, atividades filantrópicas ou espiritualistas, consumismo ou perversões.
Infância	Perda de um ser próximo. Experiência de morte.	Aceitação condicionada a absorver-se e ser perfeito em suas atividades.	Repressão instintiva e desvalorização do corpo. Nojos, vergonha.
Relacionamentos	a) Relação que ajuda a desativar padrões de conduta neuróticos. b) Psicoterapeuta de seu/sua parceiro/a.	a) O relacionamento ajuda a pessoa a investir em atividades em que se diverte. b) Fachada de profissional de mão-cheia.	O relacionamento ajuda a aceitar e viver os instintos com mais intensidade e consciência. Só quer sexo.
Voz da Essência e Método	Sugere desativar padrões de conduta que, necessários na infância para ser aceito, hoje o impedem de agir a partir de sua essência. Psicoterapia corporal para romper as couraças defensivas.	Sugere fazer de sua diversão seu trabalho. Trabalhar no que faria se não necessitasse trabalhar para viver. Integrar suas polaridades masculina e feminina.	Liberar os instintos: de defesa, aprendendo a expressar a raiva; sexual, soltando a franga; de preservação, cuidando do corpo. Amolecer as tensões corporais da pélvis.
Caminho de Crescimento	Começa a eliminar os velhos padrões. Reconexão com sua essência.	Começa a optar por atividades para as quais tem talentos, dando-lhe prazer e energia.	Começa a respeitar seus instintos e a expressá-los. Resgate de energia.
Resultado Interno	Desativa as dificuldades internas para eliminar plenamente os velhos padrões. Faz opções a partir de sua essência.	Desativa as dificuldades internas para se divertir trabalhando. Integra suas polaridades: Androginato Interno.	Superou as dificuldades internas que tinha para viver seus instintos. Recuperou a vitalidade e a alegria.
Resultado Externo	Desativando seus padrões de conduta, trabalha para transformar sua vida e seu mundo.	Encara o mundo fazendo aquilo de que gosta, o que facilita que ganhe dinheiro e se relacione como um doador de prazer, e não como um vampiro/mendigo.	Trabalha em atividades criativas, nas quais expressa seu lado instintivo.

	A Torre	A Estrela	A Lua
Significados Gerais	A destruição das prisões: o que nos sufoca e limita.	O resgate da percepção eliminando crenças.	A sombra do Inconsciente. Os medos de mostrar o escondido.
Momento Atual	Impulso de destruir suas prisões, externas e internas.	Impulso de eliminar velhas crenças inoculadas na infância que não funcionam.	Circunstâncias mexem em aspectos negados e escondidos na sombra de maneira que, apesar do medo que o consciente tem deles, a pessoa tem de admitir que existem, e sente o impulso de integrá-los.
Âncora	(+) Autodestruição. (-) Dificuldade crônica de destruir suas prisões.	(+) Contestador compulsivo. Sempre tem a razão e a ideia mais atual. (-) Dificuldade crônica para eliminar crenças.	(+) Manipulado por tudo o que esconde. Paralisado pelos medos, especialmente o de se mostrar. Personalidade "iceberg". (-) Personalidade contrafóbica.
Infância	Acidentes, guerras, enchentes, brigas entre os pais, etc., que quebraram a segurança interna da criança.	Choque de crenças dentro da família, ou entre a família e a escola.	Programação baseada no medo. Tudo era perigoso. Ameaças, chantagens.
Relacionamentos	a) O relacionamento ajuda a libertar-se das prisões. b) Qualquer vínculo é uma prisão que o sufoca e que destrói logo.	a) O relacionamento ajuda a mudar suas ideias, abrindo sua cabeça. b) Vende uma imagem de intelectual progressista.	a) Relação que ajuda a identificar e trabalhar os medos, e aceitar e integrar a sombra. b) Medo de se relacionar.
Voz da Essência e Método	Sugere dinamitar as prisões externas (exigências profissionais, familiares ou financeiras) e internas (o ego).	Identificar e eliminar crenças, princípios e valores que sustentam decisões que levam a sofrer.	Aceitar a sombra, trabalhar os medos, identificando suas origens para perceber que o que era perigoso na infância deixa de sê-lo hoje.
Caminho de Crescimento	Começa a perceber as consequências de permanecer prisioneiro e começa a destruir suas prisões.	Está percebendo que muitas de suas crenças só o levam a sofrer e está começando a mudá-las.	Começa a trabalhar seus medos e expressar sua sombra.

Resultado Interno	Superou as dificuldades internas que tinha para romper as prisões externas e a casca grossa do ego.	Superou as dificuldades internas que tinha para eliminar crenças adquiridas e, assim, resgata sua percepção.	Resolveu os medos e integrou a sombra.
Resultado Externo	Depois de eliminar suas prisões, encara o mundo sentindo-se livre e talvez confrontando estruturas opressivas.	Depois de resgatar sua percepção, questiona e desmascara crenças obsoletas.	Atrai uma situação externa que cutuca seus medos. Tempos atrás ficaria paralisado, mas agora lhe permite entender sua sombra, facilitando sua integração.

	O Sol	O Eão	O Universo
Significados Gerais	A Consciência (individual e espiritual).	Amadurecer.	A Síntese Final. A realização pessoal.
Momento Atual	Impulso de ser mais si mesmo.	Percepção das manipulações da criança ferida, carente e insegura. Impulso para curá-la.	Impulso de fechar um ciclo de vida, chegando às últimas concretizações em uma série de assuntos.
Âncora	Déficit da noção da individualidade. "Quem sou eu?" (+) Busca compulsivamente a atenção dos outros, mostrando-se especial. (-) Esconde-se.	Lado adulto cronicamente manipulado pela necessidade de aceitação pelo medo de sofrer que tem sua criança ferida. Dificuldade para amadurecer.	Dificuldade de fechar ciclos. (+) Perfeccionista. (-) Dificuldade para materializar.
Infância	Foi superpaparicado ou ignorado, distorção do senso de identidade.	Aceitação condicionada a não crescer em autonomia e independência. Superprotegido.	Aceitação condicionada a fazer as coisas perfeitamente e concluir as tarefas pendentes. "Primeiro a obrigação, depois a devoção."

Relacionamentos	a) O relacionamento ajuda a pessoa a fortalecer seu senso de identidade. b) Quer satélites que inflem seu ego.	a) O relacionamento ajuda a amadurecer, identificando as manipulações da criança ferida. b) Mostra-se bonzinho e frágil para conseguir proteção e segurança. Incapaz de tomar suas próprias decisões.	a) O relacionamento ajuda a pessoa a concluir assuntos que a levam a passar para um novo ciclo de vida. b) O casal conclui uma série de objetivos e abre uma nova etapa de vida, em que tem a oportunidade de fazer o que realmente vem de dentro.
Voz da Essência e Método	Sugere trabalhar as dificuldades internas para fortalecer o senso de identidade, viver mais em função de si, mostrar-se com autenticidade, optar por atividades criativas.	Sugere dar atenção e carinho a essa criança carente e insegura para que cresça e se integre com o adulto.	Sugere concluir assuntos, construindo um trampolim para uma nova etapa.
Caminho de Crescimento	Começa a desenvolver sua individualidade.	Identifica as manipulações da criança ferida e começa a nutri-la.	Percebe a necessidade de fechar um ciclo na sua vida, concluindo assuntos, para abrir outro.
Resultado Interno	Desativa as dificuldades para ser protagonista de sua vida, desenvolver seus talentos, expressar-se com autenticidade e criatividade, fortalecendo a consciência de sua individualidade.	Desativa as dificuldades para cuidar e ajudar a crescer a sua criança ferida, integrando-a.	Identificou e desativou as dificuldades internas que o impediam de concluir um ciclo de vida e iniciar outro, caraterizado por estar mais atento ao que vem de dentro.
Resultado Externo	Encara o mundo sendo o centro de seu universo, irradiando energia e luz, dedicado a atividades criativas.	Encara o mundo curando e integrando a sua criança ferida. Livre de suas manipulações, pode levar à prática sua consciência.	Recolhe os frutos de seu trabalho, que lhe possibilitam iniciar uma nova etapa, mais livre de condicionamentos para poder fazer o que vem de dentro.

Apêndice 3

	Cavaleiro de Paus	Rainha de Paus	Príncipe de Paus	Princesa de Paus
Tipo de personalidade	Natureza interna e expressão fogosas.	Natureza interna fogosa, expressão emocional.	Natureza interna fogosa e expressão mental.	Natureza interna fogosa e expressão prática.
Momento Atual	Impulso para iniciativa decidida de origem instintiva.	Autoafirmação emocional a partir da conexão com a instintividade.	Impulso para elaborar um projeto ou ideia enraizado na instintividade e criatividade.	A pessoa a ponto de explodir ou em pleno surto criativo.
Âncora	(+) Explosivo. Fogo de palha. Sem emoções, sentido prático nem raciocínio lógico. (-) Dificuldade para tomar iniciativas a partir do instinto ou da criatividade.	(+) Quer se impor e para isso manipula sexualmente. (-) Dificuldade para se afirmar emocionalmente	(+) Exige-se mostrar intelectualmente brilhante o tempo todo. (-) Desvalorização de sua capacidade de desenvolver ideias e projetos criativos.	(+) A energia instintiva e criativa contida gera tensões e explosões. Tendência a histeria. (-) Dificuldade para concretizar a sua criatividade e sexualidade.
Infância	↑F – Repressão aos impulsos instintivos e criativos. ↓F – Genitor explosivo que acabou com a segurança da criança.	↑F – Criança autoafirmativa que foi obrigada a se submeter. ↓F – Genitor que manipula sendo muito protetor e agressivo.	↑F – Desvalorização de suas ideias criativas. ↓F – Genitor intelectualmente brilhante que ofusca a inteligência de seu/sua filho/a.	↑F – Repressão de sua capacidade de materializar sua criatividade. ↓F – Ambiente contido com eventuais explosões.
Relacionamentos	a) Relação que ajuda a tomar iniciativas instintivas ou criativas. b) *Sexmachine*, sem emoção.	a) Relação que ajuda a se autoafirmar emocionalmente. b) Máscara de segurança de si mesma. Manipula sexualmente para controlar.	a) Relação que ajuda a valorizar a capacidade de desenvolver ideias e projetos criativos. b) Máscara de brilho intelectual. Sem emoções.	a) Relação que ajuda a materializar seus instintos e sua criatividade. b) Não vive sua sexualidade, nem dentro nem fora da relação, e fica a ponto de explodir.
Voz da Essência e Método	Sugere tomar iniciativas decididas a partir dos impulsos instintivos. Sair de situações que sufocam a instintividade.	Sugere soltar o mulherão: conectar-se com os instintos para se afirmar em suas emoções.	Sugere optar por atividades em que possa criar intelectualmente.	Sugere fazer catarse e, depois, dar forma a seus instintos e criatividade.

Caminho de Crescimento	Início de uma liberação instintiva. Cai fora de situações que o sufocam.	Começa a expressar suas emoções com firmeza, produto de aprofundar a conexão com seus instintos.	Começa a envolver-se em projetos interessantes com entusiasmo.	Começa a dar vazão à sua instintividade, achando saídas construtivas.
Resultado Interno	Desativou as dificuldades internas para seguir seus impulsos instintivos e ser espontâneo.	Desativou as dificuldades internas para afirmar-se em suas emoções e se entregar a suas paixões.	Desativou as dificuldades internas para desenvolver ideias e projetos criativos.	Desativou as dificuldades internas para dar forma concreta a seus impulsos instintivos e criatividade.
Resultado Externo	Encara o mundo de maneira muito ativa, expressando seus instintos e criatividade.	Encara o mundo com autoridade e firmeza, especialmente emocional.	Encara o mundo com ideias e projetos criativos que o fazem brilhar.	Encara o mundo materializando sua energia instintiva e criatividade.

	Cavaleiro de Copas	Rainha de Copas	Príncipe de Copas	Princesa de Copas
Tipo de personalidade	Natureza interna emocional, expressão fogosa.	Natureza interna e expressão emocionais.	Natureza interna emocional, expressão intelectual.	Natureza interna emocional, expressão prática.
Momento Atual	Impulso para tomar iniciativas decididas a partir das emoções.	Impulso para assumir emoções profundas escondidas.	Impulso para analisar suas emoções e identificar os mecanismos que as governam.	Impulso de dar forma material às emoções e à sensibilidade.
Âncora	(+)↑Ag – Carente crônico. Sedutor compulsivo. Mendigo de amor. (-)↓Ag – Dificuldade para tomar iniciativas a partir de suas emoções. Timidez.	(+)↑Ag – Sente fortes emoções, mas não as expressa. Manipula. (-)↓Ag – Não sente emoções.	(+)↑Ag – Observa suas emoções para controlá-las. (-)↓Ag – Dificuldade para aceitar suas emoções.	(+)↑Ag – Necessidade compulsiva de agradar com a aparência. (-)↓Ag – Dificuldade para dar forma material às emoções e à sensibilidade.
Infância	↑Ag – Repressão das iniciativas emocionais. ↓Ag – Genitor carente que buscando "um amor" se esquece da criança.	↑Ag – Repressão da sensibilidade e/ou da paranormalidade. ↓Ag – Genitor que manipula emocionalmente.	Genitor que analisa, critica e censura a expressão emocional.	↑Ag – Repressão dos talentos artísticos. ↓Ag – Tem de agradar para ser aceita.

Relacionamentos	a) Relação que ajuda a tomar iniciativas claras a partir de suas emoções. b) Carente por trás de um sedutor compulsivo.	a) Relação que ajuda a assumir as emoções escondidas. b) Adapta-se aos outros, esconde suas emoções. Manipula criando clima ou se enfermando.	a) Relação que ajuda a pessoa a observar e entender suas emoções. b) Manipula emocionalmente a partir de entender seus próprios mecanismos emocionais.	a) Relação que ajuda a valorizar e expressar os talentos artísticos. b) Flor de estufa, sem Fogo nem Ar, usa a aparência para agradar.
Voz da Essência e Método	Sugere tomar iniciativas decididas a partir de suas emoções, também no plano profissional.	Sugere aceitar, assumir e integrar as emoções escondidas. Desenvolver a paranormalidade.	Sugere observar os mecanismos emocionais e entender por que determinadas circunstâncias o impactam emocionalmente.	Sugere trabalhar as dificuldades internas que a impedem de se dedicar a atividades artísticas ou para-artísticas.
Caminho de Crescimento	Começa a tomar iniciativas a partir de suas emoções.	Começa a abrir o baú onde guardava suas emoções negadas. Valoriza sua sensibilidade e sensitividade.	Vai para dentro percebendo que o importante não são as circunstâncias, mas como afetam. Com a mente, estuda seus mecanismos emocionais.	Começa a valorizar seus talentos artísticos ou para-artísticos. Assume suas emoções e começa a expressá-las.
Resultado Interno	Desativou as dificuldades internas para tomar iniciativas decididas a partir de suas emoções.	Desativou as dificuldades internas para aceitar, assumir e integrar as emoções escondidas, assim como sua paranormalidade.	Desativou as dificuldades internas para entender suas reações emocionais. Curou suas áreas sensíveis.	Desativou as dificuldades internas para dar forma material a suas emoções e sensibilidade.
Resultado Externo	Encara o mundo tomando iniciativas decididas a partir de suas emoções em todos os planos.	Encara o mundo de maneira muito receptiva. Pode se interessar por atividades em que expressa suas emoções, sua sensibilidade e talvez sua paranormalidade.	Encara o mundo conhecendo seus mecanismos emocionais e pode ajudar os outros a se conhecer melhor.	Encara o mundo dando forma material a suas emoções e sensibilidade. Pode se interessar por atividades artísticas.

	Cavaleiro de Espadas	Rainha de Espadas	Príncipe de Espadas	Princesa de Espadas
Tipo de personalidade	Natureza interna mental, expressão fogosa.	Natureza interna mental, expressão emocional.	Natureza interna e expressão mental.	Natureza interna mental, expressão prática.
Momento Atual	Impulso de tomar uma iniciativa decidida a partir de uma ideia, projeto ou opinião.	Impulso de liberar a mente de crenças e doutrinas que reprimem sua expressão emocional.	Impulso de desenvolver uma ideia, projeto ou teoria. Debate mental para encontrar uma solução.	Impulso de materializar um projeto de vida, um projeto ou ideia.
Âncora	(+)↑Ar – Fanático. Sem emoções nem lado prático. (-)↓Ar – Dificuldade de tomar iniciativas decididas a partir de suas próprias ideias.	(+)↑Ar – Paladina da luta contra crenças e atitudes arcaicas que vê por todos os lados. (-)↓Ar – Dificuldade de eliminar as velhas ordens, normas e doutrinas.	(+)↑Ar – Identificado com a mente que não para. Sem emoções, instintos nem sentido prático. (-)↓Ar – Desvalorização crônica da capacidade intelectual.	(+)↑Ar – Sem Água nem Fogo, sua vida é uma luta competitiva para materializar seus projetos. (-)↓Ar – Dificuldade crônica para materializar seu verdadeiro projeto de vida.
Infância	↑Ar – Repressão das iniciativas a partir de suas ideias. ↓Ar – Genitor exaltado talvez explosivo, fanático ou adicto a estimulantes.	Genitor frio, moralista, intolerante, que reprime suas emoções e exige que a criança também o faça.	Genitor intelectual, sem emoções, instintos nem sentido prático, vive em seu mundo de ideias e geralmente ignora a criança.	Ambiente familiar de luta compulsiva para alcançar metas materiais. Para ser aceito, teve de assumir sua parte de trabalho.
Relacionamentos	a) O relacionamento ajuda a valorizar suas ideias, opiniões e/ou projetos e a tomar as iniciativas correspondentes. b) Imagem de hiperativo, devotado a uma causa. Sem emoções nem lado prático.	a) O relacionamento ajuda a questionar e libertar-se de doutrinas e normas. b) Vende uma imagem de questionadora da ordem estabelecida.	a) Relação que ajuda a valorizar a capacidade de usar a mente. b) Vende uma imagem de intelectual puro, livre de paixões, apegos materiais ou emoções.	a) O relacionamento ajuda a lutar para construir seu verdadeiro projeto de vida. b) Desconfiada. Relaciona-se para atingir objetivos materiais.

Voz da Essência e Método	Sugere trabalhar as dificuldades que o impedem de tomar iniciativas decididas a partir de suas próprias ideias.	Sugere trabalhar as dificuldades que a impedem de eliminar velhas crenças e doutrinas que sempre reprimiram sua expressão emocional.	Sugere pôr a mente no seu sítio e depois trabalhar para desenvolver a capacidade intelectual de criar ideias e projetos.	Sugere se conectar com sua essência para identificar seu próprio projeto de vida e trabalhar para materializá-lo.
Caminho de Crescimento	Começa a valorizar e tomar iniciativas a partir de suas ideias, projetos e ideais.	Começa a eliminar as velhas crenças e doutrinas que sempre reprimiram sua expressão emocional.	Começa a se desidentificar da mente e a valorizar sua capacidade intelectual.	Começa a concretizar na matéria suas ideias, projetos e/ou plano de vida.
Resultado Interno	Desativa as dificuldades para tomar iniciativas decididas a partir de suas próprias ideias.	Desativa as dificuldades para eliminar normas e crenças que reprimiam sua expressão emocional.	Desativa as dificuldades para valorizar sua capacidade intelectual e elaborar suas próprias ideias.	Desativa as dificuldades para materializar seu projeto de vida.
Resultado Externo	Encara o mundo tomando iniciativas decididas a partir de suas próprias ideias.	Depois de eliminar velhas crenças, encara o mundo questionando doutrinas, privilégios e injustiças.	Encara o mundo com objetividade e lucidez mental. Pode se interessar por atividades intelectuais.	Encara o mundo colocando em prática suas ideias e/ou projeto de vida.

	Cavaleiro de Discos	**Rainha de Discos**	**Príncipe de Discos**	**Princesa de Discos**
Tipo de personalidade	Natureza interna prática, expressão fogosa.	Natureza interna prática, expressão emocional.	Natureza interna prática, expressão mental.	Natureza interna e expressão práticas.
Momento Atual	Impulso de tomar iniciativas a partir das necessidades materiais.	Impulso de investir seu dinheiro/tempo em melhorar a qualidade de vida dos seres.	Impulso de desenvolver projetos rentáveis economicamente.	Impulso de cuidar do corpo e ser mais prática e objetiva com os assuntos econômicos.
Âncora	(+) Fachada de trabalhador responsável e eficiente. "Trabalhólatra." (-) Dificuldade para tomar iniciativas em assuntos materiais. Dependente economicamente.	(+) Faz coisas para o mundo para conseguir ser aceita e amada. (-) Dificuldade de fazer algo para o mundo.	(+) Sem conexão com as emoções e os instintos, vive para fazer dinheiro. (-) Dificuldade para desenvolver projetos que deem dinheiro.	(+) Sem Fogo, Água nem Ar, vive identificada com seu corpo e seus bens materiais. (-) Dificuldade de escutar o corpo e de ser prática em assuntos materiais.
Infância	Família em que o trabalho era sagrado. Exigência de que trabalhe para ser aceito.	↑T – As iniciativas que a criança toma para ajudar os outros são reprimidas. ↓T – Os pais compram a conduta da criança.	Família absorvida pelos negócios. A criança se sentiu abandonada.	A excessiva atenção com a saúde gerou limitações na vida da criança. Problemas econômicos.
Relacionamentos	a) Relação que ajuda a identificar talentos a ser desenvolvidos no trabalho. b) Sem emoção nem talento intelectual, vende imagem de trabalhador incansável.	a) Relação que ajuda a envolver-se em atividades de cunho social ou de beneficência. b) Vende imagem de generosidade material.	a) Relação que ajuda a valorar a capacidade de desenvolver projetos que deem dinheiro. b) Sem conexão com as emoções e os instintos, sua atitude é mercantilista.	a) Relação que ajuda a tomar consciência do corpo e a desenvolver a objetividade nos assuntos econômicos. b) Sem Fogo, Água nem Ar, encara as relações como um meio de sustento. Prostituição.

Voz da Essência e Método	Sugere identificar os talentos e colocá-los no trabalho.	Sugere identificar e trabalhar as dificuldades internas para se dar aquilo que a nutre emocionalmente.	Sugere identificar e trabalhar as dificuldades internas para valorizar a capacidade intelectual de desenvolver projetos que deem dinheiro.	Sugere identificar e trabalhar as dificuldades internas para cuidar do corpo e tornar-se mais prática e objetiva nos assuntos econômicos.
Caminho de Crescimento	Começa a tomar iniciativas em atividades profissionais nas quais expressa seus talentos.	Começa a se nutrir emocionalmente.	Começa a desenvolver projetos e ideias que dão dinheiro.	Caindo na real, começa a cuidar do corpo, tornando-se mais prática e objetiva nos assuntos econômicos. Responsabiliza-se pela sua saúde.
Resultado Interno	Desativa as dificuldades para optar por trabalhos em que expressa seus talentos.	Desativa as dificuldades para se dar o que emocionalmente a nutre e agora pode transbordar dando algo para o mundo.	Desativa as dificuldades para valorizar a capacidade intelectual de desenvolver projetos que deem dinheiro.	Desativa as dificuldades para cuidar do corpo e tornar-se mais prática e competente nos assuntos econômicos.
Resultado Externo	Encara o mundo tomando iniciativas decididas em atividades em que expressa e desenvolve seus talentos.	Encara o mundo se sentindo nutrida, de maneira que se interessa por atividades de cunho social ou ecológico.	Encara o mundo desenvolvendo projetos rentáveis economicamente.	Encara o mundo conectada com seu corpo e administrando com competência os assuntos econômicos.

	Palavras-Chave	Paus	Copas	Espadas	Discos
Ás	Início. Essência.	Nova Iniciativa.	Desabrochar emocional.	A não mente. Visualização de caminho de vida.	Nova consciência corporal. Novas iniciativas materiais.
2	Polaridade.	Autocontrole.	Eu me amo.	Mente conciliadora	Flexibilidade corporal. Mudanças paulatinas.
3	Frutificação.	O fazer como expressão do Ser.	Frutificação. Generosidade.	Mente arrasada pela dor.	Trabalho. "Trabalhólatra."
4	Estrutura. Estabilidade.	Atividades organizadas. Rotina.	Estabilidade emocional. Casamento.	Mente estável ou presa a normas.	Estrutura material e corporal.

5	Movimento. Desestruturação.	Luta pela materialização dos objetivos.	Eu não me amo. Reformulando relacionamentos.	Mente destrutiva.	Doenças, estresse, perdas materiais.
6	Harmonia.	Realização profissional.	Prazer que vem de dentro.	Mente objetiva e funcional.	Saúde, beleza corporal, sucesso e dinheiro.
7	Excesso.	Iniciativa atrás de uma prioridade.	Euforia artificial com compensações. Procura compulsiva de prazer.	Mente esponja.	Fracasso. Estagnação.
8	Defeito.	Dispersão.	Depressão.	Mente grade.	Produção.
9	Um ponto antes da saturação.	Firmeza, resistência. Rigidez.	Satisfação sensorial.	Mente cruel que nega os impulsos vitais.	Ganhando dinheiro com prazer.
10	Saturação.	Exaustão. Pau para toda obra.	Sufoco emocional.	Destruição da visão de mundo.	Recursos para alavancar projetos.

	Paus	**Copas**	**Espadas**	**Discos**
ÀS	**Raiz dos poderes do Fogo**	**Raiz dos poderes da Água**	**Raiz dos poderes do Ar**	**Raiz dos poderes da Terra**
Momento Atual	Impulso para tomar uma iniciativa a partir de sua essência.	Impulso de expressar suas emoções verdadeiras até agora contidas.	Vislumbre mental de um novo caminho de vida.	Impulso de concretizar uma nova consciência corporal e de tomar uma iniciativa enraizada, na essência, no plano econômico.
Âncora	(+)↑Fogo – Inicia mas não continua. (-)↓F – Dificuldade para tomar iniciativas a partir de sua essência.	(+)↑Ag – Dificuldade para administrar suas emoções: Contenção/Explosão. (-)↓Ag – Dificuldade de expressar sus emoções.	(+)↑Ar – Compulsivamente racional. (-)↓Ar – Dificuldade para elaborar um plano de vida.	(+)↑T – Iniciativas econômicas desconectadas da essência que não vão para a frente. (-)↓T – Ausência de consciência corporal. Dificuldade para tomar iniciativas no plano econômico.

Infância	Repressão dos impulsos instintivos e criativos da criança.	↑Ag – Repressão da expressão emocional. ↓Ag – Ambiente emocionalmente desequilibrado: Contenção/Explosão.	Desvalorização das ideias e/ou sonhos infantis.	Frequentes inícios de empreendimentos econômicos sem resultados. Insegurança material. Ausência de consciência corporal.
Relacionamentos	a) Relação que ajuda a tomar uma iniciativa a partir de sua essência. b) Início muito fogoso, depois se apaga. Sem emoção.	a) Relação que ajuda a assumir e expressar as emoções. b) Fortes oscilações emocionais.	a) Relação que ajuda a sossegar a mente e perceber um novo plano de vida enraizado na essência. b) Relação cerebral. "Vamos juntos realizar meus projetos de vida."	a) Relação que ajuda a desenvolver a consciência corporal e iniciar uma nova atividade econômica enraizada na essência. b) Vê a relação como um empreendimento material.
Voz da Essência e Método	Sugere trabalhar as dificuldades internas para fazer algo novo enraizado em sua essência.	Sugere trabalhar as dificuldades internas para expressar as emoções.	Sugere trabalhar as dificuldades internas para sossegar a mente e perceber um novo plano de vida enraizado na essência.	Sugere trabalhar as dificuldades internas para desenvolver e levar à prática a consciência corporal e uma nova atividade econômica enraizada na essência.
Caminho de Crescimento	Começa a tomar iniciativas a partir de sua essência.	Começa a expressar suas emoções que estavam à flor da pele.	Começa a sossegar a mente e perceber um plano de vida enraizado na essência.	Começa a desenvolver e levar à prática a consciência corporal e uma nova atividade econômica enraizada na essência.
Resultado Interno	Desativa as dificuldades internas para se lançar em algo novo enraizado em sua essência.	Desativa as dificuldades internas para expressar plenamente suas emoções.	Desativa as dificuldades internas para sossegar a mente e perceber um novo plano de vida enraizado na essência.	Desativa as dificuldades internas para desenvolver e levar à prática a consciência corporal e uma nova atividade econômica enraizada na essência.
Resultado Externo	Encara o mundo com decisão por meio de uma nova iniciativa a partir de sua essência.	Encara o mundo expressando plenamente as emoções. Interessa-se por atividades em que possa expressar suas emoções.	Encara o mundo com a mente silenciosa e a clara percepção de um novo projeto de vida enraizado na essência.	Encara o mundo levando à prática sua consciência corporal e uma nova atividade econômica enraizada na essência.

	Paus	Copas	Espadas	Discos
2	**Domínio CS**	**Amor**	**Paz CS**	**Mudanças**
Momento Atual	Percebe o conflito entre o querer (instinto) e o permitir (mental) que exaure a energia.	Impulso de se amar mais. Percebe que se ama pouco.	Identifica um mecanismo mental de conciliação e suas consequências.	Impulso de fazer mudanças a partir de uma nova visão de vida.
Âncora	Mecanismo de autocontrole crônico que acaba com sua energia. Atrai controladores.	Baixa autoestima crônica.	Mecanismo mental de conciliação crônico. Dificuldade para enfrentar e dizer não.	Dificuldade de sonhar que impede fazer mudanças. Dificuldade de adaptação aos novos tempos. Corpo rígido.
Infância	Controle e exigência de autocontrole.	Não se sentiu amada. Suas expressões amorosas foram reprimidas.	Dizer "não" ou perguntar "por que" estava proibido.	Pais presos no tempo que se negaram a aceitar as mudanças da criança e do mundo.
Relacionamentos	a) Relação que ajuda a perceber um mecanismo de autocontrole crônico. b) Quer dominar e controlar seu/sua parceiro/a.	a) O relacionamento ajuda a pessoa a trabalhar e melhorar sua autoestima. b) "Mendiga de amor" com máscara de carinhosa. c) "Um dia o grande amor chegará."	a) Relação que ajuda a identificar e desativar um mecanismo mental de conciliação. b) Vende uma imagem de "boazinha" e conciliadora. Geralmente atrai tiranos.	a) Relação que ajuda a sonhar e fazer as mudanças pertinentes. b) "Quando chegar meu príncipe minha vida vai mudar."
Voz da Essência e Método	Sugere identificar e desativar um mecanismo de autocontrole que acaba com sua energia.	Sugere trabalhar para melhorar a autoestima, fazendo as opções que significam que se ama mais.	Sugere trabalhar as dificuldades internas para deixar de conciliar e se atrever a dizer "não".	Sugere criar o ambiente favorável para ter a visão da vida que quer viver e começar a fazer as mudanças pertinentes. Flexibilizar o corpo.
Caminho de Crescimento	Percebe o autocontrole e começa a desmanchá-lo.	Começa a calibrar sua autoestima.	Percebe as consequências da conciliação e começa a deixá-la para trás.	A partir de uma nova visão de vida, começa a fazer mudanças paulatinas e a eliminar tensões corporais.
Resultado Interno	Desativa um mecanismo de autocontrole que acabava com sua energia.	Desativa as dificuldades internas para se amar.	Desativa o mecanismo mental de conciliação e está em paz consigo mesma.	Desativa as dificuldades internas para vislumbrar a vida que quer viver e fazer as mudanças pertinentes. Corpo sem tensões.

Resultado Externo	Atrai uma situação repressiva que põe em evidência seu autocontrole e lhe dá a possibilidade de desativá-lo.	Encara o mundo transbordando o amor que sente por si mesma.	Atrai uma proposta inaceitável que põe em evidência seu mecanismo de conciliação e lhe dá a possibilidade de desativá-lo.	Encara o mundo fazendo mudanças em direção a seu sonho de vida. Corpo sem tensões.

		Paus	Copas	Espadas	Discos
3		A Virtude	A Abundância	A Dor CS	Os Trabalhos
Momento Atual		Impulso para atividade na qual possa expressar melhor seu eu.	Impulso de valorizar sua abundância interna e sua capacidade de frutificar, e ser mais generosa consigo mesma.	Percebe sua vulnerabilidade ante a rejeição, o abandono e a culpa.	Impulso de começar a trabalhar em uma atividade que lhe dê energia e autoafirmação.
Âncora		(+)↑↑F – Opta pelo que está bem visto socialmente. (-)↓↓F – Dificuldade crônica para se envolver em atividade que tem a ver com seu ser.	(+)↑↑Ag – Imagem de generosidade. (-)↓↓Ag – Dificuldade crônica para valorizar sua abundância interna.	Vulnerabilidade crônica ante a rejeição, o abandono e a culpa que a deixa paralisada.	(+)↑↑T – Viciada em trabalhar. (-)↓↓T – Dificuldade crônica para se envolver em atividade profissionais que a estimulem energeticamente.
Infância		Exigência de ser um "modelo de virtudes". Direcionada para atividades socialmente bem-vistas.	↑Ag – Desvalorização da abundância interna. ↓Ag – Paparicada, excesso de compensações materiais.	A criança se sentiu rejeitada, abandonada e/ou culpada.	Adorava-se o deus Trabalho. "Aqui ninguém pode ser um folgado."
Relacionamentos		a) Relação que ajuda a identificar e se envolver em atividade que tem a ver consigo. b) Imagem de "modelo de virtudes".	a) O relacionamento ajuda a pessoa a valorizar sua abundância interna e potencial de frutificação. b) Carente com máscara de generosa, para comprar amor.	a) O relacionamento coloca em evidência a vulnerabilidade que a pessoa tem em relação à rejeição, ao abandono e à culpa. b) Imagem de coitada. "Ninguém gosta de mim."	a) Relação que a ajuda a optar por atividades profissionais que dão energia e autoafirmação. b) Vende imagem de trabalhadora. Pode exigir-se ser a provedora do casal.

Voz da Essência e Método	Sugere trabalhar as dificuldades internas para fazer de sua atividade a expressão de seu ser.	Sugere trabalhar as dificuldades internas para valorizar sua abundância interna e capacidade de dar frutos. Ser mais generosa consigo mesma.	Sugere trabalhar a vulnerabilidade ante a rejeição, o abandono e a culpa. Observar suas origens. Trabalhar a autoestima.	Sugere trabalhar as dificuldades internas para trabalhar em atividade que lhe dê energia e autoafirmação. Trabalhar o corpo.
Caminho de Crescimento	Começa a fazer alguma coisa em que coloca seu selo pessoal.	Começa a valorizar seus talentos, abundância interna e capacidade de dar frutos.	Início do seu processo de cura da vulnerabilidade ante a rejeição, abandono e culpa.	Começa a se envolver em atividades profissionais que lhe dê energia e autoafirmação.
Resultado Interno	Desativa as dificuldades internas para se envolver em atividade que tem de ver com seu ser.	Desativa as dificuldades internas para valorizar sua abundância interna e capacidade de dar frutos.	Desativa sua vulnerabilidade ante a rejeição, o abandono e a culpa.	Desativa as dificuldades para trabalhar em atividade que lhe dão energia e autoafirmação.
Resultado Externo	Encara o mundo fazendo de sua atividade a expressão de seu ser.	Encara o mundo valorizando sua abundância interna e dando frutos. Generosa consigo mesma e com o mundo.	Atrai uma situação que põe em evidência sua vulnerabilidade ante a rejeição, o abandono e a culpa e lhe dá a possibilidade de desativá-la.	Encara o mundo envolvida em atividades profissionais que lhe dão energia e autoafirmação.

		Paus	Copas	Espadas	Discos
4		A Conclusão	O Luxo	A Trégua	O Poder
Momento Atual		Impulso de trabalhar com mais método e organização.	Impulso de se estabilizar emocionalmente.	Impulso de se ordenar e se estruturar mentalmente.	Impulso para estar em forma corporalmente e se estruturar materialmente.
Âncora		(+)↑F – Cronicamente desorganizada, nunca conclui nada. (-)↓F – Buscando segurança se amarra a suas rotinas.	(+)↑Ag – Dificuldade para se estruturar emocionalmente. (-)↓Ag – Buscando segurança se amarra a uma relação emocional que se torna uma prisão.	(+)↑Ar – Buscando segurança, amarra-se a ordens. (-)↓Ar – Dificuldade para se estruturar mentalmente.	(+)↑T – Buscando segurança, amarra-se a sua estrutura material. Apego à aparência corporal. (-)↓T – Dificuldade para se estruturar materialmente e se exercitar corporalmente.

Infância	Cheia de atividades organizadas (algumas recreativas), sem tempo livre.	↑Ag – Expressões emocionais predefinidas e programadas. ↓Ag – Família que mantem as aparências.	Tudo estava regrado. Aceitação condicionada a obedecer e calar. Casa-quartel.	Clausura. "Lá fora é perigoso."
Relacionamentos	a) O relacionamento ajuda a pessoa a organizar-se e concluir assuntos. b) Imagem de metódica e organizada. "Vamos trabalhar juntos."	a) O relacionamento ajuda a pessoa a estabilizar-se e estruturar-se emocionalmente. b) Procura um relacionamento que lhe dê segurança emocional.	O relacionamento ajuda a pessoa a organizar-se mentalmente.	a) O relacionamento ajuda a pessoa a organizar-se e concluir assuntos. b) Imagem de metódica e organizada. "Vamos trabalhar juntos."
Voz da Essência e Método	Sugere trabalhar as dificuldades internas para trabalhar com mais método e organização, e assim chegar a resultados.	Sugere identificar e trabalhar o que a desestrutura e desestabiliza emocionalmente.	Sugere trabalhar as dificuldades para se ordenar e se estruturar mentalmente. Fundamentar os conhecimentos sobre bases sólidas.	Sugere trabalhar as dificuldades para se estruturar materialmente e se exercitar corporalmente. Identificar o que quer construir.
Caminho de Crescimento	Começa a trabalhar com mais método e organização. Aprende a trabalhar em equipe.	Começa a se sentir mais estruturada e estável emocionalmente.	Começa a se organizar mentalmente e a fundamentar seus conhecimentos em cima de bases sólidas.	Começa a se estruturar materialmente e se exercitar corporalmente.
Resultado Interno	Desativou as dificuldades internas que tinha para organizar-se, trabalhar em equipe e concluir o que inicia.	Desativou as dificuldades internas para se estruturar emocionalmente.	Desativou as dificuldades internas para ordenar e disciplinar sua mente e fundamentar seus conhecimentos.	Desativou as dificuldades internas para se estruturar materialmente e se exercitar corporalmente.
Resultado Externo	Trabalha (talvez em equipe) com organização e eficiência. Conclui o que começa.	Encara o mundo emocionalmente estruturada e estável, de maneira que pode construir uma relação estável com mais facilidade.	Encara o mundo com a mente organizada, bem fundamentada, de maneira que pode construir projetos e teorias.	Encara o mundo fisicamente em forma e sabendo o que de fato quer construir materialmente.

		Paus	Copas	Espadas	Discos
5		A Luta	A Frustração CS	A Derrota CS	O Sofrimento CS
Momento Atual		Impulso para definir, lutar e concretizar objetivos bem definidos.	Percebe até que ponto sua autoestima está detonada. Talvez produto de uma frustração profissional ou amorosa.	Percebe um mecanismo mental destrutivo crítico e negativista e suas consequências. Impulso para desativá-lo.	Percebe que está destruindo seu corpo e seu bolso, forçando-se a fazer aquilo de que não gosta.
Âncora		(+)↑F – Lutador compulsivo, incapaz de deixar de correr atrás de seus objetivos. (-)↓F – Dificuldade para definir e concretizar objetivos criativos.	Baixa autoestima crônica, histórico de sofrimento em suas relações.	Mecanismo mental crônico destrutivo, negativo, crítico, invejoso, derrotista. Protesta o tempo todo.	Tensões corporais, somatizações e problemas de dinheiro crônicos, decorrentes de atividades contrárias à sua natureza.
Infância		Não pode perder o tempo, a vida é uma luta, tem que estar sempre lutando para atingir as metas.	A criança não foi amada. Os pais não gostavam dela.	Ambiente familiar crítico, mordaz, invejoso, derrotista e competitivo que deixou a criança insegura.	Doenças próprias ou familiares. Dificuldades financeiras. Tarefas impróprias para sua idade.
Relacionamentos		a) O relacionamento ajuda a pessoa a definir objetivos e ir à luta. b) Imagem de lutador.	a) Relação que ajuda a perceber e trabalhar os pontos débeis de sua autoestima e a reformular suas relações. b) Autoestima zerada, "ninguém me ama". Pode atrair sádicos.	a) Relação que ajuda a identificar um mecanismo mental destrutivo, crítico e derrotista e suas consequências. b) Pessoa hipercrítica, desconfiada e manipuladora, autoafirma-se desvalorizando ou agredindo verbalmente o outro.	a) Relação que ajuda a desativar tendências corporal ou economicamente destrutivas. b) Atrai pessoas destrutivas e autodestrutivas que geram tensões e perdas econômicas.
Voz da Essência e Método		Sugere trabalhar as dificuldades internas para definir e se lançar a concretizar seus objetivos criativos.	Sugere trabalhar os pontos débeis de sua autoestima para melhorá-la e reformular suas relações.	Sugere revisar as origens desse mecanismo de defesa e suas consequências para desativá-lo.	Sugere entender por que se envolve em atividade que nada tem a ver com a pessoa.

Caminho de Crescimento	Começa a identificar seus verdadeiros objetivos e corre atrás.	Percebe o pouco que gostava de si e, identificando os pontos fracos de sua autoestima, começa a trabalhá-los.	Começa a desativar um mecanismo mental destrutivo, negativo, crítico, invejoso, competitivo e derrotista.	Percebe como se destruía física e economicamente, optando por atividades que nada tinham a ver com ela e começa a mudar.
Resultado Interno	Desativou as dificuldades internas para definir e se lançar a concretizar seus objetivos criativos.	Recuperou sua autoestima. Reformula relacionamentos.	Desativou um mecanismo mental destrutivo, negativo, crítico, invejoso, competitivo e derrotista.	Desativou as tendências a fazer o que nada tem a ver com sua natureza, eliminando assim tensões e problemas de dinheiro.
Resultado Externo	Encara o mundo avançando na concretização de seus objetivos criativos.	Atrai uma situação que põe em evidência os pontos débeis de sua autoestima e lhe obriga a trabalhá-los, possibilitando melhorá-la e reformular suas relações.	Atrai uma situação que põe em evidência um mecanismo mental crítico, destrutivo, negativo e derrotista, dando-lhe a oportunidade de desativá-lo.	Atrai uma situação externa que a fez perceber que não pode continuar perdendo a saúde e o dinheiro com atividades que nada têm a ver com ela.

		Paus	Copas	Espadas	Discos
6		A Vitória	O Prazer	A Ciência	O Sucesso
Momento Atual		Impulso ou questionamento em relação à sua realização pessoal, aos ritmos de trabalho e ao esforço *versus* retorno.	Impulso ou questionamento em relação ao verdadeiro prazer, aquele que vem de dentro.	Impulso ou questionamento em relação a sua objetividade intelectual e a adquirir conhecimentos.	Impulso ou questionamento em relação a sentir-se melhor corporalmente e/ou equilibrar suas finanças.
Âncora		(+)↑F – Fachada de profissional realizada. (-)↓F – Desvalorização crônica de sua capacidade de realização.	(+)↑Ag – Fachada de quem transborda prazer e sensualidade. (-)↓Ag – Desvalorização crônica de sua capacidade de sentir prazer.	(+)↑Ar – Fachada de sabe-tudo. (-)↓Ar – Desvalorização crônica de sua capacidade intelectual.	(+)↑T – Fachada de sucesso material e corporalmente atrativa. (-)↓T – Desvalorização crônica de sua beleza corporal e de sua capacidade de ter sucesso econômico.

Infância	A aceitação está condicionada a ser "a melhor". "9,5 em matemática, o que aconteceu?"	Negação do prazer verdadeiro e da criatividade.	Ambiente frio e mental. Exigência de precocidade intelectual.	A aceitação está condicionada a estar à altura de uma família que se gaba de sucesso econômico.
Relacionamentos	a) O relacionamento ajuda a pessoa a realizar-se profissionalmente. b) Máscara de profissional realizada.	a) Relação que ajuda a sentir prazer. b) Imagem de sedutora que irradia prazer e sexualidade.	a) Relacionamento que ajuda a valorizar seus talentos intelectuais. b) Paquera exibindo conhecimentos, esconde suas emoções e instintos.	a) Relação que ajuda a se sentir mais bela e capaz de ter sucesso econômico. b) Paquera ostentando beleza e sucesso material.
Voz da Essência e Método	Sugere trabalhar as dificuldades internas para se realizar profissionalmente. Buscar o ritmo equilibrado: mínimo esforço, máximo rendimento.	Sugere trabalhar as dificuldades internas para sentir prazer.	Sugere trabalhar as dificuldades internas para desenvolver uma mente mais objetiva, funcional e realista. Investir em estudos.	Sugere trabalhar as dificuldades internas para valorizar sua beleza corporal e sua capacidade de ter sucesso econômico.
Caminho de Crescimento	Sugere trabalhar as dificuldades internas para valorizar sua beleza corporal e sua capacidade de ter sucesso econômico.	Sugere trabalhar as dificuldades internas para valorizar sua beleza corporal e sua capacidade de ter sucesso econômico.	Sugere trabalhar as dificuldades internas para valorizar sua beleza corporal e sua capacidade de ter sucesso econômico.	Sugere trabalhar as dificuldades internas para valorizar sua beleza corporal e sua capacidade de ter sucesso econômico.
Resultado Interno	Desativa as dificuldades internas para se realizar profissionalmente.	Desativa as dificuldades internas para sentir prazer.	Desativa as dificuldades internas para valorizar sua capacidade intelectual.	Desativa as dificuldades internas para valorizar sua beleza corporal e sua capacidade de ter sucesso econômico.
Resultado Externo	Encara o mundo optando por atividades criativas, expandindo seus horizontes e se sentindo realizada.	Encara o mundo irradiando prazer.	Encara o mundo com uma mente mais objetiva, funcional e realista. Atraída por atividades intelectuais.	Encara o mundo valorando sua beleza corporal e sua capacidade de ter sucesso econômico.

	Paus	Copas	Espadas	Discos
7	A Coragem	A Corrupção CS	A Futilidade CS	O Fracasso CS
Momento Atual	Impulso para jogar-se num assunto específico com a cara e a coragem.	Percebe que está perdendo energia, saúde e dinheiro na procura de compensações.	Percebe as consequências de absorver as expectativas, os conselhos dos outros.	Sente-se estagnada corporal e financeiramente.
Âncora	(+)↑F – Síndrome de heroína. (-)↓F – Dificuldade para definir e lançar-se em uma prioridade.	Busca frenética e crônica de prazer como compensação da falta de prazer interno que degrada o corpo, a psique e o bolso.	Mente esponja que absorve as opiniões, expectativas e necessidades dos demais, as convenções sociais, propaganda e religiões. "Maria vai com as outras."	Desvalorização crônica e medo de fracassar codeterminaram investimentos inacabados, desistências e fracassos. Problemas ósseos.
Infância	Exigência de a criança ser uma "heroína", sem medos. Tarefas impróprias para sua idade.	Compulsão com as compensações. Negação do verdadeiro prazer.	Desvalorização de seus sonhos e sistemático bombardeio de conselhos, expectativas, pressões e propaganda que teve de incorporar.	"Sendo assim, sempre vai fracassar." Ambiente de fracasso que desestimula a criança.
Relacionamentos	a) O relacionamento ajuda a pessoa a definir prioridades e se jogar nelas. b) Máscara de heroína. Personalidade contrafóbica.	a) Relação que ajuda a perceber a degradação, produto da busca compulsiva de prazer. b) Máscara de quem vive hiperestimulada pelas compensações.	a) O relacionamento coloca em evidência quanto a pessoa se deixa influenciar pelos outros. b) Relaciona-se absorvendo as opiniões e expectativas do/a parceiro/a e família.	a) Relação que ajuda a identificar as causas da tendência a fracassar. b) Imagem de inválida e fracassada que necessita de ajuda. Medo de fracassar nos relacionamentos.
Voz da Essência e Método	Sugere trabalhar as dificuldades internas para definir prioridades e se jogar nelas.	Sugere trabalhar as dificuldades internas para sentir o prazer que vem de dentro e poder se desenganchar das compensações.	Sugere identificar e desativar as ameaças, se para de absorver as ideias e expectativas dos outros, propaganda e convenções sociais.	Identificar e desativar as raízes do medo de fracassar.
Caminho de Crescimento	Começa a definir prioridades e a se jogar nelas.	Percebe as consequências das compensações e começavê a se permitir ter o verdadeiro prazer; começa a largá-las.	Percebe sua dependência das ideias e expectativas alheias e vê suas consequências; começa a desativar a mente esponja.	Começa a sair de seu estancamento crônico desativando seu medo de fracassar.

Resultado Interno	Desativa as dificuldades internas para definir prioridades e a se jogar nelas com determinação.	Identificou e desativou os fatores que a impediam de ter prazer e a empurravam às compensações autodestrutivas.	Identificou e desativou os fatores que a deixavam presa a esse mecanismo mental "esponja".	Entendeu de onde vinha o medo de fracassar e o desativou.
Resultado Externo	Encara o mundo se lançando em uma determinada prioridade com determinação e valentia.	Atrai uma situação externa (*overdoses*, ressaca, etc.) que a desafia a parar de se compensar compulsivamente.	Atrai uma situação externa que pode ser uma expectativa, necessidade ou ordem externa; vai e vem da moda, que a desafia a romper com essa dependência.	Atrai uma situação externa que a faz perceber as origens de seu medo de fracassar, dando-lhe a possibilidade de eliminá-lo.

	Paus	Copas	Espadas	Discos
8	A Rapidez CS	A Indolência CS	A Interferência CS	A Prudência
Momento Atual	Impulso de liberação explosiva de sua energia contida.	Toma consciência de sua tristeza, apatia ou depressão.	Identifica um mecanismo mental de autossabotagem de seus impulsos de expansão e percebe suas consequências.	Impulso de colocar seu selo pessoal nos resultados de suas atividades.
Âncora	(+)↑F −1 Contenções/explosões crônicas. (-)↓F − Dificuldade para determinar prioridades ou limites. Dispersão.	Depressiva crônica, apática, resignada. "Não mereço ser feliz."	Mente grade. Iniciativas de expansão e aventura são interferidas por pretextos enraizados no medo.	(+) Perfeccionista que se identifica com os resultados de seu trabalho. Necessidade de reconhecimento. (-) Dificuldade de fazer algo que leve seu selo.
Infância	Ambiente de contenções/explosões que geram insegurança. Ausência de limites e orientação. Abandono.	Lar triste e depressivo. "Este mundo é um vale de lágrimas." Sem crianças para brincar. Solidão.	Sempre existia uma "razão" para impedir as iniciativas ou invalidar as ideias da criança.	Exigência de perfeição nos resultados de suas atividades e em sua aparência.

Relacionamentos	a) Relação que ajuda a perceber até que ponto e por que está para explodir. b) Relaciona-se contendo-se e explodindo.	a) Relação que ajuda a assumir, entender e trabalhar a tristeza e/ou a depressão. b) "Melhor não, não vale a pena."	a) Relação que ajuda a identificar e trabalhar um mecanismo mental de autossabotagem. b) Inventa desculpas enraizadas no medo para não se relacionar.	a) Relação que ajuda a colocar seu selo pessoal nos resultados de seu trabalho. b) Vende uma imagem de profissional de grande estilo, aplaudida pela sociedade.
Voz da Essência e Método	Sugere trabalhar as dificuldades internas para deixar de usar sua energia para se conter.	Sugere trabalhar as dificuldades internas para identificar as origens da tristeza e desativá-la.	Sugere identificar as origens da "mente jaula" para desativá-la.	Sugere trabalhar as dificuldades internas para colocar seu selo pessoal nos resultados de seu trabalho.
Caminho de Crescimento	Explode e deixa de usar sua energia para se conter.	Começa a desativar a tristeza.	Começa a desativar a "mente jaula".	Começa a colocar seu selo pessoal nos resultados de seu trabalho.
Resultado Interno	Identificou e desativou os mecanismos que a levavam a manter presa sua energia.	Identificou as causas de sua tristeza/depressão e as desativou.	Identificou e desativou os mecanismos que interferiam em seus impulsos para o novo.	Desativou as dificuldades internas para colocar seu selo pessoal nos resultados de seu trabalho.
Resultado Externo	Atrai uma situação que, acentuando sua carga explosiva, a faz perceber como e por que se contém, dando-lhe a possibilidade de romper esse padrão.	Atrai uma situação externa que acentua sua tristeza/depressão, obrigando-a a assumi-la e trabalhá-la.	Atrai uma situação externa de interferência que a faz perceber e entender seu mecanismo mental de autossabotagem e lhe dá a possibilidade de desativá-lo.	Encara o mundo colocando seu selo pessoal nos resultados de seu trabalho. Pode inventar um novo estilo.

	Paus	Copas	Espadas	Discos
9	**A Firmeza**	**A Felicidade**	**A Crueldade** CS	**O Lucro**
Momento Atual	Impulso de autoafirmação para posicionar-se assertivamente.	Impulso de desfrutar das "coisas boas" que a vida oferece.	Percebe como é cruel consigo mesma, decepando seus impulsos instintivos e de autoafirmação.	Impulso de ganhar dinheiro com atividades prazerosas, nas quais expressa seu amor e sua sensibilidade com a beleza. Cuida de seu corpo com carinho.
Âncora	(+)↑F – Rigidez. Máscara de invulnerável. (-)↓F – Dificuldade para posicionar-se com firmeza.	(+)↑Ag – Máscara de *bon vivant*. "Ninguém vai me querer se não aparentar ser feliz." (-)↓Ag – Dificuldade para dasfrutar da vida. Asceta.	Mente cruel que invalida os impulsos vitais, as manifestações instintivas e necessidades corporais, acabando com a espontaneidade e a saúde.	(+)↑T – Exagerada ambição. (-)↓T – Dificuldade para ganhar dinheiro com uma atividade em que possa colocar seu amor e seu sentido de beleza.
Infância	Teve de ficar forte e resistente a qualquer agressão sem reclamar. Uma rocha.	Teve de se mostrar alegre e feliz. Impedida de reclamar.	Ameaças e castigos corporais. Medo de morrer.	Exagerada ambição familiar. Sem ética.
Relacionamentos	a) O relacionamento ajuda a pessoa a fortalecer-se e afirmar-se. b) Vende uma imagem de pessoa firme e resistente a qualquer mudança.	a) O relacionamento ajuda a pessoa a desenvolver sua capacidade de desfrutar da vida. b) Vende uma imagem de pessoa feliz e satisfeita.	a) O relacionamento mostra até que ponto se permite ser cruel consigo mesma. Pode ter violência doméstica. b) Mártir que pede amor autodestruindo-se. Pode atrair pessoas agressivas.	a) O relacionamento ajuda a pessoa a fazer opções profissionais que dão prazer e nas quais possa colocar seu amor e seu sentido de beleza. b) Relaciona-se para melhorar sua condição material. Oportunista.
Voz da Essência e Método	Sugere trabalhar as dificuldades internas para se enraizar e se autoafirmar.	Sugere trabalhar as dificuldades internas para desenvolver uma atitude receptiva que possa desfrutar.	Sugere identificar as origens da mente cruel, autodestrutiva e repressora para desativá-la.	Sugere trabalhar as dificuldades internas para optar por atividades prazerosas em que possa colocar seu amor e seu sentido de beleza.

Caminho de Crescimento	Começa a se autoafirmar.	Começa a se permitir desfrutar.	Começa a desativar a mente cruel.	Começa a optar por atividade em que coloca seu amor e seu sentido de beleza.
Resultado Interno	Desativou as dificuldades internas para se autoafirmar.	Desativou as dificuldades internas para desfrutar da vida.	Desativou a mente cruel.	Desativou as dificuldades internas para optar por atividades em que coloca seu amor e seu sentido de beleza.
Resultado Externo	Encara o mundo enraizada e firmemente posicionada.	Encara o mundo desfrutando da vida.	Atrai uma situação que a faz entender seu mecanismo mental de autocrueldade e lhe dá chance de desativá-lo.	Encara o mundo envolvido em atividades prazerosas em que coloca seu amor e seu sentido de beleza.

		Paus	Copas	Espadas	Discos
10		A Opressão CS	A Saciedade CS	A Ruína CS	A Prosperidade
Momento Atual		Percebe até que ponto está exausta de tanto assumir tarefas. Impulso para largá-las.	Percebe até que ponto está sufocada por um excesso de compromissos emocionais. Impulso para largá-los.	Percebe até que ponto sua visão de mundo traz decepções e sofrimento. Impulso para largá-la.	Impulso para reformular sua relação com o dinheiro e obter recursos econômicos desenvolvendo projetos.
Âncora		Pau para toda obra. Sempre cansada. Arruma serviço para ganhar aprovação.	Cronicamente sufocada por um excesso de compromissos emocionais, buscando segurança.	Apego crônico a uma visão de mundo que só traz decepções e sofrimento.	(+)↑T – "Tenho, logo existo." (-)↓T – "Não mereço dinheiro", "O dinheiro é mau, corrompe."
Infância		Excesso de tarefas. Exploração infantil.	Complexa rede de vínculos emocionais que a sufocavam.	Valores e princípios inculcados pelos pais não eram respeitados pelos próprios pais, deixando a criança decepcionada e insegura.	Os negócios eram o centro da atenção da família, sem tempo nem amor para a criança, que só ganhava compensações.

Relacionamentos	a) Relação que ajuda a perceber até que ponto está esgotada. b) Sobrecarregada de tarefas para ser aceita.	a) Relação que ajuda a perceber até que ponto está sufocada emocionalmente. b) Buscando segurança, cria uma rede de compromissos emocionais que a sufoca.	a) Relação que ajuda a perceber até que ponto sua visão de mundo não funciona. b) Apegada a uma visão de mundo que a leva a sofrer por meio de ilusões/decepções.	a) Relação que ajuda a elaborar projetos que deem recursos econômicos. b) Mantém-se em uma relação por *status* econômico e social.
Voz da Essência e Método	Sugere trabalhar as dificuldades internas para largar o excesso de tarefas.	Sugere trabalhar as dificuldades internas para eliminar o excesso de compromissos emocionais.	Sugere trabalhar as dificuldades internas para largar uma velha visão de mundo que só traz decepções e sofrimento.	Sugere reformular a relação com o $. Trabalhar as dificuldades internas para desenvolver projetos que deem recursos
Caminho de Crescimento	Percebe até que ponto está esgotada e começa a eliminar tarefas.	Começa a eliminar o excesso de compromissos emocionais.	Começa a desativar sua visão de mundo.	Reformulando sua relação com o dinheiro, começa a desenvolver projetos que dão recursos.
Resultado Interno	Identificou e desativou os fatores que a levavam a sobrecarregar-se de tarefas.	Trabalhou a segurança interna e agora já não precisa criar vínculos saturados de expectativas e obrigações.	Desativou as dificuldades internas para eliminar sua antiga visão de mundo. Agora sua mente trabalha a partir da própria experiência.	Eliminou as crenças que invalidavam sua capacidade de ganhar dinheiro e de angariar recursos para seus projetos.
Resultado Externo	Atrai uma situação que a faz perceber e entender sua tendência a se saturar de tarefas e lhe dá a possibilidade de desativá-la.	Atrai uma situação que a faz perceber e entender sua tendência a se saturar de compromissos emocionais e lhe dá chance de desativá-la.	Atrai uma situação que a faz perceber e entender que não pode seguir mantendo uma visão de mundo que só traz decepções e sofrimento.	Encara o mundo desenvolvendo projetos interessantes que atraem recursos.

Apêndice 4
Introdução à Árvore da Vida

"Tudo o que existe na superfície da Terra possui sua duplicata espiritual no alto, e não existe nada neste mundo que não esteja associado a algo e que não dependa de algo" – assim escrevem os doutores da Cabala.

O Princípio Criador não pode ser percebido, pensado, imaginado nem descrito pelo ser humano. Foi provavelmente Isaac, o Cego, cabalista francês que de 1160 a 1180 ensinou na Provença, considerado o pai da Cabala, que designou essa dimensão infinita e impensável com o nome de Ain Soph. Ele é a origem não criada do Universo.

AIN SOPH (O VAZIO SEM LIMITES, O NADA ILIMITADO)

É um estado indiferenciado que, por não ter limites, nada existe fora dele; escondido é a raiz da polaridade.

É o Princípio Criador que, anterior à manifestação, permeia a manifestação.

Ain Soph não é isto ou aquilo. Não é um ser, mas um não ser. Isso não implica uma ausência de existência infinita não manifestada.

Três níveis ou véus formam os graus intrínsecos de Ain Soph:

1) Ain Soph Aur, a Luz Vazia e Ilimitada. É vazio, luminoso, imóvel, inodoro e sem som.

2) Ain Soph, propriamente dito, imaginado como um círculo sem circunferência, cujo centro está em todo lugar.

3) Ain, o Nada. "O Horror sem nome" frente ao qual a mente humana é derrubada.

Ain, retirando-se "de si mesmo em si mesmo", gerou em seu seio um espaço para o Universo. Espaço que do ponto de vista do absoluto é infinitesimal, mas do ponto de vista da criação representa todo o espaço cósmico. Neste retirar-se é gerado Ain Soph.

No último limite do não criado, Ain Soph Aur, a Luz Vazia e Ilimitada tomou a forma de um raio que, cruzando o espaço cósmico, deu lugar a dez emanações de si mesma, chamadas sephiroth (esferas), umas após as outras, e, em consequência, ao nosso Universo. Assim, o caminho percorrido pelo raio representa o próprio processo da manifestação que aparece inicialmente por meio de um ponto ou primeira esfera: Kether (A Coroa), o lugar de condensação que permite à luz de Ain Soph se enraizar e garantir a colocação dos fundamentos a partir dos quais o mundo ainda não manifestado vai se desenvolver. A partir de Kether (A Coroa), emanam as outras esferas em um movimento de oscilação do raio, da direita para a esquerda, da esquerda para a direita, revelando como o processo de criação está marcado pela polaridade. Polaridade que reencontramos em todos os níveis de nosso Universo.

Para os cabalistas, existem dois mundos divinos. O primeiro, ininteligível, que só pode ser imaginado por meio de uma palavra: Ain Soph; e o segundo é o mundo das sephiroth, pelas quais é possível aproximar-se de uma compreensão do Princípio Criador. Na realidade, os dois mundos são um só, unidos como o carvão e a chama. Para a tradição hebraica, o limite até onde o ser humano pode conceder o Princípio Criador é o Elohim (Deus em plural), aquele que se revelou a Moisés no Sinai e que deu a lei ao povo de Israel.

Veja a concordância com o capítulo I do *Tao Te King*, que vimos na seção Número do Louco (capítulo 6).

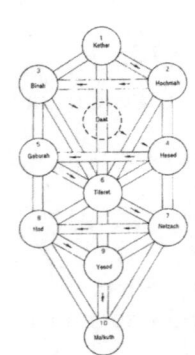

ÁRVORE DA VIDA

Sendo diferentes, as sephiroth estão estreitamente unidas. Cada uma delas é um aspecto de Kether (A Coroa) e se desenvolvem em degraus.

Elas se organizam segundo uma estrutura bem definida chamada Árvore da Vida. Essa árvore representa de cima para baixo o processo de manifestação do Universo e, de baixo para cima, os caminhos da espiritualização do ser humano. O estudo da Árvore é um meio de aproximar-se do Princípio Criador presente na manifestação. O movimento do raio nos mostra que uma sephirah pertencente a um dos lados da Árvore só pode transmitir suas qualidades à sephirah inferior que se encontra no mesmo lado, passando pela sephirah oposta e complementar do outro lado da Árvore.

Árvore da Vida

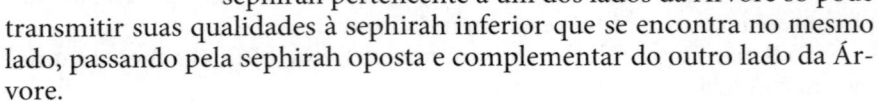

COLUNAS

As sephiroth na Árvore da Vida estão dispostas em três colunas ou pilares:

A coluna central está formada por quatro sephiroth: Kether (A Coroa) unindo Jokmah (A Sabedoria) e Binah (o Entendimento); Tiphareth (A Beleza) unindo Jesed (A Misericórdia) e Geburah (A Severidade); Yesod (o Fundamento) unindo Netzach (A Vitória) e Hod (A Glória); e, finalmente, Malkuth (o Reino) recebendo todas as emanações sephiróticas.

Sob o governo de Kether, essa coluna equilibra, harmoniza e reconcilia todas as oposições existentes no seio da manifestação. É considerada um símbolo do próprio Princípio Criador, animando e estruturando o Universo permanentemente.

A coluna da direita formada pelas esferas Jokmah, Jesed e Netzach, regida por Jokmah, encarna o polo masculino e ativo da manifestação. Chamado "Pilar da Misericórdia, porque guarda em ele mesmo a vida e a clemência", prefiro chamar de "Coluna da Força". Corresponde-se con Jakin – pilar do Templo no vestíbulo do Santuário, vermelha e solar.

A coluna da esquerda formada pelas esferas Binah, Geburah e Hod representa o polo feminino e passivo da criação. Às vezes chamada "Pilar do Rigor porque encarna todas as formas de juízo e rigor". Corresponde-se com Boaz – pilar do Templo –, branca e lunar. É o pilar da forma, na qual os impulsos vão sendo restringidos e tomam forma.

AS SEPHITOTH SOMBRIAS

Para cada emanação sephirótica, temos uma obscuridade que procede de uma radiação excessiva ou insuficiente da correspondente sephirah. Os cabalistas afirmam que as sephiroth sombrias não são princípios que pertencem à ordem cósmica, mas aspectos desequilibrados desses princípios. Assim, não existem duas árvores sephiróticas, mas uma só que tem ao mesmo tempo uma forma luminosa e outra escura.

OS 32 CAMINHOS DA SABEDORIA

As dez sephiroth e os 22 cineroth (sendeiros que unem e equilibram as sephiroth e que se correspondem com as 22 letras e os 22 Arcanos Maiores) formam os 32 caminhos da sabedoria.

Analisemos o 32. Cada letra hebraica está associada a um número. O Três no plano das dezenas (isto é, 30) se corresponde com letra Lamed, e o Dois no plano das unidades se corresponde com Beth.

A Torah (A Lei), composta pelos cinco primeiros livros do Antigo Testamento: Gênesis, Êxodo, Número, Levítico e Deuteronômio, começa pela letra Beth (de Bereshit, primeira palavra do Gênesis) e acaba com Lamed (de Israel, última palavra do Deuteronômio). Se a Torah, como afirmam os cabalistas, tem as chaves da manifestação e nos revela a ordem do mundo a partir do Princípio Criador, o número 32, no qual as duas letras estão invertidas, traz um retorno ao Princípio Criador, a via que conduz o mundo do múltiplo ou manifestado para sua reintegração no mundo do único ou não manifestado. Lamed e Beth formam a palavra Leb, que significa coração. Podemos afirmar então que os 32 caminhos conduzem o ser humano até os mistérios do não manifestado pela via do coração. É interessante constatar que a maioria das tradições religiosas considera o coração o trono da Divindade, a partir do qual Ela se expressa. Os 32 caminhos levam o ser humano a acordar seu coração por meio de uma aproximação ao Princípio Criador presente no centro de seu ser.

Associados às dez sephiroth, temos os dez primeiros caminhos que se correspondem com experiências espirituais que levam o ser humano a se aproximar da energia divina. Nesse sentido, podemos dizer que cada sephirah encarna ao mesmo tempo um estado de manifestação (como sephiroth) e um processo de crescimento espiritual (como sendeiro).

Embora os 22 caminhos correspondentes com os cineroth – que ligam as sephiroth entre elas – sejam os mais ativos, a sephirah é também nela mesma um lugar privilegiado de integração e de desenvolvimento interior.

KETHER (A COROA)

Chamada também "A Causa das causas" e "A Raiz das raízes", é a primeira emanação do Nada Ilimitado, a fonte primordial de toda a manifestação, vida e organização. Dela, surgem todas as outras sephiroth e as 22 letras correspondentes aos caminhos. É o ponto supremo de onde emanam todas as realidades inteligíveis. Nela, as polaridades ainda não estão dissociadas. Em Kether, ainda não existe nenhuma manifestação propriamente dita, mas os primeiros hálitos da manifestação: o Tao com nome. É atribuída ao Primum Mobile (Primeiro Motor) ou a Netuno, embora alguns autores a atribuam a Plutão.

JOKMAH (A SABEDORIA)

É a primeira esfera de divisão da dualidade; o poder irradiante e emergente do Princípio Criador aparece sob seu aspecto dinâmico. Se Kether era a "Causa das causas", Jokmah é a "Causa atuante" da qual procedem todas as realidades; é o Princípio Estimulante da Evolução. Atribuída à totalidade do Zodíaco ou a Urano, representa o Princípio Masculino por excelência e é conhecida como "O Grande Pai". Também pode ser atribuída a Netuno.

BINAH (O ENTENDIMENTO)

Em oposição a Jokmah, Binah é a esfera da contrição, da forma, no topo da coluna feminina ou Pilar da Severidade. É a "Grande Mãe", a Potência feminina do Universo, o útero arquetípico que dá a primeira forma, ainda muito sutil, ao impulso de Jokmah. Binah, atribuída a Saturno, discerne no impulso luminoso de Jokmah todas as potencialidades de manifestação. Nesse sentido, é considerada a essência da matéria, cuja expressão plena só será atingida em Malkuth.

JESED (A MISERICÓRDIA)

Aqui o abstrato começa a concretizar-se, formulando-se as primeiras ideias arquetípicas. Hod, em um nível inferior mais denso, organiza e cuida de tudo o que Jokmah impulsou. Organiza, constrói e edifica. Aqui se manifesta o amor do Princípio Criador, como benevolência, bondade e misericórdia. Essa esfera vivifica e alegra a manifestação até a plenitude de sua medida.

No meio do Pilar da Força ou Misericórdia, opõe-se a Geburah, a esfera da força e da severidade, ambas equilibradas por Tiphareth. Atribuída a Júpiter, aqui estão os atributos da construção, do perdão e da soberania filosófica. Aqui se encontram a proteção, a sorte e a jovialidade. É a esfera da expansão, sendo a regente dos movimentos de massas e das filosofias.

GEBURAH (A SEVERIDADE)

Geburah é o poder de retificação. Aqui as potencialidades que ficaram plenamente efetivadas em Jesed são depuradas, isto é, avaliadas e ajustadas ao impulso original. É a destruição, encontrando-se no meio do Pilar da severidade. Equilibrando-se con Jesed, formam a força motriz da realidade manifesta. Atribuída a Marte, encontra-se aqui tudo o relativo ao que o termo "marcial" pode invocar: a energia violenta, a determinação e a rígida disciplina. A força sexual é também atributo de Geburah.

TIPHARETH (A BELEZA)

A sexta sephirah da árvore corresponde ao poder de unificação. Depois de avaliadas, retificadas e ajustadas as potencialidades criativas em Geburah, aparecem em Tiphareth como arquétipos que se manifestam plenamente. Cada um deles se une aos outros em perfeita harmonia conservando sempre suas especificações. Nesse sentido, Tiphareth é a sephirah mediadora por excelência, para a qual convergem e se agrupam todas as outras emanações sephiróticas. Atribuída ao Sol, suas potencialidades são: desenvolvimento da beleza, harmonia, equilíbrio, consciência centrada, devoção, saúde, liberdade, meditação, realização, renascimento, êxtase espiritual, transcendência, totalidade.

NETZACH (A VITÓRIA)

Sétima esfera da árvore, Netzach corresponde à expressão de todas as realidades estéticas. É por meio dessa esfera que a beleza transcendente do

Princípio Criador se espalha por toda a criação. Assim, tudo que fica em contato com a irradiação de Netzach vira progressivamente um reflexo vivo do esplendor divino. Nesse sentido, a Cabala considera Netzach a esfera do equilíbrio entre a essência e a forma. Sua natureza é a do amor e da força de atração; o poder de coesão no Universo, unindo uma coisa à outra e atuando como a inteligência instintiva entre as criaturas vivas. Também é considerada a esfera da emoção, do amor e da comunicação, com os elementais e o astral. Relaciona-se com os sentidos e paixões, com a emoção de viver, com o desfrutar de paixões instintivas. Netzach, atribuída a Vênus, é na personalidade tudo o que é espontâneo e instintivo. Está na base do Pilar da Misericórdia, equilibrando-se com Hod (Mercúrio, o intelecto) no Pilar da severidade.

HOD (A GLÓRIA)

A oitava esfera se corresponde com o poder da conceitualização. Aqui o Princípio Criador se revela ao ser humano sob a forma de imagens mentais. É também uma sephirah de mediação e comunicação com os planos sutis.

Atribuída a Mercúrio, é a esfera da razão e do intelecto. É considerada a regente da magia, da fala, do comércio e da dissimulação, dos ladrões e malandros. Ligada à mente racional, é incapaz de emoções, pois o intelecto frio e astuto é seu atributo principal. Fica na base do Pilar da severidade, equilibrando-se com Netzach pela próxima esfera, Yesod, atribuída à Lua.

YESOD (O FUNDAMENTO)

A nona esfera corresponde ao poder de coagulação e materialização, garantindo a inclinação da luz ao seio da substância material. Esta esfera contém as imagens pré-materiais de toda a manifestação concreta e é por meio dela que se concretiza toda a realidade. Assim, é diretamente responsável pela encarnação dos princípios espirituais no mundo concreto da matéria. Assim como a tremenda velocidade das partículas eletrônicas assegura a estabilidade do átomo, do mesmo modo as formas fugazes e o movimento de Yesod constituem a permanência e a segurança do mundo físico. Yesod é aquele fundamento de sutil substância eletromagnética no qual todas as forças mais elevadas estão focalizadas, constituindo a base ou o modelo final sobre o qual o mundo físico é constituído.

Atribuída à Lua, relaciona-se à mente subconsciente, que é o alicerce, a fundação da personalidade, sendo também a substância etérica que é a fundação da vida. Estando entre Tiphareth e Malkuth no Pilar do meio, representa o mundo das fantasias e imaginação, como também a *anima mundi* ou alma grupal. É a luz astral, impressionável e maleável.

MALKUTH (O REINO)

A décima e última sephirah corresponde ao poder de expressão no plano terrestre. Todas as outras esferas se expressam em última instância por meio de Malkuth. Ela garante a revelação material de todas as emanações sephiróticas. Atribuída ao elemento Terra, representa em forma concreta, em uma completa cristalização visível e tangível aos sentidos, todas as qualidades dos planos precedentes.

Compreenderemos melhor as sephiroth lendo este fragmento da Árvore da Vida, de Shimon Halevi: "Um exemplo da passagem do Raio Luminoso através da Árvore pode se ver no processo de escrever um livro. Kether (A Coroa) é o princípio criativo. A ideia é concebida em Jokmah. Como visão, pode ser muito poderosa, a semente de um grande romance, mas em Jokmah não é mais do que uma vaga ideia, potente mas sem forma, que depois de um tempo começará a se formular em Binah. Talvez ficasse melhor como peça de teatro? Ou talvez como roteiro cinematográfico? Ou como um conto curto e preciso? O tempo e Binah (o princípio da sephirah receptiva superior) lhe darão forma, digamos, de um livro de extensão média centrado em uma situação particular na qual terão de participar determinados personagens. Nesse ponto pode permanecer durante muitos anos na mente do escritor. Mas um dia pode iniciar-se um processo novo que alguns escritores chamam 'cozinhar'. Esta incubação é seguida da ação da gestação de Hesed, caracterizada pelo grande crescimento e expansão. As situações vão se acumulando, fragmentos de conversas intrometem-se na consciência do escritor, os personagens se desenvolvem por si mesmos e a história chega a preencher o copo e a transbordá-lo. É aqui, em Hesed, onde o escritor deve ter cuidado, ou perderá por dissipação mental todas as ideias que habitam em seu interior. Digamos que começa por escrever um rascunho, anotando as forças criativas presentes nele. No entanto, deve julgar e retificar repetidamente (função de Geburah) o que Hesed lhe outorgou, pois com frequência é mais do que o necessário, e é preciso uma edição constante do material.

O livro adquire gradualmente forma. A essência, Tiphareth, começa a se ver. Talvez seja uma obra-prima, ou um destilado de experiências recolhidas em toda uma vida, talvez seja apenas um livro escolar de tema econômico, mas de qualquer maneira terá seu estilo peculiar, sua característica distintiva. Assim é como podemos distinguir um Tolstói de um Hemingway. Em Tiphareth, centra-se a síntese de forma e energia, e esta é a razão de que esta sephirah seja conhecida como a Beleza. Até aqui, apesar de tudo, neste ponto o livro é apenas um esboço, que existe mais que nada na cabeça do escritor. E, se não o escrever totalmente, não passará de ser mais uma das grandes obras-primas que nunca se escreveram. As forças vitais do corpo, controladas por Hod, e os processos voluntários fazem que se deslize sobre o papel. Netzach conhece seu trabalho instintivamente, enquanto

Netzach, controlado por Hod, graças a seu treinamento mental e seus reflexos físicos, estrutura o conhecimento e a linguagem em orações coerentes.

Yesod, o Fundamento, amalgama tudo o que tem acontecido, organiza a operação em um estilo pessoal e o reflete no escrito, retendo assim uma imagem na memória que serve como referência. Malkuth é o corpo e o livro em si, a manifestação física no Mundo. O céu tocou a Terra".

Todos os processos criativos do Universo seguem o mesmo padrão, no entanto, em termos de seu próprio nível.

OS QUATRO MUNDOS

A tradição cabalística afirma que a criação e em consequência, a Árvore da Vida estão formada por quatro mundos (ou planos de manifestação) de densidade crescente: Atziluth, Briah, Yetizrah e Assiah.

Esses quatro níveis vibratórios, embora fundamentalmente diferentes, estão estreitamente ligados.

OLAM HA ATZILUTH (O MUNDO DA EMANAÇÃO)

É o plano mais elevado e mais próximo da fonte crítica. Atzil, de onde vem Atziluth, significa extremidade ou limite, indicando que além dele o universo criado não existe, existindo então o Ain Soph (a existência negativa). A totalidade das sephiroth em Olam Atziluth, o mundo arquetípico, ocupa o plano mais elevado de consciência espiritual, o primeiro a surgir da consciência de Ain Soph. Esse plano formado de energia pura sempre foi associado pelos cabalistas ao elemento fogo. Considerado o mais próximo do divino, é o único elemento que espontaneamente tende a elevar-se e que jamais se corrompe.

Atziluth se corresponde com a ideia abstrata e universal que antecede qualquer realidade concreta. Uma ideia no plano de Atz está na origem de uma infinidade de objetos concretos no plano material.

OLAM HA BRIAH (O MUNDO DA CRIAÇÃO)

À medida que os processos de evolução continuam, a ideia abstrata e universal de Atzilouth é aparentemente fragmentada, espelhada em muitas facetas e forma o mundo criativo. Nesse mundo, o plano contido na imaginação criativa do Princípio Criador é ainda mais elaborado, as centelhas ou ideias separadas e revestidas daquela condição de substância sutil apropriada a cada esfera. A ideia presente no plano de Briah pertence ao mundo do múltiplo; conservando um alto nível de abstração, deixa de ser universal. A partir da ideia geral, nasce uma ideia particular revestida de características precisas. Aqui, também, uma completa Árvore da Vida é desenvolvida por meio da reflexão.

Nesse plano vibratório, constituem-se as formas-pensamento da criação. Briah vem do verbo "Bara", que significa criar. Esse plano corresponde, então, à etapa em que as forças primordiais se densificam para garantir sua concretização em posteriores planos mais densos. Esse mundo é considerado pelos cabalistas o fundamento ou alicerce mesmo da criação.

O mundo de Briah é tradicionalmente associado ao elemento Ar, considerado uma substância sutil que atua entre o céu (o divino) e a terra (o material) como um elemento de mediação e comunhão entre os planos superiores e os mundos inferiores. Foi considerado a primeira expressão exteriorizada e perceptível da energia divina. É um símbolo tradicional da presença do Princípio Criador na criação: o ar como o sopro que anima todas as coisas. O plano de Briah garante a vivificação do mundo.

OLAM HA YETZIRAH (O PLANO DA FORMAÇÃO)

Do mundo criativo, a árvore é projetada para um terceiro plano, plano formativo, Olam Yetzirah, no qual as ideias imaginativas, as centelhas monádicas espirituais já revestidas na substância mental sutil do mundo criativo, se modelam em entidades consistentes definidas: os modelos astrais que dão origem ou servem de fundamentos estáveis ao mundo físico.

No mundo da formação é onde as formas se impregnam de um desejo de realização. Nesse sentido, Yetzirah é uma dimensão de geração e de movimento. As potencialidades presentes em Atzilouth que tomaram forma em Briah são dinamizadas para sua posterior materialização em Assiah. A palavra Yetzirah vem da raiz Yatser, que dá lugar a palavras como instintos, paixões, isto é, pulsações que instauram uma dinâmica. Yetzirah é então o mundo dos desejos que contribuem para a realização de qualquer coisa, ou como disse Hegel: "Nada se executa sem paixão". Os cabalistas associam esse mundo com o elemento Água, que sempre esteve relacionado com as emoções e as paixões.

OLAM HA ASSIAH (O MUNDO DA AÇÃO)

Corresponde a nosso plano material no qual as potencialidades de Atzilouth, que foram modeladas em Briah e dinamizadas em Yetzirah, são agora plenamente materializadas no plano concreto. O mundo físico, Olam Ha Assiah, é o quarto e o último plano, e como projeção cristalizada do mundo formativo é a síntese e concreta representação de todos os mundos mais elevados.

O termo Assiah é frequentemente associado a assah, que significa fazer. Este é, pois, o plano da ação como execução material. Esse mundo é associado ao elemento Terra, que simbolicamente representa a matéria-prima, a qual permite que a forma tome corpo, encarne.

Os cabalistas afirmam que o objeto material é um símbolo que nos permite encontrar a essência primordial de onde surgiu em um processo de densificação. Assim, qualquer objeto material é um lugar de retorno que conduz a consciência para as mais altas esferas do espírito.

Podemos dizer que: "O espírito é a matéria em seu nível de realização mais sutil, e a matéria é o espírito em seu nível de expressão mais denso".

Esses mundos podem ser encarados sob dois pontos distintos de análise, sendo que o primeiro coloca uma árvore em cada um dos quatro mundos, oferecendo-nos assim 40 sephiroth no total.

O segundo emprega uma única árvore, sendo os quatro planos colocados sobre ela. Kether, ocupando sozinha um plano inteiro, é o Mundo Arquetípico.

A segunda e a terceira sephiroth, Jokmah e Binah, o Pai e Mãe supremos, constituem o Mundo Criativo, recebendo e executando a divina imaginação.

O terceiro plano, ou Mundo Formativo, é compreendido pelas seis sephiroth seguintes, em cujo mundo tudo é preparado para a manifestação visível. Malkuth, o reino, é o Mundo Físico.

Ainda existe uma terceira classificação.

Todas as atribuições relativas à primeira descrição dos quatro mundos são válidas para este segundo método, salvo que estão dispostas em uma única árvore.

Bibliografia

ANTARÈS, Georges. *El Arte de la Interpretación Astrológica*. 2. ed. Barcelona: Obelisco, 1984.
ARRIEN, Angeles. *The Tarot Handbook*. Califórnia: Arcus, 1997.
ARROYO, Stephen. *Astrologia, Psicologia e os Quatro Elementos*. São Paulo: Pensamento, 1984.
BRODSKY, Greg. *Do Jardim do Éden à Era de Aquário*. 5ª ed. São Paulo: Ground, 1995.
CAPRA, Fritjof. *O Tao da Física*. São Paulo: Cultrix, 2000.
_____. *O Ponto de Mutação*. São Paulo: Cultrix, 2001.
CHABOCHE, François Xavier. *Vida e Mistério dos Números*. São Paulo: Hemus, 1997.
CHEVALIER, Jean; GHEERBRANT, Alain. *Dicionário de Símbolos*. 3. ed. Rio de Janeiro: José Olympio, 1990.
COMPTON, Madonna. *Arquétipos da Árvore da Vida*. São Paulo: Siciliano, 1994.
CROWLEY, Aleister. *El Libro de Thoth*. Madri: Luis Cárcamo, [s/d].
_____. *The Book of the Law*. New York: Baker USA, 1990.
ESQUENAZI, Enrique. *El Tarot. El Arte de Adivinar*. Barcelona: Obelisco, [s/d]
FORTUNE, Dion. *A Cabala Mística*. São Paulo: Pensamento, 1984.
HOUSON, Paul. *El Tarot Explicado*. Bueno Aires: Dedalo, [s/d].
IGLESIAS JANEIRO, Jesús. *La Cabala de la Predicción*. Bueno Aires: Kier –, [s/d].
LAO-TZU. *Tao Te King*. São Paulo: Madras, 1997.
LÉVI, Éliphas. *Dogma e Ritual de Alta Magia*. 2. ed. São Paulo: Madras, 1997.
LOWEN, Alexandre. *Bioenergética*. São Paulo: Summus Editorial, 1982.
_____. *Prazer:* uma Abordagem Criativa da Vida. São Paulo: Círculo do Livro, 1993.
_____. *O Corpo em Terapia*. 4. ed. São Paulo: Summus Editorial, 1997.

Motta, Marcelo. *O Equinócio dos Deuses*. Rio de Janeiro: Astrum Argentum, [s/d].
Mouni, Sadhu. *El Tarot*. Buenos Aires: Kier, [s/d].
Osho. *Vida, Amor e Riso*. São Paulo: Gente, 1991.
_____. *Pepitas de Ouro*. São Paulo: Gente, 1992.
Peradekordi, Amalia. *La Luna*. Barcelona: Obelisco, [s/d].
Ribeiro, Anna Maria. *Conhecimento de Astrologia*. Rio de Janeiro: Novo Milênio, 1996.
Rosabis, Camaysar. *Numerologia*. São Paulo: Pensamento, 1999.
Três Iniciados. *O Cabalion*. São Paulo: Pensamento, [s/d].
Vivarta, Veet. *O Caminho do Mago*. Rio de Janeiro: Francisco Alves, 1996.
Waite, A. E. *The Pictorial Key to the Tarot*. New York: Barnes & Nobles, 1993.
Wang, Robert. *O Tarô Cabalístico*. 3. ed. São Paulo: Pensamento, 1999.
What, William. *Mistérios Revelados de Cabala*. São Paulo: Master Book, 1996.
Ziegler, Gerd. *Tarô: o Espelho da Alma*. Rio de Janeiro: Zahar, 1993.

MADRAS® Editora
CADASTRO/MALA DIRETA

Envie este cadastro preenchido e passará a receber informações dos nossos lançamentos, nas áreas que determinar.

Nome _____
RG _____ CPF _____
Endereço Residencial _____
Bairro _____ Cidade _____ Estado ____
CEP _____ Fone _____
E-mail _____
Sexo ❏ Fem. ❏ Masc.   Nascimento _____
Profissão _____ Escolaridade (Nível/Curso) _____

Você compra livros:
❏ livrarias   ❏ feiras   ❏ telefone   ❏ Sedex livro (reembolso postal mais rápido)
❏ outros: _____

Quais os tipos de literatura que você lê:
❏ Jurídicos   ❏ Pedagogia   ❏ Business   ❏ Romances/espíritas
❏ Esoterismo ❏ Psicologia ❏ Saúde   ❏ Espíritas/doutrinas
❏ Bruxaria   ❏ Autoajuda   ❏ Maçonaria ❏ Outros:

Qual a sua opinião a respeito desta obra? _____
_____

Indique amigos que gostariam de receber MALA DIRETA:
Nome _____
Endereço Residencial _____
Bairro _____ Cidade _____ CEP ____

Nome do livro adquirido: ***Curso de Tarô***

Para receber catálogos, lista de preços e outras informações, escreva para:

MADRAS EDITORA LTDA.
Rua Paulo Gonçalves, 88 – Santana
CEP: 02403-020 – São Paulo/SP
Tel.: (11) 2281-5555 – 🕻 (11) 98128-7754
www.madras.com.br

MADRAS® Editora

Para mais informações sobre a Madras Editora,
sua história no mercado editorial
e seu catálogo de títulos publicados:

Entre e cadastre-se no site:

www.madras.com.br

Para mensagens, parcerias, sugestões e dúvidas, mande-nos um e-mail:

marketing@madras.com.br

SAIBA MAIS

Saiba mais sobre nossos lançamentos,
autores e eventos seguindo-nos no facebook e twitter:

@madrased

/madraseditora